정다산선집

정다산선집

최익한 역주

류현석 교주

ⓒ 21세기문화원

교주본을 펴내며

1

5년 전(2015) 어느 날이었다. 그동안 읽은 책을 무심코 펼쳤는데 아무 생각도 나지 않았다. 왜 밑줄을 그었는지, 왜 여백에 메모한 것인지 떠오르는 기억은 전혀 없었다. 이른바 백지화 현상이었다. 그래서 나는 우선 독서를 중단하고 기억을 되살릴 수 있는 방법을 이러저러 모색하게 되었다.

글 읽는 사람에게 강연이나 저술은 기억을 오래 유지하는 데 큰 도움이 된다고 한다. 하지만 내가 그것을 바랄 만한 형편도 아니고 실력도 안 되었던지라, 고민 끝에 결국 남의 책이라도 한 권 내보자는 겁 없는 의욕으로 이어졌다.

나는 2011년부터 다산 관련 글을 읽기 시작하였다. 그해 가을에 최익한崔益翰의 《실학파와 정다산》도 읽었는데, 사뭇 인상적이었다. 2015년까지만 해도 그의 《여유당전서를 독함》이 책으로는 나오지 않았기에 당연히 관심이 생겼다. 우선 그 글을 연재하였던 동아일보사에 들러 원문(총 64회분)을 출력하였다. 분량을 보아하니 늦어도 1년 안에는 출간할 수 있겠다는 느낌이 들었다.

사무실에 돌아와 막상 원문을 입력하려다가 깜짝 놀랐다. 내가 2011년에 이미 6회까지 입력한 파일이 있었던 것이다. 당시 인터넷으로《여유당전서를 독함》원문을 검색할 수 있었으니까 (기억은 나지 않지만) 약간 입력하다가 시시하여 그만둔 모양이었다. 여하간 2015년에는 이제 7회부터 자판을 두드리는 행운도 얻게 된 셈이라서, 일을 시작하는 마음은 의외로 한결 가뿐하였다.

한 17회인가 입력하고 있을 때였다. 세상은 PC(박근혜-최순실) 게이트가 터져 마치 반동들의 천국이 도래한 양 솔찬히 요란 법석을 떨고 있었다. 새삼 글을 쓰면 뭐하나 하는 무력감이 삽시간에 몰려왔다. 컴퓨터를 끄려고 마우스를 클릭하는 찰나, 어이없게도 그간 입력한 내용(1~17회분)을 싸그리 날려 버렸다는 사실을 뒤늦게야 깨달았다. 참 허탈한 분노가 치밀어 올랐다.

머리도 식힐 겸 다산 유적지를 여행하였다. 마침 새로 개발한 곳이었다. 한 80대 초반의 노인장을 마을 입구 집 앞에서 우연히 마주쳤다. 아침인데도 술에 취해 뻘건 얼굴로 나를 쏘아보았다.

"어디 가남?"

"저기 사진 좀 찍으려고요."

"아, 거 머시기 양반(=다산)이 하렛밤인가 놀고 갔다드니만……, 하이간 암끗도 볼 거 읎어!"

"근디, 왜 개를 집에 저리 많이 키우시는지요? 무섭습네다."(큰 개 다섯 마리 정도가 일제히 달려들 듯 마구 짖어대고 있었다.)

"잉 긍게 뭣이냐, 군청에서 관학 협동인가 거시기로 저 유적지를 개발해 놓으니께, 1년에 두어 번씩 뻐스 대절해서 관광객들이 와 쌓는디, 집에 들어오려고 허니께 성가셔 죽겄어. 그래서 질르는 것이구먼. 시방도 저그 앞 저수지 한부짝에서 개발한답시고 뽀꾸레인들이댐시롱 지랄염병하고 자빠져 있을 것이여!"

어쨌든 유적지 현장에 이르렀을 때 비로소 모든 것을 알아차릴 수 있었다. 도로를 내느라 원시림을 상당히 훼손하였다. 폐허와도 같은 산속에 관광객은 오로지 나 혼자뿐이었다. 다산은 '9대 옥당' 집안이라던데, 아까 저 노인장은 혹여 천대만대 농토박이가 아닌는지⋯⋯?! 두 분은 털끝만치도 무관할 터이나, 역사상 늘 적대적인 관계였던 것만큼은 불을 보듯 뻔하다고 하겠다.

극우 다산론자들이 국정 교과서를 획책하거나 자연환경을 파괴하며 적폐 세력으로 등장한 지도 꽤나 오래되었다. 다산처럼 실리 실용적인 제도권 학자들은 어째서 지배계급의 이익에만 봉사하며 시종일관 인민의 입장과는 꼭 정반대로 가는 것일까?

2

2015년 9월 말부터 나는 《여유당전서를 독함》을 입력하기 시작하였다. 처음에는 이 책 한 권만 달랑 내려고 했으나, 모르는 것이 점점 많아져서 《실학파와 정다산》, 《정다산선집》 교주본까지 쓰게 되었다. 그 와중에 최익한의 모든 저술들을 하나하나 찾아서 읽고, 그의 발자취가 서린 곳들도 찬찬히 답사하여 나갔다.

입력이나 주석 작업이란 것이 어쩌면 노가다와도 같은지라 한 2년은 하루 평균 16시간씩, 많게는 20시간씩 일을 하였다. 그러다 보니 몸이 꽤 안 좋아져서 조금씩 줄여 나갔다. 그렇지만 고생한 대가인지 2016년 5월에는 1차 교정을, 동년 12월에는 2차 교정을, 2017년 3월에는 벌써 3차 교정까지 끝낼 수 있었다. 2019년 7월에는 4차 교정과 해제 쓰기를 마치고, 드디어 교주본 검토를 의뢰한 후에 나는 최종적으로 5차 교정도 보았다.

《여유당전서를 독함》은 이해도를 높이기 위해 1930년대 당시 신문에 연재된 원문을 부록으로 실었다. 최익한은 이것을 책으로 내지는 않았으나, 월북 후에 《실학파와 정다산》, 《정다산선집》으로 더 전면적이고 과학적인 심화 연구를 계속한 점에서 《여유당전서를 독함》은 바탕 원고로서 요약본 구실을 하였다고 볼 수 있다. 제5장에서 판독하기 어려운 한자 '함圅', '감龕' 등을 밝혀낸 것이 소소한 기쁨이었다.

《실학파와 정다산》은 각 장의 끝에 최익한이 참고한 인용 원문을 전부 수록하였다. 이는 상당히 방대한 작업으로서 자료를 찾기 위해 오랫동안 도서관을 들락거렸다. 기실 평소에 충실히 각주와 미주를 축적함으로써 막바지에 거뜬히 해제도 쓸 수 있었던 것이다. 최초의 다산 연구서 《실학파와 정다산》은 유학과 ML이론을 종횡무진한 어문학 논문으로서 불세출의 걸작이긴 하지만, 다산의 보수성을 진보성으로 개변시킨 한계가 엿보인다.

《정다산선집》은 본디 번역문만 있었는데, 내가 규장본·신조본·사암본 전서 등을 일일이 대조하여 한문 원문을 모두 새로 넣었다. 최익한은 한문을 직독직해하여 완미한 번역을 시도한 것이 아니라 다산의 글을 인민대중에게 처음으로 소개하려는 목적하에 의역한 부분이 많으므로 반드시 한문 원문을 확인할 필요가 있다. 또 최익한의 <작품 해제>가 몇 편 되지 않아서 나는 공을 들여 해제를 크게 보완하였으니, 번역문과 함께 일람하기 바란다.

나는 최익한의 '다산 3부작'인 《여유당전서를 독함》,《실학파와 정다산》,《정다산선집》에 대한 교주본을 쓰면서, 별도로 글을 8편이나 작성하였다.

먼저 <'여유당전서를 독함' 해제>에서는 그가 사회주의운동을 중단한 후에 어떻게 사상적으로 개량화되었는지 살펴보았고, <'실학파와 정다산' 해제>에서는 그 책이 다산학 연구사상 기념비적인 걸작임에도 불구하고 왜 '반인민성'을 띨 수밖에 없는가 하는 점을 지적하였으며, <'정다산선집' 해제>에서는 번역의 우수성과 제한성을 동시에 간명히 분석하였다.

다음으로, <창해滄海 최익한의 생애와 저술>에서는 그가 탁월한 시인이요 고전문학자라는 사실에 주목하고 그의 저술의 특징이 과연 어디에 있는지를 대강 정리하였으며, <최익한 친일설>에서는 그간의 낭설들을 주욱 훑어보고 진위 여부를 면밀히 따져 가면서 새로운 자료도 첨부하여 최익한의 시국 논설이 부일문附日文에 해당될 여지가 있음을 규명하였다.

끝으로, <창해 최익한 연보>를 70여 면이나 작성하여 그의 전기적 사실에 대한 구체성을 어느 정도 확보하였다. 무엇보다 그를 '있는 그대로' 조명하는 데 초점을 맞추었다. 이 연보를 바탕으로 <연보 소고>와 <저술 연보>까지 쓰게 되었다. 혹여 부족한 글들이 모이면 나중에 평전의 밑거름이 되는지도 잘 모르겠다.

책을 쓰는 틈틈이 최익한의 거주지와 유적지도 답사하였다. 내 기억에 특별히 남은 곳은 다음과 같다.

첫째, 창신동昌信洞 산비탈의 협소한 집(건평 16평)이다. 1930년대 최익한은 여기서 가족 약 8명과 함께 살며 《여유당전서를 독함》을 집필하였다. 옛 모습은 간데없지만, 나는 담배 한 개비를 시나브로 빼어 물다가 순간 울컥하였다. 왜냐면 대학 시절에 살던 산동네가 불현듯 뇌리를 스쳤기 때문이다. 하, 그때는 변소도 공동으로 사용하고 잉크도 얼어붙어 펜으로 콕 찍어 썼었지……

둘째, '화엄사華嚴寺-천은사泉隱寺-매천사梅泉祠-수죽헌水竹軒' 길이다. 1917년 최익한은 지리산 산방에서 독서하였다. 그를 잠시 생각할 수 있는 유일한 코스(약 15km)로서 걸을 만하다. 조금 힘들고 위험할지는 몰라도 아침 일찍 출발하면 괜찮을 것이다. <창해 최익한 연보>에 약도를 대충 그려 놓았다. 수죽헌은 1932년부터 윤종균尹鍾均의 집으로 현재는 터만 어림잡을 수 있는데, 호양학교壺陽學校 바로 인근이다.

셋째, 영도사永度寺(현 개운사開運寺)이다. 1940년 최익한은 영도사 술자리에 정인보鄭寅普 등 당대 문사文士들과 함께 면우俛宇 제자인 회봉晦峯 하겸진河謙鎭을 모시고 운자시를 지었다. 1980년대까지만 해도 절 주위에 유곽遊廓 시설이 일부 남아서 저렴한 대학생 자취방으로 선호되었으나, 지금은 재개발로 사라져 버렸다. 내가 학교 다닐 적에 쌀이 떨어져서 동식서숙하며 시를 짓던 곳이기도 하다. 어언 30여 년이나 넘었으니 더 말한들 무엇하랴.

넷째, 서대문형무소이다. 최익한은 12옥사에 수감되었던 것으로 추정된다. 무심코 독방의 쇠문을 열어 보았다. 햇빛 한 올도 들어

오지 않는 0.7평의 칙칙한 어둠 속에서 소름이 확 끼쳐 왔다. 오전 첫 시간대라 관람객은 나 혼자여서 더 섬찟하였다. 옛일이 생각나 황급히 밖으로 뛰쳐나오고야 말았다. "이곳에 감금되면 정신공황 장애를 겪는다"는 팻말의 글귀가 목덜미를 자꾸 잡아채며 온몸을 휘감듯이 종일토록 나를 무겁게 짓눌렀다.

다섯째, 최익한의 장남 재소在韶의 묘(대전 현충원)이다. 빗돌 전면에 창해의 <곡아 25절哭兒二十五絶> 중 두 수가 새겨져 있다. 최익한의 종질 고 시은市隱 최구소崔九韶 선생께서 추리셨다고 한다. 최익한을 가장 가까이서 추념할 수 있는 곳이다. 나는 국내 유적지 가운데 마지막으로 들렀다. 참고로 형편이 여의치 않아 일본과 러시아 유적지는 아직 답사하지 못하였다. 안타깝고 부끄럽다! 향후 기회가 오길 바랄 뿐이다.

나는 2017년 10월 말에 현재의 장소로 출판사를 옮겼다. 기존 건물을 의류업체가 통째로 매입하는 바람에 덩달아 나도 세입자로서 쫓겨난 형국이었다. 젊을 적에는 노동 해방을 위해서 투쟁도 하였건만, 이제는 늙어 그 노동 귀족한테 배신을 당했다는 생각만 들어 참혹할 따름이다. 글을 쓰는 내내 근본적인 회의가 밀려왔다. 새로운 사무실은 너무 비좁아서 몸무게가 10킬로나 늘어 이따금 우울한 심정에 잠긴다. 살을 빼러 산책하다가 실개천의 수면 위로 빗방울이 이파리처럼 떨어지는 모양을 망연히 보노라니, 선친께서 그 옛날 쓰시던 묵란 화제가 아롱아롱 물무늬로 흐른다…….

君子修道立德   군자는 도를 닦고 덕을 세우되
不爲困窮而改節 곤궁할지라도 절의를 바꾸지 않느니라.

10

3

　최익한은 일제강점기는 물론 월북 후 분단 시대에도 다산 연구를 지속한 유일한 고전문학자였다. 일찍이 그는 창해라는 아호답게 배를 타고서 남한강을 거침없이 질주하며 호방한 이백풍으로 시주 詩酒를 즐기던 시인이기도 하다.

峽江驅漲浪花愁　골짝 강물 넘치니 물보라 시름겹고
柔櫓人閒片帆秋　노 젓는 이 한가할사 조각배 가을이네.
未了驪陽一壺酒　여양 술 한 병도 아직 다 못 마셨건만
靑山爭報廣山州　푸른 산은 다투어 광주라고 알리네.
〈주하우천시舟下牛川市〉(1919)

　나는 최익한의 글을 수십 번 읽은 후 컴퓨터로 입력하고 편집하며 서예·그림까지 모든 것을 직접 하면서 그의 저서에 조금이나마 다가서려고 하였으나, 항상 역량 부족만 절감하였다. 그가 말하는 각 개념이나 범주가 구체적으로 어떤 의미이고 그 경계가 어디까지인지 이해하기란 쉽지 않았다. 그는 용어를 다분히 추상적으로, 개량적으로 폭넓게 사용한다는 것을 얼추 짐작하였을 뿐이다. 당시 어투나 문체의 특징도 파악하기 위해 안재홍·정인보는 물론 백남운·김태준과 이을호·홍이섭·이우성 등의 글을 자주 읽었다. 아울러 실학·다산학과 관련된 북한 학자들의 논저도 섭렵하면서 북한 실정을 감지하려고 애를 썼다. 김광진·박시형·김석형·정진석·정성철·홍태연·류수·리철화·김하명·김진국 등이 얼른 떠오른다.

창해 최익한 선생은 송찬섭 교수님께서 1989년에 《실학파와 정다산》(청년사)을 통해 남한에 최초로 소개하셨다. 이러한 선구적인 연구는 후학들이 본받을 만한 일이다. 출판사는 책을 기관에 압수당하는 고난을 겪었고, 송교수님은 20년 후에야 다시 《실학파와 정다산》(2011), 《조선 사회 정책사》(2013), 《여유당전서를 독함》(2016), 《조선명장전》(2019)을 잇따라 펴내며 교과서적인 전범을 보여 주셨다. 덕분에 우리는 최익한의 저술을 보다 쉽사리 접할 수 있게 되었다. 특히 《조선 명장전》을 입수하고 '성해成海'가 최익한의 별호인 것도 밝혀내신 공로는 인정되어야 할 것이다. 그러나 송교수님만 독보적으로 연구를 진행하시다 보니, 적잖이 개인적 한계도 드러난 것 같다. 이는 해제에서 다루겠다.

그동안 다음과 같이 많은 분들의 도움을 받았다.

최익한의 재종손 최홍준 선생님은 관련 자료를 주시고 여러 번 최익한의 전기적 사실에 대해 정확히 알려 주셨다.

강릉최씨 대종회 최두헌 회장님, 울진문화원 아무개님, 일본 아리랑문화센터 정강헌 선생님과 미사토 모토요시三鄕元吉 선생님은 자료를 흔쾌히 제공하여 주셨다.

최재목 교수님은 맨 처음에 교주본을 일독하며 격려해 주셨고, 송찬섭 교수님은 중요 자료들을 주신 것은 물론 교주본 최종 검토까지 해 주셨다.

위의 모든 분들께 진심으로 깊이 감사드린다.

이외에 조언해 준 익명인들도 더러 있었다. 늦었지만 머리 숙여 똑같이 고마움을 전한다.

2015년 9월 작업을 시작한 지 이제 4년 반 만에 책을 내놓는다. 기억은 좀처럼 돌아오지 않고 우주의 한 점 별빛은 아득한 옛적 마음의 벗이 보낸 미소인 양 겨울나무의 얼음꽃으로 맺혀 푸르게 반짝인다⋯⋯. 부족한 실력으로 이만큼이라도 할 수 있었던 것은, 전부 선친께서 평소 올바르게 가르쳐 주셨기 때문이리라. 올해 94세이신 노모님께서도 일제강점기의 실태와 언어 등에 대해 자상히 일러 주셨으니, 그 은혜를 결코 잊을 수가 없다.

나는 '다산 3부작'을 기존 제도권의 연구처럼 단순히 남한식 논리로 덧씌워 재단한 것이 아니라 그 당시 실정을 최대한 감안하여 제대로 풀어내고자 꽤 많은 시간을 들였다. 그래도 이러저러 탐탁지 않다. 앞으로 창해 최익한 선생께 바칠 수 있는 좋은 책이 되도록 손자 세대로서 좀 더 노력하겠다.

아무쪼록 독자 여러분들이 창발적이고 생산적인 논의의 계기를 마련하는 데, 이 교주본이 미력이나마 도움이 되었으면 한다.

2020년 2월 21일

雲峯 柳鉉碩

차 례

1. 시詩

14

15

16

2. 논論

◦ 부 록

창해 최익한의 생애와 저술

1

창해滄海 최익한崔益翰은 정유년(1897) 4월 8일(음 3. 7) 강원도(현 경상북도) 울진군 북면 나곡리羅谷里에서 태어났다. 창해는 '넓고 큰 푸른 바다'의 뜻으로 동해를 가리킨다. 그가 21세에 자호하였다고 한다. 필자는 책을 다 쓰고 그의 생가 터를 방문하자니 이백李白의 '제창해濟滄海'나 소식蘇軾의 '창해일속滄海一粟'이 문득 떠올랐다.1)

---

1) 이백(701~762)의 <행로난行路難>에 "긴 바람 타고 파도 헤칠 때 반드시 오리니, 바로 구름 높이 돛 달고 푸른 바다 건너리라(長風破浪會有時 直挂雲帆濟滄海)" 하였고, 소식(1037~1101)의 <전적벽부前赤壁賦>에 "천지간에 붙어사는 하루살이요, 아득히 푸른 바다에 좁쌀 한 알이라(寄蜉蝣於天地 渺滄海之一粟)" 하였다. 위의 이백 시구를 화제로 한 선친의 산수화 소품이 필자의 거실에 오랫동안 걸려 있고, 젊은 날 필자가 소식의 <적벽부>를 번역한 적도 있어 감회가 더욱 새로웠다. 기실 최익한 시문의 웅건한 의취는 일면 이백풍을 연상케 한다. 그의 이백에 대한 언급은 <한시만화漢詩漫話 11·12>, 《조선일보》(1937. 12. 22 ~23); <조선 고대 문학사에 있어서의 최치원의 문학적 지위>, 《김일성종합대학 학술론문집》, 김일성종합대학, 1956, p350; <정다산의 시문학에 대하여 (상)>, 《조선어문》 2호(1956), 과학원 언어문학연구소, p3 등을 볼 것.

늘 예상은 빗나가듯 어렵사리 찾은 집터는 그렇게 낭만적이지 않았다. 두메 중의 두메라 바다는 멀찌감치 떨어져 전연 안 보이고, 배산임수니 필봉산이니 운위할 계제도 못 되는 궁벽한 오지였다. 이런 곳에서 창해 같은 인물이 나오다니, 참으로 하늘은 공평하다는 생각만 씁쓰레 들 따름이었다.

창해 최익한의 생애는 다음과 같이 직업을 중심으로 크게 4기로 나누어 볼 수 있는데, 신구학문을 겸수하고 고전문학을 연구하며 '다산 3부작'을 완성한 것으로 압축된다.

1) 유생(1897~1917) : 천석꾼의 아들로 태어나 영남학파의 거유 면우俛宇 곽종석郭鍾錫의 문하에서 3년간 성리학을 익힌 후, 지리산 산방에서 독서하며 호남을 유람하고 한시를 지었다. 특히 마지막 유학 세대로서 시문에 뛰어났다.

2) 운동가(1918~1935) : 중동中東학교(현 중동고)를 마치고 와세다대학 전문부 정치경제과에서 맑스학에 전념하며 민족해방과 사회주의를 위해 헌신하였다. 군자금 모집 사건, 조선공산당 사건, 대전역 만세 사건으로 총 10년간 수감되었다.

3) 언론·정치인(1936~1948) : 출옥 이후 조선·동아 등 일간지에다 잡문을 쓰며《여유당전서를 독함》을 연재하였다. 신문이 폐간되자 퇴직금으로 술집을 운영하고, 해방을 맞아 조선공산당 장안파長安派로서 정치 활동을 하다가 1948년 월북하였다.

4) 학자·정치인(1948~1957) : 김일성종합대학 조선어문학부 조선문학과 부교수로서 과학원 연구사를 겸임하며 제1기 최고인민회의 대의원을 지냈다.《실학파와 정다산》,《정다산선집》까지 집필하여 최초로 '다산 3부작'을 완성하였다.

최익한은 강릉최씨江陵崔氏 수헌공파睡軒公派 대순大淳(1869~1925)
과 동래정씨東萊鄭氏(1865~1928)의 4남 2녀 중 차남으로서, 장남 익
면益冕이 백부 호순虎淳에게 출계하자 가계를 이어받았다. 그는 천
석꾼 유학자 부친과 영남의 유명 훈장들에게 사서오경을 배우고
제자백가를 섭렵하면서 일찍이 대재大才로 인정되었다.

1909년 13세에 그는 봉화군奉化郡에 사는, 퇴계 선생의 후손 유
학자 이교정李敎正의 장녀 이종李鍾(1895~?)과 혼인하여 3남 3녀를
두었다. 동년 봄에는 봉화 청암정青巖亭 시회詩會에서 장원을 하였
는데, 그 한 구절이 전한다.

繞海千年生獨鶴 동해 바다 천년에 학 한 마리 나오니
名亭三月集群鶯 이름난 정자 3월에 뭇 꾀꼬리 모이더라.

이는 자신을 학으로, 봉화 유생들을 꾀꼬리로 빗대어 시쳇말로
'들었다 놨다' 희롱한 것이라 지역 유림들의 항의가 빗발쳐서 부친
이 몸소 봉화까지 내려가 사돈 이교정과 함께 사과를 하였단다.

최익한은 1913~16년까지 약 3년간 경남 거창居昌의 다전茶田
여재如齋에서 면우 곽종석2)에게 수학하였다. 면우는 한주寒洲 이
진상李震相의 심즉리설心卽理說을 계승하고 유교적 입장에서 서양
문물과 사상을 포용적으로 인식하며 일제의 침략을 만국공법에 호

2) 곽종석(1846~1919) : 한말 영남학파의 거유로서 독립운동가. 1919년 파리장서
   사건을 유림 대표로 주도하여 3개월간 투옥된 후 병보석으로 풀려났으나 곧 병
   사하였다. 1963년 건국훈장 독립장이 추서되었으며, 저서 《면우집》(1925)에 최
   익한 관련 시문 8편이 실려 있다. 익한의 형 익면도 면우 문하생이었다.

22

소하는 외교적 방책을 강구하였다. 즉 파리강화회의에 보낼 독립
청원서를 기초하여 유림들의 서명을 주도하였는데, 이른바 '파리
장서운동'이 바로 그것이다.3) 최익한은 면우 제자 중에 곽윤郭奫·
문준호文存浩·권상경權相經·김수金銖·김황金榥 등과 가까웠는바, 특히
김황4)은 자치동갑으로 각별한 벗이었다.

　　1917년 봄~가을에 최익한은 지리산 산방에서 독서하며 호남을
유람하였다. 석전石田 황원黃瑗(1870~1944), 유당酉堂 윤종균尹鍾均(18
61~1941)과 오가며 시문도 주고받았다. 동년 3월에 부안扶安 계화
도界火島로 간재艮齋 전우田愚(1841~1922)를 찾아가 성리설에 대해
질의문답하며 논쟁을 벌였고, 6월에는 간재에게 7천여 자의 장문
질의서인 〈최익한상전간재崔益翰上田艮齋〉를 투서하여 간재의 성론
性論을 비판하였으니, 이는 간재학파와 한주학파간의 오랜 논쟁을
이어받은 것이라 하겠다.5)

---

3) 현상윤,《조선유학사》, 민중서관, 1949, pp381~4; 금장태·고광식,《유학 근백
　년》, 박영사, 1984, pp463~472; 유초하, 〈곽종석의 사상〉,《한국의 사상》(윤
　사순·고익진 편), 열음사, 1984, pp326~331; 김도형,《대한제국기의 정치사상
　연구》, 지식산업사, 1994, pp225~289; 하겸진 편,《증보 동유학안·3》, 나남,
　2008; 허권수 외 13인,《면우 곽종석의 학문과 사상》, 술이, 2010 등 참조.
　최익한은 파리장서가 "일본의 강제 합병과 조선의 독립 요구를 유교식 논리로
　주장하였으나, 왕조 복구를 요청하는 의사는 표시하지 않았다"고 진보적으로
　평가한 바 있다. 〈3·1운동의 력사적 의의에 대한 재고찰〉,《력사제문제》6집
　(1949), 조선력사편찬위원회, p105. 또 그는 성리학자 이진상과 곽종석을 유집
　遺集이 많은 사례로 들기도 하였다. 교주본《여유당전서를 독함》p177;《실학
　파와 정다산》p747.
4) 김황(1896~1978) : 자는 이회而晦, 호는 중재重齋·만암晩巖. 면우의 수제자로
　동문들과《면우집》(1925)을 간행하였다. 파리장서사건으로 1주일간 구금되고
　독립운동자금 모집 건으로 9개월 동안 투옥되었다. 저서《중재문집》(1989)에
　최익한 관련 시문 4편이 실려 있다.
5) 소현성, 〈양재陽齋 권순명權純命의 성리사상—'최익한상간옹서변崔益翰上艮翁

최익한은 뒤늦게 신학문에 뜻을 두어 1918년 경성기독교청년회관에서 영어를 배우고, 1919년 9월 중동학교 야학부에 입학하면서, 비로소 단발斷髮하고 변복變服하였다. 상투를 자르기 직전인 1919년 8월 초에 그는 지사志士로서 의기義氣를 선보였다. 즉 경북 영주榮州의 부호 3인을 각각 찾아가 변성명을 하고 상해임시정부에 보낼 독립군자금의 출자를 권고하여 그중 2인에게서 총 1,600원을 모집하였는데, 나중에 이 사건으로 서대문감옥에서 2년 남짓 (1921.3~1923.3) 옥고를 치렀던 것이다.

그는 이미 동년 4월 말에 면우 선생이 파리장서사건으로 대구지방법원에 송치되었을 때 옥바라지를 하며 동문 김규열金圭烈[6]을 만나 구례와 서울에서 몇 달간 같이 지낸 적이 있다. 이때 군자금 모집을 결행하고 신학문을 공부할 모든 계획이 이루어졌다. 당시 신문조서를 보면, 최익한은 시골 절에서 구학문을 계속할지 아니면 서울에 가서 신학문으로 전환할지에 대해 고민하였다. 창강滄江

書辨'의 심본성설心本性說을 중심으로〉,《간재학논총》17집(2014), 간재학회, pp215~222; 이종우, 〈한국유학사 분류방법으로서의 주리·주기 개념에 관한 비판적 연구〉,《동양철학연구》36집(2004), 동양철학연구회, p263 각주 11, p270 각주 31; 이종우, 〈간재학파와 한주학파의 논쟁에서 비판논리 연구〉,《유교사상연구》43집(2011), 한국유교학회, pp130~3 참조.

6) 김규열(1893~1968) : 자는 사장士璋. 전남 구례 생. 서울상해파 공산주의자. 1916년 면우 문하에 들어갔다가 그해 가을 변기섭邊祺燮·최익한과 함께 문하를 떠났다. 1919년 6월 최익한과 상경하여 몇 달간 같이 지냈으며, 동년 10월 상해임시정부로부터 격문을 받아 전라도에 배부케 한 사건으로 1920년 징역 2년을 선고받았다. 1927년 사상단체 해체에 대해 그는 서상파로서 ML파 최익한과는 정치적 입장을 달리하였다. 1992년 건국훈장 애족장이 추서되었다.

김택영金澤榮의 <열사 최익한 일화書崔烈士益翰事>에 최익한의 상경 계기가 다음과 같이 구체적으로 나온다.

> (익한이) 홀연 책을 던지며 스스로 꾸짖기를, '너는 조국을 생각 지 않고 헛되이 경이나 읽는 외곬 샌님이런가?' 하고는 곧장 한성으로 내달아 의사義士들과 결사하여 밤낮으로 국권 회복 의 일만 꾀하였다.7)

그는 퇴락한 촌사村寺에서 꽁생원이나 될 생각을 하니, 자괴감 으로 숨이 막혔던 것이다. 또한 파리장서운동 때 면우 문하에 남아 있던 김황처럼 곁에서 스승을 돕지도 못한 처지라 구학문 유학에 대한 무력감은 바로 독립운동에 대한 열망으로 전화 분출되었다. 앞에서 말한 '군자금 모집 사건'이 그 발현이었다. 암울한 식민지 시대에 유교적 지식인의 실천은 의연히 빛났다. 1920년 5월에는 <가명인假明人 두상頭上에 일봉一棒>8)을 발표하여, 유교 보수층 특 히 주자학파 노론계 유학자들을 '가짜 명나라인'으로 명명하고 그 사대모화事大慕華 사상을 통렬히 비판하였다. 어찌 보면 유교 비판

---

7) 《韶濩堂集續》권5, 1924년경, p6a, 書崔烈士益翰事, "嘗從講學家遊 忽擲書自罵 曰 汝不念祖國 而徒碌碌作經生乎 則走至漢城 與諸義士結社 日夜籌恢復事"

8) '가짜 명나라인 대가리에 몽둥이 한 방을!'의 뜻. 권덕규權悳奎와 공동 집필하여 《동아일보》(5.8~5.9)에 2회 연재한 논설로서, 최익한은 이 글을 권덕규의 호인 '한별'로 발표하였다. 이는 노론계 간재와 남인계 면우의 문인 간 싸움으로도 비화할 수 있었기 때문일 것이다. 실제로 당시 간재의 제자인 오진영吳震泳이 <경고세계문敬告世界文>을 지어 격렬하게 성토한 적도 있다. 안병주, <ML계 인물 인상기>, 《삼천리》14호(1931.4), 삼천리사, pp55~6; 금장태, <이병헌李 炳憲의 비공론批孔論에 대한 반박과 민족주의적 역사인식>, 《종교학 연구》21 권(2002), 서울대 종교문제연구소, p9 참조.

론으로 또다시 '들었다 놓았다' 한 사건이었다. 전국의 수구 유림들이 발칵 뒤집혀 항의하자 친일 거두로서 동아일보 초대 사장이 된 박영효朴泳孝가 사임까지 하게 되었다.

그러나 이러한 창해의 질풍노도의 시기는 범박하게 말하자면, 운동의 초보적 수준이었다고 할 수 있다. 막연히 추상적·몰계급적 '민족' 관념으로만 충일한 나머지, 그의 독립운동은 감상성과 일시성을 탈피하지 못한 것이었다. 무엇보다 질적 변화가 요구되었던 바, 그는 과학적 인식과 조직적 운동이 가능한 일본으로 유학하여 오직 사회주의적 민족해방운동에 헌신하였다.

최익한은 군자금 모집 사건 때문에 2년여 투옥되어 중동학교 졸업이 미루어졌다. 설상가상으로 1923년 9월에는 '관동대지진 조선인 학살 사건'까지 일어나서 그는 1925년 4월경에야 드디어 29세 늦깎이로 와세다대학 전문부 정치경제과에 입학하게 되었다. 물론 그는 1918년 기독청년회관에서 방학 때 귀국한 도쿄 유학생들의 강연을 듣고서 일본 유학에 첫눈을 떴겠지만, 옥살이를 하는 동안에 유학 결심을 굳힐 수 있었을 터이다. 당숙 최진순崔瑨淳9)이 동경고등사범학교 학생인 데다, 더욱이 최익한의 하숙집 건물주인 송태관宋台觀10)이 '일본통'이라 쉽사리 다양한 유학 정보를 얻었을 법하다. 또 박낙종朴洛鍾11)이 중동학교와 와세다대 선배였다. 유학

---

9) 최진순(1901~?) : 자는 진옥瑨玉. 선린상업학교 재학 중에 3·1운동으로 1년간 수감되었다. 동경고등사범학교 졸업. 중동학교교사·경성여자보육학교장, 천진天津일본상업학교장·천진조선인민회 부회장, 홍익대 교수 등을 역임한 후 1950년 9월 초 행불되어 북한의 역사학계에서 활동하였다.

10) 송태관(1874~1940) : 이토 히로부미의 통역관으로 민속학자 송석하宋錫夏의 부친. 1923년 일본 유학 중 귀국한 송석하(1904~1948)를 최익한이 만났을 가능성도 있으나, 1930년대 말 언론 활동을 할 때부터는 몇 번 만났다.

26

가기 전에는 간재 제자였던 이병기李秉岐와 자주 내왕하면서 권덕규·정인보鄭寅普·이능화李能和·오철호吳徹浩·방두환方斗煥·변영로卞榮魯·홍명희洪命憙 등과도 문화적 담소를 나누며 교류하였다.

2-2

대학 입학은 최익한을 'ML이론가'로 거듭나게 하였다. 와세다대는 중앙대학이나 고등사범에 비해 조선 학생들이 사회과학을 연구하기에 더 자유로웠다.12) 당시 도쿄는 부산에서 배를 타고 시모노세키에서 도쿄행 기차로 갈아탄 후 오사카·요코하마를 거쳐 갔다. 2박 3일의 머나먼 길이었다. 승객은 대부분 유학생이 아니라 노동자였다. 최익한은 자기안존과 입신양명에만 급급한 학교 공부보다는 민족해방과 사회주의를 위해 맑스학에 전념하였다. 처음에는 오야마 이쿠오大山郁夫13)에게 배웠는데, 나중에는 후쿠모토 가즈오福本和夫14)로부터 많은 영향을 받았다.

---

11) 박낙종(1899~1950) : 경남 사천泗川 출신. 사회주의운동가. 최익한보다 2년 연하였으나 중동학교와 와세다대 선배로서 인쇄소 동성사同聲社를 운영했다. 안광천安光泉의 권유로 1927년 4월 초에 제3차 조선공산당에 입당하고 일본 지부를 재조직하며 책임비서가 되었다. 1928년 ML당 사건으로 약 6년간 투옥 되었고, 1946년 정판사精版社 사건으로 무기징역을 선고받고 목포형무소에서 복역하다가 6·25 직후 군경에 의해 학살되었다.

12) 〈와세다대학신문 최익한 인터뷰〉(1926.11.4),《早稲田大学百年史》4卷, 早稲田大学出版部, 1992, p650.

13) 오야마 이쿠오(1880~1955) : 와세다대 정치학과를 수석 졸업하고 교수가 되었으나, 1926년 노동농민당 위원장이 된 후 이듬해 교수직을 그만두었다.

14) 후쿠모토 가즈오(1894~1983) : 도쿄대 정치학과를 졸업하고 독일 프랑크푸르트대에서 루카치·코르쉬의 지도 아래 맑스주의를 연구하였다. 전위당에 의한 정

최익한은 일월회·신흥과학연구회·재일본조선노동총동맹·신간회 동경지회와 조선공산당 일본부에서 활동하며, 각 시기별로 운동에 요청되는 과학적 이론을 주로 소개하였다. 필자가 그 논문 제목과 게재지는 찾아냈으나 절반은 미발굴 상태이며, 시·시조도 꽤 있을 텐데 발견되지 않았다. 그러니까 현재로서는 대학 시절 그의 글은 논문 8편이 전부인 셈이다.

연 도	제 목	게재지(월일)
1926	맑스 유물론적 변증법의 개설	사상운동 3권6호(5월)
	일월회의 민족운동으로의 방향 전환	대중신문 창간호(6.5), 미발굴
1927	파벌주의 비판에 대한 방법론	이론투쟁 1권1호(3월), 미발굴
	학생운동의 사회의식에 대한 고찰	신흥과학 창간호(3월), 미발굴
	사상단체 해체론	이론투쟁 1권2호(4월)
	在日本朝鮮勞働運動의 最近의 發展	勞働者 2卷 9号(9월)
	우리로서 본 일본의 계급전선	이론투쟁 4호(11월), 미발굴
1928	1927년 조선 사회운동의 빛	조선일보(1.26~2.13), 10회

1926년 최익한은 일월회 기관지인 《사상운동》과 《대중신문》에 〈맑스 유물론적 변증법의 개설〉, 〈일월회의 민족운동으로의 방향 전환〉을 각각 발표하였다.[15] 이를 바탕으로 그는 동년 8월 여름

치투쟁과 이론투쟁을 강조하면서 이른바 '후쿠모토이즘'의 선풍을 일으켰지만, 1927년 코민테른 테제에서 비판받고 영향력을 잃게 되었다.

15) 일월회는 도쿄 유학생들이 1925년 1월 조직하여 1926년 11월 자진 해산한 사상단체로서 ML원전을 번역하고 그 이론을 소개하였다. 또 재일본조선노동총동맹의 결성을 주도한 후 국내로 진출하여 조선공산당을 장악하였다. 후쿠모토 이즘에 고무되어 경제투쟁에서 정치투쟁으로 방향을 전환하고, 대중운동과 공동전선을 통한 합법적 민족 단일당의 결성도 강조한 바 있다. 주요 인물은 김세연金世淵·안광천安光泉·최익한·한위건韓偉健·하필원河弼源·박낙종·이우적李友狄·김영식金泳植 등이다. 이석태 편, 《사회과학대사전》, 문우인서관, 1948, p438,

방학 때 고향에 돌아와 울진 최초로 유물론 철학 강의를 할 수 있었다. 또 11월에는 일월회가 해체되기 직전이라 도쿄 유학생들과 신흥과학연구회를 창립하여 현대 사회를 과학적으로 연구하고 전일본학생사회과학연합회와도 제휴할 것을 결의하였다. 그리고 12월경에는 러시아의 사회 상태를 파악하기 위해 원산元山을 거쳐서 모스크바 동방노력자공산대학에 입학하려고 갔으나 언어불통으로 뜻을 이루지는 못하였다.

1927년 4월 최익한은 박낙종의 도쿄 하숙집에서 조선공산당에 입당한 후 박낙종·김한경金漢卿·한림韓林·강소천姜小泉 등과 함께 제3차 조선공산당 일본부를 조직하고 부서를 호선한 결과 조직부장이 되었다. 5월에는 종로 중앙기독교청년회관에서 열린 조선사회단체중앙협의회 창립대회(단체 292개, 대표자 282명 참석)에 재동경조선노동총동맹 대의원으로 참가하여 '중앙협의회의 상설 무용론'을 주장하였다.

세계의 정세와 조선의 형편을 보면, 벌써 사상단체는 그 임무를 다했다 하여 해체를 하는 한편으로 민족적 단일 정당을 필요로 하여 운동 방향이 전환기에 있음에도 불구하고, 벌써 1년 전에 제정한 기본강령과 선언을 가지고 상설기관으로서 중앙협의회를 두는 것은 맑스주의에 배치되는 것이다.16)

pp536~7; 미즈노 나오키水野直樹, 〈신간회동경지회의 활동에 대하여〉, 《신간회 연구》(스칼라피노 외), 동녘, 1983, p115; 김인덕, 《식민지시대 재일조선인 운동 연구》, 국학자료원, 1996, pp58~75, p322; 박종린, 《일제하 사회주의사상의 수용에 관한 연구》, 연대 사학과 박사학위 논문, 2006, pp97~120.

16) 《동아일보》(1927.5.18).

여기서 '민족적 단일 정당'이란 신간회를 말한다. ML파 최익한은 공산당과 신간회의 단일한 민족통일전선을 구축하기 위해 서울파의 상설론(신간회 외에 별도로 중앙협의회를 상설기관화하는 것)을 반대하였다. 이는 코민테른의 지령을 대변한 것이며, 또 이른바 '방향전환론'은 후쿠모토이즘의 영향을 받은 것이다.17)

최익한은 중앙협의회 비상설론을 준비해 오면서, 이미 사상단체 해체의 필요성을 강조하는 〈사상단체 해체론〉을 발표한 바 있다. 그는 조선무산자계급운동이 내적 발전의 필연에 따라 조합의 경제투쟁에서 정당의 정치투쟁으로 방향 전환기에 직면함으로써 사상단체는 아무런 실제적 가치를 가지지 못한다고 하였다.18)

결국 중앙협의회는 비상설화하기로 가결되어 의안 작성위원 7인이 피선되었다. 그중 ML파가 이우적李友狄·최익한·이평권李平權·김영식金泳植 4인으로 과반을 확보하였다. 위원들은 '조선무산계급투쟁의 전반적 전개에 관한 건, 파쟁의 청산에 관한 건, 전민족적 단일당 결성에 관한 건' 등 11개 안을 새로 작성하였으나, 일제의 검열에 걸리고 집회도 강제 해산되고 말았다.

동년 8월 최익한은 도쿄에서 '조선총독 폭압정치 폭로 연설회' (재일본조선노동총동맹·동경조선노동조합서부지부 주최)에 연사로 참석하여

---

17) 김준엽·김창순,《한국 공산주의 운동사·3》, 청계연구소, 1986, pp20~3, pp198 ~202; 김인덕, 〈조선공산당의 투쟁과 해산〉,《일제하 사회주의운동사》(한국역 사연구회 1930년대 연구반 편), 한길사, 1991, p63; 전명혁, 〈조선사회단체중앙 협의회 성격 연구〉,《한국민족운동사 연구》23권, 한국민족운동사학회, 1999, pp421~6; 전상숙,《일제시기 한국 사회주의 지식인 연구》, 지식산업사, 2004, pp127~9; 이석태 편, 앞의 책, p567.
18) 〈사상단체 해체론〉,《이론투쟁》1권 2호(1927.4), 이론투쟁사, pp11~32.

검속되고, 신간회동경지회 모임과 동방무산청년연합대회 때에도 바로 검거되었다.19) 9월에 다시 귀국하여 경성지방법원에서 열린 '조선공산당 사건 101인 공판'에 대중신문사 대표로 방청하였고, 제3차 조선공산당 조직부장이 되었다. 책임비서 김준연金俊淵, 중앙위원 한위건韓偉健·안광천安光泉·양명梁明·최익한·하필원河弼源·김세연金世淵이었다. 11월에는 책임비서 김세연, 고문 양명, 선전부장 최익한으로 재편하고 파쟁 청산과 방향 전환의 실천을 위해 매일 회합하였다.20) 동월 중순경 최익한은 조선공산당을 대표하여 도쿄로 가서 코민테른 간부 존 페퍼21)를 만나 당대회 준비 자금과 지령을 전달받았다.

1928년 2월 제3차 조선공산당(세칭 ML당) 사건으로 종로경찰서에 검거되고 동년 4월 서대문형무소로 이감되어 여러 번 조사를 받았다. 당시 기록에는 '와세다대학 학생' 신분으로 되어 있으니, 결국 졸업은 못하고 제적된 것으로 보인다. 차디찬 곳에서 쉴 새 없이 심문에 부대끼며 독감으로 고생하다가 폐병에 걸리고 치질이 생겨 앉고 일어서기조차 불편하였다. 1931년 8월 경성지방법원에서 김준연·하필원·강동주姜東柱 등과 피고인 최고형인 징역 6년(미결구류 600일 산입)을 선고받았다.22)

---

19) 최익한은 그즈음 작성한 〈在日本朝鮮勞働運動の最近の發展〉에서 '조선총독폭압정치반대동맹'이 머잖아 조직되리라 예상하였는데, 실제로 동년 9월 17일 결성되었다. 《勞働者》 2卷 9号(1927.9), p47; 《동아일보》(1927.9.20) 2면.

20) 제3차 공산당의 책임비서는 초대 김철수金錣洙(1926.9.2~12.5), 2대 안광천安光泉(~1927.9.20경), 3대 김준연金俊淵(~1927.11.2경), 4대 김세연金世淵(~1928.2.2) 순이었다. * 괄호는 재임 기간.

21) John Pepper(1886~1938) : József Pogány. 유대계 헝가리인. 소련에 망명한 후 1927년 6월 코민테른 집행위원회 최고회의 간부로 선출되었다.

1932년 7월 서대문형무소에서 대전형무소로 사상범 기결수 25명이 이감될 때 대전역에 내리자 만세를 부르고 <적기가赤旗歌>를 합창하며 시위를 주도하였다. 이 사건으로 1933년 1월 경성복심법원에서 징역 1년 가형이 확정되었다. 일제강점기 때 기결수로서 재차 법의 적용을 받게 된 경우는, 최익한이 선도한 대전역 만세사건의 피고인들이 최초였다.

그가 옥중에 있는 동안 모친 동래 정씨는 별세하였고, 동생 익래益來23)는 울진청년운동으로 체포된 후에 고문을 당하여 다리 불구가 되었으며, 동생 익채益采24)는 요절하였다. 또 장남 재소在韶25)와 차남 학소學韶26)가 울진적색농민조합 사건으로 각각 징역 2년 6월형과 3년형을 선고받았다. 최익한의 형제와 아들이 전부 민족해방과 사회주의를 위한 투쟁에 각고의 헌신을 다한 것이다.

---

22) 최익한은 1928년 2월 2일경 종로경찰서에 검거되었으니 30개월 이상 수감된 셈이나, 실제 판결에서는 미결구류일수 중 600일만 본형에 산입되었다.

23) 최익래(1903~1950) : 자는 덕일德一, 호는 청계淸溪. 1929년 울진청년운동으로 체포된 후 혹독한 고문을 당하여 절름발이가 되고 약 1년간 수감되었으며, 전답을 팔아 오랜 세월 형과 조카들의 옥바라지를 했다고 한다.

24) 최익채(1899~1931) : 자는 백수白受, 호는 고원高原. 1919년 서간도西間島에서 신병을 치료하며 조선독립단에 가입하고, 1920년 중동학교에 입학한 후 대종교大倧敎 활동을 하다가 1923년 요양하기 위해 울진으로 귀향하였다.

25) 최재소(1914~1937) : 자는 명보明甫. 서당 수학, 울진보통학교 졸업. 울진적색농민조합의 결성에 참여한 후 야학과 독서회 활동을 하다가, 1934년 검거되어 징역 2년 6개월형을 선고받고 1937년 복역 중 고문 후유증으로 옥사하였다. 2000년 8월 15일 건국훈장 애족장이 추서되고, 동년 9월 21일 국립대전현충원 애국지사묘역에 안장되었다.

26) 최학소(1916~?) : 호 관석冠石. 울진보통학교 졸업. 중동고보 중퇴. 1934년 형 재소와 함께 울진적농 사건으로 검거되어 징역 3년을 선고받았다. 1939년 그 농민조합의 후신으로 항일비밀운동단체인 창유계暢幽契를 결성하여 1943년 검거되었으나 탈옥하였다. 저서에 《농민조합조직론》(1946)이 있다.

　최익한은 1936년 1월 대전형무소에서 만기 출소하였다. 그는 서대문형무소와 김천金泉소년형무소에 복역 중인 두 아들 재소·학소를 면회하고 고향 울진으로 돌아와서 다음과 같이 통곡하였다.

十載蘇郞白髮歸　10년 만에 소무蘇武인 양 백발로 돌아오니

歸如華表老丁威　학이 되어 돌아온 정령위丁令威런가.

金泉落日西城雪　우물가 해 지고 서쪽 성벽 눈 나리는데

彳亍徊徨敲鐵扉　가다 서다 헤매다 쇠문짝을 두드리네.27)

　1937년 3월 장남 재소가 출옥을 4개월 앞두고 살인적인 고문 후유증으로 함흥형무소에서 순국하였다. 향년 24세로 수감된 지 만 3년만이었다. 최익한은 참척의 고통을 만시 <곡아 25절哭兒二十五絶>로 승화하였다.28) 또 그해 말부터 이듬해까지는 조선일보사 출판부 촉탁직으로서 동 신문에 <한시만화漢詩漫話>, <역대사담歷代史談>, <여말사화麗末史話>, <향토 문화를 찾아서> 등을 다수 연재하며 생계를 꾸려 나갔다. 오랜 투옥으로 가세가 이미 기운 상태에서 문필 활동은 거의 유일한 호구책이었을 것이다.29)

---

27) <곡아 25절哭兒二十五絶> 제15수, 《조선일보》(1937. 4. 24); 최구소, <창해 학인의 곡아 25절시>, 《울진문화》 5호(1990), p138; 한영규, <식민지 시기 한시 작가로서의 최익한>, 《반교어문연구》 33집(2012), p130 참조.

28) 《조선일보》(1937. 4. 23~25)에 3회 연재되었다. 참척의 고통을 절절이 시적 으로 승화한 7언절구 25수로 최익한의 대표시이다. 그는 직접 함흥까지 가서 재소의 유해를 수습하여 고향으로 돌아와 선영에 묻었다.

1938년 12월~1940년 8월 그는 동아일보사 조사부장(정규직)으로 자리를 옮겨서 동 신문에 《여유당전서를 독함》, <전통 탐구의 현대적 의의>, <광주廣州 객산동客山洞 불상佛像·각자刻字 탐방기>, <종두술種痘術과 정다산 선생>, <사상史上 명인의 20세> 등을 게재하며, <한시모집>란을 통해 시제詩題를 내걸고 한시를 모집한 뒤 고선考選하였다. 여기에서 <전통 탐구의 현대적 의의>는 전통과 창조의 유기적 관계를 강조한 글인데, 최익한의 '다산 3부작'을 이해하는 데 있어 입문적 논설에 해당한다. 또 이와 동시에 집필한 《여유당전서를 독함》은 책으로 나오진 않았으나, 훗날 《실학파와 정다산》에 거의 다 반영되어 더 전면적이고 과학적으로 심화 연구할 수 있는 초석을 이루었다.30)

《여유당전서를 독함》은 '최초의 다산학 개론서'이다. 그 특징은 '상업성·개량성·종합성'에 있다. 최익한은 봉건적 관료학자 다산을 개량적 공상가로 구출하기 위해 실학이란 탈을 씌웠다. 이는 당시 일본 유학파 안재홍安在鴻·백남운白南雲 등의 언설과도 비스름한데, 하나같이 《여유당전서》 간행에 발맞춘 일시적 담론이었다.

1940년 8월 최익한은 '동아일보 폐간사'를 써 달라는 청탁을 받았지만 가식과 허위의 글을 쓸 수 없다며 거절하였고, 신문이 강제 폐간된 후 총독부의 전직 알선이 있었으나 역시 불응하면서

---

29) 창신정昌信町(현 창신동) 산비탈의 협소한 집(건평 16평)에서 가족 약 8명이 함께 살았다. 바로 이곳에서 창해의 《여유당전서를 독함》과 학소의 《농민조합 조직론》이 집필되었다.

30) 《동아일보》에 <전통 탐구의 현대적 의의>가 5회 연재되고(1939. 1. 1~1. 7), 《여유당전서를 독함》이 64회 연재된 후(1938. 12. 9~1939. 6. 4), 《실학파와 정다산》은 평양 국립출판사에서 1955년 8월 25일 발행되었다.

자유 구직을 표방하였다. 취직은 불가하고 생활이 곤란하자 신문사 퇴직금으로 1941년 봄부터 1944년 11월까지 동대문 밖 창신정 집 부근에서 '가정용 주류 소매업'(술집)을 운영하였다. 그는 약 3년 9개월간 비록 가동家僮(술통 배달하는 사내종) 1명은 부렸지만, 조금은 육체노동을 거들지 않았을까 한다. 벌써 그는 1920년대에 하숙집을 경영하고, 30년대에는 봉투직공으로도 복역한 바 있는데, 또한 50년대 전시하에서는 건설 및 영농 사업에도 노력 동원된 듯하다. 이러한 일련의 노동이 물론 의식적 실천은 아닐지언정 그가 온실 속의 관념에서 벗어나 강철처럼 사상을 단련시키는 경험적 계기로 작용하였을 것이다.[31]

1945년 8월 15일 최익한은 동대문 밖 모처[32]에서 ML파 박낙종·하필원·이우적·이청원李淸源[33] 등과 고려공산당 조직위원회를 구성하고, 이튿날 종로 장안빌딩에서 결성된 조선공산당 장안파로 합류한 후, 박헌영朴憲永계 재건파와의 통합에는 반대하였다. 그는

31) <변백장>, 《조선공산당문건자료집》, 한림대 아시아문화연구소, 1993, pp177~8; <판결문>(소화 7년 형공刑控 제484호), 관리번호 CJA0000605, 국가기록원; 《김일성종합대학 10년사》, 김일성종합대학, 1956, pp73~100 등 참조.
32) 동대문구 창신정(현 종로구 창신동) 최익한의 집이라는 설이 있다. 이기하 외, 《한국의 정당》, 한국일보사, 1987, p59. 최익한의 조카 최국소는 해방 직전의 최익한 집을 100여 평 되는 기와집으로 술회한 바 있는데, 아마도 그 집일 가능성이 높다. 최국소, <순국열사 최재소 종제의 넋두리>, 《함께 보는 우리 역사》 85집(2000), 역사학연구소, p28 참조.
33) 이청원(?~?) : 본명 李靑垣. 최익한의 맏사위. 함남 풍산豊山의 빈농 집안 출신으로 보통학교를 졸업한 후 일본 대학에 유학하여 동경에서 조선공산당 재건 운동을 하다가 체포되어 약 3년간 투옥되었다. 1946년 북으로 돌아가서 조선력사편찬위원회 위원장, 김일성종합대학 문학부 사학과 교수, 조선로동당 중앙위원회 후보위원 등을 역임하였으며, 1957년 숙청되었다. 더 자세한 것은 p879 각주 29 볼 것.

<현계단의 정세와 우리의 임무>에서 프롤레타리아혁명 단계론을
주장하며, 재건파의 부르주아민주주의혁명 단계론이 우경 오류에
빠져 있다고 논박한 것이다.34) 9월 30일~10월 15일에는 이영李英
과 함께 장안파 노선을 인정받기 위해 평양을 방문하였다. 그러나
10월 13일 평양에서 개최된 '서북 5도당 책임자 및 열성자 대회'
에서 그들의 활동과 이론은 격렬한 규탄을 받았다.

> 이영·최익한 일파의 활동은 당의 통일을 붕괴시키는 것이며,
> 그들이 주장하는 이론은 현하 국제 정세와 조선 현실을 정당
> 히 파악치 못한 좌경적 견해의 트로츠키적 이론 근거를 가진
> 소부르주아지 이데올로기로 움직이는 소부르주아 영웅주의적
> 행동인 동시에 당의 노선과 대열을 분열시키려는 부정분자의
> 행동이라고 지적한다.35)

이는 결정서로 채택되었는데, 김일성金日成의 입장과 박헌영의
8월 테제와 스탈린의 9월 20일자 지령에 부합되는 것이었다.36)
장안파는 서북 5도당 대회에서 패배한 후, 소부르주아적 근성인
극좌주의적 편향을 인정하고 부르주아민주주의혁명 단계론으로

---

34) 이에 대해 자세한 것은 심지연, 《조선혁명론 연구》, 실천문학사, 1987, pp40~
    69; 이완범, <해방 직후 공산주의자들의 혁명 단계론>, 《정신문화연구》 112호
    (2008), 한국학중앙연구원, pp5~40 볼 것.
35) <정치 노선과 조직 확대 강화에 관한 결정서>, 《해방일보》(1945. 11. 5).
36) 이완범, 앞의 글, p24; 류승완, 《이념형 사회주의》, 선인, 2010, pp267~8; 김
    국후, 《평양의 소련군정》, 한울아카데미, 2008, pp101~2, p120; 안문석, <해방
    직후 북한 국내 공산 세력의 국가건설전략>, 《통일정책연구》 22권 2호(2013),
    통일연구원, p114 참조.

노선을 수정하는 한편, 정권수립과 통일전선 또한 우경향 전술로 급선회하였다.[37] 결국 11월 23일 장안파는 결성된 지 딱 100일 만에 해체 선언을 함으로써 재건파에 통합되고 말았다.

최익한은 광복 후에 장안파 활동으로 가세가 더 기울어서 1946년에는 혜화동 산동네로, 남산골 셋집으로 계속 전전하게 되었다. 익한의 조카 국소國韶(익래의 차남)가 기록한 당시 상황을 정리하면 다음과 같다.

> 광복이 되고 큰댁은 혜화동의 15~6평 되는 방 3개짜리 아주 작은 집으로 이사 갔는데, 혜화동 보성중학교(현 서울과학고 자리) 가 내려다보이는 언덕이었습니다. 마당에는 책을 높이 쌓아서 가마니로 덮어 둔지라 마당이고 마루고 방이고 어디에도 발을 들여놓을 곳이 없는 집에서 10여 식구가 살았습니다. 어릴 적 필자의 눈에도 이전 집과 너무나 비교되어 을씨년스러운 큰댁 살림살이는 서글펐습니다."[38]

오랜 옥바라지로 전답은 대부분 처분되어 버렸다. 해방 직후 최익한은 조선건국준비위원회 조사부장, 조선인민공화국(건준 후신) 법제국장으로 선출된 적도 있지만, 그것은 한시직이라 살림에 별로 보탬이 되지 않았다. 또 재건파 박헌영과 대립하다가 중앙간부 인사에서 배제됨으로써 수입원은 차단되었던 것이다.

---

37) 〈정권수립과 민족통일전선에 관한 결정〉,《혁명신문》(1945.10.16).
38) 최국소,〈순국열사 최재소 종제의 넋두리〉,《함께 보는 우리 역사》85집(2000), 역사학연구소, p28.

1946년 2월 그는 29개 단체로 발기된 민주주의민족전선(민전) 준비위원회의 중앙위원으로서 기획부장에 뽑히고, 이어 민전 상임위원회에서 김원봉金元鳳·이강국李康國·허성택許成澤·임화林和 등과 함께 전형위원으로 선출되었으며, 40여 정당·사회단체로 조직된 반파쇼공동투쟁위원회(반파쇼)에서 부위원장으로 피선되었다. 동년 4월 서울시 민전 결성대회에 반파쇼 대표로 참석하여 미소공위에 감사문을 보낼 것, 군정 당국에 경찰이 민주주의 진영을 탄압하지 말도록 결의문을 보낼 것, 이승만에게 인민의 눈에 모래를 뿌리는 따위의 반동적 언사를 삼가라는 경고문을 보낼 것 등 3건을 만장일치로 가결한 뒤에 축사를 하였다. 동년 10월 공산당(대회파)·인민당(31인파)·신민당(반중앙파) 3당 합동으로 사회노동당(사로당)이라 칭하고 합당 결정서를 발표하였다. 이른바 '대회파'는 반박헌영파로서 강진姜進·서중석徐重錫·김철수金錣洙·이정윤李廷允·김근金權·문갑송文甲松·윤일尹一·이영·최익한 등으로 구성되었다. 3당 합당 과정에서 좌익은 남로당과 사로당으로 분열 대립하였으나, 결국 남로당이 주도권을 장악하여 사로당은 머잖아 해체되고 말았다.39)

1947년 2월 사로당을 탈당한 최익한은 문갑송과 함께 브라운 소장과의 회담에서 대구인민항쟁 관련인 16명에 대한 사형 구형의 부당성을 지적하고, 친일파·민족반역자의 숙청을 요망하였다. 동년 5월 해체된 사로당계를 중심으로 다시 만든 근로인민당(근민당)의

---

39) 대회파는 '9월 총파업'과 '10월 인민항쟁'을 반대하며 투쟁 전선에서 이탈함으로써 그만큼 인민들로부터 신뢰를 잃게 되었다. 김남식,《남로당 연구》, 돌베개, 1984, p259; 정용욱, 〈조선공산당 내 '대회파'의 형성 과정〉,《국사관논총》70집(1996), 국사편찬위원회, pp67~70 참조.

결당대회에 참석하고, 25일 중앙위원회 상임위원으로 선임되었다. 동년 8월 근민당 간부로서 중부서中部署에 피검되어 10여 일 넘게 구금되기도 하였다.

4

1948년 4월 최익한은 평양에서 열린 남북연석회의에 근민당의 일원으로 참가한 후 가족과 함께 북에 계속 머물렀다. 미군정 치하에서 수차 검거 구금되며 신변의 위협을 느낀 것으로 보인다. 특히 '정판사精版社 사건', '10월 인민항쟁' 등을 빌미로 미군정의 공산당 탄압이 더 강화되었기 때문이다. 동년 8월 그는 해주에서 열린 남조선인민대표자대회에서 제1기 조선최고인민회의 대의원으로 선출되어 9년간 재임하였다. 1949년경부터는 김일성종합대학 조선어문학부 조선문학과 부교수로서 조선고전문학을 강의하며, 과학원 조선어 및 조선문학 연구소(1956년 언어문학연구소로 개칭) 연구사를 겸임하였다.

1948년 6월 그는 논문 〈조선 명장론〉(을지문덕 장군 편)을 작성한 다음 동년 11월 《력사 제문제》 2집에 발표하기 시작하여, 연개소문·강감찬·이순신 장군 편도 연재하였다.40) 여기에 김유신·곽재우

---

40) 〈조선 명장론〉은 《력사 제문제》에 '성해成海'라는 필명으로 6회 연재되었다.
　① 을지문덕장군편, 3집(1948.11.5)　② 연개소문장군편, 4집(1948.12.31)
　③ 강감찬장군편, 5집(1949.4.25)　　④ 리순신장군편(상), 6집(1949.5.5)
　⑤ 리순신장군편(중), 7집(1949.6.20)　⑥ 리순신장군편(하), 8집(1949.7.5)
　최익한은 일제강점기 때 자호인 '창해滄海'로 창씨한 바 있어, 아호를 '성해'로 바꾸었을지도 모른다. 또 《력사 제문제》를 발행하는 조선력사편찬위원회 위원

장군 편을 더 추가하여《조선 명장론》(1955)을 출간하고《조선 명장전》(1956)으로 재간하였는데, 6인의 명장전 중 '이순신 장군전'은 절반이나 차지할 정도로 중시되었다.41)

1949년 5월~1950년 5월 그는《력사 제문제》에 <3·1운동의 력사적 의의에 대한 재고찰>, <조선류교사상 발전에 대한 력사적 고찰>, <고대조선문화와 류교와의 관계>도 발표하였다.

<3·1운동의 력사적 의의에 대한 재고찰>에서 3·1운동은 장차 도래할 노동자·농민을 중심으로 하는 혁명운동에 대한 서막이었고, 사회주의사상운동을 준비하는 전제적前提的 계기였으며, 광대하고 확실한 인민대중의 정치적 각성과 조직적 단결을 배양하고 제고하는 미증유의 새로운 단계였다고 평가되었다.42)

<조선류교사상 발전에 대한 력사적 고찰>은 유교의 봉건성과 공자의 보수성을 비판한 논문으로《실학파와 정다산》에 일부 반영되어《여유당전서를 독함》과의 가교 역할을 하였다. 그는 유교를 비판하되 전적으로 부정하지는 않았다. 이 논문의 속편인 <고대

장이 사위 이청원이라 신중한 처신이 요구되었을 법도 하다.《력사 제문제》6집에 <3·1운동의 력사적 의의에 대한 재고찰>은 '최익한'으로, <조선명장론-리순신장군편(상)>은 '성해'로 발표하였는데, 이는 한 잡지에 논문 두 편을 싣는 경우 이름과 호를 병용하는 관례에 따른 것이다.

한편 최익한은 나중에 <강감찬장군편>을 논문 <거란의 무력 침략을 반대하여 고려 인민의 조국 전쟁을 승리적으로 조직 지도한 강감찬 장군>(《인민》10호, 민주조선사, 1951)으로 개작하고, 위인전《강감찬 장군》(민주청년사, 1955)으로 윤색하여 내기도 하였다.

41) <해방 후 10년간에 발표된 력사 론문 및 단행본 목록>,《력사과학》8호(1955), 과학원 력사학연구소, p128; 송찬섭, <월북 이후 최익한의 학문과 집필활동>, 《역사학 연구》70호(2018), 호남사학회, pp78~83.

42) <3·1운동의 력사적 의의에 대한 재고찰>, 앞의 책, p97.

조선문화와 류교와의 관계>는 조선유교사 차원에서 고조선부터 고구려까지 다루었는데, 그다음 통일신라의 유교에 대한 논술은 6·25전쟁으로 중단되고 말았다.

최익한은 전쟁 직후 서울에 잠시 들르고 1950년 10월 김일성대 교원단과 함께 평양을 떠나 매일 백 리 길을 걸어서 안주安州·박천博川·태천泰川·대유동大楡洞을 거쳐 초산楚山으로 후퇴하였다가 압록강을 건너 중국 지안集安까지 피난을 간 듯하다. 이후 미군의 무차별 맹폭 속에서도 평양 인근으로 복귀하여 전 학생과 교직원들이 영농 및 건설사업에 적극 참여하여 식량·건물을 자체 조달하였다. 즉 대학 전체가 배우면서 일하고 일하면서 배운 것이다.43)

그는 김일성종합대학 어문학부 부교수로서 1952년 정부 기관지 《인민》에 '최성해'라는 필명으로 <근세 조선 '실학' 발전사 개론>, <조선 근세 '실학'의 대성자 정다산의 진보적 사상 및 학설에 대한 개론>을 게재하였고, 특히 후자는 1953년 동대학에서 <정다산의 이상 사회와 그 역사적 제약성>이라는 제목으로 특강하였다. 뒷날 이 논문들은 모두 《실학파와 정다산》에 수록되었다. 그는 1954년 4월 평양에서 열린 최고인민회의 제1기 7차 회의에 대의원으로 참가하여 의안 <1954~1956년 인민경제복구발전 3개년 계획에 관하여>를 토론한 바 있으며, 그 후 평론 <정다산과 문학>을 발표하고, 공저 《조선 봉건 말기의 선진학자들》과 공역 《연암 작품선집》도 출간하였다.44)

---

43) 《김일성종합대학 10년사》(앞의 책), pp75~93.
44) 《조선 봉건 말기 선진학자》는 1955년 신조선사에서 중문판과 영문판도 간행되었고, 최초의 연암 선역본인 《연암 작품선집》은 1956년 조선작가동맹출판사

1955년 8월 최익한은 그간의 연구 성과를 집대성하여 필생의 역작인 《실학파와 정다산》을 세상에 내놓았다. 이는 최초의 다산 연구서로서 이듬해 12월 어문학 학사학위 논문으로 제출되어 그 해박한 지식과 심오한 과학성에 대해 높은 평가를 받으며, 역사학·경제학 분야에도 공헌한 것이 인정되었다. 《실학파와 정다산》은 단순히 일개 학위 논문이 아니라 그의 모든 이론과 실천을 융합하여 전면성을 확보한 불세출의 걸작이다. 한결같이 '다산 3부작'에 주력하였던 유일한 고전문학자로서의 진정성이 농밀한 문체와 광범한 내용 속에서 선명하고 다채롭게 발현된다. 그는 다산 연구의 개척자로서 다산학의 중요한 사회과학적 의미를 거의 다 읽어 냄으로써 장래 다산학을 독보적 위치로 격상시키는 데 주춧돌을 놓았다. 그러나 다산의 계급적 본질을 적실히 전달하지 않고 거꾸로 은폐·왜곡하여 다산을 영웅화하는 '반인민적' 방향으로 뒷걸음친 것은 《실학파와 정다산》의 근본적인 한계라 할 수 있다.

또 그는 전기물로 《조선 명장론》, 《강감찬 장군》을 펴내고, 논문 〈조선문학사와 한문문학〉, 〈정다산의 시문학에 대하여〉, 〈연암 박지원의 사상적 및 문학적 지위―그의 서거 150주년을 기념하면서〉 등도 발표하였으니, 뒤늦게나마 학문적 전성기를 이룬 셈이다. 그중 〈정다산의 시문학에 대하여〉는 김일성종합대학 8·15해방 10주년 기념 과학 콘페렌치야(1955.10.27)에서 보고하고, 1956년 4~8월 과학원 기관지 《조선어문》에 3회 연재한 긴 논문으로서 1957년 역주본 《정다산선집》을 내는 데 밑바탕이 되었다.

───────────

에서 《연암 박지원선집》으로 증보 출판되기도 하였다.

1956년 4월 7일 저녁에 과학원 주최로 진행된 정다산 서거 120주년 기념대회에서 최익한이 번역한 다산시 〈솔 뽑는 중僧拔松行〉, 〈범 사냥獵虎行〉과 산문 〈감사론監司論〉이 낭송되고,《로동신문》에도 일부 게재되었다. 동년 5월에《연암 박지원선집》이, 7월에는《재판 받는 쥐》(《서옥설鼠獄說》역주본)가 출판되었다.

1957년 최익한은 안함광安含光·한효韓曉 등과 함께 과학원 언어문학연구소 문학연구실의 연구사로서《조선문학통사》를 집필하고, 2월 28일 박지원 탄생 200주년 기념으로 〈박연암의 문학과 시대정신〉, 〈연암의 사상과 문학〉을 발표하며, 6월에《정다산선집》을 역주 발간하였다. 이로써《여유당전서를 독함》,《실학파와 정다산》과 함께 최초로 '다산 3부작'이 완성된 것이다.

《정다산선집》은 신조본 전서에서 시 68편, 산문 55편을 선별·역주한 책으로 최초의 다산 시문 번역서이다. 최익한은 당의 문예정책에 따라 민족 문화의 전통을 옳게 계승 발전시키기 위해 맑스·레닌주의적 원칙에 입각하여 고전 번역을 수행하였다. 이는 민족문학을 형성하는 민족어로 인민 대중의 문화적 요구를 최대한 충족하려는 문화 교양 사업의 일환이었다. 빼어난 시적 감성으로 옛말·방언·북한어·우리말 등의 민족어를 다양하게 구사한 데에 그의 번역의 우수성이 있다. 또 엄밀한 용어 선정과 정확한 화폐 단위 번역도 돋보인다. 그는 오랫동안 전서를 읽으면서 〈다산 연보〉를 완성한바, 비로소 그 연보를 활용하여 다산의 작품 배경을 제대로 설명하였다. 그러나 원문의 본뜻을 무시한 채 윤색하거나 심지어 원문에 없는데도 의역을 덧붙여서 다산의 복고적 보수성을 근대적 진보성으로 개변시킨 것은 심각한 왜곡이다.

그는 동년 9~10월경 최창익崔昌益·박창옥朴昌玉 등이 주동한 '8월 종파사건'에 연루되어 숙청된 것으로 보이며, 몰년은 정확히 알 수 없으나 1970년대 초에 타계하였다는 설이 있다. 8월 종파사건은 1956년 8월 조선로동당 중앙위원회 전원회의에서 최창익·서휘徐輝·윤공흠尹公欽·고봉기高峯起 등 연안파와 박창옥·김승화金承化 등 소련파가 결집하여 김일성 개인숭배를 비판하며 그를 축출하려고 계획한 반김일성 운동인데, 북한 역사상 유일무이하게 조직적으로 김일성의 절대 권력에 도전한 사건이다.45) 최익한은 최창익 일파의 숙청이 문예 분야로까지 확대되는 과정에서 연루된 듯하다. 그들은 와세다대 선후배 사이로 제3차 조선공산당 중앙위원이었고, 북한 학계와 정계에서도 같이 활동하였기 때문이다.

우리 문학계에서 각종 유파의 반동적 문학 이론을 성과적으로 격파하기는 하였으나, 그 여독은 아직도 완전히 청산되지 못하였다. 뿐만 아니라, 문학을 비롯한 일부 과학 부문에는 8월

---

45) 8월 종파사건에 대해서는 유성철, 《증언 김일성을 말한다》, 한국일보사, 1991, pp181~5; 여정, 《붉게 물든 대동강》, 동아일보사, 1991, pp80~7; 안성규, <중국 망명한 연안파 거물들의 한과 충격 증언>, 《월간중앙》(1994년 5월호), 중앙일보사, pp556~569; <8월 종파사건의 전모>, 《WIN》(1997년 6월호), 중앙일보사, pp148~154 등의 증언·비망록과 이종석, <김일성의 '반종파투쟁'과 북한 권력구조의 형성>, 《역사비평》(1989년 가을호), 역사비평사, pp256~263; 서동만, <개인숭배 비판과 '8월 종파사건>, 《북조선 사회주의체제 성립사》, 선인, 2005, pp529~589; 김성보, <1950년대 북한의 사회주의 이행논의와 귀결>, 《1950년대 남북한의 선택과 굴절》, 역사비평사, 1998, pp351~386; 백준기, <정전 후 1950년대 북한의 정치 변동과 권력 재편>, 《현대 북한 연구》 2권 2호, 경남대 북한대학원, 1999, pp9~66; 심지연, 《최창익 연구》, 백산서당, 2009, pp161~8; 과학원 력사연구소, 《조선통사(하)》, 과학원출판사, 1958, pp505~7, p516(면수는 1988년 도서출판 오월본에 따름) 등의 논문·도서 참조.

전원회의에서 폭로·규탄된 최창익을 두목으로 하는 종파분자들에게 추종하면서, 당의 문예 및 과학 정책을 왜곡·훼손시킨 자들도 있다.

지난 시기 《조선어문》에 발표되었던 논문 〈정다산의 시문학〉 또는 〈조선문학의 개화 발전을 위한 조선로동당의 투쟁〉이 바로 이런 영향을 입은 것들이었다. 이 논문들은 민족 문화 유산을 옳게 계승 발전시키라는 당의 정책을 왜곡하였으며, 문예 부문에 대한 당의 정책을 비속화하였다. 따라서 이들 종파분자들이 뿌려 놓은 반당적 이론과의 투쟁이 특히 급선무로 제기된다.[46]

〈정다산의 시문학〉은 앞에서 언급한 최익한의 논문 〈정다산의 시문학에 대하여〉를 가리킨다. 원래 이 글은 벌써 1955년 12월 조선어 및 조선문학 연구소의 3년 총화회의에서 "민족 문화 유산의 옳은 계승을 위한 문제를 구체적 자료를 통해서 제기한 것이었다"고 긍정적으로 평가된 바 있다.[47] 그런데 그가 반당 종파분자

---

46) 〈위대한 사회주의 10월 혁명과 조선 어문학〉,《조선어문》 6호(1957), 과학원, pp3~4. 이는 그 규탄적 성격으로 보아 최익한이 숙청된 직후에 나온 비판으로 보인다. 자세한 것은 본서 〈창해 최익한 연보 소고〉 p836 볼 것.

47) 〈과학계 소식〉,《조선어문》 1호(1956), 과학원 조선어 및 조선문학 연구소, p98. 또 최익한은 이미 〈조선문학사와 한문문학〉,《력사과학》 1호(1955)의 첫 머리 p9에서 "민족적 형식과 사회주의적 내용으로서 우리 영웅 조선을 묘사하고 고무 추동하는 문학의 임무는 실로 고상하고 중요한 것이다. 따라서 당적―김일성 동지의 문학 노선에 정확히 의거하여 우리 조국의 문학사를 완성하고 문학 발전의 합법칙성과 그 유구하고 풍부한 전통을 천명하며 그 우수한 유산을 옳게 계승하는 것이 또한 중요한 임무의 하나이다"고 밝혔다. 이는 당의 문학 노선에 따라 민족 문화 유산을 바르게 계승하겠다는 자기 의지를 표시한 것이었다.

로 숙청되자마자 이제는 당의 정책이란 미명하에 부정적으로 정반대의 비판이 가해진 것이다. 비판 자체가 단지 8월 종파사건 이후 정치적 숙청의 일환으로 급조된 추세적趨勢的 비난이라, 당 정책에 대한 어떤 이론적 해명도 없이 일개인에게 책임만 전가하는 선동성 발언에 가깝다고 할 수 있다.48)

5

최익한은 1897년 천석꾼 지주의 아들로 태어나 1918년까지는 유교적 보수성을 삶의 기반으로 하여 별다른 어려움 없이 자랐다. 그러나 그는 1919년 3·1운동 직후 스승 면우 곽종석이 파리장서 사건으로 투옥되자 옥바라지를 하면서 식민지 지식인의 책무를 심절히 깨달은 듯하다. 곧바로 그가 독립군자금 모집을 감행하여 서대문 감옥에서 2년 넘게 징역을 살았기 때문이다.

그는 중동학교를 마치고, 1925년(29세)에야 와세다대학 전문부 정치경제과에 입학하였다. 일월회·신흥과학연구회·재일본조선노동총동맹·신간회동경지회와 조선공산당 일본부에서 활동하며 국내로 들어와 조선공산당 조직부장·선전부장이 되었다.

---

48) 당시 북한 문학계에서는 당의 문예 정책에 대한 심오한 연구의 필요성을 제기하였고, 나중에 사회과학계에서도 "당 정책과 결정들을 깊이 연구하며 제때에 이를 이론적으로 해명"할 것을 강조하였다. <위대한 사회주의 10월 혁명과 조선 어문학>, 앞의 책, p4; <학계소식: 사회과학 부문 연구 사업에서 당 정책의 관철을 위한 사회과학자 협의회>, 《력사과학》 3호(1959), p85 참조. 최익한의 숙청·몰년에 대해 자세한 것은 본서 <창해 최익한 연보 소고> pp835~843, pp 864~867 볼 것.

최익한은《대중신문》을 주간하고 잡지《사상운동》을 공개하여 조선 내 각파 단체에 통고하였다. 이로써 운동에 대한 자기 노선을 표명케 하여 무원칙한 파쟁으로부터 원칙적인 이론투쟁의 길을 열었다. 박낙종의 주도로 조선공산당 일본부, 고려공산청년회 일본부를 재설치하여 노조운동과 청년운동을 대중적으로 발전시키고, 신간회동경지회 활동도 국내와 발맞추어 전개하였다.49)

일월회계 ML파는 파쟁의 무원칙을 지적 폭로하고 무산계급운동의 통일과 방향 전환을 제창한 이론투쟁으로 조선공산당을 장악하였다. 이후 서울 구파가 소집한 조선사회단체중앙협의회는 해체되어 버렸다. 군소 사상단체도 해체됨에 따라 ML당은 정치투쟁에 집중하고 민족협동전선을 전개하며 신간회를 결성하는 등 당 지도투쟁에서 획기적 신단계로 접어들었다.50)

이 시기 최익한은 학생 신분의 ML이론가로서 주로 출판·강연을 하며 이론투쟁에 전념하였다. 그의 논문 <在日本朝鮮勞働運動の最近の發展>은 당시 재일조선인의 노동 환경 자료를 정리한 것으로는 특히 주목할 만한 의의가 있지만, 현장 활동을 하지 않은 서재파 맑시스트サロン·マルキスト의 관념적 한계도 동시에 드러내고 있다 하겠다. 이는 물론 유생에서 갓 벗어난 초기 공산주의자에게 무리한 지적이긴 하나, ML파에 대한 모든 비판이 사실 이와 관련된 것이므로 결코 간과할 수 없는 문제이다.

ML파가 경제투쟁에서 정치투쟁으로 방향 전환을 내세우며 노동운동을 민족운동에 편입하려 한 것은 중대한 비혁명적 오류이다.

---

49) 이 부분은 최익한의 자평으로 보인다. 이석태 편, 앞의 책, p567.
50) 이 대목도 ML파의 자평으로 보인다. 이석태 편, 앞의 책, p438.

이러한 소부르주아 인텔리 중심의 합법적 개량주의적 운동은 노동 현장과 동떨어진 채 경제투쟁과 정치투쟁을 기계적으로 분리하고 노동 대중에 기반을 두지 않았다는 점에서 또 다른 파벌투쟁을 당 내부로 끌어들인 것이라 할 수 있다.51)

최익한은 조선공산당(ML당) 사건으로 1928년 2월 체포되어 근 8년 만인 1936년 1월 대전형무소에서 만기 출소하였다. 출옥 후 그는 사회주의운동을 접고 조선일보사와 동아일보사에 취직하여 주로 고전 문화에 대한 글을 다수 연재하며 생계를 꾸려 나갔다. 그중 《여유당전서를 독함》은 나중에 《실학파와 정다산》으로 계속 심화되었다는 면에서 다산 연구를 일정한 규모와 체계로 개시한 데 그 의미가 작지 않다.

《동아일보》가 폐간되자 그는 1941년 봄부터 1944년 11월까지 술집을 운영하였다. 주류업은 사상보호관찰소의 알선에 의한 것이 아니라 '자유 구직'과 '자력 생계'에 의한 것이니 그의 말대로 정당하다고 볼 수도 있다. 그러나 그가 1943년 《춘추》에 발표한 〈충의忠義의 도道〉, 〈유교와 연성鍊成〉은 소극적인 부일문附日文으로 판단되므로 불순하고 무책임한 곡필이 아닌가 한다.52)

해방 당일, 즉 8월 15일 최익한은 공산주의운동을 재개하였다. 10년 가까이 운동을 중단한 과거를 감안하면 정말 재빨리 착수한 셈이다. 그는 장기간 투옥으로 사회주의를 내심 포기할 수 없었을

---

51) 김익진, 〈운동 노선을 통해 본 한국의 노동운동〉, 《한국 노동운동론·1》(김금수·박현채 외), 미래사, 1985, pp80~8; 이애숙, 〈이재유그룹의 당재건운동〉, 《일제하 사회주의운동사》(앞의 책), p173; 김경일, 《이재유, 나의 시대 나의 혁명》, 푸른역사, 2007(1993 개정판), p50; 이석태 편, 앞의 책, p264.
52) 자세한 것은 본서 〈최익한 친일설〉 pp803~824 볼 것.

48

듯하고, 또 자기 술집을 중심으로 옛 동지들과 연락되어 최소한의 담론만은 형성된 것인지도 모르겠다.

그는 장안파→대회파→사로당→근민당에서 정치 활동을 하며, 박헌영계의 재건파→간부파→남로당과 시종일관 대립하였다. 무엇보다 그가 출옥 후 운동에서 이탈하여 생업에 종사하느라 이념적으로는 훨씬 더 후퇴하지 않았나 싶다. 엄밀히 말해 그 대립은 1920년대 파벌투쟁의 연장으로 프롤레타리아적 기초가 없는 소부르주아 인텔리의 관념적 운동의 필연적 귀결이다. 가장 혹독하였던 일제 말 전시체제에서는 운동 경험이 전혀 없다는 점도 문제시된다. 어쩌면 해방 직후 백가쟁명百家爭鳴의 정치적 혼란 속에서 그의 계급적·사상적 제한성이 여실히 노정되었다고 하겠다. 그는 유학적 지식인으로서 사회개량주의를 개량적으로 받아들여 그 이론 본위의 운동을 시도한, 이른바 '온건 좌파'였던 것이다. 그에게 혁명은 언제나 요원한 길이었다!

1948년 4월 최익한은 가족과 함께 월북하여 고전문학자로 활동하였다. 조선최고인민회의 대의원, 김일성종합대학 조선어문학부 조선문학과 부교수, 과학원 조선어 및 조선문학 연구소 연구사를 겸임하였다. 1957년까지 9년 남짓한 북한에서의 연구는, 최초로 다산 연구에 일대 획을 그었던 《실학파와 정다산》,《정다산선집》 두 권으로 요약될 수 있다.

1949년 11~12월 《력사 제문제》에 2회 연재한 <조선류교사상 발전에 대한 력사적 고찰>은 유교의 봉건성과 공자의 보수성을 비판한 논문인데,《실학파와 정다산》에 일부 반영되어《여유당전서를 독함》과의 가교 역할을 하였다. 그는 유교를 비판하되 전적으로 부정하지는 않았으나, 유교사상의 잔재를 청산할 수 있는 과학적 방법을 다음과 같이 제시하였다.

> 봉건적 질서를 반영하는 유교사상은 그것이 다만 계급의 교체를 본질로 한 부르주아민주주의에 의해서 결코 청산되지 않고 오직 계급의 소멸을 지향하는 프롤레타리아적 민주주의 내지 인민적 민주주의의 혁명에 의해서만 깨끗이 퇴치될 수 있는 것이다.53)

그는 프롤레타리아 혁명으로만 봉건적 유교사상을 척결할 수 있다고 강조한다. 지주나 귀족의 사상이 그 물적 토대가 완전히 전복되지 않는 한에는 여전히 하나의 찌꺼기로 남아 있는 것처럼 유교사상의 잔재도 그 봉건적인 물적 토대가 완전히 소탕되지 않는 한에는 어떠한 후퇴적인 이데올로기에서나 그 잔명을 의탁하려 하기 때문이라는 것이다.

1952년 최익한은 《인민》지에 <근세 조선 '실학' 발전사 개론>, <조선 근세 '실학'의 대성자 정다산의 진보적 사상 및 학설에 대한 개론>을 발표한 후, 뒷날 모두 《실학파와 정다산》에 수록하였다. 1954년에는 의안 <1954~56년 인민경제복구발전 3개년 계획에 관하여>(최고인민회의 제1기 7차 회의)를 토론한 바 있고, 또 평론 <정다산과 문학>을 발표하며, 공저 《조선 봉건 말기의 선진학자들》과 공역 《연암 작품선집》도 출간하였다.

---

53) 《력사제문제》 12집(1949), 조선력사편찬위원회, p108.

1955년 그는 필생의 역작《실학파와 정다산》을 세상에 선보여 뒤늦게나마 학문적 전성기를 이루었다. 전기물로《조선 명장론》, 《강감찬 장군》을 펴내고, 논문〈조선문학사와 한문문학〉, 〈정다산의 시문학에 대하여〉, 〈연암 박지원의 사상적 및 문학적 지위〉 등을 발표하였다. 1956년에도《조선 명장전》, 《연암 박지원선집》, 《재판 받는 쥐》, 《우리나라 명인들의 이야기》 등의 저술을 잇따라 내놓았다.

1957년 〈정다산의 시문학에 대하여〉를 바탕으로《정다산선집》까지 역주하여《여유당전서를 독함》, 《실학파와 정다산》에 이어서 마침내 '다산 3부작'의 금자탑을 최초로 완성하였다. 창해, 아니 성해 최익한은 동년 9~10월경 최창익·박창옥 등이 주동한 '8월 종파사건'에 연루되어 숙청된 듯하며, 몰년은 정확히 알 수 없으나 '1970년대 초 타계설'이 있다.

《정다산선집》해제

1. 머리말

최익한은 1955년 10월 김일성종합대학 8·15해방 10주년 기념 과학 콘페렌치야에서 논문 <정다산의 시문학에 대하여>를 발표한 후 1956년 4~8월 어문학 잡지 《조선어문》에 3회 연재하였다. 그 논문이 바로 《정다산선집》(이하 '정선')을 내는 데 바탕이 되었다. 《정선》은 신조본 《여유당전서》 중에서 시 68편, 산문 55편을 선별하여 번역 주석한 책이다. 1956년 9월 머리말을 작성하고, 1957년 6월 국립출판사에서 발행하였다.

《정선》은 최초의 다산 시문 번역서이지만, 최익한에게는 마지막 저서가 되고 말았다. 그는 '8월 종파사건'(1956)에 연루되어 1957년 9~10월경 숙청된 것으로 보인다. 필자가 작성한 그의 연보에 의하면, 동년 5월 23일 《문학신문》에 산문 <리규보李奎報>를 게재한 뒤로는 공식 활동이 더 이상 확인되지 않는다.

최익한은 숙청된 후에는 철저히 시휘 대상이 되었다. 《정선》을 작업할 때 조수로 일하였던 류수·리철화는 비스름한 《정약용작품선집》(1960)을 내면서도 최익한을 언급하지 않았다. 또 최익한·홍기문이 공역한 《연암 박지원선집》(1956)도 개정증보되어 홍기문의 이름만 달고서 《박지원작품선집》(1960)으로 나왔다. 즉 일순간에 '《정선》'과 '최익한'은 가뭇없이 사라져 버린 것이다.[1]

　　이후 학자들은 류수의 책만 참고하다 보니 그 번역이 최익한의 책과 흡사하다는 사실을 까맣게 몰랐다. 《정선》은 그 존재 자체가 잊혔던 셈이다. 허나 최익한의 번역 작품은 대개 토씨만 고쳐진 채 되살아난 경우가 의외로 많다. 비운의 번역서 《정선》은 다산 시문 번역의 대중화에 밑거름이 되었다고 평가할 수 있다.[2]

---

1) 최익한이 평론 〈정다산과 문학〉에서 한 말이 꼭 자기 예언인 양 의미심장하게 다가온다. "17세기 이래 (…) 모든 경멸과 박해를 무릅써 가면서 자기 민족어를 고수하며 민중의 생활 가운데서 파생 유행되고 있는 고담·전설·우화 및 화본話本 등을 취재한 자들은 창작의 명예까지도 희생하고 무명씨 혹은 작자 불명의 작품으로 세상에 내놓았다." 《조선문학》(1954.6), 조선작가동맹출판사, p101.
　　당시 김일성대 어문학부에서 최익한(문학)·홍기문(어학)은 부교수, 류수·리철화 (문학)는 학사였다. 한편 《조선문학사》(평양 교육도서출판사, 1960; 동경 학우 서방, 1964) p84에는 《정다산선집》을 인용하면서 책명만 표시하였는데, 이는 최익한이 숙청되기 전에 제자 김하명 학사 등과 공저한 부분으로 추정된다.

2) 남한에서는 여태껏 류수의 《정약용작품선집》만 소개되고, 북한에서도 최익한이 숙청된 후에는 오로지 류수의 번역 작품만 신문·잡지 등에 소개되었다. 류수의 책은 남한에서 복사본(발행일 미표시) 및 김지용의 《다산시문선》(1972) 등으로 나오고, 중국에서 박충록의 《정약용작품집》(1986)으로, 또 북한에서 리철화의 《정약용작품집》(1990)으로 복간되기도 하였다. 그리고 민족문화추진회의 《다산시문집》(1982~1994)이 류수의 책을 참고함으로써 최익한의 번역이 비록 상당히 변형된 형태이긴 하나, 남한 독자에게 간접적으로나마 전해지는 어떤 하나의 계기가 된 것같이 보인다. 오늘날 다산 시문의 번역에 있어 고전번역원 DB가 마치 '화수분'처럼 애용되는데, 그 번역의 시원은 바로 '용도 폐기'되어 버린 창해 최익한의 《정다산선집》이었던 것이다.

연암이나 다산 시문이 최초의 번역자로 최익한을 만난 것은 큰 행운이었다. 왜냐하면 당시 가장 유학적 지식이 풍부한 고전문학자가 바로 그였기 때문이다. 번역의 생명은 무엇보다 1차적으로 원문과의 정서적 감응에 있다. 그는 19세기 말에 태어나 성리학을 착실히 익힌 세대였다. 다산과도 그리 멀지 않은 시대적 감성으로 고어·방언·우리말 등까지 잘 살려서 《정선》을 역주하였으니, 자연 탁월할 수밖에 없었다. 그는 번역할 때 될 수 있는 대로 한문 원작의 어감과 성조를 재현하여 다산의 표현적 특징을 살리려고 노력하였다고 한다.

《정선》을 출간함으로써 《여유당전서를 독함》(이하 '여독'), 《실학파와 정다산》(이하 '실정')에 이어 마침내 20년 만에 '다산 3부작'이 완성되었다. 1955년 8월 《실정》이 발행되자 이제 독자들은 다산 문학을 번역해 달라고 요구하였단다. 최익한은 《정선》에서 다산을 '울진의 다산'으로 만들어 놓았다. 아니 창조하였다. 다산은 울진 사투리로 말한다. 여기에는 더 이상 갈 수 없는 고향 울진에 대한 최익한의 그리움이 절절이 투영되어 있다.

그의 번역은 민족어를 다채롭게 구사한 우수성과 정치적 해석을 무리하게 시도한 제한성을 동시에 지니고 있다. 필자는 본론에서 이를 '번역의 특징'으로 개관하고, 그다음 '작품 해제'는 최익한의 해제가 몇 편 안 되므로 필자가 추가한 해제를 함께 고찰하겠다. 필자의 해제는 최익한의 모든 저술과 이후 북한 학자들의 실학 및 다산 관련 연구를 주로 인용하면서, 실증적인 부분은 남한 학계의 작업도 참조하였다. 교주본은 작품마다 한문 원문을 싣고 해제까지 덧붙임으로써 최익한의 원본보다 분량이 훨씬 많아졌다.

2. 번역의 특징

1) 번역의 우수성 : 민족어의 구현

최익한은 옛말·방언·북한어·우리말 등을 실로 다채롭게 활용하였다. 이는 영웅 조선의 정서와 활력을 중시한 주체적 번역이라고 할 수 있다. 일찍이 그는 문학에서 모국어의 완미한 이용에 대해 다음과 같이 설파한 바 있다.

> 우리 당과 수령의 올바른 문예 정책을 받들고 무한히 전진하는 영웅 조선을 생기발랄하며 광채찬란하게 형상화하자면 명확하고 정확하고 색채와 음향이 구비된 민족어, 특히 민중적 언어를 한층 더 풍부하고 아름답게 구사해야 할 것이다.3)

그는 조국이 민족적·민중적 언어로 영웅성을 형상화할 수 있는 것은, 조선 인민의 피어린 투쟁에서 산출된 역사적 결과라고 파악하였다. 당시 북한의 어문학계에서는 조선로동당의 인민적 문화 정책에 따라 민족어의 풍부화를 위한 연구가 강조되고 있었다.4) 이에 그는 김일성대학 조선어문학부 조선문학과 교수이자 과학원 언어문학연구소 연구사로서 민족어의 계발에 관심을 가지고 고전 번역을 수행한 것이다. 그는 일제강점기 때도 이미 《조선어사전》

---

3) <조선문학사와 한문문학>, 《력사과학》 1호(1955), 과학원 력사학연구소, p39.
4) <력사적인 조선로동당 제3차 대회와 조선어문학도들의 과업>, 《조선어문》 3호 (1956), 과학원 언어문학연구소, p7; <대중이 알아들을 말을 하며, 대중이 원하는 글을 쓰자>, 《조선어문》 3호(1957), p9.

편찬 작업(1937)을 하면서 어휘 선택과 주석 정리를 한 적이 있는데, 그 경험은 꽤 도움이 되었으리라 생각한다.

그러면 《정선》에서 과연 '민족어'가 어떻게 사용되었는지 '옛말·방언·북한어·우리말'순으로 훑어보겠다. 먼저 옛말 단어부터 보면 지금도 그것은 대부분 방언이나 북한어로 상용되고 있다.

> 가름길(갈림길), 잔나비(원숭이), 사심(사슴), 이으다(잇다), 머추다(멈추다), 쉬우다(쉬다), 구짖다(꾸짖다), 횟두루(휘뚜루), 본대(본디), 무삼(무슨), 안해(아내), 서름(설음), 소곰(소금), 부루(상추)

《조선말대사전》에는 '가름길, 잔나비, 쉬우다, 안해, 본대, 부루'가 실려 있다.5) 옛말 형태 그대로 '안해'라고 표기한 것이 특히 눈에 띈다. 위의 모든 옛말은 최익한이 방언을 활용하는 과정에서 나온 것이니만큼 그 경계가 모호하다. 그렇지만 아래의 '옛말 어미'들을 보면, 그가 민족어의 확장을 위해서 의식적으로 노력한 것을 쉽게 알 수 있다.

> -난다(-는가), -난고(-는고), -거니(-는데), -나니(-느니), -뇨(-냐), -과저(-고자), -ㄹ소냐(-ㄹ쏘냐), -ㄹ손가(-ㄹ쏜가), -오대(오되), -오리니(-ㄹ 것이니), -오이다(-습니다), -어늘(-거늘), -고야(-구나), -매라/메라(-구나), -ㄹ세라(-구나)

---

5) 사회과학원 언어연구소 편,《조선말대사전》(상·하), 사회과학출판사, 1992. 참고로《조선어소사전》(조선어 및 조선문학연구소 편, 과학원, 1956)에는 '안해, 부루'만 수록되어 있다.

그는 1950년대 북한에서 대중에게 통용될 수 있는 옛말 어미를 사용하여 고풍스러운 분위기를 자아냈다. 이것이 방언과 잘 조화되어 매끄러운 번역으로 이어질 때 한 폭의 수묵화처럼 아름답다. 그 대표적인 예로 <우화정에 올라(登羽化亭)>를 들 수 있다.

푸른 시내는 모래부리를 머금었고
붉은 정자는 돌머리를 베고 있네.

어사 직책을 남몰래 띠고 와서
승지 풍광에 유람객 의젓하이.

산을 의지한 촌락에 사박 눈 내리고
골짜기로 흐르는 강배에 외로운 연기 비꼈다.

빈궁한 여염집에 걱정과 한숨이 있나니
산천 구경에 내 걸음 어이 멈출쏜가.6)

이 시는 류수·리철화의 《정약용작품선집》(1960)에는 빠져 있다. 그들은 최익한의 《정선》(1957)에서 다산의 유배시 위주로 간추려 엮었기 때문이다. 따라서 《정선》의 존재 자체를 몰랐던 남한의 번역은 최익한의 번역과 당연히 차이가 날 수밖에 없다.

---

6) 최익한의 《정다산선집》(국립출판사) p47에는 '우화정에 올라→우화정에 올라서', '머금었고→먹음었고', '의젓하이→으즛하이(경상방언)', '멈출쏜가→멈출손가'로 되어 있다.

일례로 기련 '碧澗銜沙觜 紅亭枕石頭'를 최익한은 "푸른 시내는 모래부리를 머금었고 / 붉은 정자는 돌머리를 베고 있네"로 직역하였을 뿐인데도, 자연스레 시적이고 회화적인 정취가 묻어난다. 그러나 남한의 송재소는 "푸른 시내 모래톱을 싸고도는 곳 / 단청丹靑한 정자 하나 돌머리에 서 있네"로 옮기고, 박석무는 "푸른 시내 모래사장을 끼고 / 붉은 정자는 바위 위에 서 있구나"로 옮기며, 송기채는 "푸른 시내 모래톱 싸고도는 곳 / 붉은 정자 돌머리 위에 서 있네"로 옮겼으니, 죄다 딱딱한 설명식 의역에 가깝다.7)

다음으로 방언은 주로 강원·경상 방언을 채용하였는데, 제주에서 함경 방언까지 두루 걸쳐 있다.

> 너래(바위), 애꾸진(애꿎은), 찡기(꿰미), 으즛하다(의젓하다), 살매(살갗), 자무락질(무자맥질), 얼분(거드름), 바루(바로), 살저름(살점), 비나장(비녀장), 부르뜨다(부릅뜨다), 부쇠(부시), 고무도적(좀도적), 오락지(오라기), 날세(날씨), 삐다(버리다), 맨주(만주滿酒), 혀까래(서까래), 엉패를 부리다(행패를 부리다), 오양간(외양간), 구실(구슬), 불치다(불까다), 하로(하루), 헐미(헌데), 간해(지난해), 무라리(우박), 챙견(참견), 고누다(겨누다), 등어리(등), 딿다(따르다), 아람(아름), 너을다(씹다), 논다락(논배미), 논골뱅이(우렁이), 어러기(어루러기), 멍어리(멍울), 눈청(눈망울), 꽁대기(꼬랑이), 채쭉(채찍), 흐달리다(휘달리다), 뼈다구(뼈다귀), 쏘물게(촘촘히), 상기도(아직도), 말방아(연자방아), 떼배(뗏목), 개골물(개울물), 귀때기털(귀밑털)

---

7) 송재소 역,《다산시선》, 창작과비평사, 1981, p65; 박석무 역,《애절양》, 시인사, 1983, p61; 송기채 역,《다산시문집·Ⅰ》, 민족문화추진회, 1994, p216.

앞에서 '맨주'나 '엉패를 부리다'는 경상 방언으로 현지인도 잘 모르는 말인데, 최익한은 자유자재로 쓰고 있다.

'맨주'는 '만주滿酒', '이취泥醉(몹시 취함)'의 뜻이다. 그 예로, "산수의 낙樂에 맨주가 된 선생"(《여독》 p153), "천성이 술을 좋아하여 날마다 맨주가 되었다"(《조선 명장전》, 민족보위성 군사출판부, 1956),[8] "수양버들 그늘 아래 맨주되어 누웠네"(《정선》 p286)가 있다.

'엉패'는 '행패'의 뜻으로 '~를 치다/부리다'의 형태로 쓰인다. 그 예로, "호랭이 엉패를 치고 잇으되 남은 한 집은 문을 닷고 잇는지라"(《여독》 p392), "턱도 없는 노릇을 요구하는 것이 결국 엉패만 부리는 헛수작이구려"(《강감찬 장군》, 민주청년사, 1955, p38), "이리보다도 흉포한 이정里正은 애기 군포 바치라고 엉패를 부린다"(《정선》 p289) 등을 들 수 있다.

민족어의 원천은 방언에 있다고 해도 과언이 아니다. 최익한은 문화 계몽 사업을 위해 인민 대중이 쓰는 사투리를 다양하게 구사함으로써 대중이 실감할 수 있는 생생한 번역을 적극 지향하였다. 그런 노력 속에서 다산은 '울진의 다산'으로 재탄생되었던 것이다. 하지만 정작 <해남의 아전(海南吏)>은 표준어로 번역하였는데, 썩 어울리지 않는다. 그래서 필자가 전라 방언으로 고쳤으니, 본문을 직접 참고하기 바란다.[9]

---

8) 최익한 저(송찬섭 편), 《조선 명장전 1》, 서해문집, 2019, pp191~2 참조.

9) <승발송행僧拔松行>, <엽호행獵虎行>, <전간기사田間紀事>, <파지리波池吏> 등도 전라 방언으로 옮겨야 마땅하다. 그러나 필자는 대부분 원본 그대로 두고 특정 단어 몇 개만 고치는 데 그쳤다. 최익한의 방언은 경상 방언이 90% 이상 차지하나, 사실 그 방언이 다산 시문 번역에 들어갈 자리는 거의 없다. 그래서 류수는 《정약용작품선집》을 낼 때 그 방언을 전부 삭제해 버렸을 것이다.

다음으로 북한어이다. '호상互相(상호)'과 같은 한자 기본어 등은 지면상 제외하련다. 북한어는 남한어보다 전반적으로 원시적이고 토속적인 어감을 풍기는 듯하다.

발자욱(발자국), 목고개(고개), 웨치다(외치다), 연기발(연깃발), 웃머리(우두머리), 태이다(타고나게 되다), 잇발(이빨), 동가슴(앙가슴), 터문(처지), 고루다(고르다), 차림차리(차림새), 크낙하다(크나크다), 엇비슴하다(엇비슷하다), 물연기(물안개), 발가내다(발라내다), 일떠서다(딱 일어서다), 살주머니(늘어진 살덩이), 진탕(진창)

'웨치다, 웃머리, 잇발'은 옛말을 살린 경우이다. 북한어는 최익한이 1956년 9월 《정선》 머리말을 쓸 때까지 8년 넘게 일상생활을 하고, 김일성대나 과학원의 어문학계에서 학술 활동을 하며 체득한 것으로 보인다. 특히 사위 이청원이 함경도 출신의 역사학자였으니 도움이 되었을 법하다. 참고로 번역·주석을 보조한 류수의 《정약용작품선집》에는 위의 북한어 중 몇 개만 수록되어 있어 그 영향 관계를 거의 확인할 수가 없다.

끝으로 우리말이다. 최익한은 젊을 적부터 시조를 지었다. 자연 우리말에 대한 관심도 생겼을 터이다. 예로부터 인민들이 실제로 쓰던 조선말은 봉건 사회의 악독한 영향을 적게 받아 그런지 미세한 뉘앙스까지 표현한 어휘가 수두룩하다.

체머리를 흔들다, 가멸다, 어청어청, 덧거칠다, 얼빰, 튀하다, 들레다, 곱돌다, 더위잡다, 새밭, 말가웃, 보리마당, 어룩어룩,

자우룩하다, 을랑(일랑), 벌물, 종작없다, 물커지다, 처뜨리다, 너르다, 되되이, 젖송이, 등솔, 곱소리, 여봐란듯이

　다산 시문을 번역하면서 이 정도로 우리말을 찾아 쓰기가 쉽지 않다. 그 무렵 북한에서는 분단 이후 처음으로 《조선어소사전》(1956.2)이 발행되었다. 또 한자어·외래어의 남용을 막고 옛말이나 사투리 속에 파묻혀 있는 고유어를 찾아내기 위한 언어 정화 사업과 문풍 개선 사업이 전면적으로 제기된 바 있다. 김일성은 조선로동당 제3차 대회(1956.4)에서 다음과 같이 교시하였다.

　　출판 사업을 개선 강화하기 위해서는 광범한 근로 대중을 출판 사업에 적극적으로 참가시키며, 그의 형식과 내용을 대중의 수준과 요구에 적합하게 하며, 문체의 간결·정확·명료성을 보장하며, 인민 대중이 읽고 리해할 수 있는 통속적인 출판물로 개변시켜야 하겠습니다.[10]

　이는 당과 대중을 연결시키는 출판 사업의 개선을 위해, 인민적 형식과 내용에 기초하여 조선어의 정화와 문체의 간명성을 요구한 것인바, 대중이 사용하는 알기 쉬운 말로 글을 쓰자는 이른바 문화 혁명 사업으로 전개되었다. 그러므로 최익한은 인민성과 대중성을 염두에 두고 조선의 고유 민족어를 살려 인민 대중의 문화적 긍지와 자부심을 고취하는 일련의 역주를 한 것이라 하겠다.

---

10) 김일성, 〈조선로동당 제3차 대회에서 진술한 중앙위원회 사업 총결 보고〉, 《조선로동당 제3차 대회 주요 문헌집》, 조선로동당출판사, 1956, p100.

2) 번역의 정확성 : 화폐 단위 번역

최익한은 공구서를 충분히 갖추지 못한 상태에서 첫 번역을 한세대라, 상대적으로 정확성이 떨어지지 않을까 하는 오해를 받을소지가 있다. 이는 시대적 제약이지 그의 한계가 아니다. 여기서는'화폐 단위 번역'을 중심으로 이후 남북한의 번역서들과 비교하여그의 번역이 얼마나 정확한지 따져 볼 것이다.

화폐 단위를 바르게 번역하면 당시 경제 상황에 대해 더 현실적으로 접근하는 감각이 마련될 수 있다. 전서에는 화폐 단위에 대한정보가 적지 않다. 최익한은 오랫동안 전서를 두루 읽으면서 관련지식을 습득한 것으로 보인다. 그의 화폐 단위 번역은 여타 남북한번역서들에 비해 전체적으로 매우 정확한 편이다.

일테면 '粟至石七百'을 '곡식 한 섬 값이 7냥까지 되었다'로 옮겼다(<還上論> 볼 것). 숫자 '七百' 뒤에는 화폐 단위 '푼'이 생략되어있으므로 700푼=7냥이 되는 것이다. 남한 번역서들은 하나같이'700냥'이라고 옮겼는데,[11] 상식적으로 이해하기 어렵다. 다산의<자찬묘지명自撰墓誌銘>에 그즈음 쌀값과 상정가詳定價가 나오므로얼추 곡물가를 짐작할 수도 있다.

---

11) 이재호 역,《정다산문선》, 한국자유교육협회, 1969, p102; 이익성 역,《다산논총》, 을유문화사, 1972, p151; 민족문화추진회 편,《국역다산시문집·5》, 1996, 솔출판사, p176; 박석무·정해렴 역,《다산논설선집》, 현대실학사, 1996, p111. 참고로 김지용 역,《다산의 시문 (하)》(명문당, 2002) p923은 류수·리철화 역, 《정약용작품선집》 p303을 그대로 베낀 것이라 최익한의 번역과 동일하다.
화폐 단위 번역은 박혜숙, <18~19세기 문헌에 보이는 화폐 단위 번역의 문제>, 《민족문학사연구》 38호(2008), 민족문학사연구소; 이영훈 편,《수량경제사로다시 본 조선 후기》, 서울대출판부, 2004; 전성호,《조선 후기 미가사米價史 연구》, 한국학술정보, 2007 등을 볼 것.

또 '蕎子一升價至二十'을 '메밀 한 되 값이 두 돈(엽전 20푼)이나 되며'로 옮겼다(<與金公厚> 볼 것). '돈'은 '전錢·전錢'과 같은 화폐 단위로 10푼에 해당한다. 그러나 이후 남북한 번역서들은 '20냥', '20전', '20' 등으로 전부 오역하였다. 당시 메밀 1섬의 상정가는 2냥 1전 6푼이니 1되는 1.44푼이 된다. 따라서 이조 정부는 메밀종자 값으로 최소 10배 이상 더 착취한 셈이다.12)

그리고 '日給傭百錢'을 '하루 품에 돈 100푼'으로 맞게 옮겼다(<應旨論農政疏> 볼 것). 여기서 '百錢'은 '錢百'이고, '돈[錢]'은 화폐 단위가 아니라 '엽전'을 의미한다. 돈(엽전) 100푼이면 18세기 후반 일역부의 하루 품삯이 25푼이니 딱 4배가 된다.13) 그러나 남한에서는 모두 '百錢'을 '100전'으로 오역하였다. 100전이면 1,000푼으로, 당시 품삯의 40배나 되니까 터무니없는 수치이다.

끝으로 '罰三十百'을 '벌금 30냥'으로 옳게 옮겼다(<監司論> 볼 것). 그 귀신같은 정확성에 놀라지 않을 수 없다. '罰三十百'에서 '罰'은 '罰錢'이고 '三十百'은 '30×100'이란 말이니, 결국 '벌금 3,000푼=30냥'이 되는 것이다. 《목민심서》<예전禮典·빈객賓客>조에 같은 내용이 '罰三千'으로 나온다. 그런데도 남한에서는 '罰三十百'을 '벌금 30~100냥'으로 죄다 오역하는 코미디를 연출하였다.

하지만 최익한은 '錢一萬'을 '만 냥'으로, '錢千'을 '천 냥'으로, '錢百'을 '백 냥'으로, 또한 '錢至三萬'을 '3만 냥'으로, '錢至數百萬'

---

12) 《일성록》 정조 23년(1799) 6월 1일; 《목민심서》<진황賑荒·보력補力> 참조. 오직 남한의 박혜숙만 《다산의 마음》(돌베개, 2008) p95에 '20푼'으로 바르게 번역하였으나, 메밀의 상정가를 제대로 추산하지는 못하였다.

13) 박이택, <서울의 숙련 및 미숙련 노동자의 임금, 1600~1909>, 《수량경제사로 다시 본 조선 후기》(앞의 책), p85.

을 '수백만 냥'으로, '錢至數千萬'을 '수천만 냥'으로 잘못 옮겼다
(〈僧拔松行〉, 〈與金公厚〉, 〈田間紀事〉, 〈監司論〉 볼 것). 남북한 번역서들도
마찬가지다(박혜숙 역본은 예외). 위의 '錢(至)○○' 뒤에는 화폐 단위
'푼'이 생략되어 있으니, '錢一萬'은 '엽전 10,000푼=100냥'이고,
'錢千'은 '엽전 1,000푼=10냥'이고, '錢百'은 '엽전 100푼=1냥'이
고, '錢至三萬'은 '엽전 30,000푼=300냥'이고, '錢至數百萬'은 '엽
전 수백만 푼=수만 냥'이고, '錢至數千萬'은 '엽전 수천만 푼=수
십만 냥'이다. 그는 《실정》에서 이미 '錢九百'을 '엽전 9냥'이라고
정확히 옮긴 적이 있으나, 《정선》에서는 '錢○○'을 번역할 때마다
이상하게도 매번 착오를 일으켰다.14)

3) 번역의 제한성 : 정치적 해석

최익한의 번역은 고전적이다. 갓 쓰고 나귀 타던 시절의 어투와
장강처럼 길며 유유한 문장이 정겹게 펼쳐진다. 실제로 그는 23세
(1919)에야 상투를 잘랐다. 그 세대는 군더더기 허사나 이음말을
자주 쓰고 의역도 수시로 한다. 일어투의 잔재가 《여독》과 《실정》
에는 꽤 보이는데, 《정선》에서는 상당히 청산되었다.15)

또 최익한의 번역은 '맑스주의적 조선 문학 건설'을 위해 애국적·
진보적 이념으로 다산의 시문을 창조하는 경향이 농후하다. 원문의
본뜻을 무시한 채 윤색하거나 아예 새로 각색하기도 한다. 그만큼

---

14) 물론 《정선》 〈감사론監司論〉에서 '錢百五十'을 '1냥 반'으로 정확히 옮긴 적도
　　있으나, 이는 예외로 한다.
15) 최익한은 '적(的)', '및(及)', '것(物·事)', '그(其の)', '-에 있어서(-に於て)' 등의
　　일어투를 곧잘 썼으나, 《정선》에서는 번역투의 문장에 흔한 '～ 것이다', '～을
　　가지고 있다' 등을 제외하고는 별로 사용하지 않았다.

'정치적 해석의 특수성'을 띠고 있는 것이다. 예컨대 〈탕론湯論〉을 〈민권 옹호론〉으로 풀이한 것은 역자의 정치적 의도가 개입된 심각한 왜곡이다. 그 목적은 다산의 복고적 보수성을 근대적 진보성으로 둔갑시켜서 인민을 애국주의로 교양하려는 데 있다.

또 "王者之大權(왕자의 큰 권리)"을 "국가의 큰 사업"으로, "王政之大者(왕정의 큰 것)"를 "국가 정치의 중요한 과업"으로, "天地生物之理(천지가 만물을 내는 이치)"를 "인민 생활의 안정을 위한 국가의 정치"로, "王者代天(왕자는 하늘을 대신하여)"을 "군주는 오직 정의에 따라"로 번역하였다.16) 독자들에게 봉건성 자체를 차단하고 국가주의를 이입하기 위해 '왕·임금·하늘'이라는 말 대신에 '국가·군주·정의'라는 용어를 기획하였겠지만, 결과적으로는 다산의 봉건성이 은폐되는 또 다른 문제가 파생된다고 하겠다.

심지어 원문에 없는데도 의역하여 덧붙인 구절이 의외로 많다. 〈기예론技藝論〉에는 "국가를 발전시키게 한 것이다"를 끼워넣고, 〈간리론奸吏論〉에는 "관리가 인민을 어떻게 위하였는가, 또는 어떻게 인민을 위하여 일할 수 있는가에 의하여 그 표준을 두어야 할 것이다"를 집어넣고, 〈응지론농정소應旨論農政疏〉에는 "어찌 농민들의 생활이 빈궁하게 되지 않을 수 있겠습니까?", "이는 너무나 불공평한 현상입니다", "일반 인민 생활에는 도움될 것이 없기 때문에", "동시에 한갓 모리간상배들의 배만 불려 주는 것뿐입니다"

---

16) 원문은 전서 문집 〈조운책漕運策〉, 〈응지론농정소應旨論農政疏〉, 〈의엄금호남제읍전부수조지속차자擬嚴禁湖南諸邑佃夫輸租之俗箚子〉 볼 것.
  참고로 최익한은 '君·天·主' 등을 '국왕'으로 옮겼다. 이는 '왕'을 '국가'로 고쳐 번역하는 데 있어 중요한 매개 구실을 한 것으로 보인다.

등을 때려넣었다. 이렇게 조작하지 않고서는 도저히 다산 시문은 애국적·인민적·진보적으로 개변될 수가 없는 것이다.

<발고정림생원론跋顧亭林生員論>에서 "若余所若余所望則有之 使通一國而爲兩班 卽通一國而無兩班矣"는 "만약 나의 소망이라면 이런 것(모두가 다 양반이 되면 절대 안 된다는 것)이 있다. 가령 온 나라가 양반이 된다면 이는 곧 온 나라에 양반이 없어지는 것이다"로 풀이된다. 위에서 대명사 '之'는 '모두가 다 양반이 되면 절대 안 된다는 것'을 가리키는데, 최익한은 정반대로 '온 나라 사람들이 모조리 다 양반으로 되어 버렸으면 하는 것'이라고 오역하였다.17) 이는 다산의 반동성을 혁명성으로 전도시키려는 얄팍한 속임수에 불과하나, 류수의 《정약용작품선집》(1960)도 똑같이 따르고 있다. 이후 남북한의 학자들 대부분은 다산이 마치 "온 국민이 양반으로 되어 양반이 없어지기를 바란 것"이라고(신분제 철폐를 소망하였다는 식으로) 곡해하면서 심각한 오류에 빠졌다.18)

---

17) 최익한은 "나는 또한 한 가지 바라는 바가 있다. 그것은 무엇인가? 차라리 온 나라 사람들이 모조리 다 양반으로 되어 버렸으면 하는 것이다. 온 나라 사람이 모조리 다 양반으로 되어 버린다면 이는 곧 온 나라에 양반이라는 것이 따로 남아 있지 않는 것이다"고 오역하였다. (방점은 인용자)

18) 이런 보수 반동적 오류를 처음 지적한 학자가 북한의 정성철이다. 그는 다산의 계급적 본질을 파헤쳐 다산이 양반제도 자체를 반대한 것은 아니라고 밝혔다. 남한에서는 함규진이 다산의 말은 문맥상 양반 폐지론이나 신분제 철폐론이 될 수 없고 일종의 해학이라고 하였다. 허나 그들은 위의 구절을 제대로 번역하지 못한 추상적인 한계가 있다. 최근에야 황태연이 이 구절을 정확히 번역함으로써 '구제불능의 반反근대적·복고적 신분주의자'였던 다산의 반동성을 철저히 규명하였다. 정성철,《실학파의 철학사상과 사회정치적 견해》, 사회과학출판사, 1974, p458. 면수는 백의출판사 복간본(1989)에 따름. 함규진,《정약용 정치사상의 재조명》, 한국학술정보, 2008, pp300~2; 황태연,《한국 근대화의 정치사상》, 청계, 2018, pp72~3.

4) 최익한 번역본과 류수 번역본의 비교

최익한의 번역본 《정선》(1957)이 나온 지 얼마 안 되어 조수로 일하던 류수·리철화의 번역본 《정약용작품선집》(1960)도 나왔으니, 비스름한 두 책을 비교하면 《정선》의 특징이 오롯이 드러난다.

첫째, 번역률은 약 6.4%이다. 최익한은 신조본 전서에서 시 68편, 산문 55편을 선별 역주하였다. 신조본에는 다산의 시 1195편, 문 714편이 수록되어 있으므로 시는 약 5.7%, 문은 약 7.7% 번역한 셈이나, 작품을 일부만 발췌 번역한 경우도 있어 그 비율은 더 낮다. 따라서 전체 번역률을 최익한이 전서 문집의 10분의 1~2라 한 것은 착각이며, 실제로는 그 절반 정도에 해당된다. 반면 류수본은 시 56편, 산문 48편을 역주하였다. 작품 편수가 줄어든 까닭은 한문 원문을 추가한 때문이다. 이는 번역본의 독자를 일반 인민 대중에서 특정 엘리트 중심으로 재설정한 것이라 할 수 있는데, 최익한본의 어투를 현대화하면서 장문을 단문으로 고쳤다.19)

둘째, 번역 작품의 선별 기준이다. 최익한은 맑스·레닌주의적 원칙에 입각하여 조선 문학의 전통을 옳게 계승 발전시키는 과업을 수행하면서 다산의 '반봉건적 민주사상과 열렬한 애국주의'에 주목하였다. 바로 이것이 선별 기준이었을 터이나 '반봉건적 민주'니 뭐니 한 말은 전혀 사실무근이다. 거꾸로 봉건적 관료학자 다산은 '반봉건적 민주'를 철저히 배격하였으며, 양반계급을 위한 '봉건적

---

19) 다산의 최후 수정 가장본手定家藏本 《열수전서洌水全書》는 총 503권인데, 그 중 시문집은 87권으로 1/6에 이른다. 1934~38년 신조선사는 이 《열수전서》를 바탕으로 《여유당전서》 76책을 간행한 바 있다. 필자는 신조본에 따라 류수본의 시 〈제화題畫〉 2편을 1편으로, 산문 〈여김공후與金公厚〉 1편을 2편으로, 〈답이절도答李節度〉 1편을 3편으로 계산하였다.

애국'에만 충실하였을 뿐이다.20) 최익한이 개념 자체를 초계급적
으로 적용하여 다산을 과장 왜곡한 것은 '우경향 복고주의'로 비판
될 수 있다. 당시 북한 학계는 인민 대중을 교양하기 위해 과거의
문화유산에서 진보적·인민적 요소와 혁명적·애국주의적 전통을 기
계적으로 추출하려는 경직된 태도가 만연하였다.

또 류수본은 다음과 같은 최익한본의 작품들을 제외하였다. 즉
전자는 후자에서 시 19편, 문 15편을 뺀 다음에 시 7편, 문 8편을
새로 번역하여 실었다.

시 19편 : <유수종사遊水鐘寺>, <춘일배계부승주부한양春日陪
季父乘舟赴漢陽>, <과족부승지공범조법천초당過族父承旨公範祖法
泉山居>, <환소천거還苕川居>, <웅진회고熊津懷古>, <중과광주重
過光州>, <촉석회고矗石懷古>, <봉지적해미출도문작奉旨謫海美出
都門作>, <행차동작도行次銅雀渡>, <독황산대첩비讀荒山大捷碑>,
<등백운대登白雲臺>, <영수석절구詠水石絶句>, <등우화정登羽化
亭>, <번암채상공만樊巖蔡相公輓>, <석우별石隅別>, <아사고인행
我思古人行>, <근심愁>, <희작소계도戲作苕溪圖>, <율정별栗亭別>

문 15편 : <맥론脈論>, <풍수론風水論>, <효자론孝子論>, <열
부론烈婦論>, <호적의戶籍議>, <도량형의度量衡議>, <환향의還
餉議>, <고적의考績議>, <송이참판기양사연경서送李參判基讓使
燕京序>, <발기기도첩跋奇器圖帖>, <위증윤종문종직종민증언爲

---

20) 자세한 것은 졸고 <실정 해제>와 《정선》의 각 작품 해제를 보라.

68

尹鍾文鍾直鍾敏贈言〉, 〈답만계答蔓溪〉, 〈여김공후與金公厚(己巳秋)〉,
〈상중씨上仲氏〉, 〈기양아寄兩兒〉21)

류수본은 최익한본에서 다산의 개인적 일상을 노래한 초기 시를
빼고 유배 이후의 시를 몇 편 넣었으며, 봉건적 담론 성향이 짙은
산문을 빼고 소설적 요소가 깃든 전傳 작품을 넣었다. 선별 기준은
대동소이하나, 최본이 류본보다 더 고전적이고 낭만적이며 종합적
이다. 한마디로 덜 이념적이라 하겠다.

셋째, 작품의 배치 순서이다. 최본은 시는 전서대로 따라 시간
순으로 배열하였지만, 산문은 〈원목原牧〉과 〈전론田論〉을 앞세워
다산의 정치·경제론을 중시하였다.22) 류본은 시는 유배시 〈장기
농가長鬐農歌〉를 선두에 놓고 주제별로 엮었으며, 산문은 최본의
순서 그대로 따랐다. 그러니까 류본은 현재의 이념에 맞게 전서를
재편집한 것이므로 대중들은 어떨지 몰라도 전문인이 보기에는 참
난감한 측면이 없지 않다. 남한의 번역본도 대부분 류본을 참고하
여 〈원목〉이나 〈전론〉을 제일 앞에 내세웠다. 제아무리 순서를 뒤
바꾸고 떡칠을 한다 해도 다산의 보수성이 진보성으로 탈바꿈될
리는 만무할 것이다.

---

21) 류수본은 시 19편, 문 15편을 제외한 대신에 〈탄빈歎貧〉, 〈공주창곡公州倉穀〉,
〈견우遣憂〉, 〈만강홍滿江紅〉, 〈견여탄견輿歎〉, 〈제변상벽모계영자도題卞尙璧
母鷄領子圖〉, 〈제화題畵〉 등 시 7편과 〈아언각비서雅言覺非序〉, 〈발취우첩跋翠
羽帖〉, 〈장천용전張天慵傳〉, 〈몽수전蒙叟傳〉, 〈죽대선생전竹帶先生傳〉, 〈문체책
文體策〉, 〈답이관찰答李觀察〉, 〈송한교리치응사연서送韓校理致應使燕序〉 등 문
8편을 각각 추가하였다.
22) 전서를 따른다면, 《정선》 중간에 실린 대책문對策文 〈인재책人才策〉을 맨 처
음에 배치해야 할 것이다.

3. 작품 해제

필자는《정선》의 각 작품 해제가 대단히 소략하므로 크게 보완하였다. 요즘 전문 독자에게는 충분한 해설이 요구되어 거의 모든 작품에 〈해제〉를 새로 달았다. 물론 편집상 몇몇 작품은 그러지 못한 경우도 있다. 여기서는 먼저 최익한의 해제를 살펴보고, 그 다음 필자가 보충한 해제는 양이 많아서 시와 산문 편으로 나누어 훑어볼 것이다. 〈해제〉는 최익한과 북한 학자들의 저술에서 주로 인용하고, 남한 학자들의 연구도 참고하였다. 출처를 모두 표시해 두었으니 혼동되는 일은 없을 것이다.

1) 최익한의 해제

최익한은 서문에서 다산에게 '정론문학政論文學'이라는 평가를 주었다.23) 지금도 학계에서는 유효한 개념이다. 그는 다산이 문학에서 내용의 우위성을 주장하고 형식주의와 모방주의를 배격하며 사상의 중요성을 강조하였다고 한다. 그리고 특히 시 창작에서는 인도주의와 민주사상 및 애국주의를 바탕으로 풍자와 교양을 중시하였단다. 한마디로 연암은 산문의 대가요 다산은 시의 대가라는 것이다. 결국 최익한은 다산이 '비판적 사실주의'까지 확립한 것으로 총평을 내렸다.

(다산의 시문은) 계급적 투쟁 역량의 물질적 지반에 의거하지 못

---

23) 서문은 〈정다산의 시문학에 대하여〉(《조선어문》, 과학원 언어문학연구소, 19 56)를 요약한 글이다.

한 한 개 아름다운 공상으로서 역사적 제약성을 엄격히 받고 있었으나 그의 진보적 성격은 의연히 빛난 것이다. 그리하여 그의 문학은 우리나라 문학사 위에 비판적 사실주의를 뚜렷이 수립하였다.

최익한은 이미 《실정》에서 "연암은 우리나라 문학사상文學史上에 있어 비판적 사실주의의 선구자였으며 근대적 단편소설의 창설자였다"고 규정한 바 있다. 요컨대 비판적 사실주의를 연암이 소설로 개척한 후에 다산이 시로 확립하였다고 정식화한 셈이다. 최익한의 말대로라면 비판적 사실주의가 세계에서 제일 먼저 발생한 곳은 조선이 되고 마는 궤변에 봉착하게 된다.

비판적 사실주의는 고리키가 언급한 역사적 개념이다. 이는 오직 자본주의적 관계와 결부되어서만 발생할 수 있기 때문에 초역사적으로 적용하면 의미를 잃어버린다.24) 당연히 최익한은 비판적 사실주의를 작품 분석에 실제 활용하지는 못하였다. 고작 다산의 〈기민시飢民詩〉에 대해, "작자의 사실주의는 현실의 미묘한 부분까지 침투하였으며, 이것을 계기로 한 인도주의적 감정은 풍자의 영역을 벗어나서 통치계급을 규탄·질책하는 정도로 발전하였다"고 애매하게 설명한 것이 거의 전부이다. (방점은 인용자)25)

---

24) 류창선, 〈사실주의와 비판적 사실주의의 발생 문제〉, 《조선어문》 4호(1959), p82; 리응수, 〈조선에서의 사실주의 발생 시기 문제〉, 《조선어문》 3호(1960), pp73~81; 김해균, 〈비판적 사실주의 개념에 대한 몇 가지 의견〉, 《우리나라 문학에서 사실주의의 발생 발전》(과학원어문연구소 문학연구실 편), 과학원출판사, 1963, p277, p283; 문상민, 〈비판적 사실주의 발생의 일반적 원리와 관련하여〉, 앞의 책, p297 등 참조.

1957년 소련에서 사실주의에 관한 토론회가 개최된 이후 북한에서도 조선 문학에서의 사실주의 형성 시기에 대한 논쟁이 진행되었다. 1963년까지 6년간 주로 과학원 어문연구소 문학연구실의 신진 학자들 중심으로 여러 차례 학술 토론이 벌어졌다. 최익한의 제자 김하명은 '18세기 비판적 사실주의 발생설'을 주장하였는데, 역시 연암에게 그 시원을 두었다. 하지만 봉건적 지반 위에서도 비판적 사실주의가 발생할 수 있다는 그의 견해에 대해 박종식·현종호 등 극소수만 동조하였고, 류창선·리응수·김민혁·한룡옥·한중모·엄호석·김해균·문상민·최탁호 등 대다수 학자들은 반대하였다. 즉 연암·다산 문학은 비판적 사실주의가 아니라 계몽적·실학적 사실주의라고 지적한 것이다.26)

최익한·김하명이 비판적 사실주의 발생을 18세기까지 끌어올린 것은 '근대(=자본주의)의 맹아'를 자기 전공 분야인 '실학'에로 소급·확대하려는 의도였다고 할 수 있다. 여하간 연암·다산 문학에다 비판적 사실주의의 '싹'이니 '맹아'니 '시원'이니 하여 꼬리표를 다는 것조차 자의적·비역사적 태도임은 두말할 나위가 없다.

---

25) <정다산의 시문학에 대하여 (중)>, 《조선어문》 3호(1956), pp43~4.
26) 《조선어문》(1957년 4호~1960년 6호); 김시업, <북한 학계의 우리나라 사실주의 논쟁>, 《우리나라 문학에서 사실주의의 발생·발전 논쟁》, 사계절, 1989; 김동훈, <북한학계 리얼리즘 논쟁의 검토>, 《실천문학》(1990년 가을호) 등 참조. 1957~1963년 사실주의 논쟁은 별다른 합의 없이 끝났다. 나중에 북한 학계는 비판적 사실주의가 1910년대에 발생한 것으로 서술하고, 김하명도 '18세기 시원설'로 후퇴하였다. 박종원·최탁호·류만, 《조선문학사》(19세기 말~1925), 과학백과사전출판사, 1980, p99; 리동수, 《우리나라 비판적 사실주의 문학 연구》, 과학백과사전종합출판사, 1988, p26; 김하명, 《조선문학사》(15~19세기) 대학용, 교육도서출판사, 1955, p384; 김하명, 《조선문학사·5》(18세기), 과학백과사전종합출판사, 1994, p24 등 참조.

다음으로 최익한은 서문 뒤에 〈다산 정약용 약전〉을 실었다. 이 연보는 《실정》 부록에 자세히 나와 있으니 별도로 소개하지는 않겠다. 또 그는 본문의 번역 작품에 간혹 '역자의 말'을 붙였다. 시 2편과 산문 11편에 해설을 가한 것이다.[27] 한 줄의 평이라도 단 '주석'까지 합하면 총 시 7편, 산문 16편이 된다. 따라서 《정선》에 수록된 시문 123편 중 약 19%를 해제한 셈이므로 완결되지 못한 상태이다. 작품 분석보다는 번역에 중점을 둔 책이라 자연스러운 현상일 수도 있다. 지면상 '주석'은 논외로 하고 '역자의 말'만 간추려 검토하면 다음과 같다.[28]

시 〈봉지적해미출도문작奉旨謫海美出都門作〉은 다산의 행적 중심으로 설명하고, 시 〈해랑행海狼行〉은 산문 〈인재책人才策〉과 비교하였는데, 최익한의 다산에 대한 폭넓은 식견이 돋보인다.

〈전론田論〉 7장은 《실정》에서 이미 번역하고 해제한 것을 다시 손질하여 쓴 만큼 한층 완미하다. 일례로 "여내閭內의 한 농부로서 기입된 노동일이 10일이라면 그 배당 곡물은 5두뿐일 것이다"(방점은 인용자)고 정확히 옮겼다.[29] 특히 〈전론〉 번역은 이후 남북한

---

27) 시는 〈봉지적해미출도문작奉旨謫海美出都門作〉, 〈해랑행海狼行〉이고, 산문은 〈전론田論〉, 〈탕론湯論〉, 〈조운책漕運策〉, 〈응지론농정소應旨論農政疏〉, 〈오죽헌기梧竹軒記〉, 〈송이참판기양사연경서送李參判基讓使燕京序〉, 〈위증윤종문종직종민증언爲尹鍾文鍾直鍾敏贈言〉, 〈위이인영증언爲李仁榮贈言〉, 〈답만계答蔓溪〉, 〈여김공후與金公厚〉(2편)이다.

28) 이 교주본에는 편집상 '역자의 말'을 '(최익한)'으로 바꿔 표시하였다. 참고로 류수본은 최익한의 작품 해제에 해당하는 '역자의 말'을 전부 삭제하였다.

29) 《여독》과 《실정》, 그리고 신조본·사암본 등에는 '5두'가 '四斗'라고 전부 잘못되어 있다. 당시 《정선》의 산문 번역은 리철화 학사가 교열한 것으로 추정된다. 류수·리철화 역, 《정약용작품선집》, 국립문학예술서적출판사, 1960, p20.

번역에 지대한 영향을 끼친 것으로 보인다. 그러나 최익한은 여전
제가 공상적·역사적 제약성은 있을지라도 봉건 지주 및 기생충과
농촌 착취 제도에 반대 투쟁하는 빈농민의 이익과 염원을 대변한
위대한 사상이라고 과장 왜곡하였다. 이러한 혼란을 미연에 방지
하기 위해 필자는 북한 학계의 비판적 견해도 함께 실어 독자들의
균형적 판단을 유도하였다.

<탕론>에서는 다산의 이론이 역사 발전에 대한 추상적 모색에
그쳤고, 사회 모순의 진상과 계급 투쟁의 임무를 간과하였다고 지
적하면서, 최익한은 이를 '동서양 이성론자의 역사적 제약성'으로
모호히 규정하였다. 그래서 오해가 없도록 필자는 '봉건 양반 계급
의 사상적 본질'을 분명히 적시하였다.

<응지론농정소應旨論農政疏>는 다산이 황해도 곡산 부사谷山府使
로 있을 때 정조의 자문에 응하여 쓴 건의서이다. 최익한은 다산이
이 글을 1798년(37세) 말에 썼지만, 왕에게는 이듬해 봄에 올렸다
고 단정하였다. 아마도 박지원의 《과농소초課農小抄》를 참고한 듯
하다. 이는 최익한의 제자 김하명의 저서에서도 확인된다.30)

<위이인영증언爲李仁榮贈言>은 원주에 "1820년 5월 1일(嘉慶庚辰
五月一日)" 작이라 표시되어 있는데, 최익한은 착오로 집필 연대를
알 수 없다고 하였다. 또 그는 다산이 소설 일반을 배척한 것이 아
니라 음란한 색정과 기괴난잡한 장면을 극도로 묘사한 관능주의·

---

30) 1798년 11월 30일 정조는 <권농정구농서윤음勸農政求農書綸音>을 내렸는데,
   당시 면천 군수沔川郡守였던 박지원은 12월 9일 교서를 받고서 1799년 3월
   25일《과농소초》를 올렸다. 《승정원일기》 정조 22년(1798) 11월 30일; 《과농
   소초》 권수卷首 <편제編題>, <진과농소초문進課農小抄文>; 김하명, 《연암 박
   지원》, 국립출판사, 1955, p106.

자연주의를 비판한 것이라 하였다. 그러나 사실상 다산은 소설의 교양적 의의를 제대로 이해하지 못한 채 소설의 형상적 위력과 예술적 가치에 대해 매우 제한적이며 보수적인 입장으로 굴러떨어진 것이라고 할 수 있다.31)

나머지 '역자의 말'은 대체로 실증적 주석에 가까운 단평이지만 상당히 정확한 편이다. 최익한은 <다산 연보>를 《여독》에서 작성하기 시작하여 오랜 세월이 지나 《실정》에서 비로소 완성하였다. 이제 그 연보를 《정선》 해제에 활용함으로써 다산의 전기적 사실들은 작품 배경을 파악하는 데 중요한 기초가 되고 있다.

2) 필자의 해제 : 시편

앞에서 언급한 대로 《정선》에 추가된 필자의 해제는 최익한의 모든 논문과 저서에서 주로 인용한 것이다. 그는 다산의 '반봉건적 민주사상과 열렬한 애국주의'에 주목하다 보니, 무리하게 작품을 해석한 경우가 많다.

예컨대 그는 다산의 시 <불역쾌재행不亦快哉行>을 풀이하면서, '피압박 인민을 자유 해방시켜야 한다는 사상'이니 '중세기 사회를 혁명의 폭발로 깨뜨리려는 개혁 사상'이니 '양반 반대의 평민 사상' 따위의 별의별 수식어를 다 갖다붙였다.32) 참으로 과도한 의식적 해석이다. 이 시는 그 진보적 사상과 아무 상관이 없고, 오직 당파

---

31) 김하명, 《조선문학사·5》(18세기문학), 과학백과사전종합출판사, 1994, p20; 김진국, 《정약용 문학 연구》, 사회과학출판사, 2014, p116, p267.
32) <정다산의 시문학에 대하여 (중)>, 《조선어문》 3호(1956), 과학원 언어문학 연구소, p49.

싸움으로 권력에서 배제된 보수적 다산의 증오심과 벼슬욕이 에둘러 표현되어 있다. 따라서 최익한은 사회주의 건설 과업을 촉진하기 위해 의도적 분석을 한 것으로 판단된다. 즉 다산에게 '혁명 영웅의 탈'을 억지로 들씌웠다고나 할까?!

<봉지염찰도적성촌사작奉旨廉察到積城村舍作>에서는 다산을 '인민의 시인'으로 추앙하였다. 필자가 보기에 다산은 '지주 관료 문인'이다. 그는 암행어사로서 적성촌을 몰래 살핀 다음 왕에게 보고한 것뿐이다. 더도 덜도 아니다. 농민의 문제는 으레 왕의 선정으로 해결해야 한다는 왕도 사상이 시 저변에 깔려 있다.33)

최익한은 <기민시飢民詩>를 인민에 대한 사랑과 정열로 충만된 작품의 예로 들었으나, 역시 그렇지는 않은 듯하다. 문제는 누구의 입장에서 시를 썼느냐가 중요하다. 원주에 이가환李家煥과 윤지범 尹持範의 논평이 달려 있으니, 다산은 양반 계급의 입장에서 이른바 정협鄭俠의 <유민도流民圖>에 견줄 만한 시를 쓴 것을 알 수 있다. 다산은 봉건 통치배를 부모나 형에 빗대며 그들의 자애로 마치 인민의 생활을 안정시킬 수나 있는 듯이 망상하였다.34)

<고시 24수>는 젊은 날 다산의 사회의식이 나타난 작품으로서 당시의 여러 사회상을 반영하고 있다. 그러나 다산이 신분 제도나 착취 체제 등 제반 사회 문제에 대하여 어떤 하나의 대안을 제시

---

33) <정다산의 시문학에 대하여 (중)>, 앞의 책, p42; 전서 문집 <경기암행어사 논수령장부계京畿暗行御史論守令臧否啓>, <경기어사복명후론사소京圻御史復 命後論事疏>;《일성록日省錄》정조 18년(1794) 11월 16일; 김춘택, 《조선문 학사·1》, 김일성종합대학출판사, 1982, p337.
34)《실정》p691; 사회과학원 문학연구소, 《조선문학사》(고대·중세편), 과학백과 사전출판사, 1977, p550.

하는 실천적 단계에 이른 것은 전혀 아니었으며, 다만 그는 유자 관료로서 극소수 양반 독자의 관심을 환기하는 담론적 수준에 머무르고 있었을 따름이다. 최익한도 이 시에 대해서는 다산이 "신비론적·숙명론적인 세계관을 점차 청산하고 있었으나, 그 모순을 해결하는 방법에 대한 적극적인 요구로까지는 아직 발전하지 못하였다"고 정당히 비평하였다.35)

앞에 나온 <적성촌사작>, <기민시> 등을 보더라도, 다산이 봉건 관료로서 인민의 궁핍한 처지와 생활을 폭로 고발하는 데는 유달리 특출나다. 하지만 <양강우어자楊江遇漁者>에서 보듯이, 그가 막상 자연인으로 돌아와서 인민의 노동을 구체적으로 형상화하는 데는 어쭙잖고, 또한 사회비판적 기백과 사실주의적 전형화에 있어서도 크게 떨어진다.36)

<고시 27수>에서 다산은 유배객으로서 일하는 농부를 유심히 바라보고는 "동작이 호일하다(動作何豪逸)"고 하였다. 이는 봉건 유자의 농본주의적 관념이 투영된 발언으로서, 농민의 구체적 실상에까지는 근접하지 못한 그 시대의 유교적 표현으로 볼 수 있다. <행차청양현行次靑陽縣>에도 "세상의 호걸은 바로 농부로다(世間豪傑是農民)"고 비스름히 읊은 바 있다.

<장기농가長鬐農歌>에는 노동에서 완전히 멀어진 다산의 관념이 생경하게 표출되어 있다. 그는 정신노동을 중시하고 육체노동을 천시한 유자이므로 일평생 모 한 포기 심어 보지 않았다. 본질적

---

35) <정다산의 시문학에 대하여 (중)>, 앞의 책, p45.
36) 김진국, 앞의 책, p144.

으로 그의 시는 이른바 '반동적 무한학無汗學'에서 비롯되었다. 일찍이 류수원柳壽垣은 《우서迂書》<논려제論麗制>에서 "양반이 농사를 힘써 지으려 하면 몸에 땀이 젖고 발은 진흙투성이가 되어 대번에 상놈이 되고 마니, 비록 죽을지언정 차마 할 수는 없다(士族 … 欲爲力農 則需體塗足 … 則目前便爲常漢 雖死而不忍爲也)"고 답하였다. 이렇게 노동이 멸시되는 실학적失學的 환경 속에서 다산의 희멀건 '무노동의 농가'가 탄생하여 인민의 입말도 양반 문자인 한자로 표기하게 된 것이다. 그 예로 '맥령麥嶺(보릿고개), 아가兒哥(새색시), 대감大監(재상), 첨지僉知(영감)' 등을 들 수 있다.

<타맥행打麥行>은 "검붉은 두 어깨 햇빛에 번질거린다(雙肩漆澤翻日赤)", "부서진 검불이 용마루로 날아오른다(但見屋角紛飛麥)" 등의 노동 현장 묘사가 돋보인다. 다산은 농부들이 일하는 모습을 통해 "마음이 몸의 노예가 되지 않는(了不以心爲形役)" 낙원을 발견하였다. 이는 물론 낭만적이고 관념적인 귀결이다. 그는 노동에 직접 참여할 수 없는 유자 신분으로서 피상적인 노동의 즐거움은 실감 나게 그렸으되, 실질적인 노동의 고통은 전혀 보여 주지 못하고 있다. 즉 그의 관찰은 애당초 노동 자체와는 철저히 분리되어 있으니까 결국은 실없는 귀거래 타령식으로 끝날 수밖에 없는 것이다. 하여 그의 작품에서 진정한 노동의 형상까지 기대하는 것은, 마치 나무에서 고기를 찾는 격이 되고 만다. 그런데도 최익한은 노동에 대한 다산의 시각을 그 구체적인 진정성 측면에서는 규명하지 못한 채 시종 우호적으로만 평하였다. 물론 이는 지금도 남북한 학자들의 공통된 한계이다.

<탐진농가耽津農歌>에는 노동의 고통이 처음으로 조금 언급되어

있다. 그것은 농민이 맨발로 김매기를 하다가 거머리에 물려 피를 흘린다는 사실이다. 다산은 그 참상을 정협의 <유민도>처럼 그려 볼까 하였으나, 이는 안이한 임시방편적 발상으로 본질적인 문제 해결책은 되지 못한다. 왜냐하면 당시 농민과 양반 지주는 노동자 와 비노동자로서 근본적으로 화해할 수 없는 봉건적 토지 소유 관 계로 얽혀 있었기 때문이다. 이러한 적대적인 관계하에서 직접 생 산자인 농민은 토지의 소유자가 아니라 점유자(경작자)로 남아 있 었던 만큼 신분이 고착되어 대대손손 봉건 지주나 봉건 국가에게 억압과 착취를 강요당하는 운명에 놓이게 되었던 것이다.37)

<애절양哀絶陽>은 강진 유배지에서 일어난 '절양 사건'을 엽기 적인 심리로 대하지 않고, 백골징포白骨徵布·황구첨정黃口簽丁 등의 군포 착취를 폭로하였다. 1803년 늦봄에 다산의 제자 황상黃裳이 <애절양>을 썼는데, 동년 가을에 다산도 그 시의를 그대로 살려 서사 구조를 더 갖춘 것으로 보인다. 영조 때도 이미 전라도 낙안 樂安에서 군포로 인한 '절양 사건'이 있었다.38)

<하일대주夏日對酒>는 1804년 여름 강진의 동문주막에서 지은 연작시로 규장본에는 수록되어 있지 않다. 삼정三政(전세·군포·환곡) 의 문란, 과거제의 폐단, 문벌·지방의 차별 등 사회와 국가를 질식 시키는 여러 질곡적 현상을 폭로하며 제도 개혁에 대한 필요성을 간접적으로 표시하였다. 이는 그가 봉건 사회를 부정하고 그 어떤

---

37) 김석형, 《조선봉건시대 농민의 계급 구성》, 사회과학원, 1957, pp444~8. 면 수는 남한의 신서원 2쇄본(1995)에 따름.

38) 《실정》 p692; <정다산의 시문학에 대하여 (하)>, 《조선어문》 4호(1956), 과학 원 언어문학연구소, p30; 《목민심서》 <병전兵典·첨정簽丁>; 정민, 《삶을 바꾼 만남》, 문학동네, 2011, pp75~80; 《영조실록》 10년(1734) 6월 13일.

인민을 위한 나라를 구상하였다거나 인민의 이익을 대표하였다는 것을 의미하지는 않는다. 즉 그는 봉건적 울타리를 넘어서 인민의 근본 요구를 대변해 나설 수는 없었다.[39]

<전간기사田間紀事>에서 다산은 기사년(1809) 가뭄에 굶어 죽는 인민에 대해 심절한 동정을 표시하였다. 이에 화답하여 이가환의 외조카 이학규李學逵도 유배지 김해金海에서 <기경기사己庚紀事>를 지었다.[40] 그들이 봉건 경제의 모순이 노정되는 현장을 직접 목격하고 시화한 것은 문학사적 의의가 있다고 하겠다.[41]

3) 필자의 해제 : 산문편

<원목原牧>은 '목牧'의 근원을 파헤친 글로, '목牧'은 소나 양을 치듯 사람을 사육한다는 뜻이다. 최익한은 <원목>에 해제를 달지 않았으나 필자가 그의 논문과 저서에서 발췌하여 추가하였다.[42] 그는 <원목>과 <탕론> 양편이 민주제를 주장하고 군주제와 왕권 신성을 근본적으로 부정한 비합법적 논문이라 주장하였다. 이것이 주관적 억측에 불과한 것은 졸고 <실정 해제>에서도 이미 논한 바 있으므로 여기서는 거듭 부언하지 않겠다.

<기예론技藝論>은 《중용》의 '내백공來百工'을 주석하면서 나온 것이다. 다산의 과학기술 지식은 대부분 경험주의적이거나 과학적

---

39) 《실정》 p692; 사회과학원 문학연구소, 앞의 책, p552.
40) 《낙하생집洛下生集》 책8 <기경기사시己庚紀事詩>.
41) 박무영, 《정약용의 시와 사유방식》, 태학사, 2002, p313.
42) <원목> 해제는 최익한의 《여독》, 《실정》, <다산 정약용> 등 논저를 살핀 후에 북한 학자 백남운·박시형·김석형·정성철·홍태연 등과 남한 학자 임형택·조광·배병삼·백민정·김진호 등의 논문도 참고하였으니, 이 책 본문을 직접 보라.

인 사고의 소산이라기보다는 관련 자료의 섭렵을 통한 문헌학적 탐구의 결과였다.43)

<상론相論>에서 다산은 사람이 어렸을 때는 대개 어여쁘던 것이 "자라면서 직업의 차이에 따라 습성이 달라지고 습성의 차이에 따라 상相이 변하게 된다"는 전제 아래 사람의 상이 부귀빈천과 길흉화복을 결정하는 것이 아니라, 이와는 반대로 그가 처해 있는 부귀빈천과 길흉화복이 그의 상을 결정한다고 하는 유물론적 견해에 근거하여 관상술의 신비성을 타파하였다.44) 하지만 그는 미신적 관상술의 일반 현상만 논박하였을 뿐, 상에 대한 온갖 봉건적 편견까지 극복한 것은 아니었다.

<향리론鄕吏論>과 <간리론奸吏論>에서 다산은 공격의 화살을 하급 관리인 아전에게 겨누었다. 그는 아전이 중간 착취자로서 중앙집권적 '왕도 정치'를 좀먹는다고 생각하였기 때문에 신랄히 비난하였지만, 봉건 왕권이나 양반 계급 자체는 전혀 부정하지 않았다. 여기에 그의 계급적 본질이 뚜렷이 표현되어 있다.45)

<환자론還上論>은 예리한 정치적 문제를 해명한 정론이다. 늙은 아비는 봉건 통치 관료를, 그 아들들은 인민들을 형상화한 것이라 할 수 있다. 인징隣徵·족징族徵 등 환자법의 약탈적 행위를 우수한 비유로 표현함으로써 문학적 가치를 높였다.46) 다산은 환곡 관리

---

43) 김영식,《정약용의 문제들》, 혜안, 2014, p160, pp170~1; 이지형,《다산경학사상연구》, 태학사, 1996, p30

44)《실정》p665.

45) 사회과학원 문학연구소, 앞의 책, p553; 김진국, 앞의 책, p43.

46) 김진국, 앞의 책, p204; 최익한, <정다산과 문학>,《조선문학》6호(1954), 조선작가동맹출판사, p106; 류수·리철화, 앞의 책, p16.

문제를 〈환향의還餉議〉와《목민심서》〈호전戶典·곡부穀簿〉 및《경세유표》〈지관수제地官修制·창름지저倉廩之儲〉에서도 다루었다.

〈감사론監司論〉은 한 도의 전제 군주인 감사(관찰사)의 호화 방종한 생활과 인민에 대한 약탈 행위를 훌륭히 형상화한 걸작이다. 즉 관료 계급의 추악 무도한 정체를 폭로 비판한 논설인데, 최익한은 그 신랄 준엄한 필치가 박지원의 〈방경각외전放璚閣外傳〉에 비해 거의 손색이 없다고 평하였다.47) 〈감사론〉은 아전을 소도小盜, 관찰사를 대도大盜라 하였으니, 아전만 공격한 〈간리론〉보다 일보 전진한 셈이다. 허나 대도와 계급적 동반자인 군자를 으레 내세워 그의 말로 결론을 대신한 것은 최대 맹점이다.

〈전폐의錢幣議〉는 〈문전폐問錢幣〉에 대한 답글로 보인다. 다산은 화폐 주조의 기술적인 측면에 눈을 돌렸다. 동전을 크고 단단하게 만들면 오래 가고 아껴 쓸 수 있으며, 금전과 은전도 따로 만들어 원거리 무역에 사용하도록 하면 금·은이 중국으로 유출되는 것을 방지할 수 있다고 하였다. 금·은전의 통용 주장은 자연 경제에서 화폐 경제로 이행하려는 시대적 요구를 반영한 것이다. 그는 만년에 화폐 전담 기구로 국영 주전소인 전환서典圜署를 설치할 것과, 아예 이용감利用監에서 비단 짜는 법을 배워다가 국내에 전파할 것까지 구상하였다.48)

〈의엄금호남제읍전부수조지속차자擬嚴禁湖南諸邑佃夫輪租之俗箚子〉에 대해 최익한은 다산이 '농민혁명 사상가'로서 우수한 사회적·정

---

47) 〈정다산과 문학〉, 앞의 책, p106.
48) 《실정》 p554; 《경세유표》 권2 〈동관공조冬官工曹·전환서〉.

치적 인식을 표현한 것이라고 평하였는데, 사실과는 거리가 멀다. 다산의 방안으로 소작농이 국가 조세나 종자 곡식의 부담에서 혹 벗어날 수 있을지는 몰라도 근본적으로 생활 처지를 개선할 수는 없다. 농민을 가난에서 벗어나게 하려면 무엇보다 먼저 사지주적 토지 소유를 청산해야 할 터인데, 지주였던 그는 아무런 개혁안도 제시하지 못하였다.49)

<발고정림생원론跋顧亭林生員論>에서 다산은 온 나라 사람이 모두 양반으로 되는 것을 반대하였다.《경세유표》<호적법>조에도 "온 나라가 다 귀해지면 누가 천것이 되겠는가? 이것이 오늘날 큰 걱정이다(通國皆貴 誰則爲賤 此當今之巨憂也)"고 개탄하였다. 그는 신분 상승이 노동력을 감소케 하므로 봉건 국가의 재정 확보에는 전혀 이롭지 않다고 보았다. 그는 귀천의 차이를 절대화하며 신분제를 극력 옹호하는 보수 반동적 입장을 철두철미 견지하였다.

<기연아寄淵兒>에서 다산은 맏아들 학연學淵에게 두보가 시성詩 聖이 되는 까닭을 설명하면서 고사는 모름지기 우리나라 고전에서 인용할 것을 당부하였다. 이는 유교적 입장에서 '아방我邦의 정체 성'을 중시한 말인데, 용사用事에 있어 제후국인 조선의 독자성을 강조한 것이라 하겠다. 물론 다산의 시는 조선보다 중국을 용사한 시가 압도적으로 많다. 그는 《경세유표》 첫머리에도 "우리나라는 제후의 나라이니 제도를 작게 해야 마땅하다(我國家 藩國也 制度宜小, <天官吏曹>)"며 사대적 세계관을 분명히 표시하였다.

---

49) 《실정》 p609; 홍태연, 《정약용의 철학 및 사회정치사상 연구》, 사회과학출판사, 2013, pp262~3; 정성철, 앞의 책, p464.

4. 맺음말

1957년 6월 최익한은 최초의 다산 시문 번역서인 《정선》을 펴 냈다. 아이러니하게도 이 책은 그의 마지막 저서가 되고 말았다. 동년 9~10월경 그는 '8월 종파사건'(1956)에 연루되어 숙청된 듯 하다. 숙청 이후 그는 철저히 시휘 대상이 되었고, 《정선》은 아예 존재 자체가 잊혀 버렸다. 허나 《정선》의 개정본에 해당하는 류수· 리철화의 《정약용작품선집》(1960)이 평양에서 발간되고 남북한과 중국에서도 복간됨으로써 최익한의 《정선》은 비록 간접적이나마 다산 시문 번역의 대중화에 밑거름이 될 수 있었다.

최익한은 당의 정책에 따라 민족 문화의 전통을 옳게 계승·발전 시키기 위해 맑스·레닌주의적 원칙에 입각하여 고전 번역을 수행 하였다. 이는 민족문학을 형성하는 민족어로 인민 대중의 문화적 요구를 최대한 충족하려는 문화 교양 사업의 일환이었다. 빼어난 시적 감성으로 옛말·방언·북한어·우리말 등의 민족어를 다채롭게 구사한 데에 그의 번역의 우수성이 있다.

옛말은 당시 북한어로도 통용된 '안해', '잇발'이 얼른 눈에 띈다. '-난다(-는가)', '-과저(-고자)', '-르세라(-구나)' 등 옛말 어미까지 풍부히 활용하여 다산과도 그리 멀지 않은 예스러운 분위기를 자 아냈다. 방언은 주로 강원·경상 방언을 채용하였다. '맨주(만주)'나 '엉패를 부리다(행패를 부리다)'는 말은 현지인도 모르는 사투리인데, 최익한은 자유자재로 쓰고 있다. 민족어의 원천인 방언을 다종다 양하게 구사함으로써 인민 대중이 실감할 수 있는 생생한 번역을 적극 지향한 것이다. 최익한은 일찍이 시조를 짓고 《조선어사전》

편찬 작업에도 참여한 바 있기 때문에 우리말에 대한 애착이 남달랐으리라 생각한다.

아울러 그는 번역의 정확성을 기하였다. 예컨대 '개선·개정·개혁' 등의 용어를 구분하여 '호적법의 개선', '신포 징수법의 개정', '환자법의 개혁' 등으로 엄밀히 옮겼다. 또한 앞에서 보았듯이 전문적 내용인 화폐 단위도 전체적으로 바르게 번역하였다.

그러나 그의 번역은 제한성이 있다. 원문의 본뜻을 무시한 채 윤색하거나 심지어 원문에는 없는데도 각색하여 애국적·진보적 다산으로 탈바꿈시킨 것은 심각한 왜곡이다. 또 <발고정림생원론跋顧亭林生員論>을 마치 '신분제 철폐론'인 양 오역한 것도 다산의 반동성을 혁명성으로 뒤바꾸려는 야바위에 불과하나 류수·리철화 역본도 똑같이 따랐다. 나중에는 남한의 보수 학자들까지 좋아라고 장단을 맞추었다. 하, 어찌 이따위를 입에 더 담을 수 있으랴.

최익한은 신조본 전서에서 시 68편, 산문 55편을 선별 역주하였다. 총 123편이니 약 6.4%를 번역한 셈이다. 그는 있지도 않은 다산의 '반봉건적 민주사상과 열렬한 애국주의'에 주목하였으니, 이것이 바로 번역 작품의 선별 기준일 터이다. 그는 초계급적으로 개념을 적용하여 시종일관 다산을 과장 왜곡하였다. 이는 당의 문예 노선에 따라 봉건적 지주 관료학자인 다산의 시문에서 진보적·인민적 요소와 혁명적·애국주의적 전통을 기계적으로 추출하려는 경직된 태도에 지나지 않는다.

최익한은 서문에서 다산 문학이 우리나라 문학사에 비판적 사실주의를 수립한 것으로 보았다. 이 역시 당시 북한 학계에 팽배한 형식적·교조적 인식에 불과하다. 즉 비판적 사실주의의 주체성에 눈을 돌려 그 전통을 연암·다산 문학에 억지로 수정 적용한 것뿐이다. 비판적 사실주의란 19세기 자본주의 시대에 발생한 역사적 개념이므로 한발 물러서 '계몽적 사실주의'니 '실학적 사실주의'니 하는 말도 성립할 수 없다. 오직 조선 양반 특유의 '사실적 요소'만 인정된다. 그것이 중세적 테두리를 벗어나지 못하고 비판적 사실주의와 거리가 멀다는 조건하에서.

최익한은 '역자의 말'을 두어 시 2편과 산문 11편만 해설하였다. 다산 시문은 봉건적 유교 세계관에서 비롯되었기 때문에 최익한이 다산에게 '혁명 영웅의 탈'을 씌우는 것도 한도가 있었던 듯하다. 그는 다산의 여전제가 '빈농민'의 이익을 대변한 사상이라고 과장하고, <탕론>이 민권 옹호와 전제 반대의 정치적 사상을 이론적으로 전개한 논문이라고 곡해하였다. 그러나 그 외 실증적 주석에 가까운 '역자의 말'은 상당히 정확한 편이다. 그는 오랫동안 전서를 읽으면서 <다산 연보>를 완성한바, 비로소 그 연보는 다산의 작품 배경을 이해하는 데 기초 자료로 활용되었다.

끝으로 필자의 해제이다. 해제는 최익한과 북한 학자들의 저술에서 주로 인용하고, 남한 학자들의 작업도 참고하였다. 최익한은 가장 진보적인 다산 연구자였는데도 불구하고 무리한 해석을 하며 많은 한계를 드러냈다.

그는 다산의 시 <불역쾌재행>에 '해방·혁명'이란 수식어를 갖다 붙이고, <적성촌사작>에서는 다산을 '인민의 시인'으로 추앙하며, <기민시>는 인민에 대한 사랑과 정열이 충만된 작품이라 하였다. 왜 이렇게 얼토당토않은 곡설만이 난무하게 되었을까? 그 이유는 그가 조선 자체에서 혁명 전통을 찾아내는 일에 경도된 때문이다.

그는 '소련식 사회주의의 조선화' 과정에서 맑스주의적 조선 고전 문학의 건설을 위해 온갖 수사를 남발한 듯하다. 결과적으로 다산을 우상화하는 오류에 빠지고 말았다. 하지만 그가 <고시 24수>에 대해서 다산이 사회 모순을 해결하는 방법을 적극 요구하지 못하였다고 정당히 평가한 대목도 있다.

<고시 27수>에는 봉건 유자의 농본주의적 관념이 투영된 말이 나오고, <장기농가>에는 노동에서 멀어진 다산의 생경한 관념이 표출되어 있으며, <타맥행>에는 시적 화자인 다산의 관찰이 노동과는 철저히 분리된 채 낭만적 관념으로만 전개된다. 그런데도 최익한은 노동에 대한 다산의 시각을 그 구체적인 진정성 측면에서는 전혀 규명하지 못하고 줄곧 비호하기에 급급하였다. 물론 이는 지금도 남북한 학자들의 공통된 한계이다.

<탐진농가>에서 다산이 정협의 <유민도> 따위를 떠올린 것은 임시적 발상으로 본질적 해결책이 되지는 못한다. <애절양>에서 다산은 '절양 사건'을 엽기적인 심리로 대하지 않았다고 최익한이 지적하였는데, 이는 높은 안목으로 여겨진다. <하일대주>는 삼정 문란이나 과거제 폐단 등을 폭로하였으나 인민의 근본 요구를 대변한 것은 아니다. <전간기사>는 유배지에서 봉건 경제의 모순이 노정되는 현장을 직접 보고 시화한 의의가 있다.

이제 다산의 산문편이다. <원목>, <탕론>은 이미 논한 바 있으므로 부언하지 않는다. <기예론>은 《중용》의 구절을 주해하면서 나왔다. 다산의 과학기술 지식은 경험적인 사고와는 거리가 멀다. 그가 농사를 짓지 않고도 농책農策을 쓰거나 농가를 읊어 댄 것(즉 연전필경硯田筆耕)과 매한가지다.

다산은 <상론>에서 미신적 관상술을 논박하고, <향리론>과 <간리론>에서 하급 관리인 아전을 비난하고, <환자론>에서 환자법의 문제를 해명하고, <감사론>에서 감사의 호화 생활과 약탈 행위를 비판하였다. <감사론>은 아전을 좀도둑, 감사를 큰 도둑이라 하였으니, 아전만 공격한 글보다는 한발 나아간 셈이다.

또 다산은 <전폐의>에서 화폐 주조의 기술적 측면에 유의하고, <의엄금호남제읍전부수조지속차자>에서 지세와 종자의 지주 부담론을 제시하였다. 소작농을 가난에서 벗어나게 하려면 무엇보다 지주적 토지 소유를 청산해야 하지만, 바로 다산 자신이 지주였기 때문에 아무런 개혁안도 내놓을 수 없었다.

그는 <발고정림생원론>에서 온 나라 사람이 다 양반으로 되는 것만은 절대 반대하며 보수 반동적 입장을 철두철미 고수하였다. <기연아>에서는 자기 아들에게 시를 쓸 때 고사는 모름지기 우리나라 고전에서 인용할 것을 당부하였는데, 이는 제후국인 조선의 독자성을 강조한 말이라 하겠다.

필자는 《정선》이 최초의 번역이라 사소한 실수는 일일이 지적하지 않았다. 이 교주본의 중요한 특징은 모든 작품들마다 해제를 새로 달았다는 것이다. 최익한은 다산을 극구 찬양하며 이상화하다 보니, 자연 과장과 왜곡이 많아졌다. 이후 북한 학계는 주체사상에 입각하여 '진보성'과 '제한성'이란 개념으로 다산의 계급적 본질을 규명하면서 최익한류의 다산 비호론을 어느 정도 비판적으로 극복하였다. 그러나 다산의 사상은 보수성이 넘쳐흐른다. '진보성'이란 틀로 다산을 진보적이라고 연역할 만한 근거가 전서에는 없다. 반진보적이고 반개혁적인 다산의 '반동성'을 인민의 입장에서 있는 그대로 보아야 한다. 다산의 실상을 은폐·왜곡하기 위해 제아무리 윤색·개작하더라도 원문 자체가 변경될 수는 없는 법이다.

기실 다산은 지주 관료 문인으로 철저한 신분주의자였다. 일절 노동도 하지 않았다. 당연히 전서에는 농민이나 노비와 같은 당시 노동자를 위한 글은 한 편도 없을뿐더러 있을 리도 만무하다. 농노들은 오로지 착취 대상이었다. 다산과는 근본적으로 화해할 수 없는 적대적 관계였다. 다산은 곱상하고 도량이 작으며 포부가 광활하지 못하였다고 한다. 그의 계급적·사상적 한계는 시문에 뚜렷이 드러나 있다. 어느 농부시인이 '다산은 악몽이다!'고 썼는데, 괜한 말이 아닌 듯싶다. 무턱대고 읽다 보면 마음이 더러워져서 책장을 덮을 때가 한두 번이 아닐 것이다.

일러두기

1. 원문은 1957년 6월 평양의 국립출판사에서 발행된 최익한 역의《정다산선집》을 사용하고, 류수·리철화 역의《정약용작품선집》(국립문학예술서적출판사, 1960)과 박충록 편의《정약용작품집》(민족출판사, 1986)도 참고하였다.

2. 역자의 해제는 '(최익한)'으로 표시하였다. 역자의 해제가 몇 편 안 되므로 편자는 거의 모든 작품마다 해제를 새로 추가하였다. 편자의 해제는 최익한의 모든 저술과 북한 학자들의 연구를 주로 인용하면서, 실증적인 부분은 남한 학계의 작업도 참조하였다.

3. 모든 작품의 한문 원문을 새로 실었다. 사암본《여유당전서》(2012)를 이용하되, 규장본·신조본 등과 대조하여 오자를 바로잡았다.

4. 고어·방언·북한어·외래어 등은 어감을 살리기 위하여 대부분 그대로 두었으며, 최소한도 내에서 표준말로 고쳤다. 그러나 한자어·번역투 표현이나 경어법에 맞지 않는 문장은 바르게 가다듬었다.

5. '苕川', '玆山', '李晴' 등은 최익한의 독음에 따라 '소천', '자산', '이정' 등으로 표기하였다.

6. 원문의 제목을 편집 체제상 바꾼 경우가 더러 있는데, 이는 책 말미에 일람표로 정리하여 놓았다.

역자 서문

　다산茶山 정약용丁若鏞(1762~1836)은 조선 봉건 말기의 탁월한 사상가로서, 실학파의 집대성자로서 온갖 고난과 박해를 박차고 견인불굴의 사상 투쟁을 계속하는 가운데 거의 유례없는 다종다양한 저작들을 세상에 남겨 놓았다. 그의 문필적 업적과 그 영향은 실로 거대한 것이다.

　그의 사후 수십 년을 지나 19세기 말엽부터 그의 이름과 저작이 많은 신진 인사들의 입과 붓에 오르내리어서 혹은 과학자로, 혹은 경제학자로, 혹은 법제학자로, 혹은 고증학자로, 혹은 문학가로 그를 연구하고 소개하였다. 그러나 그의 반봉건적 민주사상과 열렬한 애국주의의 기본적인 알맹이에 관해서는 대개 간과하였거나 소홀히 하였던 것이다. 이는 그의 전집이 오랫동안 봉건 통치 계급의 어떤 금물로 되어 세상에 공개되지 못한 데도 기인하였거니와 더욱이 일제 통치하에서 연구와 논평의 자유가 보장되지 못한 데에 주요한 이유가 있었던 것이다.

필자는 몇몇 동호자들과 함께 수년 전부터 우리나라 고귀한 문화유산의 계승 발전에 관한 조선 로동당의 지시에 고무되어 그 과업의 초보적 실천의 하나로서 실학파와 정다산의 사상·학설 및 문화적 업적을 체계적이며 본질적인 방면에서 개괄 천명하여 대중 앞에 제공하였던바 독자 대중의 환영은 다시 다산의 문학적 저작을 번역 소개하라는 요구로 발전되고 있다. 본 선집은 이와 같은 요구에 보답하기 위한 응급수단으로 내놓는 것이다.

다산의 저작은 과거 우리나라 문필가들 중에서 양적으로 거의 제1위를 점령할 만큼 방대하다. 저자 자신의 손으로 정리 편찬한 것이 503권에 달하였는데, 그중 경집經集 즉 유교 경전들을 자기의 새로운 철학적 견지에 의하여 해설 논증한 부분이 250권으로서 전집의 절반을 차지하였으며 잡찬雜纂 즉 경제·정치·제도·법률·군사·지리·언어·의학 등 광범한 영역에 걸친 저서가 166권으로서 전집의 3분의 1을 차지하였고 문집文集이란 명목 아래 포괄된 시·문이 합계 87권으로서 전집의 6분의 1을 차지하였다. 그의 저작 전체로 본다면 문학적 저작은 근소한 부분에 불과하나 이것을 따로 떼어 보면 역시 적지 않은 분량이다.

다산은 자기 일생에 중세기적 철학·경제·정치 및 문화 일반에 대한 비판 개변하는 사업에 정력을 집중하였고 문학은 오히려 부차적인 것으로 여겼기 때문에 수시로 수응하여 써 준 서序·기記·논論·설說·전기傳記·묘명墓銘·서한書翰 기타 수필 잡문 등 간단한 단편 산문 이외에 소설·희곡과 같은 창작은 전혀 없었던 것이다. 그리고 그의 운문으로 고체시와 율체시 23권이 저자의 문예 작품을 대표하고 있다.

문학이란 간단히 말하면 인간 생활의 반영이며 사회 현실의 재현이다. 이것은 문학에만 국한된 것이 아니고 일체 과학적 저작과 사람들의 사무상 일상 담화도 역시 생활의 반영이다. 오직 생활과 현실을 개념적인 설명으로써가 아니라 형상적인 묘사로써 반영하는 데서 문학이 예술적 특징을 띠게 되어 모든 다른 과학과 구별되는 것이다. 다산의 많은 단행본적 저서, 예를 들면《경세유표經世遺表》,《목민심서牧民心書》,《흠흠신서欽欽新書》와 기타 많은 정치 논문들이 원래 문학 창작을 위한 것이 아니었던 만큼 그것은 사상적 저작이며 문학 작품과는 의연히 구별된다. 그러나 다산의 문학적 개념은 사실상 심히 광의적이어서 문학을 일종의 독특한 인류 사회의 교과서로 보았으며 문학을 위한 문학은 문학의 진정한 가치를 담을 수 없다고 인식하였다. 이는 당시 실학파 학자들에게 공통된 관념이었던 것이다. 그리하여 그들은 문학에서 고정된 형식을 배척하고 체재의 다양성을 주장하였으며 따라서 내용의 우위성을 강조하였다.

　한 가지 실례를 든다면 다산의 선배인 연암燕巖 박지원朴趾源의《과농소초課農小抄》는 농사에 관한 경험과 방법을 기술한 저서에 불과하나, 저자에 있어서는 자기가 말하고자 하는 사실을 섬세하고 명료하게 또는 생동감 있게 기술하는 필치를 한 개 문장으로 자인하였다. 시인 김택영金澤榮이 이 저서에 대하여 기왓장·돌자갈과 흙덩이·똥거름이 모두 주옥으로 화하였다고 한 것은 작자의 의도를 깊이 체득한 논평이다.

　다산에 있어서도 그의 정치 경제적 저서와 논문들이 문학적 창작으로 출발한 것이 아니었음에도 불구하고 저자가 대상으로 하는 현실을 심각히 통찰한 다음 그 복잡하고 엄폐되어 있는 이면들을 명쾌하게 비판 폭로하는 동시에 자기의 주장과 고안을 뚜렷이 내세워서 독자들의 인식·양심·의분심 내지 이상을 환기시키려는 데서 그의 필치는 저절로 명료하고 흥미 있는 힘을 발휘하게 된 것이다. 그러므로 우리는 그의 저작의 형식과 체재의 여하를 불문하고 일정한 정론 문학으로 평가하는 바이다.

다산은 자기의 문학관을 설명함에 있어서 내용의 우위를 강조하고 문학을 위한 문학의 형식주의와 모방주의를 통절히 배격하였다. 그는 말하기를 "문장이란 무엇인가? 학식이 속에 쌓인 다음에 문장이 밖으로 발표되는 것이 마치 고량진미가 위장에 들어간 다음에 기름이 피부에 나타나며 좋은 술이 입에 들어간 다음에 붉은 빛이 얼굴에 오르는 것과 같으니 문장을 어찌 밖으로부터 가져올 것인가?"고 하였다(<이인영에게 주는 말爲李仁榮贈言>). 그는 또 나무 심는 것에 비유하여 말하기를 "문장은 풀과 나무에 꽃이 피는 것과 같다. 나무를 심는 사람이 재배할 때에 그 뿌리를 북돋워 주며 그 줄거리를 편히 하여 줄 뿐이다. 그다음에야 진액이 오르고 지엽이 벋어서 꽃이 스스로 피는 것이니 꽃을 어찌 밖에서 구할 것인가?"고 하였다(<양덕 사람 변지의에게 주는 말爲陽德人邊知意贈言>).

이와 같이 문장을 배우는 사람은 미사여구를 주로 나열하거나 고인의 문구를 표절하여 외관을 수식할 것이 아니라 먼저 자기의 학식과 사상을 본원적으로 준비하여 축적해야만 힘차고 빛나는 문학을 발표할 수 있다는 것이다. 그의 의견에 의하면 자신이 말할 수 있는 유익한 내용과 남에게 알리지 아니하면 안 될 절실한 필요가 있는 연후에 자기 의사를 문자로써 표현하면 비로소 진실성이 있고 가치가 있고 정채가 있어서 훌륭한 문장으로 되며 동시에 독자들로 하여금 감동케 한다는 것이다.

다산의 주장에 의하면 문장을 학습하는 사람은 먼저 자기 나라의 역사와 고적에서 취재할 뿐만 아니라 자기 나라의 문학 유산과 선배들의 문집을 박람해야만 조선 사람의 문학을 창작할 수 있다는 것이다. 특히 선배들의 소차疏箚(조정에 올린 글), 묘문墓文(묘 앞에 새겨 세우는 비문과 묘 안에 새겨 넣는 지문), 서한과 각종 야사, 잡록 같은 것은 그 시대의 정치·경제·문화 각 방면의 이면적 사실들이 많이 기록되어 있으므로 다산은 문학을 학습하는 후배들에게 이에 대한 주의를 요청하였다. 그는 또 외국 문학을 무비판적으로 숭배하고 자기 나라 문학 유산을 경멸히 보는 폐습을 통절히 나무랐다. "수십 년 이래로 일종의 괴상한 의논이 있어서 기를 쓰고 우리나라 문학을 배척하며 심지어 거들떠보려고도 하지 않는다. 이것은 큰 병통이다. 사대부의 자제들이 우리나라의 옛일을 모르고 선배들의 논설을 보지 않으면 비록 그의 학문이 고금을 관통하였다 하더라도 고루하여 보잘것이 없다"고 하였다(<두 아들에게 보낸 편지寄二兒-壬戌 十二月卄二日 康津 謫中>).

그는 소설 문학에 대하여 한 편의 창작도 없었으나 소설의 시대적 의의는 충분히 인식하였고, 17세기 이래 국내에서 활발히 진행되는 창작과 중국에서 대량으로 수입되는 작품들을 남김없이 열독하였으며, 반면에 비속한 감각과 색정을 적나라하게 묘사하여 대중적 교양에 해독을 주는 영향들을 또한 통절히 배격하였다.

다산은 문학 특히 시문학에 있어서 형식주의를 배격하고 사상의 중요성을 강조하여 다음과 같이 말하였다.

근래 한두 소년이 원元·명明 시대 부화경박한 시인들의 시고 짜고 뾰족하고 부서진 시풍을 모방하여 절구 단율絶句短律을 지으면서 제 딴에는 절세의 문장으로 자처하여 턱없이 거만하여 남을 업수이 여기고 헐뜯어서 과거와 현재를 온통 쓸어 버리려 한다. 나는 이런 자를 심히 걱정하며 심히 불쌍히 여긴다. 시를 배우려는 사람은 마땅히 먼저 경전의 지식을 기초로 한 다음 역사를 섭렵하여 흥망성쇠의 원인을 알고 또 실용의 학문에 유의하여 옛사람들의 경제 정치에 관한 서적들을 읽기를 좋아하며 그 마음이 항상 만민에게 혜택을 주고 만물을 육성시키는 뜻을 가지고 있어야만 바야흐로 글 읽는 군자가 될 것이다. 이런 다음에 연기가 어린 아침이나 달이 뜬 밤, 무르녹는 그늘과 가는비 오는 때에 홀연히 감촉을 받고 설풋이 생각이 돌아서 자연히 읊으며 자연히 성편되어 천연한 음률이 듣기에 명랑할 것이다. 이는 시인의 극히 활발한 지경이니 이 말이 오활하다고 이르지 말라(위와 같은 편지).

다산은 시문학의 사상적 원천을 고상한 이상과 경세적 지식에 귀착시키는 동시에 한갓 음풍영월을 일삼는 안일한 정서와 예술을 위한 예술의 기교주의를 아울러 배척하였다. 그는 두보杜甫를 중국 시인들 중의 공자孔子라고 평가하였다. 이는 두보의 사상이 개인의 흥취와 이기주의에 흐르지 않고 나라를 걱정하며 인민을 동정하는 고상한 정서를 발로한 때문이었다.

그는 인도주의와 민주사상 및 애국주의를 시의 뼈와 살로 할 것을 주장하였으며 시의 풍자적 수법과 교양적 성격을 작시자의 제일

요령으로 지적하였다. 그는 다음과 같이 말하였다.

나라를 걱정하지 아니하면 시가 될 수 없으며 시국의 혼란을 슬퍼하고 세속의 불의를 분노하지 아니하면 시가 될 수 없으며 좋은 것을 찬미하고 나쁜 것을 풍자하며 착함을 권하고 악함을 징계하는 도덕적 의의를 가지지 아니하면 시가 될 수 없다. 그렇기 때문에 뜻이 서지 못하고 학문이 순정하지 못하고 큰 도道를 듣지 못하였거나 나라를 좋게 만들고 인민을 잘 살게 하려는 사상이 없는 자는 시를 지을 수 없다(<아들 학연에게 보내는 편지寄淵兒-戊辰冬>).

그리고 우리나라 과시科詩 즉 문관 시험에 쓰는 시에 대하여 그것이 시학을 망칠 뿐만 아니라 유용한 인재를 그르뜨리고, 국가사업에 보람 있게 쓸 사람들의 정력을 공연히 소모해 버리는 것이라고 여러 번 고조하였다. 그의 고증에 의하면 이른바 여섯 다리[六股] 시체는 예전에 없던 것인데 5, 60년 이래에 비로소 나왔으며 신석북申石北(신광수申光洙의 호)[1]의 악양루 시岳陽樓詩(<두보를 대신하여 악양루에 올라 관산융마를 탄식하다代杜甫 登岳陽樓 歎關山戎馬>)가 이러한 것이다. 지금 소년들은 이 과시체를 마치 하늘이 정해 준 것으로 알고 조금도 감히 위반하지 않으나 변춘정卞春亭(이조 초기 문인 변계량

---

1) 신광수申光洙(1712~1775) : 자는 성연聖淵, 호는 석북石北. 성균관에 유학하던 1746년 <등악양루탄관산융마登岳陽樓歎關山戎馬>로 한성시에 2등으로 합격하여 이름을 떨쳤으나, 1750년 진사시에 합격한 이후 과거 공부를 포기하였다. 이 시는 창唱으로도 널리 불렸다. 저서로 《석북집石北集》이 있다.

卞季良의 호)이 과시체를 창조할 때에 어찌 이따위로 만들었을 것인가? 이것이 시학계의 큰 병통이니 모름지기 바로잡아야 한다. 이 비루한 시체를 개혁하려면 먼저 그 글제(즉 테마)를 설정하는 방향부터 근본적으로 고쳐야만 그 체제도 개변될 것이라고 주장하였다〈족부 해좌 정범조께 올리는 편지上族父海左範祖書〉.

이상에서 다산의 문학에 대한 진보적 사상과 미학적 견해를 간단히 소개하여 이 선집을 읽는 독자들에게 약간의 예비적 지식을 주려고 하는 바이다.

이 선집은 다산의 전집《여유당전서與猶堂全書》의 한 부분인 문집 중에서 시가·정론 기타 단편 잡문을 선택하였으며, 번역에 있어서도 될 수 있는 대로 한문 원작의 어감과 성조를 재현하여 저자의 유창 명랑하고 진지 간결한 표현술의 특징을 살리려고 노력하였다. 문집의 전체량에 비교하면 이 선집은 10분의 1, 2에 불과하나, 이것만으로도 작자의 문학적 편모를 볼 수 있으리라고 생각한다.

요컨대 실학파의 문학은 박연암·정다산에 이르러 그 절정에 달하였다고 말할 수 있을 만큼 발전하였는바 연암을 산문의 대가라고 한다면 다산은 시가의 대가로 첫손가락을 꼽지 아니할 수 없다. 시가의 형식적 기교에 있어서는 그의 동시대 초정楚亭 박제가朴齊家, 아정雅亭 이덕무李德懋, 영재泠齋 류득공柳得恭, 강산薑山 이서구李書九 등 이른바 4가家 시인과 자하紫霞 신위申緯 등이 모두 중국의 시단에까지 명성을 날리던 특장들을 가지고 있었으나 시가의 사상적 내용에 있어서는 도리어 모두 다산과 비교할 수 없을 만큼 그의 하류에 처하고 있었던 것이다. 말하자면 다산의 시는 한 송이 꽃과 한 봉우리 산을 보고도 조국과 인민을 위해 썼으며 한 잔 술을 마시고 한 글귀를 지어도 또한 조국과 인민을 위해 읊었던 것이다.

다산은 시·문 어느 것을 막론하고 당시 강학가講學家들의 고루 용속한 문풍과 문예가들의 부화조각한 형식주의를 일축하고 진지한 사실성과 침통한 풍자 수법을 다양 다채하게 사용하여 혹은 조국 산천의 자연 풍경을 찬미하며 혹은 인간 생활의 이면적 진리를 적발하며 혹은 자기의 고난한 생애에서 일어나는 애수의 정서를 읊으며 특히 장기간에 걸친 유형 중에서 착취와 빈궁의 구렁에 헤매는 농민 대중의 고통과 불평을 지극히 동경하고 양반 유학자들의 위선적 태도와 관료 계급의 횡포 방종한 행동을 폭로 타매하기를 자기의 문필적 과업으로 삼았다. 그는 여기에만 그치지 않고 사회 개조의 새로운 이상을 추구하였다. 계급적 투쟁 역량의 물질적 지반에 의거하지 못한 한 개 아름다운 공상으로서 역사적 제약성을 엄격히 받고 있었으나 그의 진보적 성격은 의연히 빛난 것이다. 그리하여 그의 문학은 우리나라 문학사 위에 비판적 사실주의를 뚜렷이 수립하였다.

그의 경세적 학설과 이론은 19세기 70년대부터 발흥하는 개화 사상과 농민 운동에 거대한 박차를 가하였던바 그의 정론 문학이 더욱이 지도적 영향을 주었던 것이다. 그의 저작은 비록 한문을 그대로 사용하였으나 그가 강조한 이상, 인민성, 애국정신, 민족적 각성 및 민주사상들은 근대 우리나라 민족 문학의 발전에 또한 위력 있는 선구자가 되었던 것이다. 이 선집을 읽는 독자 대중은 다산 정약용의 문학적 내용이 오늘날 우리 공화국의 새로운 민족 문화의 보물고에 우수한 유산과 전통의 하나로 되고 있는 것을 쉽사리 발견하리라고 믿는 바이다.[2]

이 선집의 번역 주석에 리철화·류수 두 동무의 도움이 많았음에 대하여 특히 감사의 뜻을 표한다.

1956. 9. 9

최 익 한 씀

---

[2] 최익한은 과학원 어문학 기관지 《조선어문》(1956)에 발표한 〈정다산의 시문학에 대하여〉를 요약 정리하여 〈역자 서문〉을 쓴 것이다.

다산 정약용 약전[1]

　다산茶山은 나주 정씨羅州丁氏며 이름은 약용若鏞 혹은 용용鏞이라
하였고 자는 미용美庸이라 하였다. 그의 호는 사암俟菴[2]·여유당與猶
堂·열초洌樵·탁옹籜翁·균옹筠翁 등 기타 많은 칭호가 있으나 다산이
대표적인 호로 불려 왔다. 1762년(영조 38, 임오) 6월 16일(양력 8월
5일) 경기도 광주부廣州府 초부면草阜面 마재(마현리馬峴里 : 지금 양주군
와부면 능내리)[3] 정재원丁載遠의 넷째아들로 탄생하였다.

　그의 가정은 남인계의 시파時派(장헌세자莊獻世子를 보호하던 당파)에
속한 사족으로 유학을 숭상하였으며, 그의 아버지 재원은 일찍이
출사하였다가 영조의 제2자이며 정조의 생부인 장헌세자가 서인
노론 벽파僻派(장헌세자를 모해하던 당파)의 음모에 의하여 참혹하게

---

1) 이 글은 〈정다산의 약전〉이라는 제목으로 《실학파와 정다산》(1955)의 하편
　'머리말' 바로 다음에 실려 있다.
2) 원문의 竢庵과 동자.
3) 현재는 '남양주시 조안면 능내리 산75-1(다산로 747번길 11)'이다. 원문에는
　'광주부'가 '광주'로 되어 있는데, 당시에는 '-부'인지 알 수 없었다.

피살된 즉시 관직을 버리고 고향에 돌아오니, 때마침 다산이 출생하므로 아명을 귀농歸農이라고 지었다. 다산의 어머니 윤씨는 시조 대가인 고산孤山 윤선도尹善道의 후손이며 인물화와 지도로 유명한 공재恭齋 윤두서尹斗緒의 손녀였는데, 다산의 얼굴과 모발이 자기 외증조 공재를 닮았을 뿐만 아니라 정신·재분과 실학적 경향도 외가의 영향을 많이 받았다고 한다.4)

다산은 재질이 뛰어나고 대단히 총명하였으며 7세에 "작은 산이 큰 산을 가리운 것은, 원근의 거리가 같지 않기 때문이네(小山蔽 大山 遠近地不同)"라는 시구를 지으니, 아버지는 이 아이가 장래 수리학에 능통할 소질이 있다고 하며 매우 기뻐하였다. 그는 소년 시절부터 유교 경전과 성리학설을 주로 연구하며 중국과 조선의 역사와 문학을 널리 보고 또 과체科體 시문도 습작하였다. 그는 중국 시인들 중 두보의 시를 애독하였으며 10여 세에 이미 소년 시인의 명성을 날렸다. 그의 문체는 남을 모방하기를 싫어하고 자기의 의사와 감정을 자유로이 표현하는 데 유창 명랑하고 진실 심각한 풍격을 좋아하였다.

그는 16세에 18세기 실학의 창도자인 성호星湖 이익李瀷의 유고를 읽고 깨달은 바가 많았으며, 그 후부터 성호학파의 저명한 인사 채제공蔡濟恭·이가환李家煥·권철신權哲身 등 선배들과 교유하였으며, 또 박연암과 그의 학도 이덕무·박제가 등과도 서로 교제하여 영·정 시대의 신문풍에 연마되었다.

그는 23세에 서양학으로 유명한 우인友人 이벽李檗으로부터 기

4) 《사암선생연보》(1921) pp3~4. 면수는 문헌편찬위원회 영인본(1961)에 따름.

독교-천주교리를 들었으며, 또 자기 자형姉兄 이승훈李承薰의 중국 북경행을 통하여 천주교의 서적과 서양 근대의 천문학·수학·지구도·자명종·망원경·《서양국 풍속기》 등 기타 다수의 서적과 제품들을 얻어 보았다. 예기 왕성한 청년 다산은 부패하고 대중성이 결여된 유교를 싫어하고 과학 기술과 부국강병을 배경으로 선전하는 기독교에 호기심을 갖지 아니할 수 없었으므로 이벽의 권고에 의하여 자기 중형 약전若銓, 삼형 약종若鍾과 함께 한동안 교회에 비밀히 관계하였으며, '요한'이라는 세례의 이름까지 받았다고 《조선 천주교회사》는 말하고 있다. 그러나 얼마 안 되어 그 교리와 과학이 본질적으로 다르다는 것을 인식한 그는 신도의 입장으로부터 탈퇴하고 과학과 기술을 연구 섭취하여 인민 생활의 개조에 이바지하려 하였다.

그는 22세에 진사가 되어5) 태학 월과月課 답안에 새로운 견해를

---

5) 다산은 진사가 된 일이 없고 생원이 되었다. 그가 '경의진사經義進士'라고 조작하여 이런 오해가 생긴 것이다. 경의經義 출신은 생원, 시부詩賦 출신은 진사라 한다. <자찬묘지명>에는 "경의로 진사가 되었다(以經義爲進士)"고 하였으나, <다산연보>(1830)와 《사암연보》 p8에는 "4월 회시에 생원으로 입격하였는데 3등 7위였다(四月會試生員入格三等第七人)"고 자세히 나온다. 또 《사마방목司馬榜目》(규장각한국학연구원 一簽古351.306-B224sm)에도 '생원시' 합격자 중 37번째로 기록되어 있다. 그러므로 다산은 경의로 진사가 된 것이 아니라 경의로 생원이 된 것이며, 성적은 100명 중 37위였던 셈이다. 그런데도 다산이 묘지명에 '경의진사'라고 쓴 까닭은 당시에 '생원'이라는 말이 천시되었기 때문인 듯하다. 황현黃玹은 《매천야록梅泉野錄·상》(임형택 역, 문지사, 2005) pp 115~7에 "소과小科에는 생원과 진사의 구별이 있지만, 보통 통칭하여 진사로 일컫는다. (…) 우리말에 유생儒生으로 늙은 사람을 가리켜 생원이라 한다. 그래서 회시에서 생원에 합격한 사람까지 함께 진사라고 부르니, 이는 유생과 같이 일컬어지는 것을 싫어한 때문이다"고 하였다. 이와 비슷한 내용이 《아언각비雅言覺非》 권2 <생원>조에도 보인다.

많이 발표하였고, 28세에 문과文科(고등 문관 시험)에 합격하여 규장 각 월과 답안에 풍부한 견식과 혁신적 대책을 많이 제기하였으며, 더욱이 한강 배다리[舟橋] 가설架設에 관한 설계와 수원성水原城 축 조에 관한 성제설城制說 및 기중기起重機 창제 등 기술적 사업을 통 하여 그의 유용한 재간이 국왕 정조의 총애와 신임을 깊이 얻게 되었다.

그리하여 그는 장차 크게 등용될 수 있었다. 그러나 그의 성격 은 대단히 고결하고 강직하여 권세가에 아부하지 아니하였다. 그 는 29세에 예문관 검열藝文館檢閱에 피선되었으나 반대파의 저해 가 있으므로 그는 곧 사직하고 국왕의 소환에 응하지 않았다가 10 일간의 해미海美 유배가 있었으며, 33세에 홍문관 수찬弘文館修撰이 된 즉시로 경기도 암행어사의 임명을 받고 재상과 지방장관들의 탐오 불법한 행위를 많이 적발 탄핵하였기 때문에 반대당의 시기 와 무고가 또한 심하였다. 정조도 다산의 장래를 보장하기 위하여 너무 높은 지위에 올리지 않고 부승지副承旨·참의參議 등 중등 관직 에 머무르게 하였다. 또 반대당이 천주교와 서양 과학을 구별 없 이 '사학' 혹은 '사교'로 규정하고, 이와 관련된 신진 인사들 특히 당시 실학파 인물들을 고소 배격할 적마다 정조는 항상 변호 무마 하는 방침을 취하여 이가환·정다산 일파의 안전을 도모하며, 때로 는 그들을 지방 관리로 좌천시켜서 반대당의 칼날을 피하도록 하 였다. 다산이 34세 때에 반년 동안 금정 찰방金井察訪으로, 36세부 터 거의 2년 동안 곡산 부사谷山府使로 외출外黜된 것은 이러한 실 례들이었다.

다산이 외관상으로는 중요한 관직에 있지 아니하였으나 내면으로는 채제공·이가환과 함께 국왕 정조의 벽파 복수(자기 아버지 장헌세자를 살해한 벽파에 대한 복수), 왕권 강화 및 국정 개신을 목적한 비밀 계획에 참가하여 자기들의 새로운 학식과 포부를 이 기회에 정치적으로 얼마쯤 실현해 보려고 하였다. 또 당시 천주교회의 관계자로서 학식과 명망이 있던 사람들은 거의 예외 없이 정다산·이가환 일파의 친척과 친우들인 동시에 정조가 극력 애호하는 시파 남인계의 출신들이었으므로 정약종·권일신權日身·황사영黃嗣永 등은 정조의 이교異敎에 대한 완화 정책을 이용하여 지하 운동을 활발히 진행하면서 성경을 번역하고 교회를 조직하며 나중에 중국 북경의 서양 교회와 연락하여 중국인 주문모周文謨를 신부로 국내에 맞아들여 교세를 확장하였다(1795, 정조 19).

이와 같은 동향을 탐지한 보수파 즉 노론 벽파를 중심으로 한 반대당은 이가환·이승훈·정다산 형제를 천주교의 주동자로, 또 수상 채제공을 사교의 비호자로 무고하여 정계에서 소탕하려 하였으나 정조가 생존한 한에는 어찌할 수가 없었다. 그러다가 1799년 채제공이 사망하고 이듬해 정조가 사거死去하자(반대당의 독살?) 반대당은 기뻐 날뛰며 이듬해 즉 1801년(순조 원년 신유) 1월부터 이가환·정다산 이하 시파 남인계—당시 실학파를 중심으로 한 다수의 신진 인사들을 덮어놓고 사교도로 몰아서 일대 박해를 감행하였다. 이것이 이른바 '신유 사교 사건'6)이었다. 이 사건에 다산의 삼형 약종은 사형을 당하였고 중형 약전은 신지도薪智島에, 다산은 장기長鬐에 각각 유배되었다.

---

6) 《실학파와 정다산》에는 '신유 사학 사건辛酉邪學事件'으로 되어 있다.

동년 여름에 주문모의 자수 사건이 있었고 겨울에 황사영 백서帛書 사건이 발각되자 검거 선풍은 더욱 확대되어 수백 수천의 군중이 학살과 유형에 처해졌으며 또 반대당의 앞잡이요 남인계의 분파인 홍낙안洪樂安·이기경李基慶·목만중睦萬中 등의 악랄한 음모로 인하여 다산 형제는 다시 투옥되었다가 겨우 사형을 면하고 약전은 흑산도黑山島에, 다산은 강진康津에 다시 유배되었다. 이때 반대당은 다산을 꼭 죽이려고 하였으나 다산이 일찍이 곡산 부사와 황해도 염찰廉察(암행어사의 직무)로 관료의 악정을 제거하고 농민의 이익을 옹호한 것이 많았기 때문에 그의 투옥에 대한 인민의 동정과 호소가 반영되었을 뿐만 아니라 신진 학계의 여론이 자못 비등沸騰하므로 반대당은 다산을 구태여 죽이지 못하고 유형에 처하였던 것이다.

그는 40세의 장년으로 강진 유배지에 가서 18년의 풍상을 겪으면서 진리에 대한 신념과 불굴의 지조를 고수하는 한편 자기의 실학적 척도로써 방대한 유교 경전에 신해석을 가하고 공리공담에 흐르는 유학을 실천적 철학으로 개조하기에 노력하였다. 더욱이 빈부의 차별과 지주의 착취가 극심한 호남 지방의 농민 생활을 일상적으로 접촉하여 농민의 고혈을 한 방울도 남김없이 빨아먹는 관료 지주적 경제의 불합리한 제도를 분석 비판한 결과 전제·세제로부터 관제·법제·학제·병제 내지 정체에 이르기까지 이상적인 고안과 이론을 발표하여 자기의 반봉건적 민주주의 이념을 보였다.7)

---

7) 최익한이 거꾸로 곡해한 것이다. 다산은 봉건적 지주 관료학자로서 '반봉건적 민주'를 철저히 배격하였고, 양반계급을 위한 '봉건적 애국'에만 충실하였을 뿐이다. 그가 개념 자체를 초계급적으로 적용하여 다산을 과장 왜곡한 것은 '우경

그리고 그는 문학에서도 통치 계급의 추악한 이면을 폭로 지적하고 인민 대중의 비참한 상태를 뜨거운 정서로 호소하여 애국적이며 인도주의적인 사상을 표현한 바가 많았다. 그리하여 그의 유배 기간은 그가 조선 실학의 대성자로 출현한 귀중한 시기였다.

그는 57세에 비로소 석방되어 고향에 돌아왔다. 이 뒤부터 그는 출사와 공명을 전연 단념하고 학문의 연구와 저술의 정리 완성에 계속 노력하면서 여생을 보냈다. 그의 천주교회와의 연계는 30세 전후에 이미 단절되었고 그 교리의 환망幻妄을 근본적으로 배격하였으나, 인간적 관계는 해배 후에도 지속되었으므로 그들을 통하여 세계 정세와 서양 과학 서적들을 극비리에 입수하여 국가와 인민에게 공헌할 수 있는 문제들을 항상 연구 논술하였다.

그는 1836년(헌종 2, 병신) 2월 22일(양력 4월 7일)에 75세의 고령으로 고난의 일생을 마쳤다. 그의 사후 64년을 지나 1910년(융희 隆熙 4) 7월 18일 즉 망국 직전에 이조 정부는 당시 사회 신진 인사들의 여론을 존중한다는 이유로 개화 운동의 선각자 정다산에게 정헌대부正憲大夫 규장각 제학奎章閣提學의 증직贈職과 문도文度의 시호謚號를 주었다.8)

향 복고주의'로 비판될 수 있다. 당시 북한 학계는 인민 대중을 교양하기 위해 과거의 문화유산에서 진보적·인민적 요소와 혁명적·애국주의적 전통을 기계적으로 추출하려는 경직된 태도가 만연하였다.

8)《사암선생연보》p240;《승정원일기》순종 4년 7월 15일, 16일조 볼 것. 최익한의 의례적인 언사는 사실과 맞지 않은 듯하다. 왜냐하면 대한제국의 친일매국역도들은 망국 직전에 추증·추시追謚를 남발하였기 때문이다. 이에 대하여 황현(1855~1910)은《매천야록》권6에서 "합방론이 이미 정해졌는데도 증직과 시호를 의론하며 미친개처럼 쫓아다니니 나라가 어찌 망하지 않을 수 있겠는가?(合邦之論已定 而議贈議謚 逐逐如瘈狗 國安得不亡哉)"라고 통탄하였다.

500여 권에 달한 그의 방대한 저서 중에 《흠흠신서》, 《목민심서》
는 재판관과 지방관들에게 절대 필요한 참고서이기 때문에 다산
서거 직후부터 당파의 장벽을 깨뜨리고 널리 등사 유포되었고, 《아
방강역고我邦疆域考》, 《대동수경大東水經》, 《아언각비雅言覺非》, 《경세
유표經世遺表》 일부는 망국 전후경에 장지연張志淵의 교열과 광문회
光文會 기타 서점들의 출판에 의하여 공개되었으나, 다산 학설의
전모는 아직 널리 알려지지 못하였다. 그러다가 1935년부터 3년
동안 '신조선사' 권태휘權泰彙의 노력에 의하여 정다산 전집이 축
소판 76책으로 세상에 출현되었다. 이것이 현행 《여유당전서與猶堂
全書》이다.[9]

그러나 이 전서도 오히려 정다산의 저술 전체와 특히 비합법적
인 저술로서 이미 행방불명된 부분을 총망라하지 못한 것으로 인
정된다. 다산의 높은 이상과 진보적 사상 학설은 금후 우리들의
연구 비판의 대상으로 남아 있다.

---

[9] 이는 착오이다. 《여유당전서》 신조본의 판권장에 따르면, 소화昭和 9년(1934)
   10월 10일부터 소화 13년(1938) 10월 25일까지 4년간 발행되었다. 최익한은
   당시 투옥 중이었으므로(1928.2~1936.1) 정확히 기억할 수가 없었을 터이고,
   그가 소장한 신조본이 초판 초쇄도 아니었을 것이다.
   권태휘(1898~?) : 경기도 평택平澤 생. 본명 권익수權益洙. 경성의학전문학교·
   세브란스의학전문학교 수학. 독립운동으로 약 3년 반 동안 수감. 혁청단革淸團·
   정우회正友會·신간회新幹會 등에서 활동한 후 신조선사를 운영하였다. 해방이
   되자 건국준비위원회·민주주의민족전선에 참여하고 6·25 때 월북했는데, 최익
   한의 논문 〈다산 정약용〉(《조선 봉건 말기의 선진학자들》, 국립출판사, p138)을
   보면 1954년 5월 이전에 타계한 것을 알 수 있다.

역자 범례

1. 번역 주석에 있어서 필요한 경우에는 원작에 대한 해제를 붙이며 술어는 될 수 있는 한, 원문 그대로 두고 부득이한 데만 현대어로 대치한다.
2. 각 작품들의 차례는 전집의 원본과 저작의 연대순에 의하여 편차하며, 저작 연대가 불명한 것은 연대는 기입하지 못하고 다만 원본의 순서대로 편차한다.
3. 괄호 안의 주석은 모두 역자의 말이며 저자의 주석에 한해서는 '원주'라고 써 둔다.

1. 시詩

수종사[1]에서

벋은 칡넝쿨이
벼랑을 덮었는데
수종사 오솔길이
하도 소삽하여라.

그늘진 산기슭에
묵은 눈 쌓였고
개인 강둑에는
아침 안개 잦아진다.

솟는 샘 줄기는
너래[2]를 뚫으고
그윽한 종소리는
수풀을 헤치누나.

만수천산 좋구나
흥겨워 노니고저,
벗님네의 언약을
어길 줄이 없어라.

游水鐘寺(1775)

垂蘿夾危磴　不辨曹溪路
陰岡滯古雪　晴洲散朝霧
地漿湧嵌穴　鐘響出深樹
游歷自玆遍　幽期寧再誤

1. 수종사 : 신라 때 지은 절로 운길산雲吉山(610m) 정상 부근에 있다. 절에
   샘이 있는데 돌 틈으로 흘러나와 땅에 떨어질 때 종소리를 내므로 그리
   부른단다. 이곳은 집에서 멀지 않은지라 다산은 어릴 적부터 자주 놀러
   가고 독서하곤 하였으며 여러 편의 관련 시문을 남겼다.
2. 너래 : 넓고 평평한 바위. 강원 방언.

[해제]
이 시는 다산이 14세 때 지었다. 현재《여유당전서》에 실린 시 <그리운 금
강산懷東嶽>과 함께 그의 최초 작품으로 보인다.
7세에 이미 오언 한시 "작은 산이 큰 산을 가린 것은 멀고 가까움이 다르기
때문이네(小山蔽大山 遠近地不同)"라는 구를 지은 바 있고, 10세 이전의 시문
저작인《삼미집三眉集》이 있었으나 한 편도 전하는 것은 없다.

봄날에 배타고 한양으로[1]

아침햇발에 먼 산은 개었고
봄바람에 온 강물 꿈틀거리네.

언덕이 돌매 키는 그제야 구르고[2]
물결이 빠르니 노는 울지 않네.

잔디밭에 푸른빛 떠오르고
버들가지에 누른 기운 어리었네.

보아라! 한양성 가까워지노니
다정한 삼각산이 우뚝 솟아나네.

春日陪季父乘舟赴漢陽 (1776)

旭日山晴遠　　春風水動搖
岸廻初轉柂　　湍駛不鳴橈
淺碧浮莎葉　　微黃著柳條
漸看京闕近　　三角鬱岧嶢

1. 병신년(1776) 2월 15일에 내가 관례를 치르고 16일에 서울 가서 22일에 결혼례를 지냈는데, 이 시는 서울 갈 때 배 안에서 지은 것이다(丙申二月 十五日始冠 十六日赴京 卄二日委禽 此其赴京時舟中之作—원주).
2. 구르고 : 원문에는 '굴고'로 되어 있지만, <정다산과 문학>(최익한, 《조선 문학》 6호, 조선작가동맹출판사, 1954, p107)에는 '굴르고'로 되어 있다. '전타轉柁'는 '키를 굴리다(돌리다)'의 뜻.

[해제]
15세 때의 시이니 나이에 비하여 대단히 맑고 평온하며 조숙하였다. 이번 길은 홍화보洪和輔의 둘째 딸 홍혜완洪惠婉(1761~1838)과 백년가약을 맺기 위하여 서울로 장가가는 길이라 춘풍에 흔들리는 한 조각배는 장래 대학자인 다산의 인생의 봄에 대한 꽃다운 꿈을 가득히 실었으리라…….
강상의 봄 경치도 좋거니와 자기 나라 수도가 눈앞에 펼쳐지는 것을 반가워하는 감정, 이는 곧 조국애의 한 부분이었다(《여유당전서를 독함》 p151. 이하 《여독》으로 표기; <정다산과 문학>, 위의 책, p107).
여기서 최익한이 '조국애'라고 과대 포장한 것은 다산의 시를 '애국주의'라는 미적 개념으로만 분석하려는 '우경향 복고주의'에 해당한다. 이를 당시 북한에서는 때에 따라 '좌경적인 오류'로 비판하기도 하였다.

족부 승지공 범조¹의 법천초당을 방문하고

산중에 초당을 짓고
산건야복山巾野服으로 깊이 앉아

세월은 시를 읊어 갚으며
운연雲烟은 뜻을 따라 희롱하네.

해읍海邑의 인끈은 넌즛이² 풀었고³
호당湖堂⁴의 뱃놀이는 지금도 그리워라.

문장이 스스로 법도가 있나니
어찌 반드시 옛사람을 모방하랴?

過族父承旨公範祖 法泉山居(1777)

草屋寒山裏	烏巾坐窅然
以詩消日月	隨意弄雲煙
海郡新投綬	湖堂舊汎船
文章有模楷	不必慕前賢

1. 정범조丁範祖(1723~1801) : 자는 법세法世, 호는 해좌海左. 다산의 방조傍祖
   인 정시한丁時翰의 현손으로, 세거지는 원주시 부론면 법천리法泉里이다.
   형조판서·예문관 제학 등을 지냈으며, 저서로《해좌집》39권이 있다.
2. 넌즛이 : 넌즛+이. 넌즛이>넌즈시>넌지시.
3. 해읍~풀었고 : 해좌는 1772년 옥구 현감沃溝縣監이 되었으나, 시종신侍從
   臣이라 하여 곧 소환되어 부수찬副修撰이 된 일이 있다.
4. 호당 : 독서당讀書堂. 해좌는 1773년 호당에 선발되어 '호당학사湖堂學士'
   로 불렸다.

[해제]

1777년 10월에 다산은 화순 현감和順縣監이 된 아버지를 모시고 발령지로
내려가면서 집안 어른인 해좌께 인사차 원주 법천의 초당에 들렀다. 해좌는
아직 상중이었다. 그는 1773년 동부승지에 이어 풍기 군수豐基郡守가 되었
지만, 1775년 윤10월 모친상을 당하여 원주로 내려가서 3년상(27개월)을
마치고 1778년 2월 병조 참의로 복귀하였던 것이다.

다산이 초당을 찾아갔을 때 해좌는 당시 남인을 대표하는 문인으로서 여느
때처럼 고즈넉이 구름과 안개를 즐기는 시를 읊조리고 있었다. 이러한 그를
보면서 다산은 벼슬을 그만두고 초야로 돌아온 사람, 곧 '염퇴지사恬退之士'
로서의 삶을 부러워하는 한편, 결구에서는 문장의 자주성을 예찬하며 그의
시문을 흠모하고 있다. 다산은 해좌 생전에 여러 차례 방문하여 시문을 주고
받았거니와, 그의 사후에도 일화와 행적을 <정판서丁判書>, <해좌공유사海
左公遺事>로 기록해 두었다.

소천*에 돌아와서

어느덧 나의 고향에 돌아왔다,
봄 강은 문턱을 스쳐 흐른다.

약초 심은 언덕을 반가이 보살피며
고기잡이배는 기다린 듯 떠 있네.

고요한 초당에 꽃기운 후덥고
그윽한 들길에 소나무 우거졌네.

수천 리 타향을 골고루 돌았건만
이같이 좋은 곳을 어데서 보오리?

還苕川居(1779)

忽已到鄉里　　門前春水流
欣然臨藥塢　　依舊見漁舟
花煖林廬靜　　松垂野徑幽
南遊數千里　　何處得玆丘

* 소천苕川 : 초천. 소내[牛川]. 광주廣州의 옛 경안역景安驛 방면에서 북향해 오는 한강의 지류. 다산이 중국 절강성浙江省 소계苕溪의 음을 취하여 소내를 소천이라 한 것으로 보인다(《여독》 pp148~9 참조).

[해제]
낙원 같은 절경은 후인으로 하여금 한 폭의 그림을 보는 듯한 느낌이 들게 한다. 다산은 삼남지방을 유람하고 돌아와서 사랑하는 고향을 다시금 찬미하였다. 아닌 게 아니라 그의 고향 마재는 용마가 공중에 나는 듯한 철마산을 뒤에 두고 남북 한강과 소천강이 3강 합류하는 물나라를 앞에 놓고 있어서 광활 명미한 강산 풍경은 조국 승지의 한 폭을 차지하고 있다. 이것이 그의 작품에 자주 반영된 것은 당연한 일이며 따라서 향토애도 또한 순결한 조국애의 한 부분인 것이다(최익한, 〈정다산의 시문학에 대하여 (상)〉,《조선어문》 2호, 과학원 언어문학연구소, 1956, p15).
다산은 1779년 2월에 아버지 근무지인 화순에 있다가 과거 공부하러 서울로 가는 길에 잠시 고향에 들렀는데, 이때 이 시를 지었다. 그는 아버지 명령으로 중형 약전과 함께 화순을 떠나 경성에 돌아와서 과거 문체의 시문을 습작하여, 그해 겨울에 성균관의 승보시陞補試에 선발되었다.

웅진에서 옛일을 생각하다[1]

단풍 저편에 하얀 성첩 나타나고
금강錦江 한판[2]에 붉은 배 떠 있네.

지형은 금마군金馬郡(익산) 벌판을 잇대었고
산세는 벽계산碧溪山(계룡산) 봉우리를 맞대었다.

변천 잦은 옛 도읍[3] 한갓 슬픔만 자아내고
혼란 많은 끼친 역사 생각조차 희미하이.

그들은 부질없이 천험의 요새[4]를 버리고
용 낚은 자[5]의 이름만 남겨 주었네!

熊津懷古(1779)

粉堞霜林外　　紅船錦水中
地連金馬闊　　山對碧雞雄
都邑悲遷變　　圖書憶混同
無端棄天險　　成就釣龍功

1. 공산公山은 백제의 옛 도읍지이다(公山百濟故都—원주).
2. 한판 : 한가운데.
3. 변천 잦은 옛 도읍 : 백제는 처음 하북위례성(BCE18)에 수도를 정하였다가
   하남위례성(BCE6), 한산漢山(371), 웅진성(475), 사비성(538)으로 천도하
   였다. 시문집 <백제론百濟論>과 《아방강역고》<위례고慰禮考>, <한성고
   漢城考> 볼 것.
3. 천험의 요새 : 당시 백제 군신이 성충成忠의 말대로 기벌포伎伐浦(장암포)
   와 탄현炭峴(숯고개)의 요새를 지키지 않았기 때문에 신라와 당나라 연합
   군의 진격을 막지 못하여 백제는 멸망하였다.
4. 용 낚은 자 : 당나라 장수 소정방蘇定方(592~667)이 백마강에서 백마를
   잡아 미끼로 하여 용을 낚았다는 전설이 있다. 다산은 나중에 <조룡대기
   釣龍臺記>(1795)에서 이 전설이 허망한 것임을 지적하였다.

[해제]

1779년 9월 다산은 감시監試에 낙제하고 아내와 함께 화순으로 다시 내려
가는 길에 웅진에 이르러 이 시를 지었다. 역사 유적에 관심을 보이면서 옛
일을 회고한 작품이다. 그는 백제의 잦은 천도에 비애를 느끼며, 660년 백제
가 기벌포와 탄현에서 나당 연합군을 전연 막지 못하고 총사령관 소정방에게
공적만 이루게 해 주었다고 개탄하였다.

소정방이 용을 낚았다고 하는 바위가 백마강 조룡대요, 그가 백제를 평정한
것을 기념한 비문이 정림사지오층석탑의 <대당평백제국비명大唐平百濟國碑
銘>이다. 다산은 1795년 금정 찰방金井察訪으로 좌천되었을 때 백제 고적을
유람하면서 이곳에 다시 들렀는데, 시 <조룡대>, <독소정방평백제탑讀蘇定方
平百濟塔>과 문 <조룡대기>, <발평백제탑跋平百濟塔> 등도 남겼다.

거듭 광주를 지나면서

나는 광산부光山府(광주) 지날 적마다
항상 정금남鄭錦南[1]을 추억하노라.

그의 가벌은 구종직丘從直[2]같이 미천하며
그의 재주는 이순신 장군에 거의 비기리라.

옛 사당에는 풍운의 기개 서리었고
끼친 터에는 부로父老들의 이야기 전하누나.

남방을 누린 저 높고 웅장한 서석산瑞石山[3]
정기 쌓아 기이한 사나이 낳았어라.

重過光州(1779)

每過光山府　　長懷鄭錦南
地如從直劣　　才比舜臣堪
古廟風雲氣　　遺墟父老談
雄哉瑞石鎭　　亭毒出奇男

1. 정금남 : 금남은 정충신鄭忠信(1576~1636)의 군호君號. 그는 본래 전남 광주의 아전 집 출신으로 17세에 광주목사 권율權慄의 보고서를 자청하여 휴대하고 왜적의 경계망을 뚫고 의주 행재소行在所(국왕이 주재한 곳)에 가서 사명을 완수하였다. 그때 병조판서 이항복李恒福이 그의 재기와 지혜가 비범한 것을 인정하고 문하에 두어 잘 교육하고 발천시켰던바 그 뒤에 무과에 합격하고 평안도 병사, 부원수로서 인조 2년(1624) 이괄李适의 반란을 평정한 공훈으로 금남군의 봉호와 충무忠武의 시호를 받았다.
2. 구종직(1404~1477) : 세조·성종 때 문신으로 미천한 가문의 출신이었다.
3. 서석산 : 광주光州의 진산鎭山 무등산無等山(1187m)으로 담양潭陽과 화순에 걸쳐 있는데, 정상 가까이에 주상절리柱狀節理 서석대瑞石臺가 있다.

[해제]

1779년 9월 다산은 화순 가는 길에 정읍井邑·장성長城을 거쳐 광주에 이르러 정충신을 회고하고 있다. 그의 군호가 '금남'인데, 오늘날 광주의 '금남로'는 여기에서 비롯되었다.

무등산은 광주에서 바라보면 멀찌감치 물러나 앉은 웅엄한 형세이다. 다산은 1778년 화순에 있을 때 처음 무등산에 올라서, "지극한 덕 암암헌게 가림가리 옹삭시롭네(至德闇難別)"라고 읊은 바 있다. 최익한은 이를 가리켜 산의 웅장 혼후한 특징을 설명의 방법으로 가장 잘 그렸다고 평하였다(<정다산의 시문학에 대하여 (상)>, 앞의 책, pp13~4 참조).

촉석루에서 옛일을 추억한다

바다 오랑캐 물러간 지 이미 오래건만
촉석루[1] 의연히 산기슭을 비껴 있네.

맑은 못에는 미인의 춤[2] 그림자 일찍이 비끼었고
그림 들보에는 장사壯士의 드높은 노래[3] 새겨 있네.

싸움터, 봄바람에 푸나무 돋아나고
거친 성, 밤비에 강물이 넘치누나.

영웅의 넋이 옛 사당[4]에 계시난 듯
촛불 잡고 고요히 잔 부어 올리네.

矗石樓懷古[5](1780)

蠻海東瞻日月多　　朱樓迢遞枕山阿
花潭舊照佳人舞　　畫棟長留壯士歌
戰地春風回艸木　　荒城夜雨漲煙波
只今遺廟英靈在　　銀燭三更酹酒過

1. 촉석루 : 진주성晉州城 내 남강 위에 있는 옛날 누각이다.

2. 미인의 춤 : 임진 조국 전쟁 중 즉 1597년 6월 29일에 일본 침략 군대가 진주성을 함락하자 그곳 기생 논개論介는 민족적 절개와 적개심에 불타서 자기를 겁탈하려는 적의 장수 한 놈을 데리고 촉석루 옆, 남강을 굽어보는 높은 바위 위에 가서 맞붙들고 춤을 추다가 갑자기 그놈의 허리를 안고 그 밑에 있는 깊은 소에 떨어져 죽었다. 그 부근 산기슭에 인민들이 논개의 절의를 기념하여 세운 의기사義妓祠가 지금껏 있다. 또 그가 춤추던 바위를 의기암이라고 부른다.

3. 장사의 노래 : 1592년 임진 조국 전쟁의 첫해에 경상 감사 김성일金誠一이 진주성에 가서 아래의 시를 지었는데, 후인이 이것을 현판에 새겨 촉석루 들보에 붙였다(번역은 최익한, <조선문학사와 한문문학>, 《력사과학》, 1955년 창간호, p32 참조하여 편자가 고침).

矗石樓中三壯士 촉석루의 세 장사

一杯笑指長江水 한잔 술로 웃으며 장강수 가리키네.

長江之水流滔滔 장강의 물 도도히 흐르나니

波不竭兮魂不死 물결이 다할쏘냐, 넋도 죽지 않으리라!

4. 옛 사당 : 진주성이 함락되는 때에 영웅적으로 싸우다가 순사한 김천일金千鎰·황진黃進·최경회崔慶會를 기념한 삼충사三忠祠가 성내에 있었다.

5. 신조본에는 '矗石懷古'로 되어 있다.

[해제]

1780년 봄에 아버지 정재원은 경상북도 예천 군수醴泉郡守로 전임되고, 그전년부터 이미 장인 홍화보는 경상우도 병사慶尙右道兵使로서 우병영右兵營 소재지인 진주에서 근무하고 있었다. 하여 다산은 아내와 함께 화순을 떠나 예천으로 가는 길에 진주에 들렀는데, 삼충사에서 의식을 행한 후 촉석루 회고시를 지은 것이다. 때마침 장인이 논개 사당을 보수한지라 중수기重修記인 <진주의기사기晉州義妓祠記>도 쓰게 되었다.

검무를 보고 미인에게 주는 노래

두당당 북치고 풍악소리 일어나며
널찍한 자리가 호수처럼 맑으매라.

진주晉州 명기에 꽃 같은 한 아이
군복 입고 남자 맵시 차리었다.

자사紫紗 쾌자에 청전립 눌러쓰고
자리에 나와 절하고 일어선다.

사뿐사뿐 걸어 좋이 박자에 맞추며
가는 춤 오는 춤에 온갖 자태 나타난다.

나는 제비처럼 펄쩍 내려앉으니
외씨 같은 버선발이 너무도 고와라.

몸을 기울여 문득 거꾸로 박는 듯,
뒤번득이는 열 손가락이 뜬 연기 같아이.

한 칼은 땅에 두고 한 칼은 잡아 두르니
청사 배얌이 그의 가슴을 백 번이나 휘감는다.

홀연히 두 칼 들고 번득 일어서니
사람은 보이지 않고 안개만 자욱하이.

이리 두르고 저리 둘러도 서로 닿지 않으며
치고 찌르고 날뛰어 보는 사람이 소름끼친다.

바람 소리와 급한 비는 빈 골짝에 가득하고
뻘건 번개와 퍼런 서리 공중에 번쩍인다.

혹은 놀란 기러기 멀리 날아가는 듯하며
혹은 성난 매 돌아쳐 걷잡을 수 없어라.

댕그렁 칼을 땅에 던지고 설풋이 돌아오니
호리호리한 가는 허리 의연히 한 줌일세.

신라의 여악女樂은 우리나라에 제일이며
황창무黃昌舞* 옛 법이 지금껏 전하누나.

검무 배워 성공할 자 백에 하나며
살진 뚱보는 재치 없어 못 쓴다네.

청춘에 꽃핀 너 절등한 기예 가졌나니
여중호걸이 네 아니고 누구이랴?

몇 사람이나 너 위해 애를 끊었느뇨?
벌써 미친바람이 장막 안에 불고 있다네.

舞劍篇贈美人 (1780)

鷄婁一聲絲管起　　四筵空闊如秋水
蠶城女兒顔如花　　裝束戎裝作男子
紫紗袿子靑氈帽　　當筵納拜旋擧趾
纖纖細步應疏節　　去如恨悵來如喜
翩然下坐若飛仙　　脚底閃閃生秋蓮
側身倒挿蹲蹲久　　十指翻轉如浮雲
一龍在地一龍躍　　繞胸百回靑蛇纏
倏忽雙提人不見　　立時雲霧迷中天
左鋋右鋋無相觸　　擊刺跳躍紛駭矚
颼風驟雨滿寒山　　紫電靑霜鬪空谷
驚鴻遠飛疑不反　　怒鶻回搏愁莫逐
鏗然擲地颯然歸　　依舊腰支纖似束
斯羅女樂冠東土　　黃昌舞譜傳自古
百人學劍僅一成　　豐肌厚頰多鈍魯
汝今靑年技絶妙　　古稱女俠今乃覩
幾人由汝枉斷腸　　已道狂風吹幕府

* 황창무 : 황창의 얼굴을 본뜬 가면을 쓰고 추는 신라 시대의 검무로 검무의 뿌리가 되는 춤이다. 신라의 소년 황창랑이 백제에서 칼춤을 추다가 백제 왕을 찔러 죽였다는 전설에서 유래되었다. 조선 시대에는 기생들에 의해 검무가 추어져 지금까지도 진주검무·해주검무 등이 전승되고 있다.

[해제]

논개 사당을 중수한 장인의 낙성식 축하연 자리. 다산은 마치 동영상을 찍듯 기생의 춤사위를 생생하게 전달하며 유감없이 시재를 발휘하고 있다. 과연 핍진한 환상적 묘사력만큼은 압도적이랄까?[1] 생동한 시적 형상과 격동적인 서정의 통일은 다산 시의 한 특성을 이룬다.[2]

그러나 이 시의 결구를 보면 기생을 단지 성노리개로만 여기는 비인도주의적 시각이 그대로 드러나 있다. 최익한은 물론 남북한의 번역이 모두 엉성한데, 원뜻은 "몇이나 너 때문에 부질없이 애태웠나 / 미친바람 장막에 불어치리라 이미 말하였네(幾人由汝枉斷腸 已道狂風吹幕府)"이다.

이날 연회는 해가 저물어서야 파하고, 다산은 심 비장沈裨將과 더불어 저포樗蒲(일명 쌍륙 도박)를 하여 300냥을 따서 여러 기생들에게 뿌리며 환락에 빠졌다고 한다. 그는 1791년 12년 만에 촉석루를 다시 들러 옛날 그 기생들과 재회하였다. 그런데도 만년에는《목민심서》에서, "청렴한 수령이 기생들에게 재물을 뿌리는 짓은 참으로 잘못된 일이다(牧之淸者 淸而不密 但務損財 不知所用 或散之妓伶 或施之佛宇 斯固非矣《象山錄》)"고 경계하고 있으니, 이는 너무나 속되고 비루한 위선이 아닐까?![3]

1. 마치 극사실주의인 양 어떤 대상을 극명하게 재현하려는 성향은 훗날 사진기·안경 등의 원리에 대한 관심으로 이어진다. 시문집 <칠실관화설漆室觀畫說>, <국영시서菊影詩序>;《마과회통麻科會通》권6 <의령醫零·근시론近視論>.
2. 김진국,《정약용 문학 연구》, 사회과학출판사, 2014, p32, pp178~180.
3. 시문집 <여김절도사후與金節度使煗>, <재유촉석루기再游矗石樓記>;《목민심서》권2 <율기律己·청심淸心>.

뜻을 말한다

아, 우리나라 사람들은
마치 주머니 속에 들어 있는 듯.

삼면은 둥근 바다로 담을 쌓았으며
북쪽은 높은 산맥으로 주름을 잡았네.

그래서 사지가 항상 오구라들거니
뜻과 기운을 어찌 펼 수 있으랴?

성현이 머나먼 만 리 밖에 있나니
뉘라서 능히 이 어둠을 열어주리?

고개를 들고 인간을 바라보니
보이는 건 적고 이내 맘 몽롱하여라.

바삐 서둘러 사모하고 본받아서
알뜰히 가릴 여유조차 없구나.

어리석은 무리 한 천치를 받들고
고함치며 다 같이 절하자고!

순진한 바람이 불던 단군檀君의 세상이
거짓으로 충만한 지금보다 오히려 나았느니!

述志 二首 中 第二首(1782)

嗟哉我邦人　　辟如處囊中
三方繞圓海　　北方緬高崧
四體常拳曲　　氣志何由充
聖賢在萬里　　誰能豁此蒙
擧頭望人間　　見鮮情曈曨
汲汲爲慕倣　　未暇揀精工
衆愚捧一癡　　嗜唅令共崇
未若檀君世　　質朴有古風

[해제]

1782년 2월 서울 창동倉洞의 체천棣川에 집을 사서 분가한 직후 지은 시로,
다산 일생의 사상적 윤곽과 학문적 취향을 단적으로 보여 준다. 시인은 조선
봉건 사회가 편협한 쇄국주의 때문에 국제적 교통과 문화의 교류가 없고, 더
욱이 지배 계급의 보수주의가 인간의 이성적 발전, 학문의 자유를 구속하고
있는 것을 개탄하였다. 또 당시 '개물성무開物成務'의 철인 성자들이 머나먼
해외에 있으므로 우리의 어두운 사회를 개명시켜 줄 수도 없거니와, 사대부
들은 아무런 창조적·혁신적 학풍이 없을 뿐만 아니라 여러 당파로 분립하여
각기 자기 패의 인물에서 천치 같은 자를 일개 패장으로 내세워 온 세상 사람
들도 다 같이 그것을 숭배하자고 선전하며 강요하는 것을 지적 조소하였다.

그리고 이처럼 비루하고 야박하며 혼란한 오늘의 사회는 단군의 상고시대만 차라리 못하다고 탄식하였다.

이 시는 확실히 청년 다산이 유교 보수주의로부터 이탈하는 사상적 전환을 표시한 것이며 후일 조국 유신, 해외 유학, 서양 과학기술 수입 등의 정치적 주장이 이미 사상적으로 싹튼 것을 보여 준다. '성현이 만 리 밖에 있다'*는 말은 서양 과학기술의 문명을 동경한다는 의미일 것이다. 다산은 서학과 서국에 관한 감회와 술지述志의 시편이 적지 않았을 터이나, 시휘 관계로 대개는 삭제 인멸되어 버렸고 오직 이 구절만이 그 편린으로 잔존한 것이 아닌가 한다(《여독》pp215~6; <정다산과 문학>, 앞의 책, p108; <정다산의 시문학에 대하여 (상)>, 앞의 책, p16).

* 성현이 만 리 밖에 있다 : 여기서 성현은 '야소耶穌(예수)'일 가능성도 없지 않다. 다산은 <변방사동부승지소辨謗辭同副承旨疏>에서 "약관 초에 천주교 책을 얻어 보았는데, 서양 과학기술은 어려워서 세심히 탐구하지 못하고 도리어 천주교 교리에 빠졌다(臣之得見是書 蓋在弱冠之初 而此時原有一種風氣 有能說天文曆象之家 農政水利之器 測量推驗之法者 流俗相傳 指爲該洽 臣方幼眇 竊獨慕此 然其性力躁率 凡屬艱深巧密之文 本不能細心究索 故其糟粕影響 卒無所得 而乃反繳繞於死生之說 傾嚮於克伐之誠 惶惑於離奇辯博之文 認作儒門別派)"고 실토하였다. 따라서 최익한의 해석은 사실을 왜곡한 것이라 할 수 있다.

사공의 탄식

나는 본대 약 캐는 산중 늙은이로
우연히 강상에 와서 사공이 되었더니,

서풍은 불어서 서강 길을 막으며
동강을 향하매 다시 동풍이 부노나.

어찌 바람이 나의 뜻을 짐짓 어기랴?
내가 바람의 방향을 따르지 않는 탓이다.

두어라! 바람이 그르니 내가 옳으니 할 것 있으랴?
산중에 돌아가 다시 약을 캐려 하노라.

篙工歎(1782)

我本山中採藥翁　　　偶來江上爲篙工
西風吹斷西江路　　　却向東江遇東風
豈其風吹故違我　　　我自不與風西東
已焉哉 莫問風非與我是　不如採藥還山中

[해제]

1782년 3월 서울 객지 생활을 뒤로 하고 잠시 소내에 들러 지은 시이다.
다산은 아직 급제하지 못한 울울한 심경을 사공을 통하여 간접적으로 내비
치면서, 약초 캐는 것이 그의 본업이라며 산중 생활을 동경하고 있다. 여기서
사공은 정치판에 전혀 익숙하지 못한 자신을 빗댄 것이다.

"서풍이 불어 서강 길을 막는다(西風吹斷西江路)"는 말은 마치 서인 노론들이
자기 답안을 뽑아 주지 않는다는 정치적인 언사처럼 들린다. 또 낙구의 "산
으로 돌아가 약초나 캐련다(採藥還山中)"는 말은 송나라 범중엄范仲淹의 "재
상이 못될 바에야 의원이나 되련다(不能當宰相 願意當良醫)"는 고사와 일맥
상통한 면이 있다(홍문화, <의·약학자로서의 다산과 사상 및 업적>,《다산학보》
1집, 1978, p183 참조). 이러한 귀거래歸去來의 꿈은 그의 시문에 자주 보이
는데, 당시 붕당정치의 각다귀판에서 입신출세하기보다는 차라리 전원으로
귀의하겠다는 뜻을 엄살떨듯 의례적으로 드러낸 것이다.

《손무자》[1]를 읽고

인생은 멀리 가는 나그네 같아서
언제든지 가름길을 걷고 있구나!

육경六經[2]은 본래 좋다 하건마는
구류백가九流百家[3]도 두루 보려 한다.

그래서 돋은 기분으로 병서兵書를 읽고서
만고에 한번 달려 보려 결심한다.

그러나 이 뜻이 너무 지나친 것 아닐까?
펼쳤던 책을 덮고서 길이 탄식한다.

호걸스러운 자를 친할 수 없나니
그는 나로써 발판을 삼으리라.

용렬한 자도 친할 수 없나니
그는 나로서 스승을 삼으리라.

나는 홀로 내 갈 대로 갈지어다,
이것이 나의 마음을 위안하리라.

하늘과 땅 사이에 떳떳한 물건 없으며
도니, 덕이니 하는 건 항상 고정되지 않는다.

조화의 운전이 미묘하고도 천천하거니
그 근원을 깊이 살필 자 누구인가?

신기로운 용이 머리를 들고 일어나면
못과 소의 온갖 고기들이 넋을 잃으리.

밤들어 온갖 도깨비들이 행길에 달리지만
아침볕은 사나운 바다를 뚫고 떠오르리라.

이치는 그러하지만 때로는 그렇지 않기도 하다,
그래서 혹여나 너의 몹쓸 운명을 두려워한다.

그러나 안심하고 인간의 참된 길을 걸어라
이 기쁨이야 그 누구에게 다 이를쏜가?

讀孫武子(1784)

人生如遠客　　終歲在路岐
六經本可樂　　九流思徧窺
慷慨讀兵書　　萬古期一馳

此意良已淫	掩卷一長噫
豪士不可近	恐以我爲資
庸人不可近	恐以我爲師
超然得孤邁	庶慰我所思
天地無常設	道德無常尊
運化微且徐	誰能察其源
神龍奮其首	泂澤愁鮒鯤
百鬼騁中逵	溟渤生朝暾
理然時有訕	恐汝離寒屯
安心履名教	此樂何可言

1. 손무자孫武子 : 춘추시대 제齊나라의 손무孫武(BCE544~BCE496 추정)가
   쓴 책으로 흔히 《손자병법》으로 알려져 있다.
2. 육경 : 《역경易經》, 《서경書經》, 《시경詩經》, 《춘추春秋》, 《예기禮記》, 《악
   기樂記》 등 유가의 여섯 가지 경서.
3. 구류백가 : 한나라 때의 아홉 가지 학파와 온갖 학자. 유가류儒家流 52가,
   도가류道家流 37가, 음양가류陰陽家流 21가, 법가류法家流 12가, 명가류
   名家流 10가, 묵가류墨家流 6가, 종횡가류縱橫家流 12가, 잡가류雜家流 20
   가, 농가류農家流 9가 등을 말한다.

[해제]

다산은 문文뿐만 아니라 무武에 대해서도 상당한 소양이 있었다. 특히 장인
홍화보를 통하여 무에 대한 견문을 넓혔다. 26세(1787)에는 정조로부터 문무
겸비한 재능이 인정되어 《병학통兵學通》을 받았으며, 훗날 유배지에서 《비어
고備禦考》, 《민보의民堡議》 등 국방 관련서를 편집 저술하였다.

우인 이덕조[1] 만사

희고 흰 두루미
인간에 나려오니
선풍도골이
헌연도 하건만
야속한 닭과 오리들은
성내며 새우난다.[2]

그대의 울음소리
맑고도 명랑하여
풍진에 뛰어나며
창공에 사무치더니
홀연히 추풍에 날아가니
내 마음 서운도 하여라.

友人李德操輓詞(1785)

仙鶴下人間　　軒然見風神
羽翮皎如雪　　鷄鶩生嫌嗔
鳴聲動九霄　　嘹亮出風塵
乘秋忽飛去　　怊悵空勞人

1. 덕조德操(족보는 德祖)는 이벽李檗(1754~1785)의 자字. 호는 광암曠菴. 다산의 이복 맏형 정약현의 처남으로서 학식과 언론이 출중하였고 서양학의 창도자였으나 요절하였다.
2. '새우(질투)'와 '나다'의 합성어. 샘난다, 새움난다.

[해제]

이벽의 최후를 애도한 시로 1785년 가을 작이다. 그는 체격이 크고 재기가 활발한 호걸로서 다산에게는 어릴 적부터 선망의 대상이었으나, 그만 요절하여 일평생 그리움의 대상이 되고 말았다. 아버지 이부만李溥萬이 천주교를 반대하며 목을 매어 자살하려 하자, 결국 이벽은 배교 선언을 하고 가택 연금되어 음독 자결한 것으로 보이는데, 전염병으로 죽었다는 설도 있다. 다산이 16세(1777)에 이미 그와 창화唱和한 시편 <이벽에게 주다贈李檗>가 문집에 전하니, 일찍이 교제가 친밀하였음을 알 수 있다. 그 외 이벽 관련 시문으로 <벗 이덕조와 배 타고 한양으로 들어가며同友人李德操檗乘舟入京>, <완부청설碗浮靑說> 등이 있다(《여독》p206;《실정》p354 볼 것).

《중용강의보中庸講義補》서문(1814)에 "만약 광암이 아직도 살아 있다면 그 진덕進德과 박학을 어찌 나와 비교하리오? 새것과 옛것을 합하여 보면 그도 반드시 놀랄 터인데, 한 사람은 살아 있고 한 사람은 죽어 없으니 탄식한들 무슨 소용이랴! 책을 어루만지며 흐르는 눈물을 금치 못한다(使曠菴而尚存 其進德博學 豈余比哉 合觀新舊 其必犁然 一存一亡 何嗟及矣 不禁撫卷而流涕也)" 고 이벽에 대한 그리움을 절절히 표현하였다.

또 <자찬묘지명自撰墓誌銘> 집중본集中本에 "갑진년(1784) 여름 이벽한테 비로소 서교를 들었다(甲辰夏 從李檗 … 始聞西敎)"고 하였으며, 광중본壙中本에 "생원이 되어(1783) 이벽을 따라 놀면서 서교에 대해 듣고 서학책을 보았다. 정미년(1787) 이후 4, 5년 서교에 자못 마음을 기울였으나, 신해년(1791) 이래 나라의 금령이 엄하여 마침내 생각을 끊었다(旣上庠 從李檗游 聞西敎見西書 丁未以後四五年 頗傾心焉 辛亥以來 邦禁嚴遂絶意)"고 하였다.

해미 유배의 명령을 받고 서울을 떠나면서

난패蘭佩를 차고[1] 궐문을 하직하니
금림禁林[2] 화조花鳥가 서운도 하여라.

직첩을 바치고 강호로 향하며
행장을 단속코 도성을 나섰다.

세상 공명은 영화인 듯 욕이며
임의 마음은 노여운 듯 사랑이라.

망춘정望春亭[3] 홍사촉紅絲燭에 모시고 질겼더니
어느덧 간밤의 꿈인가 하노라.

奉旨謫海美 出都門作(1790)

蘭佩遙遙自此辭　　禁林花鳥悵佳時
收回職牒投荒急　　裝束書囊出郭遲
世事似榮眞寓辱　　君心如怒正含慈
望春亭畔紅紗燭　　香案周還一*夢疑

* 一 : 신조본은 煙.

141

1. 난패를 차고 : 난패는 난초를 허리에 차는 것으로 고결한 은사의 행색을 형용할 때 쓰는 말인데, 여기서는 유배 가는 자신의 처지를 비유한 듯하다. 굴원屈原의 〈이소離騷〉에 "강리와 벽지를 몸에 걸치고, 가을 난초를 꿰어 허리에 차네(扈江離與辟芷 紉秋蘭以爲佩)"라고 하였다.
2. 상림上林. 금원禁苑의 숲이라는 뜻으로 한림원翰林院의 별칭. 여기서는 예문관을 가리킨다.
3. 창덕궁 후원의 정자로 현 존덕정尊德亭 인근에 있었던 것으로 추정된다. 정조는 〈상림십경上林十景〉에서 '망춘정의 꾀꼬리 소리(望春聞鶯)'를 제2경으로 꼽았다.

[해제]
다산이 29세 되던 해 1790년(정조 14) 2월에 다산은 우의정 채제공의 추천으로 한림에 선발되어 예문관 검열藝文館檢閱이 되었는데, 반대당파가 이의를 제출하므로 그는 곧 사직서를 내고 물러갔으며 국왕이 여러 번 소환해도 응하지 않았다. 그래서 국왕은 반대파의 입을 막기 위하여 3월에 엄명으로 다산을 해미海美(현 충남 서산)로 유배시켰다가 10일 만에 소환하였다. 이 시와 다음 시는 3월 10일 유배 가면서 지은 것이다(최익한).

동작나루에 이르러

봄바람이 나룻머리 배를 불어 보내니
적객謫客 행장이 하늘에서 떨어진 듯.

비단 이불은 멀리 선각仙閣의 촛불을 떠났고
연잎 적삼¹은 오히려 어로御鑪²의 향기를 띠었다.

역정驛亭 화류는 아름다운 글귀를 자아내며
강호 어조魚鳥는 옛날의 인연을 다시 찾누나.

이내 고운 얼굴이 시샘 당함을 탓하지 않는다,
조정에는 뭇 어진 이 구름같이 성하도다.

行次銅雀渡(1790)

春風吹送渡頭船　　遷客行縢落九天
綾被遠移仙閣燭　　荷衫猶帶御爐煙
驛亭花柳留佳句　　湖壩魚鰕任宿緣
莫說蛾眉終見妒　　聖朝才學蔚群賢

143

1. 하삼荷衫. 은자의 옷을 말한다.
2. 대궐의 향로. 鑪는 爐와 동자.

[해제]
1790년 3월 10일 도성(숭례문)을 나서 동작나루에 이르러 지었다. 유배객의
차림새를 은자의 '연잎 적삼[荷衫]'에 빗대고, "미인[蛾眉]은 시기를 당해도
탓하지 않는다"고 역설하였으니, 자신의 충후측달忠厚惻怛한 심정을 의례적
인 표현으로 전한 것이다. 다산은 동월 19일에 방면되었다.

연융대에서 '마상재'를 보고

모진 말이 갈기를 떨치고 질풍같이 달리니,
그 형세가 가을 새매 창공을 쪼개는 듯.

'마상재' 병사 길옆에 겨누고 섰다가,
어느덧 말 위에 가로 뛰어올랐다.

두 팔 쪽 펴고 그 어깨 위에 번뜻 서니,
날개 돋은 신선이 황학루黃鶴樓 높은 난간에 표연히 비겨 선 듯.

홀연히 몸을 뒤집어 말허리 밑에 내려 숨으니,
물오리가 고개 숙이고 물결 속으로 풍덩 빠지는 듯.

홀연히 번쩍 일어나 안장 위에 거꾸로 서니,
취한 손이 발길로 차 엎은 바둑판 다리들이 하늘을 향한 듯.

홀연히 허리를 쭉 펴고 네 활개 가로 벌리니,
바람에 펄럭이는 깃발들이 나무 아래로 비스듬히 지나는 듯.

홀연히 넘어져 뻣뻣이 죽은 시체인 양,
홀연히 재빨리 날뛰는 잔나비인 양.

척씨戚氏[1] 무예 열여덟 가지 중에서,
'마상재'만은 우리나라가 제일이란다.[2]

기마술은 말을 잘 부리는 데 있나니,
사람과 말이 하나되는 걸 능수能手라 한다.

세상에 익히면 못할 것 없나니,
간분竿盆,[3] 답색踏索[4]도 다 능히 성공한다.

그러나 싸움은 원래 병기를 잘 써야 하며,
맨몸의 재주는 너무나 무력하다.

모름지기 갑옷 입고 긴 창을 쓸 것이니
그리고야 너희들의 재주 바야흐로 훌륭하리라.

大駕至鍊戎臺閱武 觀馬上才有述(1790)

悍馬奮鬣淩長風	勢如秋隼流寒空
路旁側眲候馬過	橫飛躍上奔簌同
張臂直立肩峰上	譬如仙人羽客飄飆逈倚黃鶴飛樓中
忽翻身藏髀骼裏	譬如綠鳧花鴨隨波容瀉芴沒沈幽宮
忽起挿嘴鞍鞁脊	疑是醉客蹴倒棋盤脚向穹
忽展腰肢翼偏擧	疑是風旗獵獵偃過林木叢

忽僵佯死如飛將　　忽躍奮搏如猿公
戚家武藝十八技　　世稱此技輸我東
騎戰之能在善馭　　與馬爲一斯良工
世間無物習不就　　竿盆蹋索皆成功
邇來格鬪仗奇器　　赤身衝突技易窮
須穿冷端使長戟　　然後汝曹才果雄

1. 척씨 : 척계광戚繼光(1528~1588). 그는 명 말기의 장수로 왜구의 침입을
   물리치는 데 큰 공을 세웠으며,《기효신서紀效新書》등의 병서를 남겼다.
2. 척씨~제일이란다 :《무예도보통지武藝圖譜通志》의 내용과는 좀 다르다.
   그 서문과 편찬 경위에 의하면, "장헌세자가 척계광의 《기효신서》6기에
   12기를 더하여 《무예신보武藝新譜》를 만들었으니, 그때 '십팔기十八技'라
   는 이름이 처음 생겼다. 정조 즉위 초에 기창騎槍·마상월도馬上月刀·마상
   쌍검馬上雙劍·마상편곤馬上鞭棍의 4기를 증편하고, 또 격구擊毬와 마상재
   의 2기를 부록으로 하여 모두 24기가 되었다"고 하였다.
3. 간분竿盆 : 간짓대 끝에 물동이를 얹는 것.
4. 답색踏索 : 줄 위로 걸어가는 것.

[해제]
1790년 9월 19일에 지은 것으로 보인다. 이날 정조가 연융대(군사훈련장)에
나아가 활쏘기 시험을 행한 적이 있다. 군대를 사열하고 마상재(말타기 기예)
도 관람한 것 같다. 정조는 동년 4월에 마상재를 추가하여 《무예도보통지》를
완성한 다음, 이를 군사들에게 훈련하도록 하였다.
다산이 맨몸의 기마술에 실전 무예인 창술이 어우러져야 한다고 언급한 것을
보면, 당시 그것이 어렵고 위험하므로 선보이지 않은 듯하다. 마상재는 원래
실지 전투에서 활용하기 위한 군사 무예였으나, 부패 타락한 이조 봉건 통치
배들에 의해 말광대놀음으로 전락하고 말았던 것이다(마지막 문장은 한원철,
〈마상재〉, 《천리마》, 문예출판사, 1983년 2호, p124 참조).

남원 광한루에 올라

높은 성, 굽은 진터[1]가 강 위에 솟았는데
만마관萬馬關[2] 나서서 광한루에 올랐노라.

유인궤劉仁軌 정전井田은 이미 거친 연기에 잠겼고[3]
대방주帶方州 방위는 예부터 철벽같다.[4]

쌍계雙溪 푸른 풀에는 봄 그늘 고요하고
팔령八嶺 무르녹은 꽃에는 싸움 기운 걷혔다.

봉화는 오지 않고 춤과 노래 성하나니
지나는 손이 버들개[5]에 배 매고 머무노라.

登南原廣寒樓(1791)

層城曲壘枕寒流　　萬馬東穿得一樓
井地已荒劉帥府　　關防舊窔帶方州
雙溪草綠春陰靜　　八嶺花濃戰氣收
烽火不來歌舞盛　　柳邊猶繫木蘭舟

1. 진陣터. 진지陣地로 삼은 곳.

2. 전주全州에서 남원南原으로 가는 길에 있는 관문.

3. 백제 말에 유인궤가 이곳에 정전을 개척하였다(百濟末劉仁軌於此開井田—
   원주). 유인궤(602~685) : 당나라 장수. 660년 검교대방주자사檢校帶方刺
   史가 되어 신라군과 함께 백제 부흥군을 격퇴하고 고구려를 멸망시켰다.

4. 남원은 대방이 아니었는데, 특별히 유인궤로 인하여 이름을 얻었다(南原
   非帶方 特因劉仁軌而得名—원주).

5. 버들가지.

[해제]

1791년 봄에 아버지 정재원을 뵈러 진주로 내려가는 길에 남원 광한루에 올
라 지은 시이다. 1790년 겨울에 정재원은 울산 도호부사에서 진주 목사로
승진하여 1792년 근무지에서 순직하게 된다.

다산은 유적지에 들를 때마다 역사 이야기를 빼놓지 않는다. 기실 그의 글은
"아주 간단한 시부詩賦 같은 것으로부터 독립한 장편의 저서에 이르기까지
거의 모든 것들에서 역사에 대한 심오한 지식이 안받침되어 있지 않은 것이
없다(박시형, <다산 정약용의 역사관>, 《정다산—다산 정약용 탄생 200주년 기념
론문집》, 과학원출판사, 1962, p204. 면수는 푸른숲 복간본(1989)에 따름)."
여기에서 눈에 띄는 것은 '유인궤의 정전'이다. 《경세유표》에 언급되어 있고,
문집의 <기자 정전도 발문跋箕子井田圖>에 다음과 같이 자세히 나와 있다.

"백제가 멸망하자 유인궤가 남원을 다스렸다. 그래서 여기에 둔전屯田을 설치
하여 '정전'이라 하였는데, 이는 옛것만 좋아한 과오였다. 만일 그렇지 않다면
남원에 어찌 정전이 있겠는가? 또 그 밭의 형태는 정井 자가 아니라 전田 자
모양이다(百濟之亡 劉仁軌經理南原 故兩地皆起屯田 其謂之井田者 好古之過也
如非然者 南原何得有井田 且其田形 皆非井文 乃田字形也)."

황산대첩비[1]를 읽고

시냇가 나무 아래 말 멈추고
걸어 올라 황산비 읽어 보노라.

힘찬 자획은 사나운 범을 잡아 동이며
번적이는 글발에 온갖 마귀 도망한다.

혁혁한 위풍이 천추에 보는 듯하거니
하물며 그 당시 몸소 부닥친 자들이야.

아기발도阿只拔都는 또한 당돌한 사나이라,
말똥구리가 수레바퀴를 받으련가?

그의 나이 바야흐로 열다섯이었나니
대말 타고 입엔 젖내 가시지 않았으련만,

감히 신성한 강토를 한바탕 짓밟으려고
멀리 바다 건너 비린 칼날을 휘둘렀다.

임의 세찬 화살이 그놈의 투구를 떨어뜨리고[2]
나무를 방패 삼아 섬멸전을 행하였다.

적장은 거꾸러지고 더러운 무리 쓰러졌다,
이리떼의 붉은 피 너래바위를 적시었네.

정공鄭公[3]은 무모하고 화상和尙[4]은 황당하다,
천의天意, 인심이 마땅히 누구에게 돌아갈까?

나라의 운수 이 싸움에 이미 결정되었나니
위화도 회군威化島回軍을 기다릴 것도 없어라.

讀荒山大捷碑(1791)

溪邊繫馬杜棠枝　　杖策上讀荒山碑
鐵畫巉巖伏虎豹　　璘霦煜雪遁魑魅
赫赫神威凜如昨　　何況當年身値之
螳螂可敬蛙可式　　阿只拔都奇男兒
人年十五眇小耳　　蔥笛堪吹竹堪騎
敢與虯髥作頡利　　越海萬里專旌麾
越海萬里專旌麾　　彤弓百步落罌罝
彤弓百步落罌罝　　負樹發箭爭安危
妖星旣隕衆彗倒　　澗石千年殷血滋
鄭公無謀和尙媒　　天意人心當屬誰
此擧夜壑舟已徙　　不待威化回軍時

1. 고려 우왕 6년(1380)에 이성계李成桂는 왜장 아기발도가 영솔한 왜구의 대부대를 전라도 운봉雲峰 황산에서 섬멸하였는데, 후일 이조에서 승리를 기술한 비를 그곳에 세웠다. 현재 남원시 운봉읍 화수리花水里에 있는 비로, 일제 때 파괴되어 1957년에 중건하였다.
2. 태조는 늘 붉은 활을 지녔는데 일찍이 퉁두란과 무예를 겨룰 때 술단지 깔개를 쏘아 떨어뜨렸다(太祖常御彤弓 嘗與仝豆蘭較藝 射落甖苴─원주).
3. 정공은 정몽주鄭夢周(1337~1392). 그가 고려 왕조를 보호하기 위하여 이성계를 죽이려고 하다가 실패한 일을 가리켜 이 시는 무모한 일이라고 하였다.
4. 화상은 중 무학無學(1327~1405). 그가 이성계의 꿈을 해몽하고 장차 임금이 될 것을 예언하였다는 것을 가리켜 황당하다 하였다.

[해제]

1791년 봄에 진주로 내려가는 길에 남원을 거쳐 운봉에 이르러 지은 시이다. 문집의 <황산대첩비 발문跋荒山大捷碑>에 "남도南道의 관방關防은 운봉이 으뜸이고 추풍령秋風嶺이 다음이다. 운봉을 잃으면 적이 호남을 차지하고, 추풍령을 잃으면 적이 호서를 차지하며, 호남과 호서를 둘 다 잃으면 경기가 위축될 것이므로, 이는 반드시 지켜야 할 관문이다"고 하였다.

추풍령을 넘으며

태백산·소백산 나는 용이 남으로 달리더니
이곳 와서 문득 머리를 숙이며 서리는구나.

물은 북쪽을 통하여 황간黃澗으로 쏟아지며
산은 서편 가지를 빼어 적상산赤裳山을 둘렀어라.

높은 봉우리마다 성첩을 베풀었건만
평지가 진실한 관방關防인 줄 그 뉘 알쏘냐?

청주淸州 벌판을 천 리나 열어 놓았나니
이 재를 누르면 사람의 멱살잡이와 같으리라.

踰秋風嶺(1791)

二白飛騰脊勢強　　神龍於此地中藏
溪通北地趨黃澗　　山出西枝繞赤裳
每向高峰增塹壘　　誰知平陸是關防
淸州大野開千里　　一據秋風便搤吭

153

[해제]

1791년 봄에 진주에서 아버지를 뵙고 돌아오는 길에 추풍령을 넘으며 지은 시이다. 다산은 고개 하나를 지나도 그냥 지나는 법이 없다. 형세를 읽고 이곳이 군사상 요지임을 강조한다. 이러한 안목을 키우는 데는 장인 홍화보의 도움이 컸다. 어릴 적에(1780) 이미 새재[鳥嶺]에서 경상 우병사慶尙右兵使 홍화보의 군사 훈련을 관람하고 시를 남긴 바 있다.

훗날 《경세유표》(1817) 권3 〈천관수제天官修制·군현분예郡縣分隸〉에 "추풍령은 본시 평지라 만약 견고한 성이 없으면 외적을 막을 수 없다. 내 생각에는 추풍령 서쪽으로 황간黃澗 조금 못 미쳐 험하고 비좁은 곳을 택하여, 견고한 성을 빨리 쌓아서 병기와 군량을 저장해 두었다가 위급할 때 군수로 하여금 가서 지키게 하고 방어하는 신하는 후원군이 되도록 해야 한다(秋風本是平地 若無堅城 無以禦寇 臣謂秋風嶺之西 未及黃澗 擇一險隘之地 亟築堅城 以藏兵粟 有急 令郡守往守 而防禦之臣 爲之後援 未可已也)"고 하였다.

<우는 봉의 노래>로 헌납 한치웅[1]에게 준다

울어도 조양봉朝陽鳳[2] 울음을 아예 말라
우연히 한 번 울매 뭇 새가 일시에 놀란다.

구슬 발, 수놓은 장막에 앵무새 앉아서
생황笙簧 같은 혓바닥을 진종일 놀리누나.

벼슬해도 간관諫官의 벼슬을 아예 말라
말한들 보람 없고 한갓 나무람만 듣나니.

햇내기 벼슬아치들은 천 길이나 날뛰며
은안장 백대말[3]로 앞뒤에 구정驅丁[4] 들리고

'어라 쉬' 하며 행길을 달리는데
돌개바람이 뿌연 먼지만 날리누나!

鳴鳳篇 贈韓獻納致應(1794)

鳴莫作朝陽鳳　　偶來一鳴驚者衆
珠簾繡閣坐鸚鵡　　巧舌如簧終日弄

官莫作諫大夫　　縱言無補徒爲迂
末僚新進氣泉涌　　銀鞍白馬紛驕擁
倏若回飆捲地來　　辟易一路飛黃埃

1. 한치응韓致應(1760~1824) : 자는 혜보徯甫, 호는 병산屛山. 1794년부터 3
   년간 헌납獻納(사간원의 정5품 벼슬)을 지내고, 이후 대사간·형조판서 등을
   역임한 남인으로서 젊은 시절 다산과 죽란시사竹欄詩社를 함께하였다.
2. 조양봉朝陽鳳 : 《시경》에 "鳳凰鳴矣 于彼高岡 梧桐生兮 于彼朝陽"이라 하
   였는데 조양朝陽은 아침볕이 비치는 곳, 즉 산의 동편이다. 당나라 어사
   이선감李善感이 글을 올려 임금의 잘못을 극진히 말하니 사람들이 기뻐서
   "봉이 조양에서 울었다"고 하였다.
3. 백대말 : 훌륭한 백말.
4. 구정驅丁 : 구종驅從. 말몰이꾼.

[해제]
최익한은 "헌납 한치응이 무슨 일로 상소하여 바른 말을 하고 남들의 비방을
들은 일이 있었던 것이다. 또 다산이 가끔 반대파로부터 참소와 공격을 받던
때였으므로 이 시를 지어 벼슬아치들을 풍자한 것이다"고 하였다.
《승정원일기》를 보면, 한치응은 1794년 8월 27일 정언正言(사간원의 정6품
벼슬)으로서 승정원에 보류 중인 계사啓辭에 대하여 연명 상소하였고, 9월 7
일 헌납이 되었다. 다산은 파직된 직후인 9월 17일경 이 시를 지었다.

삼각산 백운대에 올라*

누가 석공의 기교를 부려서
높고 뾰족한 이 봉우리를 만들었던고?

흰 구름은 바다를 가로질렀고
가을빛은 하늘에 가득 찼구나.

우주는 본대 둥글어서 골진 데 없으며
옛일은 망연하여 다시 돌아오지 않네.

바람을 안고 한 번 휘파람 불며
굽어보나 쳐다보나 다만 그러하이!

登白雲臺(1794)

誰斲觚稜巧　　超然有此臺
白雲橫海斷　　秋色滿天來
六合團無缺　　千年漭不回
臨風忽舒嘯　　頹仰一悠哉

* 백운대는 즉 삼각산 중봉이다(卽三角中峰—원주).

다산은 파직된 후에 2박 3일간 북한산행을 하였다. 1794년 9월 18일 남인계 채당蔡黨(채제공 그룹) 소장파인 정약전丁若銓·윤지범尹持範·윤지눌尹持訥·이중련李重蓮과 함께 북한산성을 유람하고 산영루山映樓를 거쳐 중흥사中興寺에서 숙박하였으며 이튿날 백운대(836m)에 올라 이 시를 지었다.

그가 문집에 남긴 행적으로 보아, 백운대에 오른 것은 이번이 처음이자 마지막인 듯하다. 특별히 언급한 내용은 없다. 다만 그의 마음이 '유유悠悠하다(침착하고 여유가 있다)'는 것이다. 멀리 인천 앞바다가 보인다고 하였으니, 고향 산인 운길산도 충분히 보았으리라……. 일행은 다시 절에서 일박하고 승가사僧伽寺를 거쳐 세검정洗劍亭 길로 내려왔다. 그네들은 들르는 곳마다 시를 읊었다. 노래는 숲 사이 계곡으로 울려 퍼졌다. 요즘에는 감히 상상할 수도 없는 자연 친화적인 풍류요 여유로운 산행이었다. 하지만 그 유자 관료 문인들의 산행은 정치적인 내부 결속을 위한 일회성 행사로 끝나고 말았다. 다산의 즉흥시를 보면, 자연과 인간은 철저히 분리되어 있다. 서로 동화될 수 있는 가능성이 애초부터 없어 그런지, 자연 자체에 대한 시적 화자의 회포가 얄프닥할 뿐 전혀 웅숭깊지 못하다.

수석을 읊는다

깊은 골짜기에 흐르는 샘물은
그 마음 항상 세상에 있건만,
이빨 돋은 애꾸진[1] 돌 서슬이
앞을 막고 넌지시 끊어 먹네.

그러나 힘차고 줄기찬 그는
밤낮으로 굴할 줄 모르더니,
기어코 무서운 고비 다 지나고
동구[2] 밖으로 의젓이 나오는구나.

한 줄기 시냇물이
바쁜 듯이 흘러서
편편한 너래 위로
마음놓고 달리더니,

홀연히 천길 벼랑에
뒹굴어 떨어지며
노여운 폭포수 되어
속은 듯이 부르짖네.

詠水石絶句(1794)

泉心常在外　　石齒苦遮前
掉脫千重險　　夷然出洞天

只恃盤陀穩　　翻遭絕壑危
瀑聲如勃鬱　　無乃怒相欺

1. 애꾸진 : '애꿎은'의 경상 방언. 전설모음화 현상.
2. 동구洞口 : 동굴 입구. 원문의 동천洞天.

[해제]

5언 절구 5수 중 제1, 2수. 1794년 9월 19일 백운대에 올랐다가 내려오면서 계곡과 폭포의 수석水石을 읊은 시이다. 평범한 정경이 사실적으로 그려져 있다. 이날 <단풍 절구詠紅葉絶句>도 지었다. 아무래도 산행이다 보니, 주로 물과 돌과 단풍 따위의 자연물에 의탁하여 자기 마음을 표현한 것이리라.
최익한은 이 영물시詠物詩의 정치적 성격을 다음과 같이 분석하였다.

"첫 수는 작자 자신이 당시 정치적·사회적 지위로 보아 일개 야당 출신으로서 (남인당계에 속하였음) 불리한 조건들을 박차고 정계에 나와서 나라를 위해 사업하게 되었다는 그 심경을 반영하였으며, 둘째 수는 자신이 이미 출세의 길을 걸으면서 비교적 유리한 환경을 골라 띠고 사업에 착수하다가 뜻밖에 반대파의 험악한 장애에 부닥쳐서 분노의 심정을 금할 수 없다고 토로하였다. 이는 그의 30대 초년의 생애 환경을 말한 것이다(<정다산의 시문학에 대하여(중)>,《조선어문》3호, 과학원 언어문학연구소, 1956, p40)."

암행어사의 임명을 받고 적성[1] 농가에서 짓는다

시내 기슭에 게딱지 같은 집 한 채
이것은 가난한 농민의 집이란다.

모진 샛바람에 이엉은 반쯤이나 걷히었고
살 없는 늑골 같은 서까래 앙상도 하여라.

차디찬 부엌 곁에 눈보라 기어들고
얼개만 남은 바람벽은 체 구멍 같구나.

쓸쓸한 단칸방 안에 무엇이 있는고?
도무지 팔아서 한 냥어치도 못 되리.

삽살개 꼬리 같은 조 이삭 두세 개 걸렸고
붉은 대추 같은 매운 고추 한 꿰기[2] 있구나.

깨어진 단지는 베 조각으로 발랐으며
두 다리 시렁은 새끼줄로 떠매었다.

퉁쇠 숟가락은 이정里正(이장)에게 앗기었고
무쇠 남비는 이웃집 부자가 떼어 갔네.

푸른 물들인 단 한 벌의 무명 이불에
'부부유별'이란 천만의 말씀이야!

아이들의 저고리에 어깨 팔이 드러났거니
바지와 버선이야 이름조차 모르네.

다섯 살 난 큰아이 기병騎兵 명단에 올랐고
세 살 난 작은놈은 군관이 적어 갔다네.

그래서 해마다 돈 닷 냥 물고 보니
자식에 몸서리난 어버이 옷을 입힐쏜가?

세 마리 강아지는 아이들과 함께 깃들이며
호랑은 밤마다 울타리 밖에서 으렁거린다.

남편은 나무하러, 안해는 방아 품팔이에
대낮에도 삽짝 닫아, 볼 모양 처참하네.

낮 두 끼 건너고 밤에야 불 때며
여름에는 솜 누더기, 겨울에는 베옷.

해동이 되면 들냉이를 캐어 먹으며
온 마을 술지게미로 끼를 보태누나.

작년 봄에 꿔먹은 환자[3]가 닷 말이러니
금년에는 이 짓 하고도 살길이 망연하네.

무서운 건 오직 나졸놈 발자욱 소리니
관청의 볼기 매야 걱정도 아니하네.

아, 이런 집들이 천지에 가득 찼구나
구중궁궐은 구름 속에 깊숙하이!

옛날 한漢나라의 직지사자直指使者[4]는
이천석二千石[5] 관리를 스스로 처단하였건만,

지금은 폐해의 뿌리를 뽑을 수 없나니
어떠한 명관도 손 댈 길이 없어라.

나는 모름지기 정협鄭俠의 유민도流民圖[6]를 본받아
이 시 한 장 써서 임께나 드릴까 하노라.

奉旨廉察 到積城村舍作(1794)

臨溪破屋如瓷鉢　　　北風捲茅棒虆虆
舊灰和雪竈口冷　　　壞壁透星篩眼谽
室中所有太蕭條　　　變賣不抵錢七八

尨尾三條山粟穎　　雞心一串番椒辣
破甖布糊戭穿漏　　庋架索縛防墜脫
銅匙舊遭里正攘　　鐵鍋新被鄰豪奪
靑綿敝衾只一領　　夫婦有別論非達
兒穉穿襦露肩肘　　生來不著袴與襪
大兒五歲騎兵簽　　小兒三歲軍官括
兩兒歲貢錢五百　　願渠速死況衣褐
狗生三子兒共宿　　豹虎夜夜籬邊喝
郞去山樵婦備春　　白晝掩門氣慘怛
晝闕再食夜還炊　　夏每一裘冬必葛
野薺苗沈待地融　　村篘糟出須酒釀
餉米前春食五斗　　此事今年定未活
只怕邏卒到門扉　　不愁縣閣受笞撻
嗚呼此屋滿天地　　九重如海那盡察
直指使者漢時官　　吏二千石專黜殺
禍源亂本棼未正　　龔黃復起難自拔
遠摹鄭俠流民圖　　聊寫新詩歸紫闥

1. 적성積城 : 현 파주시坡州市 적성면.
2. 꿰기 : '꿰미'의 강원 방언.
3. 환자還上 : 還上은 이두식으로 '환자'라 읽고, 환자還子·환곡還穀이라고도
   한다. 본래 정부가 춘궁기에 농민에게 곡물을 꾸어 주었다가 추수기에 이
   자를 붙여 회수하는 것인데, 이조 중기에 이르러 본래의 의의를 전연 상실
   하고 다만 정부와 탐관오리의 중요한 착취 수단으로 변질되었다.
4. 직지사자直指使者 : 한나라 무제 때 특설한 것으로 수의직지繡衣直指라고

도 하였는데, 그 권한은 탐오한 지방 관리를 직권으로 죽일 수 있었다.

5. 이천석二千石 : 한나라 시대에 지방 장관인 태수의 연봉이 2천 석이기에 태수를 '이천석'이라고 불렀다.

6. 정협鄭俠(1041~1119)의 유민도流民圖 : 송宋나라 정협이 큰 가물에 동북 인민이 유리개걸하는 모양을 자세히 그려 가지고 신종神宗 황제에게 보여서 구제의 방책을 취하게 하였다.

[해제]

이 시는 다산이 경기도 암행어사로 적성 고을에 갔을 때 어느 빈한한 농가의 모습을 묘사하여 당시 봉건 관료배들의 가혹한 착취와 농민의 비참한 생활에 대한 전형성을 보인 것이다. "아, 이런 집들이 천지에 가득찼구나 / 구중궁궐은 구름 속에 깊숙하이!"는 가장 비분한 성조로서 농민의 일반적 빈궁을 널리 체득하고 인민과는 전혀 유리되어 있는 통치 계급들의 존재를 심각히 풍자하였다. 그는 후일 강진 유배 중에서 영암 군수靈巖郡守에게 써 준 글 가운데 "관리와 인민 사이에는 약수弱水 3천 리가 가로놓였구나. 슬프다!"고 하였으니, 이도 즉 "구중궁궐은 구름 속에 깊숙하이!"의 의미이다. 이 시를 짓는 시기에 와서는 작자가 이미 지배 계급을 인민의 적대자로 보고 인민의 질곡과 그들의 심정을 노래하는 인민의 시인으로 출발하였던 것이다.[1]

<다산연보>(1830)에 아버지 사후 "27개월 만인 1794년 6월에 담제禪祭를 지냈다"고 하였으니, 이때 상을 마친 것이다. 다산은 동년 7월 23일 성균관 직강直講으로 복귀하였고 10월 27일 홍문관 교리校理가 되었으며 28일 부수찬副修撰에 이어 노량 별장露梁別將으로 보임되었다가, 이튿날 경기 어사로 임명되어 적성·마전麻田·연천漣川·삭녕朔寧을 암행한 후, 11월 16일 서계書啓를 올려 연천의 전 현감 김양직金養直과 삭령의 전 군수 강명길康命吉의 탐오무법한 행위를 처벌하도록 건의하였다.[2]

이 시는 다산이 적성을 암행할 때 마치 유민도를 그리듯 한 촌가의 궁핍상을 사실적으로 묘사한 사회정치적 주제의 첫 작품인데,《목민심서》<병전兵典·첨정簽丁>조에도 <애절양哀絶陽>과 함께 인용되어 있다. 그는 황구첨정黃口

簽丁의 폐해를 적시하면서, "법에는 '어린아이를 군역에 충당하면 수령을 논죄한다'고 하였으나, 지금 인민의 실정은 만약 몸만 있으면 태어난 지 3일 안에 군역에 충당되더라도 감히 원망하지 못한다(法曰 黃口充丁 守令論罪 然今之民情 苟有身體 雖三日內充丁 不敢以怨也)"고 개탄하였다. 이조 봉건 체제는 "공수龔遂와 황패黃覇 같은 명관이 다시 온다 해도 부패의 뿌리를 뽑아내기 어려우리(龔黃復起難自拔)"만큼, 삼정三政(전정·군정·환정)의 문란 등으로 이미 회복 불능한 말기적 징후를 드러내고 있었다. 그래서 다산은 그 관련법을 전부 혁파할 것을 주장하게 되었지만, 이런 제도적 개선은 봉건 사회 자체가 전복되지 않고서는 실현 불가능한 공상적인 것이었다.

그는 서까래만 앙상하게 남은 오막살이의 고통과 불행을 보여 주면서 그것을 봉건 통치배들의 군포·환곡과 결부시켰으나, 결국 농민의 문제를 왕의 선정으로 해결해야 한다는 왕도 사상을 내세웠다. 여기에 지주 관료 문인으로서 그의 계급적 한계가 있다.[3]

1. 최익한, <정다산의 시문학에 대하여 (중)>, 앞의 책, p42.
2. 문집 <경기암행어사논수령장부계京畿暗行御史論守令臧否啓>, <경기어사복명후론사소京圻御史復命後論事疏>; 《일성록日省錄》 정조 18년(1794) 11월 16일 기사 등 참조.
3. 끝 문단은 김춘택, 《조선문학사·1》, 김일성종합대학출판사, 1982, p337(남한 복간본은 천지, 1989, p374) 참조.

우화정[1]에 올라

푸른 시내는 모래부리를 머금었고
붉은 정자는 돌머리를 베고 있네.

어사 직책을 남몰래 띠고 와서
승지 풍광에 유람객 의젓하이.[2]

산을 의지한 촌락에 사박 눈 내리고
골짜기로 흐르는 강배에 외로운 연기 비꼈다.

빈궁한 여염집에 걱정과 한숨이 있나니
산천 구경에 내 걸음 어이 멈출쏜가.

登羽化亭(1794)

碧澗銜沙觜　　紅亭枕石頭
聊因王賀職　　兼作謝公游
小雪依山屋　　孤煙下峽舟
窮閭有愁歎　　不敢戀淹留

1. 삭녕군에 있다(在朔寧郡―원주). 삭녕은 경기도 연천과 강원도 철원鐵原
   지역의 옛 지명.
2. 의젓하이 : 원문의 '으즛하이'는 경상 방언.

[해제]

1794년 다산이 삭령을 암행할 때 지은 5언 율시이다. 그는 우화정에 오르자
인민의 빈궁이 떠올라서 더 머무르고 싶지 않다고 하였다. 자기 직책과 산천
유람 사이에서 갈등을 표시한 것이다. 그런데 그의 <우화정기羽化亭記>에는
오후 내내 "흔쾌히 취하여 해가 저무는 줄도 몰랐다"고 하였으니, 결국 그는
오랫동안 머물지 못함을 아쉬워했던 셈이다. 이러한 다산의 이중적인 언술은
그의 인민에 대한 걱정이 아직까지는 암행어사라는 관료로서 대단히 즉자적
이고 의례적이며 일시적일 수도 있음을 내포한다.

아무튼, 이 시는 역자의 번역이 가장 매끄러운 작품 가운데 하나이다. "푸른
시내는 모래부리를 머금었고 / 붉은 정자는 돌머리를 베고 있네"라는 풀이는
극히 자연스럽다. 또 왕하王賀나 사공謝公¹ 같은 고유명사를 쉬운 말로 바꿔서
대중성을 취하고 있는 점은 눈여겨볼 만하다. 당시 북한에서는 번역의 형식과
내용을 대중의 수준과 요구에 적합하게 하고, 문체의 간결·정확·명료성을 보
장하며, 인민 대중이 읽고 이해할 수 있는 출판물로 개변시켜야 하는 과업이
제시된 바 있다.²

1. 왕하(?~?) : 한무제漢武帝 때 수의어사繡衣御史.

   사공(385~433) : 사영운謝靈運. 남북조 시대의 산수시인.

2. <력사적인 조선로동당 제3차 대회와 조선어문학도들의 과업>,《조선어문》3호
   (1956), 과학원 언어문학연구소, p7.

굶주리는 인민[1]

1

인생이 초목과 다름없어서
물과 흙으로 목숨을 잇는다.

입으로 땅의 털을 먹으니
곡물이 그 마땅한 것이로다.

그러나 곡물이 주옥처럼 귀하니
가난한 자 어찌 영양을 취할쏘냐?

골마른 목고개[2]는 구부린 따오기며
주름 잡힌 살매[3]는 닭의 가죽인 양.

우물이 있어도 새벽에 길으지[4] 않고
섶이 있어도 밤에 불 때지 않는다.

사지가 비록 움직이기는 하나
걸음걸이는 맘대로 할 수 없어라.

빈 들판에 쓸쓸한 바람 부는데

슬피 우는 기러기 어디로 가는고?

고을 사또가 어진 정사를 한다고
제 주머니 털어 구제를 한다지요.

엉금엉금 고을 문 앞에 이르러
입을 쳐들고 죽가마로 모여든다.

개돼지도 거들떠보지 않는 것을
사람들은 도리어 엿처럼 달게 먹누나.

사또는 본래 어진 정사를 하려 않고
제 주머니를 털려고도 하지 않았다.

관가 창고를 악한 놈이 엿보나니
어찌 우리들이 파리하지 않으랴?

관가 마구에는 말들이 살쪘나니
실상은 우리들의 살로써 되었구나!

슬피 울부짖고 고을 문을 나서니
현기가 나서 앞길이 희미하도다.

갈 곳이 어디냐 잠깐 누른 잔디밭으로

무릎을 펴고서 우는 아이를 달래누나.

고개를 수그리고 서캐이를 잡노라니
두 줄기 눈물이 비 오듯 하누나.[5]

2

멀고 깊은 조화의 이치를
예나 이제나 그 누가 아난다?[6]

많고 많은 인민을 하늘이 내었건만
파리하고 병들어 너무도 가엾어라.

주린 몸에 남은 것이 무엇일까?
고향을 버리고 거리에서 방황한다.

누더기를 이고 어린이를 업고
오란 데 없으니 갈 데가 어디인가?

부모형제도 서로 보전치 못하니
곤란에 빠져 천륜도 모를세라.

상농군上農軍이 그만 비렁뱅이로 되어
어줍은 말로 남의 문짝을 두드린다.

가난한 집은 도리어 하소연하며
부잣집은 짐짓 시침을 떼는구나.

새가 아니니 벌레를 쪼을 수 없고
고기가 아니니 못에 자무락질[7]도 못하네.

얼굴에는 이미 가엾은 부황이 났으며
귀밑털은 헝클린 실처럼 드리웠네.

옛날 성현들이 어진 정사를 베풀 제
항상 홀아비와 홀어미를 슬퍼했다고.

홀아비와 홀어미야 참으로 부럽다,
그들은 굶어도 저 혼자 굶었나니.

안해도 남편도 자식 걱정도 없거니
다른 온갖 고생을 그 어이 알 바랴?

다스한 봄바람이 좋은 비를 끌오매
모든 초목이 잎 피고 꽃 피어서,

거룩한 생의 뜻이 천지에 가득하니
빈민 구제도 바로 이때 아닌가?

엄숙하고 점잖은 조정의 어진 이들이여!
나라의 운명은 오로지 경제에 달렸나니,

억만 생령이 시방 도탄에 빠졌는데
그들을 구원할 자가 그대들 아닌가?!⁸

3

약한 버들가지는 시들고 마르며
주린 백성의 얼굴은 누르고 마르네.

굽은 허리에 걸음발을 옮기지 못하고
담벼랑을 붙들고야 비로소 일어선다.

일가친척이 서로 돌보지 않거니
길가는 사람이야 그 어이 알음하리.

제 살기에 눈 붉어 양심을 잃고서
주려 병든 자를 도리어 웃고만 있네.

기며 걸으며 이웃 마을로 가나니
이는 마을 풍속이 본대 그러하다.

부러워라, 저 들판에 나는 새들은
벌레를 쪼아먹고 어느덧 나뭇가지에 앉누나.

붉은 문간 안에는 술과 고기 쌓이고
풍악 소리에 명기명창 맞이한다.

희희낙락에 태평가 높이 부르며
얼분[9] 점잔에 양반의 풍도를 맘껏 빼누나.

간사한 놈들은 거짓말을 좋아하고
오활한 선비들은 앉아서 걱정만 한다.

그들은 말한다, "오곡이 지천이건만
농사에 게으른 자는 반드시 주린다.

그 많은 백성들을 어찌 다 보살피랴?
가난한 놈의 구제는 나라에서도 못하느니.

만일 하늘에서 쌀비를 내리지 않으면
이러한 흉년을 어찌 건질 수 있으랴?"

그리고 술 한 병 다시 따르고 나니
아늑한 털방석에 하늘은 돈짝만 하다네.

구렁과 개천이야 어덴들 없을쏘냐
한 번 죽는 건 사람마다 다 있나니.

그들은 일편단심 고이 지녔건만
임을 향하여 짐짓 하소연하지 않누나.

만민의 '형장兄長'[10]이 동포를 생각지 않거니
만민의 '부모'[11]가 어찌 자애를 베풀쏘냐!

飢民詩 (1795)

人生若艸木	水土延其支
俛焉食地毛	菽粟乃其宜
菽粟如珠玉	榮衛何由滋
槁項顱鵠形	病肉縐雞皮
有井不晨汲	有薪不夜炊
四肢雖得運	行步不自持
曠野多悲風	哀鴻暮何之
縣官行仁政	賑恤云捐私
行行至縣門	喁喁就湯糜
狗彘棄不顧	乃人甘如飴
亦不願行仁	亦不願捐貲
官篋惡人窺	豈非我所羸
官廏愛馬肥	實爲我膚肌
哀號出縣門	眩旋迷路岐

暫就黃莎岸　　舒膝挽啼兒
低頭捕蟣蝨　　汪然雙淚垂

悠悠大化理　　今古有誰知
林林生蒸民　　憔悴含瘡痍
槁苹弱不振　　道塗逢流離
負戴靡所聘　　不知竟何之
骨肉且莫保　　迫厄傷天彝
上農爲丐子　　叩門拙言辭
貧家反訴哀　　富家故自遲
非鳥莫啄蟲　　非魚莫泳池
顏色慘浮黃　　鬒髮如亂絲
聖賢施仁政　　常言鰥寡悲
鰥寡眞足羨　　飢亦是己飢
令無家室累　　豈有逢百罹
春風引好雨　　艸木發榮滋
生意藹天地　　賑貸此其時
蕭蕭廊廟賢　　經濟仗安危
生靈在塗炭　　拯拔非公誰

黃馘索無光　　枯柳先秋萎
傴僂不成步　　循墻強扶持
骨肉不相保　　行路那足悲
生理桔天仁　　談笑見尫羸

176

宛轉之四鄰	里俗本如斯
羨彼野田雀	啄蟲坐枯枝
朱門多酒肉	絲管邀名姬
熙熙太平象	儼儼廊廟姿
奸民好詐言	迂儒多憂時
五穀且如土	惰農自乏貲
林蔥何其繁	堯舜病博施
不有天雨粟	何以救歲飢
且復倒一壺	曲旃春迷離
溝壑有餘地	一死人所期
雖有烏昧草	不必獻丹墀
兄長不相憐	父母安施慈

1. 원문의 제목은 '기민시'이나, 최익한의 <정다산의 시문학에 대하여 (중)> p42와 류수의 《정약용작품선집》(국립문학예술서적출판사, 1960) p70에 따라서 편자가 고쳤다. 하지만 리철화의 《정약용작품집》(문예출판사, 1990) 처럼 '굶주리는 백성'으로 옮겨야 더 적절하다. 그만큼 보수적인 다산은 후대의 진보적인 '인민'이란 말과는 전혀 어울릴 수가 없기 때문이다.

2. 골마른 목고개 : 마른 목. 야윈 목덜미. 목고개는 '고개'의 북한어.

3. 살매 : 살 + 매. 살갗·살결의 방언인 듯. '-매'는 '생김새' 또는 '맵시'의 뜻을 더하는 접미사로 눈매·몸매·입매·옷매 등에 쓰인다.

4. 길으지 : 긷지. 당시에는 어간의 끝인 'ㄷ'이 모음으로 시작되는 어미 앞에서 'ㄹ'로 바뀐 활용형인 '길으지'를 쓰기도 하였다.

5. 소릉少陵은 평하기를 "찬란할사 원도주元道州의 문장 기운 드넓고 거침이 없구나" 하였다(少陵評曰 粲粲元道州 詞氣浩縱橫 ―원주). 소릉은 이가환을 가리키는데, 그가 살던 곳이 소정릉동小貞陵洞(현 정동)이었다. 원도주는

당나라의 시인 원결元結(723~772)이 도주자사道州刺史였으므로 그리 부른 것이다.

6. 아난다 : 아느냐. 아는가. '-ㄴ다'는 옛말로 의문 종결 어미.

7. 자무락질 : '무자맥질(물속에서 팔다리를 놀리며 떴다 잠겼다 하는 짓)'의 방언(강원·경남).

8. 소릉은 평하기를 "격앙되었다가 가라앉으며 종횡무진하는 억양이다. 마지막 맺는 말이 완곡하고도 엄숙하다. 때리거나 꾸짖는 것보다도 더 아프다. 말하는 자는 죄가 없고 듣는 자는 경계로 삼아야 하리라" 하였다. 남고南皐는 평하기를 "정협의 유민도에 견줄 만하다" 하였다(少陵評曰 激昻頓挫 縱橫抑揚 結語婉而嚴 勝打勝罵 言者無罪 聞者以戒 南皐評曰 可抵鄭俠流民圖—원주). 남고는 다산의 외육촌형인 윤지범尹持範(1752~1821)의 호.

9. 얼분 : 거드름. 보통 '얼분스럽다, 얼분 떨다' 등의 형태로 쓰여 '격에 맞지 않게 성숙된 언동을 하는 것'을 말한다. 경상·강원 방언.

10~11. 형장兄長, 부모 : 형장은 관리를 가리킨 말이고 부모는 임금을 가리킨 말이니, 모두 풍자의 의미와 반항의 사상을 내포한 것이다.

[해제]

1795년 2월 병조 참의兵曹參議가 되었다. 그즈음 〈기민시飢民詩〉 3장 1편을 지었는데, 기아선상에서 헤매고 있는 인민의 곤궁한 정황과 이에 대한 관리들의 냉담 무정한 태도를 묘사하여 봉건 사회의 모순을 풍자하였다.

제1장은 선명한 생활적 화폭 속에서 스스로 생산하는 인민들이 오히려 주림에 허덕이는 고통스러운 정경을 보여 준다. 그러나 굶고 헐벗은 농민들은 하소연할 데가 없다. 시인은 농민들에 대한 다함없는 애정으로 관료배들의 위선적인 '어진 정치'의 정체를 폭로하며, 인민들의 사회적 불행이 바로 사회제도의 불합리성에 있다는 것을 적발한다. 시인은 이에다 관가의 원님이 결코 인민을 구제할 수 없다는 것을 깨달은 서정적 주인공, 즉 굶주린 백성이 고을 문을 나서 누른 잔디밭에 앉아 배고파 칭얼대는 아이를 달래는 모습을 보여 주면서 농민들의 원한에 찬 항의를 전달하고 있다.

제2장과 제3장은 제1장의 시적 구상을 더 심화하면서 인민들의 고통에는 아랑곳없이 부화방탕한 놀이에 빠져 있는 양반 통치배들을 분노에 찬 목소리로 규탄하였다. 시는 신랄한 풍자로 통치배들의 탐욕적이고 위선적인 성격을 특징짓고 있으며, 그들을 인민의 원수로 낙인찍고 있다.

다산은 문학에 있어 부화하고 진실성이 없는 경향을 배척하고 피착취 인민의 고난 불평을 극진히 묘사하며 양반 유생들의 위선적 태도와 관료 계급의 횡포 방종한 생활을 폭로 조소하기를 좋아하였다. 음풍농월로 자기들의 한가로운 생활을 소일하거나 그렇지 않으면 전원 풍경으로 자기들의 도피적 정서를 표현하는 문학이 지배하고 있는 당시 환경 속에서, 다산의 시사詩詞는 비록 한문으로 지어졌으나 그 내용은 인민에 대한 사랑과 정열로 충만되어 있었다. 그의 사실주의는 현실의 미묘한 부분까지 침투하였고, 이를 계기로 한 인도주의적 감정은 풍자의 영역을 벗어나서 통치 계급을 규탄 질책하는 정도로 발전하였다.[1]

다산은 앞의 <적성촌사작積城村舍作>과 같이 서정시에 서사적 요소를 많이 도입함으로써 불합리한 봉건 말기의 현실에 대한 생동한 예술적 화폭을 창조하고 작품의 주제 사상적 과제를 훌륭히 실현하였다. 그러나 그는 봉건 통치 제도 자체를 그 밑뿌리로부터 뒤집어엎지 않고서는 봉건 사회가 빚어내는 모순과 불합리를 근본적으로 해결할 수 없다는 것을 알지 못하였다. 즉 유교적 세계관에 무젖어 조정의 관리들을 백성의 '부모'에 비기고 지방의 관료들을 백성의 '형'에 비기면서 부모나 형과 같은 통치자들이 백성을 구제하지 않고 어떻게 하겠느냐고 걱정하는 데만 그쳤으며, 통치배들이 경제를 잘 다스리면 마치 인민들의 생활을 안정시킬 수나 있는 듯이 망상하였던 것이다.[2]

1. 《실학파와 정다산》 p691. 이하 《실정》으로 표기; <정다산과 문학>, 앞의 책, 1954, pp108~9; <정다산의 시문학에 대하여 (중)>, 앞의 책, 1956, pp43~4; 《조선문학사》, 평양 교육도서출판사, 1960, p86. 면수는 동경 학우서방본(1964)에 따름. 여기에서 '사실주의'는 '비판적 사실주의'를 가리킨다. 이러한 최익한의 이론은 자기 제자 김하명 등에게 계승되었으나, 1957~1963년 북한에

서 사실주의 논쟁이 벌어졌을 때 비역사적 태도라고 많은 비판을 받았다. 자세한 것은 편자의 <'정다산선집' 해제> 볼 것.

2. 사회과학원 문학연구소, 《조선문학사》(고대·중세편), 과학백과사전출판사, 1977, p550, p553(남한 복간본은 《조선문학통사》, 이회문화사, 1996, p562, p565); 정홍교·박정원, 《조선문학개관·1》, 사회과학출판사, 1986, p299; 김진국, 앞의 책, p37, p43.

어린 아들

어린 아들의 어여쁜 얼굴에는
비 오나 개나 도무지 걱정이 없다.

볕난 풀밭에 송아지처럼 뛰어가고
익은 과실나무에 잔나비처럼 기어오른다.

언덕 위에서 쑥대 화살 쏘아 던지고
시내 웅덩이에 잎사귀 배를 띄운다.

분주히도 세상을 경리하는 자들이여!
이 아이와 함께 놀아 본들 어떠하리.

稚子(1795)

稚子美顔色　　陰晴了不憂
草喧奔似犢　　果熟挂如猴
岸屋流蓬矢　　溪坳汎芥舟
紛紛維世者　　堪與爾同游

고시 24수

12

끈지고도 간절한 경세經世의 뜻은
오직 반계磻溪[1] 선생에게 보았노라.

초야에 살며 항상 나라를 사랑했고
그 이름은 왕궁에까지 사무쳤더니라.

큰 강령은 토지를 균분하는 데 있고
온갖 조목은 삼엄하게 서로 통한다.

정밀한 생각으로 틈들을 메웠으며
단련과 저울질에 수고를 쌓았도다.

빛나고 빛난 큰 정치가의 재주로
헛되이 산림 속에서 늙어 버렸구나.

끼친 글이 비록 세상에 가득하나
인민은 그 혜택을 입지 못했어라.

14

하늘이 인재를 내는데
반드시 귀천을 가리지 않는다.

그런데 어째서 천한 집에는
준수한 인재를 볼 수 없난고?

천한 집 아이도 어렸을 적에는
그의 미목이 맑고 빼났었다.

그 아이 자라서 글을 배우려니
그 아버지는 밭갈이를 권한다.

"너는 글 배워서 무엇하랴나?
네게는 좋은 벼슬이 오지 않는다."

그 아이 문득 얼굴빛을 검붉히며
이로부터 고루함을 달게 여기고

다만 돈놀이 장사에 힘써서
다행히 중간 부자라도 되려 한다.

그래서 나라에는 영재가 적어지고
귀족의 문간에는 거마가 달릴 뿐이다.

15

지체 높고 권세 좋은 집 아이는
땅에 떨어지면 벌써 귀골이라네.

말 배울 때부터 사람 꾸짖기를 가르치며
총각 되면 제법 교만한 기색을 뽐낸다.

아첨에 펄쩍 나는 문객들은 구름같이 모여들어
그 아이의 소매를 걷어 주고 버선도 신겨 준다.

"도련님, 더 주무시고 일찍 일어나지 마세요
그러다간 병환이나 나시면 어떻게 해요?

글 읽기에 너무 고생하실 것 없소이다
홍문관·예문관 벼슬이야 절로 오리다."

아니까, 그 아이 커서 소년 등과登科에
말 타고 동관대궐²로 호기 있게 들어간다.

그 말은 바루³ 용마같이 빨리 달려도
네 발에 한 발도 꿀림 없이 달리더라.

16

인삼은 본대 산에 나는 풀인데

지금 사람은 흔히 밭에다 옮겨 심는다.

비록 사람의 손길에서 자라지마는
그의 본성은 또한 사람을 보양한다.

오리와 닭은 본대 귀천이 다르건만
섞어 두면 오리는 닭의 업수임을 받는다.

그러나 하늘에 닿는 높은 산에서도
인삼의 뿌리는 한 줌 흙에 의지한다.

대지의 정기는 어데든지 다 통하나니
촌가의 울타리 가엔들 없을 리 없으리라.

오곡도 원래 다른 풀들과 섞여 났건만
나중에는 세상 사람의 재배한 바 되었다.

대각垉閣과 정부에도 어진 인재 없지 않건만
그를 두고 한갓 산림에서만 찾으려 한다.

18

석회石灰는 물을 부으면 타고
칠하는 옻은 젖어야만 마른다.

185

물건의 성질이 모순을 품었나니
어찌 그 단서를 다 더듬을쏘냐?

벼슬은 사람이 다 좋아하건만
지사志士는 헌신처럼 버리기도 한다.

소인은 이걸 보고 하도 의아하여
밤새도록 잠을 자지 못하는구나.

제각기 천성으로 돌아갈지어다
물건을 똑같이 함[4]은 본대 어렵나니.

20

농가는 험악한 보릿고개를 앞두고
농사지을 양식 얻기에 온갖 애를 쓴다.

본대 양식을 위해 농사하건만
도리어 농사를 위해 양식을 걱정하네.

돌고 돌아서 서로 뿌리를 삼으면서
너를 끌어 늙는 날까지 오는구나.

농사가 어찌 성품을 수양하는 것이랴
다만 사람의 위장을 채울 따름이다.

아, 인생이 천지간에 사는 것이
너무나 갈 바를 모르는 것 아닌가?

古詩 二十四首(1795)

12

拳拳經世志　　獨見磻溪翁
深居慕伊管　　名聞遠王宮
大綱在均田　　萬目森相通
精思補罅漏　　爐錘累苦工
燁燁王佐才　　老死山林中
遺書雖滿世　　未有澤民功

14

皇天生材賢　　未必揀華胄
云胡華蕐賤　　未見有俊茂
兒生在孩提　　眉目正森秀
兒長請學書　　翁言且種豆
汝學書何用　　好官不汝授
兒聞色沮喪　　自玆安孤陋
聊殖子母錢　　庶幾致中富
邦國少英華　　高門日馳驟

187

15

兒生在高門　　落地便貴骨
孩提教罵人　　總角已傲兀
誤客如浮雲　　帣韝親結襪
且臥勿早起　　恐子病患發
毋苦績文史　　自然有簪笏
兒長果登揚　　騎馬入東闕
馬走如飛龍　　四足無一蹶

16

人蔘本山草　　今人種園圃
生成雖藉人　　天性亦滋補
雞鶩異貴賤　　狎暱蓋受侮
崇山摩穹蒼　　所養一拳土
大塊蒸精液　　詎獨遺村塢
五穀混百草　　世降爲人樹
臺省遺材賢　　山林訪愚魯

18

石灰澆則焚　　漆汁濕乃乾
物性有反常　　詎能窮其端
爵祿人所戀　　志士猶挂冠
貪夫望之疑　　終夜睡不安
亦各還其天　　齊物古所難

188

20

農家麥未登　　農糧費商量
本爲糧作農　　還爲農憂糧
循環互爲根　　攜汝至耄荒
農豈養性者　　諒亦以充腸
人生天地間　　無乃太倀倀

1. 반계磻溪 : 17세기 실학파의 탁월한 학자인 류형원柳馨遠(1622~1673)의
   호. 그의 경제에 관한 학설은 자기 노작《반계수록磻溪隧錄》에 실려 있다.
2. 동관대궐洞-大闕 : 동구안[洞口內] 대궐(예전에 '창덕궁'을 달리 이르던 말).
   동구안은 돈화문敦化門 앞 동네를 가리킨다.
3. 바루 : '바로'의 방언(강원·충청).
4. 물건을 똑같이 함 : 제물齊物. 세상의 진위와 시비를 상대적인 것으로 보고
   천하 만물을 한결같이 똑같은 것으로 본다는 뜻. 장자莊子의 주장.

[해제]

1795년 7월 26일 금정 찰방으로 좌천되기 직전에 지은 것으로 보인다. 제
12수는 전서 중에서 반계를 평가한 유일한 글이다. 14~16수는 인재(신분)
차별의 실태를 다루었고, 18수는 물物 또는 인人의 천성과 평등을 언급하였
으며, 20수는 농량農糧 확보도 어려운 농사의 현실을 적시하였다.

이 시는 젊은 날 다산의 사회의식이 나타난 작품으로서 당시의 여러 사회상
을 반영하고 있다. 그러나 다산이 신분 제도나 착취 체제 등 제반 사회 문제
에 대하여 어떤 하나의 대안을 제시하는 실천적 단계에 이른 것은 전혀 아니
었으며, 다만 그는 유자 관료로서 극소수 양반 독자의 관심을 환기하는 담론
적 수준에 머무르고 있었을 뿐이다.

최익한은 <정다산의 시문학에 대하여>에서 이 시를 다음과 같이 평가하였다.

"다산은 제12수에서 반계 류형원의 경세학을 극히 찬양하고 '빛나고 빛난 큰 정치가로서 / 산림에서 헛되이 늙어 죽었다!'고 개탄하였으며, 14~16수에서 양반과 '상놈'의 차별 대우가 극심하므로 권세가의 자손들은 나태 방종하고 평민의 자손들은 실망 낙심하여 국가의 인재가 황폐해지는 것을 대조 풍자하였다. 또 그는 18수에서 물리와 사회상의 모순 변천에 대한 변증법적 견해를 암시하였다.

<고시 24수>는 작자가 당시 사회 현상의 모순을 본질적인 것으로 깨닫는 과정에서 어느 것은 진리로, 또한 어느 것은 불합리한 것으로 평가하면서 신비론적·숙명론적인 세계관을 점차 청산하고 있었으나, 그 모순을 해결하는 방법에 대한 적극적인 요구로까지는 아직 발전하지 못하였다. 그 반면에 진리에 대한 희망과 불합리에 대한 비타협성은 의연히 견지하고 있었다(《조선어문》 3호, 1956, pp44~5)."

양근강*에서 어부를 보고

한 늙은이, 한 동자, 한 소년은
양근강楊根江 머리에 한 낚싯배를 탔어라.

세 길 배 길이, 두 길 낚싯대에
수십 벌의 그물과 수많은 낚시라.

소년은 배꼬리에 걸앉아 노를 저으며
동자는 작은 냄비에 갈대를 태운다.

늙은이는 두 다리를 뱃전에 걸고
하늘을 향해 깊이 잠들었어라.

강호에 날 저물고 흰 물결 일며
산뿌리 물에 잠기고 마을 연기 푸르메라.

소년이 동자 불러 늙은이를 깨우며
고기떼 오르고 해는 장차 진다고.

중류에 그물 펴고 오르내리는 일엽편주
마치 베틀에 날랜 북[梭]과도 같구나.

빼극빼극 노 소리는 멀리 들리건만
뒤섞인 구름과 물빛은 분별할 줄 없어라.

황혼에 그물 걷고 버들 가에 배 대어
그물코에 벗겨 낸 고기 자못 향기롭다.

관술불에 버들 꿰기를 찬찬히 헤어 내니
수면에 비치는 그림자 부질없이 현란하다.

촌사람, 저자사람들이 너도나도 하며
댕그렁 던지는 돈 소리 요란도 하이.

물에서 자고 바람에 밥 먹고도 아무런 탈없이,
둥실둥실 뜬 집에 한가히 노니누나.

세상의 부귀란 본대 좋은 장사 아니다,
그건 거짓 낙으로 참 고생을 사는고야!

아침에 금관조복으로 성현을 꾸몄다가
저녁엔 칼과 도마로 오랑캐를 다루듯 한다.

항상 멍에를 멘 말처럼 몸을 펴지 못하고

우리에 든 범처럼 우울에 잠겼어라.

혹은 농 안의 꿩처럼 주려도 콩을 먹지 않고
혹은 홰에서 꼬구댁거리는 닭처럼 미움만 받는다.

이건 저 강호의 어옹이 바람 타고 물 따라
오락가락하는 생애와 그 어떠하뇨?

그는 세상의 이해를 잊은 듯 저버리며
양반들의 패싸움도 귀먹은 듯 듣지 않네.

갈대섬, 마름개[蘋洲]를 그의 낙원으로 삼고
노화피蘆花被, 대 봉창篷窓으로 장막을 삼는다.

내 또한 두 아들을 데리고 소계苕溪에 돌아가
저 한 소년, 한 동자같이 부려 볼까 하노라.

楊江遇漁者(1796)

一翁一童一少年　　楊根江頭一釣船
船長三丈竿二丈　　數罟數十鉤三千

少年搖櫓踞船尾　　童子炊菰坐鐺邊
翁醉無爲睡方熟　　兩脚挂舷仰靑天

日落江湖浪痕白　　山根浸水村煙碧
少年呼童攪翁起　　魚兒撥剌天將夕
中流布網去復還　　上下刺船如梭擲
伊軋唯聞柔櫓聲　　蒼茫不辨雲水色

黃昏收網泊柳浪　　摘魚落地聞魚香
松鐙細數柳條貫　　鐙光照水銅龍長
野夫估客爭來看　　鏗鏗擲錢錢滿筐
水宿風餐了無恙　　浮家汎宅聊徜徉

人間富貴非善賈　　盡將僞樂沽眞苦
朝將軒冕飾聖賢　　暮設刀俎待夷虜
踢蹄常如荷轅駒　　鬱悒眞同落圈虎
籠雉耿介不戀豆　　塒雞啁哳生嫌怒

何如江上一漁翁　　隨風逐水無西東
維州利害漠不聞　　東林勝敗俱成聾
蘋洲蘆港作園圃　　葦被蓬屋爲帡幪
會攜二兒入苕水　　令當一少與一童

* 양근강楊根江 : 경기도 양평 근처의 남한강.

194

[해제]

금정 찰방으로 좌천되었던 다산은 5개월 만인 1795년 12월 20일 용양위 부사직龍驤衛副司直으로 전직되지만, 1796년 1월 2일 금영錦營(충청 감영)의 장계狀啓로 사직하고 1월 10일 부호군副護軍에 제수된다. 부사직·부호군 등은 실직實職이 아니라 녹봉만 받는 허직虛職이었다. 그래서 그는 1796년 11월 규영부 교서奎瀛府校書로 일할 때까지는 무직 신세나 마찬가지라 4월에는 충주 하담荷潭의 선영에 참배하고 집안 어른들을 찾아뵌 후 돌아오는 길에 남한강을 유람하게 되었으니, 바로 그때 이 시를 지은 것이다.

전반부(제1~3수)에 어부 일가의 한가로운 휴식과 노동, 천진한 삶의 태도와 그 물질적 측면이 입체적으로 포착되어 있다. 즉 어부는 시인의 주관적 정서에 종속된 풍경이 아니라 객관적 현실 속에서 독립된 삶으로 그려진 것이다. 이러한 긍정적 관조는 험난한 벼슬길에 지쳐 귀거래를 동경하는 사士의 전형적인 강호가도江湖歌道 이념을 반영한 것이라 하겠다.[1]

그동안 다산은 반대파의 공격에 시달려 온 터라 "빈 활만 보아도 겁먹은 지 이미 오래되었다(久已怯虛弦)"고 비관하였다(<가흥강방선嘉興江放船> 참조). "물 위에서 자고 바람을 마시며(水宿風餐)", "물에 떠다니는 집(浮家汎宅)"에서 유유히 거니는 어부의 삶을 한없이 갈망하면서 다산은 자신의 관료적 삶이 '가짜 즐거움'이라고 토로한다. 실제로 그는 1800년에 부가浮家를 지으려 하였으나 정조 서거로 인해 무산된 바 있으며,[2] 1823년에야 큰아들과 함께 소내에서 배를 타고 춘천으로 유람하게 되었다. 당시 아들의 배 기둥에는 '부가범택浮家汎宅·수숙풍찬水宿風餐'이라 쓰여 있었으니, 결국 오랜 세월이 지나고 나서야 한때 부자父子의 강상풍류江上風流로나마 다산은 평소 바라던 어부의 삶을 맛보았는지도 모를 일이다(<산행일기汕行日記> 참조).

이렇게 다산의 귀거래 의식이 뒤늦게 일시적으로밖에 실현될 수 없었던 근본 이유는, 그가 어부의 삶 자체를 희구한 것이 아니라 잠시 정치적 도피처로만 의탁하려 한 때문이다. 다산이 나중에 강진 유배지에서 사士의 신분을 유지하기 위하여 두 아들에게 "훗날 계획은 오직 서울의 십 리 안에 사는 것이다(至於日後之計 唯王城十里之內 可以爰處)"고 천명한 사실을 보아도 그의 본뜻

이 어디에 있었는지는 번연한 것이라 하겠다.[3]

앞에 나온 <적성촌사작積城村舍作>, <기민시飢民詩> 등을 보더라도, 다산이 봉건 관료로서 인민의 궁핍한 처지와 생활을 폭로 고발하는 데는 유달리 특출나다. 하지만 <양강우어자楊江遇漁者>에서 보듯이, 그가 막상 자연인으로 돌아와서 인민의 노동을 구체적으로 형상화하는 데는 어쭙잖고, 또한 사회비판적 기백과 사실주의적 전형화에 있어서도 크게 떨어진다.[4] 따라서 우리는 역사적 색맹이 아닌 이상, 과연 다산 시를 가지고 '중세적 진보성'이니 뭐니 떠벌리며 갖다붙일 수 있을지는 자못 의문이 든다.

1. 박무영,《정약용의 시와 사유방식》, 태학사, 2002, pp118~128.
2. <소상연파조수지가기苕上煙波釣叟之家記> 참조. 다산 생가에 '소상연파조수지가'라는 방榜이 걸려 있었으나, 1925년 을축 대홍수로 유실되었다. 김영호, <다산의 유적과 유족을 찾아서>,《문학사상》(1976.10) p301.
3. <시이아가계示二兒家誡> 참조; 이동환·김시업·송재소·김상홍·김흥규 외, <'다산의 시문학' 토론 개요>,《정다산 연구의 현황》, 민음사, 1985, p293.
4. 김진국, 앞의 책, p144.

또한 상쾌하지 아니한가?

1

긴 장마 무더위 찌는 듯하다
곤기困氣에 부닥친 몸 늦도록 누웠더니
한 줄기 가을바람 새로 불어오니
그 넓은 하늘이 쓸은 듯 맑으매라.
또한 상쾌하지 아니한가?

2

돌을 쌓고 둑을 지어 가로막았더니
내리고 내리는 그 물머리 돌고만 있다.
삽가래 잡고 모래섬을 터뜨리니
쏜살처럼 흐르는 소리 우레 같더라.
또한 상쾌하지 아니한가?

3

주린 보라매 가죽끈을 발에 달고
사냥하고 돌아와 몹시도 곤한 듯.
북풍을 향하여 풀고서 놓으니
망망한 하늘 끝에 마음껏 날아간다.
또한 상쾌하지 아니한가?

4

청강에 배 타니 노 소리 삐걱삐걱
멱감는 해오라비 쌍으로 날더라.
급한 여울에 뱃머리 쏘는 듯한데
서늘한 바람 봉창을 스치더라.
또한 상쾌하지 아니한가?

5

높은 산 오르매 다리도 피곤한데
겹겹이 덮인 운애 시야를 막았더니,
어느덧 한 줄기 서풍 불어오니
만학천봉이 일시에 드러난다.
또한 상쾌하지 아니한가?

6

파리한 나귀 바윗길에 비틀거리며
돌 서슬, 나뭇가지에 옷자락 찢어졌다.
나귀 바꿔 배 타고 갑판에 걸앉으며
석양에 순풍 잡아 돛을 걸었네.
또한 상쾌하지 아니한가?

7

강 언덕에 나뭇잎 우수수 내리며
흰 물결이 검누른 하늘을 걷어찬다.

서늘한 바람에 소맷자락 펄펄 날리니
백학이 두 나래를 쓰다듬는 듯하여라.
또한 상쾌하지 아니한가?

8

이웃집 마루턱이 내 문턱을 가로막아
더운 날 바람 없고 갠 날도 그늘진다.
돈 주고 그 집 사서 당장에 헐었더니
먼 산, 높은 봉우리 차례로 늘어선다.
또한 상쾌하지 아니한가?

9

지리한 긴 여름 더위에 부대끼어
땀 찬 파초삼芭蕉衫에 등허리 젖었다.
시원한 바람 불어오고 소낙비 쏟아지니
층암절벽에 폭포수 줄줄이 나린다.
또한 상쾌하지 아니한가?

10

고요한 골짜기에 검은 밤 깊어지고
산귀신은 잠들고 짐승은 노닌다.
집채 같은 큰 돌짝을 뒹굴려 떨어뜨리니
천길 벼랑에 벽력 치는 소리 들리누나.
또한 상쾌하지 아니한가?

11

만호 장안 좁고 후더운 홍진 속에
항상 병든 새 되어 농 안에 깃들었더니
채찍에 바람 내어 성문을 벗어나자
들 빛, 시내 소리 말 머리에 가득하네.
또한 상쾌하지 아니한가?

12

한 잔 들고 화전지華牋紙[1] 펼쳐 놓고
녹음에 가는비 그림을 보는 듯.
서까래 같은 큰 붓 휘잡아 두르니
부용당芙蓉堂[2] 먹발에 용사龍蛇가 비등하더라.
또한 상쾌하지 아니한가?

13

바둑의 승부를 내 일찍이 모르고
방관자 되어 국외에 앉았더니
흑백의 싸움에 안타깝기 그지없어
판 밀어 쓸고 보니 아무것도 없더라.
또한 상쾌하지 아니한가?

14

대수풀에 달 비치고 밤은 깊었는데
난간에 홀로 비겨 술병을 대했다.

마시고 마시어 건드레 취한 다음
한 곡조 높이 불러 울분을 풀었다.
또한 상쾌하지 아니한가?

15

백설은 흩날고 북풍은 불어오는데
여우와 토끼 숲속에서 절름거린다.
긴 창 큰 활에 홍전립 눌러쓰고
꼬리 잡아 안장머리에 거꾸로 달더라.
또한 상쾌하지 아니한가?

16

어옹이 배를 저어 창파에 둥실 떴다,
밤들어 술 마시고 돌아갈 줄 모르네.
기러기 한두 소리에 얕은 잠 깨고 보니,
노화피蘆花被[3] 서늘하고 달은 활 같더라.
또한 상쾌하지 아니한가?

17

밭 팔고 집 팔아 주린 사람 먹여 주고
타향에 나그네 되어 구름같이 노닐더니,
저문 날 길가에 불우한 친구 만나서
손잡고 주머니 털어 돈 한 줌 주었나니.
또한 상쾌하지 아니한가?

18

검은 독사가 까치의 보금자리로 들어간다.
놀란 어미 까치 이 가지 저 가지에서 우짖고만 있다.
홀연히 긴 목에 긴 소리를 빼고 오는 모진 새는
세찬 톱으로 그놈의 대가리를 움켜잡았다.
또한 상쾌하지 아니한가?

19

가윗달 뜰 무렵에 거문고 안고 왔더니
애꿎은 구름 조각들이 하늘을 덮는다.
자리 걷고 손[手] 나누고⁴ 서글피 돌아가랴니
홀연히 동산에 구름 가고 달이 오더라.
또한 상쾌하지 아니한가?

20

타향에 귀양살이 적막도 하여라,
여관에 밤들어 등잔만 돋우었다.
새벽 창머리에 편지 한 장 떨어지니
겉봉에 쓰인 글씨 가서家書가 분명하다.
또한 상쾌하지 아니한가?

不亦快哉行 二十首(1796)

1

跨月蒸淋積穢氛　　四肢無力度朝曛
新秋碧落澄寥廓　　端軸都無一點雲
不亦快哉

2

疊石橫堤碧澗隈　　盈盈渟水鬱盤迴
長鑱起作囊沙決　　澎湃奔流勢若雷
不亦快哉

3

蒼鷹鎖翮困長饑　　林末毰毸倦却歸
好就朔風初解絏　　碧天如水盡情飛
不亦快哉

4

客舟呷嚃汎晴江　　閒看盤渦浴鳥雙
正到急湍投下處　　涼颸拂拂洒篷牕
不亦快哉

5

岧嶢絶頂倦遊筇　　　雲霧重重下界封
向晚西風吹白日　　　一時呈露萬千峰
不亦快哉

6
羸驂局促歷巉巖　　　石角林梢破客衫
下馬登舟前路穩　　　夕陽高揭順風帆
不亦快哉

7
騷騷木葉下江皐　　　黃黑天光蹴素濤
衣帶飄颻風裏立　　　怳疑仙鶴刷霜毛
不亦快哉

8
鄰人屋角障庭心　　　凉日無風晴日陰
請買百金纔毀去　　　眼前無數得遙岑
不亦快哉

9
支離長夏困朱炎　　　溅溅蕉衫背汗沾
洒落風來山雨急　　　一時巖壑掛氷簾
不亦快哉

204

10

山鬼安棲獸不驚
斷厓千尺碾砑訇
清宵巖壑寂無聲
挑取石頭如屋大
不亦快哉

11

常如病羽鎖雕籠
極目川原野色通
局促王城百雉中
鳴鞭忽過郊門外
不亦快哉

12

草樹陰濃雨滴時
沛然揮洒墨淋漓
雲牋闊展醉吟遲
起把如椽盈握筆
不亦快哉

13

局外旁觀坐似愚
砉然揮掃作虛無
奕棋曾不解贏輸
好把一條如意鐵
不亦快哉

14

獨坐幽軒對酒樽
一聲豪唱洗憂煩
篁林孤月夜無痕
飲到百杯泥醉後
不亦快哉

15
飛雪漫空朔吹寒　　入林狐兔脚蹣跚
長槍大箭紅絨帽　　手挈生禽側挂鞍
不亦快哉

16
漁舟容與綠波間　　風露三更醉不還
歸鴈一聲驚破睡　　蘆花被冷月如彎
不亦快哉

17
落盡家貲結客裝　　雲游蹤迹轉他鄉
路逢失志平生友　　交與囊中十錠黃
不亦快哉

18
嘐嘐嗔鵲繞林梢　　黑質脩鱗正入巢
何處戞然長頸鳥　　啄將珠腦勢如虓
不亦快哉

19
琴歌來趁月初圓　　無那頑雲黑滿天
到了整衣將散際　　忽看林末出嬋娟
不亦快哉

20

異方遷謫戀觚稜　　旅館無眠獨剪燈
忽聽金鷄傳喜報　　家書手自啓緘縢
不亦快哉

1. 화전지華牋紙 : 화전지花箋紙. 시전지詩箋紙. 시나 편지 따위를 쓰는 종이.
2. 부용당芙蓉堂 : 옛날 해주먹[海州墨]이 유명한데 '芙蓉堂'이라고 새겼다.
3. 노화피蘆花被 : 갈대꽃을 솜 대신 넣어 만든 이불.
4. 손 나누고 : '서로 헤어지다'의 뜻.

[해제]

7언 절구 20수의 장시로서 매 수마다 "또한 상쾌하지 아니한가(不亦快哉)"
의 후렴구가 달려 있다. 문집에는 이 시가 '1796년 11~12월'조에 편입되어
있다. 이 무렵 다산은 규장각에서 《사기영선史記英選》의 교정 작업을 마친 후
병조 참지兵曹參知가 되었다. 시 내용을 보면 그 이전에 이미 상당 부분이 지
어졌을 것으로 추정된다. 부호군이라는 허직으로 물러난 다산은 스무 가지
상쾌한 일들을 떠올리며 울분의 세월을 달랬었나 보다.

그는 제18수에서 적에 대한 증오의 감정을 드러내기도 하는데, 시의詩意가
두보杜甫의 <의골행義鶻行>(758)과 비슷하다. 최익한은 이 18수에 노론 벽
파의 공격에 대한 채당蔡黨과 서학파의 창황蒼黃 초조한 광경이 나타나 있다
고 하면서, 이러한 노론의 흉계는 정조가 서거하자 '신유사옥辛酉邪獄(1801)'
으로 확대되었다고 우의적寓意的으로 해석하였다.

"당시 급박한 정세는 과연 검은 바탕 번쩍이는 비늘의 악한 짐승이 어린 까치
의 보금자리로 들어가는 그 순간이었으니, 세찬 발톱과 날카로운 부리를 가
진 모진 새가 오지 않으면 그들은 오직 사멸의 비운이 있을 뿐이었다(《실정》
p450)."

또 그는 다산의 사상적 발전과 서정시의 풍격을 엿보려는 측면에서 <불역쾌
재행不亦快哉行>을 다음과 같이 자세히 분석하였다.

"이 20수의 시는 작자의 생활 일면과 심경의 변화를 말한 것이다. 그가 금정
찰방의 강직으로부터 소환되어 병조 참지가 되었고 이해에 좌부승지左副承旨
로 승직되었으나, 자기 선배 이가환·이승훈 등은 아직 방축 중에 있고 반대당
의 질시는 더욱 심하였다. 그가 일찍이 뜻하였던 정치적·문화적 혁신은 이미
곤란한 지경에 이른 것을 스스로 깨닫게 되었다. 그리하여 그는 당시 사회와
정계의 모든 구속과 고통·번뇌·부패와 불유쾌한 현상들을 타파하고 쾌활하고
청신하며 자유·상쾌 명랑한 세계를 동경하는 심경을 금할 수 없었던 것이다.
이 시는 극히 불유쾌한 모든 부정적 현상을 타파하고 울분한 감회와 비관,
그리고 혹은 절망의 구렁에 떨어지지 않은 그의 활발하고 낙관적인 기개를
노래한 것이다. 이는 작자가 아무리 현실의 궁지에 빠져 있더라도 반드시 전
개 발전하고야 말 미래와 진리의 전도를 확신한 때문이었다.
작자는 자연계에 대한 일련의 상쾌한 경험들을 인간 사회의 개변에 확신을
가지고 기대하였다. 그는 자연과 사회의 고정불변한 법칙을 인정하지 않고
유동 변천하는 진리를 인정한 기초 위에서 이와 같은 낙관주의적인 지향성을
자기 작품에 반영하였다.
이와 반면에 (2) 돌을 쌓고 둑을 지어 가로막아서 내리는 물머리로 하여금
돌고만 있게 한 것은 극히 부자연한 현실이었기 때문에 가로막았던 모래섬
을 터뜨리매 쏜살처럼 흐르는 소리가 우레 같다는 것이니, 이는 자연의 이치
를 순종하는 곳에서 강한 힘을 얻을 수 있다는 것이다. (3) 매 발에 달았던
가죽끈을 풀어 놓아 망망한 하늘 끝에 마음대로 날아가게 하는 것은 피압박
인민을 자유 해방시켜야 한다는 사상이며, (8) 내 집 문턱을 가로막아 몹시
답답하게 하던 이웃집을 당장에 헐어 버린 것은 사회의 개명을 장애하는 편
협하고 봉쇄적인 제도와 습관을 타파하려는 사상이며, (10) 산귀는 잠자고
짐승은 노니는 고요한 밤 골짜기에 집채 같은 바위를 천 길 벼랑으로 뒹굴려
떨어뜨려서 벽력 치는 소리를 내는 것은 암흑과 적막에 쌓여 있는 중세기 사

208

회를 혁명의 폭발로써 깨뜨리려는 개혁 사상이다.

특히 (13) 바둑의 승부를 일찍이 모르던 국외 방관자로 흑백의 싸움에 안타까움을 견디지 못하여 판을 밀고 쓸어버리니 아무것도 없더라는 것은 당시 양반 사색당쟁의 판국을 국외 방관자로서 둘러엎으려는 양반 반대의 평민 사상을 말한 것이며, (18) 까치 보금자리로 들어가는 검은 독사의 대가리를 홀연히 긴 목에 긴 소리를 빼고 오는 모진 새가 움켜잡고 쪼아먹는다는 것은 무권리한 인민을 사랑하고 옹호하는 선진 실학파, 즉 작자 자신의 당파를 일망타진하여 버리려는 기회를 엿보고 있는 보수당의 흉악한 음모를 강력하고 영단성 있는 왕권으로써 압살하였으면 하는 비분 절박한 염원을 표시한 것이다. 또 (17) 자기 재산을 다 팔아서 주린 사람을 먹여 주고 타도 타향에 자유로이 노닐다가 일모도궁日暮途窮한 즈음에 친구, 더구나 불우한 친구를 반가이 만나서 손잡고 주머니 털어 돈 한 줌을 주었나니 또한 상쾌하지 아니한가?라는 표현은 재산의 누를 벗어난 자유의 몸으로써 이기심을 청산하고 구제심에 불타는 자기의 고상한 의협성을 말한 것이다.

이 시는 고답적이며 고담 적막한 종래 시풍을 일소하고 쾌활 생동하는 변혁적인 사상과 음조로써 높이 외쳤다. 독자도 이 시를 한 번 읊어 보면 작자의 상쾌한 이상을 충분히 체득할 수 있다. 이는 그 시대 사회 현실 가운데에 낡은 것의 패퇴와 새것의 움직임을 예술적 감각으로써 잘 표현한 것이다(<정다산의 시문학에 대하여 (중)>, 앞의 책, pp49~50)."

위에서 '정치적·문화적 혁신', '피압박 인민을 자유 해방시켜야 한다는 사상', '중세기 사회를 혁명의 폭발로써 깨뜨리려는 개혁 사상', '양반 반대의 평민 사상', '무권리한 인민을 사랑하고 옹호하는 선진 실학' 따위의 말은 아무런 근거가 없으며, 최익한이 과도한 의식적 해석으로 갖다붙인 것에 불과하다. 오히려 이 시에는 당파 싸움으로 권력에서 배제된 다산의 증오심과 벼슬욕이 자연 현상을 통해 에둘러 표현되어 있다고 하겠다.

번암 채정승[1] 만사

하늘이 절세의 한 호걸을 내었나니
나라 운명이 그의 일신에 달렸어라.

창생蒼生(만민) 해칠 뜻은 조금도 없었고
만물을 포용할 도량 넉넉히 지녔어라.

미친 물결이 공중을 걷어차다가
높고 완강한 돌기둥에 문득 놀랐으며,

요망한 꽃송이 어지러이 떨어지매
항상 곧고 푸른 소나무를 우러러보았노라.

천 리나 되는 영남·영북의 넓은 지역에
굳게 다진 터전을 선비들께 끼쳐 주었다.

멀리 떠난 병든 나그네 항상 그리웁더니
임 가신 소식에 내 마음 한껏 놀랐어라.

큰 못에 신거러운[2] 용이 홀연히 가 버리니

구름과 우렛소리 쓸은 듯 적막하며

대지를 누리던 산악이 갑자기 무너지매
세상 판국 어느덧 비고도 가벼워라.

백 년 동안엔 그러한 기개 없었거니
온 나라 백성 장차 누구를 의지할까.

삼조三朝를 섬긴 늙은 신하의 거룩한 모습
역력히 생각하매 눈물이 옷깃을 적시누나.

樊巖蔡相公輓(1799)

天挺人豪曠古今	靑邱社稷繫疎襟
都無夭閼群生志	恰有包含萬物心
怒浪蹴空驚砥屹	妖花隩地見松森
嶺南嶺北千餘里	堅築根基付士林
川嶺迢迢病裏情	東來消息使魂驚
蛟龍倏逝雲雷寂	山岳初崩宇宙輕
天下百年無此氣	域中萬姓倚誰生
三朝白髮魁巍象	歷歷回思淚滿纓

1. 채정승 : 번암樊巖 채제공蔡濟恭(1720~1799). 그는 국왕 정조의 특별한 신임을 얻었고, 18세기 말경에 수상으로서 보수당파의 박해를 받는 실학파의 인사들을 극력 보호하였다. 그는 영조와 그를 한동안 대리한 사도세자思悼世子(후에 장조莊祖로 추존함)와 정조를 내리 섬겼으므로 '삼조를 섬긴 늙은 신하'라고 하였다.
2. 신거러운 : '신기러운>신기로운'의 오식인 듯.

[해제]

1799년 채제공이 세상을 떠났을 때 지은 만사輓詞이다. 채제공은 1월 18일 타계하였으며 정약용이 만사를 지은 것은 다음 달 장례일(유월장踰月葬 추정)에 즈음하여, 황주에 머무르던 때인 2월 18일 무렵이라고 추정된다(조성을, 《연보로 본 다산 정약용》, 지식산업사, 2016, p449 참조). 당시 다산은 곡산 부사를 1년 반가량 역임하고 있었는데, 민정民政·재정財政·형정刑政 등 여러 방면에서 치적을 크게 올리며 종래 탐관오리의 폐정을 일소하였다.

남인 시파의 영수였던 번암 채제공은 성격이 호매하고 기절氣節이 있었으며 용인用人에 있어서는 인물을 본위로 하고 가벌이 자기보다 나은 자는 혐오하였다고 한다. 그는 정재원의 묘갈명을 지을 만큼 다산과 가까웠으며, 정조와 함께 다산을 늘 정치적으로 비호하였다. 따라서 다산이 번암을 잃었다는 것은 곧 정치적 비운이 감돈다는 것을 의미하는바, 실제로 노론 벽파의 흉계라고 하는 '신유사옥'이 서서히 다가오고 있었다.

채제공에 대한 다산의 시문으로는 〈번옹화상찬樊翁畫像贊〉, 〈번옹유사樊翁遺事〉 등이 더 있다.

확연폭포가

우리나라 수많은 폭포들 중에
발연과 박연이 가장 이름났건만,

확연폭포[1]의 이름 처음 듣고서
촌사람의 말이라 믿지 않았다.

그러나 시험 삼아 작지 짚고 찾아드니
수풀 속에 우렛소리 백주에 들레누나.

위아래 두 폭포 제각기 내리지르며
쏜살같이 흘러 돌문 밖으로 나가누나.

쌍룡이 굽이치며 미친 물결을 희롱하는 듯,
쌍사자가 날랜 발로 뛰는 공을 우피려는 듯.

검푸른 못은 수백 길 깊고 깊어서
굽어보매 눈과 정신이 함께 어지럽다.

그의 기절함을 뉘라서 놀라지 않으랴만
예부터 이르는 사람 전혀 없어라.

비로소 알과라,² 산림에 숨은 인재 있고
금관조복한 자 반드시 어질지 않으리라!

鑊淵瀑布歌(1799)

國中名瀑數十處	鉢淵朴淵尤其著
鑊淵之名今始聞	蒼茫未信村夫語
杖藜入林穿蒙密	不圖風雷生白日
上下二瀑各騈流	竝頭奔迸爭鬥出
交龍奮鬣戲狂瀾	雙猊散足耽跳丸
潭心深黑千萬丈	俯視凜冽魂欲蕩
此瀑奇絶將誰爭	寂寥萬古無成名
始知林樊有遺逸	未必賢俊飄長緌

1. 확연폭포 : 황해도 곡산군의 오륜곡五倫谷에 있는 폭포.
2. 알과라 : 알괘라. 알겠구나. '-과라, -괘라'는 감탄형 종결 어미.

[해제]

1799년 4월 3일(내직으로 복직하기 직전) 곡산 부사 다산은 두 아들과 함께 확연폭포에 들렀다. 그는 이미 곡산 전역을 두루 유람하였는데, 이때도 관적사觀寂寺에 놀러 가는 길이었다. 〈곡산북방산수기谷山北坊山水記〉(1798)에 의하면, "내 일찍이 한강에서 단양丹陽에 이르러 남쪽으로는 낙동강의 촉석루에서 놀았고, 서남쪽으로는 백마강에서 놀았으며, 서쪽으로는 임진강臨津江과 벽란도碧瀾島를 다 둘러보았다"고 하였으니, 그의 강호 편력이 꽤 다채롭고 오래되었다는 사실을 짐작할 수 있다.

옛 뜻[1]

한강수 쉬지 않고 흐르며
삼각산 높게도 솟아 있네.

강산은 변할 때 오히려 있건만
붕당朋黨은 깨어질 날이 없어라.

한 놈이 독한 혀를 놀리면
뭇 주둥이 차례로 떠드누나.

간사한 자들이 세를 얻었거니
정직한 사람 어찌 부닐쏘냐?[2]

외로운 난鸞새의 연약한 날개
가시덩굴에 깃들일 수 없구나.

한 줄기 바람에 돛을 달고서
멀리멀리 서울을 떠나가련다.

방랑은 본대 원하는 바 아니언만
머물러 있는 것이 보람 없구나.

범과 표범이 하늘 문간[3]을 지키니
이 내 속마음을 어이 하소하랴?

옛 어진 이 밝은 교훈을 끼쳤나니
"향원鄕愿[4]은 도덕의 도적이라"고.

古意(1800)

洌水流不息	三角高無極
河山有遷變	朋淫破無日
一夫作射工	衆喙遞傳驛
詖邪旣得志	正直安所宅
孤鸞羽毛弱	未堪受枳棘
聊乘一帆風	杳杳辭京國
放浪非敢慕	濡滯諒無益
虎豹守天閽	何繇達衷臆
古人有至訓	鄕愿德之賊

1. 검남劍南 운에 차운하다(次劍南韻―원주). 검남은 남송의 시인 육유陸游
   (1125~1210).
2. 부닐쏘냐? : 부닐다. 가까이 따르며 붙임성 있게 굴다.
3. 하늘 문간 : 천혼天閽. 대궐 문.
4. 향원鄕愿 : 겉으로는 순실한 듯하나 마음은 간사 비열한 자이다. 《논어》

216

[해제]

1800년 6월 작품이다. 증오의 감정은 이미 <불역쾌재행不亦快哉行> 제18수에 나온 것처럼 다산 시의 한 특장을 이룬다. 그러나 그 증오감은 전혀 조직화되지 못하며 다만 개인적인 울분을 토로하는 차원에서 그치고 만다. 특히 이때가 정조 서거 한 달 전으로 정조·채당·서학파의 공동 전선이 거의 와해된 상황인지라 다산의 적개심은 더욱 무력하게만 보인다.

그해 겨울 다산은 국상의 졸곡卒哭을 마치고 관료로서 모든 것을 잃은 뒤에야 비로소 완전히 낙향하였다. 그의 벼슬 욕심은 참으로 집요한 바가 있었다. 당시 그는 <여유당기與猶堂記>에 "나의 병은 내가 안다. 나는 용감하나 무모하고, 선을 좋아하나 가릴 줄을 모르며, 뜻대로 곧장 행하여 의심하지도 않고 두려워하지도 않는다. 이런 까닭으로 선을 한없이 좋아하였으나 비방은 홀로 많이 받았다(余病余自知之 勇而無謀 樂善而不知擇 任情直行 弗疑弗懼 … 是故 樂善無厭而負謗獨多)"고 자기 합리화 비스름한 회오의 감정을 내비쳤다.

최익한은 <정다산의 시문학에 대하여>에서 이 시를 다음과 같이 평하였다.

"이 시는 다산이 39세 때의 작품인데, 이때 벌써 반대당이 다산의 등용을 백방으로 저해하여 정치적 희망이 끊어졌으므로 작자는 간악한 당쟁과 소인의 무리를 통절히 미워하며 강호에 물러가려는 염원을 표시한 것이었다. 그의 시는 이미 비분 격렬한 기분을 띠고 40대 이후의 특징에로 넘어가게 되었다 (《조선어문》 3호, p50)."

석우에서 이별*

쓸쓸한 석우촌 앞에
가름길이 셋이로세.

우는 두 말은 서로 희롱하며
갈 바를 모르는 것 같구나.

한 말은 장차 남쪽으로 가며
한 말은 동쪽으로 달리리라.

여러 아버지는 백발을 흩날리며
큰 형은 눈물만 줄줄이 흘리누나.

젊은이야 오히려 기다리련만
늙은이는 어이 믿을쏜가?

조금 머무르고 또 조금 머물러
해는 이미 서편으로 기울었네.

떠나고 다시 돌아보지 말라,
참고 참아 뒷기약을 남기나니.

石隅別(1801)

蕭颯石隅村　　前作三叉岐
二馬鳴相戲　　似不知所之
一馬且南征　　一馬將東馳
諸父皓須髮　　大兄涕交頤
壯者且相待　　耆耋誰得知
斯須復斯須　　白日已西敧
行矣勿復顧　　黽勉留前期

* 가경嘉慶 신유辛酉(1801, 순조 원년) 정월 28일 나는 고향 소천苕川에서 사변이 일어난 것을 알고 서울로 들어가 명례방明禮坊(현 명동 부근)에 머물렀다. 2월 8일에 대참坮參(사헌부의 고소)이 발동하여 그 이튿날 새벽에 입옥하였고, 27일 밤 2경更에 출옥하여 장기현長鬐縣으로 유배 가게 되었다. 그 이튿날에 길을 떠나니 부형들이 석우촌石隅村(남대문 밖 남쪽 3리 지점)까지 와서 작별하였다(嘉慶辛酉正月二十八日 余在苕川 知有禍機 入京住明禮坊 二月八日坮參發 厥明日曉鍾入獄 二十七日夜二鼓 蒙恩出獄 配長鬐縣 厥明日就道 諸父諸兄至石隅村相別 石隅村在崇禮門南三里—원주).

[해제]

1801년 2월 28일 작이다. 동년 정월에 반동 정부의 김대비金大妃가 사상 탄압과 시파 압살을 예고한 〈사학엄금교서邪學嚴禁敎書〉를 선포하였고, 이에 야합한 노론 벽파 간신들은 미증유의 정치 공작인 '신유사옥'을 일으켜 남인 시파의 정예분자는 물론 300여 명의 천주교도를 학살하는 피의 참극을 연출하였다. 이 사건으로 권철신·이가환 등이 옥사하고 정약종 등이 참수되었으며 정약전은 신지도薪智島에, 다산은 장기에 유배되었다(《실정》pp187~8).

장기 유배지에 도착하여[1]

조해루朝海樓[2] 추녀 끝에
지는 햇발 걸렸는데
갈 곳 없는 나그네를
고을 관리 몰아내네.
성안에 부닐 길 없어
동문으로 나왔노라.

자갈밭을 옆에 두고
시냇물을 앞에 두고
초가 한 집 외따로
남의 땅을 부치건만
고마운 늙은 주인은
반가이도 맞이하네.

髻城雜詩 二十六首[3] 中 第四首(1801)

朝海樓頭落日紅　　官人驅我出城東
石田茅屋春溪上　　也有佃翁作主翁

220

1. 3월 9일 장기현長鬐縣(현 포항시 남구 장기면)에 도착하여 그 이튿날 마산리馬山里의 늙은 군교軍校 성선봉成善封의 집에 안착하였다. 온종일 일이 없어 때때로 짧은 시구나 읊었다(三月初九日 到長鬐縣 厥明日 安挿于馬山里老校成善封之家 長日無事 時得短句―원주).
2. 조해루: 장기읍성 동문에 있었던 누각. 원문은 '해조루海潮樓'.
3. 신조본의 '二十七首'는 오류.

[해제]
1801년 2월 28일 다산은 말을 타고 서울을 출발하여 충주 하담의 선영에 들른 후 3월 9일 장기에 도착하였다. 그는 10월 20일 황사영 백서 사건으로 다시 체포되어 서울로 압송될 때까지 근 8개월 동안 <기성잡시鬐城雜詩>, <고시古詩>, <장기농가長鬐農歌>, <백언시百諺詩> 등 68편의 시와 <석지부惜志賦>를 지었으며, <기해방례변己亥邦禮辨>, 《삼창고훈三倉詁訓》, 《이아술爾雅述》 6권을 저술하였다(동년 겨울 옥중에서 잃어버렸다).
최익한은 7개월 남짓한 장기 유배 기간의 시에 관하여, "이 시들은 대개 향토민속, 농민과 어민의 생활, 유배 생활의 실정 및 감회 등을 우아 진실한 필치와 격앙 쾌활한 음조로 묘사하였다"고 총평하였다(<정다산의 시문학에 대하여(중)>, 앞의 책, p53).
이와 달리 다산은 1808년 <우시이자가계又示二子家誡>에서 그간의 시를 점검하며 이렇게 자평한 바 있다.

"귀양살이 이전의 시편들은 다 서글프고 괴로우며 우울하였고, 장기 유배기의 시들은 더 흐느끼듯 서러웠는데, 강진 이배 후의 작품들은 활달하고 광대한 말들이 많았다. 생각건대 재앙이 앞에 있을 적에는 이미 그러한 기상을 지닐 수 없었겠지만, 재앙이 지나간 뒤로는 거의 걱정이 없어지지 않았겠느냐?(風霜以前 … 所作詩篇 皆凄楚壹鬱 至長鬐謫中詩 尤幽咽可悲 至康津以後之作 多曠達恢廓之語 意者菑害在前 旣不得有此氣象 自玆以往 庶乎其無憂也耶)"

저물녘 느릅나무숲을 거닐며[1]

1

작지 짚고 삽작문 나서
시냇가 백사장을 거니노라.

쇠약한 신체 장기瘴氣에 지치며
단속 않은 옷자락 바람에 펄럭인다.

고운 풀잎에 햇빛 쨍쨍하고
그윽한 꽃송이에 봄뜻이 고요하다.

시절과 물태 좋이도[2] 변할세라
몸 붙이는 곳이 바루 내 집일세라.

2

누른 느릅나무 잎사귀 일제히 피었고
그 그늘에 마을 사람 돌라앉았다.[3]

한물진[4] 꽃송이에 벌떼 웅성거리고
볕 쪼이는 숲속에 사심[5]뿔이 자란다.

나라 은혜에 내 목숨이 남아 있건만
촌 늙은이 내 모양을 가엾이 여기누나.

백성 다스리는 방책을 알고자 할진대
마땅히 초야의 농부께 물을지니라.

楡林晚步 二首(1801)

曳杖溪扉外　　徐過的歷沙
筋骸沈瘴弱　　衣帶受風斜
日照娟娟草　　春棲寂寂花
未妨時物變　　身在卽吾家

黃楡齊吐葉　　環坐綠陰濃
花瘦蜂爭蕊　　林暄鹿養茸
主恩餘性命　　村老惜形容
欲識治安策　　端宜問野農

1. 원문의 제목은 '유림에서 산보하면서'.
2. 좋이도 : 좋이(좋게)+도.
3. 돌라앉았다 : '돌라앉다'는 '둘러앉다'의 작은말.
4. 한물진 : 한물지다. 채소·과일·어물 따위가 한창 나오는 때가 되다.
5. 사심 : 사슴의 옛말 또는 방언(강원·경기·경상·전라·충청·평안·함경·황해).

[해제]

다산이 장기에 안착하여 저녁 산보를 하면서 읊은 시이다. "느릅나무 잎사귀가 일제히 피어났다"고 하였으니, 때는 3월 중순(양력 5월 초순) 무렵이었을 것이다. 이제 그 느릅나무숲은 농지 개량으로 사라진 지 오래되었다고 한다. 마지막 구절 "치안책治安策은 농부에게 물어라問野農"는 말이 핵심이다.

《시경》〈대아·판판板〉에 "나무꾼에게도 묻는다詢于芻蕘"고 하였다. 《예기》〈방기坊記〉에 의하면, 이는 "인민의 말을 참작한다酌民言"는 뜻이다. 《한시외전韓詩外傳》권3에도 "널리 도모한다博謀(모책을 널리 구한다)"는 의미라 하여, "태산은 잔돌이라도 사양하지 아니하고 강해江海는 작은 물줄기라도 가리지 아니한다(太山不讓礫石 江海不辭小流)"는 경구로써 설명하였다.

다산은 이미 〈농책農策〉(1790), 〈응지론농정소應旨論農政疏〉(1798), 〈전론田論〉(1799) 등의 논문을 쓴 바 있고, 이후 유배 시절에는 《경세유표》〈지관수제地官修制·전제田制〉와 《목민심서》〈호전戶典·권농勸農〉 등의 저술로 이어 나갔다.

나는 옛사람을 생각한다

1

나는 옛사람에 거원蘧瑗[1]을 생각한다.

그는 지나간 잘못을 아낌없이 깨달았다.

그는 오십에 사십구 년간의 잘못을 깨달았거니

나의 나이는 그보다 십 년이나 젊었구나.[2]

지금부터 큰 허물없도록 힘쓸지니

나는 옛사람을 생각하고 더욱 건실하련다.

2

나는 옛사람에 소무蘇武[3]를 생각한다.

그는 북해北海에 갇혔다가 마침내 놓여 갔다.

그는 그곳서 십구 년이나 갇히었거니

나의 몸은 십구 일밖에 갇히지 않았다.[4]

지금부터 힘써 태평한 마음을 보전할지니

나는 옛사람을 생각하고 번뇌를 씻으련다.

3

나는 옛사람에 한유韓愈[5]를 생각한다.

그는 불교를 치다가 남쪽으로 귀양 갔다.

그는 팔천 리 먼 곳으로 귀양 갔거니

나의 고향은 다만 이곳서 팔백 리라.⁶
지금부터 귀양살이 슬픔을 말하지 않을지니
나는 옛사람을 생각하고 마음 통을 넓히련다.

我思古人行 三章 章六句(1801)

我思古人思蘧瑗　　能知昨非斯無怨
蘧瑗四十九年非　　我少十年尤可願
自今勉力無大咎　　我思古人行益健

我思古人思蘇武　　北海幽囚終免瘝
蘇武一十九年囚　　我以日易尤異數
自今勉力保天和　　我思古人除煩苦

我思古人思韓愈　　坐攻佛法謫南土
韓愈八千餘里謫　　彼千我百殊今古
自今勿言萍梗悲　　我思古人恢器宇

1. 거원蘧瑗(?~?) : 춘추 시대 위衛나라 사람으로 나이 50에 49년 동안의 잘
  못을 깨닫고 고치는 데 능장을 부리지 않았다고 한다.
2. 나는 올해 마흔 살이다(余今年四十歲也—원주).
3. 소무蘇武(BCE140~BCE60) : 한무제 때 흉노에 사신으로 갔다가 북해北海
  (바이칼호) 인근에 19년 동안 유폐되어 온갖 고초를 겪으면서도 절개를 굳

게 지켰으며, 나중에 한 나라가 흉노와 화친을 맺자 고국으로 돌아왔다.

4. 내가 두 번째 옥중에 들어간 지 십여 일에 꿈에 어떤 한 어른이 와서 꾸짖어 말하기를, "옛날 한나라 소무는 19년이나 흉노에게 억류당하였으되 오히려 인내하였거늘 너는 19일밖에 갇히지 아니할 터인데 도리어 번뇌하느냐?" 하였다. 꿈을 깨서 간수하는 옥졸들에게 꿈 이야기를 하였는데, 갇힌 지 19일 만에 과연 출옥하니 옥졸들이 모두 이상히 여겼다(余在囚十餘日 夢一丈人責之曰 昔蘇武十九年幽囚 尙得忍耐 爾乃十九日在囚 却自煩惱否 夢覺以語守卒 及出獄計日 果十九日在囚 守卒咸異之—원주).

5. 한유韓愈(768~824) : 당송팔대가의 영수. 헌종獻宗이 부처의 사리[佛骨]를 조정에 들이려 하자 <논불골표論佛骨表>(815)를 써서 비판하여 장안長安에서 8,000리나 떨어진 광동성 조주潮州로 좌천되었다.

6. 장기에서 서울까지는 800리이다(長鬐距京八百里—원주).

[해제]
다산은 자신보다 더 어려운 역경에 처했던 역사적 인물들의 고사를 떠올리며 유배지에서 초심을 다지고 있다. 그가 소무의 예를 들며 19일과 19년을 연관시킬 정도이니 기약 없는 유배 생활의 막막함이 더욱 느껴지는 듯하다. 그는 <자찬묘지명>(1822)에도 이 꿈 얘기를 하면서, "옥에서 나오게 되어 세어 보니 옥에 있은 지 19일이요, 또 향리로 돌아오게 되어 세어 보니 경신년(1800)에 벼슬을 그만둔 뒤부터 또 19년이었다. 그러니 인생의 화복에 정해진 운명이 없다고 할 수 있겠는가?(及出獄計之 在獄十九日 及還鄕計之 自庚申流落 又十九年也 人生否泰 可曰無定命乎)" 하였다. 이러한 운명론은 물론 우연의 일치를 필연으로 본 것이니만큼 절망적 상황에서 나온 비과학적 태도라고 여겨진다(이에 대해 '천도天道로서의 운명론'을 제기한 논문은 이을호의 《다산경학사상 연구》, 을유문화사, 1966, p69 볼 것). 여하간 그는 18년 동안(1801~1818) 귀양살이를 하면서 500여 권의 방대한 저술을 남겼으니, 자기 계급의 이익을 영구화하기 위해 털끝만큼도 흐트러짐 없이 초지일관한 삶의 전형을 오롯이 구현한 셈은 되었다고나 할까……?!

고시 27수

2

좋은 꽃이 바야흐로 고울 적에는
누가 꽃 되기를 원치 아니하랴만,

그것이 시들고 떨어지게 되면
저 범상한 풀잎만도 못하이.

서울 온 지 20년 동안에
몇 집이나 흥하고 망했던가?

무상無常의 이치가 눈앞에 보이며
어데를 간들 전감前鑑[1]이 없을쏘냐.

구는 바퀴를 일찍 멈추지 않고
비나장[2]에 다시금 기름을 부었다.

바람 편을 기다리며 돌아 날다가
어느덧 사냥꾼의 그물에 걸리었다.

깨닫노라, 마땅히 어려서부터 눈치 차려
그 마음 항상 높고 먼 데를 봐야만 한다.

3

하늘과 땅은 가이없이 넓고 커서
만물이 그 공간을 채우지 못한다.

나의 조그만 7척의 몸이야
사방 한 길의 방도 능히 용납한다.

아침에 일어나면 비록 머리를 받으나
저녁에는 오히려 허리를 펴고 자리라.

작은 곤궁은 동정하는 벗이 있으나
큰 곤궁은 아무도 돌보는 이 없도다.

스스로 기뻐하는 들판의 농민들은
동작이 어찌 그리도 호방하난고!

4

당쟁의 화가 오래도록 쉬지 않으니
이거야 참으로 통곡할 바 아닌가?

나는 들지 못했다―낙촉洛蜀[3]의 당파가
자손 백대에까지 원수처럼 싸웠다는 것을!

세력을 다투어 양심을 잃어버리고

조고만 일로도 서로 피를 흘리누나.

염소와 양은 죽으면서도 울부짖지 않거늘
범과 승냥이는 오히려 눈을 부릅뜨고 성내누나!

높은 놈들은 뒤에서 덫을 고이고 있으며
낮은 놈들은 칼과 화살을 다듬는구나.

그 누가 능히 큰 잔치를 차리며
고대광실에 넓은 장막을 베풀고

천 동이 만 동이에 단술을 빚어내며
천 마리 만 마리 소 잡아 안주하고

다 같이 맹세하여 옛 버릇 고치고서
봄 구름 같은 화평의 복을 맞아 보려나?!

                    13
괴상한 부엉이 어둔 밤중에 날뛰니
그 날개 바람 만나 기러기 같다.

그러나 공정한 이치는 속일 수 없고
떳떳한 도道는 어데를 가도 통하리라.

제 벗을 팔아먹는[4] 간사한 놈들이
어찌 제 임금께 충성을 바칠쏘냐?

막야鎮鋣[5]는 쇠로서 능히 쇠를 베이며
금잠金蠶[6]은 누에로서 누에를 먹었다.

그러나 땔나무를 태산처럼 안고 온들
넓고 높은 창공이야 어찌 태울쏜가.

15

무늬 있는 범이 숲속에 숨었으나
까막까치는 벌써 나무 위에서 우짖으며

긴 배암이 울타리 사이에 걸려 있건만
기왓골 참새들은 먼저 알고 지저귀며,

개백정이 밧줄을 허리에 띠고 지나면
뭇 개들은 온 마을을 뒤엎을 듯 짖는다.

속없는 새, 짐승들도 귀신처럼 알거든
하물며 만물의 영장인 인간이랴.

간악한 마음은 반드시 밖에 나타나나니
어리석은 백성인들 그 어이 속일쏘냐.

사덕四德[7]의 어느 것이 아름답지 않을까마는
군자는 매양 인덕仁德을 먼저 닦는다.

기린은 발로 산 풀[生草]을 밟지 않나니
오! 기린이여 그대는 참으로 어질도다.

27
미미한 곤충들도 다 자기 보전을 위하여
발톱, 어금니, 발굽, 뿔을 갖추고 있다.

태평한 때에 군사를 연구하지 않고
외적이 오면 그의 유린에 맡기런가?

명장名將은 푸른 빛깔 나는 매와 같아서
날래고 빠르고 눈동자 촛불 같으니라.

그런데 비둔한 남자가 문득 장단將壇에 올라 외친다ㅡ
지혜 있는 장수가 복 있는 장수보다 못하다고.

요사이 듣건대 서양 사람의 홍이포紅夷砲[8]는
그 위력이 깨뜨리지 못할 것 없다는데,

우리나라 사람들은 태고풍을 지키어
부질없이 활과 살만을 다듬누나!

232

古詩 二十七首(1801)

2

好花方艶時　　誰不願爲花
迨其萎而隕　　不如凡草芽
西游二十年　　盛衰知幾家
分明在眼前　　何處無前車
金梶不蚤繫　　膏輠方自夸
翔徊俟其便　　轉眄離虞羅
戒之在嬰稚　　早使此心遐

3

二儀廓無際　　萬物不能實
眇小七尺軀　　可容方丈室
晨興雖打頭　　夕偃猶舒膝
小窮有友憐　　大窮無人恤
熙熙田野氓　　動作何豪逸

4

黨禍久未已　　此事堪痛哭
未聞洛蜀裔　　遂別智輔族
爭氣翳天良　　纖芥恣殺戮
羔羊死不號　　豺虎尙怒目
尊者運機牙　　卑者礪鋒鏃

233

誰能辦大宴　　布幕張華屋
千甕釀為酒　　萬牛臠為肉
同盟革舊染　　以徼和平福

13

茅鴟中夜飛　　翼若鴻遇風
公理不可誣　　達道皆相通
未有賣友人　　猶能事君忠
鏌鎁利食鐵　　金蠶恣唅蟲
抱薪雖如山　　何能焚太空

15

文豹伏林中　　烏鵲樹頭嗔
長蛇掛籬間　　瓦雀噪報人
狗屠帶索過　　群吠鬧四鄰
禽獸不藏怒　　其知乃如神
內虐必外著　　何以欺愚民
四德雖竝美　　君子每先仁
生草猶不履　　賢哉彼麒麟

27

昆蟲盡自衛　　爪牙蹄角毒
時平不講兵　　寇來任譽觸
名將如蒼鷹　　驍邁眸如燭

胖夫輒登壇　　云智不如福
近聞紅夷礮　　叛制更殘酷
坐守太古風　　弓箭有課督

1. 전감前鑑 : 전거前車. 본보기. 거울로 삼을 만한 지난날의 경험이나 사실.
2. 비나장 : '비녀장(바퀴를 굴대에 고정시키는 쐐기)'의 방언(충청·황해).
3. 낙촉洛蜀 : 송나라 정이천程伊川을 중심한 낙당洛黨과 소동파蘇東坡를 중심한 촉당蜀黨이 한동안 서로 대립 논쟁하였다.
4. 벗을 팔아먹는 : '신유사옥(1801)' 사건에서 다산의 친우인 홍낙안·목만중·이기경 등이 당시 집권자인 서인 벽파西人僻派의 사촉을 받고 앞잡이가 되어 다산 일파를 사교도로 몰아 박해를 가한 사실을 풍자한 것이다.
5. 막야鏌鎁 : 옛날 중국의 보검. 鎁는 釾·鋣와 동자.
6. 금잠金蠶 : 남방의 독충으로 비단을 먹고 살며 그 독은 지극히 독하다는 전설이 있다. 《속박물지續博物志》
7. 사덕四德 : 인·의·예·지仁義禮智.
8. 오랑캐의 병기이다(蠻國之器—원주).

[해제]
제2수 : 조락한 꽃은 풀싹보다 못하다고 하였다. 영고성쇠의 무상을 말하여 자기의 곤고한 처지를 비관하지 않는 심경을 보인 것이다.
제3수 : 통치 계급에게는 도의심이 이미 없어져 버렸으나, 순박하고 낙천적인 농민에게는 양심과 의협성이 생기 있게 살아 있음을 전하였다. 이는 다산이 인민성을 발견한 기쁜 노래이다. 농부의 동작이 '호일豪逸하다'는 표현을 통하여 노동 현실과는 동떨어진 유자의 낭만적인 시선을 느낄 수 있다.
제4수 : 이조 당쟁은 토지 점유권을 물질적 기초로 한 정치적 권력과 관직의 지위에 대한 쟁탈전이었다. 그러므로 봉건적 토지 사유가 존재하는 한 다산이 말한 '대화합[和平福]'은 결코 이뤄질 수 없는 일이었다. 최익한은 "4수는 이조 양반 당쟁의 폐해를 통절히 미워하는 애국* 사상의 표현이다. 그가 비록 당쟁의 물질적 근거에 대해서는 구명하지 못하였으나, 부정적 현상을 증오 규탄하는 인도주의적 정열은 깊이 독자의 감념을 주는 바이다"고 평하였다.

제13수 : 목만중·홍낙안·이기경 등 간악한 소인들이 이가환·정약용의 후배와 친우로서 노론 벽파 집권자들의 앞잡이가 되어 실학파 인사들을 모함 박해한 데 대하여 분노에 불타는 질책을 내린 동시에 그 어떠한 독설로도 진리와 사실을 인멸할 수 없다는 것을 언명하였다.

제15수 : 간악한 관료배들이 인민을 기만하기에 광분하고 있으나, 지극히 어리석은 듯해도 지극히 총명한 백성은 속지 않을뿐더러 이미 먼저 알고 있다고 하였다. 이는 인민의 총명성에 대한 정당한 평가이다.

제27수 : 지장智將보다 복장福將을 우대하고 대포를 화살로 막으려 하는 조선의 우매한 현실을 한탄하면서, 태평한 지금이 바로 군사를 연구할 수 있는 적기임을 강조하였다. 당시 국방에 무관심한 지배 계급의 군사 기술과, 신식 무기를 채용하지 않고 부질없이 유치한 구식 무기만을 조련하는 것을 비난한 것이다. 그의 심각한 우국* 사상이 나타나 있다. <군기론軍器論 2>에 자세하다(《실정》 p428; <정다산의 시문학에 대하여 (중)> pp53~6).

고시는 자수字數·구수句數의 제한이 없고 평측平仄·성률聲律의 구속을 받지 않으므로 비교적 형식이 자유롭다. <고시 27수>는 다산이 장기에 도착한 지 얼마 안 되어, 즉 3월 하순(양력 5월 초순)경에 틈날 때마다 떠오르는 대로 읊었던 것을 한 편으로 엮은 듯하다.

그는 유배객으로서 매일 일하는 농부를 유심히 바라보고는 "동작이 호일하다(動作何豪逸)"고 하였다. 이것은 봉건 유자의 농본주의적 관념이 투영된 발언으로서, 농민의 구체적 실상에까지는 근접하지 못한 그 시대의 유교적 표현이다. <행차청양현行次靑陽縣>(1795)에서도 "세상의 호걸은 바로 농부로다(世間豪傑是農民)"고 비스름히 읊은 바 있다.

그동안 다산은 관료 지주로서 자기 종이나 민간의 농부들을 보았을 터이다. <추일문암산장잡시秋日門巖山莊雜詩>(1787)의 두주頭註에 "벼 베는 것을 지켜보려고 수십 일 머물렀다(因看刈留數十日)"고 나온다. 즉 여태까지는 그가 (농부와) 주노 또는 관민의 상하 관계 속에서 '수직적인 감찰'을 수행했다면, 이제 그는 벼슬을 잃은 유배객인지라 그러한 신분적 위계질서가 다소 이완 되지 않을 수 없는 낯선 환경 속에서 비로소 '수평적인 관찰'로 미미하나마 이행하게 되는 초입에 들어섰는지도 모른다.

* 여기에서 '애국'이니 '우국'이니 하는 것은 '인민을 위한 애국·우국'이지만, 작품 분석에서는 구체적으로 지적되지 못하고 극히 추상적이고 초계급적으로 설정 되어 있는 듯하다. 이는 다산을 우상시하는 인식 한계로서 '우경향 복고주의'로 비판될 소지를 안고 있다. 대체적으로 북한에서는 정성철의《실학파의 철학사 상과 사회정치적 견해》(사회과학출판사, 1974)에 이르러서야 실학파의 계급적 반동성과 사상적 제한성이 철저히 규명되었다. 그는 실학파의 세계관이 관념론 적이며, 동시에 실학파의 사회정치적 견해가 봉건제도와 특권적인 양반신분제 도를 영구히 보전하려는 근본 입장에서 비롯된 것이라고 적시하였다. 또 훗날 박시형도 실학자들의 군사 개혁론을 다음과 같이 평가하였다. "그들이 보위하 려고 한 국가는 다름 아닌 봉건 국가였으며, 그들의 '충성심'도 어디까지나 봉건 왕권에 대한 '충성'이었다. 따라서 실학자 류형원·이익·정약용 등이 제기한 군 사 개혁안들은 결국 통치 계급의 이해관계를 대변한 것으로서 당시에 너무나도 불합리하고 쓸모없게 된 군대제도를 변경시키려 한 것에 지나지 않은 것이었다 (<우리나라의 실학 유산에 대한 연구─실학자들의 군사 개혁론을 중심으로>, 《력사과학》, 과학백과사전출판사, 1981년 4호, p37)." 그리고 정해섭도 "실학자 들은 애국적 입장에서 국방 사상을 제기하였지만, 그들이 구상한 나라는 진정으 로 근로 인민을 위한 나라가 아니었으며 양반제도가 지배하는 봉건국가였다"고 비판하였다(<조선철학사에서 실학의 진보성과 력사적 제한성 (3)>,《김일성종 합대학학보(철학·경제학)》46권 4호, 김일성종합대학출판사, 2000, p20).

밤

병들었다 일어나니
봄철은 이미 가 버렸고
걱정이 끊임없으니
여름밤도 길고 기누나.

잠깐 베개, 자리 펼치고
아늑히 누워 보노매라.
그러나 내 맘 나 모르게도
고향 생각 문득 떠오르네.

부쇠[1] 쳐서 관솔에 붙이니
불빛은 오히려 어두웠고,
지개[2] 열어 바람 들이니
대숲 기운 자못 서늘하이.

알과라, 머나먼 소천苕川[3] 달이
날 찾아 객창에 비치누나.

夜(1801)

病起春風去　愁多夏夜長
暫時安枕簟　忽已戀家鄉
敲火松煤暗　開門竹氣涼
遙知苕上月　流影照西墻

1. 부쇠 : 부시(부싯돌을 쳐서 불이 일어나게 하는 쇳조각)'의 방언(강원·경남·전
   남·제주·충북).
2. 지개 : 지게문. 옛날식 가옥에서, 마루와 방 사이의 문이나 부엌의 바깥문.
   흔히 돌쩌귀를 달아 여닫는 문으로 안팎을 두꺼운 종이로 싸서 바른다.
3. 소천苕川 : 소내. 다산의 생가인 여유당 앞을 흐르는 소천강.

[해제]
장기에 도착한 후 병을 앓고 나니 벌써 여름이 되었다고 하였다. 이하 <견민
遣悶>, <수수>, <견흥遣興>, <아가사兒哥詞>, <해랑행海狼行>, <희작소계도
戲作苕溪圖> 등과 함께 1801년 음력 4월 작으로 추정된다. 다산은 물갈이나
장기瘴氣(장독)로 고생한 듯하다. 달을 매개로 하여 고향 생각을 간절히 읊고
있는데, 이러한 수사가 <송별送別>(1805)에도 보인다.

민망을 보낸다[1]

엷은 구름에 비 머첬고[2]
햇빛은 아직 동롱하다.[3]
작은 채소밭에 울타리 뚫고
홈 달아 시냇물 당겨온다.

부루[4] 잎사귀 푸릇푸릇한데
철 아는 어미 제비 날아오며
겨자 꽃봉오리 노릇노릇한데
그늘 찾은 늙은 수탉 졸고 있네.

초야의 백성은 흙을 먹고 살건만
어찌 그 즐거움을 다 알쏘냐?
도道 있는 자는 세상과 어겼나니
혹여나 궁함을 한하지 않는다.

산간에 밭 갈고 사는 것을
내 집안 교훈[5]으로 삼으려니
한 권 책과 한 장 글을 쓰기란
부질없는 수고인가 하노라.

遣悶(1801)

輕陰閣雨日瞳曨　　小圃穿籬接水筒
蒿葉綠時飛鶗母　　芥薹黃處睡鷄翁
野氓食土寧知樂　　君子畸人莫恨窮
山裏鋤園作家戒　　不敎辛苦一經通

1. 민망을 보낸다 : 견민遣悶(시름을 달래며).
2. 머췄고 : 머추다. '멈추다'의 옛말 또는 방언(평안·함남·황해).
3. 동롱瞳曨 : 동이 트면서 차츰 밝아오는 모양. 동몽瞳曚.
4. 부루 : '상추'의 옛말·방언(강원·경기·경북·제주·충청) 또는 북한어.
5. 집안 교훈 : 가훈. 육유陸游의 가계가 있다(陸放翁有家誡—원주).

[해제]
대나무 통으로 물을 끌어 밭에 대었다. 군자는 곤궁을 한탄하지 않는다. 산
속에서 채마밭이나 가꾸는 것을 가훈으로 삼고, 고생스레 경전은 가르치지
않으련다. 남송의 시인 육유의 가계에는 "경전을 숙독하게 하여 관후寬厚와
공근恭謹으로 가르친다(令熟讀經子 訓以寬厚恭謹)"고 하였는데, 다산은 이를
거꾸로 표현한 것이다(정민, 《한밤중에 잠깨어》, 문학동네, 2012, p107).
그는 맏아들 〈학연에게 보여 주는 가계示學淵家誡〉에서 "공손하게 경전을 정
밀히 연구하고, 근검하게 원포園圃에 힘을 다하고, 졸렬함으로 도를 지키고,
일을 줄여 비용을 아껴서, 집안을 보존하는 어진 아들이 되어라(克恭克愿 硏
精經典 克勤克儉 盡力園圃 用拙存道 省事鐲費 庶爲保家之賢胤也, 1810년 2월)"
하였으며, "집에 있을 때는 오직 글을 읽고 예禮를 익히며 꽃을 심고 채소를
가꾸며 샘물을 끌어다 연못을 만들고 돌을 쌓아 산을 만들어라(居家唯讀書講
禮 蒔花種菜 引泉爲沼 累石爲山, 1810년 9월)" 하였다.

근심

산칡이 넝쿨 이미 파랗고
대추나무 잎 어느덧 자라네.

무거운 돌멩이 내리눌러도
모진 근심은 문득 솟아오르며,

어수선한 연깃발 같아서
깨고 난 꿈자리 항상 희미하이.

타향의 식탁에 밥맛을 잃었고
나그네 몸에는 봄옷이 없어라.

온갖 생각 보람 없건마는
알고도 이내 진정 못할세라.

愁(1801)

山葛靑靑棗葉生　　　長鬐城外卽神瀛
愁將石壓猶還起　　　夢似煙迷每不明

242

晚食強加非口悅　　春衣若到可身輕
極知想念都無賴　　良苦皇天賦七情*

* 칠정七情 : 사람의 일곱 가지 감정. 희喜·로怒·애哀·락樂·애愛·오惡·욕欲.

[해제]

다산은 감성이 풍부하고 문화적으로도 성숙한 봉건 유학자였다. 그의 형제가
하나는 죽고 둘은 유배되는 '일사이적一死二謫'의 비운을 겪은지라, "참으로
하늘이 내린 칠정이 괴롭다(良苦皇天賦七情)"고 토로한 것이다. 이런 와중에
도 노론 벽파와 남인 공서파는 약전·약용을 다시 엄히 국문하자고 계속 주청
奏請하여 시비가 끊이질 않았다.

느낌을 말한다

온 나라 선비 편당을 나눴다,
근심하는 나그네 눈물겨워 한다.

그 해독은 삼천리 강산을 잠궜고
그 형세는 이백 년의 혈투를 일으켰다.

수많은 영웅은 가시밭길에서 울었고
몇 번이나 형제 싸움에 칼부림쳤던가!

은하수 내리부어 깨끗이 씻으면
태양의 밝은 빛이 팔도에 넘치리라.

遣興(1801)

蠻觸紛紛各一偏　　客窓深念淚汪然
山河擁塞三千里　　風雨交爭二百年
無限英雄悲失路　　幾時兄弟恥爭田
若將萬斛銀潢洗　　瑞日舒光照八埏

아가¹의 노래

아가의 빨간 몸뚱이에
한 오락지²도 걸지³ 않고
짠 바다를 민물 개천인 양
거침없이 드나드는구나.

궁둥이 들고 고개를 숙이며
천 길 물속으로 덤부렁 뛰어든다.
마치 물에 자란 오리가
물결을 마음껏 희롱하듯 하이.

고리 무늬에 빙글 도는 물살이
천천히 아물고 다리미로 다린 듯.
사람은 간 곳 없고 물 위에서는
한 개 뒤웅박만이 둥실 떠 있네.

아가는 홀연히 머리를 쳐들고
물쥐처럼 수면에 번쩍 솟아오른다.
'휙' 하는 휘파람 소리 칼날 같고
한 걸음, 두 걸음에 몸은 구는⁴ 듯.

그가 따낸 전복 조개 아홉 구멍에
크기란 사람의 손바닥 같으이.
이것은 당장에 발 돋고 달음쳐서
반드시 귀족의 식탁에 오른다오.

조개와 황새 맞붙어(蚌鷸相爭) 죽던 이야기
옛사람 우리에게 들려주었거니,
물 재주 있는 자 물에서 죽는
그 일이야 또한 드물지 않누나.

오! 아가의 죽음은
다시 말할 것 없거니와
공명功名의 바다에 자맥질하는 자들이여
너희들의 신세 또한 그러하니라!

兒哥詞(1801)

兒哥身不着一絲兒	出沒鹺海如淸池
尻高首下驀入水	花鴨依然戲漣漪
泂文徐合人不見	一壺汎汎行水面
忽擧頭出如水鼠	劃然一嘯身隨轉
斫螺九孔大如掌	貴人廚下充殽膳

有時蚌鷸黏石齒　　　能者於斯亦抵死
嗚呼兒哥之死何足言　名途熱客皆泅水

1. 이곳 방언에 자기 며느리를 아가라고 한다(土人謂其子婦曰兒哥—원주).
2. 오락지 : '오라기'의 방언(강원·경기·경북).
3. 걸지 : 걸치지.
4. 구는 : 구르는.

[해제]
장기천이 동해와 만나는 지점인 신창리新倉里의 생수암生水岩(날물치)에서
해녀(아가)를 보고 쓴 듯하다. 다산은 해녀의 모습을 실감 나게 묘사한 다음,
"헤엄 잘 치는 자는 결국 물에 빠져 죽듯이(能者於斯亦抵死), 벼슬길에서 난다
긴다 하며 열 내는 자도 모두 마찬가지라(名途熱客皆泅水)"고 으레 유자다운
탄식을 하였다.

솔피 떼[1]

무리를 지어 돌아다니는 솔피
몸은 이리 같고 가죽은 수달 같다.

물속에서 나는 듯 포위진 치고
갑자기 수많은 고기떼를 습격한다.

그러나 집채 같은 크나큰 고래는
바다에 찬 고기를 한꺼번에 마시누나.

고래 가는 곳에 고기 씨 마르나니
격분하는 솔피떼 그를 죽이련다.

한 패는 그의 머리를 지르고
한 패는 그의 꼬리로 돌아든다.

한 패는 그의 왼편으로 달려들고
한 패는 그의 오른편으로 기어든다.

한 패는 그의 배를 치겨누고[2]
한 패는 그의 등에 뛰어오른다.

그래서 상하 사방 일시에 접어들어
물고 뜯고 꼬집고 하도 잔혹하여라.

고래는 우레처럼 울며 물기둥 뿜으니
물결은 끓고 무지개 공중에 뻗누나.

무지개 사라지고 물결 잦아지나니
오! 슬프다, 고래는 이미 죽었도다.

한 마리 힘은 뭇 힘을 당할 수 없고
작은 지혜는 큰 미련을 이기누나.

너희들 피투성이 싸움 어찌 이처럼 하는가?
너희들 본뜻은 밥투정에 있구나.

망망한 바다 가없이 넓나니
너희들은 어째서 꼬리를 치며 자유로이 놀고 싸움을 쉬우지[3]
않난다?!

海狼行(1801)

海狼狼身而獺皮　　行處十百群相隨
水中打圍捷如飛　　欻忽揜襲魚不知

長鯨一吸魚千石	長黡一過魚無跡
狼不逢魚恨長鯨	擬殺長鯨發謀策
一羣衝鯨首	一群繞鯨後
一群伺鯨左	一群犯鯨右
一群沈水仰鯨腹	一群騰躍令鯨負
上下四方齊發號	抓膚齧肌何殘暴
鯨吼如雷口噴水	海波鼎沸晴虹起
虹光漸微波漸平	嗚呼哀哉鯨已死
獨夫不遑敵衆力	小黠乃能殲巨慝
汝輩血戰胡至此	本意不過爭飲食
瀛海漭洋浩無岸	汝輩何不揚鬐掉尾相休息

1. 해랑을 방언으로 솔피라고 한다(海狼 方言曰率皮—원주). 솔피를 '범고래 (killer whale)'로 보는 설이 있다(이태원,《현산어보를 찾아서 (3)》, 청어람, 2002, pp353~7).
2. 치겨누고: 치+겨누고. '치-'는 '위로 향하게'의 뜻을 더하는 접두사.
3. 쉬우지: 쉬게 하지. '쉬우다'는 '쉬다'의 옛말·방언 또는 사동사.

[해제]

이 시는 <오즉어행烏鰂魚行>(1801), <충식송蟲食松>(1803), <이노행狸奴行> (1810) 등과 함께 다산의 대표적인 우화시寓話詩이다. 제목의 '행行'은 악부 樂府에서 나온 시체詩體로 감정이나 사물을 비교적 자유롭게 노래할 수 있다. 서예로 치면 행서行書와 비스름하다.

다산은 솔피와 고래의 격렬한 생존 경쟁적 사실을 직접 목도하고 묘사하면서 당시 이조 양반 당쟁의 무리한 살풍경을 은유적으로 풍자하였다. 그는 일찍이 논문 <인재책人才策>에서 "붕당朋黨의 싸움은 음식의 싸움과 다름없다. 왜냐하면 가령 십여 명이 모여 앉아 연희를 차리는 경우에 그들이 서로 예의로써 사양하지 않고 각기 남보다 많이 먹기 위해서만 경쟁을 하면 반드시 싸움이 벌어질 것이다" 하였으니, 이는 위의 시 "너희들 피투성이 싸움 어찌 이처럼 하는가? 너희들 본뜻은 밥투정에 있구나"와 동일한 의미이다(최익한).

고래를 공격하려고 계책을 꾸미는 솔피떼는 자기 당파의 이익을 위해서라면 온갖 수단을 동원하여 반대파들을 모해하고 봉건 왕권까지도 넘보던 봉건 관료(즉 노론 벽파)들을 비유한 것이며, 솔피떼에 의해 무참히 죽은 고래는 봉건 정부를 제대로 다스리지 못하고 결국에는 왕위에서 물러나야 하는 무능한 봉건 왕(즉 정조)을 비유한 것이라 할 수 있다. 이러한 의인화 수법은 묘사 대상의 성질을 동물의 생태적 특성과 정확히 일치시켜 시적 형상의 진실성을 강화함으로써 당대 사회의 부정적인 면을 깊이 있게 파헤치며 풍자 비판의 강도를 더 높이고 있다. 바로 여기에 의인법을 적극 활용하여 시적 형상의 심오성과 철학성을 보장한 다산 시의 중요한 창작적 개성과 예술적 특성이 있는 것이다.[1]

그러나 시적 화자는 고래의 죽음을 애도하며, 화합하지 못하고 고래를 죽인 솔피를 비난한다. 그의 바람대로 고래와 솔피가 화합하면 물고기(즉 백성)는 떼죽음을 면하기 어렵다. 이것은 오늘의 민주주의 시각에서는 모순되는 것이지만, 봉건적 기생 관료였던 다산의 시각에서는 당연한 것이다. 그에게 있어 인민은 영원히 착취해야 할 대상으로만 고착되어야 하기 때문이다. 당파전에서 패배한 다산의 우화시에는 상층부를 향한 증오심이 철철 넘치는 반면에 하층부 인민의 입장에 대한 관심은 팍팍이도 메말라 있다.[2]

1. 김진국, 앞의 책, p187, p192; 송재소, <다산의 우화시에 대하여>,《한국한문학연구》3·4집(1978), 한국한문학회, pp190~1; 진재교, <다산의 우언시와 그 성격>,《고전문학연구》26집(2004), 한국고전문학회, p373.

2. 김나혜, <다산의 우화시 연구>,《퇴계학과 유교문화》53집(2013), 경북대 퇴계연구소, p309; 김봉남, <다산 정약용의 동물에 대한 인식과 문학적 형상화>,《동방한문학》61집(2014), 동방한문학회, p195.

희롱 삼아 소계도를 그리며

옛날 소자첨蘇子瞻이 남해南海에 귀향 가서
아미산峨嵋山 그림을 보곤 병이 나았다고.[1]

나는 지금 내 고향 소계苕溪를 그려 보려 하나
마음 드는 화공 없어 어찌하랴.

손수 종이 펴고 수묵화 그리려니
서투른 먹발에 까마귀 나타난다.

여러 번 종이 갈아 솜씨는 익숙하건만
산 형용, 물빛이 오히려 희미하다.

그러나 한 번 용기 내어 생초[2] 폭에 옮겨
초당의 바람벽 한편에 높이 걸었다.

푸른 산발은 겹돌고 철마산鐵馬山[3] 솟았는데
기암절벽에 쌍부암雙鳧巖 날아가는 듯.

남자주藍子洲 물가에 꽃다운 풀 무르녹고
석호정石湖亭 뒤편에 모래밭 펼쳐 있다.

바람에 비낀 돛은 멀리 필탄筆灘을 지나고
나루의 조각배는 바로 귀음龜陰을 향하는 듯.

검단령黔丹嶺은 구름 속에 반쯤 들었고
백병봉白屛峯[4]은 저녁볕에 외로이 섰다.

하늘가, 높은 산마루에 수종사水鐘寺 보이니
산세 보곤 중의 절이 가장 알맞구나.

소나무, 전나무 푸른 그늘에 망하정望荷亭[5] 있고
뜨락을 휩쓰는 배꽃 속에 나의 집 분명하이.

저곳이 내 집이언만 돌아갈 길 없이
다만 그림 보고 부질없이 머뭇거리누나.

戲作苕溪圖(1801)

子瞻謫南海　　　愈疾峨嵋圖
我今欲畫苕溪看　世無畫工將誰摸
試點水墨作粉本　墨痕狼藉如鴉塗
粉本屢更手漸熟　山形水色猶模糊
唐突移描上絹面　掛之客堂西北隅

翠麓縈廻立鐵馬	奇岩矗削飛金梟
藍子洲邊芳草綠	石湖亭北明沙鋪
風帆遙識筆灘過	津艓似趁龜陰呼
黔山半入碧雲杳	白屏迥立斜陽孤
天畔嵒嶢見僧院	水鐘地勢尤相符
松檜蔭門吾亭也	梨花滿庭吾廬乎
吾廬在彼不得往	使我對此空踟躕

1. 자첨子瞻은 소식蘇軾(1037~1101)의 자인데, 그가 호주湖州에서 귀양살이 할 때 고향을 그리워하며 〈아미도峨嵋圖〉를 그렸다고 한다.
2. 생초生綃 : 생사生絲로 얇고 성기게 짠 옷감.
3. 산 위에 철마鐵馬가 있어 마을 사람들이 여기에 제사를 지내기 때문에 마현馬峴(마재)이라고 한다(山上有鐵馬 村人祀之 故曰馬峴—원주).
4. 백병白屏은 양근楊根(양평)에 있는데 귀음龜陰 등 여러 봉우리와 함께 십여 리나 연달아 뻗어 있다(白屏在楊根 與龜陰諸峰 連延十餘里—원주).
5. 망하정望荷亭 : 다산 집안의 정자로서 선영인 하담荷潭을 바라보는 동남향이었다(〈선백씨진사공묘지명先伯氏進士公墓誌銘〉 참조).

[해제]
1801년 여름(음 4월) 작이다. 다산은 〈소계도苕溪圖〉를 그려 벽에 걸어 놓고 향수를 달랬다. 눈앞의 그림 속에 자기 집이 있건만 갈 수 있는 길이 없다며 처량한 신세를 노래하였다. 현재 그림은 전하지 않는다.

"붓자국이 낭자하여 까마귀처럼 되었다(墨痕狼藉如鴉塗)"는 것은, 선보다는 점이나 갈필이 잘 안 된다는 말로 짐작된다. 그의 〈열상산수도洌上山水圖〉를 보면, 전문가 수준은 아니나 속기 없는 소략한 필치가 격이 높은 것을 알 수 있다(다산의 산수화는 《정약용 250》, 예술의 전당, 2012, pp168~181 볼 것).

오징어[1] 노래

물기슭을 따라다니는 오징어는
문득 백로의 모습을 눈여겨보았다.

그의 눈빛같이 희고 깨끗한 그림자
고요하고 맑은 물과 다름없다.

오징어는 백로를 보고 말한다
"그대 뜻을 나는 전혀 모르겠다.

그대 만일 고기를 잡아먹으려면
어찌하여 맑은 절개를 지키난고?

나는 배안에 한 줌 먹주머니를 간직하여
한 번 토하면 능히 두어 길 두레[2]를 어둡힌다.

그러면 고기는 그만 지척을 분변치 못하여
꼬리 치고 달아나려도[3] 방향을 모른다.

입을 벌리고 삼켜도 고기는 깨닫지 못하며
나의 뱃집은 항상 북통처럼 부르노라.

그런데 그대의 털과 깃은 너무도 기이하다,
흰 옷, 흰 치마를 그 누가 의심치 않을쏜가?

간 곳마다 백옥 같은 얼굴이 물에 비쳐서
고기들은 멀리서 보곤 문득 피하누나.

그대 진종일 서서 무엇을 기다린다?
그대의 다리는 시고 배는 항상 고프리라.

그대는 까마귀에게 날개를 빌리어
흰빛을 죽이고 변통을 차려라.

그리고서 산더미 같은 고기 잡아
그대의 안해와 자식들을 먹여라."

백로는 대답한다
"너의 말이 그럴 법도 하이.

그러나 하늘이 내게 결백한 성질을 주었고
내 또한 믿는다, 내 몸에 한 티끌도 없음을.

어찌 나의 한 치 밥통을 채우려고
타고난 나의 모습을 고칠 수 있으랴?

오는 고기를 먹고 가는 고기를 좇지 않으며
항상 꼿꼿이 서서 천명을 기다리노라."

이 말을 들은 오징어는 먹물을 뿜으며 꾸짖는다
"어리석다 백로여, 너는 마땅히 굶주려 죽으리라!"

烏鰂魚行(1801)

烏鰂水邊行	忽逢白鷺影
皎然一片雪	炯與水同靜
擧頭謂白鷺	子志吾不省
旣欲得魚噉	云何淸節秉
我腹常貯一囊墨	一吐能令數丈黑
魚目昏昏咫尺迷	掉尾欲往忘南北
我開口吞魚不覺	我腹常飽魚常惑
子羽太潔毛太奇	縞衣素裳誰不疑
行處玉貌先照水	魚皆遠望謹避之
子終日立將何待	子脛但酸腸常飢
子見烏鬼乞其羽	和光合汚從便宜
然後得魚如陵阜	咱子之雌與子兒
白鷺謂烏鰂	汝言亦有理
天旣賦予以潔白	予亦自視無塵滓

豈爲充玆一寸嗉　　變易形貌乃如是
魚來則食去不追　　我惟直立天命俟
烏鰂含墨噢且嗔　　愚哉汝鷺當餓死

1. 오징어 : 오즉어烏鰂語. 정약전의 《자산어보玆山魚譜(1814)》 <오적어烏賊魚>항에 "소송蘇頌이 이르기를, 도은거陶隱居의 말에 의하면 오징어는 물새[鸕鳥]가 화생化生한 것이다. (⋯) 배 속에 먹물이 있어 사용할 수 있으므로 이름을 오즉烏鰂이라 한다"고 하였다.
2. 두레 : '둘레'의 강원 방언.
3. 달아나려도 : 달아나려고 해도

[해제]
<오즉어행烏鰂魚行>과 다음 시 <장기 농가長鬐農歌>는 1801년 5월 장기에서 지었다. <오즉어행>은 까마귀와 백로를 연상시킨다. 기실 오징어는 수단 방법을 가리지 않고 먹이 사냥을 하는 반면, 백로는 천품이 결백하여 그리하지 못한다. 오징어는 백로에게 "어차피 물고기를 먹으려면서 어찌 맑은 절개를 지킨다 운운하는가(旣欲得魚噉 云何淸節秉)"라고 비아냥거린다. 그물질이든 낚시질이든 오십보백보 아니냐는 말이다. 이는 다산이 탐오무법한 관료들을 풍자한 동시에 벼슬질 자체를 먹이사슬 같은 일종의 착취 수단으로 인식한 것을 보여 준다. 하지만 그도 착취당하는 물고기의 입장을 전혀 고려한 것은 아니며, 다만 더 적게 착취하였다고 자위하는 무력한 봉건 유자로서 그 이념인 '청절'을 꼿꼿이 노래한 것뿐이다.
역자가 '지키난고?', '않을쏜가?', '기다린다?', '안해' 등의 옛말을 많이 살려써서, 다산의 시대와도 그리 멀지 않은 정서적 감응을 불러일으키고 있다.

258

장기 농가

1

보릿고개[1] 넘자 하니
태산같이 높고 높네.
천중天中 절기 지내고저
보리 거둠 시작했네.

풋보리밥 한 사발을
대감[2]들께 맛 뵈려니,
옥식 먹는 아가리라
보리밥이 싫다 하네.

2

논물 대어 치렁치렁
모심기 노래 처량하이.
점심 나른 저 아가[3]
왜 그리도 수줍은고?

하얀 모시 진솔 적삼
누른 모시[4] 긴치마를,
의롱 안에 개켜 넣고[5]
8월 추석 기다리네.

3
새벽부터 가는비에
담배 심기 좋을세라.
담배 모종 옮겨다가
울탈 밖에 심고 보세.

가꾸는 법 금년에는
영양법英陽法[6]을 본떠 보아,
금빛 나는 특산품을
팔아다가 일년 먹세.

4
새로 돋은 호박잎이
비 맞고서 살졌더니,
지난밤에 넝쿨 벋어
싸리삽작 얼컬었네.[7]

쓴 박, 단 박 다 심어도
수박을랑 심지 마세.
어이 그것 심지 않나?
관노놈들 무서워서.

5
새로 내린 병아리가

주먹같이 작건마는,
노란노란 황금빛이
그 아니 예쁠쏜가?

농가 첫딸 어리건만
공밥 먹지 아니하고,
뜨락 안에 곧추앉아
솔개 올까 지킨다네.

6

어저귀[檾麻]를 베어 내고
삼베밭을 매어 주네.
시어머니 허벅머리⁸
밤 들어샤 빗질하네.

곤히 누운 영감 불러
이른 잠을 자지 말고,
풍로에 불 불어 놓고
낡은 물레 고쳐 주소.

7

꽁보리밥 새로 짓고
고추장에 파 섞어서,
둥글둥글 부루쌈을

먹고 보니 제일미라.

금년도에 가자미[比目魚]는
얻어먹기 어려운데
건어 말려 바치면은
고을 관리 다 먹는다.

8
우리집 암송아지
오이밭에 들어갈까봐
서편 뜨락 맷돌 가에
옮겨 매어 두었더니,

첫새벽에 이정里正(里長) 와서
코 뚫어서 몰고 가고,
동래東萊 하납下納⁹ 시작되어
항구 배에 짐 실었네.

長鬐農歌 十章 中 八章(1801)

1

麥嶺崎嶇似太行　　天中過後始登場
誰將一椀熬靑麩　　分與籌司大監嘗

2

秧歌哀婉水如油　　嗔怪兒哥別樣羞
白苧新襦黃苧帔　　籠中十襲待中秋

3

曉雨廉纖合種煙　　煙苗移挿小籬邊
今春別學英陽法　　要販金絲度一年

4

新吐南瓜兩葉肥　　夜來抽蔓絡柴扉
平生不種西瓜子　　剛怕官奴惹是非

5

鷄子新生小似拳　　嫩黃毛色絶堪憐
誰言弱女糜虛祿　　堅坐中庭看嚇鳶

6

蕘麻初剪牡麻鋤　　公姥蓬頭夜始梳
蹴起僉知休早臥　　風爐吹火改繅車

7

萵葉團包麥飯吞　　合同椒醬與葱根
今年比目猶難得　　盡作乾鱐入縣門

8

不敎黃犢入瓜田　　　移繫西庭碌碡邊
里正曉來穿鼻去　　　東萊下納始裝船

1. 4월에 민간의 식량 사정이 어려운 때를 보릿고개라 한다(四月民間艱食 俗
   謂之麥嶺—원주).
2. 방언으로 재상宰相을 대감이라 한다(方言宰相曰大監—원주).
3. 방언으로 새색시를 아가라 한다(方言新婦曰兒哥—원주).
4. 누른 모시는 경주에서 나며 치맛감이다(黃紵布出慶州 帔裙也—원주).
5. 의롱 안에 개켜 넣고 : 옷장 안에 개어 넣고.
6. 경북 영양군에서 나는 담배가 유명하다(英陽縣産佳煙—원주).
7. 얼컬었네 : 얽혀 있네. 얽혔어라.
8. 허벅머리 : '쑥대머리·봉두난발' 뜻의 방언인 듯.
9. 하납下納 : 경상도 납세미 절반을 일본에 수송하는 것을 하납이라고 한다
   (下納者 嶺南稅米 半下納輸日本 名之曰—원주).

[해제]
류수의 《정약용작품선집》(1960)은 〈장기농가〉를 맨 앞에 싣고서 그다음에
〈탐진농가〉, 〈탐진촌요〉, 〈탐진어가〉 순으로 실었다. 그는 최익한의 이 책
《정다산선집》(1957)의 번역 주석을 도운 제자인데, 무엇보다 농어민의 노동
과 풍속을 다룬 유배기 작품을 우선시하였다. 반면에 최익한의 본서는 그러한
주제성보다는 《여유당전서》 신조본에 따라 창작순으로 배치되어 있다.
다산은 정신노동을 중시하고 육체노동을 천시한 유자였다. 본질적으로 그의
시는 일절 육체노동을 하지 않는 이른바 '반동적 무한학無汗學'에서 비롯될
수밖에 없었다. 그래서 그 '노동'이라는 시각으로 〈장기농가〉를 보면, 다산의
관념 표출이 얼마나 생경한지 더 쉽게 파악할 수 있는 것이다.
노동에서 철저히 벗어난 다산은 과연 무엇을 어떻게 그렸을까? 박지원의 시
〈전가田家〉를 연상시키는 제2장과 5장을 중심으로 고찰하여 보자.

제2장에는 '모내기 노래'에 뜬금없이 '새색시[兒哥]'가 나온다. 그런데 또 갑자기 8월 추석을 기다린다고 하였다. 여기서 우리는 바로 일평생 모 한 포기 심어 보지 않은, 즉 노동의 세계와는 완전히 단절된 당시 양반의 생각을 읽을 수 있다. 일찍이 류수원柳壽垣(1694~1755)은 《우서迂書》권1 <논려제論麗制>에서, "사족士族이 농사를 힘써 지으려 하면 몸에 땀이 젖고 발은 진흙투성이가 되어 대번에 상놈이 되고 마니, 비록 죽을지언정 차마 할 수는 없다(士族 … 欲爲力農 則霑體塗足 … 則目前便爲常漢 雖死而不忍爲也)"고 하였다. 또한 다산도 <응지론농정소應旨論農政疏>(1798)에서, "지금 사士로 자처하는 자들은 인민을 멸시하고 쟁기를 더러운 물건같이 보며 노동을 수치로 여겨서 손끝 하나 까닥하지 않는다(今也 … 以士自命 … 傲睨生靈 視耒耜爲穢物 羞力役而不躬 一指不動)"고 하였다. 그러므로 제2장은 다산이 모내기철에 단순히 엉뚱한 헛소리를 한다고 넘겨 버리기보다는, 노동과 절연된 유자의 채록이 갖는 계급적·시대적 한계를 충분히 감안해 보아야겠다.[1]

특히 제5장의 근거리 관찰은 주목된다. 다산은 농가의 어린 딸이 꼼짝 않고 앉아 햇병아리들을 솔개로부터 지키는 모습을 보고서, '헛밥[虛祿]'을 먹지 않는다며 그 가족노동의 분업적 의의를 찾았다. 실제로 그는 아동노동을 적극 권장하였는데, 이것이 엄연한 아동 착취에 기초하고 있는 것은 두말할 나위가 없다. 그의 실리적 경제관념은 인도적 노동세계의 도덕성과는 무관하였던 것이다. 그는 <신학유가계贐學游家誡>(1810)에서, "노비의 새끼가 5살 이상 되면 일을 나눠주어 한시도 못 쉬게 하라. (…) 내가 장기에 있을 때 주인 성成 아무개는 어린 손녀가 겨우 5살인데도 마당가에 앉아 솔개를 쫓게 하며, 7살짜리에게는 손에 간짓대를 들고 참새를 쫓게 하였단다. 나머지 한솥밥을 먹는 자도 모두 직책이 있었으니, 이는 본받을 만하다(婢奴之雛 凡過五歲以上 各有職業分授 無一刻游息 … 余在長鬐 主人成某有稗孫女 僅五歲 使之坐庭嚇鳶 有七歲者使以手筳驅雀 餘凡食於錡者 皆有職責 此可法也)"고 적었다. 역시 봉건 지주답게 어린 노비들을 잘 부려먹으라는 훈계를 잊지 않았던 것이다.

<장기농가>에서 다산은 인민의 입말도 양반 문자인 한자로 표기하였다. 그 예로 맥령麥嶺(보릿고개), 아가兒哥(새색시), 대감大監(재상), 첨지僉知(영감) 등

을 들 수 있다. 그는 나중에 《아언각비雅言覺非》(1819), 《이담속찬耳談續纂》(1820)과 같은 언어학 저술까지 남겼다. 정학모는 <다산 정약용과 조선어 연구>에서, "다산처럼 어음語音과 어휘에 관한 전반적 문제들을 새로운 각도에서 과학적으로 연구한 사람은 없었다"고 높게 평가하였다.[2]

최익한도 이미 <장기농가>를 민요체로 의역하면서, "이 시편은 농민의 곤란한 생활과 관료들의 가혹하고 잔인한 착취를 섬세하게 묘사한 화폭이다. 작자가 농민 생활 속에 더욱 침투하여 가는 것을 알 수 있다"고 예외 없이 찬사를 바쳤었다.[3]

1. 최익한은 《실정》 p771에서 <원목原牧>, <탕론湯論> 등을 평하며, "다산이 생존하고 있던 시대와 사회는 그 물질적 조건이 봉건사회 자체의 모순을 부르주아 계급의 성장에 의하여 해결할 수 있는 단계에 도달하지 못하였으므로, 그의 시대적 의식 능력은 소박하고 미숙한 형태로 구성될 수밖에 없었다"고 하였다. 이러한 봉건적 정치의식과 경제조건 속에서 다산의 허여멀건 '무노동의 농가'가 탄생할 수 있었던 것이다.

   어느 남한 학자는 다산이 몸소 노동하며 지은 시로 <우차육방옹농가하사 6수 又次陸放翁農家夏詞六首>, <하일전원잡흥효범양이가체 24수夏日田園雜興效范楊二家體二十四首> 등을 들었으나, 이는 원문을 오독하여 사실을 왜곡한 것이다. 위의 작품들에서 다산이 노동한 흔적을 전혀 찾을 수 없다.

2. 《다산 정약용 탄생 200주년 기념 론문집》 p263. 그렇지만 다산은 어디까지나 양반 지배 계급의 자기표현 수단인 '한시'를 짓는 과정에서 방언 따위를 음차音借·훈차訓借, 즉 한역했다는 사실에 유의할 필요가 있다. 그는 전국의 마을 이름까지 상말(우리말)을 없애고 한자화하기 위해 다음과 같이 반동적인 주장을 하였기 때문이다. "우리나라 군·현의 명칭은 본래 모두 상말이라 괴이쩍다. (…) 마땅히 각 도 감사에게 칙서를 내려 한 도의 방·이坊里를 뽑아서 죄다 아름다운 한자명을 주어야 한다(我邦郡縣之名 本皆哇俚可怪 … 宜勑諸道監司 取一道坊里 悉錫嘉名)." 《경세유표》 <지관수제地官修制·전제田制 10>; 김영호, <다산학연구사 서설>, 《다산학보》 9집, 1987, p1052 참조.

3. <정다산의 시문학에 대하여>, 앞의 책, p58.

동문에서 해돋이 구경

직녀 아가씨 붉은 비단 장막을 짜내어
푸른 바다 하늘가에 걸어 놓았다.

그 붉은빛이 용궁을 휘저으매
자다 깬 용왕님 몸부림을 치며

온갖 고기떼는 머리를 동이고
다퉈가며 동편으로 몰려간다.

난데없는 황금 갈구리 치솟으매
잔잔한 물결이 홀연히 찡그리며,

둥그런 구리쇠 소반 하나를
토한 듯, 거침없이 밀어 올리네.

둥실둥실 창공으로 떠오르매
만 사람 함께 우러러보며,

한꺼번에 모여들던 푸른 놀은
차츰 헤어져 산봉우리로 돌아간다.

이는 마치 대궐을 나오는 임의 거동에
찬란한 기치 창검 벌려 세우더니

거동 마치고 전상殿上에 오른 뒤에
의장병 걷고서 옥안을 나타내는 듯.

나는 문득 옛일*을 추억한다,
가신 임 생각에 못내 슬퍼하노라.

東門觀日出(1801)

天孫織出紅錦帳　　掛之碧海靑天上
赤光照水魚龍盪　　萬族齊首盡東嚮
金鉤一閃波細漾　　銅鉦畢吐塵無障
宛轉上天人共仰　　碧霞漸散歸峯嶂
初如御駕出宮輿衛壯　終如御駕上殿收儀仗
小臣憶昔心惻愴

* 옛일 : 다산이 34세 때 자기를 특별히 신임 기대하던 국왕 정조를 배행하고
　수원水原 행궁으로 갔던 일을 가리킨다.

[해제]
1801년 6월 장기읍성 동문의 조해루朝海樓에 올라 해돋이를 보며 읊은 시
이다. 현재 배일대拜日臺라는 표석이 남아 있다.

보리마당

새 독에서 떠낸 탁주는 젖빛 같고
큰 사발에 담은 보리밥은 높이 한 자다.

도리깨 잡고 마당 머리에 나선 저 농부들
검붉은 두 어깨 햇빛에 번질거린다.

'어차어차' 소리에 발맞추어 두드리니
어느덧 보리알이 깨알처럼 쏟아지네.

이 노래, 저 노래 부르고 대답커니
부서진 검불이 용마루로 날아오른다.

그들의 기색은 기쁘고도 기쁘나니
마음 고통이란 털끝만치도 없어라.

인간 낙원이 이곳에 있지 아니한가?
어찌하여 먼지 세계의 나그네 되난다?!

打麥行(1801)

新篘濁酒如渾白　　大碗麥飯高一尺
飯罷取耞登場立　　雙肩漆澤翻日赤
呼邪作聲擧趾齊　　須臾麥穗都狼藉
雜歌互答聲轉高　　但見屋角紛飛麥
觀其氣色樂莫樂　　了不以心爲形役
樂園樂郊不遠有*　　何苦去作風塵客

* 園 : 규장본에는 國으로 되어 있다.

[해제]

1801년 6월 말경 지은 시이다. 옛날에는 먹거리가 한정되다 보니 밥을 많이
먹었다. 큰 사발에 보리 고봉밥이 높이 한 자라고 한 것은 단순한 과장이 아
니다. 보리타작은 마당에서 하기 때문에 다산은 가까이서 구경할 수 있었다.
그에게는 아주 익숙한 풍경이었으리라. 마현 일대가 전부 자기 땅인 데다가,
일찍이 그는 또 논밭이 있던 용문산龍門山 자락의 문암산장에서 수십 일간
머물며 종들이 추수하는 것을 매년 감시 감독도 했으니 말이다.[1] 그러나 이
제 그는 봉건 관료에서 갓 탈락된 유배객 신세인지라 농부들이 새삼 낯설게
느껴졌을지도 모른다.

"검붉은 두 어깨 햇빛에 번질거린다", "부서진 검불이 용마루로 날아오른다"
등의 생생한 노동 현장 묘사가 돋보인다. 그는 농부들이 일하는 모습을 통해
"마음이 몸의 노예가 되지 않는(了不以心爲形役)" 낙원을 발견하였다. 이는
물론 낭만적이고 관념적인 귀결이다. 그는 노동에 직접 참여할 수 없는 유자
신분으로서 피상적인 노동의 즐거움은 실감 나게 그렸으되, 실질적인 노동의
고통은 전혀 보여 주지 못하고 있다. 즉 그의 관찰은 애당초 노동 자체와는

철저히 분리되어 있으니까 결국은 실없는 귀거래 타령식으로 표출될 수밖에 없는 것이다. 하여 우리가 그의 작품에서 진정한 노동의 형상까지 기대하는 것은, 마치 나무에서 물고기를 찾는 격이 되고 만다. 솔직히 말해서 착취당하는 노동은 인간적인 즐거움이 아니라 노예적인 고통일 뿐이다!

그러나 최익한은 또다시 다산을 긍정적으로 평가하였다. 이는 작자의 노동에 대한 시각을 그 구체적인 진정성 측면에서는 규명하지 못한 채 다만 그 추상적인 논리성에만 국한된 나머지, 시종 우호적으로 분석한 것처럼 보인다.

"작자는 근로 인민의 아름다운 형상을 눈여겨보았다. 근로하는 가운데에서 착취에 대한 반항은 있을지언정 인생에 대한 권태와 실망이 없으며, 육체의 고통은 느낄지언정 정신의 고통은 있을 수 없으므로 항상 유쾌하고 낙천적인 것이 그들의 특징이다. 왜냐하면 (그것은) 물질의 부富와 생활의 자료를 창조 생산하는 근로 인민의 본성이기 때문이다. 이는 마치 아이를 낳고 기르는 어머니가 낳고 기르는 고통을 고통으로 여기지 않고 항상 자애와 유쾌로 충만하여 있는 것과 같은 것이다. 작자는 이 시에서 근로 인민의 유쾌성을 발견하고 순진한 농민이 되기를 원하였으며, 또 허영과 나태의 막다른 골목에서 정신적 고통과 비관·절망이 있는 것을 깊이 깨달았던 것이다."[2]

김하명도 <보리마당>은 "도리깨 휘둘러 보리타작하는 농민들의 씩씩하고 근로 애호적인 모습을 생생한 화폭으로 그려 내고 있다"고 의례적인 찬양만 하였다.[3] 당시 북한 학계는 인민들의 애국주의 교양 사업에 경도되어 무조건 다산을 인민의 시인으로 도식화하는 수준에 대체로 머물러 있었다.

1. 시문집 <추일문암산장잡시秋日門巖山莊雜詩>.
2. <정다산의 시문학에 대하여>, 앞의 책, pp58~9.
3. 김하명, 《조선문학사》(15~19세기: 대학용), 교육도서출판사, 1955, p409.

추회 秋懷

외밭 가에
외밭 지키는
네 다리 초막

외밭 주인 늙은이
집안사람을 다 데리고
이곳 와서 머무는구나.

그 누가 알았으랴?
이 초라한 초막 속에서도
기쁨의 웃음이 있을 줄이야!

바다가 떠들고
산악이 들레더라도
그들은 들은 체도 아니하네.

秋懷 八首 中 第八首(1801)

四脚瓜田守草樓　　瓜翁盡室此淹留
此中樂事人誰識　　海鬧山喧了不憂

[해제]

이 시는 <추회秋懷> 즉 '가을 느낌'이라는 시의 8수 중 하나인데, 이도 역시 근로 인민의 낙천적인 모습에 감탄한 것이다. 바다가 떠들고 산악이 들레더라도 그들은 들은 체도 아니한다는 것은 이것이 놀고먹는 착취 계급에게 있어서는 인민과 사회를 떠난 고답적이며 도피적인 행동으로 되지만, 자기 생활을 자기 노력으로 창조하는 근로 인민에게 있어서는 도리어 근로하는 태도의 하나로 표현되는 것이다. 왜냐하면 바다가 떠들고 산악이 들레더라도의 내용은 요컨대 근로 인민의 생활과 이익에 아무런 관련이 없는 요란스러운 소리인 때문이다.

그러나 근로 인민의 낙천적인 성격만을 보고 그 반면에 자기 생활에 대한 고통·고난과 착취 계급에 대한 불평불만의 의식을 보지 못한다면 이는 그들의 계급적 본성을 간과하는 것이다. 근로 인민의 낙천주의는 유식遊食 계급의 이른바 안빈낙도의 사상과는 본질적으로 다른 것이다. 그것은 전자는 생산 의욕의 적극성의 일면을 보이는 것이며, 후자는 생산 의욕의 발전을 저해하는 숙명론적 일면을 보이는 때문이다. 근로 인민은 만물을 생장 발육시키는 춘풍화기를 가진 반면에 모든 억압과 저항을 살라 버릴 만한 증오·분노의 불덩어리를 내포하고 있다(<정다산의 시문학에 대하여>, 앞의 책, p59).

흰 구름

가을바람이
흰 구름을 불어 흩으니
구만리 창공에
한 점 티끌도 없어라.

홀연히 내 몸에도
날개 돋은 듯하여
비좁은 이 세상을
표연히 벗어나련다.

白雲(1801)

秋風吹白雲　　碧落無纖翳
忽念此身輕　　飄然思出世

[해제]
1801년 가을 장기에서 지은 시이다. 동년 10월 20일(양력 11월 25일) 밤 황
사영 백서 사건으로 다시 체포되어 서울로 압송되었다.

율정¹ 이별

띠[茅] 이은 주막집 바람벽에
파란 등잔불이 껌벅하며 꺼지려네.

일어나 돋은 샛별을 보고
애처롭다! 이곳서 나누런다.

두 얼굴이 마주 쳐다보며
말하랴니 목멘 소리만 나네.

만경창해로 돌라싼 흑산도에
임은 어째서 그곳으로 가시난고?

그곳에는 산더미 같은 고래 있어서
입으로 통배를 삼켰다 토했다 한다오.

큰 지네는 혀까래² 같고
독사는 칡넝쿨처럼 서렸다오.

내 일찍이 장기에 있을 제
밤낮으로 강진을 바라보고

펄쩍 날아 바다를 건너가서
그리운 임을 만나고저 하였다.

지금 나는 강진으로 옮겨가매
마치 골짜기에서 들로 나가는 듯하며

또 철없는 어린아이가 물 건너
무지개를 좇아 붙들려는 것 같아라.

그러나 내가 강진으로 옮아가자
임은 다시 흑산도로 가시누나.

어리석은 아이가 무지개를 붙들려고
좇아가면 갈수록 무지개는 서편으로 옮겨가누나!

栗亭別(1801)

茅店曉燈靑欲滅　　起視明星慘將別
脈脈嘿嘿兩無言　　强欲轉喉成嗚咽
黑山超超海連空　　君胡爲乎入此中
鯨鯢齒如山　　吞舟還復噀
蜈蚣之大如皂莢　　蝮蛇之斜如藤蔓

憶我在鬐邑	日夜望康津
思張六翩截靑海	于水中央見伊人
今我高遷就喬木	如脫明珠買空櫝
又如癡獃兒	妄欲捉虹蜺
西陂一弓地	分明見朝隮
兒來逐虹虹益遠	又在西陂西復西

1. 율정栗亭은 나주羅州 북편 5리 지점에 있다(亭在羅州北五里—원주).
2. 혀까래 : '서까래'의 경북 방언.

[해제]

1801년 봄에 '신유사옥'으로 다산 일파는 당시 봉건 보수당파의 박해를 받아 투옥되었다가 겨우 살아나서, 그의 중형 정약전은 강진 신지도로, 다산은 포항 장기로 유배되었다. 그해 10월에 이른바 '황사영 백서 사건'으로 그의 형제가 다시 투옥되었으나, 이와 관련된 증거가 없었으므로 약전은 흑산도로, 다산은 강진으로 각각 옮겨 유배하게 되었다. 그래서 형제가 서울서 나주 율정점栗亭店까지 동행해 왔다가 11월 22일 마지막 작별을 하며 각자의 유배지로 향하였다. 그때 다산은 이 이별시를 지었다(최익한).

율정은 현 나주시 대호동 밤남정 삼거리에 있었다. 약전은 다산의 형으로서 선생이자 지기知己였는데, 1816년 6월 귀양지에서 생을 마감하였다. 다산은 1818년 9월 해배길에 다시 율정점을 경유한 것으로 보인다(〈기이아寄二兒〉, 〈선중씨묘지명先仲氏墓誌銘〉 참조).

탐진[1] 촌요

3

바닷가에 대밭 많고,
그 대 길이 백 자러니
어느 놈이 다 쪄[2] 가고
낚싯대 삿대 하나 없네.

대밭 임자 밤낮으로
죽순 길러 무엇하노?
관가 양반 무서워서
죽력竹瀝[3] 짜서 바친다네.

7

눈빛 나는 무명필을
촌가 아씨 짜냈더니,
이방님네 관노 와서
돈값[4]이라 빼앗아 갔네.

누결전漏結田의 납세라고[5]
성화같이 독촉하네.
3월 중순 배 떠나니
어서어서 바치라네.

耽津村謠 十五首⁶(1802)

3

海岸籊簹百尺高	如今不中釣船篙
園丁日日培新筍	留作朱門竹瀝膏

7

棉布新治雪樣鮮	黃頭來博吏房錢
漏田督稅如星火	三月中旬道發船

1. 탐진耽津 : 강진의 옛 이름. '탐라耽羅의 나루'라는 뜻으로 탐라국이 신라
   에 조공할 때 여기에 머물렀기 때문에 그리 불렀다고 한다.
2. 쪄 : '찍어'의 뜻인 듯.
3. 죽력竹瀝 : 참대 줄기를 불에 구워서 받은 액즙으로 술이나 약재로 쓰인다.
4. 돈값 : 이자.
5. 왕의 판적版籍에 누락된 민전民田이 6백여 결結인데 그것을 재결災結이라
   사칭하니, 이 왕실의 세금은 얼마나 되리오(民田之漏於王籍者 六百餘結 其
   僞災稱 是公室之賦幾何―원주).
6. 十五首 : 신조본에는 '二十首'라 되어 있으나, 15수만 수록되어 있다.

[해제]
다산이 강진에 도착한 그 이듬해(1802) 41세 때의 작품이다. 속어와 방언을
많이 사용한 한시 절구체를 최익한은 민요풍으로 번역하였다. 다산의 눈과
귀는 농민의 근로 및 불평과 관료·부호의 착취 행동에 항상 밝고 민감하였다
(<정다산의 시문학에 대하여 (하)>,《조선어문》4호, 1956, p28).

탐진 농가

1

섣달 날세[1] 다스하여
마파람에 눈 개었네.
울탈 저편 밭갈이에
보습 소리 찌걱찌걱.
늙은 주인 작지 놓고
머슴 한 번 꾸짖었네.
금년 들어 어쩔다가[2]
두벌갈이 겨우 했네.

2

벼 벤 논에 물 빼고서
갈아 뒤쳐 보리 심네.
보리 익어 베어 내고
그 자리에 볏모 심네.
먹고사는 우리 땅을
하루인들 쉬일쏜가?
푸른빛과 누른빛은
일 년 사철 뻴[3] 새 없네.

4

이곳 풍속 논매기에
호미랑은 쓰지 않고,
두 손으로 헤매어서[4]
잡초 뿌리 잘도 뽑네.
달려드는 거마리에
벌건 다리 피 흐르네.
이 피로써 사연 써서
상감께나 바쳐 볼까![5]

8

출렁출렁 연못 안에
고기 길러 무엇하랴?
아이들아 내 말 듣고
부디 연꽃 심지 마라.
연밥[蓮實] 열면 연밥 달라
관가 독촉 몸서리요,
고기 놀면 고기 낚기
관가 등쌀 견딜쏘냐!

耽津農歌 十首(1802)

1

臘日風薰雪正晴　　籬邊札札曳犁聲
主翁擲杖嗔傭懶　　今歲纔翻第二畊

2

稻田洩水須種麥　　刈麥纔時還揷秧
不肯一日休地力　　四時嬗變色靑黃

4

穭蕠從來不用鋤　　手搴稂莠亦須除
那將赤脚蛭鍼血　　添繪銀臺遞奏書

8

陂澤漫漫不養魚　　兒童愼莫種芙蕖
豈惟蓮子輸官裏　　兼怕官人暇日漁

1. 날세 : '날씨'의 방언(평남·함경).
2. 어찧다가 : 어찌하다가. 어쩌다가. '어찌다'는 '어쩌다'의 북한어·방언.
3. 삘 : '삐다'는 '빠지다, 줄어들다, 없어지다'의 뜻.
4. 헤매어서 : 헤쳐 김매어서.
5. 정협鄭俠이 <유민도流民圖>를 그려 바쳤다는 고사를 원용한 것이다(銀臺
   用鄭俠事―원주). 정협은 p165 주6 볼 것.

[해제]

7언 절구 10수의 연작시로, 제4수에 노동의 고통이 처음으로 조금 언급되어 있다. 그것은 농민이 맨발로 김매기를 하다가 거머리에 물려 피를 흘린다는 사실이다. 다산은 그 참상을 의례적인 정협의 <유민도>처럼 그려 볼까 했지만, 이는 안이한 임시방편적 발상으로 본질적인 문제 해결책은 되지 못한다. 왜냐하면 당시 농민과 양반 지주는 노동자와 비노동자로서 근본적으로 화해할 수 없는 봉건적 토지 소유 관계로 얽혀 있었기 때문이다. 이러한 적대적인 관계하에서 직접 생산자인 농민은 토지의 소유자가 아니라 점유자(경작자)로 남아 있었던 만큼 신분이 고착되어 대대손손 봉건 지주나 봉건 국가에게 억압과 착취를 강요당하는 운명에 놓이게 되었던 것이다.*

한편 다산은 1804년 4월 그동안 지은 시를 모아 《탐진농가첩耽津農歌帖》을 만들었는데, 그 발문에 "사문私門에서 세금을 부과하는 법 같은 것은 마땅히 조정에서 북녘의 풍속을 쓰도록 권장하면, 호강豪强한 자를 억제하고 빈약한 자를 지원하는 데 한 도움이 되리라(若其私門賦租之法 宜自 朝廷飭用北俗 庶亦抑豪扶羸之一助云爾)"고 하였다. 즉 당시 지세를 호남 지방은 소작인이 부담하니 경기도처럼 지주가 내도록 시정하자는 말이다. <의엄금호남제읍전부수조지속차자擬嚴禁湖南諸邑佃夫輸租之俗箚子>(본서 pp611~618)에 좀 더 구체적으로 나온다. 이는 '의차擬箚'인 만큼 실제로 올린 글은 아니고, 다산 자신이 지주였던지라 결국 아무런 개혁안도 내놓을 수 없었다.

"신은 바라건대 전하께서 조정에 분부하여 속히 각 도의 관찰사들로 하여금 엄격한 과조科條를 세워 이제부터는 조세(왕세)와 종자를 모두 지주가 내게 하시고, 만일 은밀히 사사로이 받아서 토지의 권리를 조종하는 자가 있으면, 특별히 염찰廉察하여 중형으로 처단게 하시면 호남의 농민들이 비로소 어느 정도 허리를 펴고 소생의 숨을 쉬게 될 것입니다. 전하께서는 무엇을 꺼려서 하지 않으십니까?(臣願殿下俯詢廟堂 亟令道臣 嚴立科條 自今租與種子 皆令田主出之 其有暗地私受 操縱田土之權者 別加廉察 置之重辟 則南土之民 庶幾息肩而望蘇矣 殿下何憚而不爲也)"

최익한은 〈탐진농가〉에 대하여, "다산은 닿는 곳마다 농민 생활의 심장을 고동시키는 노래를 읊고 있다. 그의 소리는 더욱 진지하고 드높아졌다"고 평하였다(《조선어문》4호, p29).

* 김석형, 《조선봉건시대 농민의 계급 구성》, 사회과학원, 1957, pp444~8 참조. 면수는 남한의 신서원 2쇄본(1995)에 따름. 이하 마찬가지.

최익한의 차남 최학소崔學韶(1916~?)는 "농민운동! 이것은 본질적으로 토지 소유자인 지주 대 직접 경작자인 농민과의 계급투쟁이다"고 하였다(《농민조합조직론》, 사회과학총서간행회, 1946, p45). 그러나 소위 실학자들은 기껏해야 봉건제도의 모순을 비판하며 그 부분적 '개혁'을 시도할 수 있었을 뿐이지, 봉건제도 그 자체를 부인하거나 농민들의 혁명적 진출에 가담한 것은 아니었다. 특히 다산은 양반지식분자로서 농민들에 대해 동정을 보내면서도 당시 가장 혁명적으로 진출한 농민들의 투쟁에 합류하지 못하였으며, 그들의 혁명적 요구를 대변하기는커녕 오히려 적대시하였다(정성철, 《실학파의 철학사상과 사회정치적 견해》, 사회과학출판사, 1974, p40, p444. 면수는 백의출판사 복간본(1989)에 따름. 이하 마찬가지).

탐진 어가

9

육방관속六房官屬[1] 콧날 높아
동헌 대청 내려보네.
주패朱牌 들고 어촌 와서
밤낮 볶아 못 살겠네.

가짜 관첩, 진짜 관첩
분별할 이 있을쏜가?
사또 보고 말하려니
문간지기 호랑일세.

10

궁복개[弓福浦][2] 큰 배들은
나무 싣기 일쑤일세.
황장목黃腸木[3]이 귀하다고
한 그루에도 백 냥일세.

저것 보소, 수영水營 방자房子
'인정人情'[4]이란 다 먹고서
수양버들 그늘 아래
곤드라져 누워 있네.[5]

耽津漁歌 十章(1802)

9

搰閣嵯峨壓政軒　　朱牌日日到漁村
休將帖子分眞贗　　官裏由來虎守門

10

弓福浦前柴滿船　　黃腸一樹直千錢
水營房子人情厚　　醉臥南塘垂柳邊

1. 육방관속六房官屬 : 옛날 우리나라 관제에 도청·군청 등 지방 관청에도 중
   앙 정부의 이조·예조·호조·병조·형조·공조의 육조六曹 체제를 본떠서 이방·
   호방·예방·병방·형방·공방의 육방六房을 두었는데, 그 소속 아전들을 육방
   관속이라 하였다.
2. 궁복개[弓福浦] : 궁복은 신라 장보고張保皐의 동음이역同音異譯인데 장보
   고가 완도莞島에서 청해진사淸海鎭使로 있었기 때문에 완도를 궁복개(궁
   복포)라고 하였다.
3. 국왕의 관을 만드는 데 쓰이는 소나무를 황장목이라 한다(梓宮所用之松曰
   黃腸─원주).
4. 우리 속어에 '회뢰賄賂(뇌물)'를 인정이라고 한다(東俗賄賂曰人情─원주).
5. 원문에는 '맨주되여 누엇네'로 되어 있다. '맨주'는 '만주滿酒'의 경상 방언
   인데, 그 예문을 보면 다음과 같다.
   ① 산수의 낙樂에 맨주가 된 선생일지라도 세상은 고경苦境이라는 탄식을
   연발하지 않을 수 없었다. ('흠뻑 취함'의 뜻.《여독》p153)
   ② 그는 천성이 술을 좋아하여 날마다 맨주가 되었으며 부하 장병에 대한
   형벌은 상도常度를 잃어버렸다. ('이취泥醉'의 뜻. 최익한 저(송찬섭 편),《조
   선 명장전 1》, 서해문집, 2019, pp191~2)

[해제]

7언 절구 10수의 연작시로 관리와 관속들의 가혹한 착취와 어민들의 곤고한
상태를 폭로 묘사하였다(《조선어문》 4호, p30).

다산의 〈탐진촌요〉, 〈탐진농가〉, 〈탐진어가〉에 화답하여 이가환의 외조카
이학규李學逵(1770~1835)는 1809년 유배지 김해金海에서 〈상동초가上東
樵歌〉, 〈강창농가江滄農歌〉, 〈남호어가南湖漁歌〉를 지은 바 있다.

절양 絕陽을 슬퍼한다

갈밭골 젊은 부인이 목놓고 우노매라,
서러운 그 울음 묻노니 무삼 일고?[1]

맨발에 해진 치마 앞을 가리고
삼문을 향해 걸음걸음 울부짖네.

출정出征 군인에게 복호復戶[2]를 않는 건
오히려 이 세상에 있을 법도 하려니와,

그 몹쓸 군포에 쪼들린 사나이
생식기 끊었단 말이 웬일인가!

시아버지 3년상 이미 마쳤고
갓난아이 겨우 삼안[3]이건마는,

백골은 묵은 명부에 그대로 달렸고
아이는 어느새 새 군적에 올랐어라.

그리고도 남편의 몫을 물어주니
3대 군포가 태산보다 무겁구나!

억울한 사정을 관가에 하소하려니
무정한 문지기 범처럼 으르렁

이리보다도 흉포한 이정里正(이장)은
애기 군포 바치라고 엉패를 부린다.[4]

동솥, 노구솥, 죽탕관 다 떼어 가고
오양간에 누은[5] 소마저 몰아낸다.

그 소는 그 집의 단벌 소며 온 재산이다,
그들에겐 아들보다 더 중한 것이다.

떠나가는 소 한 번 돌아보고 부르짖으니
기막힌 주인 아무 말도 없었다.

그는 문득 저주하고 식칼을 숫돌에 갈았다,
칼을 잡고 안방으로 뛰어들어갔다.

"원수 놈의 군포여! 이것이 화근이다!
가난한 자에겐 부부 생활이 부질없어!

가난한 자에겐 아들도 귀하지 않다,
애기 군포에 농우를 앗기다니!"

격분의 말이 끝나자 칼은 번쩍였다,
그의 다리 사이에 살저름[6]이 떨어졌다.

붉은 피는 삿자리를 흠뻑 적셨다,
놀란 안해는 남편의 발 앞에 엎드러졌다.

잠실음형蠶室淫刑[7]은 내 일찍이 들었거니
민건閩囝 거세[8]도 가엾은 일이거니.

그러나 이 농가에 벌어진 비극이야
하늘이 찡그리고 땅이 슬퍼하리라.

자식을 낳고 기르는 건 자연의 이치라
음양 화합에 남녀가 그 성능을 발휘한다.

말과 도야지의 불친[9] 것도 오히려 슬프거든
하물며 인생에서 이런 비극 차마 볼쏘냐?

관리는 인간 승냥이다, 사나운 짐승이다,
내 소를 앗아가고 내 가정을 깨뜨렸네!

가난한 자에겐 부부의 낙도 없구나,
사랑하는 아들도 낳을 수 없어라!

저 부호의 집을 보라! 군포도 환자도 없고
일 년 열두 달을 풍악 소리 속에서 지내누나.

천 석을 쌓고 만 필을 재어 놓은들
쌀 한 톨, 배 한 치를 그 누가 앗아가랴?

부자나 빈자나 다 같이 나라 백성이언만
하늘의 은혜 어찌 그리도 고르지 못한고?

아무런 보람없이 나의 오장이 찢어질 듯,
객창客窓에 홀로 앉아 <시구鳲鳩>편[10]을 읊노라.

哀絶陽 (1803)

蘆田少婦哭聲長	哭向縣門號穹蒼
夫征不復尙可有	自古未聞男絶陽
舅喪已縞兒未澡	三代名簽在軍保
薄言往愬虎守閽	里正咆哮牛去皁
磨刀入房血滿席	自恨生兒遭窘厄
蠶室淫刑豈有辜[11]	閩囝去勢良亦慽
生生之理天所予	乾道成男坤道女
騸馬豶豕猶云悲	況乃生民思繼序

豪家終歲奏管弦　　粒米寸帛無所捐
均吾赤子何厚薄　　客窓重誦鳲鳩篇

1. 무삼 일고? : 무슨 일인고? 무슴>무슨.
2. 복호復戶 : 부역 면제. 이조 봉건 시대에는 현역 군인에게 군포를 징수하지
   않는 것이 원칙이었다.
3~6. '삼안'은 '사흘', '엉패 부리다'는 '행패 부리다', '오양간에 누은'은 '외
   양간에 누운', '살저름'은 '살점'의 강원·경상 방언인 듯하다. 그 예문으로
   최익한의《강감찬 장군》(민주청년사, 1955) p38에 "턱도 없는 노릇을 요
   구하는 것이 결국 엉패만 부리는 헛수작이구려"가 보인다.
7. 잠실음형蠶室淫刑 : 중국 옛날 거세하는 형벌.
8. 민건閩团 거세 : 중국 옛날 민閩(복건성 지방) 사람들은 아이를 건团이라고
   불렀는데 아이를 거세하는 풍속이 있었다.
9. 불친 : 불치다. '불까다'의 제주 방언.
10. <시구鳲鳩>편 :《시경》<조풍曹風·시구>편에 "鳲鳩在桑, 其子七兮. 淑人
    君子, 其儀一兮"라 하였다. 시구는 뻐꾸기인데, 새끼들을 기를 때 골고루
    잘 나누어 먹인다고 한다. 이는 '일시동인一視同仁(모두를 하나로 보아 똑
    같이 사랑함)'하는 시구의 인덕仁德을 이르는 것이다.
11. 辠 : 규장본에는 辠로 되어 있다. 辠는 罪의 고자.

[해제]
《목민심서》에 이 시를 지은 동기가 다음과 같이 나와 있다.

"이는 1803년 가을 강진에 있을 때 지은 것이다. 그때 갈밭골 인민이 아이를
낳은 지 사흘 만에 군보에 편입되고 이정里正이 소를 빼앗아 갔다. 인민이 칼
을 뽑아 자기 생식기를 자르면서, '내가 이 물건 때문에 이런 곤욕을 당한다'
하였다. 그 아내는 피가 뚝뚝 떨어지는 생식기를 들고 관아에 나아가 울부짖
으며 하소연하였으나 문지기가 막아 버렸단다. 내가 이 말을 듣고 이 시를 지

292

었다. 인민을 다스리는 자가 인민의 실정은 걱정하지 않고 세속 관례만 따르므로, 당시 사납고 독살스러운 한 인민이 이와 같이 끔찍한 일을 저질렀으니 매우 불행한 일이다. 어찌 두렵지 않겠는가?(此嘉慶癸亥秋 余在康津作也 時蘆田民 有兒生三日入於軍保 里正奪牛 民拔刀自割其陽莖曰 我以此物之故 受此困厄 其妻持其莖 詣官門 血猶淋淋 且哭且訴 閽者拒之 余聞而作此詩 爲民牧者 不恤民情 但循俗例 時有悍毒之民 作如是變 不幸甚矣 可不懼哉)"[1]

1803년 늦봄에 다산의 제자 황상黃裳(1788~1870)이 이미 <애절양哀絶陽>을 썼다. 두 계절이나 지난 후에야 뒷북치듯 다산은 그 시구를 빌려와 서사 구조를 더 갖추어 제자의 시를 자기화한 것으로 보인다.[2] 또 영조 때도 전라도 낙안樂安에서 군포로 인한 '절양 사건'이 있었다.[3]

최익한은 다산의 <애절양>을 다음과 같이 평하였다.

"당시 양반 시인들 같으면 '절양 사건'을 귀에 담고 입에 걸 수 없는 비속하고 해괴망측한 '불상놈'의 짓으로 보고 일축하여 버렸겠지만, 다산은 이를 한낱 엽기적인 심리로 대한 것이 아니라 오직 지배 계급의 포악 무비한 착취 제도의 내막을 폭로하고 인민 생활의 곤궁 비참한 사정을 대신 호소한 것이다. 이한 가지만 보아도 다산의 문학 사상과 미적 인식이 어느 편에 서 있었는지를 분명히 알 수 있다."[4]

1. 《목민심서》 <병전兵典·첨정簽丁>.
2. 이철희, <사회시에서 다산과 치원厄園의 차이>, 《다산학》 12호(2008), 다산학술문화재단, p133; 정민, 《삶을 바꾼 만남》, 문학동네, 2011, pp75~80.
3. 《영조실록》 10년(1734) 6월 13일조 <이광도상소李廣道上疏>; 김하명, 《연암박지원》, 국립출판사, 1955, p67.
4. 《실정》 p692; <정다산의 시문학에 대하여 (하)>, 앞의 책, p30. 여기서 '엽기적인 심리로 대하지 않았다'고 평한 것은, 시인이자 고전문학자로서 최익한의 높은 안목으로 인정된다.

송충이

그대는 보지 못한다? 천관산天冠山[1] 솔밭을,
천 그루 만 그루가 뭇 봉우리에 삼대처럼 섰더니라.

어찌 울창한 늙은 소나무뿐이랴?
어린나무들도 고이고이 자라더니.

하로[2] 밤에 송충이 땅을 덮어 와서
솔잎사귀를 마치 누에 뽕 먹듯 하였다.

처음에는 검은 살매[3] 자못 추악하며
나중엔 노란 털, 붉은 반점 몹시도 흉하다.

바늘 같은 잎을 갉아 진액을 말리더니
껍질과 살을 다 먹고 헐미[4]만 만들었다.

솔은 날마다 마르고 감히 한 가지도 움직이지 못한다,
어찌 그리 공순하게 꼿꼿이 서서 죽난고야!

문둥병은 줄거리와 옴딱지 가지가 서로 슬퍼할 뿐
시원한 바람 소리와 짙은 그늘이 다시 있을쏜가.

하늘이 소나무를 낸 것은 깊은 뜻 있나니
사철 내내 푸르러 치운 겨울 몰랐어라.

사랑과 은혜 뭇 나무에 뛰어나거니
하물며 춘풍 도리桃李와 영화를 다투랴.

만일 대궐 명당이 썩어 넘어지면
그로써 긴 기둥과 큰 들보를 삼으며

만일 왜적 같은 섬 오랑캐 침범하면
판옥선板屋船, 거북선 지어 그놈의 선봉을 꺾으리라.

그런데 지금 너희들이 욕심껏 먹어 죽이니
나의 가슴은 막히고 피는 끓어오른다.

어쩌면 뇌신雷神의 벼락도끼를 빌려 얻어서
너의 무리를 쓸어다가 시뻘건 화덕에 모조리 넣어 버릴까?!

蟲食松(1803)

君不見天冠山中滿山松　千樹萬樹被衆峰
豈惟老大鬱蒼勁　　　　每憐穉小羅丰茸

一夜沴蟲塞天地	衆喙食松如餈饔
初生醜惡肌肉黑	漸出金毛赤斑滋頑兇
始呷葉針竭津液	轉齧膚革成瘡癰
松日枯槁不敢一枝動	直立而死何其恭
瘰柯癩幹凄相向	爽籟茂樾嗟何從
天之生松深心在	四時護育無大冬
寵光隆渥出衆木	況與桃李爭華穠
太室明堂若傾圮	與作偩梁矗棟來朝宗
漆齒流求若隳突	與作艨艟巨艦摧前鋒
汝今私慾恣殄瘁	我欲言之氣上衝
安得雷公霹靂斧	盡將汝族秉畀炎火洪鑪鎔

1. 천관산天冠山 : 전남 장흥에 있는 산. 높이 723m.
2. 하로 : '하루'의 방언(경남·전남).
3~4. 살매는 '살갗', 헐미는 '헌데'의 경상 방언.

[해제]

늘 푸른 솔은 예로부터 지절志節의 상징이었다. 시인은 유교 이념을 표상하는 소나무의 여러 혜택을 들면서, 이를 훼손하는 송충이 족속들을 모조리 불구덩이에 처넣어 버리고 싶다고 하였다. 7언 26구의 고시로, 착취 계급인 봉건 통치배를 송충이에 빗대어 풍자한 우화시이다. 어찌 보면 봉건 관료 다산은 자연 현상인 병충해를 시화함으로써 당쟁에서 무참히 패배한 후 그간 쌓였던 울분을 해소하는 계기를 얻었다. 이익이 벌써 비슷한 <충식송蟲食松>을 지은 바 있다(《성호전집》 권7 <해동악부海東樂府> 참조).

모기를 미워한다

모진 범이 울타리 밑에서 울어도
나는 능히 코를 골고 잠잤으며

긴 배암이 추녀 끝에 기어올라도
나는 도리어 누워서 쳐다만 보았다.

그러나 모기는 한 마리가 앵 하고 오더라도
나는 그만 겁을 먹고 속을 태운다.

부우리를 박고 피를 빠는 것만도 심하거니
어찌 또 뼈에 사무치는 독기를 불어 넣난고?

베 홑이불로 온몸을 싸고 머리만 내었건만
어느새 무수한 혹살이 부처 이마[佛巓]처럼 돋았어라.

제 뺨을 제가 쳐도 항상 헛방을 치며
볼기짝 때리자마자 벌써 날아가 버린다.

힘을 다해서 싸워도 성공하지 못하고
짧은 여름밤이 도리어 잡아당기는 듯하여라.[1]

너의 몸은 지극히 작고 겨레는 지극히 천한데
어찌하여 사람을 만나면 문득 침을 흘리난고?

어둔 밤을 타는 건 고무도적²과 흡사하며
비록 '혈식血食'³을 해도 어진 자는 아니로다.

문득 생각하노니 내 일찍이 대유사大酉舍⁴에서 글을 교열할 제
푸른 솔, 흰 학이 뜨락에 벌여 있었다.

한여름 무더위에도 파리는 얼어서 날지 못하며
얼음 같은 장판방에 서늘한 매미 소리를 누워서 들었더니라.

그런데 지금은 흙봉당에 짚자리 펴고 있나니
모기는 내가 불렀고 너의 허물 아니로다!

憎蚊(1804)

猛虎咆籬根	我能駒駒眠
脩蛇掛屋角	且臥看蜿蜒
一蚊譽然聲到耳	氣怯膽落腸內煎
揷觜吮血斯足矣	吹毒次骨又胡然
布衾密包但露頂	須臾瘣癗萬顆如佛巓
煩雖自批亦虛發	髀將急拊先已遷

力戰無功不成寐　　漫漫夏夜長如年

汝質至眇族至賤　　何爲逢人輒流涎

夜行眞學盜　　　　血食豈由賢

憶曾校書大酉舍　　蒼松白鶴羅堂前

六月飛蠅凍不起　　偃息綠簟聞寒蟬

如今土床薦藁鞹　　蚊由我召非汝愆

1. 짧은 여름밤이 도리어 잡아당기는 듯하여라 : 여름밤이 고무줄 잡아당기
   듯 늘어나 길게 느껴진다는 뜻으로, '긴긴 여름밤 일년처럼 길구나(漫漫夏
   夜長如年)'를 의역한 것이다.
2. 고무도적 : '좀도적'의 경상 방언.
3. 혈식血食 : 옛날 성균관이나 각 고을 향교에서 공자 이하 여러 성현들에게
   제사 올릴 적에 소나 양을 잡아 익히지 않고 피가 흐르는 생고기를 썼기
   때문에 이런 제사의 대상자를 '혈식 군자'라고 하였다.
4. 대유사大酉舍 : 규장각의 사무를 관장하던 부속 건물로 대유사와 소유사
   小酉舍가 있었다. 다산은 35~6세 때에 궁중 도서관인 규장각에 들어가서
   이서구李書九·윤광안尹光顔·이만수李晩秀·박제가朴齊家·김이교金履喬·김
   조순金祖淳·이상황李相璜·이재학李在學 등 문신들과 함께 춘추春秋·두시
   杜詩 등을 교열하였다.

[해제]
탐관오리를 모기에 빗대어 당시 세태를 풍자한 우화시로 볼 수 있다. 마지막
구에서 "모기는 내가 부른 것이지 모기 잘못이 아니로다(蚊由我召非汝愆)"고
하였으니, 자기비판을 통해 어떤 하나의 깨달음에 이른 것이다.

여름날 술을 마시며

1

토지를 가진 임금은
마치 부자 늙은이와 같다.

그 늙은이의 밭은 100경頃이며
살림 날 아들은 모두 열 사람이라.

그러면 응당 10경씩 노나주어
다 같이 고루 살게 하련만,

교활한 놈은 욕심껏 차지하고
어리석은 놈은 빈손만 쥐었네.

교활한 놈은 비단옷을 입으며
어리석은 놈은 몹시도 파리하구나.

그 늙은이 이것을 보고는
측은한 마음 견딜 수 없으려니.

그러나 그는 바로잡지 않는다
뭇 아들이 쪽박을 차고 나섰구나.

다 같은 혈육을 받고 났거니
자애가 어찌도 그리 편벽하뇨?

큰 벼릿줄[大綱]이 이미 끊어졌나니
나머지 줄이야 물어 무엇하리?

밤중에 책상 치고 일어나 앉아
탄식하고 다시금 하늘을 쳐다보누나!

2

많고 많은 머리 검은 자들은
다 같이 나라의 백성이니라.

만일 무거운 부담이 있다면
가멸은¹ 자에겐 오히려 가하련만,

어찔다² 살과 뼈를 오리는 손길이
품팔이와 비렁뱅이에게만 오는고?

군보軍保는 본대 무슨 명목이완대
그 법의 뜻이란 자못 어질지 않구나.

일 년 열두 달 힘껏 일하여도
내 한 몸 꾸릴 줄이 없어라.

갓난아이 겨우 애기보를 벗었고
땅속에 백골이 이미 티끌되었건만

군포 명부에 이름자 뚜렷이 실리어
울부짖는 소리 간 곳마다 들리누나.

억울함 북받쳐서 생식기 잘랐다니[3]
만고천추에 이런 일 있을쏜가?

군포를 두고 호포戶布[4]를 받자는
그 의논이 오히려 타당하리라.

간해[5]에 평안 감사가 이걸 시행하려니
백성은 문득 산에 올라 울었다네.

활에 상한 새는 굽은 나무에도 놀라나니
그 법을 어찌 먼 지방에 먼저 펴려는가?

서도西道 백성은 원한의 바다에 잠겼다,
수백 년 동안 벼슬길이 아주 막히었다.

그들의 외모는 비록 공순한 듯하나
가슴속엔 항상 불길이 서리었다.

옛날 '임진왜란'이 나라를 뒤덮자
도처에 의병의 깃발이 휘날렸건만,

서도 사람들은 홀로 팔짱을 꼈나니
그 원인 어데 있는가를 모를쏜가?

곰곰이 생각하매 오장이 타는 듯,
한 잔 마시고 자연으로 돌아가련다!

3

밭갈이하는 자에겐 저축이 있나니
3년 농사에 1년 양식을 남기며,

9년 농사에 3년 양식을 남기고
때때로 곳간에서 내어 바람도 쏘인다.

사창社倉의 법이 한 번 세상에 퍼지자
만민의 목숨이 땅에 떨어졌다.

꿔 주고, 빛내는 건 자원自願에 맡길 바니
강요는 문득 불평을 일으키나니라.

환자還上라면 만민이 체머리를 흔들며[6]
침흘릴 자는 한 사람도 없어라.

봄철에 좀먹은 쌀을 한 말 안기고
가을엔 두 말의 정精한 쌀[7]을 앗아간다.

하물며 돈 내어 좀먹은 쌀을 갚으라니
옥백미玉白米[8] 두 말 팔아도 오히려 모자란다네.

간활한 관리의 살찐 배는 북통을 안은 듯,
한 번 고을살이[9]에 백만장자 되누나.

가난한 백성은 고통의 바다에 잠겼다,
곤장, 난장[10]이 그들에게 빗발을 치누나.

노구솥, 냄비, 가마 다 떼어 간다,
자식 팔고 송아지마저 몰아낸다.

환자 거두어 군량을 저축한다고
고마운 말! 그러나 곧이듣기 어렵네.

섣달 봉고封庫에 이른 봄 출고出庫하니
일 년 열두 달 곳집은 항상 허전하네.

군사 일이란 본대 정한 때 없거니
약빠른 기간을 그 어이 어김없으리?

자혜로운 어버이 농량을 꿔 준다고
그러나 분가한 자녀들은 자유를 원한다.

죽 쑤든 밥하든 그들의 성미거니
그들은 어버이 챙견[11]을 아예 싫어한다.

'상평常平'[12]은 본대 아름다운 법이언만
환자 등쌀에 부질없이 버려두었구나.

두어라, 생각한들 무슨 보람이 있으랴?
차라리 치렁한 동이 술이나 마시과저!

            4
해마다 춘당대春塘坮[13] 넓은 시험장에
수만의 선비가 머리를 동이고 든다.

비록 백 명의 이루離婁[14]를 데려온들
산더미 같은 답안을 그 어이 고눌쏜가?[15]

붉은 '작대기'[16]에 옥과 돌이 함께 부서지고
주의랑朱衣郎[17]의 손길에 운명이 달렸어라.

하늘에 올라 별을 따는 자가 그 누구인가?
만 사람의 눈초리 그들에게로 쏠린다.

백성을 속이며 '행운'을 선전한다,
'만인계'[18] 뽑기에 온 세상이 미치는 듯.[19]

견식 있는 사람은 지금도 말한다,
흐린 근원은 오로지 변계량卜季良[20]에게 있다고.

비루한 시격詩格[21]은 본대 보잘것없고
끼친 해독만 홍수처럼 범람하네.

마을마다 서당 차려 훈장 앉히고
가르치는 건 옳은 고전이 아니로다.

난데없는 '백련구百聯句'[22]를 베껴 들고
뭇 아이 읊는 소리 요란도 하여라.

항우項羽[23]는 뛰고 패공沛公[24]은 달린다
황토붓[黃土筆][25] 끝에 비점飛點, 관주貫珠[26] 쏟아진다.[27]

붉은 꽃, 푸른 잎은 그들의 입술에서 뽐내며
봄바람, 가을 달은 그들의 가슴에서 설레누나.

그들은 썩은 글 배우기에 일생을 마치며
소동파蘇東坡, 황산곡黃山谷[28]은 거들떠보지도 않네.

이 문장, 김 문장이 시골을 울리건만
변하는 시체時體에 두 눈을 감았구나.

대대로 글 읽어 아무런 성공도 없건만
밭 갈고 나무 지기란 죽기보다 싫다 하네.

반드시 회복해야 할 과거 선발법은 잠깐 밀어 두고도
무너지는 문풍文風을 걷잡을 수 없어라.

나는 원한다―억만 개 왕대[王竹]를 베어다
크나큰 빗자루 매어 두 손에 갈라 잡고,

온 세상에 가득 찬 묵은 먼지와 재강²⁹을
쓸고 또 쓸어 만리장풍에 날려 보내련다.

5

대지의 어머니 인걸을 산출하는데
본대 씨족의 귀천을 가리지 않는다.

한 줄기 흐르는 정기는 어찌
반드시 양반의 태중에만 태일쏘냐?³⁰

보정寶鼎은 솥발을 귀히 하며
방란芳蘭은 그윽한 골짝에서 난다.

한위공韓魏公[31]은 비첩의 소생이며
범희문范希文[32]은 개가녀의 아들이라.

중심仲深[33]은 머나먼 경애瓊厓에서 났건만
재질은 오히려 속류에 뛰어났다.

우리나라엔 벼슬길이 좁아서
많은 사람이 모두 억울에 잠겼구나.

제일골第一骨[34]만이 날개를 펼치고 날며
나머지 뼈들은 모두 종놈과 같구나!

서북 사람들은 항상 눈살을 찌푸리며
서얼[35]들은 흔히 통곡을 한다.

그리고 한 줌도 못 되는 수십 집만이
대대로 국록을 도맡아 먹는구나.

그중에도 그들은 패를 나누어
서로 치고 엎치락뒤치락한다.

약한 놈의 고기를 강한 놈이 먹어
남은 건 겨우 대여섯 호족뿐이라.

308

이들로 삼정승 육판서 삼고
이들로 감사와 목사를 삼고

이들로 승정원承政院 벼슬아치를
이들로 사헌司憲, 사간司諫의 벼슬아치를,

이들로 모든 관리를 삼고
이들로 모든 옥사獄事를 보게 한다.

시골 백성이 한 아들을 낳으니,
헌출하고 호매하기 난곡鸞鵠[36]과 같더라.

그 아이 8, 9세 되고 보니
지기志氣가 마치 가을 댓결 같더라.

그 아이 꿇앉아 공손히 묻자오되
저는 지금 구경九經[37]을 통독하오며

학술이 천인에 으뜸 되오리니
홍문관弘文館 벼슬을 하올소니까?

그 아버지—너는 지체가 낮으니
임금의 학문을 도울 수 없나니라.

그러면 저는 큰 활을 휘어잡고
군사술에 아주 능숙하오리니

아마도 5영문五營門 장수되어
말 앞에 군기軍旗를 세워 보오리다.

그 아버지—너는 지체가 낮으니
호반虎班의 수레를 탈 수 없나니라.

그러면 저는 수령守令 노릇을 배워
옛날 명관名官의 업적을 따르리니,

응당 고을의 인印을 허리에 차옵고
종신토록 고량진미에 묻히오리다.

그 아버지—너는 지체가 낮으니
명관도 악관惡官도 할 줄이 없나니라.

그 아이 얼굴이 문득 붉어지며
책도 던지고 활집도 깨뜨려 버렸다.

바둑아, 투전아, 마작에 술아 하고
죽방울 차기38로 세월을 보낸다.

거칠고 게을러 인재를 이룰쏜가?
부질없이 늙고서 터문³⁹도 없더라.

권세가에 한 아들이 났으니
걸오桀驁한 기운이 노새와 같더라.

그 아이 8, 9세 되고 보니
그 입성 하도 찬란하더라.

문객門客은 말한다―"너는 걱정 없다,
너의 집은 하늘이 복을 준다.

너의 벼슬은 하늘이 정한 바니
청관 요직淸官要職은 너의 마음대로다.

구태여 꿇앉고 잠 못 자며
만 권 시서 읽어 무엇하랴?

때가 오면 벼슬 함께 오리니
편지 한 장 쓰면 그만 아닌가?"

이 말을 들은 그 아이 기뻐하여
다시 서책을 떠들어 보지 않고,

마작, 투전에 밤을 새우며
장기와 쌍륙에 세월을 보낸다.

거칠고 게을러 인재를 이룰쏜가?
금관자, 옥관자 차례로 올라갔다.

먹줄이란 한 번도 못 맞아 봤거니
어찌 크나큰 집의 재목이 될쏘냐?

이 아이 저 아이 모두 스스로 버리거니
세상에는 어진 인재 없도다.

깊이 생각하매 간장이 타노니
그만 술이나 한잔 마시련다!

夏日對酒(1804)

1

后王有土田　　譬如富家翁
翁有田百頃　　十男各異宮
應須家十頃　　飢飽使之同

點男吞八九　　痴男庫常空
黠男粲錦服　　癡男苦厄癃
翁眼苟一盻　　惻怛酸其衷
任之不整理　　宛轉流西東
骨肉均所受　　慈惠何不公
大綱既隳圯　　萬事窒不通
中夜拍案起　　歎息瞻高穹

2

芸芸首黔者　　均爲邦之民
苟宜有徵斂　　哿矣是富人
胡爲剝割政　　偏於傭丐倫
軍保是何名　　作法殊不仁
終年力作苦　　曾莫庇其身
黃口出胚胎　　白骨成灰塵
猶然身有徭　　處處號秋旻
冤酷至絶陽　　此事良悲辛
戶布久有議　　立意差停勻
往歲平壤司　　薄試纔數旬
萬人登山哭　　何得布絲綸
格遠必自邇　　制疏必自親
如何羈靮具　　先就野馬馴
探湯乃由沸　　計謀那得伸
西民久掩抑　　十世閡簪紳

外貌雖愿恭　　腹中常輪囷
漆齒昔食國　　義兵起踆踆
西民獨袖手　　得反諒有因
拊念腸內沸　　痛飲求反眞

3

耕者必蓄食　　三年蓄一年
九年蓄三年　　檢發以相天
社倉一濫觴　　萬命哀顚連
債貸須兩願　　强之斯不便
率土皆掉頭　　一夫無流涎
春蠱受一斗　　秋繫二斗全
況以錢代蠱　　豈非賣繫錢
贏餘肥奸猾　　一宦千頃田
楚毒歸圭蓽　　割剝紛箠鞭
鉎鍋旣盡出　　孥粥犢亦牽
休言備軍儲　　此語徒諞諓
封庫逼歲除　　傾囷在春前
庤稸僅數月　　通歲常枵然
軍興本無時　　何必巧無愆
休言給農饟　　慈念太勤宣
兒女旣析產　　父母許自專
靡盍各任性　　何得察粥饘
願從夫婦議　　不願父母憐

常平法本美　無故遭棄捐
已矣且飲酒　百壺將如泉

4

春塘歲試士　萬人爭一場
縱有百離婁　鑑視諒未詳
任施紅勒帛　取準朱衣郎
奔约落九天　萬目同瞻昂
敗法啓倖心　舉世皆若狂
于今識者論　追咎卜季良
詩格本卑陋　流害浩茫洋
村村坐夫子　教授非漢唐
何來百聯句　吟誦方滿堂
項羽與沛公　支離連篇章
姜柏放豪嘴　盧仝抽巧腸
終身學如聖　逝不窺蘇黃
縱爲閭里雄　又昧時世粧
世世不成名　猶未歸農桑
選舉且未論　文字尚天荒
那將萬箇竹　束箒千丈長
盡掃秕穅塵　臨風一飛颺

5

山嶽鍾英華　本不揀氏族

未必一道氣　常抵崔盧腹
寶鼎貴顚趾　芳蘭生幽谷
魏公起叱嗟　希文河葛育
仲深出瓊海　才猷拔流俗
如何賢路隘　萬夫受局促
唯收第一骨　餘骨同隸僕
西北常摧眉　庶孽多痛哭
落落數十家　世世吞國祿
就中析邦朋　殺伐互翻覆
弱肉強之食　豪門餘五六
以玆爲卿相　以玆爲岳牧
以玆司喉舌　以玆寄耳目
以玆爲庶官　以玆監庶獄
退氓產一兒　俊邁停鸞鵠
兒生八九歲　氣志如秋竹
長跪問家翁　兒今九經讀
經術冠千人　倘入弘文錄
翁云汝族卑　不令資啓沃
兒今挽五石　習戎如郤縠
庶爲五營帥　馬前樹旗纛
翁云汝族卑　不許乘笠轂
兒今學吏事　上可冀黃續
應須佩郡符　終身厭粱肉
翁云汝族卑　不管循與酷

兒乃勃發怒　　投書毀弓韣

挎蒲與江牌　　馬弔將蹴毬

荒嬉不成材　　老悖沈鄉曲

豪門産一兒　　桀驁如驥騄

兒生八九歲　　粲粲被姣服

客云汝勿憂　　汝家天所福

汝爵天所定　　淸要唯所欲

不須枉勞苦　　績文如課督

時來自好官　　札翰斯爲足

兒乃躍然喜　　不復窺書簏

馬弔將江牌　　象棋與雙陸

荒嬉不成材　　節次躋金玉

繩墨未曾施　　寧爲大厦木

兩兒俱自暴　　擧世無賢淑

深念焦肺肝　　且飲杯中醁

1. 가멸은 : 가멸다. 재산이 넉넉하고 많다.

2. 어쩔다 : 어찌하다. 어찌하여.

3. 생식기 잘랐다니 : <애절양哀絶陽> 볼 것.

4. 호포戶布 : 군인으로 나선 자를 제외하고 군인으로 나가지 않은 집에만 부과하는 법안이다. 당시 평안도 관찰사 이병모李秉模가 우선 중화현中和縣에서 호포법을 시행하니, 군포에 몸서리난 인민은 호포가 군포보다 유리한 줄을 깨닫지 못하고 모두 놀라서 산에 올라가 통곡하였다. 다산은 이 사실에 대하여 비판하기를, 법이란 것은 마땅히 가까운 데서부터 시행해야 할 터인데 먼 지방에 먼저 시행하기 때문에 인민은 의아하고 불안하여

이와 같은 소동을 일으켰다고 하였다. <전론田論·7> 볼 것.

5. 간해 : '지난해'의 경기 방언.

6. 체머리를 흔들며 : 어떤 일에 질려서 머리가 흔들리도록 싫증이 나며.

7. 정精한 쌀 : 도정搗精한(방아 찧고 난) 쌀. 정미精米.

8. 옥백미玉白米 : 품질이 좋은 쌀을 비유적으로 이르는 말.

9. 고을살이 : 고을의 수령으로 지내는 생활.

10. 난장亂杖 : 고려·조선 시대에, 신체의 부위를 가리지 않고 마구 매로 치던 고문으로, 영조 46년(1770)에 없어졌다.

11. 챙견 : '참견'의 강원 방언.

12. 상평常平 : 정부가 곡물이 천할 때에는 값을 올려 사들이고 곡물이 귀할 때에는 값을 낮추어 인민에게 파는 것을 상평법이라고 하였다.

13. 춘당대春塘坮 : 창덕궁 후원의 과거 시험 보던 장소. 坮는 臺의 고자古字.

14. 이루離婁 : 옛날 중국 전설에서 눈 밝은 사람으로 유명하였다.

15. 고눌쏜가? : 고누다. '고르다'의 함남 방언.

16. 작대기 : 옛날 작문을 고평할 때에 나쁜 문구에는 수묵이나 황토물을 묻힌 붓으로 내려긋는 것을 '작대기'라고 불렀다.

17. 주의랑朱衣郎 : 붉은 옷을 입은 낭관으로, 시험관 앞에서 일 보는 관리를 가리킨다.

18. 만인계萬人契 : 예전에, 천 명 이상의 계원을 모아 각각 일정액의 돈을 걸게 하고, 계알을 흔들어 뽑아서 그 등수에 따라 돈을 타게 하던 계.

19. 이상은 대과大科를 말하였고, 이하는 소과小科를 말한다(已上論大科 下論小科 — 원주).

20. 변계량卞季良(1369~1430) : 이조 초기의 문신. 그가 과시체科詩體를 처음으로 만들었다고 전한다.

21. 시격詩格 : 시의 격식이나 품격.

22. 백련구百聯句 : 시편 중에서 교묘한 대구의 100연(양구兩句 1조를 1연이라 함)을 뽑아 모아 놓은 것인데, 옛날 작시법을 배우는 자들이 흔히 이것을 읽어 외웠다.

23~24. 항우項羽, 패공沛公 : 옛날 초한楚漢 전쟁의 패장들이다.

25. 황토붓[黃土筆] : 옛날 시문을 고사考査 비판할 때 황토물에 적신 붓을 가지고 우열을 표시하였다.

26. 비점飛點, 관주貫珠 : 옛날 시문을 비평할 때 좋은 글귀 옆에 점을 찍는 것을 비점이라 하고, 더 좋은 글귀 옆에는 동그라미를 치는 것을 관주라고 하였다.

27. 시골 서당에서 출제하는 문제는 모두 초한楚漢 시대의 일뿐이었다(村塾 出題 皆楚漢時事 — 원주).

28. 소동파蘇東坡, 황산곡黃山谷 : 동파는 소식蘇軾(1037~1101)의 호이고 산곡은 황정견黃庭堅(1045~1105)의 호. 둘 다 송나라의 유명한 문장가이다.

29. 재강 : 술을 거르고 남은 찌끼.

30. 그러나 다산은 《논어고금주》권9 <양화陽貨·하>에서 기질의 환경적·유전적 차이는 인정하였다. "산천의 풍기風氣와 부모의 정혈精血을 받아 이루어진 기질은 청탁淸濁과 후박厚薄의 차이가 없을 수 없다(山川風氣 父母精血 受之爲氣質 不能無淸濁厚薄之差)."

태일쏘냐? : 태이다는 '타다(복이나 재주·운명 따위를 선천적으로 지니다)'의 피동사로 북한어. 최익한은 <정다산의 시문학에 대하여 (하)> p32에서는 '깃들다'로 번역하였다.

31. 한위공韓魏公 : 위공은 송나라의 유명한 재상인 한기韓琦(1008~1075)의 봉호. 그의 어머니는 청주靑州의 비첩婢妾이었다.

32. 범희문范希文 : 희문은 송나라의 유명한 재상인 범중엄范仲淹(989~1052)의 자字. 그는 어릴 때에 개가한 어머니를 따라가서 의붓아버지의 성을 썼다가 나중에 한림翰林이 된 뒤에 임금에게 글을 올려 본 성으로 고쳤다.

33. 중심仲深 : 명나라의 유명한 유학자인 구준丘濬(1420~1495)의 자. 그의 호는 경산瓊山으로 광동 경애瓊厓에서 태어났다.

34. 신라 신대에 귀족을 제일골이라 하였다고 《당서唐書》에 나온다(新羅貴族曰第一骨 見唐書 — 원주).

35. 서얼 : 원문에는 '남의 서얼'로 되어 있다.

319

36. 난곡鸞鵠 : 뛰어난 인재의 비유. 한유韓愈의 글에 '난곡정치鸞鵠停峙(난새
와 고니가 우뚝 서다)'란 말이 있다.

37. 구경九經 : 9종의 유교 경서. 《주역》, 《시경》, 《서경》, 《예기》, 《춘추》,
《효경》, 《논어》, 《맹자》, 《주례》라는 설이 있다.

38. 죽방울 차기 : 축국蹴毱.

39. 터문 : [북한어] 처지나 형편.

[해제]

5수 1,060자의 연작시. 갑자년(1804) 여름에 강진의 동문주막에서 지었는데
규장본에는 수록되어 있지 않다. 삼정三政(전세·군포·환곡)의 문란, 과거제의
폐단, 문벌·계급·지방의 차별 등 사회와 국가를 질곡시키는 여러 질곡적인 현
상을 폭로하며 제도 개혁에 대한 필요성을 간접적으로 표시하였다.[1]

장기에서 강진으로 옮긴 이후로 다산의 시문학은 정치적 논설 및 기타 저작
과 함께 자신이 인민 생활의 내부에 깊이 침투됨에 따라 관료 지주의 포악성
과 착취 제도의 불합리를 더욱 체험하여 일보 전진하는 비판 정신을 발휘하고
있다. 그의 풍자·우화·폭로의 수법은 더욱 분노·전투의 소리로 드높아졌다.
그의 문학 사상은 엄정한 인도주의로부터 열렬한 애국주의와 민주주의로 발
전하였다. 따라서 그의 예술적 표현도 훨씬 더 감동성 있고 설복력 있는 것
으로 되었다.

이 시기의 대표적 작품의 하나로서 43세 때의 작인 <하일대주夏日對酒>라는
장편시를 들 수 있다.

제1장 : 빈자와 부자의 계급적 차별을 발생케 한 토지제도의 불합리와 이른바
'백성의 부모'로 자처하는 위정자들이 이것을 개혁하지 않은 것을 정당하게
규탄하였다. "큰 동아줄이 이미 끊어졌거니 / 나머지 줄들이야 헝클어졌을 뿐
이라(大綱旣隳圮 萬事窣不通)"는 말은, 농민 사회에 있어 농민에게 고루 분배
하는 토지 제도가 실시되지 않는 한에는 모든 정책은 보잘것이 없다는 것을
의미한다.

제2장 : 다 같이 평등한 권리를 가진 인민인데 국가와 관료의 가혹한 징수는

부호를 피하고 빈민에게만 집중하므로 인민은 모두 파산당하고 국가 정치를 저주하는 나머지, 국가를 소수 집권자들의 놀이터로 알고 국가에 대한 사랑이 식어질 수 있다는 것을 지적하였다. 인민의 권리는 평등한 것이므로 국가의 대우도 평등적이어야만 된다는 것을 주장하였다. 서도 인민의 공손한 듯한 외모의 내면에 원한의 불길이 항상 서리어 있다는 것은 한갓 억측이 아니고 사회적·역사적 조건에 근거한 시인의 첨예한 눈빛이었다. 수년 후에 홍경래를 두령으로 한 평안도 농민 전쟁은 다산이 바로 예언한 원한의 불길의 폭발이었다.

제3장 : 강도 행위보다도 더욱 심한 환자還子 제도의 해독과 상평법을 폐기한 무지한 정책을 통절히 비난하였다.

제4장 : 과거 제도의 문란과 과문科文의 부패성을 일소하여 버릴 것을 주장하였다.

제5장 : 문벌 제도로 말미암아 신분 차별, 지방 차별, 적서嫡庶 차별이 발생하며 양반 당파전이 격렬한 혈투로 연출되어 국가의 역량을 파멸하고 인재와 기술의 발전을 봉쇄하는 극악한 폐해들을 통탄 분개하였다. 봉건적 문벌 제도가 국가의 융성과 인민의 복리에 대한 적이자 원수임을 사실주의적으로 폭로 규탄한 것이다. 그는 논문 〈통색의通塞議〉에서 다음과 같이 말하였다.

"인재는 원래 얻기 어려운 것이니 일국의 영재를 죄다 뽑더라도 부족할 터인데 하물며 10에 8, 9를 버림이랴! 일국의 인민을 죄다 배양하더라도 오히려 융성치 못할 터인데 하물며 10에 8, 9를 버림이랴! 서민을 버리고, 중인을 버리고, 관서關西와 관북을 버리고, 관동과 호남의 절반을 버리고, 북인과 남인은 버리지 않는다고 하나 버려진 것과 다름없고, 버림을 받지 않는 것은 오직 문벌이 좋은 수십 집뿐이나 그중에도 사변으로 인하여 버림받은 자가 또한 많다. 일체 버림받은 족속은 모두 자포자기하여 문학·정치·경제·군사 등에 유의하기를 즐겨하지 않고, 다만 슬픈 노래와 개탄하는 마음으로 술을 마시고 스스로 방종하여 인재가 드디어 일어나지 않는다. 인재가 일어나지 않는 원인은 보지 않고 그 결과만을 보아 그들을 모두 마땅히 버릴 것이라고 한다. 이것이 어찌 하늘의 뜻이랴!"

이를 보더라도 다산은 조국을 부강한 나라로 만들고 개명한 사회로 개조하는 사업에 대하여 인재가 모든 것을 결정한다는 것을 강력히 주장하였으며, 동시에 인재를 황폐케 하는 문벌 제도와 양반 당쟁을 줄곧 증오 규탄하였다. 그의 애국적 및 민주주의적 사상은 우수한 시가를 통하여 격조 높게 호소되었다.[2]

다산은 폐단이 많은 정치를 고쳐야만 기울어져 가는 봉건국가의 운명을 추세울 수 있고 '낡은 우리나라를 새롭게 하자'는 지향도 실현할 수 있다고 생각하였던 데로부터 자기의 작품들에서 봉건 통치배·지주·토호들의 인민에 대한 지나친 착취와 압박, 인민들의 원성을 자아내는 낡은 법질서들에 비판을 가하고 그것들을 '합리적으로' 개량하자는 사상을 제기하였다. 이는 그가 봉건 사회를 부정하고 그 어떤 인민을 위한 나라를 구상하였거나 인민의 이익을 대표하였다는 것을 전혀 의미하지는 않는다. 즉 그는 봉건적 울타리를 넘어서서 근로 인민의 근본 요구를 조금도 대변해 나설 수는 없었다.[3]

1. 《실정》 p692 참조.
2. 장기에서~호소되었다 : <정다산의 시문학에 대하여 (하)> pp30~4. 최익한은 앞에서 "홍경래 농민 전쟁은 다산이 예언한 원한의 불길의 폭발이었다"고 하였는데, 이는 일종의 '다산교 신도 증상'으로서 사실을 완전히 왜곡한 것이다. 거꾸로 다산은 홍경래를 역적으로 규정하며 보수 반동으로서 본색을 드러냈다 (<전라도창의통문全羅道倡義通文> 참조).
3. 사회과학원 문학연구소, 《조선문학사》(고대·중세편), 과학백과사전출판사, 1977, p552. 한편 정홍교는 《조선문학개관·1》(사회과학출판사, 1986) p300에 "정약용의 시작품들은 아직 봉건의 울타리를 벗어난 것이 아니라 하더라도 거기에는 새로운 시대적 지향, 자본주의적 개혁에 대한 사상적 지향이 반영되어 있다"(방점—인용자)고 하였다. 그러나 이런 도식적인 분석은 중세 봉건 사회에서 근대 자본주의로 이행하는 데 있어 실학이 중요한 기능을 수행하였다고 강변하려는 연역적 역사관에 기초한 것이다.

근심이 온다

3

한낱 야광주를 가져다가
우연히 장삿배에 실었더니,
갑자기 큰 풍랑에 부닥쳐서
천길 물속에 떨어뜨렸구나!

4

입은 마르고 입술마저 타고
혀가 닳고 목조차 쉬었네.
내 마음 아는 이 아무도 없고
해는 벌써 뉘엿뉘엿 저무누나!

5

취한 채 북산에 올라 우노니
그 소리 창공에 사무치난다.
이내 신세의 서름[1] 아니건만
남들은 웃고서 기라[2] 하난고야!

6

만 사람이 모두 주정을 부리며
그 가운데 한 선비만이 단정하이.

그들은 이상한 눈, 날카로운 손가락질로
도리어 "너는 미친놈이여" 하네.

11

양을 잡아먹는 범의 주둥이에
붉은 피 항상 마르지 않건만,
여우와 토끼는 꼬리를 흔들며
그 앞에서 찬송의 노래를 부르누나!

憂來 十二章(1804)

3

一顆夜光珠　　偶載賈胡舶
中洋遇風沈　　萬古光不白

4

屑焦口旣乾　　舌敝喉亦嗄
無人解余意　　駸駸天欲夜

5

醉登北山哭　　哭聲干蒼穹
傍人不解意　　謂我悲身窮

6

酗誶千夫裏　　端然一士莊
千夫萬手指　　謂此一夫狂

11

虎狼食羊羖　　朱血膏吻屑
虎狼威旣立　　狐兔贊其仁

1. 서름 : '설움'의 옛말 또는 방언. 셟(痛)+음>셜음>셔름>서름.
2. 기라 : '기다'는 '그것이다'의 준말.

[해제]

강진의 동문주막에서 《주역》을 주석할 때 지은 시이다. 부패한 속인들이 골방의 선비더러 '미친놈'이라 한다 하였으니, 간고한 유배 환경을 적나라하게 드러낸 것이다.

제3장 : 자기의 정치적 활동이 간악한 정적에 의하여 실패되었다는 것을 말하였다.

제4장 : 정치적 선각자로서 혀가 닳고 목이 쉬도록 주장하고 선전했음에도 불구하고 끝내 불우와 박해 속에서 늙었다는 것을 탄식하였다.

제5장 : 조국과 인민의 불행을 생각하여 모든 비방과 중상을 무릅써 가면서 철천의 통곡 소리를 외친다는 것이다.

제6장 : 검으면 희다 하고 희면 검다고 모함하는 세태 속에서 선진적 선각자다운 긍지심을 표시하였다.

제11장 : 인민의 고혈을 짜 먹는 지주 귀족의 피비린내 나는 주둥이 앞에서 이른바 사대부의 학자·문사들이 도리어 '신성한 덕'을 찬미하는 얄미운 아첨질을 조소 증오하였다.

붉은 피가 항상 마르지 않는 범의 주둥이, 그 앞에서 찬송가를 부르며 흔드는 여우와 토끼의 꼬리—이는 당시 봉건 지배 계급의 형상에 대하여 가장 간단하고 축약적이면서도 선명하게 그린 것이다. 이는 서늘한 우물가의 오동나무 낙엽 하나가 온 가을의 성격을 표시하는 것과 같은 것이다(제3장~같은 것이다 : <정다산의 시문학에 대하여 (하)> p35).*

* 《군방보群芳譜》에 "오동잎 하나 떨어지니 천하가 모두 가을임을 안다(梧桐一葉落 天下盡知秋)"는 구가 나온다.

남포가[1]

강진의 야로[2]들이
구경에 흥 돋치어
나보고 하는 말이
"남포 바닷물은
크고도 둥글어서
밀물이 밀려오면
천지에 가득하고
바람이 스쳐 가면
청유리 부서진다오."

이 말에 흔연하여
배 띄워 들어가며
한 순배 우선 들고
이야기 진진하니
소박한 풍류나마
문인 학사 미칠쏜가?

금사봉金砂峯 석름봉石廩峯이
정답게 마주 섰고
간밤에 비 내려서

티끌 하나 없어라.
바위빛 하늘빛은
숨었다 나타나고
벼랑과 봉우리는
가다가 다시 오네.

서천[3]을 바라보니
험하고 막혔어라
흐르는 눈물 줄기
뿌리고 닦노메라.
나는 새 힘 다하여
중류에 떨어지며
높낮은 묵석산墨石山[4]은
만고에 검노메라.

한가락 노래하고
앞산을 바라보니
쓸쓸한 절 한 채가
운애[5]에 잠기었고
떠돌던 낚싯배는
그물 걷고 돌아가며
어촌에 날 저물매
집마다 삽짝 닫네.

2경에 달 오르고
별 돋아 구실[6] 흩고
큰 고기는 뛰놀고
새끼는 몰려간다.
술 비고 안주 남고
취한 정 다할쏜가?
빼난[7] 섬 돋은 개[8]는
있는 듯 없노메라.

어둠이 막을 치고
온 누리 고요한데,
노 저어 빼극빼극
그 소리 부드럽다.
슬픔과 즐거움이
섞이어 흐르나니
부평[9] 같은 종적이
나 혼자 아닐진대
옛사람 생각하고
구태여 서러[10] 않네!

南浦行 次杜韻(1807)

康津野老能好奇	爲言浦水如湖陂
潮來滿前天地闊	微風破碎靑玻璃
捩舵撤漩乘興入	徑行一盞成小集
有口可飮又可談	文人學士嗟何及
金砂石廩相對開	宿雨淨洗無纖埃
石靑空翠遞隱現	奔陥飛峰去復來
沙尾西望險莫測	涕泗汎濫翻自拭
力盡征鳥墮中流	嶙峋墨石終古黑
悲歌拊節見前山	蕭蕭寺閣空濛間
艓子相隨捲網去	漁村落日門已關
二更月出星迸珠	大魚奮躍群趨鮒
酒闌繪殘情未已	浦秀渚芽痕有無
櫓聲伊軋暝色至	靜響柔婉愜心意
哀樂相生可奈何	古來萍梗如我多

1. 정묘년(1807) 4월 보름날 읍내 두어 사람이 나를 데리고 구십포九十浦에 가서 배를 타고 저물어서야 월고포越姑浦에 대어 달빛을 이고 돌아왔다 (丁卯四月之望 邑中數人 携至九十浦汎舟 晩泊越姑浦 乘月而還—원주).

2. 야로野老 : 야옹野翁(시골 늙은이).

3. 서천西天 : 사미촌沙尾村. 다산의 중형 자산玆山 정약전은 1807년 봄 우이 보牛耳堡(현 신안군 도초면 진리)에서 흑산도 사미촌(현 신안군 흑산면 사리)으로 거처를 옮겼다. 최익한이 서천을 '서울과 고향'이라 한 것은 오류.

4. 묵석산墨石山 : 최익한은 바로 '흑산도를 가리킨다'고 하였으나, 그보다는

'강진의 검은 바위[墨石]는 흑산도를 상기시킨다' 정도가 알맞을 듯하다.

5. 운애雲靉 : 구름안개. 구름이나 안개가 끼어 흐릿한 기운.

6. 구실 : '구슬'의 경상 방언.

7. 빼난 : '빼나다'는 '빼어나다'의 준말.

8. 돈은 개 : 싹이 돋은 갯벌. '개'는 강이나 내에 바닷물이 드나드는 곳.

9. 부평 : 부평초浮萍草. 물 위에 떠 있는 풀이라는 뜻으로, 정처 없이 떠돌아 다니는 신세를 이르는 말.

10. 서러 : '설워(서러워)'의 방언(강원·전남).

[해제]

1807년 4월 15일 지은 시이다. 다산은 1806년 가을부터 1808년 봄에 다산 초당으로 이주하기 전까지 읍중 제자인 이정李晴의 집에서 머물렀다. 읍중의 몇 노인들이 46세의 다산을 뱃놀이에 초대하였다. 다산이 그들에게 약을 지어 준 것에 대한 답례일지도 모르겠다. 단지 입이 있어 마시고 얘기하면서(有口可飮又可談) 소박한 풍류를 즐겼다. 비록 보이지는 않지만 서편 멀리 흑산도에서 홀로 고생하는 작은형이 생각나 눈물이 앞을 가리고, 저녁 늦도록 흥겹게 놀아도 끝내 유배객으로서 떠돌이 신세의 슬픔은 면할 길이 없었던 듯하다.

동시東施[1] 효빈도效顰圖에 쓴다

저라산苧羅山[1] 밑 감호鑑湖[2] 가에
굽은 허리, 푸른 치마 그 뉘런가?

붉은 고수머리[3]털은 까치집 같고
짧은 입술에 드러난 잇발[4] 청태빛 같아이.

살에 끼인 때는 두어 말 남짓하고
방안에 먼지는 섬으로 쌓였어라.

등어리[5]에 두꺼비 옴딱지 덮이었고
턱밑은 사다새[6] 살주머니 달렸네.

거리에 나서면 뭇사람의 놀림감 되고
남의 집을 가면 한갓 놀램[7]을 받을 뿐.

그러나 그의 생각은 진실치 못하여
하품, 기지개에 자기의 교태를 빼런다.[8]

이맛살에 굽은 활이 주름 잡고
눈썹 맵시는 홀연히 신트림을 하는 듯.

용감한 자는 손뼉을 치고 웃으며
나약한 자는 눈을 부릅뜨고 달아난다.

마귀의 흉한 꼬락서니 피어나건만
그래도 스스로 본받은 바 있다고.

그의 서편 이웃 서시西施의 찡그림을
항상 부러워해서 본받으려 한다.

서시는 본디 아름답고
그의 찡그림도 아름답다.

그러나 너의 찡그림은 더욱 흉하거니
너는 너의 천진을 지켜라.

아! 찡그림을 본받음이
어찌 너뿐이랴.

나는 많이 보았노라
세상에 너 같은 찡그림을.

강좌江左[9]에는 굽 높은 나막신을 신었으며
업하鄴下[10]에는 모두 절각건折角巾을 썼나니라.

범을 그리다가 개를 그려도
오히려 부끄러운 줄 모르나니,

가는 허리와 한 자 상투[11]를
어찌 족히 나무랄까?

한단邯鄲[12]에서 걸음 배우다가
앙금쟁이 되었으며,

우맹優孟[13]의 차림차리[14]는
필경 참이 아니니라.

제각이 타고난 바탕이 다르거니
어찌 남을 딸코[15] 나를 버리랴!

題東施效矉圖(1807)

靑裙踽僂彼何人	苧羅山下鑑湖濱
蓬頭亂髮紅拳曲	魗屑歷齒靑輪困
膚革定帶三斗垢	閨房不減千斛塵
背疥仍是蝦蟆族	胡囊恰如淘河群
出街輒受揶揄弄	投門苦遭吽牙狺

陋腹猶藏不直意　　臨風作態一欠伸
頽皮漸起彎弓勢　　眉稜忽作盤茶呻
勇者拍掌怯者走　　九子魔母此降神
自言此法有所受　　里閈西與西施鄰
西施本好顰亦好　　汝顰不若守天眞
吁嗟效顰豈唯汝　　我見世路多此顰
江左盡躡高齒屐　　鄴下皆戴折角巾
畫虎刻鵠恬不愧　　細腰尺髻那足嗔
邯鄲不如壽陵故　　優孟終非蒍敖倫
天生體質各有分　　胡爲殉物舍吾身

1. 동시東施:《장자莊子》〈천운天運〉에 월越나라의 미인 서시西施가 가슴앓
   이로 얼굴을 찡그리면 더 아름다워서, 이웃의 추녀(동시)가 흉내를 냈다고
   한다. 이는 까닭도 모른 채 덩달아 시늉하는 것을 비유한 말이다.

2. 저라산苧羅山 밑 감호鑑湖: 서시와 동시가 살던 곳으로 절강성에 있다.

3. 고수머리: 곱슬머리. 고슬+머리>고스머리>고수머리.

4. 잇발: '닛발'은 '이[齒]'의 옛말.

5. 등어리: '등'의 방언(강원·경남·충청).

6. 사다새: 도하淘河. 제호鵜鶘. 펠리컨pelican.

7. 놀램: '놀람'의 방언(강원·경상·전라).

8. 교태를 빼다: 교태를 부리다(피우다).

9. 강좌江左: 양자강의 동부 지역. 진晉나라가 강좌에 천도한 후에 유명한 재
   상 사안謝安(320~385)이 굽 높은 나막신을 신으니 그 지방 사람들이 모두
   따라서 굽 높은 나막신을 신었다고 한다.

10. 업하鄴下: 하남성河南省의 고을 이름. 후한後漢 때 업하의 명사였던 곽태
    郭泰가 하루는 비를 맞아 두건의 한쪽 뿔이 꺾이었는데, 남들은 그를 따라

일부러 두건 한 뿔을 꺾어 쓰고는 임종건林宗巾(임종은 곽태의 자)이라 하였다고 한다.

11. 가는 허리와 한 자 상투 : 옛날 중국 속언에 초楚나라 임금이 허리 가는 여자를 좋아하니 허리를 가늘게 하기 위하여 밥을 먹지 않다가 굶어 죽은 궁녀가 많았다고 하며, 왕도王都에서 높은 상투를 숭상하니 지방 사람들은 한 자 높이나 되는 상투를 만들었다고 한다.

12. 한단邯鄲 : 조趙나라의 서울. 옛날 어떤 사람이 한단에 가서 걸음을 배우다가 나중에는 앙금앙금 기어서 돌아왔다고 한다.

13. 우맹優孟 : 초楚나라의 배우. 초장왕楚莊王 때에 재상 손숙오孫叔敖가 죽고 그 아들이 가난해서 손수 나무를 하니, 우맹이 손숙오로 가장하고 노래를 지어 불러 왕을 감동시켜서 그 아들이 벼슬을 얻게 하였다. 그 뒤에는 가장하는 것을 '우맹'이라 하였다고 한다.

14. 차림차리 : '차림새'의 북한어.

15. 딸코 : 따르고. '딿다'는 '따르다'의 방언(강원·경남·전남).

[해제]

이 시는 문인 학자들이 창조와 개성을 무시하고 모방과 형식주의에서 벗어나지 못하는 작풍을 증오 풍자한 것이다(최익한).

솔 뽑는 중

어느 날 아침에 나는 문밖을 나서서
백련사白蓮寺 서쪽 석름봉石廩峯을 바라보았다.

그 봉 이편으로 중 하나 보이는데
어청어청 다니며 솔포기를 뽑는다.

솔포기들은 겨우 두어 치 되며
약한 줄거리, 연한 잎 아리땁기도 하다.

마땅히 어린애처럼 아끼고 보살펴야
자라서 크나큰 집의 대들보 되련만.

어찌하여 닥치는 대로 뽑아 버리며
움을 꺾고 씨를 말리려는고?

마치 농부가 호미를 들고
밭고랑에 덧거친¹ 잡초를 메듯이,

시골 아전이 관도官道를 닦으며
가시덤불 풀넝쿨 모조리 베듯이.

또 옛날 초나라 어린 손숙오孫叔敖[2]가
길바닥에서 양두사兩頭蛇를 때려죽이듯이.

옛날 전설에서와 같이 붉은 머리 귀신이
나무 9천 그루를 쿵쿵 베듯 한다.

놀라고 의심난 나는 견딜 수 없어
그 중 불러 연유를 캐어물었다.

그는 목멘 울음에 눈물 흘리고
잠깐 진정한 다음 입을 열어 대답한다.

"옛날에야 송계松契 모으고 송금패松禁牌 붙이고
봄 들면 솔 심기에 온 절이 드놀았다.[3]

나무 아껴 차디찬 냉돌에 잠자고서
이 산 둘레 순찰 돌기 밤낮이 없었나니,

고을 안 나무꾼이 감히 들어서지 못하거니
하물며 촌사람의 도끼야 얼씬도 못 하였다.

비 맞고 볕 쪼이고 세월이 지나서
자란 솔 낱낱이 아람찼더니라.[4]

하루는 산문이 몹시도 설레였다.
백대말[5]에 구정驅丁[6] 들린 아전 하나가 나타났다.

'중놈아' 하는 그 말씨 톡 쏘는 듯
우수영右水營 사또의 분부라고 외친다.

작년 폭풍에 쓰러진 소나무들은
중들의 '남벌濫伐'이라고 책을 잡는다.

황장산黃腸山[7] 금송의 규칙을 어기었다고
이 늙은 나의 가슴에 주먹을 안긴다.

나는 '하느님아!' 하고 부르짖었다,
치솟는 불길도 어느덧 눈물로 바뀌었다.

당황한 절간은 갑자기 뒤집히었다,
깡전[8] 백 냥[9]으로 그놈의 아가리를 막았다.

금년에는 또 수영 사또의 명령이라고
삼대 서듯 한 이 산의 솔을 모조리 베었다.

수천 명의 백성과 중들은 '우여차, 우여차'
끌고 당기고 메고서 바다의 어구까지.

말로는 그들이 판옥선板屋船 거북선 만들어
만대 원수 왜적의 침범에 예비를 한다고.

수백 년 알뜰히 가꾼 소나무를
그들은 다 어디로 팔아먹고 귀양 보냈는고?

군항에는 조각배 한 척도 뜨지 않고
보람 없이 이 산만 대머리 되었구나!

애솔도 자라서 큰 소나무 된다면
수영 관리 또다시 게침을 흘리리라.

늙은 중들은 세찬 주먹에 앙가슴 맞고
가난한 절은 돈 무라리[10]에 파산 당하리.

하산 공사에 백성의 손발은 피나고
관리놈의 주머니 터질 듯 배부르리.

이것이 화근이다, 무서운 화근이다
뿌리째 뽑자! 싸그리[11] 뽑아 버리자!

이렇듯 어린 솔 뽑기 일과를 삼고서,
다만 잡목만 남겨 땔나무로 쓰련다.

오늘 아침에도 비자榧子 바치란 관첩官帖이 왔다.
비자나무마저 뽑고 산문을 닫으리라."

僧拔松行(1808)

白蓮寺西石廩峰　有僧彳丁行拔松
穉松出地纔數寸　嫩榦柔葉何丰茸
嬰孩直須深愛護　老大況復成虬龍
胡爲觸目皆拔去　絶其萌蘗湛其宗
有如田翁荷鋤携長欋　力除稂莠勤爲農
又如鄉亭小吏治官道　翦伐茨棘通人蹤
又如蔫敖兒時樹陰德　道逢毒蛇殲殘凶
又如髽髻怪鬼披赤髮　拔木九千聲訩訩
招僧至前問其意　僧咽不語淚如霣
此山養松昔勤苦　闍梨苾蒭遵約恭
惜薪有時餐冷飯　巡山直至鳴晨鍾
邑中之樵不敢近　況乃村斧淬其鋒
水營小校聞將令　入門下馬氣如蜂
枉捉前年風折木　謂僧犯法撞其胸
僧呼蒼天怒不息　行錢一萬纔彌縫
今年斫松出港口　爲言備倭造艨艟
一葉之舟且不製　只赭我山無舊容

此松雖稤留則大　　拔出禍根那得慵
自今課拔如課種　　猶殘雜木聊禦冬
官帖朝來索榧子　　且拔此木山門封

1. 덧거친 : 아주 거친.
2. 손숙오孫叔敖(BCE630?~BCE593?) : 이름은 오敖, 자는 손숙孫叔. 초楚나라
　 의 명신으로, 어렸을 때 양두사를 보면 죽는다는 말을 듣고서, 다른 사람이
　 보고 죽을 것을 염려하여 양두사를 본 즉시 때려잡았다는 고사가 있다.
3. 드놀았다 : 들썩였다. 원문의 '드놓았다'는 오식인 듯.
4. 아람 : '아름'의 방언(강원·경상·전라·평안).
5. 백대말 : 훌륭한 백말.
6. 구정驅丁 : 구종驅從. 말몰이꾼.
7. 황장산黃腸山 : 황장목(임금의 관을 만드는 데 쓰던 소나무)을 베지 못하게
　 하던 산.
8. 깡전 : 동전. 뇌물[行錢·賄賂].
9. 백 냥 : 최익한은 '만 냥'이라 번역하였는데 이는 오류. '행전일만行錢一萬'
　 은 엽전 만 푼이므로, 즉 백 냥에 해당한다.
10. 무라리 : '누리(우박)'의 평북 방언.
11. 싸그리 : '깡그리'의 전남 방언. 최익한은 '모조리'라고 옮겼으나, 편자가
　 백련사 중의 말투를 감안하여 고쳤다.

[해제]
이 시는 《목민심서》 권11 〈공전工典·산림山林〉에도 다산의 호 '덕산초부德山
樵夫' 작으로 인용되어 있다. 그는 "바람이 불면 솔씨가 떨어져 저절로 숲을
이루는데, 베지 못하도록 하면 그뿐이거늘 어째서 심는단 말이냐?(風吹子落
自然成林 禁之而已 何以栽爲)"고 하면서, 소나무를 심고 가꾸라는 법조문이
민폐가 되는 현실을 비판하였다.

최익한은 <승발송행僧抜松行>과 <엽호행獵虎行> 두 시편을 사상적 내용으로
보나 예술적 형식으로 보나 가장 우수한 작품이라고 하면서, <승발송행>을
다음과 같이 요약 소개하였다.

"어느 날 백련사 서편 산 위에 중 하나가 어청어청 다니며 어린 솔포기를 모
조리 뽑고 있었다. 다산은 그 중을 불러 연유를 물은즉 그는 목멘 소리에 눈
물을 흘리며 대답하기를, '옛날에는 이 절에서 양림 사업을 부지런히 하였더
니 하루는 우수영의 아전 하나가 수사의 명령을 받고 와서 작년 폭풍에 쓰러
진 소나무를 절에서 도벌하였다고 주먹으로 중들을 구타하며 호통하였다. 그
래서 절에서는 돈 백 냥을 내고 겨우 미봉하였다. 또 금년에는 왜적의 침범을
방비하기 위하여 군함을 만든다는 구실하에 이 산의 솔을 전부 작벌해다가
조각배 한 척도 만들지 못하고 사사로이 써 버리고 말았다. 만일 이 애송이
들이 자라서 큰 솔이 되면 또 관리놈들의 토색을 입을 것이니 이것이 큰 화근
이므로 뿌리째 뽑아 버리는 것을 일과로 삼는다. 또 오늘 아침에도 비자榧子
바치라는 관가 통첩이 왔기에 비자나무마저 뽑아 버린다'고 하였다(<정다산
의 시문학에 대하여 (하)> p36)."

다산의 제자 황상黃裳도 같은 제목으로 <승발송행>을 썼다. 송정松政의 폐단
에 대해 다산은 양반의 입장에서 시골 아전의 비리만 적나라하게 고발하였
으나, 황상은 아전의 입장에서 양반 관료의 폭정에 풍자의 화살을 퍼부었다.
즉 비판의 초점이 전자는 문제의 결과(말단 향리의 수탈 현장)에 국한된 반면,
후자는 문제의 원인(고위 관료의 수탈 지시)까지 확장된 시라고 할 수 있겠다
(이철희, 앞의 글, pp124~132).

범 사냥

깊은 산 5월 나뭇잎 우거진 곳에
범은 자리 잡고 새끼 낳아 기른다.

여우와 토끼를 다 잡아먹고서
산길 가는 사람까지 노리고 덤빈다.

그는 먹이를 찾아 골짜기로 나와,
마을 한 모퉁이를 쏜살같이 지난다.

밤들면 앞산에서 불눈 반짝이고
뒷골에서 우르렁 소리 자주 들린다.

나무 지고 나물 캐기 다 끊어지고
산촌 대낮에도 문단속 심하구나.

힘센 장정은 분 돋아 화살통을 메고
약한 홀어미도 식칼을 굳게 잡는다.

그 소문이 어느덧 관가에 들어가서
사또 나리 군교에게 범 사냥을 명령한다.

그들은 패를 지어 삼문三門을 나서서
왁자지껄 산촌으로 달려간다.

온 마을은 놀라고 어린이 울부짖으며
장정은 달아나고 늙은이 잡히었다.

범보다 더 무섭고 사나운 군교는
잡으란 범은 가만두고 백성에게 덤벼든다.

그들의 입김은 무지개처럼 뻗쳤고
그들의 눈살은 서릿발처럼 매섭구나.

농갓집 문짝을 두 발로 차고
주인 잡아 얼빰¹을 덜썩 붙인다.

씨암탉 잡아 삶고 도야지를 튀하며²
쿵더쿵 방아소리 갑자기 요란하다.

뜨락 쓸고 자리 펴고 밥상 벌여
탁주, 청주 한 동이 또 한 동이.

매부리코 텁석부리에 담뱃대 가로물고
붉은 눈딱지에 얼버무는 호령소리.

호각 불고 소고 치고 행진하여
산골짝 들어서 한바탕 법석한다.

이정里正[3]은 범의 대가리를 얽고
전정田正[4]은 범의 네 발을 동인다.

주먹이 날고 발길이 떨어지는 곳에
쓰러진 짐승은 붉은 피 토한다.

검은 줄, 갈색 무늬 호피 한 장은
백성의 등어리[5]를 거쳐 동헌 대청에 걸렸다.

사또 나리 기뻐서 턱이 떨어지도록 웃는다,
한 푼도 허비치 않고 보물을 얻었다고.

백성은 말한다―"당초에 그 어느 입빠른 놈이
호환虎患이 났다고 관가에 알렸더뇨?

호환은 고작해야 한두 사람에 그치거니[6]
범 사냥은 만 사람이 침해를 입는다.

홍농弘農의 범[7]들은 일찍이 하수河水를 건너갔었고
태산泰山 여자[8]의 울음소리 이제도 들을쏘냐?

옛날에는 사냥도 정한 시절 있었더니
오뉴월 농사철에 이것이 웬일인고?

토색에 미친 아전들이 밤중에 문 두드리니
범보다 무섭다, 온몸에 소름이 끼친다.

차라리 남은 범 문간에 세워 두고
관리들의 발걸음 행여나 막아 보련다!"

獵虎行(1808)

五月山深暗艸莽　　　於菟穀子須渾乳
已空狐兔行搏人　　　離棄窟穴橫村塢
樵蘇路絶蕘蒭停　　　山氓白日深閉戶
嫠婦悲啼思剚刃　　　勇夫發憤謀張弩
縣官聞之心惻然　　　敕發小校催獵虎
前驅鑼出一村驚　　　丁男走藏翁被虜
小校臨門氣如虹　　　嘍囉亂捔紛似雨
烹雞殺猪喧四鄰　　　春糧設席走百堵
討醉爭傾象鼻彎　　　聚軍雜搗雞妻鼓
里正縛頭田正踣　　　拳飛踢落朱血吐
斑皮入縣官啓齒　　　不費一錢眞善賈

原初虎害誰入告　　巧舌喋喋受衆怒

猛虎傷人止一二　　豈必千百罹此苦

弘農渡河那得聞　　泰山哭子君未覩

先王蒐獮各有時　　夏月安苗非習武

生憎悍吏夜打門　　願留餘虎以禦侮

1. 얼뺨 : 얼떨결에 치는 뺨.
2. 튀하다 : 새나 짐승을 잡아 뜨거운 물에 잠깐 넣었다가 꺼내어 털을 뽑다.
3. 이정里正 : 이장里長. 봉건 시대 관리들의 앞잡이 노릇을 하였다.
4. 전정田正 : 농감리農監吏. 봉건 시대 지주들의 시중꾼(마름) 노릇을 하였다.
5. 등어리 : ‘등’의 방언(강원·경남·충청).
6. 그치거니 : 그치는데. ‘-거니’는 ‘-는데’의 옛말.
7. 홍농弘農의 범 : 중국 옛날 홍농 고을의 태수가 정치를 잘하니 범들이 새끼를 업고 하수를 건너 피해 갔다는 이야기가 있다.
8. 태산泰山 여자 : 공자가 태산을 지나는데 어떤 여자가 슬피 울기에 그 이유를 물은즉, 그녀는 남편과 아들이 모두 범에게 물려 죽어서 운다고 하였다. 그러면 어째서 진작 다른 곳으로 피해 가지 않았느냐고 다시 물은즉, 그녀는 다른 곳에는 몹쓸 관리놈들이 있기 때문에 가지 않았다고 하였다. 이에 공자는 “가혹한 정치는 범보다도 더 무섭구나(苛政猛於虎)” 하고 탄식하였다 한다.《예기禮記》〈단궁·하檀弓下〉

[해제]

앞 시 〈솔 뽑는 중僧拔松行〉과 함께 1808년 5월 작으로서, 관리들의 행패로 인한 백성들의 고통과 울분을 격정적으로 토로하였다.

최익한은 〈솔 뽑는 중〉과 〈범 사냥獵虎行〉 두 시편이 “현실 사건에 우미한 풍자 수법을 배합시켜서 관료의 포악성과 인민의 반항 감정을 여실히 형상화하였다”고 하면서, 〈범사냥〉을 다음과 같이 요약 소개하였다.

"5월 어느 산촌에 새끼를 낳아 기르는 범이 내려와서 사람을 노렸다. 온 동네가 공포에 싸였다. 이 소문을 들은 고을 관가에서는 관노와 관군을 보내서 그 범을 잡으라고 하였다. 그러나 그들은 잡으라는 범은 잡지 않고 촌가에 달려들어서 술과 음식을 마음대로 토색해 먹고 온갖 작폐를 다한 후 범 한 마리를 잡아 가지고 호피를 관장에게 바치니 관장은 돈 한 푼 안 들이고 보물을 얻었다고 기뻐하였다. 그러나 그 촌민들은 범보다 더 무서운 관리놈들의 토색에 치를 떨면서 원망하기를, '어느 입빠른 놈이 호환이 났다고 관가에 고발하였느냐, 호환은 고작해야 한두 사람밖에 입지 아니할 것이나 관리놈들의 작폐는 만민이 다 입게 된다. 차라리 남은 범을 불러 동구에 세워 두어 밤중에 문 두드리는 원수의 관리놈들을 막아 보자!'고 하였다(<정다산의 시문학에 대하여 (하)> p36)."

우복동牛腹洞[1] 노래

속리산 동편 산세 항아리 같은데
옛날부터 그 가운데 우복동 있다네.

봉우리는 돌고 시내는 백천 번 굽이쳐서
홀치고 누비듯 터진 곳 하나도 없어라.

나는 샘, 성난 폭포 마음껏 들레고[2]
묵은 등칡, 난잡한 가시덤불 서로 얽히었다.

골 어귀에 대통 같은 한 구멍 뚫렸는데
송아지가 땅에 배를 붙이고야 들어간다네.

들어서면 깎아지른 석벽이 검은빛 풍기다가
조금 더 가면 해와 달이 문득 광명을 나타내며,

편편한 냇물과 끊어진 산기슭이 서로 비치고
기름진 땅과 달콤한 샘물에 농사가 마땅하다.

얕고 좁은 구지仇池[3]가 비길 수 없고
어주자漁舟子[4] 찾아가도 갈피를 모르리라.

검은 머리 늙은이 흰머리 아들을 꾸짖나니
불로장생하는 태평세계 이곳 아닌가?

오괴한 선비 이 말 듣고 문득 기뻐하여
바로 가서 한두 섬지기 논밭을 이룩하려고,

죽장 짚고 망혜 신고 펄쩍 날아가서
그 산 둘레 부질없이 백천 번 곱돌아든다.

그들은 개인 날에도 비바람 소리 듣는 듯
일없는 세상에도 전란이 닥쳐오는 듯.

그들은 다퉈가며 무주茂朱5 산곡을 헤매어
행여나 우복동을 이곳서 찾으려 한다.

아! 삼한三韓이 건국한 지 이미 오랬고
인구는 마치 종잇장에 누에 퍼지듯 늘었네.

나무꾼, 화전민 안 간 곳 없거니
인적이 닿지 않은 별유천지 다시 있을쏘냐?

적병이 오더라도 마땅히 나랏일에 죽을 것이니6
너희들만이 처자를 끌고 어디로 갈쏘냐?

아내를 동독董督하여[7] 국세미國稅米를 찧을지어다.
이 세상 어느 곳에 우복동 있을쏘냐!

牛腹洞歌(1808)

俗離之東山似甕　古稱中藏牛腹洞
峯回磵抱千百曲　衽交褶疊無綻縫
飛泉怒瀑恣喧豗　壽藤亂刺相牽控
洞門一竇小如管　牛子腹地纏入峒
始入峭壁猶昏黑　稍深日月舒光色
平川斷麓互映帶　沃土甘泉宜稼穡
仇池淺狹那足比　漁子徊徨尋不得
玄髮翁嗔白髮兒　熙熙不老眞壽域
迂儒一聞心欣然　徑欲往置二頃田
竹杖芒屩飄然去　繞山百帀僵且顚
天晴疑聞風雨響　世晏如見干戈纏
爭投茂朱覓山谷　幸與此洞相接連
三韓開國嗟已久　如蠶布紙著生口
樵蘇菑墾足跡交　詎有空山尙鹵莽
藉使寇來宜死長　汝曹豈得挈妻子
且督妻春納王稅　嗚呼牛腹之洞世豈有

1. 우복동牛腹洞 : 병화兵火가 침범하지 못한다는 상상 속의 마을. 경상북도 상주와 충청북도 보은 사이의 속리산에 있다고 한다.

2. 들레다 : ① 와자지껄하게 떠들다. ② [북한어] 얼었던 땅이 녹으며 움직이다. 들레이다(어떤 감격과 흥분으로 가슴이 들썩거리고 고동치다).

3. 구지仇池 : 중국 감숙성甘肅省에 있는 산. 산 위에 100경頃 되는 못이 있고 그 옆 평지가 20여 리이며 산의 사면은 깎아지른 듯하며 36회나 구부러진 길로서만 올라갈 수 있다. 위·진魏晉 시대에 양씨楊氏가 그곳에 세거하였다 한다.

4. 어주자漁舟子 : 어부. 고기잡이꾼.

5. 무주茂朱 : 현 전라북도 무주군.

6. 적병이 오더라도 마땅히 나랏일에 죽을 것이니 : '藉使寇來宜死長'에서 長은 '어른·윗사람', 즉 '지배계급'의 뜻인데, 최익한은 다산 시를 애국주의로 포장하기 위하여 '나랏일'로 확대 해석하였다. 남한 번역서들도 하나같이 "적이 쳐들어와도 나라 위해 죽어야지"(양홍렬 역,《국역 다산시문집·2》, 솔, 1994, p418), "외적이 쳐들어와도 마땅히 나라 위해 죽어야지"(박석무 역, 《다산시정선·하》, 현대실학사, 2001, p575)라고 마치 여인네가 색조 화장을 하듯 타성적으로 의역해 놓았다.

7. 동독董督하다 : 감시하며 독촉하고 격려하다.

[해제]
이 시는 당시 일부 인민들이 이른바 비결祕訣의 요언에 유혹되어 우복동을 찾아 사회생활을 도피하려는 폐습을 타파하기 위해 지은 것이다(최익한).

죽일 놈의 고양이

남산촌 한 늙은이
고양이를 길렀더니,
나[1] 먹고 꾀 들어서
요망하기 여우 같다.

밤마다 온 집안을 설레며
비린 건 샅샅이 다 뒤진다.
항아리를 뒤엎고 핥으며
단지 그릇 모조리 다친다.

검은 그늘 타고 기어들어
이리 뛰고 저리 뛰노나.
지게문 열고 소리쳐 꾸짖으면
어느새 간곳없이 사라진다.

아이 불러 촛불 들리고
한 번 휘둘러 살펴보니,
더러운 자욱 부엌에 가득하고
남은 건 너을던[2] 한두 저름.[3]

그 늙은이는 잠을 잃고서
생각에 지쳐 한숨만 쉰다.
그놈의 짓 얄밉기도 하다.
당장에 칼을 빼어 죽이련다.

하늘이 너를 어째 내었더뇨?
백성을 위해 쥐를 잡으라고.
밭고랑 쥐는 이삭을 잘라먹고
집안 쥐는 모든 걸 쏠은다.

백성은, 더욱이 가난한 백성은
밤낮으로 그들의 해를 입고서
병들고 헐벗고 굶주리어
피가 마르고 가죽이 마른다.

그래서 하늘은 너를 쥐의 토벌자로 인간에 내려보내어
죽이고 살리는 권력을 다 주었나니라.
밝고 금빛 나는 한 쌍 눈동자를 너에게 주어
그믐밤에도 벼룩을 움킬 만하니라.

너에게 새매의 발톱을 주었고
너에게 호랑이 톱니를 주었고,
너에게 날고 뛰고 치고 물어 차는 날랜 용기를 주어
쥐가 보기만 해도 쩔쩔매며 "잡아 잡수소서" 한다.

하루에 백 마리를 잡아 죽인들
그 누구 한 사람인들 탓하랴?
보는 사람들은 다만 침이 마르도록 혓바닥을 두드리며,
너의 날래고 용감한 자태를 한껏 칭찬하리라.

그렇기 때문에 옛날 팔사제八蜡祭[4]에
너희 선조를 따로 위하여
누른 갓 쓴 제관이 감사한 마음으로
큰 잔에 술 부어 제단에 올렸더니라.

그런데 너는 지금 어찌하여
한 마리 쥐도 잡지 않고,
도리어 그놈의 버릇을 배워
도적질로 펄쩍 날고 있난다?

쥐야 본대 좀도적이라
그 해독이 오히려 적건만,
너는 지금 힘세고 세력 높고 마음조차 거칠거니
무슨 짓인들 못할쏘냐?

쥐가 감히 하지 못하는 짓
너는 마음대로 하난고야!
추녀를 더위잡고 시렁에 오르고
뚜껑을 열고 바람벽을 무너뜨린다.

이제부터 뭇 쥐들은
아무런 거리낌도 없이
구멍을 나와 손뼉을 치며
수염을 흔들고 소리쳐 웃는다.

쥐들은 고량진미 모두 훔쳐다가
큰 뇌물을 너에게 바친다.
그리고 네 활개 쭉 펴고서
너와 어깨를 가지런히 한다.

쥐들은 또 너의 버릇을 배운다
떼를 지어 너의 구종驅從을 든다.[5]
북 치고 나팔 불고 큰 기, 작은 기 휘두르며
"어라 쉬" 하고 너의 앞잡이 되었구나.

너는 커다란 가마에 올라 앉아
일산 바람에 꽁무니가 날아가는 듯.
너의 원수인 것은 까맣게도 잊어버리고
도리어 충실한 졸개로 여기는구나.

나는 지금 '대장군전大將軍箭'[6]을 골라잡고서
너의 대가리를 쏘아 깨뜨리고
그리고도 설레는 쥐놈들에게는
차라리 미덥고 모진 개를 불러 대리라.

貍奴行(1810)

南山村翁養貍奴　歲久妖兇學老狐
夜夜草堂盜宿肉　翻瓿覆甀連觴壺
乘時陰黑逞狡獪　推戶大喝形影無
呼燈照見穢跡徧　汁滓狼藉齒入膚
老夫失睡筋力短　百慮皎皎徒長吁
念此貍奴罪惡極　直欲奮劍行天誅
皇天生汝本何用　令汝捕鼠除民瘝
田鼠穴田蓄稤稽　家鼠百物靡不偸
民被鼠割日憔悴　膏焦血涸皮骨枯
是以遣汝爲鼠帥　賜汝權力恣磔刳
賜汝一雙熒煌黃金眼　漆夜撮蚤如梟雛
賜汝鐵爪如秋隼　賜汝鋸齒如於菟
賜汝飛騰搏擊驍勇氣　鼠一見之淩兢俯伏恭獻軀
日殺百鼠誰禁止　但得觀者嘖嘖稱汝毛骨殊
所以八蜡之祭崇報汝　黃冠酹酒用大觚
汝今一鼠不曾捕　顧乃自犯爲穿窬
鼠本小盜其害小　汝今力雄勢高心計麤
鼠所不能汝唯意　攀簷撤蓋頹堅塗
自今群鼠無忌憚　出穴大笑掀其鬚
聚其盜物重賂汝　泰然與汝行相俱
好事往往亦貌汝　群鼠擁護如騶徒

吹螺擊鼓爲法部　　樹纛立旗爲先驅

汝乘大轎色夭矯　　但喜群鼠爭奔趨

我今彤弓大箭手射汝　若鼠橫行寧喉盧

1. 나 : '나이'의 준말.

2. 너을던 : '너을다'는 '씹다'의 제주 방언.

3. 저름 : '점點(고기 살점을 세는 단위)'의 강원·경상 방언.

4. 팔사제八蜡祭 : 옛날 매년 12월에 농사를 끝내고 농사와 관련된 여덟 신에
   게 제사하는데 그중 고양이 신에게도 제사한다. 이는 곡식을 해치는 쥐를
   잡아치우는 공덕을 갚는 것이다.

5. 구종驅從을 들다 : 구종이 되어 말고삐를 잡다.

6. 대장군전大將軍箭 : 조선 시대 가장 크고 위력적인 화살의 한 종류.

[해제]

고양이는 큰 도적인 감사를, 쥐는 좀도적인 아전을, 남산골 늙은이는 시인 자
신을 비유한 것으로 볼 수 있는 우화시이다.

<이노행狸奴行>, <전간기사田間記事> 4언시 제편과 <용산리龍山吏>, <파지
리波池吏>, <해남리海南吏> 등 5언시 제편은 모두 1810년 49세 때 작으로서
인민 자신이 아니면 도저히 체험 감득할 수 없는 관료의 악독한 가렴주구와
농민 대중의 호소할 데 없는 비참한 생활 이면을 폭로 공개하였다. 그중 <이
노행>은 관료 계급의 착취 행위와 탐오 방종한 생활에 대하여 고조에 달한 분
노와 의분의 감정을 표시하였다. 작품의 대의가 그의 산문 <감사론監司論>과
유사하다(<정다산의 시문학에 대하여 (하)> pp36~7).

농촌 기사 田間紀事

기사년(1809)에 나는 다산초당에 있었다. 이해에 큰 가물이 들었다. 지난해 겨울부터 올봄을 거쳐 입추立秋에 이르기까지 비가 오지 않아서 가위 적지 천리赤地千里라 들에는 푸른 풀 한 포기 없었다. 6월 초에 유리개걸하는 인 민들이 길을 메울 지경이었는데, 그 참혹한 모습은 도무지 살려고 하는 의욕 이라곤 보이지 않았다.

이때 나는 죄인으로 한쪽 구석에 유배되어 사람 취급도 받지 못하고 있었던 만큼 이처럼 처참한 광경을 뻔히 보면서도 대책을 진술할 계제가 없었고, 진 상을 묘사한 그림이라도 한 장 그려서 바칠 수가 없었다. 때때로 본 바를 시 가詩歌로 옮겨 읊어서 저 처량한 쓰르라미나 귀뚜라미와 더불어 풀밭에서 서로 슬피 울고 있을 따름이었다. 그러나 이는 나의 천성과 감정의 정직한 소리로서 천지의 화기和氣를 손상시키는 것은 아니었다. 쓰는 대로 쓴 것이 몇 편 되기에 〈전간기사〉라고 이름하였다(己巳歲 余在茶山草菴 是歲大旱 爰 自冬春 至于立秋 赤地千里 野無靑草 六月之初 流民塞路 傷心慘目 如不欲生 顧負 罪竄伏 未齒人類 烏昧之奏無階 銀臺之圖莫獻 時記所見 綴爲詩歌 蓋與寒蟬冷蛬 共作草間之哀鳴 要其性情之正 不失天地之和氣 久而成編 名之曰田間紀事).[1]

1. 다북쑥 캐기[2]

1

다북쑥, 다북쑥을 캐니
다북쑥이 쑥이런가!

푸른 치마에 노란 머리 아낙네들
저 산기슭에 양떼처럼 몰려가네.

다북쑥 캐어 무엇하랴는가?
그들은 눈물겨워 말 못할세라.

단지, 항아리 다 바닥 보았고
밭고랑 논다락 다 말라 버렸고,

오직 다북쑥에 푸른 움이 돋아
공같이 동근 포기 눈에 뜨이누나.

그들은 그걸 캐고 또 캐어다가
말리고 삶고 소금으로 간 고루워[3]

밥 대신 죽 대신 휘뚜루 먹고서
거미줄 친 입을 풀칠할 따름이라.

2

다북쑥, 다북쑥을 캐니
다북쑥이 쑥이런가?

명아주, 비름 다 시들었고
쇠귀나물조차 알배지 않네.

꼴과 나무 다 타 버렸고
샘과 시내 모두 끊어졌네.

논에는 논골뱅이 나질 않고
바닷가엔 섭조개도 보이지 않네.

대감, 사또 보살필 줄 있으랴?
다만 "흉년이 들었어?" 하고

가을걷이 이미 글렀으니
봄 오면 환자 곡식 꿔 준다네.

남편들은 빈손으로 집 났으니
객사한들 어느 누가 묻어 주리?

오! 슬프다, 무정한 하느님아
어찌하여 우리를 돌보지 안난다?

      3
다북쑥, 다북쑥을 캐니
다북쑥이 아니라 똘쑥일세.

똘쑥, 뺑쑥, 잡쑥 다 캐고서
온갖 잡풀 가리지 않네.

뜯고 뽑고 다듬어 담으니
바구니, 광주리에 반쯤 차네.

해 저물어사 내 집 찾아와
물 붓고 죽 쑤어 한 버럭지⁴라.

언니 동생 체면 없는 투정에
온 집안이 장꾼같이 들레누나.

원망의 소리, 저주의 소리
소리개 같고 올빼미 같구나!

采蒿三章 章十六句(1810)

采蒿采蒿　　匪蒿伊莪
群行如羊　　遵彼山坡
青裙傴僂　　紅髮俄兮
采蒿何爲　　涕滂沱兮
瓶無殘粟　　野無萌芽
唯蒿生之　　爲毬爲科
乾之糅之　　瀹之饁之
我饘我鬻　　庶无他兮
采蒿采蒿　　匪蒿伊蔚

藜莧其萎　　慈姑不孕

芻蕘其焦　　水泉其盡

田無田靑　　海無蠯蜃

君子不察　　曰饑曰饉

秋之旣殞　　春將賑兮

夫壻旣流　　誰其殲兮

嗚呼蒼天　　曷其不愁

采蒿采蒿　　或得其蕭

或得其藋　　或得其蒿

方潰由胡　　馬新之苗

曾是不擇　　曾是不饒

搴之捋之　　于筥于筲

歸焉鬻之　　爲饔爲饕

兄弟相攫　　滿室其囂

胥怨胥詈　　如鴟如梟

1. 전간기사 : 〈전가기사〉 여러 시편들은 모두 《시경》의 체재를 취하여 4자 시로 되어 있다.

2. 〈다북쑥 캐기〉는 가물을 애달피 여겨 부른 노래이다. 가을이 오기 전에 벌써 흉년이 들어서 논밭에 푸른빛이 없으므로 부인네들은 다북쑥을 캐서 끼니를 대신한다(采蒿 閔荒也 未秋而饑 野無靑草 婦人采蒿爲鬻 以當食焉― 원주).

3. 소곰으로 간 고루워 : 소곰은 '소금'의 옛말, 고루다는 '고르다'의 북한어.

4. 버럭지 : 바가지. 함지(박).

2. 볏모 뽑기[5]

1

물 실은 모판에 볏모 자라서
야청빛,[6] 우황빛 함께 떠오른다.

그 빛은 무늬 놓은 고은 깁[帛]에
금실 박아 짠 비단처럼 보인다.

농민들은 아침저녁 돌아보며
사랑하기란 어린아이처럼 하누나.

주옥의 보배같이 귀중히 여겨
보기만 하면 문득 기뻐하더니.

2

봉두난발에 미친 듯한 한 부인
논바닥에 두 다리 퍼더앉아[7]

방성통곡에 하느님을 부르며
가슴에 맺힌 원한 한껏 하소한다.

어째서 내 마음 목석같이 되어
사랑하는 볏모를 차마 뽑을쏜가.

그 울부짖음엔 오뉴월도 간곳없고
찬바람만 쓸쓸히 불어오누나!

3
너풀너풀하는 나의 모포기를
이내 손길로 차마 뽑다니.

오똑오똑한 나의 모포기를
이내 손길로 차마 죽이누나.

너풀너풀하는 나의 모포기를
가라지[莠]처럼 매어 버리누나.

오똑오똑한 나의 모포기를
땔나무처럼 태워 버릴쏘냐.

4
나는 고이 뽑아 춤을 지어[8]
시냇가 진펄에 담가 두었다가,
오늘내일 행여나 비 오시면
논고랑에 다시 심어 보려네.

내 집엔 자식 가난 없고 보니
젖먹이, 밥먹이 모두 셋이라,

366

그 한 놈을 용왕님께 바쳐서라도
이내 어린 볏모 살려 보려네!

拔苗四章 章八句(1810)

稻苗之生　　嫩綠濃黃
如綺如錦　　翠葵其光
愛之如嬰孩　朝夕顧視
寶之如珠玉　見焉則喜
有女蓬髮　　箕踞田中
放聲號咷　　呼彼蒼穹
忍而割恩　　拔此稻苗
盛夏之月　　悲風蕭蕭

芃芃我苗　　予手拔之
蘙蘙我苗　　予手殺之
芃芃我苗　　薦之如荐
蘙蘙我苗　　焚之如樵

攗之束之　　寘彼溪㳂
庶幾其雨　　挿之汚邪
我有三子　　或乳或食
願殪其一　　赦此穉稗

5. <볏모 뽑기>는 흉년을 애달피 여겨 부른 노래이다. 가물에 모판이 말라서 모심기를 할 수 없게 되자 농부들이 모를 뽑아 버리면서 통곡하는 소리가 들판에 가득하였다. 어떤 부인이 원통하기 그지없어서 자기의 사랑하는 아들 하나를 죽여 기우제의 제물로 바쳐서라도 만민을 구제하는 비가 오도록 하겠다고 자원하기까지 하였다(拔苗 閔荒也 苗槁不移 農夫拔而去之 拔者必哭 聲滿原野 有婦人冤號極天 願殺一子 以祈一需焉—원주).

6. 야청靑빛 : 검은빛을 띤 푸른빛.

7. 퍼더앉아 : 箕踞. '퍼더앉다'는 '주저앉다'의 북한어. 원문은 '펼쳐 놓고'.

8. 춤을 짓다 : 모춤을 묶다(만들다). 춤은 '가늘고 기름한 물건을 한 손으로 쥘 만한 분량'인데, 여기서는 '모춤(서너 움큼씩 묶은 볏모)'을 말한다.

3. 메밀[9]

넓고 아득한 무논 바닥
갈라진 어러기[10]에 먼지만 난다.

못자리에 모포기 뽑고서
갈아 뒤쳐 메밀을 뿌리라네.

농가에는 메밀 없고
저자에서도 살 수 없어라.

차라리 주옥은 얻을 수 있건만
메밀이야 구경인들 할쏘냐.

고을 사또는 통첩을 내리며
"메밀 걱정 조금도 말지어다.

나는 장차 감사 사또께 아뢰어
씨앗 가져다 고루 나눠주리라."

어리석은 우리는 그 말 곧이듣고서
아이갈이,[11] 두벌갈이에 불이 났더니.

메밀은 한 톨도 주지 않고
그는 씨 뿌리라는 독촉만 하네.

"느그덜이[12] 메밀씨 뿌리지 않으면
관가는 장차 큰 벌을 내리리라.

흰 곤장, 붉은 곤장에 바람 나면
느그덜 살점배기 마디마디 에이리라.[13]"

오! 슬프다, 무심한 하느님이시여
어찌하여 우리를 살피지 안난다?

우리는 잘 안다―메밀이라도 심지 않으면
주려 죽고 살길 없다는 것을!

그런데 없는 메밀을 심으라고
천둥 같은 호통에 벼락불이 떨어진다.

제 배 불러 남 고픈 줄 모르고
이 탈 저 탈에 주릿대를 안기려 하네.

메밀 씨앗 주라는 고마운 명령은
구중궁궐에서도 분명히 내렸건만,

고을 관장 짐짓 받들지 않고서
상감을 속이며 백성을 속이누나!

蕎麥一章 三十二句(1810)

漠漠水田	堀埌其飄
言拔其稗	言播其蕎
蕎不家儲	亦罔市貿
珠玉可得	蕎不可遘
縣官有帖	蕎勿汝憂
我從察司	將爲汝求
我信其言	旣耕旣穮
蕎不我予	而督我尤
汝不播蕎	我則有罰

白棓朱杖　汝膚其割
嗚呼蒼天　胡不予察
蕎之不播　我則罔活
而以咎我　如雷如霆
肉糜不食　將亦有刑
蕎之授種　令出朝廷
曾莫欽遵　欺我聖明

9. <메밀>은 고을 원[縣令]을 풍자하여 부른 노래이다. 가물에 마른 논들에
   다가 볏모 대신 메밀 씨앗을 농민에게 나눠주어 갈게 하라는 조정의 명령
   이 내려졌으나, 고을 원은 받들어 실행하지 않고 한갓 엄혹한 형벌로 농민
   의 메밀갈이를 독촉하였다(蕎麥 刺縣令也 朝廷飭授蕎麥之種 令不奉行 徒以
   嚴刑 督民催種焉—원주).

10. 어러기 : '어루러기'의 방언인 듯.

11. 아이갈이 : 애갈이. 애벌갈이. 초벌갈이.

12. 느그덜이 : 원문은 '너희들이'인데, 편자가 전라 방언으로 고쳤다.

13. 느그덜 살점배기 마디마디 에이리라 : 원문은 '너희들의 살저럼을 마디마
    디 어이리라'인데, 편자가 전라 방언으로 고쳤다. '살저럼>살저름'은 '살점'
    의 강원·경상 방언이고, '어이다'는 '에다'의 북한어이다. 《승정원일기》에
    의하면, 당시 강진 현감康津縣監은 서치보徐致輔(1772~1843)인데 약 2년
    반(1809.2~1811.8) 동안 재직하였다. 그의 출생지는 미상이나, 주로 서울
    에서 거주한 것으로 보인다. 따라서 최익한이 울진 사투리와 북한말을 혼
    용하여 번역한 것은 강진 사투리로 바꿔야 더 적절하다고 여겨진다. 물론
    서치보가 서울말을 고수하였을 가능성이 높긴 하지만……. 참고로 <전간
    기사田間紀事>의 창작 시기는 '1809년 6월설'과 '1810년 6월설'이 있음을
    밝혀 둔다.

4. 볶은 꽁보리죽[14]

1

동편 집에서 우릉우릉하며
서편 집에도 우릉우릉한다.

볶은 보리를 갈아 죽을 쑤려고
망질하기에 온 마을이 법석이네.

멍어리,[15] 꽁대기[16]를 체질 않고
겨와 껍질도 까불지 않누나.

벌물[17] 잡아 꽁보리죽 쑤어서
주린 창자를 한갓 채울 뿐이라.

썩은 냄새, 신트림에 생목 올라서[18]
배부른 줄 모르고 현기만 나네.

두 눈에는 해와 달이 도로 어둡고
하늘과 땅은 팽이 돌 듯하누나.

2

아침에도 꽁보리 한 줌이요
저녁에도 꽁보리 한 줌이라.

보리죽도 끼니 잇기 어렵거든
무슨 경황에 배부르기 바랄쏜가.

안팎 세간 남김없이 다 팔아
보리 사러 장마당을 갔더니,

코 묻고 겨 묻은 내 돈이 돈일런가
기왓장과 조약돌만도 못하이.

날개 돋은 곡식값이 오르고 올라서
귀하기론 금인 양 옥인 양하여라.

한 자루도 차지 않는 보리쌀에
어느덧 수백 명이 둥여 서누나.[19]

           3
나는 보노라 ─ 보리죽 먹는 자는
반드시 가난한 집만이 아닐러라.

그 마을의 부호로 이름났건만
또한 보리죽으로 끼니를 이이누나.[20]

안채, 바깥채 으리으리
앞산, 뒷산 울울창창.[21]

솔밭, 대밭 담 밖에 벌여 있고
감나무, 밤나무 줄지어 섰어라.

햇대엔 좋은 입성²² 걸렸고
시렁엔 구리 바리때 놓여 있네.

오양간²³에 농우소²⁴가 누워 자고
홰에는 뭇 닭이 깃들어 있네.

그 주인은 힘세고 언변 좋고
수염 풍신이 하도 헌출하더라.

熬麩三章 章十二句(1810)

東家礚礚   西家礚礚
熬麥爲麩   磨之紛紛
有麩不餞   有麩不揚
粥之爲麩   塡此莘腸
噯腐喬酸   爲瞑爲眩
日月無光   天地旋轉

朝一溢麩   暮一溢麩

麩將不繼　遑敢求飫

靡物不賣　言市其麥

我貨弗售　如瓦如礫

爾耀其翔　如圭如璧

一囊之麥　聚者維百

我視麩者　里中之傑

棟宇隆隆　園林鬱鬱

有松有竹　有栴有栵

橢有絲衣　閣有銅盆

牛寢其牢　雞栖于桀

有辯有力　有美須髮

14. 〈볶은 꽁보리죽〉은 큰 흉년을 애달피 여겨 부른 노래이다. 가을걷이는 전연 희망이 없어서 부잣집들도 보리죽을 먹으며, 가난한 홀아비·홀어미들은 보리죽도 잇대기가 어려웠다. 이때 내가 다산에 거주하였는데 그 앞마을 사람들은 모두 꽁보리죽을 먹고 있었기에 나도 그것을 먹어 보았다. 겨와 모래가 절반이나 섞여 있어서 먹은 다음에는 신트림으로 견딜 수가 없었다(熬麩 閔荒也 無所望秋 富人之家 皆食麥粥 其煢獨者 麥粥亦艱焉 麩者 麥粥也 余在茶山 前村皆麩而食之 糠秕沙礫相半 既食而酸 不可安矣―원주).

15. 멍어리 : '멍울(작고 둥글게 엉겨 굳은 덩이)'의 강원 방언.

16. 꽁대기 : '꼬랑이(꽁지)'의 경북 방언.

17. 벌물 : 물을 논에 대거나 그릇 따위에 담을 때에 딴 데로 나가는 물. 즉 쓸모없이 새어 나가거나 버려지는 물.

18. 생목 오르다 : 음식물이나 위액이 목구멍으로 넘어오다.

19. 동여 서다 : '몰켜 서다(모여 서다)'의 뜻인 듯.

20. 이이누나 : 이으누나. 이으다는 '잇다'의 옛말 또는 방언(강원·경남·전북· 충청).
21. 원문에는 "그의 집이야 안채, 바깥채 훌륭하고 / 앞산 뒷산에 그의 가꿈 울창하이."로 되어 있는데 편자가 고쳤다.
22. 입성 : '옷'을 속되게 이르는 말.
23. 오양간 : 오양깐. '외양간'의 방언(강원·경기·전남·충청·평북·함경).
24. 농우소 : 농우農牛. 농사소. 농사일에 부리는 소.

5. 승냥이와 이리[25]

1

승냥이여! 이리여!
이미 나의 송아지를 잡아갔으니
나의 양일랑 물어 가지 말지어다.

옷장엔 이미 저고리가 없으며
횃대엔 또한 치마도 없다.

항아리엔 남은 식해[26] 없으며
단지엔 짙은[27] 양식 없어라.

발솥, 가마솥 다 앗아 갔고
숟가락, 젓가락마저 채갔구나.

도둑도 아니고 화적떼도 아니라면
몹쓸 버릇 어이 그다지 하나뇨?

사람 죽인 자가 이미 죽었거니
다시 누구를 죽이려 하난다?!

      2
이리여! 승냥이여!
나의 삽살개를 이미 물어 갔거니
나의 닭일랑 얽어 가지 말지어다.

나의 사랑하는 자식을 이미 팔았거니
나의 여윈 아내 그 누가 사 갈쏘냐.

너희들은 나의 살을 긁어내고
너희들은 나의 뼈를 부수누나.

우리의 논밭을 한 번 보아라
또한 심히 슬프지 아니한가?

가물에 피, 가라지도 나지 않거니
다북쑥, 물쑥인들 어이 자랄쏜가.

사람 죽인 자는 이미 죽었거니

다시 누구를 곯리려 하난다?!

   3

승냥이여! 호랑이여!
너희들은 말할 수 없다.

날짐승이여! 길짐승이여!
너희들은 나무랄 수 없어라.

관장은 백성의 부모라지마는
우리는 조금도 믿을 수 없구나.

한 번 가서 하소연하였건만
그는 귀담아들은 체도 않누나.

우리의 논밭을 한 번 보아라.
또한 심히 참혹하지 않는가?

집 잃고 고향 떠난 우리들이여!
길에 넘어지고 구렁에 떨어진다.

고을 관장이여! 백성의 부모라고?
고기 찰밥에 배는 북통 같구나.

동헌 뒷방에 뛰노는 저 기생들
그 얼굴이 부용꽃같이 어여쁘누나!

豺狼三章 二章章十三句 卒章十六句(1810)

豺兮狼兮

旣取我犢　　毋噬我羊

笥旣無襦　　椸旣無裳

甕無餘醢　　瓶無餘糧

錡釜旣奪　　匕筯旣攘

匪盜匪寇　　何爲不臧

殺人者死　　又誰狀兮

狼兮豺兮

旣取我尨　　毋縛我雞

子旣粥矣　　誰買吾妻

爾剝我膚　　而槌我骸

視我田疇　　亦孔之哀

稂莠不生　　其有蒿萊

殺人者死　　又誰災兮

豺兮虎兮　　不可以語

禽兮獸兮　　不可以詬

亦有父母	不可以恃
薄言往愬	裒如充耳
視我田疇	亦孔之慘
流兮轉兮	塡于坑坎
父兮母兮	粱肉是啖
房有妓女	顏如菌菪

25. <승냥이와 이리>는 백성이 유리분산함을 애달피 여겨 부른 노래이다. 내가 유배된 곳의 남쪽에 두 마을이 있으니 하나는 용촌龍村이요 또 하나는 봉촌鳳村이다. 용촌의 한 남자가 봉촌의 한 남자와 우연히 장난삼아 서로 구타하다가 봉촌의 남자가 맞은 여독으로 병들어 죽었다. 두 마을 사람들은 관리가 장차 살인 사건을 책잡아 가지고 가혹히 토색할까 두려워서 소문이 나기 전에 용촌의 남자에게 자살을 권고하니, 그는 흔연히 승낙하고 드디어 자결하여 두 마을을 무사하게 하였다.

그러한 지 두어 달 후에 고을 아전들이 탐문하고 두 마을 인민에게 죄목을 덮어씌워서 깡전 300냥을 토색하여 갔으므로 마을에는 한 치의 베와 한 톨의 곡식도 남지 않았다. 그 해독이 큰 흉년보다도 심하였다. 아전들이 돌아가자 두 마을 주민들은 곧 전부 유리분산하게 되었다.

그들 중 부인 하나가 고을 원에게 가서 억울한 사정을 하소하고 아전들을 잡아서 다스려 달라고 간청하였으나, 고을 원은 "네가 나가서 그들을 찾아보아라"며 시치미를 뚝 뗄 뿐이었다(豺狼 哀民散也 南有二村 曰龍曰鳳 龍有某甲 鳳有某乙 偶戲相毆 乙者病斃 二村之民 畏於官檢 令甲自裁 甲欣然自死 以安村里 旣數月吏知之 聲罪二村 徵錢至三萬 寸布粒粟 靡有遺者 其毒急於凶年 吏歸之日 二村則流 有一婦訴于縣令 令曰爾出而索之―원주).

26. 식해食醢: 생선을 토막친 다음 소금·조밥·고춧가루·무 등을 넣고 버무려 삭힌 음식.

27. 짙은: 남은. '짙다'는 '재물 따위가 넉넉하게 남다'의 뜻.

6. 불쌍한 어린이[28]

집 잃은 어린 오누이
손잡고 갈 데 모른다.

작은 아이는 이삭머리
큰 아이는 다박머리

어미 잃고 울부짖으며
가름길[29]에 헤매인다.

붙들고 그 까닭 물으매
목멘 소리로 대답한다.

"아버진 집 나섰고
어머닌 집 지켰어요.

쌀독은 텅 비었고
끼[30] 놓은 지 사흘이라.

어머니는 우리 보고
눈물이 앞을 가렸답니다.

어린 동생 젖 찾으나
젖은 이미 말라 버렸죠.

어머니는 두 손으로
우리 둘을 갈라 잡고

산간 촌락 찾아들어
밥을 빌어 먹이다가,

장마당에 이르러서
강엿 사다 우리 주고

행길 건너 이곳 와서
어린아이 품에 넣어

자장자장 재울 적에
저도 따라 잠들었는데

문득 깨어 돌아보니
어머닌 여기 없었어요."[31]

그 아이 말하며 울고
눈물 콧물 주체 못하네.

어둑어둑 해 저물고
수풀엔 뭇 새 날아든다.

불쌍한 두 아이는
거리에서 방황한다.

아! 슬프다, 백성들은
굶주려서 본성을 잃고

남편은 아내 버리며
어미는 자식 버린다.

나는 옛날 갑인년甲寅年[32]에
암행어사 나갔어라.

어린 고아 보살피는
나라 은혜 베풀었다.

지방 관장 경계하여
어기는 자 없더니라.

有兒一章 四十四句(1810)

有兒雙行	一角一羈
角者學語	羈者髫垂
失母而號	于彼叉岐
執而問故	嗚咽言遲
曰父旣流	母如羈雌
瓶之旣罄	三日不炊
母與我泣	涕泗交頤
兒啼索乳	乳則枯萎
母携我手	及此乳兒
適彼山村	丏而飼之
携至水市	唌我以飴
携至道越	抱兒如麛
兒旣睡熟	我亦如尸
旣覺而視	母不在斯
且言且哭	涕泗漣洏
日暮天黑	栖鳥群蜚
二兒伶俜	無門可闚
哀此下民	喪其天彝
伉儷不愛	慈母不慈
昔我持斧	歲在甲寅
王眷遺孤	母俾殿屎
凡在司牧	母敢有違

28. <불쌍한 어린이>는 흉년을 애달피 여겨 부른 노래이다. 남편은 아내를
    버리고 어머니는 자식을 버린다. 일곱 살 난 여자아이가 그 동생을 데리
    고 거리에서 방황하면서 어미를 잃고 울부짖는다(有兒 閔荒也 夫棄其妻 母
    棄其子 有七歲女子 携其弟彷徨街路 哭其失母焉—원주).

29. 가름길 : ‘갈림길’의 옛말.

30. 끼 : 끼니.

31. 아버진~없었어요 : 아이의 대답 부분을 편자가 전부 ‘경어체(높임말)’로
    바꾸었다.

32. 갑인년甲寅年 : 정조 18년(1794). 이때 다산은 33세로서 경기도 암행어
    사가 되어 재상과 지방관들의 탐오 불법한 행동을 많이 적발 처단하였다.

[해제]

<전간기사田間紀事>에는 인민에 대한 다산의 심절한 동정이 표시되어 있다.
이학규李學逵는 이에 감동하여 <기경기사己庚紀事>를 지었는데, 《낙하생집
洛下生集》 책8 <기경기사시> 서序에 다음과 같이 적었다.

“기사년(1809) 탁옹籜翁(정약용)은 강진의 다산초당에 있었다. 이해 큰 가뭄
으로 굶어 죽는 자가 잇달았으며 유랑민들이 길을 메웠다. 이에 그는 <전간
기사시田間紀事詩> 6편을 지어 그의 아들 학기學箕(사실은 다산의 족질)에게
부쳤고 학기가 나의 종형 백진伯津(이명규李明逵)에게 보여 주자 백진이 나
에게 편지를 쓰기를, ‘탁옹은 당대의 사백詞伯이다. 시에 사람을 깨우치는 뜻
이 있다. 두보의 <수로별垂老別>, <무가별無家別> 이후 이런 작품은 없었다’
고 하면서 그 시도 보내왔다.

기사년 가뭄은 호남이나 영남이나 똑같았다. 탁옹은 영락하여 우울한 지경
이건만 오히려 빼어난 시를 지어 생각게 하고 감흥케 하며 권징勸懲할 수 있
도록 하였다. 지금 고을 수령으로 하여금 각 한 부씩 베껴서 귀감을 삼게 한
다면 인민은 거의 잘 다스려질 것이다. (…) 그래서 나도 (이를 본받아) 시를
읊고 서序를 자세히 적었다(己巳歲丁籜翁 在金陵之茶山草菴 是歲大旱 餓莩相

385

續 流民塞路 乃著田間紀事詩六篇 付其胤君學箕 學箕以示余從兄伯津 伯津寄余書
曰 籜翁 今之詞伯也 詩有風人之旨 老杜垂老無家之後 無此作也 仍以其詩付余
余惟己巳之旱 湖嶺惟均 而籜翁於憂瘋鬱悒之中 猶其著述卓卓 可以思 可以興 可
以懲創而有爲 使當世之莅州縣者 各鉢一本 用爲龜鑑 則斯民其庶幾矣 … 詩以諷
詠之 序以詳述之)."

정약용과 이학규가 봉건 경제의 모순이 노정되는 현장을 직접 목격하고 시
화한 것은 문학사적 의의가 있다. 다산은 1809년 6월 김이재에게 보낸 편지
<여김공후이재與金公厚履載>(본서 pp661~5)에서도 당시 가뭄의 참상을 사
실적으로 전하며, 인민을 구제할 방도가 전혀 없다고 통탄하였다.

"샘물은 마르고 냇물은 잦아져서 들에 사는 사람들은 목마른 걱정이 배고픈
걱정보다 심하고, 마소들도 물과 풀을 먹지 못하므로 집집이 소를 잡아먹지만
관가에서는 금할 수가 없습니다. 옛날에도 이런 큰 흉년이 있었을까요? 6월
초에 인민들이 살던 데를 떠나 사방으로 흩어져 가면서 울부짖는 소리가 요란
스레 들리고, 길바닥에 내버려진 어린아이들이 얼마인지 알 수 없습니다. (…)
비록 창고를 다 털어서 구제한다 하더라도 수천 명의 한 달 양식밖에 안 될
것입니다. 굶주린 인민이 1만 명이 넘는데 곡식은 한 달도 지탱하지 못할 터
인즉 무슨 구제를 하겠습니까? 여러 고을이 다 그러하니 곡식을 옮겨 올 수
도 없고, 여러 도가 다 그러하니 융통할 방책도 없습니다(水泉枯涸 川流斷絶
野居之人 渴憂甚於飢患 牛馬不得飮水茹草 家家屠牛 莫之禁止 不知古來有如此大
凶大荒乎 六月之初 流民四散 號哭之聲 殷殷田田 嬰兒之棄於道者 不記其數 … 雖
竭倉而捐賑 不過爲數千口一月之糧耳 飢口恰過萬數 穀簿不支一月 其有賑乎 諸縣
皆然 移轉無路 諸路皆饑 交濟沒策)."

다산은 시혜적인 구제 대책이 없는 현실을 개탄하였다. 하지만 여기서 인민
이 굶주린 근본 원인은 천재지변인 가뭄으로 생산력이 저하된 일시적 현상에
있는 것이 아니라 봉건 국가와 지주의 이중적 착취로 인해 생존권이 박탈된
항구적 본질에 있는 것을 직시할 필요가 있다.

386

용산촌의 아전[1]

사나운 고을 아전이
용산촌에 달려들어서

가난한 농가의 외양간에
소 몰아내어 관가로 보내누나.

가는 소 뒷모습이 사라질 때까지
말없는 주인들이 삽짝에 비껴[2] 섰네.

욕심 많은 관장의 노염은 풀리련마는
억울한 백성의 사정이야 그 누가 알아주리?

철 아닌 6월에 쌀벼를 바치라고
그 고통은 수戌자리 살기[3]보다 심하이.

나라의 혜택은 도무지 내리지 않고
만 사람의 목숨이 땅에 쓰러지누나.

가난한 살림 참으로 슬프도다,
차라리 죽는 이만 같지 못하이!

짝 없는 홀어미, 자손 없는 늙은이
단벌 소마저 잃고 눈물만 비 오듯.

마을 광경이 너머나[4] 비참한데
아전은 무엇을 노리고 돌아가지 않는가?

쌀독, 장독 다 빈 지 이미 오래거니
한 점 저녁연기인들 날 줄이 있으랴.

살길이란 전혀 막히고 끊어졌거니
온 마을이 다만 한숨과 눈물에 잠겼어라.

소 잡아 육포 떠서 관가에 바치면
그는 재능 있는 아전으로 뽑히누나!

龍山吏(1810)

吏打龍山村	搜牛付官人
驅牛遠遠去	家家倚門看
勉塞官長怒	誰知細民苦
六月索稻米	毒痛甚征戍
德音竟不至	萬命相枕死
窮生儘可哀	死者寧哿矣

婦寡無良人	翁老無兒孫
泫然望牛泣	淚落沾衣裙
村色劇疲衰	吏坐胡不歸
瓶罌久已罄	何能有夕炊
坐令生理絶	四鄰同嗚咽
脯牛歸朱門	才諝以甄別

1. 두보의 시에 차운하다. 경오년(1810) 6월(次杜韻 庚午六月—원주). 용산촌
   은 현 강진군 도암면 용흥리 용산마을.
2. 비겨 : '비기어(비스듬하게 기대어)'의 준말.
3. 수戍자리 살다 : 국경을 지키던 일을 하다.
4. 너머나 : '너무나'의 방언(전라·평북).

[해제]
다산의 삼리시三吏詩 <용산리龍山吏>, <파지리波池吏>, <해남리海南吏>는
그의 논문 <간리론奸吏論>(1800)의 사상을 형상화한 것인데 두보의 <석호리
石壕吏>, <신안리新安吏>, <동관리潼關吏>에 차운한 작품이다. 다산은 36세
에 《두시杜詩》를 교정한 바 있고, 47세에는 큰아들 학연學淵에게 보낸 편지
<기연아寄淵兒>에서 두보를 다음과 같이 평하였다.

"오늘날 시를 짓는 법은 마땅히 두보를 공자로 삼아야 한다. 대체로 그의 시
가 뭇 시인 중에 으뜸이 되는 까닭은 《시경》300편의 뜻을 계승하였기 때문
이다. (…) 두시는 고사를 인용하는 데 흔적이 없어서 마치 자기가 지은 것처
럼 보이지만, 자세히 살펴보면 모두 출처가 있으니 이야말로 두보가 시성이
되는 이유이다(後世詩律 當以杜工部爲孔子 蓋其詩之所以冠冕百家者 以得三百
篇遺意也 … 杜詩用事無跡 看來如自作 細察皆有本[有出處] 所以爲聖)."

파지촌[1]의 아전

사나운 고을 아전이
파지촌에 달려들어서

고함치고 부르는 소리
마치도 군인 점고[2]인 양하이.

아귀와 병자만이 남아 있고
온 마을에 있는 한 농군도 없어라.

"이놈아! 저년아!" 하는 호령 소리에
고아, 과부를 뒷짐결박 짓고서,

바람 나는 가죽 채쭉[3]으로
그들을 후려갈겨 앞세우누나.

닭 쫓고 개 몰아가듯
줄지어 삼문 앞까지.

그중 가난한 선비 하나가
파리한 몸, 비틀걸음에,

390

"하느님아!" 하고 울부짖는 소리
그 소리는 참으로 가냘퍼라.

속마음 하소할 데 없고
눈물만 줄줄이 흐르누나.

두 눈에 쌍심지 불 켠 아전은
그 선비를 미련한 놈이라 하난고야.

그를 욕보여 군중을 위협하려고
높은 나뭇가지에 거꾸로 달았다.

풀어진 그의 머리카락은
나무뿌리에 서리고 얽혔어라.

그리고 아전은 다시 꾸짖는다 ―
선비놈이 두려운 줄 모른다고,

"너는 감히 관장을 거역하니
글 읽는 보람 어데 있난다?

나라 세미稅米를 당연히 바쳐야만 한다,
여름 이내로, 어서 마감하렷다.

백 번 용서하는 관대한 은혜를
너는 반드시 뼈에 새기렷다.

조운선漕運船이 항구에 체류하는 걸
네 눈깔로 바루⁴ 보지 못할쏘냐?"

그는 고을 공형公兄⁵의 지휘를 받고서
서릿발 같은 위엄을 한 번 세워 보려네!

波池吏(1810)

吏打波池坊　　喧呼如點兵
疫鬼雜餓莩　　村墅無農丁
催聲縛孤寡　　鞭背使前行
驅叱如犬雞　　彌亘薄縣城
中有一貧士　　瘠弱最伶俜
號天訴無辜　　哀怨有餘聲
未敢敍衷臆　　但見涕縱橫
吏怒謂其頑　　僇辱怵衆情
倒懸高樹枝　　髮與樹根平
鯫生瞀不畏　　敢爾逆上營
讀書會知義　　王稅輸王京

饒爾到季夏　　念爾恩非輕

峨舸滯浦口　　爾眼胡不明

立威更何時　　指揮有公兄

1. 파지촌波池村 : 파지방波池坊. 현 강진군 도암면 소속.
2. 점고點考 : 명부에 점을 찍어 가며 사람의 수를 조사함. 점호點呼.
3. 채쭉 : '채찍'의 함경 방언.
4. 바루 : '바로'의 방언(강원·충청).
5. 공형公兄 : 지방 아전들의 우두머리의 칭호.

[해제]

아전들은 채찍질하며 고아·과부·선비 등 조세 체납자를 개처럼 끌고 가다가,
그중 말 잘 안 듣는 선비를 일벌백계 차원에서 나뭇가지에 거꾸로 매달았다.
다산은 줄곧 아전들의 횡포 현상에 초점을 맞추지만, 그 횡포가 근본적으로
부패한 봉건 양반 체제를 유지키 위한 폭력에 기초하고 있다는 사실을 전혀
보여 주지 못하였다.

해남촌의 아전

어느 한 나그네가
해남에서 달려왔다.

크나큰 무서움을 피해 왔다고 하며
헐떡이는 기침 진정할 줄 모른다.

그는 호랑일 만나지 않았으면
응당 되놈에게 호달렸으리.[1]

그는 한참 있다가 비로소
푸른 입술을 열어 말한다.

"해남 고을 아전들이 떼거리로 닥치드만
동짝 서짝 마실들을 싸그리 토색해 분디

신관 사또의 명령이 무장[2] 엄항께
납세 기한을 하루도 어기지 마람시롱

세금 곡석을 나를 수백 척 배들이
정월에 서울 5강五江[3]을 떠났다믄서

394

느시렁거리는 배는 그 고을 베실아치가
벌받은 적이 한두 번 아니랍디다.

성화같은 독촉에 온 무지랭이 울부짖으니께
배꾼들도 실실 흐느끼드만이라우.

진 시방 모진 범을 피해 부렀지만
그 누가 물 잃은 괴길 짠허게 여기겄오 잉?"4

두 눈에 눈물이 주루룩 흐르며
문득 한 줄기 한숨만 내뿜노나.

海南吏(1810)

客從海南來	爲言避畏途
坐久喘未定	怖怯猶有餘
若非値豹狼	定是遭羌胡
催租吏出村	亂打東南隅
新官令益嚴	程限不得踰
橋司萬斛船	正月離王都
滯船必黜官	鑑戒在前車
嗷嗷百家哭	可以媚權夫

吾今避猛虎　　誰復恤枯魚

泫然雙淚垂　　倏然一嘯舒

1. 호달렸으리 : '휘달리다(몹시 시달리다)'의 경상 방언. 휘달리다>후달리다>
　호달리다.
2. 무장 : '더욱'의 전라 방언.
3. 5강五江 : 한강漢江·용산龍山·삼개[麻浦]·지호支湖·서호西湖의 총칭.
4. 대화 부분은 편자가 전라 방언으로 고쳤다. 최익한의 번역은 다음과 같다.
　어느 한 나그네가 / 해남에서 달아왔다.
　크나큰 무서움을 피해 왔다고 하며 / 헐떡이는 기침 진정할 줄 모른다.
　그는 호랑을 만나지 않았으면 / 응당 되놈에게 호달렸으리.
　그는 한참 있다가 비로소 / 풀은 입술을 열어 말한다.—
　"해남 고을 아전들이 패 지어서 / 동편 서편 마을들을 모조리 토색한다.
　신관 샷도의 명령이 더욱 엄하여 / 납세 기한을 하루도 어기지 말라고.
　세미稅米를 나를 수백 척 배들이 / 정월에 서울 5강五江을 떠났다.
　지체하는 배는 그 고을 관원이 / 벌받은 전례 한두 번 아니란다.
　성화같은 독촉에 만백성 울부짖으니 / 그 슬픔에는 배꾼들도 흐느끼누나.
　나는 지금 모진 범을 피했거니 / 그 누가 물 잃은 고기를 불상히 여기랴?"
　그의 두 눈에 눈물이 주루룩 흐르며 / 문득 한 줄기 한숨만을 내여 뿜노라.

[해제]
신조본이나 사암본 전서를 보면 이 시가 다산초당 시기의 마지막 작품으로
수록되어 있다. 즉 <해남리海南吏>를 쓴 1810년 6월부터 해배되던 1818년
9월까지 시가 빠진 셈이다. 왜 누락되었는지는 딱히 알 수 없으나, 여기저기
산재된 작품들이 간혹 꽤 발견되고 있다. 《백운첩白雲帖》12수, 《다암시첩茶
盦詩帖》12수, 《이산창수첩二山唱酬帖》12수, 《다산사경첩茶山四景帖》4수 등
이 바로 그것이다. 물론 이 기간 다산은 여러 저술에 바쁘긴 했지만, 그래도
평소 일기처럼 꾸준히 써 오던 시를 갑자기 그만둔 것 같지는 않다.

2. 논論

통치자론 原牧

통치자가 인민을 위하여 존재하는 것인가? 인민이 통치자를 위하여 존재하는 것인가?

인민이 미곡과 포백을 바쳐서 통치자를 섬기고 인민이 거마와 종복을 내어서 통치자를 맞고 보내며 인민이 자기의 고혈을 짜내어 통치자를 살찌게 하니, 이런 것으로 보아서는 인민이 통치자를 위하여 생존하는 것이 아닌가? 아니다, 아니다. 통치자가 인민을 위하여 존재하는 것이다.

태고 시대에는 인민뿐이었으니 어찌 통치자가 있었으랴? 이 시대에는 인민이 순박하고 자유로운 상태로 무리를 지어 살고 있었다. 그런데 어떤 한 사람이 이웃 사람과 다투게 되어 결정을 짓지 못하였다. 그들 중에 한 장로가 있어서 공정한 말을 잘하므로 그들은 그 장로에게 가서 판결을 받았다. 그래서 온 마을 사람들은 모두 그 장로에게 복종하고 그를 추대하여 마을 어른이라고 불렀다.

또 몇 개 마을의 인민들이 서로 분쟁을 일으켜 해결을 짓지 못하였다. 그들 중에 한 장로가 준수하고 지식이 많으므로 그들은 그에게 가서 판결을 받고 그 몇 개 마을 사람들이 모두 그에게 복종하고 그를 추대하여 한 구역의 어른이라고 불렀다.

또 몇 개 구역의 인민들이 서로 분쟁하여 해결을 짓지 못하였다. 그들 중에 한 장로가 현명하고 덕이 있으므로 그들은 그에게 가서 판결을 받고 몇 개 구역이 모두 그에게 복종하며 그를 추대하여 고을 어른이라고 불렀다.

이상과 꼭 같은 사정과 절차에 의하여 몇 개 고을의 어른들이 한 사람을 추대하여 어른으로 삼고 나라 임금이라 불렀고, 몇 개 나라의 임금들이 한 사람을 추대하여 어른으로 삼고 그를 한 지방의 어른이라고 불렀으며, 또 여러 지방의 어른들이 한 사람을 추대하여 웃머리(우두머리)로 삼고 큰 임금이라고 일컬었으니, 요컨대 큰 임금의 근원은 마을 어른에서 시작한 것이다. 그러니까 통치자는 본래 인민을 위하여 있게 되었다.

이 시대에 있어서는 마을 어른은 인민의 희망을 좇아 법을 제정하여 구역 어른에게 올렸고, 구역 어른은 인민의 희망을 좇아 법을 제정하여 고을 어른에게 올렸으며, 나라 임금은 큰 임금에게 올렸다. 그러므로 그 법은 모두 인민에게 편리했던 것이다.

그러나 후세에 와서는 어떤 한 사람이 인민의 선거에 의하지 않고 스스로 서서 황제가 되어 자기의 아들 및 아우 그리고 그 종복들을 봉하여 제후로 삼았고, 그 제후들은 자기 사삿사람들 중에서 선발하여 고을 어른으로 삼았으며, 그 고을 어른들은 또한 자기 사삿사람들을 천거하여 구역 어른과 마을 어른들로 삼았다.

이때부터 황제는 인민의 희망과는 반대로 자기의 욕망을 좇아 법을 제정하여 제후들에게 주고, 제후들은 또한 자기 욕망을 좇아 법을 제정하여 고을 어른들에게 주며, 고을 어른들은 구역 어른들에게 주고, 구역 어른들은 마을 어른들에게 주었다. 그러므로 그 법이 모두 임금을 높이고 인민을 낮추며, 아랫사람들을 학대하고 윗사람들에게는 아부하여, 마치 인민이 통치자를 위해서 생존하는 것처럼 되고 말았다.

지금 우리나라의 군수·부사·목사와 같은 지방장관들은 옛날의 제후에 해당한 자들이다. 그들에 대한 주택·거마의 공급과 음식·의복의 봉양과 그들의 좌우에서 밤낮으로 시중드는 각종 관속 및 남녀 노비, 사령使슈들로써 그들이 누리는 호화스러운 생활은 나라 임금에 못지않다. 그들의 권능은 족히 사람을 행복하게 할 수 있으며 위력은 족히 사람을 떨게 할 수 있다. 그래서 그들은 오만 자존하고 방종 무도하여 자기가 인민을 보호하는 직분을 가지고 있는 관원이란 것을 전연 잊어버렸다.

어떤 한 백성이 송사를 들면 그들은 그것을 공정하게 판결하여 줄 대신에 문득 발로 차 버리는 듯이 거절하면서 "너희들이 어째서 이렇게 시끄럽게 구느냐?" 하며, 또한 백성이 굶주려 죽게 되어 구제를 청하면 그들은 고개를 돌려 먼 산을 바라보고 "죽으면 너희들이 스스로 죽었지 내게 무슨 상관이 있느냐?" 한다. 그러나 만일 인민이 미곡과 포백을 바치지 아니하면 그들은 회초리와 곤장으로 인민을 때리고 치고 해서 피가 흐르는 것을 본 연후에야 그만둔다. 그리고 그들은 날마다 문서 장부에다가 고쳐 쓰고 덧붙여 쓰고 칼끝으로 긁고 먹으로 까뭉개서 인민에게 돈과 필목을 징수한다. 그래서 그들은 그것으로 농장을 장만하고 주택을 이룩하며 또 세도 재상과 귀척의 집에 뇌물을 올려서 자기들의 사리를 길이 보장한다.

이와 같이 하므로 세상에서는 인민이 통치자를 위하여 생존하고 있다고 하나, 이것이 어찌 이치에 합당하겠는가? 통치자는 원래 인민을 위하여 있는 것이다.

[해제]

원原은 한문 문체의 하나로서 본원을 파고들어 추론하는 논설체인데, 억양과 곡절을 되풀이하면서 근원을 찾고 깊이를 천명한다. 한유韓愈의 〈원도原道〉가 대표적인 작품이다. 《여유당전서》(사암본)에는 원原의 문체로 〈원목原牧〉 등 총 7편이 실려 있다.

"牧爲民有乎 民爲牧生乎(牧이 民을 위해서 있는가, 民이 牧을 위해서 생겨났는가?)"에서 '목牧'은 좁은 의미로는 목민관牧民官, 즉 주군州郡의 수령을 이르는 것이고, 넓은 의미로는 치자治者 계급 전반을 가리키는 것인데, 다산은 이 〈원목〉에서 좁은 의미의 목牧을 취재取材하여 넓은 의미의 목牧까지 포괄한 것이다. 그러므로 목牧은 '통치자'로 풀이될 수도 있다.

원래 '목牧'은 목우牧牛·목양牧羊의 목牧에서 출발하였으므로 고자형古字形이 屮와 彐 즉 우牛와 우수右手의 '회의會意'자이다. 다시 말하면 사람이 손으로 우축牛畜을 인솔 사양引率飼養한다는 의미이다. 이것이 다시 '전주轉注'되어 종교의 목사牧師나 관리의 목사牧使의 목牧으로 사용되었다.

다산은 목牧, 즉 통치자가 본래 인민을 위하여 존재한 것이요 인민이 통치자를 위하여 존재하는 것은 아니었는데, 후세에 포학한 통치자가 자기 권리를 남용하여 인민을 사유물로 취급하므로 인민이 통치자를 위하여 존재하는 물건으로서 온갖 고혈을 짜내어 바치게 되었으니, 이와 같이 순서가 전도된 악제도를 반드시 통치자가 인민을 위하여 존재하는 인민 본위의 제도로 환원하지 않으면 안 된다고 주장하였다. 이 이론은 황종희黃宗羲의 《명이대방록明夷待訪錄》 중 〈원군原君〉의 취지와 거의 서로 유사하나, 황종희의 이론이 무정부적 개인주의에 접근하고 있는 반면에 다산의 이론은 정치적 조직을 전제로 한 민주주의라고 하겠다.

다산은 봉건제도의 필연적 산물인 관권 신성官權神聖과 관주민노官主民奴의 사상을 먼저 부정하고, 그다음에 민본 제도를 역사적으로 추론하였다. 그는 목牧, 즉 치자治者의 발생·성립의 과정을 인민 생활의 필요와 인민 자체의 선택 및 약속으로 설명한 동시에 왕권신수설王權神授說을 반대하고 민주제도를 원칙적으로 시인하였다. 또한 그는 국가의 대권大權인 입법이 인민의 자유

의사에 기본하였고, 법의 제정 순서도 목牧의 형성 과정처럼 아래에서 위로 올라갔으므로 태고 사회의 민권 제도가 아무런 계급적 차별을 발생시키지 않았다는 점을 논단하였다.

그러나 그는 태고 원시사회의 민주제도가 존재한 것과 그것이 후세의 난폭 무도한 군주제도로 교체된 역사적 대변혁에 대하여, 그 사회적·물질적 기초 및 동력의 필연성을 조금도 전제하지 않고 혜성과 같이 우연히 돌발한 일개 인의 황제 권력을 군주정치사의 '원죄'로 규정하였다. 그가 주장한 민주제도 의 원칙은 사회 발전의 물질적 기초 위에서 발견한 것이 아니고 그의 두뇌의 사유에 의하여 발견되었다. 바로 여기에 그의 역사적 인식의 한계가 있다.

다산은 광의廣義의 목도牧道를 실시하려는 것이 본래 이상이었다. 이는 사회 전반에 대한 근본적 개혁이므로 그 실현이 용이하지 않아서 다만 이상의 영 역에 그쳤지만, 제2차적으로 협의狹義의 목도나마 또는 부분적이나마 목민 관리의 양심과 성의에 의하여 그것을 실행하면 그 실현이 불가능한 바는 아니 라고 하였다. 그래서 그는 협의의 목도인《목민심서》48권을 저작한 것이다. 《목민심서》가 협의의 목도에 대한 응급적 합법적인 대책이라면《경세유표》 는 광의의 목도에 대한 응급적 합법적인 개혁안이라 할 수 있다.[1]

이상 최익한의 견해에 대해 편자의 소견을 조금 덧붙이면 다음과 같다.

다산의 국가 발생에 대한 학설은 루소의 사회계약설을 연상케 하지만, 그가 살았던 18세기 말~19세기 초의 이조 봉건 사회는 아직 유럽과 같이 자본주 의가 발전하지는 못한 형편이었다. 그러나 "선거 왕정에 관한 사실은 조선 이나 기타 이웃나라들의 국가 발전의 초기에 일정하게 존재하였다는 것이 일반적으로 확신되어 있었다는 사정은, 다산의 상기 학설이 발생할 사회적 및 사상적 전제로 된 것이다."[2]

또 표면적으로는 다산이《묵자墨子》<상동尙同>편에 나오는 '천자天子→삼공 三公→제후·국군諸侯國君→향장鄕長→이장里長' 순의 하향식 임명 체제를 역 으로 하여 '이정里正→당정黨正→주장州長→국군國君→방백方伯→황왕皇王' 순의 상달식 추대론을 구성한 것처럼 보이지만, 실질적으로는 류종원柳宗元의

<봉건론封建論>과 이미 언급된 황종희의 <원군>에서 영향받은 바 크다 할 것이다. 다산도 나중에 추대론이 류종원의 의견임을 밝혔다.[3]

그러나 <원목>에서 민民은 어디까지나 목牧의 통치 객체(피치자)일 뿐이지, 스스로 다스릴 수 있는 통치 주체(치자)로 설정된 것은 아니다. 민을 오로지 목의 통치 대상으로만 여기는 왕조 체제의 반인민적인 정치관이 드러나 있다 하겠다. 다만 다산이 이상적인 추대론을 전개하는 과정에서 '민을 위한(爲民)' 통치자와 법을 강조하고 있는데, 이는 본질적으로 봉건 양반 계급의 민본주의를 대변한 것이라 근대 민주주의 사상과는 상당한 차이가 날 수밖에 없다. 근대 민주주의는 자유 민권 사상에 기초하며 민이 통치 주체가 되는 정체政體를 의미하기 때문이다.[4] 고로 보수 복고적인 다산에게 서구의 진보 혁신적인 민권론을 접목하려는 시도는 처음부터 한계를 안고 있는 것이다.[5]

여기에 당시 조선의 사회경제 발전 단계가 초래하였던 불기피한 역사적 및 계급적 제약성이 있거니와, 무엇보다 유교 이념의 현실적 구현을 지향하는 다산의 목민론은 봉건 국가의 양반 담론으로서 인민의 권리에 대한 근대적 의식이 태동할 여지가 거의 없었다. 그만큼 "봉건 국가는 양반의 권력 기관이란 의미에서 수호신이며, 양반은 국가의 지배군이란 의미에서 충복忠僕인데, 그들은 그 지배 관계에서 (철두철미) 계급적 동반자였던 것이다."[6]

다산은 통치자가 나오고 법이 생긴 다음 이상적인 정치가 실시되는 요·순·우堯舜禹 삼대를 거쳐 주나라 시대에 이르러 사회역사는 가장 높은 단계에 이르렀다고 인식하였다. 이때 가장 이상적인 정치도덕규범인《주례周禮》와 가장 합리적인 토지제도인 '정전제'가 실시되고, '성인'들에 의하여 이상적인 '덕치'가 실시되었다는 것이다. 그는 왕도정치와 예치주의를 발전의 기준으로 이상화하면서 사회역사가 주나라 이후부터는 점차 퇴보하였다고 보았다. 사회역사적 변천을 끊임없는 변화 발전의 과정으로 본 것이 아니라 일정한 단계까지만 발전을 인정하고 그 후부터는 퇴보하여 왔다고 본 것은, 형이상학적이고 비역사적인 관념론이라 하겠다. 여기에 바로 그의 복고주의 사상의 본질이 있으며, 도저히 새로운 출구를 찾을 수 없었던 양반지식분자의 계급적 제한성이 표출되어 있는 것이다.[7]

1. 牧爲民有乎~할 수 있다 : 《여독》 pp323~9; 최익한, 〈다산 정약용〉, 《조선 봉건 말기의 선진학자들》, 국립출판사, 1954, pp150~4; 《실정》 pp569~576.

2. 박시형, 〈다산 정약용의 역사관〉, 《다산 정약용 탄생 200주년 기념 론문집》, 과학원출판사, 1962, p192.

3. 다산은 〈탕론〉의 속편인 〈일주서극은편변逸周書克殷篇辨〉(1834)에서 후대 侯戴의 이론은 류종원의 의견이라고 하였다(《매씨서평梅氏書平》권4). 황종희의 〈원군〉에 대해 자세한 것은 임형택, 〈다산의 '민' 주체 정치사상의 이론적·현실적 근거〉, 《다산의 정치경제 사상》, 창작과비평사, 1990, pp63~4; 백민정, 〈정약용 정치론에서 권력의 정당성에 관한 물음―제명帝命과 후대侯戴 논의에 대한 재성찰을 중심으로〉, 《철학사상》 29호, 서울대 철학사상연구소, 2008, pp8~14 등을 볼 것.

4. 조광, 〈정약용의 민권의식 연구〉(1976), 《다산학보》 9집, 다산학연구원, 1987, p360; 〈정약용의 국민주권론〉(1980), 《정약용》, 고대출판부, 1990, p222.

5. 김진호, 〈다산 정치사상에 대한 '민권 이론' 비판〉, 《제3회 전국 대학(원)생 다산학술논문대전》, 다산학술문화재단, 2012, p98.

6. 백남운 저, 하일식 역, 《조선봉건사회경제사(상)·1》, 이론과 실천, 1993, p172. 이는 동경 개조사판(1937) 번역본임. 하지만 봉건 국가와 양반이라는 것이 피지배 계급에 대한 이해관계에서는 구심적求心的 경향을 가지고 공고한 동맹·통일을 형성하고 있으면서도 동시에 양자 사이에는 비본질적이기는 하나 그 어떤 이해관계에서 오는 모순이 있었으며, 양반 계급의 내부 또한 봉건 국가에 대한 관계로 볼 때에는 계층별 차이가 있었다. 김석형, 앞의 책, p291, p327, p348 참조.

7. 홍태연, 《정약용의 철학 및 사회정치사상 연구》, 사회과학출판사, 2013, pp204~216; 정성철, 《실학파의 철학사상과 사회정치적 견해》, 사회과학출판사, 1974, pp437~442.

토지개혁론 田論 七章

1

어떤 한 사람이 10경頃의 논밭과 열 아들을 두었는데, 그중의 한 아들은 3경을 분배받고 두 아들은 2경씩을 분배받고 세 아들은 1경씩을 분배받았으나 남은 네 아들은 조금도 분배받지 못하고 울부짖으며 유리개걸하다가 굶어서 길가에 쓰러져 죽었다면, 그는 부모 노릇을 잘한 것이라고 할 수 있겠는가?

하늘이 사람을 내고는 먼저 토지를 주어 거기서 살고 먹도록 하였으며, 또 그들을 위하여 임금을 세우고 관리를 정하여 인민의 부모로서 그들의 재산을 고르게 분배하여 다 같이 잘 살도록 하라고 하였는데, 임금과 관리된 자들은 팔짱을 끼고 가만히 앉아서 자기의 여러 아들이 서로 싸우고 빼앗고 삼키는 것을 보기만 하고 그것을 금치 못하며 강한 놈은 밭을 더 많이 차지하고 약한 자는 밭을 빼앗겨서 땅에 쓰러져 죽게 한다면, 그 임금과 관리된 자들이 통치자 노릇을 잘했다고 할 수 있겠는가?

그러므로 그들에게 재산을 능히 고루 분배해서 다 같이 잘 살게 하는 자는 임금과 관리라고 할 수 있지만, 그렇게 하지 못하는 자는 임금과 관리의 책임을 저버리는 자이다.

지금 우리나라 안에 논밭은 대략 80만 결이며 인구는 대략 800만 명이다(영종 기축년(1769) 현재 논은 34만 3천 결이며 밭은 45만 7천 8백 결이었는데 누결漏結과 화전이 이 중에 들지 않았다. 영종 계유년(1753) 현재

인구는 730만 조금 미만인데 그때 빠진 인구와 그 후 출생한 인구가 합계 70만에 불과할 것이다―원주). 가령 열 사람씩을 1호로 치면 매호에 논밭 1결을 분배해야만 그 재산이 고르게 될 것이다.

그런데 이제 문무 고관과 여염 부인富人으로서 1호에 매년 벼 수천 석을 거두고 있는 자가 심히 많으니, 그들 개인이 차지한 땅을 계산하면 100결에는 내려가지 않는다. 이것은 990명의 생명을 빼앗아 1호를 살찌게 하는 것이다. 지금 국내의 부자로서 영남의 최씨(경주 개무덤이 최부자)와 호남의 왕씨(구례 왕처중王處中)같이 벼 만 석을 추수하는 자가 있으니, 그 개인 소유의 논밭을 계산하면 400결이나 된다. 그러면 이는 3,990명의 생명을 빼앗아 1호를 살찌게 하는 것이다. 이런데도 조정에 앉아서 시급히 부자한테서는 덜어 내고 가난한 자에게는 보태 줌으로써 그들의 재산을 고르게 분배하는 것을 자기의 중요한 임무로 여기지 아니하니, 이들은 임금과 관리의 도리를 잊어버리고 자기 임금을 옳게 섬기는 것이 아니다.

2

장차 정전법井田法을 실시할 것인가? 정전법을 실시할 수는 없다. 옛날 정전이라는 것은 밭이었으나 지금은 수리 관개가 이미 발달되어서 각종 벼들이 잘 되는데 어찌 논을 폐지할 수 있겠는가? 옛날의 정전은 평야 지대의 밭들이었으나 지금은 삼림을 베어 내기에 많은 힘을 들여서 산협과 계곡들까지도 이미 다 개척되었는데 어찌 산골의 논밭들을 폐지할 수 있겠는가?

그러면 균전법均田法을 실시할 것인가? 아니다. 균전법은 실시할 수 없다. 균전법이란 것은 전지와 호구를 계산해서 땅을 고루 분배하는 것인데, 호구가 늘고 주는 것이 달마다 해마다 달라져서 금년에는 갑의 비율로 분배하고 내년에는 을의 비율로 분배하므로 얼마간의 차이와 잘못은 아무리 잘 살핀대도 면할 수 없는 일이며, 또한 토품1)이 비옥하고 척박한 차이는 면적으로써 가릴 수 없는 일이니 어찌 균전법을 실시하겠는가?

그러면 한전법限田法을 실시할 것인가? 아니다. 한전법은 실시할 수 없다. 한전법이란 것은 매 개인마다 소유할 토지를 일정한 면적으로 제한하여 그 한도 이상으로 살 수도 없고 또 그 한도 이하로 팔 수도 없는 것이다. 그러나 가령 내가 남의 명의로써 그 법정 한도 이상으로 더 토지를 사들인들 누가 알겠는가? 그러므로 한전법은 실시할 수 없다.

그런데 사람들은 누구나 정전법을 다시 실시할 수 없다는 점은 알면서도, 다만 균전법과 한전법에 대해서는 사물에 밝고 오늘의 정형2)을 아는 자들도 그것을 실시할 수 있다고 하니 나는 그윽이 의혹을 느끼는 바이다.

그리고 천하 사람들이 다 농사를 하게 되는 것은 본래 내가 바라는 바이지만, 혹시 천하 사람들이 다 농사를 안 하게 된대도 그 역시 어쩔 수 없는 일이로되, 다만 제 손으로 밭갈이하는 자만이 땅을 얻고 밭갈이하지 않는 자는 땅을 얻지 못하게 하면(農者得田 不農者不得田) 나는 이것으로써 만족히 생각한다. 그런데 균전법과

---

1) 토품土品 : 논밭의 품질.
2) 정형情形 : 정세와 형편.

한전법이란 것은 농사하는 자도 땅을 얻게 되고 농사를 안 하는 자도 또한 땅을 얻게 되며 심지어는 공업도 상업도 아니하는 자들까지도 땅을 얻게 되니, 공업도 상업[3]도 아니하는 자들까지 땅을 얻게 되면 이는 천하 인민에게 놀고먹는 것을 가르쳐 주는 것이다. 천하 인민에게 놀고먹는 것을 가르쳐 주는 것은 그 법이 원래 완전하지 못하다는 것을 의미하는 것이다.

3

이제 제 손으로 밭갈이하는 자만이 땅을 얻고 제 손으로 밭갈이하지 않는 자는 땅을 얻지 못하게 하려면 여전법閭田法을 실시함으로써만 내 뜻을 이룰 수 있다.

그러면 여전법이란 어떠한 것인가?

산과 내와 골짜기와 언덕 등 자연의 지형을 좇아 갈라서 일정한 구역을 만들 것이니, 그 구역 안에 든 것이 '여閭'이다. 3여로 1리里를 삼고 5리로 1방坊을 삼으며 5방으로 1읍邑을 삼는다(주나라 제도에는 25가家가 1여閭였다. 이제 그 명칭을 빌려서 약 30가로 하되 다소 30가에 넘나드는 것이 있더라도 그 수를 꼭 일정하게 할 것은 아니다. 《풍속통風俗通》에는 50가를 1리里라 하였다. 이제 그 명칭을 빌렸으나 반드시 50가로 정할 것은 아니다. 방坊은 읍邑·리里의 명칭이며 한나라에 구자방九子坊이 있었는데, 지금 우리나라 풍속에도 또한 방의 명칭을 쓴다. 주나라 제도에는 4정井이 1읍이었는데, 지금은 각 군 관청 소재지를 읍이라고 한다 ─원주).

여閭에는 여장閭長을 두고 1여의 토지를 여내의 인민이 공동 경

---

3) 원문의 '농업'은 오류.

작하여 내 땅, 네 땅의 구별이 없고 오직 여장의 지휘를 받는다. 그들이 농사를 하는데 매일 여장이 여내 매 개인의 노력을 기록하고 가을이 이미 성숙하면 오곡의 수확물을 전부 여의 공청으로 끌어들여놓고 그 곡물을 나누되, 먼저 공세公稅를 바치고 그다음은 여장의 봉급을 주며 그 나머지를 일역부日役簿4)에 기준하여 배당한다. 가령 공세와 여장 봉급을 제한 곡물 전체가 1천 곡斛(1곡은 10두斗─원주)이요 장부에 기입된 노력이 2만 일이라면 한 노동일에 대한 배당 곡물이 5승升일 것이다. 이 계산에 기준하여 여내의 한 농부의 부부와 자녀, 즉 그의 가족 성원들로서 기입된 노동일이 합계 800일이라면 그들에게 배당될 곡물은 40곡斛일 것이고, 또 여내의 한 농부로서 기입된 노동일이 10일이라면 그 배당 곡물은 5두5)뿐일 것이다. 노동의 분량이 많으면 곡물의 배당률은 높을 것이고, 노동의 분량이 적으면 곡물의 배당률은 그만큼 낮을 것이니, 노력을 적게 하고야 어찌 많은 배당을 받을 수 있겠는가? 이렇게 하면 사람들은 모두 자기의 노력을 아끼지 않고 다할 것이며, 따라서 토지는 모두 그 이용성을 발휘할 것이다. 토지의 이용성이 잘 발휘되면 인민의 산업이 풍부해질 것이고, 인민의 산업이 풍부해지면 풍속이 순후하고 도덕과 윤리가 수립될 것이다. 이것은 토지 제도로서 최상의 방법이다.

---

4) 일역부日役簿 : 매일 매 농부의 노동을 기입한 장부.
5) 5두 : 《실정》과 신조본·사암본 등에는 '5두'가 '四斗'라고 전부 잘못되어 있다. 당시 《정선》의 산문 번역은 리철화 학사가 교열한 것으로 추정된다. 류수·리철화 역, 《정약용작품선집》, 국립문학예술서적출판사, 1960, p20 볼 것.

여기에 한 마을이 있는데 30가家로 1여閭가 구성되었다. 여장은 여내의 농민들에 대하여 갑은 저 땅을 갈며 을은 이 땅을 매라고 하여 성원 전체에 농사의 분담이 이미 끝났다.

그런데 어떤 한 농부가 농구를 짊어지고 처자를 데리고 그 여에 가서 자기도 그 여에 참가하여 거주하면서 일하겠다고 청원하면 어찌할 것인가? 이런 경우에는 그 여는 그 농부를 받아들여야 한다. 그러면 1여의 논밭은 더 넓어지지 않으며 1여의 인구는 점차 늘어 가는데 어찌 외부에서 오는 사람을 받아들이겠는가? 아니다. 인민이 이익을 좇아가는 것은 마치 물이 아래로 흘러가는 것과 같다. 그들이 땅은 넓고 인력은 모자라는 줄을 알았든지, 혹은 논밭의 면적은 적어도 수확량은 많다는 것을 알았든지, 또 혹은 추수 무렵에 매인每人 배당량이 크다는 것을 잘 알아본 연후에야, 비로소 농구를 짊어지고 와서 그 여의 일원이 되기를 원하는 때문이다.

그것은 그렇다. 그러나 여기에 한 마을이 있는데 20가로 1여가 구성되었다. 여장은 여내의 농민들에게 갑은 저 땅에 묵밭을 이룩하고 을은 이 땅에 거름을 주라고 하여 성원 전체에 농사의 분담이 이미 끝났다.

그런데 어떤 한 농부가 농구를 짊어지고 처자를 데리고 그 여를 떠나서 살기 좋은 곳으로 가겠다고 하면 어찌할 것인가? 이도 또한 허용할 따름이다. 왜냐하면 인민이 손해를 피해 가는 것은 마치 불이 물을 피하면서 타는 것과 같기 때문이다. 그들이 땅은 좁고 인력은 남는 것을 알았거나, 혹은 인력은 갑절로 들이고 수확은 적게 나는 것을 알았거나, 또 혹은 추수 무렵에 매인 배당량이 부족한 것을 잘 안 연후에야, 농구를 짊어지고 처자를 데리고 떠나서 다른 좋은 곳으로 가는 것이다.

그러므로 위에서 법령을 내리지 않아도 인민의 주거와 촌락의 상태가 균평해지고, 위에서 법령을 내리지 않아도 인민의 논밭이 균분해지며, 위에서 법령을 내리지 않아도 인민의 빈부가 균평해질 것이다. 마음대로 오며 무리무리로 간다. 이러하면 8, 9년을 지나지 않아서 국내의 논밭은 균평하게 배정될 것이다.

그러나 혹자는 말하기를 인민이 논밭으로써 주거의 제한을 삼는 것은 양이 우리를 가지는 것과 같은데, 이제 만일 그들이 마음대로 오며 무리무리로 가게 되면 이는 마치 새나 짐승이 서로 몰려다니는 것과 같다고 한다. 인민이 마음대로 떼를 지어서 몰려다니게 되는 것은 변란의 장본이라는 것이다.

그렇다. 이 여전제를 실행하면 8, 9년 만에는 인민의 분포가 대강 균평해질 것이고, 10여 년이 되어야만 인민의 분포 상태가 크게 균평해질 것이다. 인민의 분포 상태가 크게 균평해진 연후에 호적을 만들어 그들의 가옥을 등기하고 문권을 만들어 그들의 이동을 관리하여, 한 사람이 오더라도 받는 데 제한이 있으며 한 사람이 가더라도 허용에 절도가 있게 된다. 그래서 땅은 넓고 사람이 적은 데는 오는 것을 받아들이며, 사람이 적고 수확이 많은 데는 또한 오는 것을 받아들이지만, 이와 반대로 땅은 좁고 사람이 많은 데는 떠나가는 것을 허용한다. 만일 이러한 조건들도 없이 이동하는 자는 한갓 뜬 손[客]6)으로서 갈 데가 없을 것이니, 뜬 손으로서 갈 데가 없게 되면 가도 않고 오도 않게 될 것이다.

412

제 손으로 밭갈이하는 자만이 땅을 얻고 제 손으로 밭갈이하지 않는 자는 땅을 얻지 못하며, 제 손으로 밭갈이하는 자만이 곡물을 분배받고 제 손으로 밭갈이하지 않는 자는 곡물을 분배받지 못한다. 공인은 그 제품으로써 곡물을 바꿔 먹고, 상인은 그 상품으로써 곡물을 바꿔 먹어도 아무런 허물이 없다.

그러나 이른바 선비[士]란 자는 열 손가락이 유약하여 힘든 일을 할 수가 없으니 밭갈이를 하겠는가? 김매기를 하겠는가? 묵밭을 이룩하겠는가? 거름을 주겠는가? 자기의 이름을 일역부日役簿에 기입할 수 없으니 가을에 가서 아무런 분배도 받을 수 없다. 그러면 장차 어찌할까? 아, 참! 내가 여전의 법을 고안한 것은 바로 이 문제를 해결하기 위함이다. 대관절 선비란 어떤 사람인가? 선비는 어째서 손발을 놀리고 가만히 앉아서 남의 토지를 삼키고 남의 노력을 먹는가? 선비들이 놀고먹기 때문에 토지의 이용성이 다 발휘되지 않는다. 놀고서는 곡물을 얻을 수 없다는 것을 알게 되면 그들 또한 농사로 돌아갈 것이다. 선비가 농사로 돌아가면 토지의 이용성이 개발될 것이고, 선비가 농사로 돌아가면 풍속이 후해질 것이며, 선비가 농사로 돌아가면 난민亂民이 없어질 것이다.

그것은 그러하다. 그러나 반드시 농사로 돌아가지 못할 자가 있는데 이들은 어찌할까? 그것은 그들이 옮겨서 공인이나 상인이 될 자도 있을 것이며, 낮에는 밭에 나가 일하고 밤에는 돌아와서 옛사람의 글을 읽는 자도 있을 것이며, 혹은 부유한 사람의 자제

---

6) 뜬 손[客] : 뜨내기 길손.

에게 글을 가르쳐 주고 그 보수로 생활하는 자도 있을 것이며, 혹은 물리를 연구하고 토품을 분변하고 수리水利를 일으키고 도구를 제조하여 노력을 덜며 혹은 나무를 심고 곡물을 재배하고 가축을 기르는 방법을 가르쳐서 농사를 도와주는 자도 있을 것이다. 이런 종류의 사람들은 그 공로가 어찌 팔을 걷고 육체 노동하는 자들과 비교될 바이랴? 이와 같은 기술적 노동에 대해서는 그의 노력의 하루를 보통 노력의 10일로 계산하고 그 노력의 10일을 또한 보통 노력의 100일로 계산하여 이에 해당한 양의 곡물을 바꿔 먹는 것이 옳을 것이다. 그러면 선비에게도 어찌 곡물의 분배가 없을 것인가?

6

논밭에는 수확량의 10분의 1을 국세로 받는 것이 적당한 법규인데, 만일 세납을 낮게 하여 10분의 1 이하로 받는다면 이는 사회가 발달되지 못한 맥貊7)의 제도이고, 만일 세납을 무겁게 하여 10분의 1 이상으로 받는다면 이는 걸桀8)과 같은 포악한 임금의 법령일 것이다.

그러나 지금은 100두斗를 수확하는 논밭에 국세는 5두에 불과하니 이는 20분의 1이고, 개인 지주의 세(소작료)는 50두이니 이는 10분의 5이다. 이러므로 국가는 큰 맥貊이 되고 개인 지주는 큰

---

7) 맥貊 : 북쪽 오랑캐족 또는 그 나라 이름.《맹자》〈고자告子·하〉에 의하면, 맥에서는 20분의 1을 세금으로 받는 제도가 있었다고 한다.

8) 걸桀 : 하夏나라의 폭군. 이름은 이계履癸. 53년 동안 왕위에 있으면서 온갖 포악한 짓을 다하며 가렴중세加斂重稅를 일삼았다고 한다.

걸桀이 되는 셈이라, 정부는 재정 빈곤에 빠지고 소작 농민들은 식량을 자급할 수 없다. 이는 대체 무슨 법을 본뜻 것인가?

토지를 겸병하는 부호를 없애고 10분의 1세법을 실시하면 국가와 농민은 다 같이 부유해질 것이다. 그러나 10분의 1의 세법을 실행하는 것은 그리 쉽게 말할 수 없다. 농사의 풍작과 흉작을 보아 세납을 올리고 내리고 하면 좋을까? 아니다. 이는 옛날 정전井田에서는 가능하나, 지금 내가 주장하는 여전에서는 할 수 없는 것이다.

그러면 어찌할 것인가? 토지의 비옥과 척박을 살피고,9) 수확이 많고 적은 양을 정확히 계산한 기초 위에 수년 동안 풍작과 흉작의 중간점을 표준으로 하여 세납의 총량을 확정하고 수시 가감하지 못하게 할 것이며, 다만 큰 흉년에는 임시로 세액을 삭감 혹은 면제하였다가 큰 풍년에 이르러 그 소정 수량대로 보상하도록 하면 국가에는 고정 수입이 있고 농민에게는 또한 고정 소득이 있어서 모든 문란이 함께 정돈될 것이다. 흉년에 인민이 국세의 감면을 바라 마지아니하는 것은 아주 감면되기 때문이니, 만일 풍년에 감면된 부분을 보상해야 한다는 점을 알게 되면 그들은 감면의 혜택을 그처럼 바라지 아니할 것이고, 감면을 구태여 바라는 일이 없으면 감면 사업을 기회로 하여 생기는 관리와 부호들의 농간·허위가 없어질 것이다. 그리고 다만 산이 무너지고 내가 터져서 영원히 다시 개간 복구될 수 없는 논밭은 또한 영원히 세납을 면제해 줄 것이다. 그러나 물을 끌어대고 묵은 땅을 다시 일구며 나무를 찍고

---

9) 전서 원문은 '相土之肥瘠'인데, 최익한은 '토지가 비옥하고 척박한 품등을 잘 평정하고'라고 의역하였다. 相은 '살펴보다'의 뜻.

돌을 빼내어 논밭을 만들어 낸 것은 또한 수십 년에 한 번씩 토지 대장에 등록하면, 이것으로써 저 산이 무너지고 내가 터져서 영원히 면세되었던 부분을 그만큼 배상할 수 있다.

국세가 10분의 1로 되었고 따라서 국가 수입이 이미 갑절이나 증가되었으면 우선 관리의 봉급을 후하게 주어야 할 것이다. 이미 토지의 겸병이 근절되었는데 관리 봉급을 박하게 준다면 나라에 정사를 집행할 간부들이 장차 나서지 아니할 것이다. 그들로 하여금 위로 부모를 봉양할 수 있고 아래로 처자를 먹여 살릴 수 있으며, 또 족히 자기 족당을 돌봐 줄 수 있고 손님들을 접대할 수 있고 심부름꾼을 거느릴 수 있으며, 주택을 잘 짓고 의복과 거마를 아름답게 할 수 있는 연후라야만 조정에 나와서 벼슬하려는 자들이 있을 것이다.

7

옛날에는 군사의 기초를 농사에 두었다. 이제 여전 제도를 실행하면 군사 조직을 규정하기가 더욱 좋을 것이다. 우리나라의 병제兵制에 두 가지 용도가 있으니 하나는 대오隊伍를 편성하여 국방상 사변을 대비하는 것이고, 다른 하나는 포필布匹을 거두어서 수도 서울의 군대를 양성하는 것이다. 이 두 가지는 폐지할 수 없다. 그러나 대오 편성에 소속된 병졸들은 항상 통솔이 없어서 장교와 병졸이 서로 익숙하지 못하고 서로 쓰이지 못하니, 이것이 어찌 군대라고 할 수 있겠는가?

이제 만일 여閭에는 여장을 두어 초관哨官(조장 정도)이 되게 하고,

이里에는 이장을 두어 파총把摠(소위 정도)이 되게 하고, 방坊(면)에는 방장을 두어 천총千摠(중위 정도)이 되게 하고(이장은 큰 여의 여장이 겸임케 하고 방장은 이장들 중에서 현명한 자를 선택하여 겸임케 하면 봉급이 이중으로 지출되지 않게 된다―원주), 읍에는 현령縣令(군수)을 두어 관하管下를 통제케 하면, 이는 전제田制(토지 제도) 가운데에 병제(군대 조직)가 스스로 들어 있는 것이다.

농민들이 고립적으로 농사를 하며 제 일을 제각기 하므로 조직이 서지 않고 명령이 시행되지 않았지만, 이제 각개 농가의 생명이 여장에게 직접 관계되어 있으므로 사철 분주하여 그의 지도와 통제를 받고 있으니, 이를 토대로 하여 군대를 조직하면 그 대오의 행동이 규율대로 될 것이다. 어째서 그러할까? 이는 교련과 연습이 평상시부터 여행廬行되었기 때문이다. 대체로 1여閭 인민의 총수를 셋으로 나누어서 그 하나는 호정戶丁(민호의 장정)을 내어 대오에 편입시키고, 그 둘은 호포戶布(민호의 포필布匹)를 내어 군대의 비용을 도와주되 역정役丁(병역에 복무하는 장정)의 많고 적음으로써 호포의 수량을 적당히 가감하면, 이른바 '괄정충군括丁充軍'10)의 폐해도 또한 갑자기 제거될 것이다.

근년에 정승 이병모李秉模가 평안도 관찰사로서 호포법을 중화부中和府 한 고을에 우선 시행하려 하였으나, 그 고을 인민들이 서로 모여서 울부짖기 때문에 실행되지 못하고 말았다. 이를 보더라도 국가가 한 법령을 시행하려면 반드시 서울에 가까운 지방에서부터 시작해야 할 것이요, 만일 낮고 먼 지방에서 먼저 시행하면

---

10) 괄정충군括丁充軍 : 군인 수가 부족할 때 정부에서 민간 장정을 전부 수색 등록하여 군대에 보충하거나 혹은 군포를 징수하기 위하여 남정 전부를 군인 명부에 기입하는 것이다.

그 법령이 비록 백성에게 이익이 된다 하더라도 백성은 의심하고 믿지 아니하는 나머지, 서로 모여서 붙들고 울부짖지 아니할 자가 없을 터이니 이러고야 법령이 어찌 시행될 수 있겠는가?

그러므로 여전법을 실시한 다음에 효제의 도리로써 교양하고, 학교 교육으로써 조직하여 인민으로 하여금 그 어버이를 친애하고 그 어른을 존경하게 하면 호포법 같은 것은 저절로 실행될 것이다.

[해제]

다산은 탁월한 경제학자로서 자기 일생에 농민 특히 빈농민의 이익을 위해 봉건적 지주와 착취를 반대하고 새로운 토지 제도를 여러 가지 형태로 연구 고찰하였는데, 그중 자기의 최후 안[1]이며 최대 이상인 것으로 본 〈전론〉 7장 1편을 제시하였다. 그는 이 신 전제론 즉 토지 개혁론에 기초하여 상공업의 병진, 교육·도덕·세제稅制·녹제祿制 및 병제의 기본적 방향까지 논급하였다. 실로 거대하고 심오한 체계다.

독자의 이해를 돕기 위하여 이 한 편의 대의를 간단히 말하면 다음과 같다.

제1장에는 토지 균분의 원칙을 주장하였고, 제2장에는 토지 균분을 실행하는 데 있어서 정전井田·균전均田·한전限田 등 종래 여러 전제가 당시 현실에 적당치 않은 것을 논술하고 "밭갈이하는 자만이 토지를 받고 밭갈이하지 않는 자는 토지를 받지 못한다(農者得田 不農者不得田)"는 것을 토지 개혁의 기본적 표어로 내세웠다. 제3장에는 이 중대한 표어의 구체적인 실행 방법으로서 여전제閭田制를 주장하였는바 그것은 촌락 집단 농법—토지 공유의 기초 위에 공동 경작, 공동 수확과 일역부日役簿에 의준한 노동일의 계산 및 노동량에 상응한 보수를 규정하여 속물론적인 평균주의를 배척하고 그 결과로서 생산 능률의 증진과 풍속·도덕의 향상을 예상하였다. 제4장에는 여전제의 보편화를 위해서는 각 여閭 농민의 이동 자유를 허용하고, 그들 자신의 이해利害에 대한 자기 판단을 존중하는 동시에 정부의 무리한 간섭을 금지할 것을 강조하였다. 제5장에는 여전제 실시와 함께 상·공업 및 기술의 장려와 놀

고먹는 계급의 소멸을 예상하고, 노동의 기술적인 것, 비기술적인 것에 대한 질적 구별과 보수에 관한 노동일 계산의 차이를 제시하였다. 제6장에는 여전제에 기초한 세제 및 녹제를 말하였으며, 제7장에는 여전제에 합치한 병제 즉 병농 일치를 주장하였다.

이 논문이 다산의 경제 이론에서 가장 이상적 요강인 것은 더 말할 필요도 없거니와 그중에도 특히 창발적 견해로서 우리나라 선진 사상 발전사에 일대 광채를 발휘한 것은 밭갈이하는 자만이 토지를 얻고 밭갈이하지 않는 자는 토지를 받지 못한다는 명제와 여전제에 내포된 이론적 제 규정과 만민개로 萬民皆勞 사상이다. 그의 이론이 물론 공상적 및 역사적 제약성을 가졌음에도 불구하고 그것은 당시 봉건 지주 및 기생층과 농촌 착취 제도를 근본적으로 반대하여 투쟁하는 빈농민의 이익과 염원을 대변한 위대한 사상이다(최익한).[2]

정성철은 다음과 같이 〈전론〉에 나타난 다산의 계급적·사상적 제한성을 지적하면서 여전제로 표현된 이상사회의 본질을 규명 비판하였다.

"정약용은 토지 소유권 문제에서 왕권-국가 소유의 관점에 확고히 서서 지주적 토지 소유만 반대한 것이 아니라 토지의 개인 소유 일반을 반대함으로써 자체의 계급적 제한성과 토지 문제 해결에서의 공상성을 면하지 못하였으며 또한 토지에 대한 농민들의 세기적 숙망도 반영할 수 없었다. (…) 그 까닭은 선량한 통치자로 구성된 봉건적 통치체계의 이상과 이미 과거로 된 토지에 대한 봉건국가 소유관념에서 그가 벗어나지 못하였기 때문이다. (…) 여전의 농민은 사적 지주의 착취는 면하나 국가 지주의 착취에서는 해방되지 못하며 세기적 숙망인 토지의 주인으로는 되지 못한다. (…)

그는 농민의 토지에 대한 근본적 요구를 대변하기는커녕 오히려 벼슬하는 관리의 이익을 대변하면서 관료통치제도 자체를 인정하였다. 여기에 그의 봉건 유교적 관념에서 벗어나지 못한 양반 출신 지식분자로서의 계급적 제한성이 있다. (…) 정약용이 설계한 여전제에 의한 이상사회도 결국 봉건적 토지 소유에 기초하여 농민에 대한 착취와 압박이 존속되는 봉건통치제도 밖에는 달리 될 수 없었다는 것을 잘 말하여 주고 있다."[3]

또 오순희는 여전제의 '양반 우대론'을 다음과 같이 비판하였다.

"여전제에서 '선비는 열 손가락이 유약하여 힘든 일을 할 수 없다'는 문구라든가, 농촌에 남아 교육이나 기술적 도움을 주는 경우에는 그의 노력을 농민의 10배로 평가하여 준다는 것, 나라의 정사를 볼 관리는 엄연히 존재하며 '그들은 공세에 의탁하여 후한 봉급을 받는다'는 내용들은 철저히 양반 관료, 지배 계급에 대한 우대이며 더 나아가서 양반 관료배들이 대토지소유자로 될 수 있는 가능성을 열어 주는 것이다."[4]

그리고 홍태연은 여전제의 공상성을 다음과 같이 비판하였다.

"정약용은 형이상학적 사회역사관으로부터 봉건제도 자체는 영원불변하다는 입장에 서 있었으며, 자신의 이상사회의 실현을 봉건제도를 청산하는 방법으로가 아니라 오히려 그에 의거하여 실현하려고 하였다. (…) 그것은 봉건제도 자체의 변혁이 아니라 그것을 더욱 공고히 하고 '완성'하기 위한 개혁이며 혁신이었다. (…) 이는 자기의 공상적인 염원을 담은 것이지, 결코 노동계급의 요구를 반영하는 사회주의적인 것은 아니었다."[5]

1. 최후 안 : 최익한이 <전론>을 다산의 최후 안이라 한 것은, 당시 서지적 검토를 위한 자료가 부족하여 저술 시기를 잘못 비정한 것이다. <전론>은 《경세유표》의 <전제>보다 앞서 1799년에 집필되었다.
2. 《실정》pp658~9 참조. 《경세유표》<지관수제地官修制·전제田制> 및 《목민심서》<호전戶典·전정田政> 더 볼 것.
3. 정성철, 앞의 책, pp476~7, p483.
4. 오순희, <리조 후반기 실학자들이 제기한 토지제도 개혁의 내용과 그 제한성>, 《력사과학》3호(2012), 과학백과사전출판사, p37.
5. 홍태연, 앞의 책, pp380~1.

악론樂論

옛날 유우씨有虞氏1)가 기夔2)에게 명령하기를 "너에게 전악典樂을 임명하니 주자胄子3)들에게 악을 가르치라"고 하였다.

전악이라는 것은 악을 관리하는 직무뿐인데, 악을 주자들에게 가르치라고 한 것은 무슨 까닭인가? 아, 그것은 사람들이 저절로 선하게 되는 것이 아니라 반드시 악을 가르침으로써 선하게 될 수 있기 때문이다.

왜 그런가? 사람들은 칠정七情4)이 항상 심중에서 뒤섞여 작용하므로 그 심중에는 평화가 보존되기 어려운 때문이다. 그리하여 혹은 부러워하는 마음이 가득 차면 음탕한 데로 빠질 수 있고, 혹은 분한 마음이 격동하면 지나친 화를 낼 수 있으며, 혹은 근심하는 것과 혹은 두려워하는 것과 혹은 눈을 부릅뜨고 보는 것과 혹은 눈을 흘겨보는 것 등이 모두 다 그 심중에 평화를 얻지 못한 표현인 것이다.

심사가 불화하면 자연 온몸이 따라서 궤도를 잃어버리고 행동과 사물 처리가 모두 다 그 절차를 잃어버리게 된다.

그런 까닭에 성인들이 거문고[琴]와 비파[瑟]와 종鐘과 북[鼓]과 경磬과 관管 같은 악기들을 만들어 그 소리로 하여금 아침저녁으로

---

1) 유우씨有虞氏 : 중국 고대 전설상의 군주 순舜. 성은 유우有虞, 이름은 중화重華.
2) 기夔 : 순舜의 신하.
3) 주자胄子 : 천자天子와 공경公卿들의 장남.
4) 칠정七情 : 즐겁고, 성나고, 슬프고, 두렵고, 사랑하고, 미워하고, 욕망하는 것.

사람들의 귀에 젖도록 하는 것은, 그 마음을 항상 유쾌하게 하고 그 혈맥을 항상 순조롭게 하며 평화스럽고 흥겨운 기분을 항상 가질 수 있게 함이다.

옛날 순舜이 천하를 다스릴 때에 소악韶樂[5]을 편성하니 백관들이 화합하고 손님들이 사양하는 덕을 가지게 되었다고 한다. 악의 효과가 이처럼 현저하지 않는가? 그러므로 사람들에게 반드시 악을 가르쳐야 하는 것이다.

그런 까닭에 천자는 궁현宮縣[6]으로 제후는 헌현軒懸으로 주악을 한 후에 음식을 먹었고, 더디 걸을 때는 사하肆夏[7]로, 빨리 걸을 때는 채자采齊로 주악을 하였으며, 대부는 판현判縣으로 주악을 하였고, 선비들도 특별한 사고가 없이는 거문고와 비파 타기를 정지하지 않았다.

이와 같이 성인의 도는 악이 아니면 행하지 않고 제왕의 정치는 악이 아니면 성립되지 않으며 천지 만물의 정서들은 악이 아니면 조화될 수 없다. 악의 덕 되는 것이 이처럼 넓고 깊건마는 3대[8] 이후부터 내려오면서 오직 악이 전하여지지 않았으니 또한 슬픈 일이 아닌가?

백대에 선한 정치가 없고 사해에 선한 풍속이 없는 것은 모두 악이 망하였기 때문이다. 천하를 다스리는 사람들이 당연히 유의

---

5) 소악韶樂 : 순舜의 음악.
6) 궁현宮縣, 헌현軒懸, 판현判縣은 모두 옛날의 주악하는 제도를 말하는 것이다. 현縣은 '달 현懸' 자와 같은 의미로 사용되는데, 천자의 궁현은 궁중 4면에 악기를 달고 주악하는 것이며, 제후의 헌현과 대부의 판현은 각각 그 1면씩 차등을 두어 제후 헌현은 3면에, 대부의 판현은 2면에 악기를 달고 주악하였다.
7) 사하肆夏, 채자采齊는 고대 악장樂章의 이름으로 지금의 행진곡과 비슷하다.
8) 3대 : 요·순·우의 시기를 가리킨다.

해야 할 것이 아닌가?

[해제]
<악론> 2장 중 제1장이다. 예악禮樂의 교화적 중요성을 강조한 글로서 18~
19세기에 유가儒家 악론이 어떻게 수용되었는지 보여 준다.[1] <전론>에 이어
<악론>, <군기론軍器論>, <기예론技藝論>, <맥론脈論>, <상론相論> 등은 대략
1799년 겨울에서 1800년 6월 정조 서거 이전에 집필된 듯하다.[2]
원래 유자는 덕치주의를 주장하므로 그들의 이상은 결국 예악의 정政이다. 예
禮는 사회와 국가의 계급을 정하고 존비와 귀천의 질서를 유지하는 불문不文
의 법이며, 악樂은 인심을 융화하고 계급의 감정과 의식을 완화하는 도구이다.
요컨대 왕정의 예악은 사회의 차별상을 가장 합리적으로 도덕화하는 정치적
방법이니, (…) 다산의 정론政論은 그 극치가 예악에 있었다.[3]

1. 송지원, '악론', 《다산학사전》, 사암, 2019, p988.
2. 조성을, 《연보로 본 다산 정약용》, 지식산업사, 2016, p472. 저술 시기 비정은
   주로 이 책을 참고하였는데, 앞으로는 필요한 경우에만 밝힌다.
3. 《여독》 pp336~7.

군기론 軍器論

1

병법에 말하기를 "무기가 불리하면 그 군대를 적에게 주는 것과 같으며 군대를 옳게 쓰지 못하면 그 장수들을 적에게 주는 것과 같은 것이라"고 하였다.

대체로 군대란 것은 무기를 손에 잡고 적을 방어하는 것이다.

그러므로 군대가 비록 천, 만 명이 있다 하더라도 빈손이라면 그 군대가 없는 것과 마찬가지며, 노후하고 파손된 무기만 가지고 있다면 또한 그 군대가 없는 것과 같은 것이다.

우리나라는 빈궁할 뿐만 아니라 법이 없어져서 군대를 양성하려고 하지 않는다. 양병을 하지 않으니 연습을 하지 않고, 연습을 하지 않으니 무기를 저장만 하여 두며, 무기를 저장만 하여 두니 자연 노후하고 무디고 파손만 되지 않을 수 없다.

그러므로 지금 각 군·현에 저장하여 둔 무기를 보면 활을 들면 좀[蠹]가루가 술술 흐르고, 화살을 들면 깃[羽]이 뻑뻑하며, 칼을 빼면 칼날이 칼집에 붙어서 자루만 빠지고, 총을 보면 총구멍에 녹이 슬어 붙었다.

만약 이러한 형편에서 외적의 침략을 받게 된다면[1] 전국이 빈손과 무엇이 다르겠는가?

---

1) 최익한은 "一朝有患(하루아침에 환난이 있으면)"에서 '患(환난)'을 '외적의 침략'으로 의역하였다. 류수·리철화의 《정약용작품선집》 p251 번역도 똑같다.

비록 지금은 우리나라 남북에 위급한 소식이 없고 국경에 큰 근심이 없으나, 군대는 제도를 세워야 하며 훈련이 없이 방임해서는 안 된다. 양병을 제한하는 것과 아울러 무기를 제조하는 수량도 물론 제한은 해야 하다. 그러나 무기를 어떻게 준비하지 않을 수 있겠는가? 활에 필요한 짐승들의 뿔[角]과 산뽕나무 가지[柘枝]와 힘줄을 미리 준비해야 하고, 화살에 필요한 대살[竹箭]과 깃[羽]과 쇠촉[鏃]을 미리 준비해야 하며, 그 외에 필요한 구리쇠[銅]와 강철과 피혁과 치골齒骨 등을 미리 준비해 두어서 비상시를 대비해야 할 것이다.2)

또 만약 하루아침에 외적의 침략을 받으면 갑자기 누가 무기를 제조할 수 있겠는가? 백성들 가운데 백공 기술이 있는 사람들을 선발해서 그 사람들에게는 호부와 요역들을 감면해 주고, 각지에 흩어져 살고 있는 그들을 고을 한 장소에 집합시켜 생활하도록 하며, 그들의 식량은 매월 국가에서 공급해 주고 그들의 명단은 군적軍籍에 등록한 후, 군수와 현령들은 수시로 그들의 기능의 교졸3)과 우열을 조사하고 비교해서 그에 의하여 양곡의 공급량을 증감시켜야 한다.

그리고 또 그중에서 뛰어나게 우수한 자는 군대 장교로 등용하여 그들에게 격려와 추동을 준다.4) 그렇게 한다면 불의에 외적의

---

2) 《목민심서》〈병전兵典·수병修兵〉조에 "구리 1천 근, 백 번 담금질한 빈철鑌鐵 3~4천 근, 흑각黑角 3~4백 근, 우대우牛戴牛 3~4백 근, 부레풀[鰾膠] 1백 근, 화살대 1만 개, 가사목榎檄木 3~4천 매, 화피樺皮·꿩깃 등 5~60근, 염초焰硝·화약 재료 6~7백 근, 유황硫黃·비황砒黃·자분磁粉·사기가루[礷砂]·송진·역청瀝 靑 등의 신연독화神煙毒火의 재료 1~2백 근 등의 물품을 창고에 보관하여 두는 것이 또한 옳지 않겠는가"라고 더 구체적으로 제시하였다.

3) 교졸巧拙 : 교묘巧妙함과 졸렬拙劣함. 익숙함과 서투름.

침략을 받게 될 때 무기를 능히 제조할 수 있을 것이다. 장교 된 사람들은 더욱 창발적인 지혜와 의견을 내서 신식 무기를 제조하고, 백공들은 각각 그 기능을 발휘하게 된다면 적을 격파하는 데 무슨 근심할 것이 있겠는가?

이렇게 함으로써만 무기 준비가 매우 주도 세밀하게 되었다고 말할 수 있다. 이런 대책은 저 파손되고 무디어진 무기만 가지고 은근히 준비가 있는 것처럼 믿고 있는 자와 비교하면 거리가 먼 것이다.

2

옛날 춘추 전국春秋戰國 시기의 전투는 좌우와 전후에 군대를 정돈하고 군사 세력을 살핀 후에 북을 치고 일제히 전진하면 먼저 달아나는 자가 패한 것이며, 먼저 혼란을 일으켜 질서를 잃은 자가 패한 것이다. 그러기 때문에 혹은 한 개의 활촉도 사용함이 없이 승패가 결정될 수 있었다. 이것은 아주 먼 옛날[上古] 사람들의 전쟁 방법이다.

그러나 먼 옛날 이후부터 내려오면서 방원方圓5)과 육팔六八6)을 적용해서 귀신의 신술과 음양의 비법으로 진陣을 잘 치는 사람이 상장上將이 되고, 전투를 잘하는 사람이 차장次將이 되며, 산수山水

---

4) 군대 장교로 등용하여 그들에게 격려와 추동을 준다 : 전서 원문에는 '爲將官 令各激勸(장교로 삼아 각각 격려 권장하도록 한다)'로 되어 있다.

5) 방원方圓 : 방진方陣과 원진圓陣.

6) 육팔六八 : 육화진六花陣과 팔진八陣. 육화진은 당나라의 명장 이정李靖이 제갈 량의 팔진법을 바탕으로 만든 진법이다.

지형을 잘 살펴서 전진도 잘하고 후퇴도 잘하는 데서 승패가 결정되었다. 이것은 중세中世 사람들의 전쟁 방법이다.

그러나 중세 이후부터 내려오면서 혹은 한 개의 활과 혹은 한 개의 창槍과 한 개의 칼과 한 개의 몽둥이로 서로 돌격전을 하여 풀 깎는 것과 새 사냥하는 것같이 전투한 후에 승패가 결정되는 것은 후세의 전쟁 방법이다.

그러나 세대가 점점 더 내려오고 지혜와 기술이 더욱 발달됨에 따라 근세에 와서는 남의 나라를 공격하려는 자들이 오직 기이한 무기와 정교한 물품만을 제조하기에 전력을 다하고 있다. 그리하여 한 사람이 기계를 조종하면 만 사람의 생명이 떨어지고, 가만히 앉아서도 남의 성城을 무난히 함락시킬 수 있다. 지금 이러한 새 무기에 비교하면 호준포虎蹲礮와 백자총百子銃 같은 우수한 무기도 이미 낡은 것에 속한다. 바로 그런 무기는 이른바 홍이포紅夷礮라고 하는 것인데, 이것은 그 성능이 빠르고 혹독하기로는 지금까지 어느 무기에도 비할 바가 아니며, 중국과 일본에서는 이미 이 무기를 사용한 지가 오래되었다고 한다.

만일 불행히 우리나라가 조만간 남과 북에서 어떤 침략을 받게 된다면 반드시 적들은 이러한 무기를 가지고 올 것이다. 그렇게 되는 때에 우리는 무엇으로 그런 무기를 대항하겠는가? 우리는 아직도 꽁지[彄] 빠진 활에 촉 없는 화살을 메우고, 백 보 밖에 가서 당겨 명중시키는 것을 연습하고 있다. 만약 이렇게 하여 명중시키면 녹祿을 주고 명중시키지 못하면 녹을 주지 않는다. 이런 정도의 군사 기술을 가지고 세상에 드문 재간이라고 하고 있으니, 어찌 한심하고 답답하고 딱한 일이 아닌가? 어찌 이처럼 낙후하고 순진하며 소박한가? 그러므로 그들은 말하기를 "무기는 반드시 준비하지 않아도 된다"고 한다.

그러나 지금 우리나라가 가지고 있는 무기는 비록 있다고 하더라도 감히 한 사람도 가지고 전투에 나갈 수 없을 것이다.

[해제]

다산은 우리나라의 무기가 낡을 대로 낡아서 당장 전투에 나갈 수 없는 형편이라고 신랄히 비판하였다. 그는 국가에서 무기 제작 기술자를 선발하여 전적으로 무기 제작에 복무하도록 하고, 다른 나라의 발전된 무기와 제조 기술을 적극 도입할 것을 요구하였다. 이는 훗날 《경세유표》에서 이용감利用監이라는 새로운 관청을 증설하여 외국의 선진 기술을 도입·보급하려는 국방 사상으로 체계화된다. 무장 장비의 수리 정비와 개선에 대한 그의 견해는 당시의 세계 무기 발전 추세를 민감하게 반영한 현실적이고도 진보적인 견해라고 볼 수 있다.[1] 그러나 그가 홍이포의 위력을 파악하고서도 화포를 제조하여 대응하겠다는 식의 적극적 방안을 제시한 것은 아니다.[2]

다산의 국방론을 전체적으로 보면, 그는 5영제의 불합리성을 극복하기 위해 3영제로 개편할 것을 주장하였으나, '3영도총부'와 같은 기관의 설치를 주장하지 못한 미숙성을 드러냈다. 또한 그가 군대 편성의 기본 원칙으로 내세운 '병농 일치'는 토지에 기초한 병역제도로서 토지제도를 전제로 하고 있는데, 너무 이상적인 측면으로 치우쳤다. 왜냐하면 그 토지제도는 바로 도저히 실현될 수 없는 여전제였기 때문이다.[3]

1. 장덕일, 〈정약용이 밝힌 국방에 관한 사상과 그 제한성〉, 《정치법률연구》 1호(2006), 과학백과사전출판사, p37.
2. 김문식, 〈정약용의 대외 인식과 국방론〉, 《다산학》 4호(2003), 다산학술문화재단, pp152~7.
3. 홍태연, 앞의 책, pp353~4.

기예론技藝論

1

하늘이 새와 짐승들에게 발톱과 뿔과 단단한 발굽과 날카로운 이와 독소들을 준 것은, 각각 그들로 하여금 그 욕망하는 바를 획득하게 하며, 그 근심되는 바를 방어할 수 있게 한 것이다. 그러나 사람에게 있어서는 부드럽고 연약한 모양이 자기의 생활을 꾸려갈 수 없게 한 것 같다.

만약 그렇다고 가정한다면 하늘이 어찌 천한 동물에게는 후하게 하고 귀한 사람에게는 박하게 한 것일까?

아니다. 그것은 사람이 지혜와 기교가 있기 때문에 기술을 배워서 생활을 꾸리며 국가를 발전시키게 한 것이다.[1]

그러나 지혜와 기교는 그 연구에 점차漸次(차례)가 있고 그 발전에 한계가 있어서, 비록 성인의 예지로도 그가 개인인 한에는 천만인의 중의衆議와 중지衆智를 당할 수는 없으며, 일조일석에 그의 완전한 것을 얻을 수는 없는 것이다.

그러므로 사람의 집체集體가 크면 클수록 또 세대가 내려오면 내려올수록 기술의 정교함도 더욱 발전되는 것이다.

---

1) 최익한은 애국주의를 고취하기 위해 '국가를 발전시키게 한 것이다'는 풀이를 의도적으로 덧붙여 과장하였다. 류수·리철화의 《정약용작품선집》 p256 번역도 똑같다. 전서 원문에는 '使之習爲技藝以自給也(그들로 하여금 기예를 익혀 자급하도록 한 것이다)'로 되어 있다.

이것은 사실 그렇지 않을 수 없기 때문에 산골 사람들은 고을 사람들의 기교만 못하고, 작은 고을 사람들은 큰 고을 사람들의 기교만 못하며, 큰 고을 사람들도 서울 사람들의 새로 발전된 기교만 못한 것이다.

그럼에도 불구하고 저 궁항벽촌窮巷僻村에 사는 사람들이 오래간만에 한 번 서울에 왔다가 변변치 않은 기술 방법을 우연히 알게 되면 자기 혼자만이 아는 것처럼 기뻐한다. 집에 돌아가 시험해 보고 거들거리며 하는 말이 "세상에 이보다 더 우수한 방법은 없다"고 자만한다.

그러면서 아들과 손자들에게 타일러 말하되 "서울에 있는 기술은 보잘것없으며 내가 다 아는 바이니, 이로부터 서울에 가서 다시 배울 것은 없다"고 한다.

이런 자들은 그 기술에서 항상 졸렬하며 아무런 발전을 가져오지 못하게 된다.

우리나라의 백공百工 기술은 대개 옛날 중국에 가서 배운 것이다. 그러나 수백 년 이래로 다시 중국에 가서 배울 계획을 하지 않고, 중국의 신식 기술은 날마다 증진되어 수백 년 이전의 중국이 아닌데 우리는 막연히 불문에 부치고 오직 옛것에만 머물러 있으려고 하니, 어찌 이렇게 나태한가?

2

농업의 기술이 정교해지면 그 점유한 지면이 적어도 곡물 수확량은 많을 것이고, 그 노력 사용이 적어도 소출은 충실할 것이다.

대체로 갈고 씨 뿌리고, 김매고, 거두어들이고, 찧고, 까불고, 밥 짓는 데까지 모든 일들은 다 편리를 돕고 노력을 적게 하자는 것이다.

방직의 기술이 정교해지면 물자의 소비가 적어도 얻는 실의 양은 많을 것이고, 노력 사용이 빠르고도 포백은 아름다울 것이다.

대체로 길쌈하고 직조하고 염색하고 풀 먹이고 바느질하는 데까지 모든 일들은 그 편리를 돕고 노력을 적게 하자는 것이다.

군대의 기술이 정교해지면 대체로 공격과 방어, 운수와 진지 구축하는 데까지 모든 일들은 그 용감스러움을 더욱 도와주고, 그 안전한 것을 더욱더 확고히 하게 될 것이다.

의원의 기술이 정교해지면 대체로 맥을 짚고 병을 진찰하고 약성을 분간하고 기후를 살피는 모든 것들이 지난 시기의 의원들의 몽매와 오류까지를 적발하고 시정하여 줄 수 있을 것이다.

백공의 기술이 정교해지면 대체로 주택과 도구로부터 성곽·선박·차량의 제조에 이르기까지 모두 견고하고 편리하게 할 수 있을 것이다.

진실로 우수한 기술 방법을 습득하여 장려하고 주력한다면 나라는 부유해질 것이고 군대는 강대해질 것이며 인민들의 생활은 향상되고 건강은 증진될 것이다.

그런데 뻔히 보면서도 기술을 발전시키려고 하지 않는다. 어떤 사람들은 "우리나라가 산천이 험악하니 차(수레)를 쓸 수 없다"고 하고, 어떤 사람들은 "우리나라는 양羊이 없으니 기를 수 없다"고 하며, 어떤 사람들은 "우리나라는 풍토가 다르기 때문에 말[馬]을 기를 수 없다"고 한다.

만약 이들의 말과 같으면 우리는 장차 무엇을 할 것인가?

글씨를 배우는 데 있어서 미불米芾2)과 동기창董其昌3)의 필법을
배우는 사람이 있으면 그들은 말하기를 "왕희지王羲之4)의 순수한
필법만 못하다"고 하고, 의학을 배우는 데 있어서 설기薛己5)와 장
기張機6)의 방법을 배우는 사람이 있으면 그들은 말하기를 "주단
계朱丹溪7)와 유하간劉河間8)의 고전만 같지 못하다"고 하면서, 은연
히 옛사람을 들고 온 세상을 호령하려고 하니, 저 왕희지·주단계·
유하간의 무리가 과연 계림鷄林의 안동부安東府 사람들인가?9)(세속
에서 운운하는 왕희지의 서법이란 곧 우리나라에서 새긴 목판본 <필진도筆陣圖>
이다. 그러므로 도리어 미불과 동기창의 진적眞蹟만 못하다─원주).

---

2) 미불米芾(1051~1107) : 송나라 때 사람으로 호는 녹문거사鹿門居士 또는 해악
   외사海嶽外史. 특히 서화에 우수하여 스스로 일가를 이루었다.
3) 동기창董其昌(1555~1636) : 명나라 때 서화가로 호는 향광香光, 시호는 문민
   文敏. 벼슬은 예부상서까지 하였고 서법은 미불을 모방하여 스스로 일가를 이
   루었다.
4) 왕희지王羲之(307~365) : 진晉나라 때 사람이며 왕우군王右軍이라고도 부른다.
   초서와 예서는 고금에 제일이라 하였으며, 특히 그 유묵 중에 난정기蘭亭記가
   귀중한 것으로 되고 있으나 당나라 이후부터 그 진본은 없어졌다고 한다.
5) 설기薛己(1486~1558) : 명나라 때 사람이며 의학으로 유명하였다. 특히 그는
   내과에 능하였으며 저서로 《설씨의안薛氏醫案》이 있다고 한다.
6) 장기張機(150~219) : 후한 때 사람인데 장백조張伯祖에게 의학을 배워서 저서
   로 《상한론傷寒論》10권과 《금궤옥함요략金櫃玉函要略》3권이 있다. 그때 사
   람들이 이 사람을 의학의 아성亞聖이라고까지 존칭하였다.
7) 주단계朱丹溪(1281~1358) : 자는 단계, 이름은 진형震亨. 원나라 때 사람으로
   의학에 노력하여 저서로 《격치여론格致餘論》,《국방발휘局方發揮》,《금궤구원
   金匱鉤元》등이 있다.
8) 유하간劉河間(약1120~1200) : 하북성 하간현 사람으로 이름은 완소完素, 호는
   통현처사通玄處士. 의학에 능통하였고 저서로 《소문현기素問玄機》,《상한직격
   방傷寒直格方》등이 있다.
9) 계림鷄林의 안동부安東府 사람들인가? : '경주는 땅이 넓고 안동은 인물이 많다
   (地廣慶州人多安東)'는 조선 속담을 인용하여 '이 사람들이 과연 그처럼 모두
   훌륭한 사람들인가?'라고 풍자한 말인 듯하다.

[해제]

<기예론> 3장 중 제1장과 2장이다.

다산은 <기예론 1>에서 사람이 금수와 다른 이유를 선험적인 도덕 윤리에 돌리지 않고 기술의 습득에 돌렸다. 이러한 견해는 종래 학자들의 관념적 인식에 비하여 확실히 우수한 과학적 사상이다.

(…) 다산의 사상은 개인주의보다 집체주의가 우수하다는 것, 중의衆意를 존중하는 다수가결제와 사회를 발전적으로 보는 진화론 등에 접근한 사상적 표현이다. 그는 이 사상적 방법을 사회 문화와 제도의 전반에 적용하지 않고 오직 기술 방면에만 국한시킨 듯한 점은 유감되는 바이지만, 어쨌든 수천 년 이래 철인·학자들이 대체로 무조건 성인의 전지전능을 극구 칭찬하며 사회 일체의 퇴화를 개탄하여 온 전통적 논법과 복고적 사상에 대하여, 다산의 기술에 대한 진화론적 및 집체주의적 견해는 거대한 혁신적 의의가 있다. 다산의 '북학' 주장도 이 견해에 근거한 것이다. 북학은 당시 실학파의 새로운 애국주의적 구호였는데, 이를 기탄없이 표현하면 북경 유학이나 중국 유학에 그치지 않고 서양 유학 즉 서양의 과학과 기술을 배워야 한다는 것을 의미한다.

다산은 <기예론 2>에서 "농업의 기술이 정교해지면 점용 토지가 적어도 얻는 곡물의 양은 많을 것이고, 그 노력 사용이 덜하여도 곡물은 미실美實할 것이다. 직조織造의 기술이 정교해지면 물자 소비가 적어도 얻는 실의 양은 많을 것이고, 그 노력 사용이 빠르고도 베와 비단은 치미緻美할 것이다(農之技精則其占地少而得穀多 其用力輕而穀美實 … 織之技精則其費物少而得絲多 其用力疾而布帛緻美)"고 하여 일반 산업 발전에 기술의 정진이 절대적 조건이란 점을 고조하였다. 그는 통속경제학이 말하는 '최소 노력, 최대 효력'의 원리를 설파한 동시에 산업의 기계화를 기계학자로서 예상하였던 것이다.

다산은 도학道學과 기예의 사회적 관계에 있어 서로 다른 특성을 간파하고 양자를 구별 지어서 말하였다. <기예론 3>에 의하면, "효제충신孝悌忠信과 같은 윤리 도덕은 천성(知·情의 본능)에 의거한 것이므로 성현의 서책을 강명講明하여 확충 수양하면 곧 예의의 풍속을 이룰 수 있으니, 이는 외국의 것과 뒤에 나오는 것에서 구할 필요가 없지만, 이용후생利用厚生을 위한 백공기예

百工技藝는 외국과 뒤에 나오는 새로운 제도를 널리 구하지 않으면 자국의 고루함을 깨뜨리고 인민에게 이익과 혜택을 줄 수가 없다(孝弟根於天性 明於 聖賢之書 苟擴而充之 修而明之 斯禮義成俗 此固無待乎外 亦無藉乎後出者 若夫 利用厚生之所須 百工技藝之能不往求其後出之制 則未有能破蒙陋而興利澤者也)" 고 하였다. 그런데 그가 윤리 도덕을 다만 천성에 의거하고 성현의 서책에서 만 강구할 수 있는 것으로 생각한 점은 역시 형이상학적 관념론을 벗어나지 못한 것이었다. 하지만 신식 기예는 외국으로부터 수입할 것이나 도덕 의리 는 자주적으로 수립할 것이요 외국으로부터 수입할 것이 아니라고 주장한 점 은 주객과 내외를 구별할 줄 아는 민족 자립적 사상으로 볼 수 있다. 누구보 다도 먼저 개화론을 제창한 그는 자기 명저《경세유표》에서 공조工曹에 이용 감利用監을 특설하여 외국 유학과 기예 수입을 전문적으로 관리하자고 주장 하였다.[1]

위에서 최익한이 '민족 자립적 사상'이라 한 것은 과장된 해석이다. 당시에는 '민족'이란 개념 자체를 인식할 수 없었다. 자세한 것은 본서 <기연아寄淵兒> 해제를 참고하기 바란다. 여하간 다산의 사관은 서양의 경우처럼 사회 발전 의 진보적 기반 위에서 선 것이라고는 보기 어렵다. 그것은 조선 현실보다는 중국 현실에 입각한 사상이었으며, 그 중국 현실이라는 것은 또 서학과 서양 기술의 전파로 인한 '신식 묘제妙制'의 발전을 뜻하는 것이었다. 이렇게 볼 때 기예 발전을 주로 한 다산의 관점이 형성되는 요인은 바로 서학과 서양 기예 의 중국 전래였던 셈이다.[2]

게다가 다산은 서학의 일환으로 기독교와 함께 들어온 서양의 과학기술에 큰 관심이 없었고, 그에 대한 지식수준도 높지 않았다. 즉 실용적인 것만 받아 들였지, 이와 무관한 과학기술 지식이나 그 철학적 함의 따위는 간과하였다. 그가 실용적인 목적에서 제시한 많은 방안들도 경전 구절에 대한 주해 과정 에서 나왔다. 일테면 <기예론>은《중용》의 '내백공來百工'을 주석하면서 나 온 것이다. 또한 그의 과학기술 지식은 대부분 경험주의적이거나 과학적인 사고의 소산이라기보다는 관련 문헌들의 섭렵을 통한 문헌학적 탐구의 결과 였다. 그는 귀양지에서 전 관료로서 기술자에게 높은 벼슬을 주는 우대론을 구상하였지만, 이는 어디까지나 몽중몽이요 공리공담에 불과한 것이다. 왜냐하면 당시 빈천한 출신에게 높은 벼슬을 준다는 것은 현실성이 없을뿐더러 다산 자신이 신분제 강화를 적극 주장한 장본인이었기 때문이다.[3]

1. 《실정》 pp468~470, p690.
2. 고병익, <다산의 진보관―그의 '기예론'을 중심으로>, 《효성조명기박사화갑기념 불교사학논총》, 1965; 《다산학보》 9집, 다산학연구원, 1987, p877 재수록.
3. 김영식, 《정약용의 문제들》, 혜안, 2014, pp141~171; 이지형, 《다산경학사상연구》, 태학사, 1996, p30; 김영호, <정다산의 직업관>, 《다산학보》 9집, 1987, pp622~3; 정성철, 앞의 책, p500; 홍태연, 앞의 책, p331; 《중용강의보中庸講義補》 권1 凡爲天下國家有九經節; 《경세유표》 권2 <동관공조冬官工曹·이용감>; 《목민심서》 권8 <예전禮典·변등辨等>.

맥론 脈論

1

맥脈은 혈기의 쇠왕衰旺과 병증의 허실虛實을 살필 수 있다. 그러나 의서醫書에 말한 바와 같이 "좌촌맥左寸脈[1]은 심장心臟을 알아보고 우촌맥右寸脈은 폐肺를 알아보며, 좌관맥左關脈[2]은 간장肝臟과 담장膽臟을 알아보고 우관맥右關脈은 비장脾臟과 위장胃臟을 알아보며, 좌척맥左尺脈[3]은 신장腎臟과 방광膀胱과 대장大腸을 알아보고 우척맥右尺脈은 명문命門·삼초三焦[4]와 소장小腸을 알아본다"고 하나, 이것은 허망한 말이다.

대체로 맥의 일동일정一動一靜은 기氣와 혈血에 의한 것이다. 오직 기만으로써는 신체를 보위할 수 없고, 오직 혈만으로써는 신체를 영양할 수 없다. 그러기 때문에 혈은 기의 거느리는 바가 되고, 기는 혈의 기르는 바가 되어 '영위營衛'라는 명칭이 나오게 되었다.

그러나 기는 움직이지 않을 수 없고, 혈은 정지靜止하지 않을 수 없다. 바야흐로 움직이기 때문에 혈액이 순환하고, 바야흐로 정지가 있기 때문에 자양분을 섭취하게 된다. 이것은 사람 몸에 맥이

---

1) 촌맥寸脈 : 왕숙화王叔和의 《맥경脈經》에 의하면 손바닥 위쪽 높은 뼈 있는 한 치 사이의 동맥을 촌구寸口 혹은 촌맥이라고 하였다.
2) 관맥關脈 : 손맥의 한 부분인데 촌맥의 뒤에 있고 척맥의 앞에 있다.
3) 척맥尺脈 : 관맥의 뒤에 있고 집맥할 때 셋째 손가락으로 짚어 보는 맥이다.
4) 삼초三焦 : 상초上焦·중초中焦·하초下焦를 합해 일컫는 말로, 음식의 흡수·소화·배설 등을 맡는 기관이다.

있기 때문이다.

맥이 옅게 드러난 곳이 마침 손목이므로 손목의 맥을 보는 것뿐이다. 어찌 하늘이 사람을 낳을 때 오장육부五臟六腑[5]의 증후를 손목위에 나타나게 하여 사람들로 하여금 짚어 보고 알게 하였을까?

《맥경脈經》[6]을 저작한 후부터 사람들은 이미 그 맥경을 믿지 않았고, 그 후 의학을 다소 아는 사람들도 맥경을 믿지 않았다. 그러나 그들은 마음속 한편으로는 맥경에 오묘한 이치가 있는데 자기가 모르는 것이 아닌가? 하고 의심도 하고, 또 한편으로는 자기혼자 맥경을 존중하지 않는다면 세상 사람들과 후세 사람들이 자기를 맥경을 모르는 사람으로 간주할까 두려워해서 이에 거짓으로 다른 사람이 알지 못하는 것을 자기 혼자 아는 것처럼 하며, 겉으로는 맥경을 고칠 수 없는 고전으로 그 설명을 과장하고 그 내용을 해설하며 알 수 없는 곳에 이르러서는 문득 말하기를 "이 오묘한 이치는 마음으로는 체득할 수 있으나 말로써는 다 표현할 수 없다"고 한다. 어리석은 자는 참 그런가 하고 믿고 영리한 자는 또 그런 술법을 되풀이하여 사용한다.

이것은 오직 맥경에만 그런 것이 아니라 모든 술법의 허위성이 다 그런 것이다.

그런 까닭에 맥을 잘 보려면 손도 짚어 보고 발도 짚어 보며 뇌의 큰 힘줄도 짚어 보아서 그 신체의 쇠왕衰旺과 허실을 분별할 따름이다. 맥으로써 어찌 오장육부를 안다고 할 수 있겠는가?

---

5) 오장육부五臟六腑 : 오장은 폐장肺臟·심장心臟·비장脾臟·간장肝臟·신장腎臟.
  육부는 대장大腸·소장小腸·위장胃臟·담낭膽囊·방광膀胱·삼초三焦.
6) 맥경脈經 : 서진西晉의 왕숙화王叔和가 3세기에 지은 최초의 맥학脈學 전문서.

2

대체로 촌寸·관關·척尺이라고 하는 것은 나는 분간할 수 없다. 왜 냐하면 어떤 의원의 손가락은 살쪄서 넓은 자도 있는 것이고, 어떤 의원의 손가락은 여위어서 뾰족한 자도 있는 것이다. 손가락으로 맥을 짚는 면적은 그 의원의 손가락에 따라서 동일하지 않을 것이고, 또한 그 반면에 병자의 팔도 긴 자도 있고 짧은 자도 있어서 그 촌·관·척을 구분하는 한계가 같지 않을 수 있기 때문이다.

만약 손가락 큰 의원이 팔목 짧은 병자의 맥을 짚어 보는 것과 그와 반대로 손가락 작은 의원이 팔목이 긴 병자의 맥을 만져 보는 경우에 있어서, 촌이라고 하는 것이 관이 아닌지 누가 알며, 관이라고 하는 것이 척이 아닌지 누가 알겠는가? 또한 심장을 본다는 것이 간장을 보는 것이 아닌지 어떻게 알며, 비장과 위장을 본다는 것이 신장과 방광을 보는 것이 아닌지 어떻게 알 수 있겠는가?

그러나 의학을 옳게 배우지 못한 자들은 맥의 부침浮沈과 활삽滑澁도 잘 분간하지 못하면서 손바닥을 치며 병증을 논하되, "어느 장臟이 매우 상하였기 때문에 마땅히 어느 장을 억제해야 하며, 어느 기氣가 심히 부족하기 때문에 마땅히 어느 경락經絡을 보조해야 한다"고 말들 한다.

뿐만 아니라 일종의 괴상한 자들은 말하기를, "맥을 짚어서 그 사람의 성정의 선악과 신명身命의 귀천까지 알 수 있다"고 하며 맥 보는 것을 잡술 보는 것과 같이 하지만, 사람들은 알지 못하고 무슨 깊은 이치가 있는 것처럼 믿고 있다. 어찌 이처럼 우매하여 속기를 잘하는가?

그러므로 맥 짚는 법을 배우고자 하는 사람들은 다만 그 맥의 힘의 유무와 신경의 상태와 도수의 여하를 살필 따름이다. 어찌 맥으로써 오장육부를 알아낼 수 있겠는가?

대체로 맥이 움직여서 능히 짚는 손가락에 저항하는 것을 힘이라고 하고, 안온해서 생활의 기능을 가진 것을 신神이라고 하며, 순환하고 정지靜止해서 문란하지 않는 것을 도度라고 한다.

이상 세 가지를 안 후에 맥의 부침浮沈·지삭遲數·홍미洪微·활삽滑澁·현규弦芤·긴완緊緩·결복結伏의 상태에 유의하면 맥 보는 사람의 할 일은 다한 것이다.

또 그 밖에 무엇을 요구하겠는가?

[해제]

〈맥론〉 3장 중 제1장과 2장이다. 다산은 〈맥론 1〉에서 《맥경》의 촌관척법을 부인하고, 맥의 상태로 오장육부의 증후를 진단한다는 술법을 비판하였다. 그러나 맥이 진찰 부위라는 사실 자체는 부정하지 않았다. 〈맥론 2〉에서는 맥으로 촌·관·척을 나누어 판단하는 것은 불가능하다고 주장하였다. 또 맥의 상태도 모르면서 함부로 오장육부의 허실을 논하고, 성정의 선악과 운명의 귀천까지 알 수 있다는 잡술을 논박하였다. 그러나 다산의 맥학은 특별히 새로운 것이 아니라 맥학 가운데 촌·관·척과 오장육부의 상응관계 설정 부분을 제외한 것이다. 즉 더 정확한 맥진을 위해 맥학 이론에 대해 반론을 제기한 셈이다. 그는 성호星湖 이익李瀷의 영향을 받아 문헌고증학적 방법으로 의학 연구를 하였다. 그것은 유교적 치자治者로서의 관심이었지, 전문적 의료인으로서의 실천은 아니었다. 나아가 다산의 의술 추구는 봉건적 신분 질서의 틀 안에서 이루어진 한계가 있다(《실정》p473; 신동원, 〈유의儒醫의 길 : 정약용의 의학과 의술〉, 《다산학》 10호(2007.6), 다산학술문화재단, pp209~220; 김남일, '맥론', 《다산학사전》, 사암, 2019, pp495~6).

상론 相論

　상相은 습관에 따라서 변하고, 세勢(형편)는 상에 따라서 이루어진다. 그러므로 그 형국形局 유년流年[1]의 설은 허망한 것이다.

　어린아이들이 기어다닐 때는 그 모양을 보면 누구나 아리땁다. 그러나 그가 장성하게 되면 직업이 나누어지고 직업이 나누어짐에 따라서 습성도 달라진다. 습성이 달라지면 상도 따라서 변하는 것이다.

　바로 그렇기 때문에 서당에서 글공부하는 사람들은 그 상이 연하면서 고우며, 시장에서 장사하는 사람들은 그 상이 검고 매끈하며, 소와 말을 먹이는 사람들은 그 상이 터북하며,[2] 도박하는 사람들은 그 상이 사나우면서도 영리하다.

　대개 그 습관이 오래면 오랠수록 성질도 그에 따라서 달라지고, 심중에 있는 것이 외면에 나타나므로 상도 그에 따라서 변하게 된다.

　사람들은 그 상의 변한 것을 보고 곧 말하기를 "그 상이 그러하기 때문에 그 습성도 그러하다"고 한다. 아, 어찌 그렇게 잘못 말하는가? 대체로 학문으로 습관된 자는 벼슬을 하게 되고, 모리謀利로 습관된 자는 재물을 모으게 되며, 노동으로 습관된 자는 비천으로 마치고, 악행으로 습관된 자는 패망으로 마친다. 이와 같이

---

1) 형국形局 유년流年 : 술수 보는 사람(점쟁이)들이 사람들의 외모에 의하여 1년간 운수 길흉을 판단하는 것.
2) 터북하다 : '터부룩하다(털 따위가 매우 더부룩하다)'의 뜻.

습관과 효과가 병행되고 효과와 상이 같이 변한다.

사람들은 그 상의 변한 것을 보고 곧 말하기를 "그 상이 그러하기 때문에 그 효과도 그러하다"고 한다. 아, 어찌 그렇게 어리석을까?

어떤 아이가 눈청[3]이 맑으면 부모는 "이 아이가 학문을 할 수 있다"고 하여 책을 사서 주고 스승을 정하여 주니, 스승은 "이 아이는 능히 가르칠 만하다"고 하여 필묵과 책상을 마련하여 준다. 아이는 감격하여 더욱 부지런하게 노력한다. 이에 대부大夫(옛날 관직 등급의 하나)는 "능히 쓸 만한 사람이다"고 하여 추천하고, 국왕은 "능히 신임할 수 있는 사람이라"고 하여 칭찬하고 등용하니, 얼마 안 가서 재상宰相이 되었다.

어떤 아이는 아랫볼이 그득하면 부모는 "이 아이는 부자질할 수 있다"고 하여 그에게 재물을 더 많이 주고, 부자는 "능히 일을 시킬 수 있다" 하여 자금을 더 빌려준다. 아이는 더 부지런하게 노력하여 사방에 장사를 하니 거대한 이익을 얻게 되고, 시전市廛(저자가게)에 자리잡아 앉으매 모두가 그를 객주客主로 추대한다.

장차 전진하려고 하는데 또 그와 같이 도와주니 갑자기 졸부가 되었다.

어떤 아이는 눈썹이 더부룩하고,[4] 어떤 아이는 콧구멍이 드러나면 그 부모와 스승들은 배려하고 도와주는 것이 전연 저 아이와 다르게 한다. 이러고서야 어찌 그 아이가 귀부한 몸이 될 수 있겠는가?

---

3) 눈청 : '눈망울'의 경상 방언.
4) 눈썹이 더부룩하고 : 眉毛叢雜. 최익한은 '미목眉目이 맑지 못하며'로 옮겼다.

이와 같은 것은 그 상을 따라서 그 형편이 이루어지고, 그 형편을 따라서 그 상이 이루어지는 것이다. 사람들이 그 상을 보고 곧 말하기를 "그 상이 그러하기 때문에 그 형편도 그와 같다"고 한다. 아, 어찌 그렇게 어리석은가? 세상에 허다하게 재덕才德을 가지고도 쓰임을 받지 못해서 곤궁에 빠진 자를 보고 모두 그 상을 탓한다.

그러나 만일 그의 상과는 관련 없이 그를 애중히 여겨 교양만 해 준다면 능히 재상도 될 것이다. 또한 이해타산에도 밝고 시세의 귀천도 잘 살필 줄 아는 재간이 있건만 종신토록 가난한 자를 보고 모두 그 상을 탓한다. 그러나 그 상과는 관련 없이 밑천만 둘러 주면 그는 의돈猗頓5)과 같은 큰 부호가 될 것이다.

하물며 사람의 거처와 봉양의 변화는 반드시 기분과 신체의 변화를 일으키고, 부귀와 우환은 또한 심리와 안일과 비애를 일으켜서 아침에 화려하던 자도 저녁에 시들어 버리고, 어저께 파리하던 자도 오늘은 살쪄서 윤택해진다. 상의 궁달窮達이 어찌 일정해 있으랴! 백성이 상을 믿으면 그 직업을 잃어버릴 것이고, 관리가 상을 믿으면 그 벗을 잃어버릴 것이며, 제왕이 상을 믿으면 그 신하를 잃어버릴 것이다.

공자孔子가 말하기를 "모양으로 사람을 취하면 실수할 수 있다"고 하였으니, 지극히 옳은 말이다.

---

5) 의돈猗頓 : 옛날 노魯나라의 큰 부자 이름.

[해제]

다산은 사람이 어렸을 때에는 대개 어여쁘던 것이 "자라면서 직업의 차이에 따라 습성이 달라지고 습성의 차이에 따라 상相이 변하게 된다"는 전제 아래 사람의 상이 부귀빈천과 길흉화복을 결정하는 것이 아니라, 이와는 반대로 그가 처해 있는 부귀빈천과 길흉화복이 그의 상을 결정한다고 하는 유물론적 견해에 근거하여 낙후한 사회의 인심을 지배하고 있는 관상술의 신비성을 타파하였다.

또 다산은 "사람의 거처와 봉양의 변화는 반드시 기분과 육체를 변화시키고, 부귀와 우환은 또한 심지心志의 음란과 비애를 일으키니 상의 궁달이 어찌 일정하게 있으랴? 백성이 상을 믿으면 직업을 버릴 것이고 관리가 상을 믿으면 벼슬하지 않을 것이며 제왕이 상을 믿으면 신하를 잃을 것이라"고 하면서, 상의 가변론을 주장하여 상가相家의 숙명론을 타파한 동시에, 상술相術의 허위와 폐해를 인민의 이해利害라는 입장에서 통렬히 논변하였다. 그의 상술 즉 숙명론에 대한 부인은 당시 인민의 빈궁에 대한 안분安分 생활과 지배에 대한 굴종심을 극도로 악용하는 양반 계급의 신성한 운명과 세습적 특권을 향하여 한 개의 과학적 철봉을 내린 것이다(《실정》 pp475~6, p665).

위에서 최익한이 '유물론적 견해'니 '과학적 철봉'이니 한 것은, 다산의 글을 최대한 우호적으로 해석하는 과장된 평이다. 다산은 미신적 관상술의 일반 현상만 논박하였을 뿐, 아래와 같이 상相에 대한 자신의 추악한 봉건적 편견을 전혀 극복하지 못하였다.

1) 누런 머리, 까만 얼굴의 어리석고 비루한 부인은 흔히 열녀의 절개가 있다 (黃首黑面 恂愁陋劣者 多辨烈女之節, 《孟子要義》 권2).

2) 물고기 주둥이, 개 마빡의 자식이 태어나면 그 집안은 영영 끝장나 버린다 (有魚吻犬顙之子出焉 則家遂不可問矣, <寄兩兒>).

3) 미인은 그 간교한 구멍이 반드시 일찍 뚫리고, 그 욕망의 골짜기가 반드시 일찍 넓혀졌으리라(尤物 … 其奸竇必早穿 其慾壑必早恢, <爲舍弟鑛贈言>).

향리론 鄕吏論

1

옛날 서사胥史[1]의 직무를 맡았고 옛날 대부大夫의 권력을 잡고 있던 자는 바로 지금의 향리이다. 옛날 대국大國이라고 하는 것은 지방이 100리고, 그다음이 70리, 그다음이 50리였다. 그런데 지금 우리나라 군·현郡縣의 대소는 옛날 이른바 국國이라고 하는 것과 서로 같다. 그렇다면 지금 우리나라 군수郡守 현령縣令은 옛날 국군國君과 같고, 수령(군수·현령 약칭) 다음에서 수령의 행정을 보좌하는 향리는 옛날 대부와 같은 것이다. 그러므로 향리가 잡고 있는 권력도 옛날 대부의 권력과 다를 것이 없다. 그런데 옛날 대부는 그 벼슬을 세습하였고, 지금 향리는 그 직위를 세습하고 있다.

대부와 같이 벼슬을 세습한 자들은 국가의 권력을 잡고 인민들의 생사를 마음대로 하였으니, 실상의 권력은 군주의 이상이었다. 예를 들면, 노魯나라의 삼환三桓[2]과 진晉나라의 육경六卿[3]과 정鄭나라의 칠목七穆[4]이 바로 그것인바, 이들은 그 나라를 멸망시키기

---

1) 서사胥史 : 봉건 사회에서 관청의 문서를 맡아보던 낮은 벼슬.
2) 삼환三桓 : 춘추 시기 노魯나라의 세 대부였던 맹손孟孫·숙손叔孫·계손季孫.
3) 육경六卿 : 춘추 시기 진晉나라의 육족六族, 즉 범씨范氏·중행씨中行氏·지씨知氏·조씨趙氏·위씨魏氏·한씨韓氏로서, 이 육족이 진나라의 세록 공경으로 되었다.
4) 칠목七穆 : 춘추 시기 정鄭나라의 일곱 대부, 즉 자전子展·자서子西·자산子産·백유伯有·자태숙子太叔·자석子石·백석伯石을 말하는데, 모두 진 목공穆公의 후손이므로 칠목이라고 하였다.

전에는 그 횡포한 행동을 그치려고 하지 않았다. 그런데 지금 직위를 세습하고 있는 향리들이 바로 그렇게 하고 있다.

그러나 옛날 국군은 그 왕위가 세습제였고 그 밑에 대부된 자들이 또한 그 나라 공족公族 세신世臣들이었으므로, 국군의 권력도 물론 중하였거니와 대부된 자 자신들이 국군과 오랜 은의로써 맺어지고 있기 때문에 그 포악한 행동이 지금의 향리에 비해서는 오히려 심하지 않았다.

그러나 지금 수령들은 한 고을에 오래 있는 자가 겨우 3, 4년이요, 그렇지 못한 자들은 1년을 넘지 않는다. 이렇게 군수·현령이 주막집 나그네처럼 되고 보니, 향리들이 그 수령과 은의로써 맺어질 수가 없다. 그런 까닭에 그 고을 실권은 항상 향리가 가지게 되고, 수령의 행정을 이러저러하게 기만하며 방해하는 것을 예사로 하고 있다. 그러므로 지금 향리의 해독은 옛날 대부에 비할 바가 아니다. 흡사 나그네로서 주인을 제어하고, 알지 못하는 자가 아는 자를 제어하려고 하는 셈이니, 그 실권이 어찌 수령에게 있을 수 있겠는가? 바로 이것이 향리가 항상 그 실권을 잡게 되는 이유이다.

권력이 있는 곳에 생살生殺 화복禍福이 달려 있다. 향리들이 실권을 가지고 있는 만큼 인민들에게 횡포한 행동을 어찌 그칠 수 있겠는가? 국사를 옳게 도모하는 자는 이를 살피지 않을 수 없는 것이다.

한 집안이 어지러우면 가장家長이 그 죄를 당하는 법이고, 한 여
閭가 어지러우면 여장閭長이 그 죄를 당하는 법이며, 한 현縣이 어
지러우면 현령縣令이 그 죄를 당하는 법이다. 그러므로 조정에서
감사監司5)를 지방 순시하러 보낼 때 지시하기를 "군수와 현령들
로서 만약 탐오 불법한 자가 있으면 적발하라"고 하고, 어사御史6)
를 지방에 감찰하러 보낼 때 지시하기를 "군수와 현령들이 탐오
불법한 자가 있으면 처단할 것이며, 그중에 교활하고 탐오한 아전
들이 있더라도 이는 쥐와 같은지라 족히 문책할 것이 없으니, 우
선 그 대체大體를 바로잡으라"고 한다.

세상 사람들은 이것을 매우 요령 있는 말이라고 한다.

아, 슬프고도 원통하다! 군수 현령들이여! 지금 군수나 현령이
된 자들은 어려서부터 문장과 사서史書를 공부하여 요행히 벼슬에
오른 후에도 수십 년이란 긴 세월의 노력을 허비하면서 겨우 군수
나 현령을 하나 얻게 된다. 이렇게 얻은 것이기 때문에 고을에 처
음 도임하면 오직 자기의 맡은 직무를 잘못할까 몹시 조심하고 두
려워한다. 그리하여 백성들이 자기를 찬양하도록 하려고 하며, 감
사가 자기를 표창하도록 하려고 하며, 국법을 위반하지 않으려고
하며, 공무를 제 기일 내에 완수하려고 한다. 그러나 이렇게 하기
를 수개월이 못 되어서 향리들은 수령을 유혹하되 "백성들은 미

---

5) 감사監司 : 이조 시기 도의 행정·사법·군사 책임을 맡은 관리.
6) 어사御史 : 정치의 성과와 백성의 형편을 살피기 위하여 봉건 정부가 특파하는
   비밀 관리.

련하오니 그 욕심을 충족시킬 수는 없으며, 감사는 멀리 있사오니 기만할 수 있습니다. 백성들에게 곡식을 거두고 펴는 데 있어서 소인小人들 생각대로만 한다면 그 남은 이익은 10배나 될 것이고, 공사 처리에도 아무런 지장이 없을 것입니다"고 한다.

이로부터 향리와 같이 장사꾼을 도와서 이익을 나누고, 도적을 도와서 장물臟物을 나누며, 백성들을 어육魚肉[7]을 만들어 그 권력에 복종시킨다.

아, 이러한 옥사를 고요皐陶[8]로 하여금 살피게 한다면 누가 그 주범인지를 알 것이다.

예를 들어, 만약 노魯나라 남자라도 기생집에서 수개월만 생활하면 필경 음탕한 데로 유혹되지 않을 자가 드물 것이다. 이런 경우에 어떻게 노나라 남자만 나쁘다고 하겠는가?

가장은 항상 그 집에 살고 있으니 집안이 어지러운 것은 가장의 죄요, 여장은 항상 그 마을에 살고 있으니 마을이 어지러우면 여장의 죄이지만, 군수와 현령은 손님과 같은데 주인인 향리가 그 고을을 어지럽게 하고 손님인 군수 현령만이 그 죄를 당하면 그것은 억울하지 않겠는가?

그런 까닭에 가장 나쁜 자는 향리이므로 가장 큰 형벌에 처해야 하고, 그를 방조한 자는 군수 현령이므로 그다음 형벌에 처해야 한다. 그 이른바 "먼저 대체를 바로잡으면 된다"는 말은 잘못된 것이다.

---

7) 어육魚肉 : '백성들을 마음대로 살육하는 것'을 말한다.
8) 고요皐陶 : 우순虞舜 때 사람으로 옥獄을 맡은 관리 중의 장관이었다.

3

범은 악한 짐승이건만 배가 바야흐로 부를 때에는 사슴과 돼지가 지나가도 돌아보지를 않으며, 매는 사나운 새이지만 횃대에 앉혀 놓고 날마다 고기를 먹여서 배가 부르게 되면 꿩을 만나도 빨리 날려고 하지 않는다. 오직 주린 범과 굶은 매만이 새와 짐승을 잡는 데 더욱 용감한 것은 자연스러운 일이다.

그런데 서울 관리들은 일정한 녹봉이 있고, 또한 그 직위가 해마다 바뀌지 않는 까닭에 그 탐하여 얻는 것이 한도가 있으며, 잘못하면 실직될까도 두려운 까닭에 그 악행도 조심성 있게 한다. 그러나 향리는 그렇지 않다. 원래 일정한 녹봉이 없을 뿐만 아니라 5, 6년 동안 쓰이지 못하다가 어떻게 한 번 그 권력을 잡게 되면 주린 범이 돼지를 만나고 굶은 매가 꿩을 본 것 같아서 전후를 돌아볼 사이 없이 혹독하게 한다. 그들은 비록 매년 직위에 있으면서도 내년에 어떻게 될까 알 수 없다고 하여 탐재하는 것이 더욱 절도가 있을 수 없다.

1천 호의 고을에 향리 10인만 두면 해마다 그들을 배부르게 할 수 있을 것이고, 2천 호의 고을에 향리 12명만 두면 해마다 그들을 배부르게 할 수 있을 것이다. 이와 같은 비례로 천 호가 증가될 때마다 향리 두 사람씩만 더 두면 아무리 큰 고을이라 하더라도 30명 이상을 넘지 않을 것이고, 그러면서도 넉넉히 문서를 처리할 수 있을 것이다. 그런데 무슨 까닭에 아전들을 관청이 터지도록 둠으로써 만족해하는가?

향리의 인원수를 미리 정하고 만약 그중에서 죄를 범하는 자가 있으면 정원定員에서 제적시킨다. 그러면 향리들은 그 정원을 귀중히 여길 것이며 제적을 두려워할 것이다. 만약 자기 잘못으로 정원수에서 제적되기만 하면 부모처자는 굶주리게 될 것이니, 그렇게 되면 범죄를 조심하지 않을 자가 어디에 있으랴!

범죄를 두려워하면 법을 존중히 여길 것이고, 법을 존중히 여긴 후에야 인민을 마음대로 약탈함이 줄어들 것이다. 그러므로 향리의 인원수를 정하는 일은 무엇보다 국가의 급한 사업이다.

[해제]

다산은 《경세유표》 서문에 "향리의 정원을 제한하고 세습제를 금지하여 그 간사함과 교활함을 막을 것(定郷吏之額 禁世襲之法 以杜其奸猾 斯不可易也)"을 강조하였다.

이조의 양반 당쟁은 지방장관의 임기를 조변석개朝變夕改케 하여 그들이 지방 실정과 사무 내용에 관한 지식을 가질 여유가 없었으며, 탐관오리들은 향리와의 결탁을 필요로 한 동시에 도리어 그들에게 조종되어 향리의 도필적刀筆的 농간은 말할 수 없이 자행되었다. 그래서 이조 중기에 유명한 유학자 남명南冥 조식曹植은 국왕 선조에게 상소하면서 '이서吏胥가 국정을 전행專行한 것'을 통론痛論하였고, 율곡 이이와 지봉 이수광도 모두 '이서망국吏胥亡國'을 걱정하였다. 그 후 《반계수록》, 《성호사설》 등 저서에도 한결같이 이서의 전횡을 논박하였다.

다산은 이러한 선철들의 논법을 계승하여 그 구제책으로 향리의 정원 제한과 세습제의 폐지를 주장한 것이다. 그러나 향리 세습제는 귀족 세습제와 절대 분리될 수 없는 동일한 봉건 체제였으므로 전자의 폐지는 곧 후자의 폐지를 전제한 것이며, 또 순서를 바꿔서도 생각할 수 있는 일이다. 다산이 이 향리 세습제의 폐지를 일반 세습제의 폐지와 함께 고안한 데서 그의 혁신적 의의가 주도周到한 것을 알 수 있다.[1]

위의 최익한 말은 혼동될 여지가 없지 않으므로 다음과 같이 보충한다.

정약용의 사회 정치적 이상에서 기본을 이루는 것은 '현명한' 왕과 '어진' 관리들의 통치 밑에 백성들이 안착하여 사는 그러한 사회였다. 그는 이러한 사회에서는 사회적 불합리가 없이 관리도 백성도 다 같이 잘 살 수 있다고 보았다. 이것이 이른바 그를 포함한 실학자들의 '사해 평등'에 관한 이상이며 여기에 또한 그 이상의 공상성과 제한성이 있다. 그는 개별적 관료들의 학정과 가혹한 약탈이 중앙 집권적 '왕도 정치'를 좀먹는다고 생각하였기 때문에 자기 작품들에서 '왕도 정치'에 어긋나게 행동하는 개별적 관료들 특히 중간 착취자들을 비판하였으나, 봉건 왕권과 봉건제도 그리고 양반 계급 자체는 부정하지 않았다. 비판의 화살은 손발 노릇을 하는 토호나 아전들에게 주로 돌리면서 '임금의 자애'를 망상적으로 시화하였다. 여기에 바로 그가 넘을 수 없었던 본질적인 계급적 제한성이 두드러지게 표현되어 있는 것이다.[2]

1. 《실정》 p551, pp555~6 참조. 다산은 《경세유표》 권2 <추관형조秋官刑曹·장서원掌胥院>조에 향리를 관장할 법적 규정을 다음과 같이 제시하였다.

   1) 토지와 인민의 수를 헤아려서 그 정원을 차등 있게 하되, 비록 큰 읍이라도 30명을 넘지 않도록 할 것.

   2) 향리는 세습하지 못하도록 하되, 모름지기 현손玄孫 대에 이르러서야 이에 구애됨이 없게 할 것.

   3) 향리는 한 가족이 전적으로 하지 못하도록 하되, 친형제끼리 함께 될 수 없으며 8촌 안에서 3명을 넘지 않도록 할 것.

   4) 이방吏房·창리倉吏·도서원都書員·균역리均役吏·대동리大同吏 등 무릇 돈과 곡식을 출납하는 권한이 있는 직책은 이웃 고을 아전이 와서 하도록 하되, 지금 영리營吏의 조례와 같게 할 것.

   5) 이방의 직책은 매년 교체하되, 모름지기 12년이 지나야 이에 재임할 수 있도록 할 것.

2. 사회과학원 문학연구소, 《조선문학사》(고대·중세편), 과학백과사전출판사, 1977, pp552~3(남한 복간본은 《조선문학통사》, 이회문화사, 1996, pp564~5); 김진국, 《정약용 문학 연구》, 사회과학출판사, 2014, p43.

오학론五學論

1

성리학性理學은 도道를 알고 자기를 인식하여 실천하는 데 힘쓰자는 것이다. 그러기 때문에 《주역周易》 대전大傳에는 "이치에 극진하고 본성을 다하면 명命에 이른다"고 하였고, 《중용中庸》에는 "자기의 성性을 능히 다 알면 다른 사람들의 성도 능히 다 알며 만물의 성도 능히 다 안다"고 하였으며, 《맹자孟子》에는 "그 심心을 다 아는 자는 그 성을 알며 그 성을 알면 그 천天을 안다"고 하였다.

성리학이란 원래 그 근본이 있는 것이다. 그러므로 옛날 학자들은 성性이 천天에 근본한 것을 알았고, 이理는 천에서부터 나온다는 것을 알았으며, 인륜人倫이 곧 달도達道(통달한 도)라는 것을 알았기 때문에 효제孝悌 충신忠信으로써 하늘을 섬기는 근본을 삼았고, 예악禮樂 형정刑政으로써 정치하는 도구를 삼았으며, 성의誠意 정심正心으로써 천天과 인人의 추축樞軸(관건)을 삼았다. 그것을 이름한 것이 인仁이며, 그것을 행하는 것이 서恕며, 그것을 베푸는 것이 경敬이며, 그것을 스스로 잡고 불편부당不偏不黨하며 과불급過不及함이 없는 것을 중화中和의 용庸이라고 한다. 이와 같을 뿐이고 많은 말이 필요 없다. 아무리 많은 말을 해도 이는 이미 한 말을 되풀이하는 것일 뿐이고 다른 말은 아닐 것이다.

그런데 지금 성리학을 한다는 자들은 이理니 기氣니 성性이니 정情이니 체體니 용用이니 본연本然·기질氣質이니 이발理發·기발氣發이니 단지單指·겸지兼指니 이동理同·기동氣同이니 심선무악心善無惡이니 심선유악心善有惡이니 하여 세 줄기, 다섯 아귀로 천 가지, 만 잎사귀로 터럭을 나누고 실오리를 쪼개면서, 서로 꾸짖고 야단하며 눈을 감고 생각하며 기를 쓰고 팟대를 올려 천하에 오묘한 것은 자기가 다 안다고 한다. 동쪽으로 받고 서쪽으로 부딪치며 꼬리를 잡고 머리를 벗겨서, 문마다 한 기치를 세우고 집마다 한 진터(보루)를 쌓아서, 당대에는 그 송사를 결말짓지 못하고 자손들까지 그 원수를 풀지 못한다. 자기편에 들어오는 자는 주인으로 삼고 나가는 자는 종[奴]으로 여기며, 자기와 같은 자는 받들고 다른 자는 공격해서 오직 자기의 주장만이 가장 정당하다고 하니, 이러한 것은 학문과는 거리가 먼 행동이다.

예禮라고 하는 것은 효제 충신의 행동을 절차 있게 한 것임을 알지 못하고, "명물名物 도수度數는 도道의 끝이라"고 하며, "변두籩豆(제사 용기用器)의 일은 유사有司만이 하는 것이다"고 한다.

악樂이라는 것은 효제 충신의 행동을 더욱 고무하는 것임을 알지 못하고, "영가무도詠歌舞蹈(노래하고 춤추는 것)는 학문과는 딴것이라"고 하며, "음악은 다만 종고鐘鼓를 말할 뿐이다"고 한다.

형정刑政이라는 것은 효제 충신의 행동을 도와주는 것임을 알지 못하고, "형명刑名 공리功利의 학은 성문聖門에서는 취하지 않는 바이라"고 한다.

위의威儀라는 것은 효제 충신의 행동을 유지하도록 하는 것이다. 그러므로 제사를 행할 때와 손님을 맞을 때와, 혹은 조정朝廷에서와 군대에서, 혹은 평상시와 부모상을 당하였을 때 각각 모든 형식들이 서로 다른 것을 알지 못하고, 다만 '꿇어앉을 궤跪' 한 글자로 예의 전부를 당하려고 하니, 이른바 3백, 3천의 허다한 예절을 '꿇어앉을 궤' 한 글자로 어찌 총괄할 수 있겠는가?

옛날에는 도를 배우는 사람을 선비[士]라고 하였는데, 선비라는 것은 국가를 위해 일하는 사람을 가리킨다.[1] 그러므로 선비는 위로는 공경이 되고 아래로는 대부가 되어 국왕을 섬기고 인민에게 혜택을 주어야 하는 것이다. 그리고 백이伯夷·숙제叔齊와 우중虞仲·이일夷逸과 같은 경우를 제외하고는 세상을 떠나 숨어 버리지 아니한다. 그런 까닭에 '궁벽한 이치를 캐내고 괴이한 행동을 하는 것(索隱行怪)'을 성인은 항상 경계한 바 있었다.

그러나 지금 성리학을 한다는 자들은 으레 은일隱逸로써 자처한다. 비록 그가 대대로 재상집으로 국가와 운명을 같이 해야 할 처지임에도 불구하고 국가를 위해 일하지 않으며, 비록 조정에서 삼징칠벽三徵七辟[2]으로 초빙하는 예절이 극진하다 하더라도 국가를 위해 나서서 일하려고 하지 않는다.

서울에서 생장한 사람들은 성리학을 배우면 문득 산으로 들어가서 산림山林이라 자칭한다. 이런 사람들이 벼슬을 한다면 오직 경연經筵(임금 앞에서 경서를 강론하는 곳)에서 강관講官 노릇을 하거나 춘방春坊(세자시강원)에서 세자를 보좌하는 직무를 맡아서 글귀 해석이나 하여 주는 것으로써 만족해한다.

---

1) 전서 원문에는 '士也者仕也(선비라는 것은 벼슬아치이다)'로 되어 있다.
2) 삼징칠벽三徵七辟 : 세상을 피하여 숨어서 사는 선비를 관직에 임명하려고 조정이나 지방 관아에서 부르던 일. 삼징은 임금이 세 번 부르는 것이고, 칠벽은 주군州郡에서 일곱 번 부르는 것이다.

이런 사람들에게 만일 국가로부터 재정·군사·재판·외교 중 그 어느 하나라도 책임 지우면 그들은 문득 떠들고 일어나서 "유현儒賢을 이리도 홀대할 수 있는가!" 하고 야단스럽게 시비한다.

만약 이러한 논법으로 미루어 본다면 옛날 주공周公(중국 고대 주나라 문왕의 아들)은 태재太宰(주나라 정승)를 하지 않았을 것이고, 공자孔子는 사구司寇(사법관)를 하지 않았을 것이고, 자로子路(공자 제자)는 절옥折獄(재판)을 할 수 없었을 것이고, 공서화公西華(공자 제자)는 빈객賓客(외국 손님을 접대하는 벼슬)을 할 수 없었을 것이다.

성인이 이런 사람들을 가르쳐서 장차 무엇을 맡길 것이며, 국왕이 이런 사람들을 데려와서 장차 무엇에 쓰겠는가? 그러나 이런 사람들이 자기를 글로 표시할 때는 으레 "나는 주자朱子를 배우며 존숭한다"고 한다.

아, 주자가 어찌 이렇게 하였는가? 주자는 육경六經을 연구하여 참과 거짓을 분별하였고, 사서四書를 주석하여 심오한 것까지 보여주었다. 또 그는 들어가서 관각館閣(언론과 학문을 맡은 관청)에 벼슬할 때는 바른 말과 격렬한 논쟁으로 사생을 돌아봄이 없이 제왕의 과오를 정면으로 공격하였고, 권신들의 꺼림을 무릅쓰면서도 천하의 대세를 논술하였다.

어찌 그뿐이었을까? 그는 군사에 대해서 원수를 갚고 수치를 씻어 대의를 천추에 바로잡으라고 하였으며, 또 지방관이 되어서는 인민들에게 부역을 공평히 배정하며 기근과 질병이 없도록 하였다. 이와 같이 주자에게 있어서는 큰 강령과 세밀한 조목이 족히 나라의 정치에 실시할 수 있었으며, 부르면 오고 버리면 그만 물러가되 항상 국가를 사랑하여 잊어버리지 않았다. 주자가 어디

지금 학자들처럼 그렇게 하였던가?

아, 지금 속학俗學에 빠진 자들은 은근히 주자를 끄집어 당겨서 자기를 변명하려고 하지마는, 이는 모두 주자를 속이는 것밖에 안 된다. 주자가 어찌 그렇게 하였던가? 이런 사람들이 그 체면을 차리고 그 행동을 가다듬는 것은 비록 방종하고 음탕한 자들보다는 낫다고 할 수 있으나, 빈속에 자고자대自高自大만 하고 있으니 요堯·순舜·주공周公·공자孔子의 도道로 같이 돌아갈 수 없는 것은 지금의 성리학이다.

2

훈고학訓詁學은 옛날 경전經傳 가운데에 문자와 문구의 정의들을 정확히 해석함으로써 그것이 담고 있는 도道의 기본 내용을 옳게 이해하며 그를 실천하자는 것이다.

진秦나라 시황始皇이 경전을 불태운 이후로 그 진리를 직접 가르치고 계승하는 전통이 중단되지 않을 수 없었다. 그 후 한무제漢武帝 때에 와서 오경五經(주역·서경·시경·춘추·예기)을 비로소 관학官學(국가에서 설치한 교육기관)에서 가르치게 되었다. 그리하여 유학의 문호門戸가 일어서고 학파가 나뉘어서 위魏·진晉 시대까지 저명한 선비들을 배출하게 되었다. 특히 공영달孔穎達[3]과 가공언賈公彦[4] 같은 사람들이 경전의 주석을 많이 하였으므로 당시 사람들이 그들을

---

[3] 공영달孔穎達(574~648) : 당나라 초기의 유학자. 당태종의 명으로 오경 주석서인 《오경정의五經正義》를 편찬하였는데, 당시 과거 시험의 교과서가 되었다.
[4] 가공언賈公彦(?~?) : 예학에 정통하여 공영달 등과 《예기정의禮記正義》 편찬에 참여하였고, 《주례의소周禮義疏》, 《의례의소儀禮義疏》 등을 남겼다.

모두 다 스승으로 섬겨 성황을 이루었다. 그러나 그 사람들이 만든 주석들이 반드시 정의에 모두 다 맞는 것은 아니었고, 비록 부분적으로 정의에 맞았다 하더라도 문자의 뜻이나 밝히고 문구의 구절이나 적당하게 하였을 뿐이며, 성인들의 도의 기본 진리에 대해서는 그 심오한 것을 탐구하고 소급하지는 못하였다.

주자가 이러한 것을 근심하여 한漢·위魏 선비들이 주석한 것과는 다른 각도에서 그 정의를 탐구하여 집전集傳·본의本義와 집주集注· 장구章句5) 등을 만들었으니, 도를 중흥시킨 그 거대한 공로는 또한 한나라 선비들에게 비교할 바가 아니었다. 지금 배우는 사람들은 한나라 선비들의 주해를 참고로 하여 자구를 해석하고 주자의 집전을 기본으로 하여 그 정의를 찾은 다음 그 옳고 그른 것과 맞고 안 맞는 것은 경전經傳의 원문을 표준으로 한다면, 육경과 사서의 기본 정의와 진리가 서로 말미암아 발견되므로 처음에는 의심나는 것 같지만 마침내 정확해지고, 처음에는 방황하는 것 같으나 마침 내 바로 이해하게 된다. 그런 후에 자신이 직접 실천하고 실천에서 경험을 얻어, 아래로는 수신修身 제가齊家로부터 국가를 다스리는 것과 위로는 천덕天德에 통달하고 천명天命에 돌아가는 것까지 한다면, 이것이 옳은 학문이라고 할 수 있다.

그러나 지금 이른바 훈고학이란 것은 말로는 한漢나라와 송宋나라를 절충하였다고 하나, 실상인즉 한나라 훈고학을 주로 하였을 뿐이며, 궁宮자와 실室자의 같고 다른 것과 충蟲자와 어魚자의 같고

---

5) 집전은 《시경집전詩經集傳》이고, 본의는 《역경본의易經本義》이고, 집주는 《논어집주論語集注》와 《맹자집주孟子集注》이고, 장구는 《대학장구大學章 句》와 《중용장구中庸章句》이다.

다른 것을 고증함으로써 글자나 통하고 구절이나 떼는 것뿐이다. 그 반면에 그들은 성명性命의 원리와 효제孝悌의 교양과 예악禮樂 형정刑政의 조문에 대해서는 실로 어두워 알지 못하고 있다.

물론 송나라 선비들이 주석한 것도 반드시 다 옳은 것은 아니지만, 그것을 몸소 실천하려고 한 것만은 틀림없다. 그런데 지금 학자들은 어떠한가? 그들은 다만 그 문자와 구절의 다르고 같은 연혁이나 고찰할 뿐이며, 그 내용에 있어서 옳고 그른 것과 바르고 바르지 않은 것을 분간하고 갈라내서 실천하는 방법을 강구하지 않으니, 이것은 무슨 까닭인가?

옛날에는 학문을 하는 데 다음과 같은 다섯 가지—즉 박학博學·심문審問·신사愼思·명변明辨·독행篤行6) 등을 다 같이 하였다. 그러나 지금 학문을 하는 사람들은 첫째로 박학 한 가지에만 힘쓸 뿐, 심문 이하는 돌아보지도 않는다. 대체로 한나라 선비들의 학설이라면 그 요령도 묻지 않고 그 결과도 보지 않으며, 가깝게는 마음을 반성하여 성품을 닦는 것에 관심하지 않고, 멀리는 세상에 도움을 주고 백성들에게 유익한 것은 유의하지도 않으면서, 오직 많이 알고 힘써 기억하는 것과 큰 소리로 호기스럽게 변론하는 것 등으로 자고자대하고 자기도취하여 온 세상에 폐해를 주고 있다.

그 그릇된 정의와 부정확한 해설은 능히 많은 사람들에게 해독을 줄 것인데도, 듣는 사람들은 모두 다 용납하여 도리어 천하의 이치가 무궁한 것이라고 하니, 이는 성인들의 바른 말과 정당한 교훈을 모호하게 하고 나타나지 못하게 하는 것이다. 어찌 슬픈

---

6) 널리 배우고, 자세히 묻고, 신중히 생각하고, 분명하게 판별하고, 독실하게 행한다. 《중용》

일이 아닌가!

이와 같은 자들이 그 견문을 풍부히 하는 것은 좋은 일이다. 그러나 요·순·주공·공자의 도道로 같이 돌아갈 수 없는 것은 지금의 훈고학이다.

3

지금의 문장학이란 우리 도道에 대한 큰 해독이다.

대체 문장이란 것은 무엇인가? 문장이 어찌 허공에 걸려 있거나 땅에 펼쳐져 있어 바람을 좇아 붙들 수 있을 것인가?

옛날 사람은 마음으로 중화中和의 덕을 닦고 몸으로 충신忠信한 행동을 실천하며, 시서詩書와 예악禮樂으로 그 기본을 북돋우고 《춘추春秋》와 《주역周易》으로 그 사변事變들을 분석하여, 천지의 진리에 능통하고 만물의 실정을 두루 알았다. 그리하여 그 지식이 자기 마음 가운데에 쌓여 있는 것이 마치 땅이 온갖 물체를 싣고 바다가 온갖 물건을 포괄하며 구름이 울결하고 우레가 서린 듯하여 마침내 담아 둘래야 담아 둘 수가 없었다. 그러한 연후에 외계의 사물이 감촉을 주며 흔들고 격동하면, 자기 내부로부터 외부에 발표되는 것이 큰 물결치듯이 호탕하며 번갯빛처럼 휘황찬란하여, 가까이는 사람을 감동할 수 있으며 멀리는 천지를 움직이고 귀신을 느끼게 할 수 있다. 이것이 참으로 문장이다. 문장은 외부에서 구할 수 없다.[7]

---

[7] 이러한 생각은 다산에 의해 처음으로 이루어진 것이 아니다. 《논어》에 '유덕자 필유언有德者必有言'이라 하여 실마리가 보이는데, 정이程頤는 이를 다음과 같

그런 까닭에 천지간에 있는 문장 가운데 그 정미하면서도 교묘한 것은 《주역周易》이며, 부드러우면서도 격절激切한 것은 《시경詩經》이며, 전아典雅하고 치밀한 것은 《서경書經》이며, 상세하나 문란하지 않은 것은 《예기禮記》이며, 조문條文이 분명하여 섞을 수 없는 것은 《주례周禮》이며, 크고 기이하고 호흡을 마음대로 하여 어떠한 힘으로도 능히 그것을 굴복시킬 수 없는 것은 《춘추좌전春秋左傳》이며, 명철하고 통달하여 티끌이 없는 것은 《논어論語》이며, 성性과 도道의 본체를 참으로 알아서 조리 있게 분석한 것은 《맹자孟子》이며, 심각하고 오묘한 것은 《노자老子》이다.

그 후부터 내려오면서 문장은 순진한 것이 적다.

사마천司馬遷은 기이한 것을 좋아하고 협기俠氣를 숭상해서 스스로 예의로부터 벗어났으며, 양웅揚雄은 도를 알지 못하였고, 유향劉向은 참위讖緯(예언하는 것)에 빠졌고, 사마상여司馬相如는 배우와 같이 자기 재간을 자랑만 하였다. 그 후부터 내려오면서 문장은 더욱 깨뜨려지고 부서지고 흩어지고 물커져서[8] 논평할 만한 것이 없다.

한유韓愈와 류종원柳宗元이 비록 문장을 중흥시킨 조상이라고 말하나, 사실인즉 그런 것이 아니다. 그들이 이른바 중흥시킨 문장은 먼저 그 내적 조건인 지식의 축적과 진리의 파악에 의하여 발현된

___

이 풀이하였다. "공자의 이른바 '유덕자필유언'은 무슨 뜻인가? 화순함이 속에 축적되면 아름다운 꽃으로 밖에 나타난다는 것이다. 그러므로 (안에 덕이 충실하면) 말하고 행동하매 절로 문장이 이루어진다(孔子曰 有德者必有言 何也 和順積於中 英華發於外也 故言則成文 動則成章)."《二程遺書》권25; 김홍규, 〈다산의 문학론에 있어서의 도道와 문文〉,《현상과 인식》5호(1978), p91 재인용.

8) 물커지다 : '물크러지다(너무 물러서 본 모양이 없어지도록 헤어지다)'의 준말.

것이 아니라 외부로부터 억지로 형식만 추구하여 모두 대가로 자처하였으니, 이것이 어찌 옛날 이른바 문장과 같은 것일까?

한[韓愈]·류[柳宗元]·구[歐陽脩]·소[蘇軾]9)가 지은 이른바 서序·기記 등 많은 작품들은 모두 화려한 겉치레만 하고 진실한 내용이 없으며 기이하되 바르지 못하므로 어린 사람들이 그 글을 읽으면 좋다는 기쁜 느낌을 가질 수 있다. 하지만, 그것으로는 집에 들어서는 몸을 닦고 어버이를 섬길 수 없으며, 밖에 나가서는 임금을 바로잡고 인민을 다스리지 못하므로 종신토록 읽고 외우기에 전력을 다하더라도 결국은 아무 쓸모가 없고 천하와 국가를 위해서 아무런 도움을 주지 못하게 되니, 이는 우리 도에 대한 계심이10)와 같은 것이다. 이것은 그 해독이 양[楊朱]·묵[墨翟]·노[老子]11)·불[佛敎] 보다 심한 것이 있으니 그것은 무엇인가? 양주·묵적·노자·불교는 비록 그 주장이 각각 다르다 하더라도, 요컨대 모두 자기를 이기고 욕심을 억제하며(克己斷慾) 선한 일을 행하고 악한 일을 버리자고(爲善去惡) 하는 것이다. 그러나 저 한유·류종원·구양수·소식 같은 사람들은 그들이 자칭하는 바와 마찬가지로 오직 문장뿐이다. 그들이 말하는 그러한 이른바 문장으로써 어찌 인간 생활의 직분을 다

---

9) 한유·류종원·구양수·소식. 이들은 당나라와 송나라 때 문장가로 이름이 높았으며 모두 당·송 8대가에 들어 있다.
10) 계심이 : 게심이. 모적蟊蠈(해충·벼멸구).
11) 양주楊朱(BCE440?~BCE360?) : 전국 시기 사람으로 그의 학설은 유교와 다르고 묵자墨子와도 다르다. 그의 저서는 후세에 전한 것이 없고 오직 열자列子 중에 그 학설의 내용이 기재되어 있는데, 그는 극단적 이기주의자로 전한다.
　묵적墨翟(BCE480?~BCE390?) : 묵자墨子. 전국 시기 송나라 사람으로 겸애兼愛의 학설을 주장한바, 양주와 유교 학설과는 다르며 유물주의 경향이 있다.
　노자老子(BCE571?~BCE471?) : 춘추 시기 사람으로 도교道敎 학설의 창시자. 저서로《노자》상·하편이 있다.

할 수 있겠는가? 이것은 온 천하 사람들로 하여금 가무歌舞와 향락에만 도취하도록 하고 방랑하며 우울한 것만 일삼아, 자기 생활의 기본과 인민과 국가를 위하여 노력할 것을 막연히 잊어버리게 하는 것이다. 이것이 어찌 성인이 취할 바이랴?

지금의 이른바 문장학이란 것은 또 저 네 사람(한·류·구·소)의 문장도 오히려 싱겁고 맛이 없다고 하며, 나관중羅貫中·시내암施耐菴·김성탄金聖嘆·곽청라郭青螺를 신처럼 받든다. 그리고 우동尤侗·전겸익錢謙益·원매袁枚·모신毛甡12) 등의 문학이 유교 같기도 하고 불교 같기도 하며, 간사하고 음란하고 속이고 괴이하여 일체 사람들의 이목을 현혹시키는 것을 목적으로 하는 자들―이런 자들을 쳐다보고 본받는다. 또 그들이 지은바 시詩와 사詞는 차고, 시고, 명랑하지 않고, 목멘 소리를 하며, 어긋나고, 비틀고, 험삽險澁하여, 한결같이 읽는 사람의 혼을 녹이고 창자를 끊어 놓고야 만다. 그들은 드디어 이것으로써 스스로 기뻐하고 스스로 높이어 장차 늙는 줄을 모르고 일생을 여기에서 도취하고 있으니, 우리 도에 대한 해독이 다만 한·류·구·소의 류가 아니다.

그들이 입으로는 비록 육경六經을 말하고 손으로는 비록 천고千古를 주무른다 하더라도, 요·순의 도道로 같이 돌아갈 수 없는 것은 지금의 문장학이다.

---

12) 나관중·시내암·김성탄·곽청라·우동·전겸익·원매·모신 등은 모두 명나라와 청나라 때 유명 문학가들이다. 다산은 이 사람들의 소설 작품이 부분적으로 감각주의에 치우쳐서 인민 교양에 있어 의의가 적다고 비판한 것이지, 저자 자신이 소설 문학 자체를 부인한 것은 아니다. 그런데 시내암·나관중은 그 당시 패관 소설 창작에서 일정한 역할을 하였으므로 지금은 긍정적 평가를 받고 있다(최익한). 그러니까 사실상 다산은 소설의 형상적 위력과 예술적 가치에 대해 매우 보수적인 입장을 취하였던 것이다(김진국, 앞의 책, p116, p267).

온 세상을 거느리고 온 천하를 몰아서 광대와 연극 놀음을 하게 하는 것은 과거학科擧學이다.

과거학을 하는 사람들은 입으로는 요·순·주공·공자의 서적을 읽고, 말로는 노자·불교·회교回教·황제교黃帝教를 배척하며, 시·례詩禮와 역사를 논평할 때는 천연하게13) 선비 의관을 갖춘 훌륭한 선비이다. 그러나 그 실상을 따지고 보면 문자나 도적질하고 문구나 훔치며 붉은 것이나 뽑고 푸른 것이나 빼내서14) 잠깐 남의 이목이나 현혹시키고 있다.

원래 요·순은 그의 사모하는 바도 아니고 노·불은 그의 싫어하는 바도 아니며, 마음과 행동을 닦는 방법은 묻지도 않고 국가와 인민에게 이익을 줄 것은 생각도 하지 않는다.

항우項羽와 패공沛公의 사적事績으로 글제를 내며,15) 경박하고 뒤틀어진 소리를 능사로 하며, 빈말을 토하고 거짓말을 늘어놓으며, 속임수를 부리고 허탄한 내용을 짜내서 자기가 가장 박식한 듯이 과장하며, 그날(과거보는 날) 하루 동안의 행운을 도박식으로 얻으려고 한다.

어떤 사람이 성리학을 하면 그들은 화를 내며 '괴이하다'고 하고, 어떤 사람이 훈고학을 하면 그들은 '괴벽하다'고 꾸짖는다.

또한 그들은 문장학을 하는 사람을 흘겨보지만, 그들 자신도 또

---

13) 천연하게 : 천연天然히(생긴 그대로 조금도 꾸밈이 없이).
14) 붉은 것이나 뽑고 푸른 것이나 빼내서 : 抽朱擢綠. '미사여구나 추려서'의 뜻.
15) 항우~내며 : 과거 보는 과문에 이런 소용없는 문제를 많이 내는 것을 지적한 것이다.

한 그와 꼭 같은 문장학을 하고 있다.

자기를 찬동하는 자는 그를 추켜세우고 자기를 헐뜯는 자는 그를 멸시하며, 과문에 공교한 자는 그를 신선과 같이 높이고 과문에 서투른 자는 그를 노예와 같이 천대한다.

그리하여 요행으로 과거에 합격하면 그의 아비는 효성 있는 아들이라 자랑하고 국왕은 어진 신하라고 칭찬하며, 친척들은 그를 사랑하고 친구들을 그를 존대한다.

이와 반대로 과거에 떨어진 자는 비록 그 행동이 증·미曾尾16)와 같고 지혜가 저·서樗犀17)와 같다 하더라도 모두 곤궁에 싸여서 비관과 여한餘恨을 품고 일생을 마친다. 아, 이것이 무슨 제도인가?

세상 사람들이 많다고 하지만, 그중에 학문을 이루고 정치를 지도할 자는 천 명, 백 명에 한 사람 정도이다. 이처럼 인재가 귀중하건마는 지금은 온 천하의 총명하고 재간 있는 인재를 모두 몰아 과거라는 절구통에 넣어 찧고 뚜드려서 오히려 덜 부서질까 두려워하니, 이 어찌 슬픈 일이 아닌가?

한번 과거학에 빠지기만 하면 예악도 소용없는 물건이고, 형정刑政도 잡된 일이라 하여 배우지 않는다. 이런 자들이 만약 지방

---

16) 증·미曾尾 : 증자曾子와 미생尾生. 증자는 춘추 때 사람으로 이름은 참參이고 공자의 제자이다. 효행이 지극하였고, 공자의 도를 계승해 《대학大學》과 《효경孝經》을 저작하였으며, 후에 아성亞聖이라 불렸다. 미생은 옛날에 신의가 있기로 유명한 사람인데, 한번은 어떤 여자와 다리 아래서 만날 것을 약속하고 가서 기다렸으나 그 여자가 오지 않으므로 다리 기둥을 안고 죽었다고 한다.

17) 저·서樗犀 : 저리자樗里子와 서수犀首. 저리자는 전국 시기 진秦나라 혜왕의 아우인데, 저리에 살았으므로 저리자라고 호를 하였다. 사람이 매우 지혜가 많았기에 진나라 사람들이 그를 '지낭智囊(지혜 주머니)'이라 하였다고 한다. 서수는 공손연公孫衍의 별명인데, 전국 시기 위魏나라 사람으로 종횡가縱橫家를 대표한다. 공손연이 위나라의 '서수'라는 관직을 맡았으므로 그리 불린 것이다.

관리로 나가면 실무에 전연 어두워서 문서 처리를 아전들의 지시대로만 따라 하고, 만약 중앙 정부에서 재정과 재판에 관한 직무를 맡게 된다면 허수아비처럼 앉아서 전례前例를 묻기에만 분주하다. 만약 전선에 나가서 전투 임무를 맡게 된다면 그는 "군사학은 배우지 않았다"고 자처하면서 다른 사람을 앞에 세운다. 이런 자들이 도대체 무슨 소용이 있겠는가?

일본은 해외의 작은 나라이지만, 우리와 같은 과거법이 없기 때문에 문학이 구이九夷[18]에서 뛰어나고 무력이 중국에 대항할 만하며 그 국가의 규모와 질서가 정연하여 문란하지 않으니, 어찌 이것이 현저한 효과가 아닌가?

지금 과거학은 더욱 쇠퇴하여 이른바 권력 있는 귀족 양반 자손들은 과거학을 직업으로 하지도 않는다. 다만 시골의 빈한한 선비들이 과문을 애써 공부해 가지고 응시하는 날에 시정市井 노예들을 데리고 접은 건巾과 짧은 저고리로 눈을 부릅뜨고 주먹을 뽐내면서 시험장에 먼저 들어가기를 경쟁한다. 그리하여 (시험지를 먼저 올리기 위해) 첨간簽竿[19]만 바라보며 서로 찌르고 방망이로 치기까지 한다. 그러나 급기야 합격자의 명단 발표를 보면 아직 입에 젖내 나는 세도가 자손으로 시해豕亥도 분간하지 못하는[20] 자들이 죄다 차지하기 일쑤니, 이는 과거학이 문란해졌음을 실증하는 것이다.

---

18) 구이九夷 : 옛날 중국에서 이르던 동방의 아홉 종족.

19) 첨간簽竿 : 바구니를 장대에 달아 놓은 것. 시험지를 여기에다 넣어야 채점관 앞으로 갈 수가 있었는데, 세도가 자제들이 무뢰배를 동원하여 자기 것만 넣고 다른 사람은 못 넣게 몽둥이질을 했다고 한다.

20) '돝시豕와 돝해亥 자도 분간하지 못한다'는 말은, '숙맥菽麥도 분간 못한다'는 속담과 비슷하며, '아무것도 사물을 분간할 줄 모른다'는 뜻이다.

만약 국왕이 이것을 알고 문란해진 것을 계기로 하여 과거 제도를 변경시킨다면 인민들에게 행복을 줄 것이고, 그렇게 하지 않는다면 과거학을 배우는 자들은 종시 요·순의 도道로 돌아갈 수 없는 것이다.

5

술수학術數學은 학문이 아니라 사람들을 미혹시키는 것이다.

그자들은 밤중에 일어나서 하늘을 쳐다보며 말하기를 "저 형혹성熒惑星21)이 심성心星22)을 지키고 있으니 간신奸臣들이 국왕의 세력을 끼고 국가를 모해하려고 하는 징후이며", "천랑성天狼星23)이 자미성紫微星24)을 범하고 있으니 내년에는 반드시 전쟁이 있을 징후이며", "세성歲星25)이 기성箕星26) 절반에 가서 있으니 우리나라에 크게 이로울 징후라"고 한다.

그러다가 그는 갑자기 탄식하는 소리로 도선道詵의 《비기祕記》(풍수설에 대한 책)와 《정감록鄭鑑錄》을 외우면서 말하기를 "아무 년에는 전쟁이 반드시 일어날 것이며", "아무 년에는 옥사獄事(검거 사건)가 반드시 일어나서 피가 냇물을 이루고 인종이 끊어질 것이니, 친척

---

21) 형혹성熒惑星 : 화성火星.
22) 심성心星 : 이십팔수의 다섯째 별자리에 있는 별들. 즉 전갈자리의 안타레스 Antares를 중심으로 하는 별들.
23) 천랑성天狼星 : 큰개자리의 별. 시리우스Sirius.
24) 자미성紫微星 : 큰곰자리 부근에 있는 자미원의 별 이름. 북두칠성의 동북쪽에 있는 15개의 별 가운데 하나로, 중국 천자의 운명과 관련된다고 한다.
25) 세성歲星 : 목성木星.
26) 기성箕星 : 이십팔수의 일곱째 별자리의 별들. 네 개의 별이 사다리꼴로 배열되어 마치 키처럼 보인다.

들에게 권하여 토지와 가옥을 팔고 조상 분묘도 버리며 깊은 산 호랑이 굴속에 들어가서 그 난을 대피하라"고 한다. (……)

그러다가 또 그는 갑자기 보따리를 풀고 묘지 그림 세 폭을 보이면서 말하기를 "하나는 옥황상제가 조회朝會 받는 형국이고, 하나는 신선이 학鶴을 타는 형국이며, 하나는 목마른 말이 냇물로 달려가는 형국이다. 다른 사람은 모두 모르고 자기 혼자만이 그 혈穴과 좌향坐向을 알고 있는데, 이곳에 장사 지내기만 하면 자손이 길운吉運을 받을 것이라"고 한다.

그러다가 날이 밝으매 그는 의관을 정제하고 꿇어앉아 <태극도太極圖>, <하도河圖>, <낙서洛書>, 구궁九宮27)의 술법을 토론하며, 이기理氣의 선악善惡과 동이同異의 학설을 변론하는 모양은 엄연히 성리학을 하는 선생이었다.

아! 헛이름을 도적질하고 높은 인망을 걸머지면서 많은 우매한 사람들을 모두 자기에게로 모여들도록 하는 자들은 다 이런 선생과 같은 자들이다.

만약 참되고 바르며 거짓 없는 선비가 있어 선왕의 도를 밝히고 효제와 충신을 근본으로 삼으며 예악과 형정을 연구하려고 하면, 술수학자들은 비웃기를 "저자는 내일 일도 알지 못하고 불붙는 섶 위에 앉아서 시례詩禮만 이야기하려고 하니, 어찌 우리들의 좌석에

---

27) <태극도太極圖>는 북송의 주돈이周敦頤가 그린 그림. 우주의 근본인 태극이 음양을 낳고, 음양이 오행五行으로 분화하며, 오행의 정精이 응결하여 만물을 만든다는 원리가 제시되어 있다. <하도河圖>는 복희씨伏羲氏 때 황하黃河에서 용마龍馬가 등에 지고 나왔다는 팔괘의 근원이 되는 그림. <낙서洛書>는 우왕禹王이 홍수를 다스릴 때 낙수洛水에서 나온 신귀神龜의 등에 쓰여 있었다는 글. '구궁九宮'은 <낙서>에서 발전한 아홉 방위의 자리. 음양가陰陽家들이 이를 가지고 길흉화복을 판단하였다.

참례할 수 있겠는가?"고 한다.

성인은 조박槽粕[28]으로 천하 사람들에게 보이면서 그 심오한 내용은 각자가 이해하도록 하였다. 그러므로 공자가 《주역周易》 〈계사전繫辭傳〉을 저작하고 주자가 《참동계參同契》를 주해하였으나 후인들은 그 뜻을 알지 못하였다. 저 어리석고 못생긴 자들은 저것(술수학)만 숭상하고 이것(옳은 학문)은 낮게 취급하여 날마다 어둡고 그릇된 곳으로 흘러 들어가고 있으니, 누가 이것을 금할 수가 있겠는가?

천문天文 오행五行의 기록은 여러 시대를 내려오면서 부회附會되었으나 하나도 맞는 것이 없다. 별의 운행은 모두 다 자기 궤도에 의한 것인데 무슨 의혹이 있을 것인가?

중국 북경 시가에서 요술을 파는 사람들이 한두 푼의 은전만 받으면 그 재간을 보인다는데 북경 왕래하는 통역관들이 해마다 구경하고 와서 사람들에게 자세히 말하여 주고 있다. 그런데 무슨 의혹이 있을 것인가?

서건학徐乾學은 자기 부친을 장사 지내는데 풍수설을 배척한 바 있었다. 풍수설이 허황한 것은 확실한 사실인데 무슨 의혹이 있을 것인가?

이렇게 미루어 본다면 점占치는 것, 상相보는 것, 점성술占星術 같은 것들은 모두 사람들을 현혹시키는 것이지 학문이 아니다.

옛날 요堯와 같은 성인도 능히 미래를 예견할 수 없었기 때문에 곤鯀[29]에게 정치를 맡겼다가 실패를 하였고, 순舜 같은 성인도 미

---

28) 조박槽粕 : 술찌꺼기라는 뜻으로 옛사람이 남긴 글을 가리킨다.
29) 곤鯀 : 요의 신하이자 우禹의 아비인데 나중에 사흉四凶의 하나가 되었다.

래를 예견할 수 없었기 때문에 남방에 순시하러 갔다가 창오산蒼梧山30)에서 죽었고, 주공周公도 능히 미래를 예견할 수 없었기 때문에 관숙管叔31)으로 하여금 은殷나라를 감시하도록 하였고, 공자도 미래를 예견할 수 없었기 때문에 광匡 땅에서 살해를 당할 뻔하였다. 그런데 지금 사람들은 미래를 예견하지 못하는 것을 크게 근심하여 기필코 미래를 예견하는 사람을 만나서 같이 가려고 하니, 이것이 미혹이 아니고 무엇이겠는가?

저 술수하는 자들은 마술을 일삼고 괴이한 것만 좋아하여 은연중에 자기를 예견하는 성인으로 자처하지만, 또한 그것이 수치스러운 일인 줄은 알지 못하고 있다. 어떻게 이런 자들과 같이 요·순의 도道로 돌아갈 수 있겠는가?

이상에서 열거한 다섯 가지 학이 지금 이와 같이 성행하고 있으므로 주공과 공자의 도는 점점 희미해진다. 장차 누가 이것을 바로잡을 것인가?

[해제]
다산은 공리공담만 일삼는 성리학, 자구 해석에만 매달리는 훈고학, 화려한 겉치레만 하는 문장학, 미사여구나 추려내는 과거학, 미리 안다고 현혹하는 술수학 등 다섯 가지 학의 폐해를 전면적으로 비판하면서, 말끝마다 이런 자들과는 '요순의 도'로 함께 돌아갈 수 없다고 단언하였다. 그는 중국 성인에 대한 사대주의에 철저히 함몰되어 효제충신·예악형정 등을 강조한바, 이후 모든 그의 유교 연구는 복고적 보수성 밑으로 굴러떨어지고 말았다.

---

30) 창오산蒼梧山 : 호남성湖南省 영원현寧遠懸 경계에 있는 산. 이 산기슭에 순舜을 장사 지냈다고 한다.
31) 관숙管叔 : 주공의 형으로서 나중에 반란을 일으켰다가 주공에게 피살되었다.

민권 옹호론湯論

탕湯[1]이 걸桀을 방축한 것은 옳은 일이었던가? 이는 신하로서 임금을 친 것인데 옳은 일이었던가?

이런 것은 그전부터 이미 행해온 일이요, 탕이 처음으로 한 것은 아니었다. 신농씨神農氏[2] 시대의 말경에 임금이 덕을 지키지 못하매 제후들이 통제를 잃고 서로 난을 일으켰다. 그래서 황제黃帝[3]는 병기 사용하는 방법을 연습하여 불순한 자들을 쳐서 제압하니, 제후들이 모두 황제를 지지하므로 황제는 신농씨와 판천阪泉의 들에서 세 번 싸워 이기고 신농씨를 대신하여 임금이 되었다(《사기史記》〈오제본기五帝本紀〉에 보인다—원주). 신하로서 임금을 친 것은 탕 이전에 황제가 이미 행하였으니, 신하가 임금을 친 사실로써 죄악이라고 한다면 황제가 마땅히 수범이 될 것이다. 탕을 탓할 이유가 어디에 있겠는가?

대체 천자天子는 어째서 있게 되었는가? 하늘에서 비처럼 내려와서 천자가 되었는가? 그렇지 않으면 땅에서 샘물처럼 솟아나서 천자가 되었는가?

5가家가 1린鄰이 되는데 5가의 추대를 받은 자는 인장鄰長이 될 것이며, 5린이 1리里가 되는데 5린의 추대를 받은 자는 이장里長이 될 것이며, 5비鄙가 1현縣이 되는데 5비의 추대를 받은 자는 현장

---

1) 탕蕩 : 기원전 18세기 하夏 왕조의 제후의 하나로 하 왕조 끝의 임금인 걸桀이란 폭군을 쳐서 이기고 은殷이란 왕조를 창건하였다.
2), 3) 신농씨神農氏와 황제黃帝는 중국 상고 시대 전설적 군주다.

縣長이 될 것이며, 여러 현장들의 공동 추대를 받은 자는 제후諸侯가 될 것이며, 여러 제후들의 추대를 받은 자는 천자가 될 것이므로, 천자란 것은 군중의 추대에 의하여 되는 것이다.

무릇 군중의 추천으로 윗사람이 될진댄 또한 군중이 추천하지 아니하면 윗사람이 될 수 없는 것이다. 그러므로 그가 한 번 추천되어 어른이 되었더라도 그의 행동을 5가가 찬동하지 않으면 5가가 회의하여 인장을 개선하고, 5린이 찬동하지 않으면 25가가 회의하여 이장을 개선하며, 구후九侯·팔백八伯4)이 찬동하지 않으면 구후·팔백이 회의하여 천자를 개선한다. 구후·팔백이 천자를 개선하는 것은 5가가 인장을 개선하는 것이나 25가가 이장을 개선하는 것과 마찬가지니, 누가 이것을 신하가 임금을 정벌하는 것이라고 말하겠는가?

천자의 덕이 없어서 교체를 당하면 군중은 그로 하여금 천자가 되지 못하게 할 뿐이지, 제후의 지위로 내려오는 것은 허락할 수 있다. 예를 들면 당요唐堯의 아들 단주丹朱가 당후唐侯였고 우순虞舜의 아들 상균商均이 우후虞侯였고 하우夏禹의 후손 기자杞子가 하후夏侯였고 은탕殷湯의 후손 송공宋公이 은후殷侯였던 것이다. 천자의 지위에서 방축되어 제후의 반열에도 서지 못하게 된 것은, 진秦나라가 주周나라를 멸하고부터 시작되었다. 그래서 진나라의 계통이 끊어져 제후로 되지 못하였고, 그다음 한漢나라의 계통도 끊어져 제후로 되지 못하였다. 사람들은 후대 왕조가 전대 왕조의 계통을

---

4) 구후九侯·팔백八伯 : 후는 제왕의 밑에 예속된 소국의 군주였고, 백은 역시 제왕의 밑에서 몇 지역으로 나누어서 군소 제후들을 감독하는 자였다. 구후·팔백은 여러 제후와 백들을 통칭한 것이지, 꼭 9와 8에 제한된 수는 아니다.

절멸하고 제후로도 허용하지 않은 것을 보고 문득 말하기를, "천자를 친 자는 모두 어질지 않다"고 하니, 이것이 어찌 사실 본질을 이해하는 평론이겠는가?

64명으로 조직된 한 무대舞隊가 춤을 추는데 그들은 자기 대열 중에서 재능 있는 한 사람을 선택하여 새깃 깃대[羽葆]5)를 잡고 첫머리에 서서 춤을 지휘하게 한다. 그가 만일 절차에 맞게 춤을 지휘하면 무대의 군중은 그를 존경하여 '우리 무사舞師'라고 부르지만, 그가 만일 절차에 맞게 지휘하지 못하면 무대의 군중은 그를 무사의 지위로부터 붙잡아 내리어 군중의 대열에 도로 세우고 다시 다른 재능 있는 자를 자기들 중에서 선택하여 무사의 지위에 올려 세워 '우리 무사'라고 부른다. 붙잡아 내리는 것도 군중이요 올려 세우는 것도 군중이니, 군중이 그를 올려 세워서 전자를 대신하게 한 이상 그 대신한 자를 참람하다고 죄책한다면, 그것이 어찌 타당하겠는가?

한나라 이후부터는 천자가 제후를 세우고 제후가 현장을 세우며 현장이 이장을 세우게 되었다. 그래서 아랫사람으로서 감히 윗사람에게 공순하지 아니하면 그것을 '반역'이라고 명칭한다. 어째서 '반역'이라고 하는가? 옛날에는 정치가 아래에서 위로(下而上) 하였기 때문에 아래에서 위로가 순서로 되었으나, 지금은 그와 정반대로 정치가 위에서 아래로(上而下) 하기 때문에 아래에서 위로가 '반역'으로 되어 있다.

---

5) 우보羽葆 : 우보당羽葆幢. 새의 깃으로 장식한 기旗 또는 일산日傘.《예기禮記》
　〈잡기雜記·하〉

그러므로 왕망王莽·조조曹操·사마의司馬懿·유유劉裕·소연蕭衍6) 등
은 위에서 아래로의 그 시대 윤리에 의하여 역적으로 규정되었고,
무왕武王7)·탕湯·황제黃帝 등은 아래에서 위로의 그 시대 윤리에 의
하여 현명하고 성스러운 제왕으로 인정되었던 것이다. 세상 사람
들은 이러한 변천들을 이해하지 못하고 제멋대로 탕과 무왕을 (신
하로서 임금을 쳤다는 이유로) 요·순보다 낮게 평가하려 하니, 이것이
어찌 옛날과 지금의 역사적 변천을 통달한 사람이랴! 장자莊子는
"쓰르라미가 봄과 가을을 알지 못한다(蟪蛄不知春秋)"8)고 하였다.

[해제]
이 논문은 〈원목原牧〉이란 논문의 자매편으로, 작자의 정치 철학에 있어 인
민의 정치적 권리를 옹호하는 탁월한 진보적 견해이다. 그의 논지에 의하면
신하로서 임금을 정벌한 것은 은탕殷湯이 창시한 것이 아니라 그보다 훨씬
옛 시대 황제黃帝까지 소급할 수 있으니, 만일 신하로서 임금을 정벌한 것이
죄악이라고 한다면 탕보다 먼저 황제를 반역의 수범으로 규정해야만 될 것

---

6) 왕망王莽(BCE45~CE23) : 1세기 초에 서한西漢 왕조의 왕위를 빼앗고 15년간
   신新이란 왕조를 세웠다가 멸망하였다.
   조조曹操(155~220) : 3세기 초에 동한東漢의 권신으로 한 왕조를 대신하여 위
   魏라는 왕조의 기초를 수립하였다.
   사마의司馬懿(179~251) : 3세기 상반경에 위魏의 권신으로 진晉 왕조의 기초
   를 수립하였다.
   유유劉裕(363~422) : 남조南朝의 송무제宋武帝인데 5세기 초에 동진東晉의 권
   신으로서 임금을 죽이고 송 왕조를 열었다.
   소연蕭衍(464~549) : 남조의 양무제梁武帝인데 제齊 왕조의 동족으로서 제 왕
   을 죽이고 양 왕조를 수립하였다.
7) 무왕武王(?~?) : 본래 은殷 왕조의 제후의 하나로서 기원전 1134년에 은 왕조
   끝의 임금 주紂라는 폭군을 치고 주周 왕조를 수립하였다.
8) 《장자》 내편 〈소요유逍遙遊〉에 나온다. 여름 한 철만 사는 쓰르라미가 꽃 피
   는 봄과 낙엽 지는 가을을 모르듯이, 고루한 속학자들도 고금의 변화를 깨닫지
   못한다는 말.

인데, 종래 학자들이 전자만 말하고 후자는 불문에 부치는 것은 무슨 일이냐 하여, 속류 이론가들의 편견과 무지를 냉소하였다. 그러나 그는 신농·황제의 중국 상고 전설을 역사적 사실로 인용하였다.

그는 중세기 지배 계급의 철칙 같은 도그마인 왕권신수설王權神授說과 관주민노官主民奴 사상을 타파하기 위하여 <원목> 논문에서 제창한 "황제가 이 장에서 기원하였다"는 명제를 다시 설명한바, 천자란 하늘에서 뚝 떨어지고 땅에서 솟아오른 이상한 종자가 아니라 인민의 손에 의하여 임명되고 파면되는 범상한 종자란 것과 군신의 명분도 고정불변하지 않다는 것을 대담하게 입론하였다.

그러나 작자는 민권 시대가 군권 시대로 교체하는 과정에 대하여 그 사회의 물질적 근거를 규명하지 못하고, 단순히 역사의 우연적 계기로만 이해하였다. 그는 동시대 다른 나라 이성주의자들과 마찬가지로 국가를 지배 계급의 권력 기관으로 보지 못하고, 그것이 원시 사회와 함께 성립한 이상적 기구로 출발하였으나 어느덧 개인 강자의 우연한 비이성적 조작에 의하여 소수 지배 계급의 권력 기구로 전락해 버린 것으로 이해하였다. 즉 그는 국가가 없던 사회를 정당한 국가로 보고 국가가 있는 사회를 도리어 부정당한 국가로 보았던 것이다. 레닌은 자기 노작 《국가와 혁명》에서 "국가는 계급적 모순의 불상용성의 산물이며 표현이다. 국가는 계급적 모순이 객관적으로 조화되기 불가능한 그러한 정도에서 발생한다"고 가르쳤다. 이상가들의 비위에 가장 적합지 않게 군주의 전제專制가 민중의 협의제를 압살하는 권력의 종복들로 충만해 있는 그 시대가, 도리어 필연성을 가지고 전성全盛하는 국가의 시대란 점을 다산은 전연 이해하지 못하였다. 그래서 그의 이론은 역사 발전에 대한 추상적인 모색에 그쳤고, 사회 모순의 진상과 계급 투쟁의 역사적 임무는 그의 이성주의적 색맹에 의하여 간과되어 버렸다. 이는 그 당시 다산으로서 이해할 수 없는 엄격한 역사적 제약이었으며, 동시에 동서를 불문하고 이성론자들의 일반적 특징이었다.

그러나 사회 체제의 시대적 변천을 따라 충순忠順과 반역의 도덕적·윤리적 규정이 서로 전환된다는 것을 갈파하여, 왕망·조조와 황제·탕·무왕이 혹은 역적으로 혹은 성자로 지칭되는 것이 오직 그 시대 정치적 체제에서 결정되는 윤리적 규정에 의존한 것이라고 대담무비하게 언명하였다. 이는 도덕 윤리를 하나의 영원불변한 정형으로 인식하던 당시 지식층에 비하면 실로 천양의 차가 있는 것이다. 더욱이 탕과 무왕을 요·순보다 낮게 평가하는 것을 논박한 것은, 공자·맹자 이래 유교학자들의 상고주의尙古主義에 일대 타격을 준 창발적 탁견이며, 역사 발전의 진화를 긍정한 표현이다. 이 논문에서 그의 민권 옹호, 전제 반대의 정치적 사상을 이론적으로 전개한 귀중한 견해이다(최익한).[1]

하지만 정성철은 양반 계급의 본질을 적시하면서 "왕과 관리의 군중에 의한 추대라는 것도 법적 권한으로서의 민권사상은 아니며, 더욱이 민주주의적 선거제는 아니다"는 차원에서 다음과 같이 비판하였다.

"봉건 유교 개념에서 일반적으로 덕이 있는 사람의 추대를 말하나, 그것은 선거를 의미하는 것이 아니고 민심을 얻어야 한다는 의미이며, 더욱이 봉건 사회에서 추대된다 하여도 그것은 양반 계급의 권리 행사이며 인민은 염두에도 없었다. 그러나 그들은 표현할 때에는 항상 인민의 의사를 대변한 것처럼 한다. 정약용이 말한 군중·백성도 여기에서 예외일 수 없다. 더욱이 그가 중국 철학가들의 경전에 의거하여 자기 사상을 전개한 데 있어서 그러하다. 그 어떤 착취사회에서나 지배 계급의 민주주의가 전체 인민의 민주주의 탈을 쓰고 나온다."[2]

1. 《실정》pp582~8; 최익한, 〈다산 정약용〉, 앞의 책, pp154~6.
2. 정성철, 앞의 책, p455. 다산의 추대론은 서구의 선거제처럼 개인 주권에 바탕을 둔 투표 행위를 상정한 것은 아니었다. 배병삼, 《다산 정약용의 정치사상에 관한 연구》, 경희대박사논문, 1993, pp120~138.

풍수론風水論

1

　지금 부모를 장사 지내는 사람들이 모두 풍수에 의하여 이른바 길지吉地와 좌향坐向을 본 연후에 묘를 정하니 이것은 예가 아니며, 부모를 그 땅에 묻고 복을 구하고자 하니 이것은 효자의 심정이라고 할 수 없다.

　만일 이러한 진리가 있다고 하면 이러한 예법도 있을 수 있지만, 이러한 진리는 절대 있을 수 없기 때문이다. 옛날 주공周公이 족장族葬의 법을 마련할 때 그 순서는 소목昭穆[1]으로 하게 하고 그 묘지는 한 구역으로 정하게 함으로써, 이른바 '산맥山脈을 뚫으면 기가 흩어진다(鑿脈破氣)'는 금기禁忌가 없었고, 북쪽에 장사하면 모두 북으로 머리를 두어 방위나 좌향도 다르게 하지 않았다. 그러나 이때 벼슬하는 공경公卿들은 대대로 벼슬하고 녹 받는 대부大夫들은 대대로 녹을 받아서 자손의 영달과 번창함이 한결같았다.

　저 기주冀州와 연주兗州[2]의 벌은 넓어서 언덕이 없는데, 지금 이곳에 장사 지내는 사람들은 용호龍虎나 사각砂角[3]을 보지 않으며,

---

1) 소목昭穆 : 옛날 종묘宗廟의 제도에 태조의 묘廟는 중간에 두고 그 자손으로서 2세·4세·6세는 왼편에 묘를 만들어 소昭라 하고, 3세·5세·7세는 바른편에 묘를 만들어 목穆이라 하였다. 즉 종묘의 위치와 순서를 말한다.

2) 기주冀州와 연주兗州 : 기주는 옛날 9주의 하나로 직예直隷·산서山西 두 성省 및 하남河南·황하黃河 이북 봉천奉天 요하遼河 이서의 지방이고, 연주 또한 9주의 하나로서 산동성山東省 일대 지방이다.

담을 둘러서 묘지 구역을 정하고 《주례周禮》와 같이 소목의 순서로 장사 지낸다. 그래도 그들의 부귀는 전과 다름없는데, 무엇 때문에 길지吉地를 구하겠는가?

또한 저 영웅호걸은 총명과 위엄이 능히 한 세상을 거느리고 만민을 부릴 만하지마는, 고대광실에 살아서 앉아 있었어도 그 자손의 질병 생사를 마음대로 못하였거늘, 하물며 무덤 속에 마른 뼈다귀가 아무리 산천의 좋은 지기地氣를 받는다 하더라도 어떻게 자손들에게 혜택을 줄 수가 있겠는가? 심지어 미혹한 자들은 말하기를 "고깃덩어리를 땅에 묻어서 남을 저주하는 것도 틀림이 없으니 풍수 이치도 이와 마찬가지라"고 한다.

아, 이렇게 차마 말할 수 있겠는가? 나는 말한다! "세상에 고깃덩어리를 땅속에 묻어서 남을 해롭게 한 자가 있다고 가정하면, 고깃덩어리를 땅속에 묻어서 남을 복되게 한 자도 있느냐?"고. 이런 술법은 요망한 무당들이 사람들을 속이는 것이며, 마침내 나쁜 데로 빠지는 것밖에 있을 수 없다. 이것으로써 어찌 복을 구하려고 하는가?4)

비록 이런 진리가 있다고 하더라도 군자는 하지 않을 것이거늘, 하물며 이런 진리가 있을 리 만무함에랴!

---

3) 용호龍虎나 사각砂角 : 용호는 묘지 좌우의 산등이 굽어 내려오는 것을 말하는데, 왼쪽 것을 청룡이라 하고 바른쪽 것을 백호라 한다. 그리고 사각은 청룡 백호의 두 산등 안에 분포된 작은 산등을 말한다.

4) 다산은 풍수설의 허황성을 폭로하였다. 첫째로 사람이 죽은 후 영혼이 있어 현세의 인간과 연계되어 있다는 관념을 부인하고, 둘째로 지리적 조건 즉 명당(좋은 묏자리)과 인간이 화를 입거나 복을 받는 것은 아무런 연관이 없다는 것을 밝힌 것이다. 정성철, 앞의 책, pp424~5.

2

지금 사람들은 길에 떨어진 보따리를 주우면 곧 풀어 보고 비록 은 한 덩어리의 재물로서 베 한 필밖에 바꿀 수 없는 가치라 하더 라도, 오히려 사방을 돌아본 연후에 자기 주머니에 집어넣고 빨리 그곳에서 달아나 버린다.

그들은 왜 그런가? 오직 다른 사람이 빼앗을 것을 두려워하기 때문이다. 이러한 것이 보통 사람의 심정이다. 그런데 풍수의 이른바 길지吉地라고 하는 것은 "위로는 부모의 체백體魄(시체와 혼백)을 편케 하고, 아래로는 자손들의 온갖 복록福祿을 구하여 후손을 한없이 번성하게 하며, 재산을 창고에 그득하게 할 것이다. 그리하여 몇 대가 지나도록 그 묘지의 남은 운수는 다하지 않을 것이라"고 한다. 만약 그렇다면 세상의 더없는 보물이다. 그 가치가 어찌 천 개의 구슬과 만 냥의 돈으로 바꿀 수 있겠는가? 그럼에도 불구하고 지사地師는 왜 이러한 보물을 자기 소유로 해서 그 부모를 장사 지내지 않고 일부러 재상들의 집에 찾아다니면서 그 보물을 바치겠는가? 이를 만일 청렴으로 보면 족히 오릉於陵5)보다 더하고, 이를 만일 충성이라 하면 실로 개지추介之推6)보다 낫다고 해야 할 것이다.

---

5) 오릉於陵 : 전국 시대 제齊나라의 청렴한 선비인 진중자陳仲子의 이칭, 또는 그가 살았던 지명.《맹자》〈등문공滕文公·하〉
6) 개지추介之推 : 개자추介子推. 그는 춘추 시대 진문공晉文公이 망명 생활을 할 때 충성스럽게 섬겼지만, 문공이 귀국한 뒤 등용해 주지 않아서 어머니와 함께 면산綿山에 숨어 버렸다. 문공이 나중에 뉘우치고 불렀으나 그가 나오지 않자 그를 나오게 하려고 산에 불을 질렀는데, 끝내 나오지 않고 타 죽었다고 한다.

그러나 아니다! 바로 이것이 내가 믿을 수 없는 점이다. 어떤 지사가 손뼉을 치며 이른바 길지를 말하되 "그 산세의 변화는 용이 이끌고 범이 움키는 모양이요, 그 산세의 포위[7]는 난새가 날고 봉황이 춤추는 형국이므로, 인시寅時에 장사 지내면 묘시卯時에 복을 받아서 아들은 재상이 되고 손자는 공·후公侯가 될 것이다. 이런 묘지는 천리千里에 하나밖에 없다"고 한다.

나는 그 사람을 보고 말한다. "그렇게 좋으면 너의 부모를 왜 그 묘지에 장사하지 않느냐고?!"

3

이른바 풍수 서적을 보면, 묘지를 그려 놓고 자子·오午·묘卯·유酉와 건乾·곤坤·간艮·손巽 등으로 그 방위를 분별하였다. 그리하여 이른바 입수박환入首剝換[8]과 용호사각龍虎砂角과 득수득파得水得破[9]가 모두 그 방위의 서로 맞고 안 맞는 데 따라서 그 화복을 짐작한다고 한다.

그런 까닭에 지사들은 남의 집 족보에 기록되어 있는 그 조상 묘지의 방위와 좌향만 보고도 곧 그 길흉을 판단한다. 아, 이야말로 꿈속에 또 꿈같은 말이요 기만에 또 기만이다. 예를 들면 사람은 누구나 머리가 둥글고 눈썹이 갈라졌으며 눈이 둘이고 코가 중

---

7) 포위包圍: 공포拱抱. '둘러[에워]싸다'는 뜻.

8) 입수박환入首剝換: 묏자리 뒤쪽의 볼록한 부분을 입수入首라 하고, 풍화작용에 의해 암석이 흙으로 변하는 것을 박환剝換이라 한다.

9) 득수득파得水得破: 묘지에서 보아 처음에 보이는 물을 득수得水라 하고, 나중에 보이는 물을 득파得破라 한다.

간에 있으며 왼편과 바른편의 볼이 입을 끼고 있다. 그러나 그중에는 장수한 자와 단명한 자가 있고 귀한 자와 천한 자가 있으며 부자와 빈자가 있다. 이를 보면 그 이목구비의 위치와 규격이 비슷하다고 해서 곧 그 길흉화복도 같으리라고 어찌 단언할 수 있겠는가?

그러므로 사람의 골격과 기상만큼은 언어나 문자로는 똑같게 표현할 수 없는 것이다. 바로 이와 같이 미루어 본다면 지사들이 오직 자·오·묘·유·건·곤·간·손 등으로 그 길흉화복을 쉽사리 판단하는 것은, 그들이 잡술하는 사람들처럼 방위로써 귀신을 구하려는 것이다. 어찌 어리석지 않은가?

4

어린아이가 갑자기 종기가 나서 병균이 살을 해치면, 지사는 그를 보고 말하기를 "조상 묘지가 건·술乾戌10) 바람을 받아서 벌레가 시체를 먹고 있는 탓이라" 한다. 묘를 파서 보니 과연 그러하였다. 이치가 없다고 말할 수 있겠는가?

큰아들이 높은 곳에서 떨어져 죽고 작은아이가 팔과 다리의 병을 앓으면, 지사는 그를 보고 말하기를 "조상 묘지가 금기하는 방위를 저촉하였기 때문에 묘 속의 시체가 뒤집혀 있는 탓이라" 한다. 묘를 파서 보니 과연 그러하였다. 이치가 없다고 말할 수 있겠는가?

---

10) 건·술乾戌 : 건乾은 괘卦의 하나이고 술戌은 12간지干支의 하나인데, 모두 서·북西北 방위를 가리키는 괘와 간지이다.

혹은 묘지 가운데 화기火氣가 있거나, 혹은 수기水氣가 있거나, 혹은 나무뿌리가 백골에 엉켜서 이것들이 모두 집안에 화를 준다고 할 때, 묘를 파서 보면 대체로 지사의 말과 틀림이 없다. 그래도 이치가 없다고 말할 수 있겠는가?

아, 아니다! 이것은 세상 사람들이 끝내 미혹되어 깨닫지 못하였기 때문이다. 연암 박지원이 《열하일기》를 저작하면서 매환賣幻(요술)하는 자들의 행동에 대하여 20여 가지를 기록한 바가 있다.11) 만약 그 이치를 이해한다면 저 지사의 말이 허망한 것임을 능히 깨달을 것이다.

대체로 귀신이 사람을 복도 주고 화도 주는 것같이 말하나, 그것은 혹 우연에 의하여 재해와 탈이 나타나는 것이며, 혹 필연에 의하여 기이하게 맞기도 하는 것이다. 또 혹 없는 사실을 거짓 조작하여 나타나는 현상과 결과가 무슨 이치에 의한 것인 양 사람들을 현혹시키고 있으나, 따지고 보면 사실 자체는 모두 허망한 것이다. 내가 일찍이 부마負魔(접신)하는 자를 보았는데 알아맞히기를 백 번에 한 번도 틀리지 않았다. 겨울에 풋살구[靑杏]를 알아맞히며,12) 벽을 사이에 두고 봉한 편지를 알아맞히며, 사람의 면목을 보고 그 부친 묘지 앞에 기이한 돌이 있는 것을 알아맞히며, 남의 병을 점치는데 그 집안에 고기 뼈가 묻혀 있는 탓이라는 것을 알아맞힌다.

그러나 방고래를 쥐가 뚫고 부엌 아궁이에 고기 뼈를 묻어 놓은 것이 얼마나 많이 있겠는가? 이것은 모두 괴상한 요술로써 잠깐

11) 《열하일기》 <환희기幻戱記> 볼 것.
12) 겨울철에 여름 과일인 풋살구를 그릇 속에 감출지라도 알아맞힌다는 말이다.

사람들의 이목을 현혹시키는 것이다. 무엇 때문에 유혹되는가?

만약 이것이 허위와 요술이라는 것을 깨닫지 못한다면 지혜가 비록 저리자樗里子13)와 같고 정직하기가 미생고微生高14)와 같더라도 마침내 사귀邪鬼들의 음모에 속아서 그 요술 가운데 빠지고 말 것이다.

5

옛날 곽박郭璞15)은 죄 없이 죽어서 물속에 장사를 지냈고, 도선道詵16)과 무학無學17)의 무리들은 모두 중이 되어서 그 종사宗祀를 끊었으며, 이의신李義信과 담종湛宗은 혈윤血胤이 없었다.18)

---

13) 저리자樗里子 : 전국 시기 진혜왕秦惠王의 아우로서 지혜가 많았기 때문에 진나라 사람들이 지혜 주머니[智囊]라고 불렀다. p463 각주 17 볼 것.

14) 미생고微生高 : 미생은 성, 고는 이름. 춘추 시기 노魯나라 사람으로서 정직하기로 유명하였다고 한다.

15) 곽박郭璞(227~324) : 진晉나라 때 박학다재한 사람으로, 특히 음양陰陽·오행五行·복서卜筮의 술법에 능통하였기 때문에 술수학으로써 세상에 이름을 날렸다. 그러나 그는 마침내 왕돈王敦이란 자에게 피살당하였으므로 자기가 화를 당할 것도 몰랐다는 것이다.

16) 도선道詵(827~898) : 신라 말엽의 유명한 도승으로, 불교 교리의 연구와 아울러 당나라에 들어가서 풍수지리법을 배워 가지고 왔다 한다. 그리하여 이른바 그가 저술하였다고 하는 《정감록》과 《도선비기》가 있지만, 이것은 물론 후인들이 위찬僞撰한 것에 불과하다. 그러나 그는 풍수설에 유명하였음에도 불구하고 자손이 없었다는 것을 지적한 것이다.

17) 무학無學(1327~1405) : 고려 공민왕 때 유명한 도승으로, 풍수설에 능하여 이성계가 왕권을 잡게 되자 그를 도와 한양을 도읍으로 정하는 데 활약하였다고 한다. 그러나 무학은 이렇게 풍수설에 능하였음에도 불구하고 자손이 없었다는 것을 지적한 것이다.

18) 이의신李義信과 담종湛宗은 둘 다 조선 후기의 유명한 지사地師인데, 혈윤血胤(혈통을 이을 직계 자손)이 없었다는 말이다.

지금 많은 사람들이 풍수에 미쳐 날뛰건마는 모두 종신토록 빌어먹고 그 자손이 번성하지 않는 것은 무슨 까닭이며, 지사의 자손이 홍문관 교리弘文館校理19)나 평안도 관찰사平安道觀察使가 된 것을 몇 사람이나 보았는가?

대체로 사람의 심정이란 같은 것이다. 만약 자기에게 있는 묘지가 그처럼 복을 줄 것을 안다면 무엇 때문에 다만 한 꾸러미의 돈을 받고 다른 사람에게 주겠는가?

재상들이 풍수에 유혹되어 그 부모의 묘를 자주 옮긴 자는 그 자손이 없는 수가 허다하고, 백성들이 풍수에 유혹되어 그 부모의 묘를 자주 옮긴 자는 뜻하지 않은 화변을 당하게 될 뿐이다. (……) 어찌 그렇게 깨닫지를 못하는가? 이른바 잘 안다고 하는 사람들은 말하기를 "풍수의 이치가 있다고 하는 것도 옳지 않으며, 없다고 하는 것도 옳지 않다"고 한다. 아, 송사를 이와 같이 판결한다면 그를 선비라고 말하기는 어려울 것이다.

[해제]
다산은 〈풍수론風水論〉과 《풍수집의風水集議》로 풍수술의 미망을 통절히 조목조목 따졌다. 그는 풍수술을 한낱 요망한 사기술로 단안斷案하면서 예를 제시하여 풍수술가의 자기기만을 폭로하였고, 또 풍수술이 이치가 있는지 없는지에 대해 단언할 수 없다는 호의론狐疑論까지 변박하였다. 〈풍수론〉은 〈갑을론〉과 함께 동양, 특히 원산지인 중국의 최대 미신에 일대 철추를 내린 것이다.[1]
다산은 〈풍수론〉을 수정·보완한 〈사암풍수론〉에서, 지사들을 거짓말로 사기

---

19) 홍문관 교리弘文館校理 : 홍문관은 경적經籍·문한文翰·고문顧問에 관한 사무를 맡은 기관이고, 교리는 정5품직인데 학사學士 벼슬로는 가장 높이 여겼다. 다산은 1794년 33세에 이 벼슬에 제수된 적이 있다.

치는 협잡꾼에 불과한 '장무葬巫'라고 무당과 비슷하게 간주하며 비판하였다. "우리 형제가 과관科官으로 잘 나가던 때에는 장무葬巫로서 지나가던 자들이 모두 우리 선인先人들의 무덤을 지목해서 복된 땅의 이름난 혈穴이라고 받들었지만, 가세가 기울게 되자 예전에 지목했던 것을 다시 지목해서 폄하하고 탓하였다. 아아! 이미 망령되었는데, 어찌 일정함이 있을 수 있겠는가? (余兄弟方科官盛時 巫之過去者 皆指吾先人之宅 而推之爲福地名穴 及其蹶也 又指其所嘗指者 而貶之咎之 嗟乎 旣巫矣 胡能有定矣)"[2]

다산은 "또 풍수風水·두수斗數·간상看相·추명推命·복서卜筮·파자破字 등 가지가지 요괴妖怪하고 허탄虛誕한 술수를 가진 자들이 모두 목민관과 결탁하여 작게는 정사政事를 문란케 하고, 크게는 화를 입힐 수 있으니 마땅히 천리 밖으로 물리쳐서 그림자도 가까이하지 말아야 한다(又如風水斗數 看相推命 卜筮破字 種種妖誕之術 皆能締結官長 小則亂政 大則取禍 宜斥絶千里 毋近影響)"고 주장하였다.[3] 그는 이러한 폐단을 빚는 업무를 주로 하는 관상감觀象監의 지리학·명과학命課學을 철폐하고 왕권에 의해 치력治曆을 과학적으로 향상시킬 것을 강조하는데, 이는 실용주의적 현실 인식이라 할 수 있다.[4]

1. 《실정》 pp474~5.
2. 박종천 역, 《다산 정약용의 풍수집의》, 사람의 무늬, 2015, p17, p182.
   박제가는 《북학의北學議》 〈장론葬論〉의 말미에 이렇게 적었다. "저 풍수설이 아무런 근거가 없다는 것은 고금의 이름난 선비가 벌써 상세하게 논하였다. 자세한 내용이 《독례통고讀禮通考》의 〈장고葬考〉에 보이므로 여기서는 더 이상 논하지 않는다." 실제로 조선 후기에 박제가·정약용·이규경李圭景 등 많은 학자들은 《독례통고》 〈장고〉에 주목하여 풍수지리설의 문제점을 비판하고 유교적 대안을 제시하는 근거로 활용하였다. 안대회 역, 《북학의》, 돌베개, 2013, pp264~5; 박종천, 위의 책, p20.
3. 《목민심서》 권2 〈율기律己·병객屛客〉.
4. 《경세유표》 권1 〈천관이조天官吏曹·관상감〉; 김영식, 앞의 책, p197; 홍이섭, 《정약용의 정치경제사상 연구》, 한국연구도서관, 1959, p49(《홍이섭전집·2》, 연대출판부, 1994, p60).

효자론 孝子論

어떤 사람이 관청에 와서 신고하기를 "우리 조부는 효자라"고 한다. 어떻게 효자냐고 물은즉 그는 말하기를 "부친의 병중에 손가락을 끊어 피를 내서 먹였으므로 얼마 동안 생명을 더 연장할 수 있었다"고 한다. 또 다음에 온 자가 있어 물으니 그는 말하기를 "모친의 병을 구하기 위하여 다리를 찔러 그 살점을 구워서 먹였기 때문에 몇 날 생명을 더 연장할 수 있었다"고 한다.

또 다음에 온 자가 있어 물으니 그는 말하기를 "우리 부친은 효자이다. 조부의 병중에 항상 똥을 맛보았으며, 밤중에 목욕재계하고 북두칠성을 향하여 세 번씩 세 번, 즉 아홉 번을 정성스럽게 절하고 빌어서 몇 해 동안 생명을 더 연장할 수 있었다"고 한다.

또 다음에 온 자가 있어 물으니 그는 말하기를 "모친이 병중에 죽순을 먹고 싶어 하나 겨울이므로 죽순을 구할 수 없었다. 그래서 울면서 대밭으로 나갔더니, 마침 때아닌 죽순이 몇 개 있어서 모친에게 드릴 수 있었다"고 한다.

또 한 사람은 말하기를 "꿩이 집안에 날아들어온 것을 잡아서 부모에게 드렸다"고 하며,

또 한 사람은 말하기를 "깊은 못의 얼음 속에서 잉어가 뛰어나오므로 잡아서 부모에게 드렸다"고 한다.

또 한 사람은 말하기를 "자라가 부엌으로 기어들어왔다"고 하며, 또 한 사람은 "노루가 절면서 울타리 사이에 엎드려 있었다"고

하며, 또 한 사람은 "꿈에 한 노인이 가리켜 주기에 그곳에 가 보았더니, 많은 과실이 있어 얻어 가지고 돌아왔다"고 한다.

또 한 사람은 말하기를 "우리 조부는 효자이다. 상중喪中에 부모의 묘지를 지키기 위하여 묘지 옆에 집을 짓고 항상 혼자 거처를 하고 있었더니, 하루는 소처럼 큰 범 한 마리가 나타나서 앞에 꿇어앉으며 머리를 숙이고 꼬리를 흔드는 모양이 그의 효성에 예를 표하는 것 같았다. 집으로 돌아올 때에는 범은 앞서서 인도하고, 문에 이르러서는 개를 보고도 먹으려 하지 않았으며, 가끔 우리 조부가 외출할 때면 범은 항상 앞서거니 뒤서거니 하였다"고 한다.

또 한 사람은 말하기를 "우리 부친은 효자이다. 조부모 상사를 같이 당하였는데 머리에는 두 개의 수질首絰[1]을 쓰고 허리에는 네 개의 요대腰帶를 띠며 출입할 때는 왼손에는 대나무 지팡이를 잡고 바른손에는 오동나무 지팡이[2]를 잡았다"고 한다.

또 한 사람은 말하기를 "우리 부친은 효자이다. 조부상을 같이 당하였는데 3년상을 지내고 또 3년 동안 복을 더 입었다"고 한다.

이에 관청에서는 아, 훌륭한 일이라고 감탄하면서 감사監司에게 보고하고, 감사는 또 예조禮曹에 보고하고, 예조는 국왕에게 알려서, 그 호부戶賦를 면제시키고 그 자손들의 부역까지 감해 주며 그 자손들을 보호하도록 하였다. 또 넓은 설주[楔]와 붉은 도리[丹榜]로 그 집을 표창하게 하니, 그 훌륭한 소문은 거리와 마을을 들썩이게 하였다.

그러나 군자는 이것을 보고 예禮라고 하지 않는다. 왜냐하면 이

---

1) 수질首絰 : 삼으로 만든 머리테.
2) 대나무 지팡이는 부친 상중용이고, 오동나무 지팡이는 모친 상중용이다.

는 오직 사람들로 하여금 부모를 빙자하여 이름을 사고 부역이나 도피하도록 하는 것이며, 거짓말을 꾸며서 국가를 속이도록 하는 짓이기 때문이다.3)

예법에 부모의 병을 봉양하는 데 있어서 약이 쓴가 단가를 먼저 맛보며, 반찬이 짠가 싱거운가를 먼저 맛보며, 길 갈 때 두 손을 펄렁거리지 않으며, 웃을 때 잇몸을 보이지 않으며, 의복의 좋고 나쁜 것을 말하지 않는 것 등은 모두 효자의 드문 행동이라고 하였다. 그러나 만약 그 애통함이 간절하면 극단의 일까지 할 수 있어 실로 그 다리를 베고 그 살점을 잘라서 부모의 병에 만일의 요행을 구하는 일도 있을 수 있다.

그러나 옛날 성인들 가운데 순舜4)과 문왕文王5)과 증삼曾參6)과 같은 효행도 저러한 일은 하지 않았다.

그런데 다만 위·진魏晉7) 이후로 손가락을 끊으며 다리를 찌르는 효행들이 역사에 계속 기록되고 있으나, 주자朱子가 《소학小學》을

---

3) 전서 원문은 "飾奸言以欺君 非先王之至理也(간사한 말을 꾸며서 임금을 속이도록 하는 짓이라 선왕先王의 지치至治의 도리가 아니다)"고 되어 있는데, 최익한은 '임금'을 '국가'로 바꾸고 '非先王之至理也'의 번역은 생략하였다. 류수·리철화의 《정약용작품선집》은 〈효자론〉이 봉건적 담론이기 때문에 번역 대상에서 아예 제외하여 버렸다.

4) 순舜(약 BCE2255~BCE2208경 재위) : 중국 고대의 전설적인 제왕으로, 5제五帝의 한 사람. 《서경》〈우서虞書〉에 의하면, "아비는 완악하고 어미는 사나우며 아우는 오만한데도, 능히 효로써 화합하여 차츰차츰 다스려서 간악해지지 않도록 하였다"고 한다.

5) 문왕文王(BCE1152~BCE1056) : 주周나라의 임금으로 왕계王季의 아들이자 무왕武王의 아버지. 《예기》〈문왕세자文王世子〉에 의하면, "그는 세자로 있을 적에 매일 세 번씩 왕계에게 문안드렸다"고 한다.

6) 증삼曾參(BCE505~BCE436) : 공자의 제자인데, 아버지 증석曾晳을 모시면서 늘 술과 고기를 준비하고는 아버지의 뜻까지 봉양하였다. 《맹자》〈이루離婁·상〉

7) 위·진魏晉 : 위魏(220~265)와 서진西晉(265~316).

편찬할 때 이런 사실들을 수록하지 않았다. 주자의 그 의사를 짐작하건대 '이러한 사실이 세상에 드문 효행이기는 하지만, 후세에 교훈을 줄 만한 것은 아니다'는 데 있었을 터이다.

만일 털끝만치라도 옳지 못한 생각으로부터 없는 사실을 과장하고 수식해서 남의 이목에 자랑만 구하려고 한다면 장차 어떻게 되겠는가? 부모를 봉양하는 데 있어서 식사와 반찬은 오직 있는 정성을 다할 뿐이며, 그보다도 마음을 편히 해 드리는 데 더욱 노력해야 한다.

왕상王祥8)과 같이 새와 잉어를 잡은 기이한 사실은 세상에 드문 일임에도 불구하고 어찌 저와 같이 집마다 새를 잡고 호戸마다 잉어를 잡을 수 있겠는가? 또한 '똥을 맛본다[嘗糞]'는 것은 옛날 의원이 이질痢疾 앓는 병자의 똥을 검사함으로써 그 사생死生을 짐작한다는 말로 여러 병의 치료와는 무관한 것인데, 지금은 병증의 여하를 불문하고 똥 한 번 맛보는 것으로써 효자라고 한다. 이는 오직 유금루庾黔婁9)와 같아지기를 생각하는 것뿐이라 병자에게는 아무런 이익도 주지 못한다.10)

---

8) 왕상王祥 : 진晉나라 때 사람이며 자기 계모季母에 대하여 효행이 지극하였다. 그 효성에 의하여 얼음 속에서 잉어가 나오고 장막 안으로 새가 날아서 들어와 그의 모친에게 드린 사실이 후세에까지 전해지고 있다.

9) 유금루庾黔婁 : 효행이 지극한 사람으로 제齊나라의 편령編令 벼슬을 하다가도 부친이 병중이라 항상 그 병을 생각하였다. 그가 하루는 홀연히 마음이 놀라고 몸에 땀이 흐르므로, 바로 그날 벼슬을 그만두고 집에 돌아와서 부친의 대변을 맛보기까지 하며 병구완을 하였다는 고사가 전한다.

10) 최익한은 "그 사생死生을 짐작한다는 말인데 지금은 병증의 여하를 불구하고 병자에게 리해를 생각함이 없이 다만 똥 한 번 맛보는 것으로써 효자라고 하니 이는 유금루庾黔婁가 제齊나라를 생각하는 것과 같아서 병자에는 아무런 리익을 주는 것이 아니다"고 번역하였는데, 편자가 본문과 같이 고쳤다.

부자간은 천륜이라고 하지만 오직 그 정情으로 표시되는 것이다. 그러므로 악정자춘樂正子春[11]은 그 모친이 죽은 후 5일 동안 음식을 안 먹다가 후회하여 말하기를 "어머니에게 내가 정情을 쓰지 못한다면 내가 누구에게 내 정을 쓸 수 있겠는가?"고 하였으며, 증자가 친상親喪을 당하여 음식을 먹지 못한 지 7일에 자사子思[12]가 예禮에 지나쳤다고 증자를 풍자하였다.

예를 어찌 지나칠 수 있겠는가?

《예기》에 부모의 상사를 같이 당하더라도 두 상복을 같이 입지 않으며, 경輕한 복은 중重한 복에 포함된다는 것이 밝혀져 있다. 그러므로 왼손에는 대막대기(부친 상장喪杖)를 잡고 바른손에는 오동막대기(모친 상장)를 같이 잡는다는 말은 듣지 못하였다.[13]

옛날 채연蔡淵[14]이란 사람이 강서江西에 제학提學으로 가서 있을때 요주饒州에 사는 학생 주홍周鴻이 그 모친상을 당한 지 1년이 못 되어 또 부친상을 당하였다. 그래서 전후 39개월 동안 거상居喪을 한 후 또 모친의 상복을 15개월 동안 더 입으려고 하니, 채연이 허락하지 않고 말하기를 "비록 예의라도 과도한 것은 정당하지 않으며, 요컨대 자기 혼자 (마음으로) 잘할 것이지 특이하게 남에게 보이기 위하여 할 것은 없다"고 하였다.

채연은 예를 아는 사람이기 때문에 이렇게 말한 것이다.

---

11) 악정자춘樂正子春 : 춘추 때 노魯나라 사람으로 증자의 제자.《예기》<제의祭義>에 의하면 그가 말하길, "자기 몸을 욕되게 하지 않고 어버이를 부끄럽게 하지 않아야 효라고 할 수 있다"고 하였다.
12) 자사子思(BCE483?~BCE402?) : 노나라의 유학자. 공자의 손자로 증자의 제자인데,《중용》을 지었다고 전한다.
13) 관련 내용이《예기》<상복소기喪服小記>와 <간전閒傳>에 나온다.
14) 채연蔡淵(1156~1236) : 송나라 주자의 문인으로《주역》에 조예가 깊었다.

바로 여기서 알 수 있는 바와 같이 이미 삼년상[大祥]을 지내고 또 3년복을 더 입는다는 것은 예에 맞는 것이 아님에도 불구하고, 지금은 이것이 예에 맞는다고 하여 도리어 그 집을 표창까지 하니, 이는 사실과 어긋날 뿐만 아니라 인민들로 하여금 고유한 예법을 초월하도록 가르치는 것이다.

이러한 것들이 모두 비례非禮라는 것을 지금 수령과 감사들도 모르는 바는 아니지만, 겁나서 감히 말을 하지 못하는 것은 그 명칭이 '효孝'이기 때문이다.

그러므로 이른바 효행에 대하여 감히 비방을 하는 자가 있으면 악한 놈으로 죄를 받게 된다. 이와 같이 사람들에게 억측당하여 자기 몸을 화에 빠뜨리는 것은 영리하지 못한 것으로 생각하고 있기 때문에, 마음속으로는 비웃으면서도 말로는 갖은 아첨을 다하여 그 상부 보고에 서명하고, 뒤로는 그 거짓을 욕하면서도 앞에서는 훌륭한 행동이라고 찬양하여, 아랫사람은 윗사람을 속이고 윗사람은 아랫사람을 속여서 상하 서로 속았으니, 누가 누구를 탓할 수 있겠는가? 만약 다른 일은 한 가지만이라도 예에 어그러지면 군자는 그의 잘못을 적발하여 풍속과 교화를 시정한다고 하건마는 이런 일은 어찌된 셈인가?

옛날 진晋 문공文公이 말하기를 "부친이 죽는다고 하는데 감히 무슨 다른 생각을 할 수 있겠는가?"고 하였다. 만약 저런 자들이 부친의 죽는 기회를 이용해서 세상의 이름을 도적질하려고 한다면 또한 어떻다고 말해야 할 것인가?

사람들의 기호嗜好와 식성食性은 같지 않다. 그러므로 양조羊棗15)를 좋아하는 이도 있고, 창잠昌歜16)을 좋아하는 이도 있고, 마름

[菱]을 좋아하는 이도 있고,17) 꿀[蜜]을 좋아하는 이도 있고, 토란[芋]을 좋아하는 이도 있는 것이다.

이와 같이 사람의 기호와 식성은 다른데, 하필 효자의 부모만은 유독 꿩과 잉어와 노루와 자라와 눈 속의 죽순만을 즐겨 찾는가? 또 반드시 옛날 어느 중과 신선이 용과 범에게 항복을 받듯이 한 연후에야 비로소 효자라고 할 수 있겠는가? 이야말로 부모를 빙자하여 명예를 사서 부역을 피하고 거짓말을 꾸며서 국왕을 기만하는 자들이니, 살피지 않을 수 없다.

[해제]

효는 봉건 체제를 유지하기 위한 충에 직결되는 이념이다. 다산의 효에 대한 생각은 <효자론>, <정효자전鄭孝子傳>에 잘 나타나 있다. 그는 <효자론>, <열부론烈婦論>, <충신론忠臣論>에 당시 형식적인 정표旌表의 실상을 비판하고,《목민심서》권7 <예전禮典·교민敎民>조에 정표의 기준을 제시하였다 (조성덕, <다산 정약용의 효관孝觀>,《한문학보》16집, 우리한문학회, 2007, pp 112~3, p128; 김학재, '효자론',《다산학사전》, 사암, 2019, p1898).

15) 양조羊棗 : 대추의 일종 또는 고욤. 증자는 아버지 증석曾晳이 생전에 즐겼던 고욤을 보면 아버지 생각이 떠올라 먹지 않았다고 한다.《맹자》<진심盡心·하>
16) 창잠昌歜 : 창포菖蒲 뿌리를 절여서 만든 김치의 일종. 문왕文王이 즐겼던 것으로 공자가 그를 생각하며 먹었다고 한다.《오잡조五雜組》권7 <인부人部·3>
17) 마름[菱]~있고 : 초楚나라의 굴도屈到는 마름을 좋아하여 유언으로 자신의 제사에 마름을 올려 달라고 하였다 한다.《오잡조》권7 <인부人部·3>

열부론 烈婦論

　부친이 병들어 죽었는데 그 아들이 부친을 따라 죽었다면 효자라고 할 수 있겠는가? 아니다, 효자라고 할 수 없다. 다만 그 부친이 불행히 호랑이나 도적에게 침해를 당하게 되었을 때 그 아들이 부친을 구하기 위하여 같이 호위하다가 죽었다면 효자라고 할 수 있다. 국왕이 죽었는데 신하가 그 국왕을 따라 죽었다면 충신이라고 할 수 있겠는가? 아니다, 충신이라고 할 수 없다. 오직 그 국왕이 불행히 적의 침해를 받게 되었을 때 신하로서 같이 호위하다가 죽었다든가, 혹은 불행히 적들에게 포로가 되어 적들이 투항을 강요할 때 끝까지 항거해서 굴하지 않고 죽었다면 충신이라고 할 수 있을 것이다.

　어떤 사람은 말하기를 "그렇다면 남편이 죽었는데 그 처가 남편을 따라서 죽은 것을 열녀라고 하여 그 집을 표창하고 부세를 면제하며 그 자손들까지 요역을 덜어 주는 것은 무슨 까닭인가?" 이는 열녀가 아니라 소견이 좁은 여자인데 정부에서 잘 살피지 못하였기 때문이다. 그러면 "명예를 구하려는 마음이 있어서 죽었는가?" 아니다, 그런 마음은 없었을 것이다. "그렇다면 비록 그 본성이 편협하였거나 또는 어떤 원한이 있었거나를 막론하고 그 남편을 따라 죽었는데도 어찌 열부라고 하지 않을 수 있겠는가? 세상에 죽는 것보다 더 어려운 것은 없는데 더구나 젊고 약한 여자가 자살로 목숨을 끊었으니, 어찌 열부라고 하지 않을 수 있겠는가?"

무릇 세상에 자기 목숨을 끊는 것보다 더 어려운 일은 없다.

그러나 자기 목숨을 끊는 데 있어 무엇을 목표로 해야 하겠는가? 오직 정의를 위하여 귀중한 생명을 바쳐야 할 것이다. 예를 들면 남편이 호랑이와 도적에게 침해를 당하였을 때 남편을 구원하다가 같이 죽었다면 열부라고 할 수 있으며, 혹은 음탕하고 흉악한 외적들에게 정조를 강탈당하게 되었을 때 굴하지 않고 죽었다면 열부라고 할 수 있으며, 혹은 청상과부로서 그 부모형제들이 자기의 뜻과는 반대로 강제로 재혼을 시키려고 할 때 거절하다가 할 수 없이 죽었다고 하면 열부라고 할 수 있으며, 혹은 그 남편이 죄 아닌 죄로 억울하게 죽게 되었을 때 아내로서 그 남편이 억울한 진상을 호소하며 폭로하다가 같이 사형을 받아 죽었다면 열부라고 할 수 있다.

그러나 지금 이른바 열부라는 것은 이와는 다르다. 예를 들면 남편이 병으로 집에서 고이 죽었는데 그 아내가 같이 따라 죽는 것은 다만 그 목숨을 끊은 것뿐이지 정의를 위하여 그런 것은 아니다. 그러므로 나는 말한다. "목숨을 끊는 것은 세상에 어려운 일이지만, 오직 정의를 위하여 목숨을 끊은 것이 아니라면 그 죽음은 다만 흉한 일이 될 뿐이다"고.

이와 같은 죽음은 세상에 흉측한 일임에도 불구하고 목민관들은 그를 열부라고 표창하며 그 집의 부세를 면제하고 그 자손들의 부역까지 삭감하여 준다. 이는 인민들로 하여금 세상에 흉측한 일을 모방하도록 장려하는 것이니, 어찌 옳다고 할 수 있겠는가?

집안에 남편이 죽으면 그보다 더 큰 불행은 없다. 혹 늙은 시부모가 있어도 부양할 도리가 없고, 혹 어린 아들과 딸들이 있어도 제대로 양육할 길이 없다. 이런 딱한 경우에 남편이 죽은 아내로서는 더욱 그 슬픔을 참고 생활에 힘써서, 위로는 그 봉양할 사람이 없는 늙은 부모를 봉양하며 그 부모가 죽게 되면 장사와 제사를 지내고, 아래로는 부친이 없는 어린 자녀들을 교양하여 성년이 되면 장가들이고 시집보내는 것이 당연한 일이건만, 어떤 여자는 하루아침에 표독스레 결심하기를 "남편 하나 죽었으니 시부모가 귀찮고, 남편 하나 죽었으니 아들딸도 소용없다"고 하고 스스로 목을 매어 죽어 버린다.

이와 같은 것은 그 잔인함이 이리 짐승보다 더하며 그 불효하고 애정 없는 것은 더 말할 나위도 없다.

세상에 옳은 이치는 하나뿐이다. 어찌 부모에게는 불효로 되고 자식에게는 불행으로 되는 일이 남편에게만은 옳은 이치로 될 수 있겠는가? 그러나 목민관들이 이를 훌륭한 일이라 표창하고 그 자손들까지 부역을 감면시켜 준다면, 이는 백성들로 하여금 큰 불효와 부자不慈를 본받도록 장려하는 것이니, 어찌 옳다고 할 수 있겠는가?

그러므로 나는 이를 열부가 아니라 소견이 좁은 여자라고 하며, 목민관들이 옳게 살핀 것이 아니라 잘못 살핀 것이라고 말한다. 옳게 살피지 못하였다는 것은 그 죽음이 정의에 합당한가, 그렇지 않는가를 옳게 판단하지 못하였다는 말이다. (……)

서얼론庶孼論

옛날 영종대왕英宗大王[1]이 서자를 천대하는 것을 가엾게 생각하고 선부選部(이조吏曹)에 명령하여 서자로서 학문과 기예가 있는 자 성대중成大中[2] 등 10인을 선발하여 대간臺諫(사간원司諫院·사헌부司憲府) 관직을 주게 하였다. 그렇게 한 후 영종은 각 재상들을 친히 불러 놓고 말하였다. "하늘은 지존이지만 하늘이라고 부르며 임금은 지존이지만 임금이라고 부르는데, 서자는 제 부모를 부모라고 부르지 못하니 어찌 그럴 수 있는가?"(적모嫡母라고 불렀다—원주)

옳은 말이기 때문에 뭇 신하들은 어색하여 감히 시비를 논하지 못하였다. 그러나 조금 후 정부에서 물러나와 어떤 자가 말하기를 "하늘은 부친에 비하고 땅은 모친에 비하는 것은 백성들이 다 같은 바이며, 감히 필부匹夫(낮은 사람)로서 천자天子를 자칭하는 자가 있으면 육사六師(천자의 군대)를 동원하지 않는가"고 하니, 이에 모든 사람들은 다 같이 그 말을 요령 있는 말이라고 동의하였다.

그러나 군자는 이 말에 대해 반대하며, 영종대왕의 말이 옳다고 주장한다. 아버지를 아버지라 부르고 어머니를 어머니라고 부르는 것은 어떤 아들이나 동일한 것이다. 그런데 서자로서 감히 장자(물론 순서는 장자임에도 불구하고)라고 할 것 같으면 구족九族[3]이 들고 일

---

1) 영종대왕英宗大王(1694~1776) : 이조 21대 왕 영조. 그는 서출로서, 서얼의 청직淸職 진출을 허용하는 서얼통청법庶孼通淸法을 제정하였다.
2) 성대중成大中(1732~1809) : 자는 사집士執, 호는 청성靑城. 영조 32년(1756) 문과에 합격하였다. 조엄趙曮이 통신사로 일본에 갈 때 서기관으로 다녀왔다.
3) 구족九族 : 본인을 중심으로 하여 9대에 걸친 직계 친족을 말한다. 부족父族 넷,

어나 온갖 시비를 한다. 이는 같은 부모로서 금하는 것이니 공평하지 못하지 않은가?

또한 부모라고 하는 천륜은 금할 수 없는 까닭에 그들 서얼도 호적에 그 계통을 기입할 때는 부모라고 쓰며, 봉미封彌[4]에 그 계통을 기입할 때는 부모라고 쓰며, 방목榜目[5]에 그 계통을 기입할 때는 부모라고 쓰며, 선부選部에서 그 계통을 기입할 때는 부모라고 쓰는데, 어째서 유독 집안의 호칭 언어에서만 부모라 부르는 것을 금하는가? 대체 서자를 왜 천대하는가? 옛날 한위공韓魏公[6]은 그 모친이 청주靑州(지명)의 비첩婢妾이었고, 범문정공范文正公[7]은 그 모친이 개가하는 데 따라가서 계부繼父의 성을 임시 가성假姓으로 하였다가 한림翰林 벼슬에 오른 후에 국가에 청하여 본성을 회복하였다.

만약 송나라에서 이 두 사람을 천대하였더라면 이 두 사람들의 노력에 의하여 서적西賊(서하西夏)의 침해로부터 국가를 태산과 같이 수호하고, 서적들로 하여금 간담을 서늘하게 할 수 있었겠는가? 어찌 그뿐이랴! 소강절邵康節[8] 선생은 그 형제 3인이 성姓을 달리

모족母族 셋, 처족妻族 둘을 일컫는다는 설도 있다.

4) 봉미封彌 : 과거 시험지에 성명을 미봉彌封하는 것인데, 옛날 과거 제도에서 공정을 기하기 위하여 취한 방법이다. 즉 과거에 응시하는 시험지에 기입한 응시자의 성명을 미봉함으로써 시험관이 어느 누구의 것인지 모르게 하는 것이다.

5) 방목榜目 : 과거 시험에 급제한 자의 성명을 기록한 책.

6) 한위공韓魏公(1008~1075) : 위魏는 북송의 재상 한기韓琦의 봉호. 서하西夏가 반란을 일으키자 섬서경략초토사陜西經略招討使가 되어 진압하였다.

7) 범문정공范文正公(989~1052) : 문정文正은 북송의 재상 범중엄范仲淹의 시호. 한기와 같이 서하 침공을 막았으며, 산문 <악양루기岳陽樓記>로 유명하다.

8) 소강절邵康節(1011~1077) : 강절康節은 북송의 유학자 소옹邵雍의 시호. 주역 연구에 깊었고, 저서로 《황극경세서皇極經世書》, 《격양집擊壤集》 등이 있다.

하였다. 만약 당시 송나라 선비들이 이것으로써 소강절을 경시하였다면 그의 저서 《황극경세서皇極經世書》를 어떻게 우리 학문에 포함시킬 수 있었겠는가? 그러므로 서자에게 대간 벼슬도 오히려 낮은 것이고, 그들에게 재상도 반드시 주어야 할 것이다.

[해제]

<서얼론庶孽論>, <환자론還上論>, <간리론奸吏論>, <감사론監司論>은 정조 서거 전인 1800년 상반기에 저술되었을 가능성이 크다.

당시 축첩蓄妾은 만연하여 첩이 정실부인보다 많고, 그에 따라 서얼도 적자보다 훨씬 많아서 서얼 문제가 국가 문제로 되었다. 다산의 아버지 정재원도 측실側室 잠성 김씨岑城金氏와의 사이에 3녀 1남을 낳았으며, 다산 또한 강진 유배지에서 애첩을 두고 1녀를 낳았다.

다산은 <서얼론>에서 서얼의 천대를 반대하고 평등 우대할 것을 주장하였고, <통색의>(본서 pp568~572)에서는 신분·지방·적서·당파의 차별과 인재 황폐의 망국적 비운을 통언절론痛言切論하고 동시에 소통의 방법을 제시하여 인재 울흥을 통한 국력 왕성을 강조하였다. 그러나 그의 논의는 항상 철저한 신분 질서의 유지를 목적으로 한 것이니만큼 그 보수적 한계가 뚜렷하다(《실정》p 557; 홍태연, 앞의 책, p87; 황명철, <정약용의 중인개혁론에 대한 몇 가지 고찰>, 《력사과학》2호, 과학백과사전출판사, 2008, p30).

환자론還上論

 이 세상에 환자법還上法[1]보다 더 나쁜 법은 없다. 환자법은 어버이와 자식간에도 실행할 수 없다. 여기에서 우선 '가령'으로 말하여 보자.

 시골 농촌의 어떤 집 늙은이가 자기 아들 열 사람에게 재산을 나누어 준 다음 그 열 아들의 집들을 돌아다니며 그들의 사는 모양을 보고 말하기를, "너희들은 재산을 지니기에 서툴고 또 며느리들도 살림살이에 어두우니 이대로 헤프게 먹어 버린다면 내년에는 너희들이 반드시 식량이 떨어져서 굶어 죽을 것이다. 금년에 지은 너희들의 양식을 집에 두지 말고 아비 집 곳간에 두어라. 그러면 내년 봄에 너희들에게 반드시 그대로 돌려주리라"고 하였다. 이 명령을 들은 그의 아들들은 자기네 안방으로 들어가서 아내에게 말하고 함께 이맛살을 찌푸리며 눈썹을 올렸다 내렸다 하며 쑥덕거리며 그 명령을 몹시 귀찮게 여길 것이다. 환자는 어버이와 자식간에도 이러할진대 하물며 관가와 백성간에야 더 말할 나위들 있으랴!

 그 이듬해 봄에 그 늙은 아비가 또 어느 날 일찍이 열 아들의 집으로 돌아다니며, "오늘은 내가 너희들의 양식을 돌려줄 터이니 너희들은 모두 와서 받아 가라. 그러나 내 집 곳간에 간직해 둔 동

---

1) 환자법還上法 : 정부가 춘궁기에 빈민에게 곡식을 대여하고 추수기에 이자를 붙여 거둬들이는 법인데, 이조 중기 이후에는 정부와 탐관오리의 고리대적 착취 수단으로 변질되어 폐해가 심하였다.

안에 새들이 벽 틈으로 날아들어와서 쪼아먹고 쥐들이 땅밑을 뚫고 들어와서 까먹고 날라 가고 해서 10분의 2~3이나 축났으니 너희들은 그리 알아라"고 한다. 그러면 그 아들들은 자기네 안방으로 들어가서 아내에게 말하고 함께 이맛살을 찌푸리며 눈썹을 올렸다 내렸다 하며 쑥덕거리며 그 아버지의 뜻을 나무랄 것이다. 환자는 어버이와 자식간에도 이러할진대 하물며 관가와 백성간에야 더 말할 나원들 있으랴!

그 아들들은 할 수 없이 그 아비의 명령대로 그날 낮에 자루와 빈 섬들을 준비해 가지고 마소를 이끌고 아비 집 곳간 앞에 가서 양식을 도로 받는다. 그 늙은 아비는 또 곳간 문고리를 잡고서 말하기를 "너희들은 재산을 모르고 며느리들도 살림살이에 어두우니 지금 전부 내주면 너희들은 헤프게 먹어 버리고 다음 달에는 반드시 굶어 죽을 것이다. 그러니 오늘은 우선 몇 말만 가져가고 또 열흘 뒤에 몇 말 가져가고 그다음은 새 곡식이 나온 후에 마저 다 받아 가라"고 한다. 그러면 그 아들들은 자기네 집에 돌아가서 아내에게 말하고 함께 이맛살을 찌푸리며 눈썹을 올렸다 내렸다 하며 쑥덕거리며 그 아비의 처사를 몹시 귀찮고 번거롭게 생각할 것이다. 환자는 어버이와 자식간에도 이러할진대 하물며 관가와 백성간에야 더 말할 나원들 있으랴!

저녁 무렵에야 겨우 몇 말씩 받아 가지고 돌아온 아들들은 관솔에 불을 켜놓고 아내를 시켜 다시 되질하여 보게 한다. 그 아내는 우선 쌀 한 줌을 쥐어 가지고 불 앞에 서서 혹 불어 보고 말하기를 "애고머니! 이게 우리 집 쌀인가? 어쩨 이렇게 거칠고 붉고 또 싸래기가 많은고? 이건 우리 집에서 가져다가 맡겨 두었던 쌀이 아니고 아마 다른 댁의 쌀과 바뀐 모양이구먼? 혹은 또 곳간지기가 시아버니와 짜고서 농간질이나 한 것이 아닌가? 시아버님은 우리가 헤피 먹고 굶겠다고 걱정하더니 이제 보니 이따위 심사로구먼!" 한다. 그리고 되질을 다 해보고는 "애고머니! 서 말 쌀이란 것이 우리 말[斗]로는 말가옷²)도 못 되네" 하고 부부끼리 이맛살을 찌푸리며 눈썹을 올렸다 내렸다 하며 쑥덕거리며 아비의 탐욕을 나무랄 것이다. 환자는 어버이와 자식간에도 이러할진대 하물며 관가와 백성간에야 더 말할 나위들 있으랴!

이상과 같은 방법으로 양식을 맡겼다 받았다 하기를 10여 년 동안이나 계속하였다. 그래서 열 아들의 집들은 모두 가난에 빠져 버렸으나, 늙은 아비의 집 곳간에는 곡식이 차고도 넘쳐서 작은 곳집, 큰 곳집을 새로 지었다. 그래서 하루는 그 아비가 여러 아들을 불러 놓고 하는 말이 "지금 내 창고에는 쌀이 묵어서 썩을 지경이니, 너희들은 모두 꿔서 갖다 먹고 오는 가을에 갚으되 열 말에 한 말씩만 더 붙여서 내라. 이건 이자가 아니고 새와 쥐가 축낸 양을 보충하는 셈이다. 나는 지금 부자가 되어 내 창고를 돌보는 사람만도 수십 명이나 되니, 어찌 그냥 수고를 시킬 수 있겠느냐? 그자들의 수고비³)는 너희들이 좀 부담해야 할 터이니, 너희들은 염두에 두거라"고 하였다.

이 말을 들은 아들들은 아비 앞에 꿇어앉아 눈물을 흘리면서 "그것은 받기를 원하지 아니합니다. 만일 꼭 그리하라고 하시면 저희들은 아버지 슬하에 끝내 있을 수 없소이다"고 한다. 그 아비

---

2) 말가옷 : 한 말 반쯤의 분량.
3) 수고비 : 원문의 '수고채受苦債'는 예전에 '수고값'이란 뜻으로 쓰였다.

는 와락 성을 내며 꾸짖기를 "아비가 쌀을 꾸어 주는데 자식이 받지 않는다는 건 큰 죄악이다!" 하고 매로 그들의 등허리를 치며 억지로 묵고 썩은 쌀을 꿔 가게 하였다.

그해 가을에 흉년이 들어서 열 아들은 모두 곤궁해져서 꿔 먹은 쌀을 갚을 길이 전연 없게 되었다. 이에 늙은 아비는 자기 집 종놈과 하인들을 시켜서 아들들의 집으로 가서 냄비와 가마를 떼고 송아지를 빼앗았으나, 그래도 쌀값이 안 되므로 며느리네 친정 형제와 사촌 형제들의 집에까지 가서 송아지를 몰아내고 가마와 솥을 떼어 가지고 왔다. 그래서 곡성이 하늘에 사무치며 하늘도 무심하다고 저주하는 것이다. 환자는 어버이와 자식간에도 이러할진대 하물며 관가와 백성간에야 더 말할 나위들 있으랴!

그다음 해 봄에는 큰 기근이 들어서 곡식 한 섬 값이 7냥4)까지 되었다. 늙은 아비는 매 섬에 7냥씩 받고 팔아서 그 7분의 6은 자기 광 속에 저축하고 7분의 1은 아들들에게 꿔 주면서 "가을이 되면 곡가가 내릴 것이니 90푼에 한 섬씩 계산하여 곡식으로 갚아라"고 한다. 그리하여 여러 아들들은 모두 가슴을 치고 피를 토하며 하늘을 원망하고 슬픈 심정을 하소연하였다. 환자는 어버이와 자식간에도 이러할진대 하물며 관가와 백성간에야 더 말할 나위들 있으랴!

그러므로 환자법보다 더 나쁜 법은 이 세상에 없다. 이런 법은 어버이와 자식간에도 실행할 수 없는 것이다.

---

4) 7냥 : 전서 원문의 '七百'은 700푼으로 7냥이다. 이를 남한에서 700냥으로 번역한 것은 잘못이다. '푼分'은 엽전 한 닢으로 100푼이 1냥兩이다. <자찬묘지명>에 "1798년 풍년이 들어 곡산의 쌀값이 1섬(15말)에 200푼에 불과한데 상정가詳定價는 420푼이었다"고 하였다.

[해제]

<환자론>에서 늙은 아비는 봉건 통치 관료를, 그 아들들은 인민들을 형상화한 것이라고 할 수 있다. 치부에 눈이 어두워 아들들의 가마와 송아지를 빼앗고도 부족하여 며느리네 친정 사촌집의 솥까지 뽑아 오는 아비의 강도적 행위는 인징鄰徵·족징族徵까지 함부로 자행하던 당시 봉건 통치배들의 가혹한 착취 행위를 예술적으로 재현한 것이다.

작가는 자신이 제기하고 밝히려 한 주제·사상을 정면에 내세우기보다는 재치 있는 허구적 이야기를 펼쳐 형상적으로 암시하며 날카로운 격조를 부여한다. 그렇게 함으로써 하나의 완결된 문학작품인 동시에 예리한 정치적 문제를 해명한 정론으로서의 성격을 다 갖출 수 있게 하였다.

작가는 "하물며 현관이 인민에게서이랴?(矧縣官之於民哉)"는 수사학적 질문을 반복하여 환자법이 인민들의 생활을 극도로 몰락하게 하는 천하의 악법이라는 것을 강조하고 있으며, 끝에 가서 "환자법보다 더 나쁜 법은 이 세상에 없다(法莫不良於還上)"고 결론지음으로써 그 사상·주제적 지향을 더욱 선명히 하고 있다.

작품은 또한 강한 논리와 주정 토로로 주제·사상을 해명하는 정론의 일반적 수법에서 벗어나 작중 인물들간의 심각한 갈등을 설정하고 그 성격적 특질을 묘사하려고 시도함으로써 일종의 소설적 풍격까지 보여 주고 있다. 바로 여기에 이 작품의 예술적 특성과 당시 정론문학 발전에 이바지한 문학사적 의의의 하나가 있는 것이다.*

다산은 환곡 관리의 문제를 <환자론>, <환향의還餉議>(pp544~556)와 《목민심서》<호전戶典·곡부穀簿>, 《경세유표》<지관수제地官修制·창름지저倉廩之儲> 등에서 다루었다.

* <환자론>에서~것이다 : 김진국, 앞의 책, pp203~5. 최익한은 일찍이 "<환자론>은 환자법의 불합리와 약탈적 방법을 우수한 비유로써 표현하였으므로 문학적 가치를 넉넉히 가지고 있는 작품으로 볼 수 있다"고 평하였다. <정다산과 문학>, 《조선문학》 6호, 조선작가동맹출판사, 1954, p106.

간리론 奸吏論

관리가 반드시 처음부터 간악한 것이 아니라 그로 하여금 간악하게 만드는 것은 지금의 제도이다. 그들이 간악하게 되는 이유는 물론 다 열거할 수가 없지만, 대체로 보면 직위는 하찮은데 재간이 남아돌면 간악하게 되고, 지위는 낮은데 지식이 높으면 간악하게 되고, 노력은 적은데 효과가 빠르면 간악하게 되고, 나는 한 자리에 오래 있는데 나를 감독하는 자가 자주 바뀌면 간악하게 되고, 나를 감독하는 자가 정직하지 못하면 간악하게 되고, 나의 당파 세력이 밑에서 드센 반면에 나의 상부는 외롭고 어리석으면 간악하게 되고, 나를 질투하는 자가 나보다 약해서 나를 두려워하여 지적하지 못하면 간악하게 되고, 내가 범한 과오를 모두 다 같이 범하였기 때문에 서로 은폐하면서 폭로하지 못하면 간악하게 되고, 형벌이 가볍고 염치가 없어지면 간악하게 된다. 또 혹은 간악하다가 실패하기도 하고, 혹은 간악하다가 이롭기도 하며, 혹은 간악하지도 않았는데 간악한 것으로 인정받는다면 간악하게 된다.[1]

간악하게 되는 원인들이 대체로 이렇게 나타난다. 그러므로 이런 원인들을 따지고 보면 많은 경우에 관리들을 통솔하는 자가 관리들을 간악하게 만든 것임에도 불구하고 관리들로 하여금 그렇게 되지 않을 수 있도록 하는 방법은 강구하지 않는다.

그러니까 관리들이 어찌 점점 간악하게 되지 않을 수 있겠는가?

---

1) 첫 문단은 전서 원문과 대조하여 간명하게 다듬었다. 예컨대, '知崇'을 최익한은 '높은 벼슬을 욕망하면'으로 의역하였지만, 편자가 '지식이 높으면'으로 고쳤다.

대체로 국가에서 공경·대부·사土의 관리들을 두고 공경·대부·사의 녹봉祿俸을 제정하며 공경·대부·사의 인격을 존대하는 것은 누구를 위한 것인가? 그것은 인민을 정치하기 위한 것이다. 바로 그와 같이 그 직업이 인민을 정치하는 것이라면 무릇 그 관리들의 재능을 시험하는 것, 그 관리들의 기예를 선발하는 것, 그 관리들의 업적을 평정하는 것, 그 관리들의 등급을 승진시키는 것 등이 마땅히 인민을 정치하는 데 그 기본을 두어야 하며, 그 관리가 인민을 어떻게 위하였는가, 또는 어떻게 인민을 위하여 일할 수 있는가에 의하여 그 표준을 두어야 할 것이다.2)

그러나 지금은 그렇지 않고 관리를 시험하는 것은 시·부詩賦로만 하며, 관리를 선발하는 것은 씨족氏族(문벌)으로만 하며, 관리를 평가하는 것은 그 경력의 화려한 것에만 의하며, 관리를 승진시키는 것은 그가 당론黨論(이 시기 사색四色 당쟁을 가리킴)에 얼마나 철저한가에 의하여 결정한다. 그리고 정말 인민을 위하여 일하는 것은 천한 일이라고 하여 아전들에게 맡겨 두고 처리하도록 한다.

그러다가 때때로 그들은 와서 위엄을 피우고 혹독한 형벌까지 서슴지 않으면서 말하기를 "간악한 관리는 마땅히 징계해야 한다"고 야단스럽게 떠든다. 이것은 흡사 나그네가 와서 주인을 욕하는 셈이다.

아전들은 하도 어이가 없어 하늘을 쳐다보며 갓끈이 다 끊어질 정도로 크게 웃으면서 "백성에 대해서 네가 무슨 관심이 있는가?"

---

2) 그 관리가~할 것이다 : 원문에는 없는데, 최익한이 의역하여 추가한 부분이다. 이렇게 다산의 글을 인민적·애국적으로 개변 조작한 경우가 허다하다. 류수·리철화의 《정약용작품선집》 p305 번역도 똑같다.

하고 말한다면, 아전들의 간악한 짓을 징계할 수가 없을 것이다.

옛날 조광한趙廣漢3)은 하간河間 군리郡吏였고, 윤옹귀尹翁歸4)는 하동河東 옥리獄吏였고, 장창張敞5)은 졸사卒史였고, 왕존王尊6)은 서좌書佐(서기)였다. 그러나 그들을 정부 요직에 등용하니 그 공로와 재능은 혁혁하여 백성들은 복종하였고 국가는 잘 다스려졌다.

이와 같은 성과는 어떻게 그럴 수 있는가? 그것은 그들이 이미 백성을 다스리는 데 대한 경험과 지식이 있어 정치를 바르게 하였기 때문이다. 만약 흉년에 도적이 봉기하여 북 치는 소리가 서울을 진동하면 아무리 군사에 유능한 사마상여司馬相如를 보내서 근절시키려고 하더라도 근절시킬 수 있겠는가?

만약 큰 옥사獄事가 일어나서 감옥에 가득한 죄수들이 여러 해 동안 판결을 받지 못한다면, 아무리 송사에 유능한 왕자연王子淵7)을 보내서 판결하려 해도 할 수 있겠는가? 그러므로 관리들로 하여금 간악하지 않게 하려면 오직 정부에서 인재를 취하는 데 시·부

---

3) 조광한趙廣漢(?~BCE65) : 한나라 선제宣帝가 경조윤京兆尹으로 임명하니 간사한 관리를 귀신같이 적발하고 권력 있는 자를 제어하며 백성들의 사정을 잘 살펴 주었다. 나중에 그가 권력자들에 의해 불행히 형을 받게 되었을 때 백성들이 궁궐 앞에 모여서 그를 위해 울며 신소申訴하는 자가 수만 인이었다고 한다.

4) 윤옹귀尹翁歸(?~BCE62) : 한나라 선제 때에 동해 태수東海太守가 되어 탐오한 관리와 세력 있는 토호들을 적발 숙청하니 그 지방이 잘 다스려졌다. 또 우부풍右扶風(벼슬명)이 되자 서울 사람들이 그 위엄을 두려워하였다. 청렴으로 일생을 마치고 죽은 후에 자기 집에는 끼친 재산이 없었다고 한다.

5) 장창張敞(?~BCE47) : 한 선제 때 경조윤에 올라 도둑을 엄격히 처벌하니 시내에 도적이 없어졌다고 한다.

6) 왕존王尊(?~?) : 한 성제成帝 때 경조윤이 되자, 달포 사이에 도적이 평정되었다고 한다. 어려서 부친을 여의고 가난하게 살았으며, 군수의 인정을 받아 서좌書佐 벼슬을 한 적이 있다.

7) 왕자연王子淵(?~BCE61) : 자연은 한 선제 때의 문인 왕포王褒의 자字. <성주득현신송聖主得賢臣頌>을 지어 올려 간의대부諫議大夫에 발탁되었다.

詩賦로만 뽑지 말고, 행정과 실무에 유능하고 경험이 풍부한 자들을 높은 관직에 등용시켜야 하며, 매 군·현郡縣 가운데 가장 피폐하고 다스리기 어려운 곳마다 그들처럼 경험 있고 실무에 익숙한 자를 보내서 다스리도록 해야 한다. 그렇게 하여 그들이 만약 훌륭한 성적을 내면 공경재상을 임명하는 것도 주저하지 말아야 한다. 이렇게 함으로써만 관리들의 간악함이 근절될 수 있을 것이다.

그러나 같은 지방에 여러 대를 살았고 같은 직무에 오랫동안 있었던 자들은 그 세력이 이미 뿌리 깊이 박혔고 그 안면이 너무 익숙해졌기 때문에 그가 비록 실무에는 능한 자라도 그 간악한 방법이 여러 가지가 있다는 점을 유의해야 한다. 그런데 아전들의 직무는 대체로 중요하고 권력 있는 자리가 한 고을에 불과 10자리뿐이다. 그중에 가장 중요한 것은 파견을 맡은 자와 곡식 장부를 맡은 자와 토지를 맡은 자와 군정軍政을 맡은 자들인데, 아무리 큰고을이라 하더라도 10인에 불과하다. 이 10인은 매번 수백 리 밖에서 선발하고, 지금 영리營吏[8]의 법과 같이 한 직무에 오래 두지 말되, 오랜 자는 2년 혹은 1년 전후로 하여 교체하면 아전이 아무리 간악한 짓을 하려 해도 할 수가 없을 것이다. 대체로 관리들이 간악하게 되는 것은 한 직무에 너무 오래 두는 데서 생기게 된다. 만약 그들을 한 장소, 한 직무에 오래 두지 않는다면 간악한 행동을 하던 자도 그 이상 더는 할 수가 없을 것이다. 그들이 다른 군·현으로 불시에 이동된다면 창고에서 사복私腹을 채운 경우에 어떻게 숨기고, 군오軍伍에서 부정한 행동을 한 경우에 어떻게 숨길 수

8) 영리營吏 : 이조 시대에 감영監營·병영兵營·수영水營에 딸린 아전.

가 있겠는가? 이와 같이 그들이 엄폐와 은닉을 제 마음대로 할 수가 없다면 그들의 간악한 행동은 점점 없어질 것이다.

간악한 짓을 없애는 방법은 이상과 같이 능히 할 수 있음에도 불구하고, 지금 관리를 통솔하는 자들은 조금도 시정하기 위하여 노력을 하지 않으면서 "난들 어쩌겠는가?" 한다.

그러므로 지금 관리가 반드시 간악한 것이 아니라 그들로 하여금 간악하게 만드는 것은 바로 제도이다.

[해제]
최익한은 '간리奸吏(간사한 아전)'를 '간악한 관리'로 번역하여 상당히 혼란을 주고 있다. 이 글은 주로 다산이 곡산 부사 시절(1797. 윤6~1799. 4)의 경험을 살려 아전의 비리를 근절할 방법을 제시한 논설이다. 그는 관리를 시부詩賦로만 뽑지 말고 행정 실무에 익숙한 자들을 지방관으로 파견할 것과, 요직에 있는 아전들은 주기적으로 교체할 것을 강조하였는데, 앞의 <향리론鄕吏論>처럼 역시 공격의 화살을 하급 관리인 아전에게 겨누었다.

다산은 생원임에도 불구하고 자기 묘지명에 진사라고 사칭하였으니(자세한 것은 p103 각주 5 볼 것), '관리를 시부로만 뽑지 말자'는 그의 주장이 얼마나 진정성이 있을까 의문스럽다. 왜냐하면 시부 출신이 바로 진사이기 때문이다.

감사론監司論

　어두운 밤에 담벽을 뚫고 문고리와 자물쇠를 벗기고 자루를 더듬으며 상자를 열어서 옷과 그릇을 훔치거나 가마와 솥 같은 것을 떼어 가지고 도망하는 자가 도적이겠는가? 아니다, 이는 배가 고파서 먹기에 바쁜 사람의 행위다.

　칼을 품고 몽치를 소매 속에 간직하고 길목에 숨어 있다가 지나가는 행인에게 덤벼들어서 마소나 금전을 빼앗고는 그 사람을 죽여 증거를 없애 버리는 자가 도적이겠는가? 아니다, 이는 오직 어리석은 놈이 양심을 잃어버리고 하는 짓이다.

　좋은 말, 비단 안장에 걸터앉아서 수십 명의 구종꾼1)과 수종자2)를 거느리고 횃불과 촛불을 들리고 창과 칼을 벌여 세우고 부잣집을 골라 바로 그 집 대청에 올라가서 주인을 잡아 묶어 놓고 재산을 송두리째 앗으며 곳집에 불을 지른 다음 주인에게 말을 내지 못하도록 위협하고 다짐을 받는 자가 도적이겠는가? 아니다, 이는 오직 교양을 받지 못하고 삐뚤어진 자들의 행위이다.

　그러면 어떤 사람을 도적놈이라 할 수 있겠는가? 병부兵符를 차고 인印끈을 늘어뜨리고서 한 고을을 맡아보며 한 진영陣營을 관할하여, 곤장과 항쇄3)·족쇄·수쇄로써 날마다 가난하고 파리한 백성

---

1) 구종驅從꾼 : 말몰이꾼. 원문의 '구정驅丁꾼'은 같은 말이다.
2) 수종자隨從者 : 따라다니며 곁에서 심부름 따위의 시중을 드는 사람.
3) 항쇄項鎖 : 죄인의 목에 씌우던 칼 또는 쇠사슬. 발에 채우는 것은 '족쇄足鎖', 손에 채우는 것은 '수쇄手鎖'라고 한다.

의 기름을 빨아먹는 자가 도적이겠는가? 아니다, 이는 작은 도적놈일 따름이다.

정말 큰 도적놈이 여기에 있다. 그놈은 어떠한 놈인가? 큰 기를 세우고 큰 일산을 받치고 큰 북을 치고 큰 나팔을 불고 쌍교자를 타고 옥로玉鷺4) 달린 갓모자를 썼다. 그의 수종자로는 부府가 2명이요 사史가 2명이요, 서胥는 부와 사의 수보다 2명이 더 많고 관속官屬이 수십 명이요, 가마꾼·구종꾼·관노官奴·사령使令5)들이 수백 명이요, 여러 고을과 역마을들에서 마중 나오는 아전과 관속들이 수백여 명이다. 사람을 태운 말이 백 필이나 되고 물건을 실은 말이 또한 백 필이다. 고운 옷을 입고 예쁘게 단장한 부인네가 수십 명이며, 비장裨將으로서 화살 넣은 동개를 메고 앞서 달리는 자가 2명이요, 뒤에서 달리는 자가 3명이다. 역관譯官으로 따라가는 자가 1명이요, 향정鄕亭6)의 관리로서 말 타고 따라가는 자가 3명이요, 병부를 차고 인끈을 늘어뜨리고 기운을 죽이고 숨도 감히 쉬지 못하는 태도로 말 타고 따라가는 자가 4~5명이요, 형틀과 붉은 곤장, 흰 곤장을 싣고 백성의 주리를 트는 자가 4명이요, 횃불·촛불을 켤 재료를 짊어지고 손에 청사초롱을 잡고 대령하는 자가 수백 명이요, 매를 들고 백성들이 억울한 사정을 하소하는 것을 금하는 자가 8명이요, 거리와 길가에 서서 구경하고 그 위풍을 부러워하는 자가 수천백 명이다.

---

4) 옥로玉鷺 : 갓 머리에 달던, 옥으로 만든 해오라기 모양의 장신구.
5) 사령使令 : 관청에 딸린 하졸下卒로 군관軍官·포교捕校 밑에 있으면서 심부름이나 곤장 치는 일 따위를 하였다. 그 일에 따라 조례皂隷·문졸門卒·일수日守·나장羅將·군노軍奴 등으로도 불렸다.
6) 향정鄕亭 : 지방의 역驛과 참站.

그 일행은 이르는 곳마다 화포를 쏘아서 군중을 놀라게 한다. 밥참이 되면 그의 앞에 공궤할 다담상은 하도 크고 무거워서 들어 나르는 사람들이 넘어질 지경이다. 많은 음식들 중에 한 가지라도 따습지 않거나 간이 맞지 않거나 하면 음식 장만하는 사람을 잡아내어 곤장으로 치는데, 치는 자는 10여 명이다. 그들은 행차 오는 길에 말이 돌에 채었다고 하여 인민을 때리며, 길가에 떠드는 사람을 금하지 않았다고 하여 인민을 때리며, 영접하는 부인들이 많지 않았다고 하여 인민을 때리며, 횃불이 밝지 않다느니 방이 덥지 않다느니 하여 인민을 때린다.

그가 관청에 도임하여 좌석을 정하자 곧 부府와 사史를 불러 통첩을 만들어 도내 여러 고을에 발송하고 각 시장에 명령하여 관곡官穀을 판 값을 바치라고 한다. 곡물의 시가는 한 섬에 한 냥 반7)이면 그는 "값이 어찌 그리 헐하냐?" 하고 성을 내어 꾸짖으며 한 섬에 두 냥으로 올려 매긴다. 백성이 환자 곡식을 갚으려고 곡물을 짊어지고 오면 그는 문득 그 곡식 섬을 물리치고 값으로 한 섬에 돈 두 냥을 받는다. 그리고 그 이듬해 봄에는 그 두 냥을 셋으로 쪼개어8) 백성에게 주면서 그것이 한 섬 곡식이라고 한다.

해변 지방에는 가멸고 큼직한 장사들이 많아서, 곡가가 올라가면 창고 곡식을 전부 내어 팔아서 돈을 만들고, 산 고을에는 풍년이 들어 곡가가 똥값으로 되면 사서 쟁인다. 곡물은 발이 돋아서 날마다 100리씩 달려서 7일이면 700리를 내달아 해변 지방에 도

---

7) 한 냥 반 : 전서 원문의 '錢百五十'은 엽전 150푼으로 1냥 반이다. 이를 남한에서 150냥으로 번역한 것은 잘못이다.

8) 그 두 냥을 셋으로 쪼개어 : 전서 원문의 '折二百而三之'를 최익한이 '그 두 냥을 넷으로 쪼개어 반 냥씩'로 번역한 것은 착오이다.

착한다. 해변 지방의 가난한 백성들은 자기네가 지은 농작물은 환자還上값으로 관가에 다 바치고 비싼 곡물을 한 톨도 사 먹을 수 없게 된다. 그들은 견디다 못하여 아내를 팔고 자식을 팔고 피를 토하고 거품을 물고 서로 붙잡고 엎어져 죽어 버린다. 이러한 판에 감사의 주머니에 들어오는 돈은 수십만 냥9)이나 된다.

돈 벌기에 정신이 빠진 감사는 모든 정사를 잊어버린다. 백성이 묘지 송사를 하면 그는 취급하지 않고 흘려버리며, 인민이 그 고을 관장의 학정을 호소하면 그는 듣지 않고 도리어 40냥10)의 벌금을 물리며, 인민이 병든 소를 잡아먹으면 또한 탈을 잡아 벌금 30냥11)을 받는다. 이리하여 그는 공돈 수만 냥12)을 긁어모은다.

어찌 이뿐이랴? 토호와 관리들이 인장과 문서를 위조하며 법을 농간하는 자가 있어도 그는 눈감아 주고 숨겨 주며, 제 부형에게 불효 불경하고 제 아내를 박대하고 음탕한 행동을 하여 윤리를 어지럽히는 자가 있어도 그는 "그럴 리가 있느냐? 잘못 전하는 말이다" 하고 모르는 체하여 버리며, 병부를 차고 인끈을 늘어뜨린 자가 환자를 팔아먹고 국세를 훔쳐먹기를 제 버릇과 같이 하더라도 용서할 뿐 아니라 도리어 그의 성적을 우등으로 매겨서 임금을 속인다.

---

9), 12) 전서 원문의 '錢(至)數千萬'은 '엽전 수천만 푼(=수십만 냥)', '錢(至)數百萬'은 '엽전 수백만 푼(=수만 냥)'이다. 이를 최익한이 '수천만 냥', '수백만 냥'이라 한 것은 오류이다. 남북한의 번역서에도 전부 잘못되어 있다.

10), 11) 전서 원문의 '罰四十百'은 '벌금 4,000푼(=40냥)', '罰三十百'은 '벌금 3,000푼(=30냥)'이다. 남한의 번역서에는 '벌금 40~100냥', '벌금 30~100냥'으로 전부 잘못되어 있다. 《목민심서》〈예전禮典·빈객賓客〉조에 동일한 내용이 '罰四千(=40냥) … 罰三千(=30냥)'으로 나온다. 즉 '罰'은 '罰錢', '四十百'은 '40×100', '三十百'은 '30×100'이란 말이다. 이로써 최익한의 화폐 단위 번역이 얼마나 정확한지 쉽게 알 수 있다고 하겠다.

이러한 자는 그야말로 큰 도적놈이 아니겠는가? 큰 도적놈이다. 이 도적놈에게는 순경이 감히 질문하지 못하며, 금부禁府가 감히 잡지 못하며, 어사가 감히 탄핵하지 못하며, 재상이 감히 말하지 못한다. 온갖 토색과 횡포를 마음대로 하여도 어느 누구도 감히 건드리지 못하며, 토지와 농장을 광범히 장만하여 놓고 종신토록 방종 안일한 생활을 하여도 누구 한 사람도 감히 비난을 하지 못한다. 이러한 놈이야말로 참으로 큰 도적놈이 아니겠는가? 큰 도적놈이다!

군자는 말한다. "큰 도적놈들을 없애 버리지 않으면 인민은 다 죽을 것이다"고.

[해제]

<감사론>은 《목민심서》<예전禮典·빈객賓客>에도 <산거방언山居放言>이란 제목으로 비슷하게 실려 있다. 그의 논論 중 가장 우수한 글이다.

<감사론>은 한 도의 전제 군주인 감사(관찰사)의 호화 방종한 생활과 인민에 대한 약탈 및 잔인한 행위를 훌륭히 형상화한 걸작이다. 관료 계급의 추악 무도한 정체를 폭로 비판한 점에 있어 그 신랄 준엄한 필치는 연암의 <방경각 외전放璚閣外傳>에 비해 거의 손색이 없다 하겠다. <감사론>은 단순히 감사의 횡포를 적발 폭로하는 데만 그친 것은 아니다. 이는 구주 이하 상부 관료 전체에 대한 간접적 공격이며, 통치 계급의 포악성에 대한 불타는 증오심의 표현이다.[1]

<감사론>은 그 비판의 예리성과 예술적 형상력에 있어서 이전 시기 어느 정론에서도 볼 수 없었던 새로운 경지를 개척하였다. 조선 봉건 왕조의 정책 집행에서 중추적 역할을 담당하는 감사 일반을 직접 과녁으로 삼아 그의 파렴치한 반인민적 수탈상과 도덕적 부패상을 적나라하게 벗겨 냄으로써 반동적 봉건 관료배들의 전형 창조에서 종전에 비해 훨씬 진전된 측면을 보여 주

었다. 그 밖에 잘 짜인 논리와 수사학적 의문법을 적극적으로 이용함으로써 인민의 착취자·약탈자로서의 감사에 대한 비판의 강도를 보다 높인 것 역시 이 정론의 특색 중 하나이다.[2]

<감사론>은 아전을 소도小盜, 관찰사를 대도大盜라 하였으니, 아전만 비판한 <간리론>보다 일보 전진한 셈이다. 하지만 대도와 계급적 동반자인 군자를 으레 내세워 그의 말로 결론을 대신한 것은 최대 맹점이다.

1. 최익한, <정다산과 문학>, 앞의 책, p106.
2. 김진국, 앞의 책, pp208~210.

전결변田結辨

    토지의 면적 계산을 결부結負[1]법으로 하고 경묘頃畝[2]법으로 하지 않는 것은 오직 우리나라만이 그러하고 다른 나라에는 없는 바이며, 우리나라에서도 오직 근세에 와서 실시된 것이고 중세까지도 없었던 것이다.

    그러나 지금 어떤 사람이 결부법을 폐지하자고 제의하면 정부의 늙은 대신들은 곧 낯빛을 바꾸면서 반대하기를, "전결田結이란 명칭은 옛날 관자管子[3] 때부터 있었고 신라에서 이미 행하였으며 고려 시기에 와서도 고치지 않았던 우리나라의 옛 법이다. 중국은 경묘법을 사용하나 우리나라가 결부법을 사용하는 것은 각각 그 나라 풍속이 다르기 때문이다. 예를 들면, 중국은 수레를 사용하지만 우리나라는 지게를 사용하고, 중국은 의자에 앉으나 우리나라는 자리에 앉으며, 중국은 친영親迎[4]을 하지만 우리나라는 숙부

---

1) 결부結負 : 옛날 우리나라의 양전법에서 토지 면적 계산의 단위를 가리킨 것인데, 100부(負-짐)를 1결結이라 하고 10속(束-뭇)을 1부라 하였다. 그런데 당시 제정된 양척법에 의하면 1등전 1결은 227.529평방척平方尺(周尺)으로서 오늘날 평수로는 약 2,758.88평이고, 6등전 1결은 912.025평방척으로서 오늘날 평수로는 약 11,035.50평 정도이다. 즉 1등에서 6등까지 각 등급마다 차이가 있지만 여기에서 자세한 것은 생략한다.
2) 경묘頃畝 : 옛날 중국 양전법에서 사용한 토지 면적의 단위를 말한 것인데, 100묘畝를 1경頃이라 하고 100보步를 1묘라 하였다. 그러나 시대에 따라서는 240보를 1묘라고도 하였다. 1보는 사방 6척尺을 가리킨 것이다. 이것은 실제 토지 면적에 의한 양척법이다.
3) 관자管子 : 책 이름이기도 하다. 춘추 시대 제齊나라의 관중管仲(?~BCE645)이 지은 것이라고 하나, 내용을 보면 그의 저작이 아닌 후인들의 위찬도 많다.
4) 친영親迎 : 신랑집에서 신부를 데리고 가서 결혼식을 하는 것.

宿婦5)를 하는 것이 예법으로 되어 있는 것과 같다. 이는 각각 자기 나라의 풍속과 습관을 변경할 수 없기 때문이다. 성인의 정치도 그 풍속과 습관을 따라서 변경하는 것을 서서히 하는 데 있다. 그러므로 지금 예로부터 내려오는 풍속과 제도를 갑자기 고치려고 하면 도리어 백성들에게 동요와 혼란밖에 주지 않을 터인데, 이것이 어찌 사리를 아는 경험 있는 사람이 취할 방책이겠는가?"라고 한다. 이에 그 자리에 있던 모든 사람들은 매우 요령 있는 말이라고 탄복을 한다.

그러나 철산초부鐵山樵夫6)는 그 말을 듣고 비웃으면서 말한다. "그렇지 않다. 옛날 《관자》에는 '호적戶籍·전결田結'이라 하였으니 그 전결은 전적田籍을 가리킨 것이지 지금의 이른바 전결법은 아니다. 또 최치원崔致遠의 숭복사崇福寺 비문에 이르기를 '구롱丘壟(밭두둑)을 더 보태니 200결이 남는다' 하고, 스스로 주해하기를 '30주肘가 100궁弓이 되는데 1주肘가 2척尺인즉 500묘畝에서 60척을 감減하면 1결結이라'고 하였다. 이로 보면 1결의 토지 면적은 일정한 한도가 있었고 그 토지의 비옥한 것과 척박한 것에 따라 차등을 두지 않았으니, 이러한 1결은 바로 1경頃과 같은 것이지 지금의 이른바 1결은 아닌 것이다.

또 《고려사》〈식화지殖貨志〉에 이르기를 '1결의 토지는 사방 104보步 3푼分인데 이것은 1경에 해당된다'고 하였다. 이로 보면 토지 1결의 면적은 일정한 한도가 있었고 그 토지의 비옥한 것과 척박한 것에 따라 차등을 두지 않았으니, 이러한 1결은 바로 1경

---

5) 숙부宿婦 : 신랑이 신부집에 가서 결혼식을 하고 유숙하는 것.
6) 철산초부鐵山樵夫 : 다산의 별호.

과 같은 것이지 지금의 이른바 1결은 아닌 것이다. <식화지>에 또 이르기를 '일역전一易田(한 해 묵힌 밭) 2결은 평전平田(보통 밭) 1결에 준하고, 재역전再易田(두 해 묵힌 밭) 3결은 평전 1결에 준한다'고 하였다. 이로 보면 토지 1결의 면적은 일정한 한도가 있었고 그 토지의 비옥한 것과 척박한 것에 따라 차등을 두지 않았으니, 이러한 1결은 바로 1경과 같은 것이지 지금의 이른바 1결은 아닌 것이다.

동월董越[7]의 《조선부朝鮮賦》에 이르기를 '토지 부세는 결結로써 묘畝를 대신한다'고 하고, 그 주석에 '한 마리 소로 나흘 갈이가 1결이 된다'고 하였다. 이로 보면 토지 1결의 면적은 일정한 한도가 있었고 그 토지의 비옥한 것과 척박한 것에 따라 차등을 두지 않았으니, 이러한 1결은 바로 1경과 같은 것이지 지금의 이른바 1결은 아닌 것이다.

토지를 상·중·하 3등급으로 구분하는 법은 이미 고려 말엽부터 시작되었다. 그러나 1결을 5등급으로 구분하는 것은 이조 세종世宗 때 와서 비로소 논의되었고, 세종 말년에 와서야 6등급으로 구분하자는 것이 논의되었다. 그리하여 세종은 진양대군晉陽大君으로 하여금 상정도제조詳定都提調[8]를 임명하고 이 사업을 추진하도록 하였으니, 이것이 전결田結에 차등을 두게 된 시초이다.

그러나 이때에도 계속 논의만 되었고 사실상 실행되지 않았다

---

7) 동월董越(1430~1502) : 명나라 효종孝宗 때 사람으로 벼슬은 공부상서까지 하였고, 저서로 《규봉문집圭峯文集》과 《사동일록使東日錄》이 있다. 그는 이조 성종 19년(1488)에 우리나라에 사신으로 다녀가서 《조선부朝鮮賦》를 지었다.

8) 상정도제조詳定都提調 : 이조 세종 25년 12월에 1결 6등법을 실시하기 위한 준비 사업으로 '전제상정소田制詳定所'라는 기관을 설치하고 그 기관을 책임진 벼슬로서 상정도제조를 두어 진양대군(세조)을 임명하였다.

는 것을 동월의 《조선부》에서 짐작할 수 있다. 동월이 조선에 사절단으로 왔다가 《조선부》를 지은 연대는 바로 홍치弘治 무신戊申(명나라 효종孝宗 원년元年)이었고, 이해는 바로 우리나라 성종成宗 19년(1488)에 해당되는 만큼 이 시기까지도 토지 면적은 1결의 한도가 정해져 있었고 5등급, 6등급의 차등은 실행되지 않았기 때문에 동월이 바로 그때 사실을 본 그대로 기록하였다고 볼 수 있다. 오직 3등급에 척수尺數를 다르게 하거나 혹은 고려의 옛 법을 따랐을 뿐이다.9) 그러다가 효종孝宗 4년 계사癸巳(1653)에 와서 비로소 준수책遵守冊과 준수척遵守尺이 반포되고, 토지 1결을 6등급으로 나누어서 1등은 1결, 2등은 85, 3등은 70, 4·5·6등은 각각 15씩으로 차등을 두어 법을 정하였으니 전결 차등법의 실시는 이때부터 시작된 것이다. 그러므로 토지를 6등급으로 구분하여 1결을 차등 두는 법은 여태껏 170년밖에 되지 않는다. 그럼에도 불구하고 불과 170년 동안의 사실을 흡사 천지가 생긴 시초부터 있었던 옛 법으로 알고 있으니 어찌 이처럼 잘못 이해하는가?

법이란 것은 30년에 한 번씩 개정된다고 하였는데 이 법은 170년 동안을 그대로 시행하면서 다시 고치려고 하지 않는 것은 무슨 까닭인가?

6등 차등법은 비록 이주離朱10)가 법을 검찰하고 예수隸首11)가

---

9) 오직~뿐이다 : 전서 원문의 '唯三等異尺 或遵高麗之舊而已'를 최익한이 "다만 이 시기까지 토지 3등을 구분하는 데 그 척수尺數를 다르게 한 것은 혹 고려의 옛 법을 따른 것 같다"고 번역한 것은 착오이다.

10) 이주離朱 : 옛날에 시력이 밝기로 유명한 사람이다. 《신자愼子》〈내편內篇〉에 의하면 "백 보 거리 밖에서도 털끝을 보고 능히 분간하였다"고 한다.

11) 예수隸首 : 중국 고대 황제黃帝의 신하인데, 중국에서 처음으로 산수법算數法을 만들었다고 한다.

516

계산을 하더라도 마침내 그 탐오와 기만을 방지할 수 없다. 그러므로 그냥 덮어 두어서 조금도 변경하지 못하게 하는 이유가 바로 이 때문이다. 지금 전국의 토지 제도가 문란한 형편은, 비유하면 떨어진 장막과 헤진 자리를 땅에 깔아 놔서 썩어 버린 것과 같다. 그러므로 한 모퉁이를 들면 전부가 헐어지고 찢어져서 어떻게 할 수 없는 까닭에 조금도 다치지 못하게 하는 것이다.

만약 정치하는 사람들이 인민 생활을 곤궁하지 않게 하고 국가 재정을 부족함이 없게 하려면 먼저 토지 면적을 측량해야 하며, 토지를 정확히 측량하기 위해서는 먼저 결부법을 폐지하고 경묘법을 실시해야 한다. 경위선經緯線을 치고 방전方田을 만든 연후에야 토지 경계經界가 바로 될 것이다. 그러므로 늙은 대신들의 말은 순종할 수 없는 것이다."

[해제]

이조 시대에 결부법에 의한 양척量尺은 토지 면적에 의한 절대적 수량이 아니라 토지 수확고에 의한 상대적 수량이기 때문에 그 실제 면적 계산에 있어 정확성을 기할 수가 없었다. 그래서 다산은 결부에 의한 양전법이 비과학적이라고 비판하였다. 또 당시에 보편적 현상으로 되어 있는 결부법을 통하여 관리들이 농민들을 중간에서 농간·수탈하고 있는데, 이를 방지하기 위해서는 오직 결부법을 폐지하고 정확하게 토지의 실제 면적을 측량해야 한다고 주장한 것이다(최익한).

3. 책策·소疏·의議·차자箚子

인재 선발에 관한 대책 人才策1)

신은 일찍이 붕당朋黨2)의 싸움이 음식의 싸움과 다름없다고 하였습니다. 왜냐하면 가령 여기에 10여 명의 사람들이 모여 앉아 연회를 차리는 경우에 그들이 서로 예의 도덕으로써 사양하지 않고 각기 남보다 많이 먹기 위해서만 경쟁을 한다면 반드시 싸움질이 벌어질 것입니다. 그러나 그들을 직접 보고 물으면 말로는 "저 사람이 나보다 밥을 많이 먹고 술을 많이 마시기 때문이라"고는 하지 않고, 필연코 "어른과 아이는 차례가 다른데 저 사람이 너무나 무례하며, 밥을 흘고 국을 흘려서 저 사람이 너무나 공순하지 못한 까닭이라"고 할 것입니다. 이러한 답변은 한낱 가식에 불과합니다. 어떠한 일에도 구실이 없을 수는 없습니다. 진정으로 그 원인을 규명하면 결국은 서로 많이 먹기 위한 싸움에 지나지 않습니다.

붕당의 싸움도 바로 이와 같습니다. 그들이 말로는 "저 사람의 직위가 나보다 높고, 저 사람의 관록이 나보다 많기 때문이라"고는 하지 않고, 반드시 "저 사람이 임금을 저버리고 국사를 그르치니 불충하기가 그지없으며, 당파를 구성하여 역모를 꾸미고 자기 개인 이익에만 몰두하니 불순하기가 비할 데 없다"고 할 것입니다. 이렇게 변명하는 언사들이 혹시나 근거가 있다 하더라도 그 기본 원인을 분석하면 곧 직위와 관록의 싸움에 지나지 않습니다.

---

1) 원문에 '초역'이라고 되어 있어 미진한 부분은 편자가 보완하였다.
2) 붕당朋黨 : 이조 봉건 통치 계급 내부에서 형성된 사색당파를 말한다.

아, 싸움을 결판하는 것은 힘입니다. 힘이 모자라면 응원자를 청하게 되고, 응원자들이 모이면 곧 붕당을 구성하게 됩니다. 그러므로 붕당을 옹호하려는 심리는 응원을 구하기 위한 것이고, 응원을 구하려는 심리는 그 힘을 모으기 위한 것이며, 힘을 모으려는 심리는 곧 서로 많이 먹기 위한 것입니다. 이로써 관찰한다면 붕당은 그 출발부터가 너무나 비열한 일이라고 하지 않을 수 없습니다.

이제 전하께서 크게 깨달으시어 탕평蕩平 정책3)을 실시함으로써 편당적인 악습을 일소하려고 하시는 것은, 신의 천견으로도 넉넉히 짐작할 수 있습니다. 그러나 일월日月같이 밝은 빛으로써 아직도 다 비치지 못한 곳이 있다고 생각합니다. 그것은 곧 붕당의 권외圈外에 서 있는 서북 지방의 인민들이며, 계급적으로 하층에 속해 있는 빈천한 인민들4)입니다. 이들은 본래부터 붕당의 싸움과는 아무런 관련이 없는데도 오히려 탕평 정책의 혜택을 받을 수 있는 대상에 포함되지 못하고 있습니다. 신이 일월같이 밝은 빛으로써 아직도 다 비치지 못한 곳이 있다고 지적한 것은 이를 두고 말하는 것입니다.

---

3) 탕평蕩平 정책 : 탕평은 본래 양반 관료간의 당파 싸움을 무마 화해시키려는 정책으로 영조가 제창하였으나, 그 이면에서는 자기 옹호파인 서인 노론을 옹호하고 반대파인 소론을 억압하였기 때문에, 도리어 당쟁을 격화시키고 당파 권외의 인재들을 배제하는 결과가 되었다. 다산이 그 폐해를 지적한 것이다.

4) 계급적으로 하층에 속해 있는 빈천한 인민들 : 전서 원문은 '閭巷之賤'인데, 최익한은 독자를 위해 의역하면서 봉건성을 지양하는 이념적 해석을 하였다. 참고로, 남한의 번역을 보면 전부 글자 그대로 '여항閭巷의 천류賤流'라 하였다. 그러나 그는《실정》p135에서는 '閭巷措大'를 '항간에 넉넉지 못하던 사람'으로 평범하게 옮겼다. 상황과 필요에 따라 다름을 알 수 있다. 그래서 이를 편자가 보다 더 구체적으로 '항간의 가난뱅이 샌님'이라 고쳤던 것이다.

앞으로 더욱 공평한 정책을 발전시키며, 편협하고 지역적인 인
재 선발 방법을 결정적으로 개혁해야만 일국의 인재들이 빠짐없이
등용될 것입니다. 국가의 행복이 이보다 더 큰 것이 어디에 또 있
겠습니까?5)

[해제]
<인재책>(1790)의 마지막 부분이다. 이는 책문策問은 산삭하고, 다만 어비
御批 한 구절만 수록한 것이다(今刪不錄 只錄御批一節 — 원주).
1790년 1월 7일에 인일제人日製와 초계문신의 친시를 동시에 시행하였는데,
정조는 올바른 인재 정책을 주제로 책문을 내린 뒤 초계문신의 시권을 친히
고과하였다. 다산은 한 해 전에 이미 초계문신으로 선발된 바 있다. 논리 전
개와 비유의 측면에서 이익李瀷의 <논용인論用人>, <논붕당論朋黨>, <논경장
論更張>, <논과거지폐論科擧之弊>의 영향이 강하게 감지된다(김덕수, '인재책',
《다산학사전》, pp1293~4).
다산은 당쟁의 원인이 작록爵祿의 쟁탈에 있고 '의리'와 언론에 있지 않으며
조정이 '탕평'의 정책을 표방하면서 본래부터 당쟁의 권외에 있는 여항 천민
과 서북 인민을 등용치 않는 것을 신랄하게 지적하였다(《실정》 p715).

---

5) 아래 한 대문은 삭제되었다(下一節刪 — 원주).

조운 대책에 대한 문의서漕運策1)

대체로 전국 지방의 양곡을 수집하여 서울과 지방의 재정을 조절하는 것은 국가의 큰 사업의 하나이다. 양곡을 모으는 데는 일정한 방법이 있고 나누는 데도 일정한 원칙이 있어서, 인민들에게 나누어 주고 모든 국가 관리들에게 고루 봉록을 주어 굶주린 자가 없도록 하는 것이, 이 조운 사업에 의하여 이루어진다. 그리고 이로써 국가의 큰 손님을 대접하고, 이로써 군무자들의 식량을 공급하고, 이로써 시장의 곡물 유통을 풍부히 하고, 이로써 국가 창고의 축적을 보장하는 것이니, 온갖 국가의 경비와 재용이 여기에 의거하지 않는 것이 없다.

그러므로 국가 사업에 복무하는 이로서는 언제나 이 사업에 대해 깊은 연구를 거듭하여 보다 더 편리한 대책을 강구하지 않을 수 없는 것이다.

우리나라가 한양漢陽에 도읍을 정한 뒤로는 바다가 가까워서 양서兩西(황해도·평안도)와 삼남三南(경상도·전라도·충청도) 지방의 양곡 수송은 직접 해로를 이용하고, 경기도와 강원도 지방의 양곡 수송은 바로 한강을 통하여 조운 사업의 편의를 보장할 수 있다. 서남 지방에는 공진貢津·성당聖堂 등의 포구가 있고, 호남 지방에는 법성法聖·군산群山 등의 포구가 있으며, 영남 지방에는 마산馬山·가산駕山(가메 곧 부산) 등의 포구가 있다. 이뿐 아니라 충주忠州에는 가흥창

可興倉, 원주原州에는 흥원창興原倉, 춘천春川에는 소양창昭陽倉 등이 설치되어 있다.

그리고 수송 사업을 책임진 관원으로는 해운 판관海運判官, 수운 판관水運判官 등이 배치되어 있고, 수송 사업의 관리 및 그 기자재를 취급하는 관원으로는 수송선을 배치 동원시키는 차원差員들이 있으며, 수송선을 호송함에는 지방 인민의 관계자들이 힘을 다하여 협조하는 동시에 썩은 양곡을 싣는 것과 같은 일체 국가 규율을 위반하는 경우에는 그를 제어하기 위한 엄격한 법률이 규정되어 있다.

그러므로 수송 사업이 지체될 리가 없고 수송선이 전복될 염려도 없을 것이다. 그러나 근년에 이르러서는 질서가 해이하고 명령이 제대로 집행되지 못하여 국가 수송선에 개인 화물을 싣는 것을 예삿일로 알고, 얕은 물에서도 고의로 사고를 일으켜 온갖 농간을 꾸미며, 양곡에 물을 치고 모래를 섞어 미처 국가에 바치기도 전에 썩게 되니, 이를 구실로 하여 모자라는 수량을 무고한 인민들에게 겹겹으로 빼앗아 낸다. 심지어는 적재량의 전부를 고가로 팔았다가 가을에 이르러 다시 헐가로 사들이는 등 이러저러 칭탁을 일삼는지라 미납된 수량은 기일이 지나도 도착되지 못한다.

이리하여 국가 세입歲入이 모두 합해도 12만 석에 불과하다. 수송선의 사고로 도착되지 못하는 것이 10분의 4~5나 되고, 그 외 다른 구실로 도착되지 않는 것이 또 10분의 3~4나 된다. 때문에 정부에서는 국가 경비를 대지 못하고 관민들에게 식량을 공급하지 못하여 갖은 곤란을 겪으면서도 아직 아무런 대책을 강구하지 않고 있다.

어떤 이는 "서부 지방의 수송은 장산곶長山串 방면에서 실패하고 남부 지방의 수송은 안흥安興 방면에서 실패하니, 만일 운하運河를 굴착하여 수송선을 통행케 하면 서부 지방의 양곡도 염려 없이 서울에 도착될 것이고, 남부 지방의 수송선도 사고를 일으키지 않을 것이라" 한다. 그러나 이와 같은 중대한 문제에 대하여 어떤 이는 말만 내다가 말고, 어떤 이는 또 공사를 착수하려다가 그만 중지하고 마니, 이는 비단 책임 일꾼들의 수치로 될 뿐만 아니라 실로 전체 인민들이 다 같이 근심하는 바이다.

여러 선비들은 사리에 밝고 고금의 사실에 정통하니 반드시 좋은 대책들이 있을 것이다. 각기 그 의견들을 기록하여 제출하여 주기 바란다.

[해제]

이 글은 다산이 약 30세(1791) 되던 시기에 국왕을 대신해 지어서 책문에 응시하는 선비들에게 문제로 준 것이다(최익한). 그러나 조성을은 이 글의 작성 시기를 1789년 윤5월~1790년 7월로 추정하였는데(앞의 책, p182), 《여유당집》의 배치 순서와 두주頭註 내용으로 보아 개연성이 높다. 여하간 정확한 저술 시기는 알 수 없고, 실제로 이 책문이 시험에 사용되었는지 여부도 확인 불가하며, 다만 다산은 도기유생到記儒生 춘시春試의 <책문 조운>(1782)을 참고한 것으로 보인다(《홍재전서弘齋全書》권 49). 관련 글로는 《경세유표》에 <조운사漕運司>, <전선사용의戰船使用議> 등이 있다.

호적법의 개선에 관한 건의서 戶籍議

송나라 선비의 말에 "황종黃鍾[1]이 온갖 일의 근본으로 된다"고 하였는데, 이는 황종이 바르지 못하면 율·도·양·형律度量衡[2]의 기준들이 따라서 혼란에 빠지게 되며, 예·악·형·정禮樂刑政의 기구들이 모두 그 기준을 잃어버리기 때문입니다.

이와 마찬가지로 호적은 모든 정무의 근본이 된다고 말할 수 있습니다. 만일 호적법이 명확하지 못하면 인민들에게 토지를 분배하고 그 재산을 실사하는 데도 지장이 있을 것이며, 국가 부세賦稅를 공평하게 배정하고 민간 노력을 균등하게 동원하는 데도 지장이 있을 것이며, 또 군정軍丁(군인)의 실수實數나 과거 선발의 정원 수를 정할 때에도 지장이 있을 뿐만 아니라, 인민들의 무질서한 지역적 유동을 방지하거나 사회 각계각층의 명분名分[3]을 바로잡는 데도 적지 않은 곤란을 초래하게 되기 때문입니다.

군주가 그 나라 인구의 정확한 동태를 파악하지 못한다면 이는 부모 된 자가 자기 아들딸들의 수효를 모르는 것이나 다름없습니다. 이래서야 어떻게 민간의 실정과 인민들의 생활 형편을 보살필 수 있겠습니까?

호적법이 명확하지 못한 것은 누호漏戶(누락된 세대) 및 허호虛戶

---

1) 황종黃鍾 : 고대 음악의 열두 음조 중의 하나. 자세한 것은 본서 pp538~9 각주 3 볼 것.
2) 율·도·양·형律度量衡 : 본서 pp538 각주 1 볼 것.
3) 명분名分 : 자기 위치에서 마땅히 지켜야 할 직분 또는 도리.

(유령 세대)들이 있고, 누구漏口(누락된 인구) 및 첩적疊籍(이중 호적)들이 있으며, 또 직명職名이나 역명役名이 사실과 차이 나는 실례들이 있기 때문입니다.

누호漏戶와 누구漏口를 없애기 위해서는 다음과 같은 한 가지 방법이 있습니다. 무릇 민간에서 일어나는 살인 사건으로 말미암아 관가에 고소하여 왔을 적에 먼저 그 원고로 하여금 호적을 바치도록 하되, 만일 그가 호적이 없거나 관가의 호적대장에 누락된 경우에는 그 고소를 심의하여 주지 않는 규정을 세운다면, 인민들은 자기 친족들이 남에게 생명을 빼앗겨도 호소할 길이 없기 때문에 호적에서 누락되려고 하지 않을 것입니다. 뿐만 아니라 토지·재산·묘지·구타毆打 등에 관한 소송 사건이 제기되었을 때에도 반드시 그 소송인의 호적을 먼저 상고하여 일체 호적에서 누락된 자들에게는 역시 그 소송을 취급하여 주지 않는다면, 인민들은 자기의 토지·재산·묘지 따위를 빼앗겨도 법적으로 해결 받을 길이 없기 때문에 호적에서 누락되려고 하지 않을 것이며, 또 남이 자기를 구타하여 사지를 훼손시켜도 호소할 곳이 없기 때문에 호적에서 누락되려고 하지 않을 것입니다. 누호나 누구를 없애기 위해서는 이와 같은 지극히 쉬운 방법이 있으므로 구태여 엄격한 형벌을 적용하며, 야단스럽게 호령하지 않아도 될 것입니다.

허호虛戶에 대해서는 수령칠사守令七事4) 중에서 '호구를 증식시킬 것戶口增'이라고 한 조항만 삭제하여 버려도 허호는 없어질 것

---

4) 수령칠사守令七事 : 지방 수령의 근무 성적을 평가하는 7가지 규정. ① 농업과 잠업의 번성(農桑盛), ② 호구의 증가(戶口增), ③ 학교의 진흥(學校興), ④ 군정의 정돈(軍政修), ⑤ 부역의 균등(賦役均), ⑥ 사송의 간략(詞訟簡), ⑦ 간활의 금지(奸猾息).

이며, 중앙 정부에서 지방 군·현郡縣의 호적을 검사할 때에 호수戶數가 줄었다고 하여 문책하지 않아도 허호는 없어질 것입니다. 일찍이 윤탁尹鐸5)이 자기 관내의 호수를 줄임으로써 올바른 정치를 하였다고 한 실례가 있으니, 이와 같은 실례들은 본받을 만한 것입니다. 또 호포戶布와 구전口錢6)의 법을 엄격히 집행하면 허호는 없어질 것이며, 환자還子의 법을 정확히 처리하여도 허호는 없어질 것입니다. 그러므로 허호를 없애려는 것은 아주 쉬운 일이니, 그 허호가 생기게 된 원인을 밝혀서 다스리면 될 것입니다.

또 첩적疊籍이 생기게 되는 것은 별과別科의 제도가 있기 때문입니다. 이로부터 3년 대비大比의 과거법7)을 정확히 실시하고 일체 별과를 보이는 제도는 철폐하여 버리면 첩적이 없어질 것입니다. 뿐만 아니라 호포와 구전의 법을 실시하면 첩적은 없어질 것이며, 솔호率戶·솔정率丁8)의 법을 금지하면 첩적은 저절로 없어질 것입니다.

---

5) 윤탁尹鐸 : 춘추 시대 진晉나라 사람. 조간자趙簡子의 가신家臣으로 진양晉陽의 수령이 되었는데, 호수戶數를 줄여 세금을 적게 거둠으로써 민심을 얻었다고 한다. 《국어國語》〈진어晉語〉

6) 호포戶布와 구전口錢 : 호포는 호마다 군포를 징수하던 세이고, 구전은 식구를 따져서 군포 대신에 돈을 받자는 것으로 인두세人頭稅와 같다.

7) 과거법科擧法 : 관리를 선발하기 위한 국가시험의 방법. 우리나라에서 과거법은 고려 광종 9년(958)부터 실시되었으나, 이조에 들어와서는 1393년에 삼년일시三年一試의 법을 정하여 자子·오午·묘卯·유酉의 해에 시행하기로 하였다. 이것이 곧 3년 대비大比의 과이다. 그러나 국가에 대소의 경사가 있을 때에는 3년 대비과 이외에도 임시로 보이는 과거가 있었는데, 특히 문무과에 한해서만 별시別試·정시庭試·알성시謁聖試 등 약 10여 종이나 되었다. 당시 인민들은 이러한 별과의 과거를 이중으로 보기 위하여 첩적을 가지고 있었다.

8) 솔호率戶·솔정率丁 : 봉건 사회에서 부농들이 약간의 토지와 가대家垈를 주어 노동을 착취하는 가호家戶를 '솔호'라 하고, 일정한 기간과 임금을 조건으로 하여 착취하는 고농雇農을 '솔정'이라 하였다.

직명職名이나 역명役名이 사실과 차이 나는 예들을 없애기 위해서는 직업이 있는 자는 호적에 직명을 쓰고, 과거에 급제한 자는 과명科名을 쓰며, 그 나머지는 다만 제 몇 호라고만 써서 아무런 명칭을 붙이지 않으면 그 직명·역명을 속이려는 자가 없어질 것입니다. 이 역시 사실을 속일 수 있는 근원을 규명하여 대책을 세우면 아무런 어려운 일이 없을 것입니다.

그럼에도 불구하고 누호나 누구를 없애기 위하여 매 호마다 조사하며 심지어는 인민들을 검속하여 혹독하게 고문하는 것은 너무나 비열한 계책이며, 허호나 첩적을 금지하기 위하여 장부를 검열하고 문서를 들추어내서 이리 뒤적이고 저리 뒤적이는 것은 역시 졸렬한 방법입니다. 인민들이 지극히 싫어하는 고통을 조작하여 놓고 도리어 인민들로 하여금 스스로 그 고통에 빠지게 해서는 안 될 것이며, 인민들이 지극히 희망하는 명예의 길을 열어 놓고(과거 제도) 도리어 인민들로 하여금 스스로 그 명예를 손상하게 해서는 안 될 것입니다.

그 책임이 인민들에게 있는 것은 그만두고라도 그 책임이 지도 일꾼들에게 있는 것은 하루빨리 시정 대책을 강구해야 할 것입니다. 위에서 지도 일꾼들이 정권을 바로잡고 인민들로 하여금 순조롭게 따르도록 해야만 지도 일꾼들에게 바야흐로 번잡한 일이 없어질 것이며, 번잡한 일이 없어진 뒤에야 비로소 사업의 성과가 나타날 것입니다.

이와 반대로 도리어 인민들과 더불어 서로 다투며 싸움질하여 문제를 해결하려는 방법은 가장 비열한 수단인 것입니다. (……)

[해제]

'의議'는 한문 문체의 하나로 '나랏일을 논하여 아뢰는 글(奏議)'인데, '건의서'로 번역되었다. 다산은 1799년 7월 형조 참의刑曹參議에서 물러난 후부터 1800년 6월 정조 서거 전까지 비교적 한가한 시기에 <호적의戶籍議>, <신포의身布議>, <도량형의度量衡議>, <환향의還餉議>, <전폐의錢幣議>, <공복의公服議>, <통색의通塞議>, <고적의考績議> 등을 지은 것으로 추정된다.

<호적의>는 호적을 정확히 파악할 수 있는 방법을 각 사례별로 제시한 논설이다. 《목민심서》 <호전戶典·호적>과 《경세유표》 <지관수제地官修制·호적법>에 더 자세하다.

신포 징수법의 개정에 관한 건의서 身布議

《시경詩經》에 이르기를 "뽕나무에 앉은 뻐꾸기여! 어린 새끼 일
곱 마리, 그 동작이 한결같네(鳲鳩在桑 其子七兮 其儀一兮)"[1]라고 하
였는데, 이는 새끼가 일곱이나 되는데도 어미가 먹이기를 똑같이
한다는 말입니다.

신臣은 매양 이 시를 읽을 적마다 우리나라에서 부과하는 신포
身布[2]의 징수법이 공평하지 못함을 느꼈습니다.

무릇 사람이라면 누구를 막론하고 국가에 대한 의무가 동일합
니다. 누구를 막론하고 국가에 대한 의무가 동일하다면, 어찌하여
누구에게는 신포를 받고 누구에게는 받지 않을 수 있겠습니까?

신포의 부담을 일컬어 양역良役이라고 함은 그 부담이 천인賤人[3]

---

1) 《시경》 〈조풍曹風·시구鳲鳩〉편에 나온다.
2) 신포身布 : 군포의 딴 이름. 즉 군대 적령자로서 군적軍籍에 등록되었지만 직접
몸으로써 현역에 복무하지 않을 때에 그 대신 매 인당 삼베나 무명베를 바쳤으
므로 이를 신포라 하였고, 또 천역賤役에 대비하여 양역良役이라고도 하였다.
이 군포 징수법은 1537년부터 실시되어 매 인당 1년에 베 2필씩 거두던 것인데,
1750년에 균역법均役法이 실시되면서 베로는 1필, 돈으로는 2냥, 쌀로는 6말
등으로 개정하여 매 인당 액수는 감소되었으나, 군적의 등록 인원수를 턱없이
증가시켰다. 숙종 때 전국 군액이 30만이던 것이 영조 때에는 50만으로 늘었
으며, 따라서 황구징포黃口徵布·백골징포白骨徵布 등의 현상이 나타났을 뿐만
아니라 그 가짓수도 형형색색으로 늘어났다. 중앙 군부에 바치는 경납京納, 지방
병영에 바치는 군포, 본읍 제번군除番軍의 군포, 사모私募한 사람의 군포, 서원
書院 보인保人의 군포, 사령 관노使令官奴들의 봉족奉足으로서의 군포, 심지어
는 죽보竹保·칠보漆保·지보紙保·삼색보三色保·사색보四色保 등 괴상한 명목들
이 생겨 인민들을 못 살게 굴었던 것이다.
3) 천인賤人 : 봉건 사회의 최하층에 속하는 계급. 이조 시대의 천인은 칠반천인七
般賤人이라 하여 일곱 가지로 나뉘었다. ① 노예인데 이는 매매·증여가 상전의

으로서 부담하는 천역이 아니라 양민良民4)으로서 부담하는 양역
이라는 것을 의미하였으나, 그 부담이 너무나 과중하고 고통스러
웠기 때문에 인민들은 양민의 지위를 도리어 노예와 다름없이 천
시하게 되었습니다. 비록 집집마다 돌아다니면서 양역은 천역이
아니라고 설득한다 하더라도 인민들은 믿지 않을 것입니다.

만일에 이李 아무개라는 자가 최崔 아무개라는 자에게 "너는 내
동생이다"고 한다면, 최 아무개는 당장에 큰 변고로 여기고 노발

마음대로 되는 일종의 재산과 같은 존재로서 관청·향교·서원 등에 소속된 공노
비公奴婢와 개인에게 소속된 사노비私奴婢 등이 있었다. ② 천역인賤役人인데
이는 국가의 일정한 직무에 매여 다른 업을 못하며 거주와 의복의 자유가 없는
자로서 역졸驛卒·목부牧夫·어부·뱃사공·소금 굽는 사람·얼음 캐는 사람·당지기·
묘지기 등이 여기에 속한다. ③ 백정白丁인데 이는 그 거주 지역이 일정하여
평민과 섞여서 살지 못하던 자로서 고리 백정과 소 잡는 백정 등이 있었다. ④
갖바치인데 이는 가죽을 다루어 가죽신을 만드는 기술 일꾼이다. ⑤ 창우倡優
인데 광대·날탕패(소리패)·더벅머리(갈보)·사당들이 역시 천대를 받았다. ⑥ 무
당, ⑦ 승려(일부분을 제외한)들도 천인의 계층에 속하였다. 이들은 모두 양반
들과 일반 평민들로부터 혹독한 천대를 받았으며, 자기의 인권에 대한 아무런
법적 보장이 없었다.

4) 양민良民 : 국가의 기본 생산을 담당한 일반 평민으로 상인常人의 부류에 속하
며 다섯 종류로 나뉘었다. ① 농민인데 중세기 사회에서 인구의 80% 이상을
차지하는 기본 계급으로 국가 및 지주들에 대하여 조세·소작료·병역·부역·공물
등의 일체 부담을 졌다. 이 중에도 자작농·소작농·고농 등의 계층이 있었다. ②
상인인데 좌고坐賈 및 행상行商과 서울에만 특수하게 있던 소고기장사·물장사
등이다. ③ 공장工匠인데 건축 공사에 종사하던 공인들과 기타 각종 기술 부문
에 종사하던 장인바치[匠色]들이다. 이 장인바치들은 민간의 자유 수공업자도
있었지만, 그 대다수는 관청에 예속된 부자유한 신분으로 금속·직조·염색·요업·
죽세공·피혁·모물毛物·병기·건축·조선·인쇄 및 기타 일체 생활필수품과 가구 제
작 등 무릇 130여 종의 기술 부문에 종사하였다. 이는 양민으로서 천역에 복무
하였기 때문에 신량역천身良役賤이라 하였다. ④ 어민漁民인데 해안 지대의 어
부들과 민물의 고기잡이에 종사하는 자들이다. ⑤ 품팔이하는 삯꾼인데 이는
도시 및 부두나 나룻가에서 일반 삯일이나 운수 노동에 종사하는 자들이다. 이
양민들은 모두 일반 하인의 신분처럼 양반 지주들과 중앙 및 지방 관리들에게
혹독한 억압과 착취를 당하였다.

대발할 것입니다.5) 그러나 인민들이 자기가 양민 출신인 것을 속이기 위해서는 족보族譜6)를 위조하여 자기 조상의 성까지 갈면서도 조금도 수치로 여기지 않을 정도가 되었으니, 이로써 민심을 가히 짐작할 만합니다.

구태여 나라에서 신포를 징수하려면 다만 관직에 복무하는 자나 진사進士7)의 지위를 가진 자나 평민으로서 관가에 등용된 자나 군대에 현재 복무하는 자 등 특수한 경우는 제외해야 합니다. 그러고서, 일정한 관직이 없는 한 제아무리 양반 고관의 자손들일지라도 신포를 징수해야 될 것이고, 제아무리 공신이나 귀족들의 자손들일지라도 신포를 징수해야 될 뿐만 아니라 일정한 규정에 의거하여 나이 15세에서 60세까지의 대상자들에 한해서 균일하게 징수해야 될 것입니다.

그리고 특히 신포를 징수할 때에는 그 신포의 수량이나 혹은 그 대가로서의 화폐 액수 및 그 경비의 본수本數와 민정民丁의 실수實數 등을 정확히 대조 계산하여 서로 알맞게 해야 될 것입니다. 이렇게

---

5) 이가의 동생이 된다는 말은 즉 최가의 성을 이가로 간다는 뜻이다.

6) 족보族譜 : 가계家系와 혈통을 적어 놓은 문헌. 특히 중세기의 씨족들은 자기 부계父系 혈통을 중심으로 하여 역대의 세계世系를 밝히는 것을 지극히 중요한 사업으로 취급하였기에, 그 기록 문건은 대대로 계승하여 자기 생명처럼 소중히 보관하였다. 그것은 자기 선대에 높은 벼슬을 한 자가 있거나 유명한 인물이 있으면, 이를 조건으로 하여 나라의 간부로 등용될 수도 있을 뿐만 아니라 평민으로 있으면서도 양반의 자손이라는 명목으로 사회적 특권을 보장 받았기 때문이다. 이 양반 자손들은 국가에 대하여 일반 평민들과 동등한 의무를 지지 않았고, 어떤 직업에 종사하지도 않았으며, 갖은 수단으로 농민들의 재산을 약탈하여 호의호식할 수 있었다. 그러므로 당시의 출신이 미천하던 인민들은 자기 족보를 위조해서라도 양반의 자손이 되기를 갈망하였던 것이다.

7) 진사進士 : 과거 제도의 하나인 소과小科의 초장初場 시험에 합격한 자이다. 이 외에 소과의 종장終場 시험에 합격한 자는 생원生員이라 하였다.

만 한다면 관가에서는 민정의 실수를 조사하는 헛수고가 없을 것이고, 민간에서도 징수의 불공평에 대한 원성이 없어질 것입니다. 따라서 국가의 재정도 넉넉하게 될 것입니다. 신이 본 바에 의하면 해서海西(황해도) 지방에서는 매 동리마다 군포계軍布契8)를 조직하여 온 동리의 주민들이 귀천의 차별 없이 각기 제 몫의 재물을 내어 저축하여 두고 이로써 자기 동리에 부과되는 신포를 공동으로 물고 있었습니다. 그러므로 그 군적軍籍 중에 기입된 이씨·최씨 등의 명단들은 문서상의 형식을 갖춘 데 지나지 않았습니다.

신이 그곳 병사兵使(병마절도사兵馬節度使)를 보고 물은즉 그는 대답하기를 "가짜 이름으로 신포를 바치는 자들은 적발하여 엄금해야 한다"고 하였습니다. 그러나 무슨 이유로 이를 엄금할 수 있겠습니까? 국가 부세賦稅의 양이 감축된 것도 아니고, 징수의 절차가 보다 힘드는 일도 없었으며, 인민들에게 불평불만이 있던 것도 아니었으니, 이를 금할 필요는 없을 것입니다. 신은 도리어 해서 지방의 이러한 풍속을 참으로 창의적인 좋은 방안이라고 평가하고 싶습니다. 왜냐하면 이미 국가가 공평하지 않은 법을 인민들에게 선포하였기 때문에, 인민들은 이를 미봉하기 위하여 스스로 창의적인 방안을 세워 서로 더불어 괴로움을 나누면서 살아가는 것입니다. 이는 해서 지방 인민들의 잘못이 아니라 국가의 입법이 본래 잘못된 것이니, 실로 수치입니다.

우리나라 제도가 양반 출신에게는 무조건 신포를 면제하여 주는 까닭에, 인민들이 밤낮으로 생각하는 것은 오직 양반의 신분이

---

8) 군포계軍布契 : 군포를 바치기 위하여 동리에서 자치적으로 조직한 조합. 이 조합의 재산으로 장만한 토지를 역근전役根田이라 하였다.

되기 위한 것뿐입니다. 향안鄕案9)에 한 번 등록만 되면 양반이 되며, 자기 족보를 위조하여 양반의 자손으로 가장해도 양반이 되며, 고향을 버리고 먼 곳으로 이주하여 자기 출신을 속이면 양반이 되며, 유건儒巾10)을 쓰고 과장科場(과거 시험장)에 출입하면 곧 양반이 됩니다. 인민들의 욕망이 모두 다 이러한 방향으로만 기울어져서 세월이 오래되면 온 나라 인민들이 모조리 다 양반이 되고야 말 것입니다.

한 번 양반만 되면 손수 쟁기와 호미를 메고 밭갈이를 하지 않아도 살 수 있는 권한이 생기고, 마소를 끌고 시장에 출입하여 장사를 하지 않더라도 살 수 있는 권한이 생기며, 몸소 도구를 들고 수공업에 종사하지 않아도 살 수 있는 권한이 생깁니다.

그러므로 양반이 많아지면 노력자勞力者(노동자)가 줄어들고, 노력자가 줄어들면 토지가 황폐해지고, 토지가 황폐해지면 국가의 재정은 더욱 고갈될 것입니다. 국가의 재정이 고갈되고서야 어떻게 국가의 간부와 인재들을 권면할 수 있겠습니까? 따라서 정치는 문란해지고, 인민의 생활은 더욱 곤궁하게 될 것입니다.

이와 같이 위험한 현상들을 초래하는 원인을 탐구해 보면, 이는 바로 신포의 징수법이 공평하지 못한 데에 있습니다. 그러므로 신은 "신포의 징수법을 고치지 않으면 태평의 정치를 바랄 수 없다"고 단언합니다.

---

9) 향안鄕案 : 고을의 선비 명단. 즉 이조 시대 지방 자치 기구인 향소鄕所를 운영하던 사족士族들의 성명·본관·내력 등을 기록한 명부.

10) 유건儒巾 : 선비가 머리에 쓰던 관의 한 가지. 껌정 물 들인 삼베를 접어 기워서 머리에 쓸 수 있도록 만든 것인데, 건의 위 뒤쪽에 양쪽으로 귀가 나게 접어 붙인 것이 두건과 다르다. 유건은 주로 선비들이 과거 볼 때에 쓰던 것이다.

[해제]

다산은 인민의 생활을 유지하고 국가의 부패한 정치를 바로잡기 위하여 무엇
보다도 먼저 군포 징수법을 개혁해야 된다고 단호히 주장하였다(최익한).

하지만 그것은 자기 양반 계급을 영원히 존속하려는 필사적인 몸부림이었다.
즉 다산은 주도면밀히 봉건 국가의 재정 확보라는 명분을 내세우면서, 최우
선적으로 다음과 같은 전제 조건을 달았던 것이다. "아무리 세월이 지나더
라도 아랫것들은 아랫것으로 남아 있어야지, 절대 양반이 되어서는 안 된다
(歲增月衍 將一國盡化爲兩班而後已)"고!

《경세유표》〈지관수제地官修制·부공제賦貢制〉와《목민심서》〈병전兵典·첨정
簽丁〉에 자세하다. 〈발고정림생원론跋顧亭林生員論〉해제 pp642~5도 볼 것.

도량형기의 개정에 관한 건의서度量衡議

옛날에 순舜임금이 지방을 순시하면서 중요한 정책을 베풀 때에 율·도·양·형기律度量衡器[1]를 바로잡는 사업을 가장 선차적으로 실시하였습니다. 후세 사람들이 말을 할 적에는 언제나 요·순堯舜을 일컬으면서도 실제 사업에서는 요·순의 모범을 따르지 않고 있습니다. 율·도·양·형기를 바로잡는 것과 같은 눈앞에 환하게 보이는 사업도 오히려 본받지 않으니, 하물며 다른 일이야 일러 무엇하겠습니까?

흔히 오활한 선비들이 도량형기를 논의하면서 거서秬黍[2]가 나지 않는다고 칭탁하지 않으면, 대통[竹筒][3]을 얻기가 어렵다는 것

---

1) 율·도·양·형기律度量衡器 : 율律은 소리의 고저와 청탁을 구별하는 음조인데 곧 악기를 말하며, 도度는 물건의 길고 짧음을 구별하는 길이인데 곧 자를 말하며, 양量은 물건의 많고 적음을 구별하는 부피인데 곧 되를 말하며, 형衡은 물건의 가볍고 무거움을 구별하는 무게인데 곧 저울을 말한다. 《상서尙書》〈순전舜典〉에 "순임금이 동부 지방을 순시하고 율도량형을 통일하였다"고 나온다.

2) 거서秬黍 : 기장쌀.《한서漢書》〈율력지律曆志〉에 의하면, 기장쌀 90알을 한 줄로 나란히 늘어놓은 길이로써 율척律尺을 만들고, 이 율척에 기준하여 온갖 악기를 만들었다고 한다. 이조 세종 때의 음악가 박연朴堧도 이에 근거하여 특히 해주에서 나는 기장쌀을 이용하여 율척을 만들어 사용한 사실이 있다.

3) 대통[竹筒] : 대로 만든 소리 내는 기구로 '율관律管'이라고도 한다. 중국 고대 문헌에 의하면, 황제黃帝 때 악관樂官이 대통 12개를 만들어 그 소리로 음악의 12음계音階의 기준으로 삼았다고 한다. 삼분손익법三分損益法을 적용한 후세 사람들의 견해에 의하면, 다음과 같은 계산이 나온다. 곧 첫째 대통의 길이는 위에서 말한 율척律尺('거서' 주해 참조)으로서의 한 자[尺]인데 여기서 나는 음조音調가 황종黃鍾이며 5음에서는 궁宮으로 되고, 둘째의 길이는 8촌 3푼 7리인데 음조가 대려大呂이며, 셋째의 길이는 8촌인데 음조가 태주太簇이며 5음에서는 상商으로 되고, 넷째의 길이는 7촌 4푼 3리인데 음조가 협종夾鍾이며, 다섯째의 길이는 7촌 1푼인데 음조가 고선姑洗이며 5음에서는 각角으로

으로써 유일한 구실을 삼으려고 합니다. 이는 곧 황종黃鍾[4]을 바로잡지 않고는 도량형기를 바로잡을 수 없다고 말하는 것입니다. 그러나 신의 생각에는 이와 같은 이론은 모두 황당무계하여 실제에 맞지 않는 이야기들로 여겨집니다. 왜냐하면 대체로 사람들이 줌[掬]으로 집어서 고르지 못하고, 뱀으로 뱀어서 동일하지 않으므로, 이에 자나 되나 저울 같은 기구를 만들어 일정한 기준이 있게 하였을 따름입니다. 어찌 저 분간하기 어렵고 측량하기 곤란한 음조音調의 이치에 맞추어 도량형기를 제작하였겠습니까?

도량형기를 제작함에 있어서 가장 원칙적으로 제기되는 문제는

되고, 여섯째의 길이는 6촌 5푼 8리인데 음조가 중려仲呂이며, 일곱째의 길이는 6촌 2푼 8리인데 음조가 유빈蕤賓이며 5음에서는 변치變徵로 되고, 여덟째의 길이는 6촌인데 음조가 임종林鍾이며 5음에서는 치徵로 되고, 아홉째의 길이는 5촌 5푼 5리인데 음조가 이칙夷則이며, 열째의 길이는 5촌 3푼인데 음조가 남려南呂이며 5음에서는 우羽로 되고, 열한째의 길이는 4촌 8푼 8리인데 음조가 무역無射이며, 열두째의 길이는 4촌 6푼 6리인데 음조가 응종應鍾이며 5음에서는 변궁變宮으로 된다. 이 12음계 중에서 황종·태주·고선·유빈·이칙·무역 등의 기수에 속하는 것은 양음陽音이라 하여 율律이라 하였고, 대려·협종·중려·임종·남려·응종 등 우수에 속하는 것은 음음陰音이라 하여 여呂라고 하였으니, 이를 통칭하면 곧 율려律呂이다. 그리하여 고대 사람들은 이 12율관의 기준과 12음계의 음조를 모든 악기 제작의 기준으로 삼았을 뿐만 아니라 나아가서는 도량형기 및 예악형정禮樂刑政에 관계되는 기구의 제작 기준으로 삼았던 것이다. 특히 이 12율관 중에서 첫째로 되는 황종은 그 길이가 한 자로부터 출발하여 척도상 기본 단위가 될 뿐만 아니라 음계상으로도 기준 음조가 된다고 여겨졌기 때문에 먼저 이 황종의 척도 기준을 정확히 설정하지 못하면 온갖 기구들의 제작 기준을 세울 수 없다고 하였다. 대체로 이상과 같은 견해는 중세기 관념 체계에서 흔히 있던, 예를 들면 오행五行과 오방五方·오색五色·오음五音·오성五聲(牙舌脣齒喉)·오상五常(仁義禮智信)·사시四時·사신四神 등을 견강부회하려고 하던 것과 마찬가지로 비슷하면서도 실제로는 같지 않은 현학적인 견해였으나, 약 2천여 년간 계속 믿어 왔으며 심지어는 맞출 필요도 없는 계산을 억지로 맞추기 위하여 갖은 노력을 다하여 왔던 것인데, 이것이 비로소 다산의 명철한 분석에 의하여 논박 해명되었다.

4) 황종黃鍾 : '대통[竹筒]'의 주해를 볼 것.

다만 그 도량형기의 일정한 기준을 설정하는 데 있을 뿐입니다. 만일 한 치가 두 치의 길이나 된다고 하더라도 온 나라의 자[度]가 모두 동일하다면 이것이 그대로 자로서 시행될 것이고, 두 되가 한 되의 부피밖에 되지 않는다 하더라도 온 나라의 되[量]가 모두 동일하다면 이것이 그대로 되로서 시행될 것이며, 한 냥의 무게가 두 냥, 석 냥이나 된다고 하더라도 온 나라의 저울[衡]이 모두 동일하다면 이것이 그대로 저울로서 시행될 것입니다. 어찌하여 반드시 저 궁음宮音·상음商音과 청음淸音·탁음濁音처럼 율려律呂의 법칙에 합치된 뒤에야 비로소 길고 짧음을 잴 수 있고, 많고 적음을 헤아릴 수 있으며, 가볍고 무거움을 달 수 있다고만 하겠습니까?

그러므로 이제부터 도량형기를 바로잡는 사업을 실시하되 자[度]는 현행 포백척布帛尺으로 기준을 삼고, 되[量]는 관두官斗로 기준을 삼으며, 저울은 은칭銀秤으로 기준을 삼아 공조工曹로 하여금 견본을 만들게 하여 전국에 반포할 것입니다. 동시에 서울에서는 다만 공조에서만 이것을 만들 수 있게 하고 지방에서는 각 도의 감영監營에서만 이것을 만들 수 있게 하여 각기 대가를 받고 민간에 팔아 보급하도록 하되, 만일 제 마음대로 만드는 자가 있을 경우에는 국가 공인을 위조한 죄나 화폐를 사사로이 주조한 죄와 동일한 형벌로 처단하여 엄격히 단속할 것입니다.

그리고 민간의 종래에 사용하던 것들은 모조리 회수하여 불에 태워 버리고, 이른바 주척周尺·목척木尺·시승市升(저자되)·행승行升(행상되)·도지두賭地斗·약칭藥秤·면화칭棉花秤·육칭肉秤 등 일정한 기준이 없는 것들은 모두 새로 제정된 기준에 의거하여 정확히 환산한 기초 위에서만 사용하도록 할 것입니다.

뿐만 아니라 일체 문서상의 기록 체제에 있어서도 만일 한 자라고 일컫는다면 온갖 기록이나 모든 물건들이 이 한 자와 동일하게 되고, 만일 한 말이라고 일컫는다면 온갖 기록이나 모든 물건들이 이 한 말과 동일하게 되며, 한 냥이라고 일컫는다면 온갖 기록이나 모든 물건들이 이 한 냥과 동일하게 되도록 하여, 온성穩城 지방의 한 말이나 제주도濟州道 지방의 한 말이 서로 차이가 나지 않게 하면 물건의 가치가 정확하게 밝혀져서 사기·횡령·절취 등 온갖 간교한 농간질이 다시는 용납되지 못할 것입니다.

이와 같이 된 뒤에 각 도 감사監司들이 자기 관하의 각 지방을 순시하면서 한 고을의 도량형기를 모조리 모아 놓고 대조 검열하여 만일 기준에 맞지 않는 것이 있다면 해당 지방 수령守令들에게 그 책임을 물으며, 어사御史5)들이 암행暗行하여 시장이나 부락들을 막론하고 이르는 곳마다 세밀히 조사하여 위반자를 적발하여 내면 1년 이내에 국법이 실시되어 다시는 문란한 현상들이 나타나지 않을 것입니다.

또한 그 도량형기의 계산 단위를 설정함에 있어서도 일정한 원칙이 있어야 합니다. 이는 반드시 10진법을 사용하여 도·양·형 세 가지에 각기 5개 단위씩 설정하면 분간하기가 쉬워서 인민들의 사용에 편리할 것입니다. 길이[度]의 단위는 곧 10리釐를 1푼分으

---

5) 어사御史 : 암행어사. 이조 시대에 국왕의 밀지를 받아 민간의 실정을 살피고 지방 관리들의 치적을 검열하여 처단하는 특유한 임시 관리. 어사의 권한은 지방 관찰사 이하의 관리에 대해서는 어사 자신이 국왕의 이름으로 직결할 수 있었으나, 관찰사 이상은 국왕의 결재를 받은 뒤에 그 상벌 문제를 처리할 수 있었다. 그러나 암행어사의 위계는 그다지 높은 것이 아니어서 정3품 통훈대부通訓大夫 이하의 당하관堂下官에 속하였다. 이러한 제도도 역시 봉건 지배층들의 자체 모순에 대한 수습과 회유 정책의 하나로 실시된 것이다.

로 하고 10푼을 1치[寸]로 하고 10치를 1자[尺]로 하고 10자를 한 발[丈]로 계산하면 종래의 계산 단위를 고칠 필요가 없습니다. 그러나 부피[量]의 단위는 15말[斗]을 1섬[斛]으로 하고, 무게[衡]의 단위는 16냥을 1근斤으로 하니, 이는 온갖 혼란을 일으키는 원인이 됩니다. 15말을 1섬으로 계산하는 것은 우리나라 습속이고, 16냥을 1근으로 계산하는 것은 옛날 중국에서 사상四象이나 팔괘八卦6) 등의 가배법加倍法을 수학적 기초로 삼았던 까닭입니다. 그래서 8을 2배하여 16의 수가 나오므로 이를 1근이라 하였고, 8을 3배하여 24란 수가 나오므로 이를 1일鎰이라 하였으니, 이는 모두 8을 성수成數로 삼았기 때문입니다. 현재 와서는 10을 성수로 쓰는데 어찌하여 유독 무게를 계산하는 데만 8을 성수로 쓸 필요가 있겠습니까? 반드시 새로운 계산법을 정해야 합니다. 부피의 단위는 10작勺을 1홉合으로 하고 10홉을 1되[升]로 하고 10되를 1말[斗]로 하고 10말을 1섬石(石은 본래 무게의 단위였으나 부피의 단위로도 쓴다—원주)으로 할 것이며, 무게의 단위는 10푼分을 1돈[錢]으로 하고 10돈을 1냥兩으로 하고 10냥을 1근斤으로 하고 10근을 1균勻(勻은 본래 30근의 명칭이었다—원주)으로 할 것입니다. 이리하여 어느 해 어느 날로부터 시작하여 온갖 문서상의 기록을 모두 이 십진법에 따르게 한다면 10년 이내에 문서 기록상의 혼란이 없어질 것입니다.

---

6) 사상四象은 노양老陽·소양少陽·노음老陰·소음少陰이고, 팔괘八卦는 건乾·태兌·이離·진震·손巽·감坎·간艮·곤坤의 여덟 괘. 옛날 사람의 수학 관념에서 0(無極)에서 1(太極)이 나오고 1에서 2(陰陽)가 나오고 2에서 4(四象)가 나오고, 또 4에서 8(八卦)까지 계산하여 이 8을 성수로 삼고 이를 서로 자승自乘(제곱)·누승累乘(거듭제곱)하여 64의 단위까지 상호 연결시킨 것이 《주역》에 나온다.

신이 또 생각건대 다만 자나 저울 따위를 한 가지로만 제한하면 쓸 때에 반드시 불편할 것입니다. 예를 들면 길이의 세밀한 부분까지 측정하는 기술 일꾼들은 포백척으로는 그 눈금이 너무 성기어서 실용에 알맞지 않을 것이니, 이를 위해서는 따로 반 자 길이의 자를 만들어 한 눈금 사이에 또 한 눈금을 더 새겨서 사용하게 하고, 무거운 무게를 다는 경우에는 은칭으로는 너무 약하여 쓰기에 곤란할 것이니, 이를 위해서는 따로 10근 단위의 큰 저울을 만들어 매 열 눈금 사이에 다만 한 눈금만 새겨서 사용하도록 한다면 각 부문의 기술 일꾼들이나 여러 상인들까지도 다 같이 불편함이 없을 것입니다.

[해제]

다산은 1790년 8월 증광별시增廣別試 초시初試의 시험관으로서 <문율도량형문律度量衡>을 출제하였는데, 나중에 관직 생활을 거친 후 이 책문에 대해 현실적인 답을 제시한 논설이 바로 <도량형의度量衡議>라고 볼 수 있다.

그는 탐관오리의 농간질을 근절하기 위해 도량형을 통일하자고 건의하면서, 그 제도적 방안으로 크게 세 가지를 강조하였다. 첫째, 도량형기는 서울 공조工曹와 지방 감영監營에서만 만들되 그 제작 및 시행 여부를 정부에서 수시로 단속 적발할 것. 둘째, 도량형을 10진법으로 표준화하여 인민들의 사용 편의를 도모하고 문서 기록상의 혼란을 예방할 것. 셋째, 정밀 자와 저울도 따로 제작하여 기술자나 상인들의 애로점을 해소할 것 등이다.

실제로 그는 곡산 부사 시절 포백척布帛尺을 서울 군영의 구리자와 합치시켜 포목을 거두어서 인민들을 편케 하였고(<자찬묘지명> 참조), 이러한 행정 경험은 뒷날《경세유표》<추관형조秋官刑曹>에서 '양형사量衡司(도량형 전담 관청)' 설립이라는 제도적 구상으로 이어지게 되었다.

환자법[1] 개혁에 관한 건의서 還餉議

　　환자법은 본래 사창社倉 제도를 계승한 것입니다. 사창 제도는
곧 중국 수隋나라 탁지상서度支尙書 장손평長孫平의 발기에 의하여
시작된 것으로, 처음에는 민간 양곡을 해당 지역의 사창에 저축하
여 인민들에게 자치적으로 관리 운영하도록 하였고, 국가 기관에
서는 직접 간섭하지 않았습니다. 주자朱子가 제기한 사창 제도도
역시 이 원칙을 주장하였습니다. 이와 같은 사창 제도는 그 제도
자체가 나쁜 것은 아니었으나 후세에 이르러 환자법을 실시함에
있어서는 그 본래의 원칙을 준수하지 않았기 때문에 도리어 인민
들에게 큰 폐단을 끼치게 된 것입니다.

---

1) 환자법還子法 : 국가 양곡을 춘궁기에 농민들에게 진대賑貸하여 주었다가 가을
　에 가서 일종의 모미耗米라는 이자를 붙여서 거두어들이는 방법. 봉건 국가가
　이와 같은 방법을 실시한 그 처음의 목적은 빈민들이 흉년이나 재해로 인하여
　농업 재생산을 계속하지 못하게 되는 현상을 방지하기 위한 것이었으나, 나중
　에는 탐관오리들의 농간과 약취에 의하여 감소된 소모비를 보충한다는 구실 아
　래 각종 명목의 부과미를 덧붙여 징수하였기 때문에, 이는 실질적으로 국가적인
　규모의 고리대 착취의 수단으로 이용되었고, 나아가서는 국가 재정 수입의 일부
　분을 담당하게 된 것이다.
　환자법의 기원은 고려 초기에 실시한 이창里倉(義倉) 제도에서 시작하여 그 후
　개경開京의 경시서京市署와 서경西京 및 지방 주·군의 창고 15개소에 수만 석
　의 쌀을 저장하여 경향의 관리들에게 관리하게 함으로써 그 제도가 확립되었다.
　이것이 이조에 들어와서도 계속 유지 강화되어 처음에는 관곡으로부터 출발하
　였지만, 마지막에는 거의 인민들에 대한 수탈미로 충당되었다.
　그러므로 다산이 이 제도에 대한 폐지와 그 방법의 개혁 문제를 강경히 주장하
　였던 것이다. 이러한 물의로 마침내 1895년(고종 32)에 이르러 탁지부度支部
　에서 제정한 조례에 의해 지방 관리들의 간섭을 떠나 민간에서 직접 경영하게
　된 적이 있었는데, 이를 사환社還이라 하였다.

현재 우리나라의 인민 생활이 여지없이 빈궁하게 된 것이 곧 이 환자법 때문이고, 탐관오리들의 사기·절취·횡령 등 온갖 탐오 현상이 범람하게 된 것도 역시 이 환자법 때문입니다. 그러므로 인민들은 누구를 막론하고 "이 환자법을 없애지 않으면 나라가 반드시 위태롭게 될 것이라"고 단언합니다. 국가와 인민의 장래를 위하여 이 환자법을 폐지하는 것은 물론 좋은 일이요 당연히 폐지해야 됩니다. 그러나 만일 즉시 폐지하지 못할 경우에는 그다음 대책으로서 환자법의 실행 방침이라도 고쳐야 할 것입니다.

신이 보건대 국가 경비의 절반은 부세賦稅(공부貢賦와 조세租稅)에 의거하고 절반은 이 환자 제도에 의거하고 있으나, 그 제도가 너무나 복잡하고 번쇄하여 일정한 규정이 없고, 그 형태가 천 가지만 가지나 늘어 갈피를 잡을 수가 없게 된지라 탐관오리들은 이를 기화로 하여 간교한 마수를 뻗치며, 온갖 무리들이 이리 떼어 내고 저리 벗겨 내니 오직 순직한 농민들만 그 해독을 입을 뿐입니다. 때문에 인민들의 생활이 빈궁하게 되었습니다.

그러므로 이 환자법의 개혁 문제는 국가와 인민 앞에 절박하게 제기되는 것입니다. 이에 대한 신의 견해를 조목별로 나누어 다음과 같이 건의합니다.

첫째는 환자 곡식의 종류를 제한하는 문제입니다. 우리나라의 곡식은 다만 벼·조·콩·보리·팥 등의 다섯 가지가 가장 중요한 것이고, 이 밖에 밀이나 수수·피·메기장·메밀·귀리 등은 모두 생산량이 적어서 환자 곡식의 출납 대상이 되지 못하는 것입니다. 그러므로 이상 다섯 가지 외에는 환자로 취급하지 않으면 환자 곡식의 종류가 간소화될 것이고, 따라서 그 제도를 바로잡기 쉬울 것입니다.

그리고 또 상기 다섯 가지 곡식 중에서도 서북 지방에서는 벼가 많이 생산되지 않고, 동남 지방에서는 조가 많이 생산되지 않는 조건을 고려하여 도합 세 종목으로 구분하되, 벼와 조를 한 종목으로 하고 콩과 팥을 한 종목으로 하며 보리를 따로 한 종목으로 취급하면 될 것입니다. 이렇게 하면 환자 곡식의 명목이 간소화될 뿐만 아니라 처리 방법도 편리하게 될 것입니다.

둘째는 각종 아문衙門(관청)의 명칭을 없애 버리는 문제입니다. 아문의 명칭이 번잡하니까 양곡 장부의 기록이 복잡하고, 양곡 장부의 기록이 복잡하니까 탐관오리의 농간질이 더욱 심합니다.

예를 들면, 모미耗米2)를 농민들에게서 거두는 방법에 있어서도 어떤 아문에서는 모미의 전체 수량을 기장하고, 어떤 아문에서는 모미의 절반 수량을 기장하며, 어떤 아문에서는 모미의 3분의 1 수량을 기입하는 등 온갖 형태의 이중·삼중 장부가 유행할 뿐만 아니라, 금년에 이 아문 장부에 기입된 양곡이 내년에는 저 아문 장부에 옮겨 적히기도 하고, 금년에 다 나누어 주었다는 양곡이 내년에 가서는 엉뚱하게 절반은 남아 있다고 정리되기도 합니다. 농민들이 귀중한 양곡에 대해서 장부의 처리 방법이 이처럼 무원칙하고 무질서해서야 어찌 폐단이 없을 수 있겠습니까? 이제 마땅히 각종 아문의 명칭을 모조리 없애 버리고 다만 양곡의 원장부만 남겨 두면 장부가 번잡하지 않을 것이며, 따라서 탐관오리의 농간질이 없어질 것입니다.

셋째는 환자 곡식을 인민에게 평균적으로 배정하는 문제입니다.

---

2) 모미耗米 :〈응지론농정소應旨論農政疏〉 p590 각주 22 볼 것.

현재 양곡 대장에 나타난 배정 추이를 보면 아무런 원칙과 기준이 없어서 흡사 허공에 피어오르는 구름 덩어리가 삽시간에 변화무궁한 것과도 같고, 사막에서 일어나는 모래더미들이 바람에 휘몰려 커졌다가 작아졌다가 하는 것과도 비슷합니다. 어떤 경우에는 한 세대에서 4, 50섬씩이나 받은 예가 있는 반면에 어떤 경우에는 토지 한 결結[3])에 대해 1섬이나 2섬, 3섬 정도로 받은 예가 있으며, 도시나 도로 연변의 교통이 편리한 지대의 양곡은 분량이 늘어나는 족족 팔아 없애는 반면에 교통이 불편한 산골 지대의 양곡은 이리 옮기고 저리 옮겨서 몇 해를 두고 묵히고 있습니다. 국가 양곡을 처리하는 법이 이와 같이 문란해서야 어찌 인민들이 고통을 느끼지 않을 수 있겠습니까?

이제 마땅히 전국의 양곡 장부에 기록된 총수량을 전국 호구의 총수량과 대조 계산하여 매호당 평균 정곡正穀(벼와 조—원주)은 2섬씩, 잡곡雜穀(보리, 콩 및 팥—원주)은 1섬 정도로 균일하게 배정할 것입니다. 이렇게만 하면 각처의 지방 군·현에서도 각기 자기 군·현에 해당하는 환자 곡식의 취급 수량이 규정될 것이니, 국가 기관에서는 그 총수량에 의거하여 모미를 받아 국용이나 또는 관용으로 사용하면 될 것입니다.

따라서 각 지방의 매 창고마다 저장할 양곡의 수량이 언제나 일정하여 변함이 없을 것이고, 인민들이 환자 곡식을 받는 섬 수도

---

3) 결結 : 토지 면적을 표시하는 단위의 하나. 벼를 벨 때에 10파(把-줌)를 1속(束-뭇), 10속을 1부(負-짐), 100부를 1결(結-멱)이라 한 것은 수확물의 양을 계산하는 단위였으나, 토지 면적을 표시할 때에도 이 단위를 사용하였다. 즉 양전척量田尺 3보步 3척尺 사방을 1부負로 규정하고 100부를 1결이라고도 한 것이다(1428년 기준). 자세한 것은 <전결변田結辨> pp513~7 볼 것.

매호마다 일정한 기준이 있어서 언제나 변함이 없을 것이니, 이와 같이 되면 국가 양곡 장부의 기록이 번잡하지 않을 뿐만 아니라 인민들이 정부를 신임하게 되는 동시에 그들의 생활 계획에서도 편리하게 될 것입니다.

넷째는 모미 징수법을 개정하는 문제입니다. 모미의 징수법은 본래 환자 곡식에 대한 10분의 1을 부가 징수하여 공용으로 사용하던 것인데, 이는 오직 탐관오리의 간교한 농간질이 수반될 수 있는 조건이 될 뿐입니다. 대체로 담당 관리들이나 노예奴隷(노奴는 창고를 지키는 자이고, 예隷는 창고에서 일 보는 심부름꾼이다—원주)들을 시켜 수많은 양곡을 인민들에게 내주거나 받아들이게 하면서, 끝내 한 알의 곡식도 보수로 지급하지 않을 수는 없을 터입니다. 세상에 어찌 종일토록 음식을 장만하면서 그 음식의 맛을 보지 않는 자가 있겠습니까?

그러나 중국의 법은 봄철에 인민에게 5말을 내주면 가을에 가서 7말씩이나 거둬들이니, 이는 지나친 모리謀利적인 방법으로 인민에게 부과하는 부담이 너무나 무겁습니다. 현재 우리나라도 환자 곡식을 받아들이면서 15말(1섬)에 대하여 모미로 1말 5되를 부과 징수하는 이외에, 색色이라 하여 3되를 더 받고 또 낙落이라 하여 5되를 더 받으며 영零이라 하여 2되를 더 받고 있습니다(이는 모두 창고 일꾼들이 먹는다—원주).

이와 같은 형태도 일정한 규정이 있는 것이 아니고 각 지방에 따라 다소의 차이는 있으나, 대체로 인민들은 2말 5되나 되는 곡식이 아니고는 환자 곡식 1섬에 대한 모미를 물 수가 없는 형편입니다. 뿐만 아니라 환자 곡식을 되질하는 창고 일꾼들의 간교한 속임수와 농간질은 헤아리기 어려워서 실상은 인민들이 그 이상 얼마나 더 빼앗기는지도 모를 형편입니다.

그러므로 이러한 온갖 폐단들을 없애기 위하여 10말을 1섬으로 계산하는 규정을 세우고, 매번 환자 곡식 2섬에 대하여 모미로 3말씩 받는 방법을 실시할 것입니다. 이것이 비록 종래의 방법보다 그 비율이 높은 것 같으나, 실제로는 인민에게 유리합니다. 어찌하여 그런가 하면, 2섬에 대하여 3말씩 받는 일정한 원칙을 세우면 매 섬에 따라 창고 일꾼들이 떼어 내던 색이니 낙이니 영이니 하는 따위가 모조리 없어질 것이고, 섬 수를 단위로 정하여 말로 되지 않으면 창고 일꾼들이 되질이나 말질에서 농간질하던 폐단도 없어질 것입니다. 다시 말하면 환자 곡식을 받을 때에 매번 말로써 될 것이 아니라 일정한 섬에다가 밀방망이[槩]로 정확히 밀어서 되도록 할 것입니다. 인민들이 이미 자기 집에서 정확하게 되어 보고 국가 창고에 와서 그대로 되어 넘긴다면 전혀 모자랄 것도 없고 남을 것도 없습니다. 때문에 이 방법이 인민들에게 유리할 것입니다.

그리고 2섬에 3말씩 거두어들인 모미에 대해서는 그 절반은 국용으로 사용하고, 절반은 관용으로 담당 관리들이나 노예들에 대한 보수를 지급하도록 하면, 기타 일체 부정한 명목이나 행위들은 엄금할 수가 있습니다.

다섯째는 환자 곡식을 여러 번 나누어 주는 방법을 폐지하는 문제입니다. 매 인민마다 양곡을 여러 번에 걸쳐 조금씩 나누어 주는 방법은 신의 견해로는 너무나 이상합니다. 그 이유를 물은즉 "어리석은 농민들은 자기 생활에 대한 계획이 없어서 양곡을 한꺼번에 많이 주면 단시일에 먹어 치워 버리기 때문에 농량農糧이 계속되지 못하므로 관가에서 조절하여 주는 것이라"고 합니다. 그러나 이러한 설명은 기만적인 언사에 지나지 않습니다.

만일 부모가 자녀에게 재산을 나누어 주고 독자적으로 살림을 차리라고 하면서 다시 말하기를 "너희들이 살림에 등한하여 아껴 쓸 줄을 모르니 한몫에 다 줄 수는 없다"고 하여 아침에 아침 양식을 주고 저녁에 저녁 양식을 준다면 어찌 옳다고 하겠습니까? 부모로서도 자녀에게 할 수 없는 일을 도리어 관가에서 일반 인민에게 실시하려고 하니, 이는 너무나 지나친 배려입니다.

또 환자법은 참으로 인민들의 농량을 대어 주기 위하여 실시하는 것이 아니라 장차 인민들에게 그 모미(곧 이자)를 받기 위하여 실시한다는 것은 뻔한 사실입니다. 인민들도 자기들의 이익을 위하여 실시하는 것이 아니라고 인정한 지가 이미 오래되었습니다. 그러므로 비록 이러한 방법으로 인민들에게 식량을 절약하라고 권유한다 하더라도 그들은 달게 받아들이지 않을 것입니다.

더구나 인민들이 가장 아까워하는 것은 시간입니다. 바야흐로 봄철이나 여름철처럼 농사일이 한창 바쁠 때에는 다만 일분일초라도 그 귀중하기가 금옥과 같은 것인데, 만일 2섬의 환자 곡식을 내주면서 이를 8차례에 걸쳐 나누어 준다면 인민들은 8일을 낭비하지 않으면 안 될 것입니다. 이것이 인민에게 이익이 되겠습니까? 손해가 되겠습니까?

뿐만 아니라 농민들은 환자 곡식을 타러 다닐 때에 배가 고프면 음식을 사 먹고 목이 마르면 술이나 과일을 사 먹을 터인데, 주머니에 돈 한 푼 없는지라 결국 그 귀중한 양곡을 덜어 쓰기 마련입니다. 되되이 되다 보면 떨어지는 곡식도 적지 않을 것이고, 번번이 타러 다니면 비용도 자주 발생할 것입니다. 그러므로 환자 곡식을 여러 번 나누어 주는 방법은 담당 관리들과 창고 일꾼들이나 주막집 사람들의 배만 채워 주고 인민들에게는 더욱 손해를 끼칠 것입니다.

그러니까 앞으로는 환자 곡식을 나누어 주는 방법을 3차례로 갈라서 취급하되 정곡을 1차례, 콩이나 팥 등속을 1차례, 보리를 1차례씩으로 제정 실시하는 것이 적당합니다. 그리고 인민들이 환곡을 받아 낭비하여 양식이 떨어지든 절약하여 양식을 이어가든 그들의 자각적인 생활에 맡겨 둘 뿐입니다.

여섯째는 환자 곡식의 보관 수량을 제한하는 문제입니다. 창고에 남겨 두는 곡식의 수량은 너무 많을 필요가 없습니다. 탐관오리의 농간질이 매양 창고의 보관미 때문에 일어나고, 인민들이 환곡을 타 갈 때에도 언제나 이 묵은 곡식을 싫어합니다. 가령 본 현의 호수가 총 3천여 세대라면 벼나 조를 합하여 1천여 섬만 남겨 두어도 넉넉할 것입니다. 왜냐하면 대체로 인민들 중에 특히 형편이 곤란하여 생활을 유지하기 어려운 자는 3분의 1에 지나지 않고, 흉년이 들더라도 구제 대책이 필요한 기간은 수개월에 지나지 않기 때문입니다. 또 상평법常平法4)을 실시하면 설령 환자 곡식이

---

4) 상평법常平法 : 물가의 등귀를 방지하기 위해 실시하던 방법으로, 국가에서 곡물과 포목의 매매를 통해 물가를 조절하였다. 즉 풍년이 들어 곡가가 떨어지면 포목 값을 내리고 곡물을 시가보다 비싸게 사들이며, 흉년이 들어 곡가가 등귀하면 포목 값을 올리고 곡물을 시가보다 싸게 팔았다. 상평법의 실시는 993년 고려 정부에서 의창義倉을 확대할 때에 포목 32만 필을 바꾸어 상평창常平倉에 저장하는 것으로부터 시작하여 그 뒤 개경과 서울을 비롯한 각 지방 12목牧에 상평창을 실시하였으나 이조 후기에 와서는 시행되지 않았다.

모자라는 경우에도 예비 곡식으로 상호 조절하여 구제 대책을 강구할 수 있으므로 창고에 남기는 곡식의 수량은 많을 필요가 없습니다.

또 창고에 남겨 두는 곡식으로 쌀은 적당하지 않습니다. 쌀은 썩기 쉬워서 한 번 썩어 버리면 다시는 소용없게 되어 버립니다. 그러므로 환자 곡식은 반드시 겉곡식으로 출납하며, 상평창의 곡식만은 이와 달리 쌀을 취급하되 이를 절대 혼합해서는 안 됩니다. 겉곡식과 쌀을 혼합하면 탐관오리의 농간 술책이 침범하기가 쉽기 때문입니다.

다만 창고에 남겨 두는 양곡이 적으면 장차 군량軍糧의 대책을 어떻게 세울 것인가? 국가 앞날의 만일의 경우를 생각하지 않을 수는 없습니다. 그러나 신의 견해로는 상평법을 정확히 실시하면 군량의 염려는 없으리라고 생각합니다(이조 정부에서도 일찍이 상평법을 실시한 예가 있었다—원주).

일곱째는 조적법糶糴法5)을 실시하는 문제입니다. 맹자의 말에 "개돼지가 사람의 먹을 것을 먹어도 거두어들일 줄 모르고, 길거리에 굶어 죽은 시체가 있어도 나누어 줄 줄 모른다(狗彘食人食而不知檢 塗有餓莩而不知發)"6)고 하였는데 '검檢'이란 인간의 식량 사정을 살펴서 여유 양곡을 '거둬들이는 것(收斂)'이고,7) '발發'이란 인민

---

5) 조적법糶糴法 : 상평법의 일종으로 국가에서 양곡을 팔았다가 사들였다가 하는 방법. 조糶는 쌀을 파는 것, 적糴은 쌀을 사들이는 것. 다산은 당시의 사정을 고려하여 상평법처럼 포목의 밑천을 대량으로 장만하기 어려운 경우에는 환자 곡식의 절반을 따로 나누어서 조적미로 사용하자고 제기한 것이다.
6)《맹자》〈양혜왕梁惠王·상〉에 나온다.
7) 다산은《맹자요의》에서 조기趙岐나 왕응린王應麟처럼 '검檢'을 '거두어들이다(斂)'는 뜻으로 보고, 주자가 '제지하다(制)'로 주석한 것은 잘못이라 하였다.

들에게 식량을 '나누어 주는 것(施散)'입니다. 다시 말하면 이는 곧 풍년이 들어도 민간의 여유 양곡을 거두어 저축하지 않고, 흉년이 들어도 인민들에게 창고 양곡을 발급하여 구제 대책을 강구하지 않는 것을 지적한 것입니다. 그런데 지금 실시하고 있는 환자법은 풍년에도 더 거두지 않고 흉년에도 더 나누어 주지 않으니, 구태여 이와 같이 할 바에는 저 경수창耿壽昌(한나라 선제宣帝 때 사람)이 제시한 상평법을 실시하는 것이 훨씬 나을 것입니다.

상평법은 실로 어진 정책 중의 하나입니다. 항상 국가 시장의 기본 등가물等價物로 되는 양곡의 가격을 조절하여 흉년에도 곡가를 등귀하지 못하게 하고 풍년이 들어도 곡가가 너무나 떨어지지 않게 함으로써 물가에 대한 풍흉의 차이가 없게 하는 방법입니다. 이제 만일 상평법의 형식을 제대로 다 갖추지 못할 형편이라면 그다음 대책으로 조적법이라도 시행해야 합니다.

조적법의 목적은 양곡 가격을 조절함에 있어서 언제나 시장의 시가보다는 인민에게 유리하게 하는 것이므로 역시 인민에게 도움이 될 수 있는 정책입니다. 신은 이미 환자 곡식을 민간에 내줄 때에 매호마다 3섬 정도로 제한하자고 하였는데, 이렇게 한다면 국내의 양곡이 거의 절반은 남을 것입니다. 그러므로 이 남은 양곡을 상평의 밑천으로 삼고, 그중 잡곡은 봄철에 팔았다가 가을에 가서 정곡을 사들이며, 정곡은 흉년이 들면 팔았다가 풍년에 가서 다시 사들이는 방법으로 진행하면 국가에서 새로운 밑천을 마련하지 않더라도 상평법을 쉽사리 실시할 수 있을 것입니다.

그리고 그 양곡을 팔고 사는 방법에 대해서는 반드시 네 가지 기준 원칙을 준수해야 합니다. 매번 쌀 1섬(상평곡은 반드시 쌀로 취급하고, 1섬은 곧 10말로 계산하는 기준을 세운다—원주)을 사들일 적에는 시가와 비교하여 반드시 5돈쯧(풍속에 10닢錢을 1돈쯧으로 친다—원주)의 가격을 올려 주고, 만일 풍년이 들면 보다 더 올려 주되 1민縉8) 이상을 초과하지 말 것이니, 이것이 사들일 때의 두 가지 기준입니다. 또 쌀 1섬을 팔 적에는 시가와 비교하여 반드시 5돈의 가격을 낮추어 주고, 흉년이 들면 보다 더 낮추어 주되 1냥 이하로 내려가지는 않도록 할 것이니(그러나 대흉년을 만나면 2~4냥까지 낮추어 주어야 될 것이니 이런 특수한 경우는 미리 예정할 수 없다—원주), 이것이 팔 때의 두 가지 기준입니다.

이와 같이 한다면 풍년이 들 때에는 인민들이 서로 다투어 국가에 양곡을 팔 것이요, 흉년이 들면 인민들이 서로 역시 기꺼이 국가의 양곡을 사서 각자의 생활을 유지하게 될 것입니다. 풍년에 농민들이 곡가 하락의 손해를 입지 않고 흉년에 상인들이 폭리를 남기지 못하며, 농업은 날로 성장하고 간상배들은 점차로 없어지며, 인민들은 양곡을 시가보다 헐하게 살 수 있고 국가에서도 이 방법을 순조롭게 실시할 수 있어서, 실제로 인민들이 구제의 혜택을 입게 될 뿐만 아니라 국가의 재정도 점차 늘어갈 터이니, 인민의 이익을 위하여 국가 재용의 활용을 위한 방법이 이보다 더 나은 것은 없습니다.

무릇 국가 재용을 활용하는 방법은 어디까지나 국가 기관에 의거해야 될 것이요 일반 인민들에게 의거하려고 해서는 안 될 것입니다. 이를 인민들에게 의거하려고 한다는 것은 결국은 관리들과

---

8) 1민縉 : 원문의 '1냥兩'과 같다. 《아언각비》권1 '일관—貫' 참조.

인민들 간의 분쟁만 조성할 뿐입니다.9) 환자 곡식의 활용 방법은 오직 인민들에 의거하여 집행되는 것이므로 만일 인민들이 곡식을 받아가지 않으면 도리어 강제로 나누어 맡기고, 인민들이 제때에 환납하지 못하면 즉시 문초하고 고문하여 못 살게 구니 이 얼마나 애달픈 일이겠습니까? 그러나 상평 곡식을 활용하는 방법은 다만 국가 기관에 의하여 조절되는 것이므로 인민들이 팔지 않으면 그만두고, 인민들이 사 가지 않더라도 강제로 나누어 맡길 필요는 없을 것입니다. 다만 인민들에게 이익이 될 수 있는 방법을 마련하여 인민들로 하여금 스스로 이용하게 하면, 국가에서는 가만히 앉아 있어도 법이 저절로 시행될 것입니다. 이 얼마나 편리한 일이겠습니까?

그러므로 "상평법은 좋은 법이라"고 신은 단언합니다.

[해제]
다산은 환곡제 개혁안으로 7가지를 제시하였다.
1) 곡명穀名을 벼와 조, 콩과 팥, 보리 등의 3과科로 간소화할 것.
2) 아문衙門별 명칭을 없애고 곡명만으로 곡부穀簿의 회계를 단일화할 것.
3) 각 지방 매호마다 환곡을 균일하게 배정할 것.
4) 모미耗米 징수법을 개정할 것.
5) 환곡을 여러 번 나누어 주는 법을 폐지할 것.
6) 창고에 남겨 두는 곡식을 제한할 것.

---

9) 무릇~뿐입니다 : 전서 원문을 보면, "무릇 재용의 권리는 마땅히 나에게 있게 하고 남에게 있게 하지 않아야 하는데, 그 권리가 남에게 있게 되면 다투는 발단이 됩니다(大抵財用之權 宜令在我而不令在人 在人者 爭之端也)"로 되어 있다. 이렇게 해석의 차이가 나는 까닭은, 최익한이 봉건적인 사적 소유를 지양하는 국가의 권한을 중시하고 있기 때문인 듯하다.

7) 양곡을 수매하고 방출하는 조적糶糴 제도를 실시할 것.

그는 《목민심서》〈호전戶典·곡부穀簿〉조에 위의 7가지를 다시 거론하면서
'정퇴停退(상환기한 연장)의 문란을 바로잡을 것'을 더 추가하고, 《경세유표》
〈지관수제地官修制·창름지저倉廩之儲〉조에 을묘년(1795) 정조의 책문策問을
예로 들면서 환곡 관리의 폐단을 시정할 것을 자세히 논구하였다.

화폐 개혁에 관한 건의서 錢幣議

우리나라에서 화폐를 사용한 지가 지금으로부터 대략 100여 년이나 되었는데, 대체로 이를 편리하다고 하는 자가 많았고 불편하다고 한 자는 열에 한둘 정도였습니다.

옛날에 화폐가 없었던 것은 화폐가 불편해서가 아니라 주조의 재료가 될 만한 구리가 없었기 때문입니다. 사실은 옛날이라 하여 구리가 없었던 것은 아니지만, 구리를 주조하는 법을 알지 못하였기 때문입니다. 구리를 주조하는 법은 재간 있는 통역관 한 사람만 중국에 파견하여 배워오면 해결될 것입니다. 이는 기껏해야 수개월의 기간이면 넉넉히 될 일인데 이런 사업조차 하지 않았으니, 다른 것이야 일러 무엇하겠습니까?

화폐 사용에서 불편을 느끼게 한 점은 처음 화폐를 주조할 때에 너무나 구리를 아껴서 화폐의 모양을 지나치게 작게 만들었기 때문입니다. 이전에 주조한 화폐들은 오히려 단단하고 쓸모가 있었는데, 근년에 주조한 것은 느릅나무 잎사귀처럼 얇아서 보관하여 두면 녹이 쓸고 삭아서 오래 견디지 못하고, 사용하면 곧 깨어지고 부스러져서 쓸 수 없게 되니, 아안鵝眼이나 연환綖環1)처럼 소용없는 물건이 되지 않는 것이 별로 없습니다. 이대로 둔다면 100년을 못 가서 나라에 화폐가 없어질 것이고, 화폐가 없어진 뒤에 다시 주조하려면 막대한 비용을 허비하지 않고는 안 될 것입니다.

---

1) 아안鵝眼·연환綖環 : 옛날 중국 돈의 이름인데 얇고 작기로 대표적이었다.

그러므로 이제부터 주전 사업에 착수하여 근년에 주조한 화폐 중에서 너무 얇고 모양이 좋지 못한 것은 거두어들여 다시 주조하되, 10닢[錢]을 합쳐서 1닢으로 만들고 그 1닢을 10닢과 동등한 가치로 쓰게 하거나, 또는 100닢을 합쳐서 1닢으로 만들고 그 1닢을 100닢과 동등한 가치로 쓰게 해야 합니다.

이와 같이 한다면 인민들의 화폐 사용에 아무런 손해와 혼란을 끼치지 않고 화폐 개혁을 쉽게 실시할 수 있습니다.

화폐 개혁이 실시되면 국가와 인민에게 두 가지 이익이 있으니, 첫째는 화폐의 수명이 오래 갈 것이고, 둘째는 인민들이 화폐를 더 아껴 쓰게 될 것입니다. 왜냐하면 사람의 심리는 언제나 작은 것은 소홀히 여기고 큰 것은 소중히 여기므로 한 닢의 돈이 얇고 작으면 헤프게 써버리기 쉽지만 크고 단단하면 소중히 여겨 아껴 쓸 터이니, 인민들이 돈을 아껴 쓰면 그들에게 유익합니다.

또 이전에 주조한 단단하고 쓸모 있는 것들은 그대로 남겨 두어서 사소한 매매에 잔돈으로 사용하게 하고, 큰 상품이나 원거리의 무역에는 새로 만든 큰 돈을 사용하게 하면, 큰 돈과 작은 돈이 모두 편리하게 사용될 것입니다.

화폐 개혁 사업을 위해서는 다만 이뿐만이 아닙니다. 우리나라의 귀중한 금과 은들이 해마다 계속 중국으로 밀수출되고 있는데, 이는 국가에 막대한 손해가 됩니다. 그러므로 나라에서 금과 은으로 화폐를 주조하고 각기 그에 해당되는 가치를 부여하여 사용하게 하면 큰 상인이나 원거리의 무역인들은 반드시 서로 다투어 금전과 은전을 사용하게 될 터이니, 이는 금전과 은전을 휴대하기가 단출하고 원거리의 유통 거래에 아주 편리하기 때문입니다.

또 금·은이 화폐로 주조되어 글자 새김이 있는 한에는 아무리 통역관들이나 상인 같은 자들이 자기 개인 이익에만 급급하여 국가 법령을 두려워하지 않는다 하더라도 함부로 금·은을 외국으로 밀수출하지는 못할 것입니다.

우리나라에서 금·은이 중국으로 밀수출되는 이유는 상인들이 중국에서 생산되는 고급 비단을 무역하기 위한 것입니다. 그러나 금·은은 광산에서 채굴되므로 한정이 있으나 비단은 누에고치에서 뽑아내므로 다함이 없고, 금·은은 몇백 년이 지나도 상하거나 녹슬지 않는 물건이지만 비단은 1년 미만에 낡아 떨어지는 물건입니다. 한정이 있는 국가의 보화로써 다함이 없는 외국의 피륙과 바꾸고, 몇백 년이 지나도 상하지 않는 국가의 보화로써 1년 미만에 낡아 버리는 외국의 피륙과 교환한다는 것은 너무나 아까운 일이니, 나라의 불리함이 이보다 더 큰 것은 없습니다. 하물며 국제 관계에서 어떤 혼란이 생기거나 일조에 위급한 일을 당하게 되는 경우에는 만일 나라에 금·은이 없다면 장차 무엇으로 외교용 회뢰賄賂(뇌물)를 대신할 수 있겠습니까?

그러므로 앞으로는 특수한 어용御用 예장품 이외에는 일체 수입 비단의 사용을 엄금해야 합니다. 사삿집의 예장품으로부터 갓끈[冠纓]·휘양[護項] 따위의 세세한 부분에 이르기까지 조그마한 것이라도 수입 비단의 사용을 일체 엄금하면, 외국 피륙의 세입이 10분의 9는 감소될 것입니다. 피륙 세입이 감소된다면 금·은의 밀수출은 막지 않아도 저절로 없어질 것입니다.

[해제]

시문집 권9 '책문'조에 실린 <문전폐問錢幣>에 대한 답글로 보인다. 다산은 화폐 주조의 기술적 측면에 눈을 돌렸다. 동전을 크고 단단하게 만들면 오래 가고 아껴 쓸 수 있으며, 금전과 은전도 따로 만들어 원거리 무역에 쓰도록 하면 금·은이 중국으로 유출되는 것을 방지할 수 있다고 하였다.

비단 사용을 엄금해야 금·은 유출이 없어지리라는 것은, 젊었을 때의 어설픈 생각인 듯하다. 그는 만년에 화폐 전담 기구로 국영 주전소인 전환서典圜署를 설치할 것과, 아예 이용감利用監에서 비단 짜는 법을 배워다가 국내에 전파할 것까지 구상하였기 때문이다.[1]

금·은전의 통용 주장은 자연 경제에서 화폐 경제로 이행하려는 시대적 요구를 반영한 것이다. 즉 조선의 상품 생산이 일정한 단계에 이른 것을 나타내며, 동시에 도시에서 발전하고 있는 상업자본의 지향을 대변한 것으로 볼 수 있다. 다산의 상업론은 어디까지나 사농공상의 신분 차별적 관점에서 전개되는 보수성을 띤다. 그는 "세상에 이익이 많기로는 장사만 한 것이 없다. 그 이익이 이미 많은데 명예까지 높아지면 세상 사람들 중에 누가 쟁기를 지고 밭고랑에 들어가려 하겠는가?(天下之利 莫如商賈 若其利旣厚 又其名亦高 則天下之人 又誰有負未耜入田疇者乎)"라고 목소리를 높였다. 이는 물론 중농사상의 표현인데, 소위 봉건 국가의 이익을 추구한다는 관료의식에서 비롯된 것이다.[2]

1. 《경세유표》 권2 <동관공조冬官工曹·전환서>.
2. 《실정》 p554; 김광진, 《정다산의 경제사상》, 과학원출판사, 1962, p253; 정성철, 앞의 책, pp496~7; 홍태연, 앞의 책, p321; 《경세유표》 권10 <지관수제地官修制·부공제賦貢制 3>.

공복 간소화에 관한 건의서公服議

신은 생각건대 의복이란 사람에게 두 가지 의의가 있으니, 하나는 몸을 보호하기 위한 것이고, 또 하나는 겉모양을 내기 위한 것입니다. 몸을 보호하기 위하여 천이나 털로 추위와 바람을 막고, 겉모양을 내기 위하여 옷의 무늬와 꾸밈새로 신분을 표시할 따름입니다. 이 두 가지 이외의 온갖 번잡한 차림들은 모두 불필요한 헛수고들입니다.

우리나라 의복에 있어 그 제도가 번쇄하고 그 종류가 많기로는 예로부터 이러한 실례들이 없었습니다. 그것은 대체로 우리나라 역대의 의복 제도를 그대로 인습하여 다 갖추고 있는 데다가 겸하여 중국의 습속까지 받아들여 온갖 복식들을 혼용하고 있기 때문입니다.

신이 우선 공복公服(관리의 제복)에만 한하여 그 가짓수를 들겠습니다.

조복朝服(조정에서 입는 의복)의 차림에는 금관金冠1)·홍의紅衣·홍상紅裳2)·옥패玉佩3)·후수後綬4)·대대大帶5)·조대絛帶6)·품정品鞓7)·폐슬

---

1) 금관金冠 : 문무관이 조복을 입을 때 쓰는 관. 정수리와 앞이마 위의 양梁만 검은 색으로 하고 그 밖은 모두 금색으로 한다. 특히 이 관을 쓸 때에는 금잠金簪을 꽂으며 남색 갓끈[藍緌]을 맨다─원주.
2) 홍의紅衣·홍상紅裳 : 붉은 바탕에 검은 선을 두른 조복의 윗옷과 아랫마기. 더울 때는 모시나 사紗(생명주로 얇고 성글게 짠 여름 옷감)로 만든 것을, 추울 때는 능라綾羅 비단으로 만든 것을 입는다─원주.
3) 옥패玉佩 : 옥으로 만든 패물. 푸른 사紗로 만든 주머니에 넣어 찬다─원주.
4) 후수後綬 : 조복을 입을 때에 뒤에 늘어뜨리는 끈. 흉배胸背와 비슷한 것으로서

蔽膝8)·아홀牙笏9)·흑화黑靴10)·백삼白衫11)·자초모紫貂帽12)·해태獬
豸13) 등이 있습니다.

　제복祭服(국가 제사를 지낼 때 입는 옷)의 차림에는 오금관烏金冠·흑의
黑衣·청구靑屨14)가 있고 나머지는 조복과 동일한데 다만 곡령曲領·
방심方心15)을 더할 뿐입니다.

　길복吉服의 차림에는 오사모烏紗帽16)·흑단령黑團領17)·흉배胸背18)·

품정品輕·흑화黑靴·청창의靑敞衣19) 등이 있습니다.

시복時服(공무를 볼 때 입는 옷)의 차림에는 홍단령紅團領20)이 있고, 나머지는 길복과 동일합니다.

융복戎服(전시복)의 차림에는 호수虎鬚21)·공작우孔雀羽22)·전우巓羽·방우旁羽23)·밀화영蜜花纓24) 등으로 수식한 자종립紫鬃笠25)과 남사철릭藍紗綴翼26)·홍조대紅條帶·만선호항滿縇護項27)·궁장弓帳·시복

은 사로, 추울 때에는 겹사로, 또한 당상관은 무늬가 있는 것으로, 당하관은 무늬가 없는 것으로 만든다―원주.

18) 흉배胸背 : 관복의 가슴과 등에 붙이는 복식의 한 가지. 후수後綬와 비슷한 것으로서 문관은 운학 한 쌍을 수놓아 만드는데 이는 학흉배라 하고, 무관은 사자와 범의 모양을 수놓아 만드는데 이는 호흉배라 한다―원주.

19) 청창의靑敞衣 : 푸른색으로 만든 웃옷의 한 가지. 더울 때는 모시로, 추울 때에는 명주나 비단으로 만든 것을 입는다. 창의는 '氅衣'라고도 쓴다―원주.

20) 홍단령紅團領 : 붉은 천으로 깃을 둥글게 만든 관복의 한 가지. 더울 때에는 모시로, 추울 때에는 명주 비단이나 무명으로 만든 것을 입는다. 다만 홍단령은 당상관이 입고 당하관은 녹단령을 입는다―원주.

21) 호수虎鬚 : 자종립紫鬃笠의 네 귀에 장식으로 꽂던 흰 털.

22) 공작우孔雀羽 : 자종립의 장식의 한 가지. 공작의 꽁지깃을 무늬를 맞추어(길이 46cm, 넓이 15cm) 미선尾扇과 같이 결어서 융복을 입을 때 호수虎鬚와 함께 자종립의 양편에 꽂는다. 별감別監·겸내취兼內吹·거덜 들이 능행 때 초립草笠에다 꽂기도 하였다. 또 공작의 꽁지깃과 남색의 새털을 한데 어울러서 전립戰笠의 증자鏳子(전립 위에 달던 꾸밈새)에 잡아매고 앞으로 처뜨려서 흔들리게 하는 것도 있었다. 이는 다섯 방위의 색[五方色]을 따라 푸른·누른·붉은·흰·검은 각 색의 새털로 만들기도 하였다.

23) 전우巓羽·방우旁羽 : 자종립의 꼭대기나 그 양옆에 꽂는 공작우를 말한다.

24) 밀화영蜜花纓 : 자종립에 다는 갓끈. 밀화 구슬만 꿰어서 달기도 하고, 밀화 구슬에 산호珊瑚로 만든 격자格子를 걸어서 꿰어 달기도 한다. 밀화는 곧 호박琥珀의 일종인데 밀과 비슷한 누른빛이 나고 젖송이 같은 무늬가 있다―원주.

25) 자종립紫鬃笠 : 자주색 말총으로 만든 무관이 쓰는 갓의 한 가지. 자총립紫驄笠·주립朱笠이라고도 한다. 호수·공작우·밀화영 등으로 장식한다.

26) 남사철릭藍紗綴翼 : 남색의 사紗로 만든 무관 공복의 한 가지. 철릭天翼이라고도 한다. 길이가 길고 허리에 주름을 잡아 만드는데, 이는 특히 당상관이 입는다. 당하관은 푸른색 모시로 만든 청저철릭靑苧綴翼을 입고 녹색 조대[綠條帶]를 띠며, 수정영水晶纓을 단 오종립烏鬃笠이나 철립鐵笠을 쓴다―원주.

矢箙28)·패검佩劍29)·등편藤鞭30)·수혜자水鞋子31)·비구臂韝32)·각지角指33) 등이 있습니다.

군복軍服(군관 복장)의 차림에는 전립자氈笠子34)·은정자銀頂子35)·공작미孔雀尾·청작미靑雀尾36)·밀화영蜜花纓(아주 큰 것을 사용한다—원주)·협수전복夾袖戰服37)·괘자褂子38)·요대腰帶·전대纏帶39)·세납의細衲衣40) 등이 있고 나머지는 융복과 동일합니다.

갑주甲冑(갑옷과 투구)의 차림에는 금회金盔41)·은갑銀甲42)·여의구

---

27) 만선호항滿縇護項 : 비단으로 만든 휘양. 앞은 이마, 뒤는 목 아래까지 덮이도록 만든 방한용 쓰개의 한 가지. 가에는 서피鼠皮나 담비털로 선을 두른다.

28) 궁장弓韔·시복矢箙 : 활 넣는 집과 화살 넣는 통. 활 1개, 대우전大羽箭 5개, 체전體箭 10개, 편전片箭 10개, 통아筒兒 1개, 누런 수건 1장씩 넣는다—원주.

29) 패검佩劍 : 군인들이 차던 긴 칼. 자주색 가죽으로 만든 칼띠[紫皮帶]에는 금·은으로 수식한다—원주.

30) 등편藤鞭 : 등藤으로 만든 말채찍. 은으로 장식하고, 검은 사紗로 만든 수건이 따른다—원주.

31) 수혜자水鞋子 : 무관이 신는 장화. 비 올 때에는 기름에 절여서 만든 유혜자油鞋子를 신는다—원주.

32) 비구臂韝 : 활 쏠 때에 팔에다 끼는 복장의 한 가지. 비단으로 만든다—원주.

33) 각지角指 : 깍지. 활 쏠 때에 시위를 잡아당기는 엄지손가락의 아랫마디에 끼는 기구. 뿔로 엇비슷한 대통 모양으로 만든다.

34) 전립자氈笠子 : 군인이 쓰던 벙거지. 전립戰笠이라고도 한다. 운두는 높고 둘레는 둥글고 평편하게 털로 만드는데 무늬 있는 비단으로 꾸민다—원주.

35) 은정자銀頂子 : 은으로 만든 증자鐕子. '공작우孔雀羽' 주석 볼 것.

36) 청작미靑雀尾 : 공작미와 같은 것으로 푸른 새털로 만든다.

37) 협수전복夾袖戰服 : 소매가 좁은 전투복. 짙은 녹색을 사용하는데, 더울 때에는 무늬 있는 사紗로, 추울 때에는 무늬 있고 두터운 비단으로 만든다—원주.

38) 괘자褂子 : 군인이 입는 전복의 한 가지. 쾌자快子라고도 한다. 자주색으로 만드는데, 등솔이 있고 소매는 없다.

39) 요대腰帶·전대纏帶 : 군복을 입을 때에 띠는 띠. 요대는 우단羽緞으로 만들고 전대는 남색 비단으로 만든다—원주.

40) 세납의細衲衣 : 군복의 한 가지. 명주 비단으로 만든다—원주.

41) 금회金盔 : 쇠붙이로 만든 투구. 담비털로 휘양을 만들고 무늬 있는 비단으로 장식한다. 盔의 본음은 '괴'—원주.

如意鉤·장갑掌甲 등이 있고 나머지는 역시 융복과 동일합니다.

천담복淺淡服43)의 차림에는 무문각모無紋角帽44)·담청단령澹青團
領45)·오정烏鞓46) 등이 있고 나머지는 시복時服과 동일하나, 무양
흑단령無樣黑團領47)도 착용합니다.

연복燕服(평상복)의 차림에는 칠립漆笠48)·호박영琥珀纓49)·흑종건
黑騘巾50)·초피호항貂皮護項51)·복건幅巾52)·망건網巾53)·창의敞衣54)·
도포道袍55)·홍조대紅條帶(약간 좁게 만든다—원주)·당혜唐鞋56)·모선毛

---

42) 은갑銀甲 : 쇠붙이로 장식한 갑옷. 무늬 있는 비단으로 만든다—원주.

43) 천담복淺淡服 : 엷은 옥색의 제복祭服. 국상이나 일반상에서 3년상을 치르고
    100일간 입었다. 육자복六字服이라고도 한다.

44) 무문각모無紋角帽 : 무늬가 없는 각모.

45) 담청단령澹青團領 : 엷은 청색 천으로 깃을 둥글게 만든 관복의 한 가지. 원주
    에 모시베로 만든다고 하였다. 천인 계급인 별감別監·인로引路·조례皁隷 등이
    주로 입었다. 품계에 따라 홍·청·녹·조皁·토황土黃·초록 등으로 구별하였고, 품
    계가 없는 사람도 부서에 따른 색의 구별이 있었다.

46) 오정烏鞓 : 오정대烏鞓帶. 검은 가죽 허리띠.

47) 무양흑단령無樣黑團領 : 무늬 없는 천으로 만든 흑단령인데 천담복淺淡服의 차
    림에서는 흉배를 붙이지 않는다—원주.

48) 칠립漆笠 : 옻칠한 갓. 썩 가는 대오리로 갓양과 갓모자를 만들어 붙인 뒤에
    갓싸개를 바르고 먹칠과 옻칠을 한다. 원주에 우리나라 풍속에는 전[簷]이 없는
    것은 모帽라 하고 전이 있는 것은 립笠이라 한다고 하였다.

49) 호박영琥珀纓 : 호박으로 만든 잘고 긴 구슬을 꿰어서 갓에 다는 갓끈. 당하관
    은 대모玳瑁로 만들어 다는데 이는 주로 여름철에 사용하고 추울 때에는 공단
    貢緞으로 만든 것을 단다—원주.

50) 흑종건黑騘巾 : 흑총건黑騘巾. 검은 말총으로 만들어 머리에 쓰는 건.

51) 초피호항貂皮護項 : 담비의 털가죽으로 만든 휘양.

52) 복건幅巾 : 검은 헝겊으로 만들어 머리에 쓰는 건. 위는 둥글고 삐죽하며 뒤에
    는 넓은 자락이 길게 늘어지고 양옆에는 끈이 있어서 뒤로 둘러매게 만들었다.
    이는 주로 도포에 갖추어 쓴다.

53) 망건網巾 : 갓에 갖추어 머리에 두르는 건. 말총이나 곱소리 혹은 머리카락으
    로 떠서 만들며 여기에 금관자金貫子나 옥관자玉貫子를 붙인다—원주.

54) 창의敞衣 : '氅衣'라고도 쓴다. 관리나 선비들이 평복 위에 입던 웃옷의 한 가
    지. 소매가 넓고 뒤 솔기가 갈라져 있다. 평복으로 입는 것은 흰색으로만 한다.

扇[57]) 등이 있습니다.

설복褻服(평상복)의 차림에는 비교적 가볍고도 따숩게 만든 저고리와 바지 같은 종류가 있습니다.

이상 10가지 종류에서 다시 기후 관계로 달리하는 것이 8가지나 되고, 신분 관계로 동일하지 않는 것이 4가지나 되는데 이것을 다 세밀히 나눈다면 수십 종에 달합니다.

조정의 벼슬아치로서 공무에 종사하는 이는 그 여러 가지 중에 한 가지 차림만 없더라도 자기 반열에 설 수 없기 때문에 이를 낱낱이 갖추려면 만 민緡[58])이나 되는 거액의 돈이 아니면 장만하여 입을 수 없습니다. 국가에서 봉록으로 주는 미두米豆가 한 달에 많아야 한 섬(一斛 : 15斗)에 지나지 않는데 무슨 재간으로 이것들을 다 갖출 수 있겠습니까? 매양 조회 때나 나라의 제향祭享 때가 되면 벼슬한 자들은 집집마다 옷을 빌려 입기 위하여 하인을 내어놓아 다퉈 가며 거리로 분주하게 돌아다녀도 오히려 얻기가 어려운 형편입니다. 이것이 과연 어떠한 현상입니까?

신의 의견에는 이 여러 가지 의복 중에서 다만 두 가지 차림만을 남겨 두고 나머지는 모두 폐지하는 것이 좋을 듯합니다. 남겨야 할 두 가지는 곧 길복과 군복입니다. 길례吉禮[59])·빈례賓禮·가례

---

55) 도포道袍 : 관리나 선비들이 평복 또는 통상 예복으로 입는 웃옷의 한 가지. 소매가 넓고 뒷자락에는 딴 폭을 덧댄다. 푸른색 옷은 청도포라 한다.

56) 당혜唐鞋 : 가죽신의 한 가지. 울이 썩 깊고 코가 작은데 꼬부라진 눈을 앞뒤로 새겨 붙여 만든다.

57) 모선毛扇 : 관리들이 겨울에 얼굴을 가리기 위하여 드는 방한구. 무늬 있는 비단을 네모반듯하게 겹친 다음, 그 양편에 털가죽으로 싼 자루를 단다.

58) 만 민緡 : 원문의 '만 냥兩'과 같다. 민緡은 돈꿰미인데, 우리나라에서는 100전錢 한 꿰미를 1냥이라 하였다. 1냥은 1관貫 또는 1민이라고도 불렀다. 《아언각비》권1 '일관一貫' 참조.

嘉禮60) 때에는 모두 길복을 입게 하고, 군례軍禮 때에는 군복을 입게 합니다. 만일 흉사가 있을 때에는 천담복淺淡服을 입고, 전쟁이 일어났을 때에는 갑주를 사용하면 될 것입니다.

그리고 길복·군복 중에서도 지나치게 번잡한 꾸밈새는 없애 버리고 실용에 알맞게 하며, 너무나 사치스러운 것은 버리고 되도록 검소하게 해야 합니다. 이렇게만 한다면 의복 제조의 방법이 간단하고 비용이 적게 들어 나라는 부유해지고 관리들은 가난을 면할 수 있습니다. 관리들이 가난을 면해야만 인민들을 착취하지 않을 것입니다.61)

[해제]

관련 글로 <서인복의庶人服議>가 있다. 다산은 의복의 목적을 신분에 따른 실용성에 두었다. 일테면 관리의 제복인 공복公服은 10종이나 되는데, 이를 다 갖추려면 비용이 많이 들므로 길복과 군복 2가지만 남기고 나머지는 폐지하자는 것이다. 그는《목민심서》<변등辨等>조에 자기의 계급적 입장에서 의식주의 신분 질서를 강조하였다.

"옛날에는 복장服章(의복과 장식)은 물론 깃술[旗旂]·수레·처마·제사·음식에도 등급이 있어 질서 정연히 상하가 분명하였으니, 이것이 성인이 세상을 다스리고 백성을 안정시키는 대권大權이다. 부유한 아전과 백성의 사치가 법도를 넘어 아래가 위를 능멸하여 위가 쇠퇴하므로 신분 등급을 구분하는 것이 오늘날의 급선무이다(古者 … 服章有等 旗旂有等 車乘有等 屋霤有等 祭祀有等 飮食有等 秩然森列 上下以明 此聖人馭世安民之大權也 … 豪吏豪甿 乘時使氣 其屋宇鞍馬之侈 衣服飮食之奢 咸踰軌度 上陵下替 … 辨等者 今日之急務也)."

---

59) 길례吉禮 : 대사大祀·중사中祀·소사小祀 등 나라 제사의 모든 예절.
60) 가례嘉禮 : 임금의 성혼成婚·즉위卽位, 또는 왕세자와 왕세손의 성혼·책봉冊封 같은 때의 예식. (듯하다.
61) 최익한은 전서 '國裕而士不貪 士不貪而民不削矣'의 貪을 貧으로 보고 번역한

인재 등용에 관한 건의서通塞議

신은 생각건대 나라에 인재가 부족한 지 실로 오래였습니다. 전국의 인재를 모조리 선발하여 등용한다 하더라도 오히려 그 부족을 느낄 터인데 도리어 그 열에 아홉은 버리고 있으며, 전국의 인구를 모두 다 간부로 양성한다 하더라도 오히려 넉넉하지 않을 터인데 도리어 그 열에 아홉은 버리고 있습니다.

소민小民(평민·천민)은 전부 버림받은 자이고, 중인中人1)(우리나라의 의사·통역원·율력가2)·서화가·수학가 등이 중인이다―원주)도 버림받은 자이고, 서관西關과 북관北關3) 지방의 인민도 버림받은 자이고, 해서海西·송경松京·심도沁都4) 지방의 인민도 버림받은 자이고, 관동關東과 호남湖南5) 지방의 인민은 절반이 버림받은 자입니다.

뿐만 아니라 서얼6)이 버림받은 자이고, 북인·남인7)들은 일부

---

1) 중인中人 : 이조 봉건 사회에서 중앙 관료의 관서에 소속되어 의학·어학·천문학·서화·수학 등을 전공하던 기술 과학자. 그들은 양반 상류 계급보다는 낮은 대우를 받았고, 주로 서울의 중앙 지대에 거주하였기 때문에 중인이라고 일컬었다. 흔히 지방 아전衙前들을 중인이라고 일컫던 것과는 구별된다.
2) 율력가律曆家 : 악률樂律과 역법曆法을 연구하던 전문가. 당시 그들은 물론 높은 수준의 과학적 이론을 갖추지는 못하였으나, 그래도 중세기적인 소박한 음악에 대한 이론과 역법을 중심으로 하는 천문학에 대한 지식을 지니고 있었다.
3) 서관西關과 북관北關 : 서관은 평안도, 북관은 함경도.
4) 해서海西·송경松京·심도沁都 : 해서는 황해도, 송경은 송도松都(개성開城), 심도沁都는 강화도江華島.
5) 관동關東과 호남湖南 : 관동은 강원도, 호남은 전라도.
6) 서얼庶孼 : 본처 이외에 정식으로 결혼하지 않고 관계를 맺고 살던 여자로부터 출생한 자손들. 서는 양인良人 첩의 자손, 얼은 천인賤人 첩의 자손을 말한다.
7) 북인北人·남인南人 : 사색당파 중의 두 분파. 이 분파의 기원은 선조 때(1580년

등용된다고는 하나 역시 버려진 것에 가깝고, 오직 버림받지 않은 자라고는 이른바 명문벌족名門閥族이라 하는 수십 가문에 불과할 따름입니다. 그러나 그중에도 또한 여러 사변으로 인하여 버림받은 자가 적지 않습니다.

무릇 일체 버림받은 자들은 모두 자포자기하여 학문·정치·경제·군사 등의 방면에 유의하지 않고, 다만 세상일에 불평만을 품고 술이나 마시기를 즐겨하여 방탕한 생활로 세월을 보내고 있습니다. 그러니 나라의 인재들이 성장할 수 없습니다. 사람들은 흔히 이러한 현상들을 보고 "그들은 마땅히 버려야 한다"고들 하나 이것이 어찌 옳은 이론이겠습니까! 천지자연의 운수와 명산대천名山大川의 정기가 어찌 저 수십 가문만을 보호하여 주고, 기타 전체 인민들에 대해서는 돌보지 않는다고 말할 수 있겠습니까?

만일 태어난 지역 때문에 인재를 버린다면 김일제金日磾8)는 휴도休屠에서 출생하였으니 서융西戎 사람이었고, 설인귀薛仁貴9)는 삭방朔方에서 출생하였으니 북적北狄 사람이었으며, 구준丘濬10)은

대) 정권을 잡은 동인東人 중에서 류성룡柳成龍 일파를 남인이라 하고, 이산해李山海 일파를 북인이라 한 데서부터 시작되었다. 그 이후 노론老論이 득세함에 따라 남인·북인이 계속 몰락하더니, 영조 때에 이르러 사색당파들을 균형적으로 등용한다는 이른바 탕평蕩平 정책을 표방하였으나, 남인·북인들은 여전히 배제 상태에 있었으므로 다산이 이를 지적한 것이다.

8) 김일제金日磾(BCE134~BCE86) : 한나라 무제 때의 사람. 본래 흉노 휴도왕休屠王의 태자였으나, 한무제의 신임을 받아 무훈을 세우므로 일국에 유명한 장군이 되었고, 뒤에 또 김씨의 사성賜姓을 받았다.

9) 설인귀薛仁貴(614~683) : 당나라 태종 때의 사람. 처음 북중국 용문龍門에서 출생하였으나, 요동·돌궐·거란 등지에 출정하여 무훈이 높았으므로 대장군의 칭호를 받았다.

10) 구준丘濬(1420~1495) : 명나라 효종 때의 사람. 남중국 경산瓊山 출신이지만, 효종의 총애를 받아 문연각 태학사文淵閣太學士로서 많은 저서를 남겼다.

경주瓊州에서 출생하였으니 남만南蠻 사람이었는데, 어찌 지방 조
건으로써 인재를 버릴 수 있겠습니까?

또 만일 그의 어머니가 미천하다고 하여 버린다면 한위공韓魏
公11)은 청주靑州 관비官婢의 자식이었고, 범문정范文正12)은 그 어
머니가 재가再嫁한 일이 있었으며, 소강절邵康節13)은 그 3형제의
성이 모두 같지 않았는데, 어찌 어머니가 미천하다는 것으로써 나
라의 큰 인재를 버릴 수 있겠습니까?

근래에 이르러서 서얼 출신에 대해서는 그들을 등용하려는 경
향이 일부 나타나고 있으나, 현 정세 하에서 이것이 실행된다 하
더라도 서얼 출신의 자신들부터가 환영하지 않을 것입니다. 왜냐
하면 예를 들어 삼망三望14)에 추천된 자가 서얼이었다면 응당 이
들을 정언正言으로 등용해야 될 것임에도 불구하고 일찍이 서얼로
서 정언 벼슬에 오른 자가 없었고, 어디까지나 서얼에 대해서는
그다지 중요하지 않은 어떤 직위와 품계品階에만 국한시키고 있기
때문입니다. 그러므로 이도 결국 버림받은 사람인 것입니다.

동·서·남·북의 지방적 조건을 묻지 않고 귀족과 천인의 출신 관
계를 가리지 않는 중국의 제도를 본받는 것이 합당할 것입니다.

---

11) 한위공韓魏公(1008~1075) : 송나라 인종仁宗 때의 사람. 이름은 기기이고,
    위국공魏國公이라는 봉호를 받았기 때문에 위공이라고도 불렸다. 범문정과 함
    께 재상의 직위에서 많은 공로를 세웠다.
12) 범문정范文正(989~1052) : 이름은 중엄仲淹, 시호는 문정. 두 살 때 아버지
    가 죽자 어머니의 둘째 남편인 주씨朱氏의 성을 따라 주열朱說이라 한 적도 있
    다. 나중에 어진 정치를 베풀어서 명재상의 표상이 되었다.
13) 소강절邵康節(1011~1077) : 송나라 유학자. 이름은 옹雍, 시호는 강절. 주역
    연구에 깊었고, 저서로 《황극경세서皇極經世書》, 《격양집擊壤集》 등이 있다.
14) 삼망三望 : 관리를 선발할 때 이조나 병조에서 적당한 인물 3인씩을 추천하여
    그 이름을 임금에게 올리던 일.

언제나 현명한 사람은 적어서 걱정이고, 우둔한 사람은 많아서 걱정이며, 공정한 간부는 적고 편협한 간부는 많아서 걱정입니다. 또 좋은 의견이 제기되어도 실행되지 않고, 비록 실행된다 하더라도 그 결함은 여전히 시정되지 않고 있습니다.

여기에 실행함직한 한 가지 방안이 있습니다. 매 10년마다 한 번씩 특출한 재능이 있는 자들을 선발하기 위한 과거 제도를 설치하여, 서북 지방과 양도兩都(송도·심도)의 중인·서얼로부터 일반 인민의 천인 계층에 이르기까지 무릇 행실이 올바르고 학문과 정치 면에서 특수한 견식이 있는 자들을 선발하되, 조정의 관·각·대·성館閣臺省의 여러 신하들이 제각기 들은 바를 추천하고, 또 각 도의 감사들과 염찰사廉察使들이 서로 아는 바를 추천하도록 합니다. 대략 100명 정도를 추천하여 서울에 모아 놓고 그들에게 다시 경학經學·시부詩賦·논책論策 등의 과목으로 시험을 보이며, 고금 흥망에 관한 역사적 지식과 당대 사회의 정치 경제에 대한 실무적인 수준을 참작하여 10명가량의 수재를 선발할 것입니다.

이리하여 이 시험에 합격한 자에게는 아래로 관·각·대·성으로부터 위로 정부政府(의정부)·전부銓部(이조)의 직위에 이르기까지 조금도 구애되지 말고 저 이른바 명문벌족들과 동등하게 대우할 뿐만 아니라 그 자손들까지라도 각자의 능력을 발휘할 수 있는 길을 열어 주어야 할 것입니다. 현재 우리나라의 습속을 크게 변혁하지 않더라도 지방적 장벽을 없애고 출신적 차별을 철폐할 수 있는 방법은 이보다 더 나은 것이 없습니다.

이렇게만 한다면 종전에 자포자기하여 술이나 마시며 불평불만을 품고 있던 사람들도 모두 다 옳지 않은 작태를 일소하고 학문·

정치·경제·군사 각 방면에 관심을 기울일 것입니다. 이와 같이 된 뒤에야 비로소 나라의 인재가 넉넉해질 것이고, 한 나라의 문화가 개변될 것입니다.

[해제]
이 글은 인재를 신분·지방·적서·당파와 관계없이 능력 본위로 등용할 것을 주장한 논설이다. 정조 때 시행된 '빈흥과賓興科'를 참조한 것으로 보인다. 빈흥과는 소외된 지방 유생들을 선발하기 위해 천거제를 활용한 제도였으나 비정기적이라는 단점이 있었다. 그래서 다산은 천거제를 상설화하자고 제안한 듯하다(김문식, '통색의', 《다산학사전》, p1741).

지방 관리의 성적 고사법에 관한 건의서 考績議

　신은 생각건대 수령守令은 나라의 인민과 지역을 나누어 다스리는 자입니다. 그 직제가 임금[1]을 모방하여 온갖 제도를 갖추지 않는 바가 없으므로 군목君牧이라 부르니, 그 직책이 아주 중요합니다. 인민 생활의 고락苦樂이 여기에 매여 있고 국가의 성쇠盛衰가 여기에 달려 있으니, 당연히 세밀히 조사 검열하여 우수한 자는 표창하고 열등한 자는 처벌해야 합니다.

　그럼에도 불구하고 그들의 정치 성적을 평가하는 사업이 너무나 해이해져서 다만 글귀 몇 자로써 그 성적을 평정하려고 하지만, 실제 내용에 있어서는 구체적으로 지적하지 못합니다. 뿐만 아니라 흔히 그의 가정 규범과 문벌 위치가 훌륭하다거나, 또는 그의 풍채가 좋고 문화성이 풍부하다거나 하여 문득 상등의 성적에 올려 세우기도 하니, 이러한 것들은 인품이나 가벌을 평가한 데 불과하지, 치민治民의 성적과는 아무런 관계가 없습니다.

　또 치적治績의 우열은 차등이 많은지라 세 가지 등급(상·중·하)으로만 나누어서는 그 실태를 정확히 구별할 수 없습니다. 신의 의견으로는 수령의 직책은 너무나 다종다양하여 낱낱이 세분할 수는 없으나, 그 대체적인 것을 6개 강령으로 나누고 또 그 강령마다 4개 조목씩 설정하는 것이 적당할 듯합니다.

　6개 강령은 곧 1) 농정農政, 2) 재정財政, 3) 교육敎育, 4) 형정刑

---

1) 원문에는 '중앙'으로 되어 있다.

政, 5) 군사軍事, 6) 공업工業입니다. 4개 조목은 농정에 ① 경직耕織
(밭갈이와 길쌈), ② 목축牧畜, ③ 종식種植(식수조림), ④ 제간堤墾(제방
관개 및 토지 개간)이고, 재정에 ① 부세賦稅, ② 환자還上, ③ 시적市糴
(시장의 곡물 유통), ④ 진휼振恤이고, 교육에 ① 효제孝弟, ② 예속禮俗,
③ 문학文學, ④ 혼례婚禮이고, 형정에 ① 형벌刑罰, ② 사송詞訟(재
판), ③ 구타毆打, ④ 무단武斷이고, 군사에 ① 교련敎鍊, ② 병기兵器,
③ 성지城池, ④ 도적盜賊(치안)이고, 공업에 ① 채광採丱, ② 공장工
匠, ③ 관해館廨(관사 건축), ④ 도로道路 시설 등입니다.

이로부터 각 지방 수령들의 성적을 평가할 때에는 상기 24개
조목에 의거하여 그 실태를 낱낱이 검토할 것이며, 한갓 문구에만
국한되지 말고 흡사 어사御史들이 장계狀啓를 작성할 때와 같은 그
러한 체제를 갖출 것입니다.

그리하여 그 등급을 사정함에 있어서도 반드시 9등2)으로 나누
어 상상은 1명 정도 내서 높은 자리로 등용하고, 하하는 3명 정도
내서(작은 지방은 2명—원주) 책벌責罰을 적용하며, 그 나머지는 지방
감사들의 처분에 맡겨 두되 인원수도 제한하지 말 것입니다. 또한
매년 연말마다 평가 사업을 실시하되 그중에서 부임한 지가 300
일이 되지 않은 자는 그대로 두었다가 날짜 수가 차면 즉시 보고
하도록 할 것입니다.

이와 같이만 한다면 온갖 제도 문물이 신속히 발전하여 국가가
부유해지고 인민들의 물질문화 생활이 제고되는 효과를 1년이면
볼 수 있습니다. 왜냐하면 감사가 수령들의 성적을 세밀히 평가하

---

2) 9등 : 상상·상중·상하·중상·중중·중하·하상·하중·하하로 나누는 것이 종래의 9
단계 채점법이다.

기 위해서는 상기 24개 조목에 대하여 관심하지 않을 수 없으며, 수령들이 장차 자기 사업 실태가 구체적으로 지적될 것을 안다면 역시 24조목에 대하여 진심갈력盡心竭力하지 않을 수 없기 때문입니다. 감사가 실제 사업의 성과로써 수령들에게 요구하고 수령이 역시 실제 사업의 성과로써 감사에게 보고한다면 인민들의 생활이 향상되지 않을 리가 없습니다.

그런데 오늘날 평가 사업을 보면, 흔히 평정서에 쓰기를 "한가하고 고아한 정치에 온 고을이 무사하다(恬雅之治 一境晏如)"합니다. 이는 곧 이 사람이 완전히 자기 사업을 포기하고 가만히 앉아서 국가의 복록만 받아먹었다는 표징에 불과한 것이니, 만일 조목별로 따진다면 한 가지도 구체적으로 들어 쓸 만한 성과가 없을 것입니다. 또 쓰기를 "재상의 지위에서 내려 왔으니 상관의 탄압을 어찌 걱정하랴?(出自宰列 彈壓何憂)" 하였으니, 이 사람은 곧 사물에 밝지 못하고 다만 높은 관벌을 믿고 거만하게 자존자대할 따름이며, 조목별로 검토하면 한 가지도 들어 쓸 만한 성과가 없는 자일 것입니다. 이와 같은 수령들은 당연히 하중下中으로3) 떨어뜨려야 할 것입니다.

애석합니다! 교화가 진흥하지 못하고 예속이 순후하지 못하며, 토지가 황폐하여 개간되지 못하고 식수조림 사업에 관심이 없어 목재가 부족하며, 목축업이 번성하지 않고 성곽과 관사가 무너져 가도 수리 복구하지 않으며, 온갖 공인工人의 기술이 날로 암둔해지고 사방에서 도적이 봉기하며, 시장에 물품이 고갈되어 인민들

---

3) 원문에는 '하下나 중中으로'라고 되어 있다.

의 생활은 날로 도탄에 빠지는데도, 지방 수령들은 알려고도 하지 않고 높은 베개에 병치레만 하고 있다가 그 성적을 평가함에 이르러서는 아름다운 글귀나 엮어 내어 스스로 기뻐하고 있습니다. 이 것이 국가에 무슨 이익이 되겠습니까?

태평의 정치와 같은 것은 오직 청나라 선비 고염무顧炎武[4]가 쓴 〈군현론郡縣論〉의 방안들을 채택 시행한다면 성공할 수 있습니다. 그렇지 않고 한갓 공담으로만 논의해서는 모두 헛수고에 지나지 않을 뿐입니다.

[해제]
다산은 수령의 고적 항목을 6강綱 4목目(총 24조목)으로 설정하였다. 기존의 수령 고적 기준인 7사事가 너무 소략하므로 세분한 것인데,《경세유표》에서는 9강 6목(총 54조목)으로,《목민심서》에서는 12강 6목(총 72조목)으로 더 보완되었다. 그의 고적제 방안은 수령을 엄격히 감찰하여 지방 행정 운영의 책임성을 높이는 한편, 수령과 조정의 연계를 강화하여 중앙 집권적 통치 질서를 확립하려는 의도에서 구상된 것이다. 그는 고적제를 요순 정치의 핵심으로 파악한바, 여기에 요순이라는 전통적 유토피아의 상징을 자기의 정치적 의도대로 새롭게 해석한 이상주의적 성격과 한계가 있었으며, 실제 정책에는 반영되지 못하였다(배병삼, 앞의 책, p142, p186, p206; 심준섭, 〈성과관리〉, 《다산의 행정개혁》(김영평·홍준현 편), 대영문화사, 2010, pp86~93).

---

4) 고염무顧炎武(1613~1682): 명말청초의 고증학자. 호는 정림亭林. 〈군현론〉은 《정림문집》권1에 수록된 9편의 논문을 말한다. 그의 〈생원론生員論〉에 대하여 다산이 발문을 쓴 것이 있다.

농업 정책의 개선에 대한 건의서應旨論農政疏1)

삼가 말씀드립니다. 신의 생각에는 농업이 다른 직업보다 못한 것이 세 가지가 있으니, 그 대우가 선비만 못하고 이익이 상업만 못하며 편하기가 수공업만 못한 것이 곧 그것입니다.

대체로 사람이란 누구를 막론하고 자기 신분이 미천한 것을 부끄러워하고 이익이 적은 일은 하기 싫어하며 너무 힘든 일은 즐겨하지 않습니다. 그런데 지금 농업이 다른 직업에 비하여 이상과 같은 세 가지의 못한 것이 있으니, 이 세 가지 못한 것을 없애지 않고는 아무리 인민들에게 농사를 잘 지으라고 권유하며 추궁한다 하더라도 그 효과가 나지 않을 것입니다.

특히 농사짓는 방법은 아주 정밀하게 하지 않으면 안 되는 것인데, 지금 농민들은 너무나 거칠게 다루어 되는 대로 해치워 버리기 때문에 기껏 노력을 들이고도 얻는 이익이 적고, 얻는 이익이 적기 때문에 농민들은 더욱 자기 사업에서 열성을 발휘하려고 하지 않으며, 열성을 발휘하려고 하지 않기 때문에 농사일이 더욱 거칠게 되는 것입니다. 이와 같이 서로 반복되어 농업이 발전하지 못하는 것입니다.

신이 본래 우둔하고 더욱이 농사짓는 방법에 대해서는 아는 것이 적으므로 구태여 쓸모없는 소견을 늘어놓고 싶지는 않으나, 이미 위에서부터 널리 의견을 채집하려는 분부가 있고 또 신이 현재

---

1) 무오년(1798) 곡산에 있었다(戊午在谷山―원주). 정조의 윤음이 내려와 12월에 작성하기 시작하여 이듬해 봄에 보고한 것으로 보인다.

지방을 맡아 다스리면서 약간의 느낀 바가 있기에, 이에 세 가지 조목으로 나누어 말씀드리려고 합니다.

1) 편농便農 정책인데 이는 농사에 들이는 노력을 보다 헐하게 하기 위한 것이요, 2) 후농厚農 정책인데 이는 농민들에게 이익을 주기 위한 것이요, 3) 상농上農 정책인데 이는 농민들의 신분적 대우를 개선하기 위한 것입니다.

1. 편농 정책이란 무엇인가?

첫째로, 농사일이 힘들다는 것은 농민들의 경지 면적이 너무 넓은 반면에 노력2)이 모자라기 때문입니다. 흔히 농사짓는 묘리를 모르는 자들은 "인구는 많고 토지는 적다"고들 걱정하나, 이는 토지가 적은 것이 아니라 농민들이 자기 노력에 비하여 경지 면적을 지나치게 많이 차지한 까닭입니다. 옛날 정자程子3)도 정전井田 제도를 논의하면서 "세상 만물이 모두 다 서로 알맞게 마련되었는데 어찌 인구는 많고 토지는 적을 리가 있겠느냐?"고 하였습니다. 실로 경지 면적을 적게 차지하고 단위당 투하 노력의 비율을 높임으로써 동시에 단위당 수확고를 높이면 토지가 모자란다는 현상은 없어질 것입니다.

예를 들면, 논밭에 씨앗을 뿌리는 데도 일정한 규격과 기준이 있어야 될 것입니다. 가령 1치[寸] 사이에 1포기의 곡식을 가꾸는 것이 적당할 때, 3치 사이에 2포기만 심는다면 1치의 땅을 묵히게

---

2) 노력勞力 : 노동력. 이하 마찬가지.
3) 정자程子 : 송나라 유학자 정호程顥와 정이程頤 형제의 존칭.

될 것이고, 반면에 1치의 간격에 2~3포기씩이나 심는다면 곡물의 그루가 너무나 조밀하여 잘 자라지 못할 것입니다. 그런데 현재 농민들의 농사짓는 형편을 보면 어떤 곳에는 포기와 포기 사이를 1발[丈]씩이나 비워 둔 데도 있고, 또 어떤 곳에는 5~6포기씩 한꺼번에 쏘물게4) 심은 데도 있습니다. 그러고도 농민들은 저 산전이나 묵밭을 버리게 된 것은 아까워할 줄 알면서도 지금 자기의 피땀으로 가꾸고 있는 밭 가운데서 기름진 땅이 묵고 있는 것은 모르고 있으며, 저 수재나 한재가 농사에 큰 지장을 주는 것은 알면서도 자기 손으로 심은 곡식들이 너무 쏘물어서 잘 자라지 않는 것은 모르고 있습니다.

신이 일찍이 중국으로부터 돌아온 사람들의 말을 듣건대 "(중국에서는) 논밭에 싹이 처음 날 적부터 일정한 간격이 있어서 푼촌分寸의 차이도 없고, 자라난 포기의 줄이 가로나 세로나 정연하여 하나도 어긋나는 예가 없었다"고 합니다. 이는 필시 어떤 편리한 농기계를 사용하여 지면을 고르게 하고 씨앗을 심을 때부터 엄격한 규격에 맞추어 그 간격을 지었을 것입니다(지면을 고르게 만들기 위해서는 녹독碌碡5)을 사용하였을 것이다—원주).

---

4) 쏘물게 : '촘촘히' 뜻의 경상 방언.
5) 녹독碌碡 : 갈아 일으킨 밭두둑을 고르게 하면서 흙덩어리를 보드랍게 깨는 농기구. 돌이나 굳은 나무로 원형의 큰 롤러(약 3척 길이)를 만들고, 그 중심의 구멍에다가 굴대를 관통시킨 다음, 굴대의 양쪽 머리에 나무로 만든 채를 매어 소에게 메울 수 있도록 한다. 이리하여 갈아 일으킨 밭두둑 위로 끌고 가면 롤러가 굴러서 흙덩어리를 깨게 되는 것이다. 이는 옛날부터 중국 농촌에서 사용하던 것인데, 밭두둑을 고르는 데만 이용하는 것이 아니라 타작마당에서 도리깨 대신으로 사용하기도 하였다. 이삭을 떨지 않은 보리와 밀대를 마당에 깔아 놓고 이 롤러를 말이나 소에게 메워 계속 여러 번 굴리면 낱알이 떨어져서 그 능률이 도리깨로 뚜드리는 것보다는 몇 갑절이나 높았다.

그러나 우리나라에는 다음과 같은 사실이 있습니다. 곧 토지 없는 농민들이 남의 콩밭골을 빌려서 거기에 보리를 심는 예가 있는데 이를 빌린 골[借谷]이라 합니다. 대체로 곡식을 심은 밭을 또 남에게 빌려주어 그 골에다가 다시 다른 곡식을 심게 한다는 사실만 보더라도, 얼마나 그 밭골이 너르고 노력이 모자라는가를 짐작할 수 있는 일입니다. 그러므로 이제 마땅히 전제田制를 바로잡는 정책을 실시하되 반드시 두둑은 몇 자, 골은 몇 치씩 할지를 곡식의 종류에 따라 적당한 기준을 정하고, 또 밭두둑의 표면을 고르게 만들기 위한 농기계를 사용하여 씨앗의 간격을 알맞게 하도록 하면, 거름 주고 김매는 노력이 절약되면서도 수확은 배나 증가될 것입니다.

둘째로, 농사일이 힘들다는 것은 좋은 씨앗을 선택하지 않기 때문입니다. 가령 쭉정이 같은 낟알은 처음 자랄 때부터 어떤 병이 있어서 제대로 여물지 못한 것이기 때문에 설사 논밭에 뿌린다고 하더라도 공연히 면적만 차지하고 가꾸기 위한 노력만 허비할 뿐, 가을에 가서는 아무런 수확이 없는 것입니다. 만일 이와 같은 씨앗이 열 낟 중에 다섯이나 된다면 1만 이랑의 밭에서 5천 이랑의 면적은 묵히게 될 것입니다. 그러므로 좋은 씨앗을 선택하기 위해서는 금년에 수많은 낟알 중에서 가장 잘 여문 우수한 씨만 골라내고, 내년에는 또 금년에 골라 심어 가꾼 우량 곡식 중에서 다시 고르고, 내후년에도 역시 같은 방법을 취할 것입니다. 이와 같이 계속한다면 몇 해 안 가서 곡식 품질이 높아져서 쌀알이 굵어지고 콩 한 낟이 누에고치만큼이나 크게 될 수 있습니다.

그럼에도 불구하고 농사꾼은 되는 대로 해 버리는 습관이 아주

고질이 되어 좋은 씨앗의 선택에 대한 이야기를 하면 한낱 웃음거리로 생각하고 귀담아듣지도 않습니다. 그러나 이 좋은 씨앗의 선택 방법은 그다지 어려운 것도 아닙니다. 키로 까불러 싸라기를 없애고, 바람에 부쳐서 쭉정이를 날려 버리며, 체로 쳐서 부스러기를 버리고, 물에 담가서 뜨는 것을 골라 버리면 됩니다. 이 정도의 노력은 저 1년 동안 갖은 피땀을 흘려 가면서 가꾸어도 마지막에는 아무런 수확을 얻지 못하는 헛수고에 비교하면 실로 아무것도 아닙니다. 또 곡식 씨앗 중에서 싸라기나 쭉정이나 부스러기나 물에 뜨는 것들은 논밭에 뿌린다고 해야 대부분이 나지도 않고, 난다고 해도 충실한 곡식으로 자라지 못할 터이니, 이런 것은 차라리 집에 남겨 두면 하다못해 죽이라도 쑤어 먹을 수 있습니다. 비록 하찮은 것 같으나 1만 이랑[頃]을 두고 보면 그 수량이 적지 않습니다. 그런데 농민들의 습관이 너무나 고집스러워 고치지 못하고 있으니, 진실로 안타까운 일입니다.

셋째로, 농사일이 힘들다는 것은 농기계가 너무나 유치하기 때문입니다. 신이 본 농서農書에 의하면 이른바 방파方耙6)·팔자파八字耙7)란 것이 있고, 초秒(써레)8)·노磱(번지)9) 등이 있으니 이는 모두

---

6) 방파方耙 : 갈아 놓은 논밭의 흙덩어리를 깨는 농기구. 곧 겹써레의 일종이다. 길이 5자가량 되는 사각형 나무를 앞뒤로 가로 연결하되 그 사이는 5치 정도 띄우고, 이 앞뒤의 나무에다가 서로 어긋나게 여러 개의 구멍을 뚫고 길이 6치쯤 되는 나무 이를 박아 만드는데, 그 양편에 채를 달아 소나 말에게 메워 끌게 한다. 방파로 논밭을 여러 번 써릴수록 흙이 보드라워진다.

7) 팔자파八字耙 : 갈아 놓은 논밭의 흙덩어리를 깨는 농기구. 이는 인자파人字耙라고도 하는데 쇠로 만든 써레의 일종이다. 방파와 다른 점은 나무 이 대신에 쇠로 만든 이를 박아 더 튼튼하게 한 것이다. 인자파는 사용할 때에 그 써레 위에 사람이 올라서서 누르면 쇠 이가 땅속 깊이 들어가서 흙속에 있던 나무뿌리와 풀뿌리 같은 것을 모조리 뽑아 버린다.

소에게 메워 논밭의 흙덩이를 깨는 농기구입니다. 그런데 지금 우리나라 습속에는 다만 논에서만 써레를 사용하는 예가 있으나, 그것마저 제작이 너무나 정밀하지 못합니다. 일반적으로 밭에서는 늙은 부인네나 남자들이 발로 밟아서 흙덩어리를 깨는데, 흙덩어리가 잘 깨지지도 않을 뿐만 아니라 도리어 그 발자국만 돌덩이처럼 굳어져 버리고 맙니다. 또 앙마秧馬10)라고 하는 농기구는 다만 그 이름은 들었으나 제작 사용할 줄은 모르고, 그저 농민들이 맨발로 물에 들어서서 일하기 때문에 팔다리가 아프고 온몸이 진흙투성이가 될 뿐만 아니라 거머리까지 달려들어 귀찮게 굽니다. 그러므로 힘은 배나 들어도 성과는 적습니다. 이 얼마나 안타까운 일이겠습니까?

또 가사협賈思勰11)의 말에 의하면 "누거樓車12)는 세 발 보습이

8) 초杪(써레) : 갈아 놓은 논밭의 흙덩어리를 깨며 바닥을 고르는 데 쓰는 농기구. 홑으로 된 것이 방파와 다르고, 나무 이로 된 것이 인자파와 다르다. 높이 3자 가량 되는 손잡이가 있어 앞에서는 소가 끌고 뒤에서는 사람이 손잡이를 잡고 따라간다. 우리나라에서는 방파와 인자파는 사용한 예가 없고, 다만 이 홑써레만은 무논에서 모내기할 때 널리 사용하고 있다. 중국에서는 두 채를 가로 연결하여 소 두 마리를 메우고 두 사람이 함께 부리는 경우가 많았다.

9) 노耮(번지) : 논밭의 흙을 고르는 데 쓰는 농기구. 써레와 달리 밑바닥에 이가 없고 다만 굳은 나무를 대어 평면으로 만든다. 흔히 갈아 놓은 논밭의 흙을 고르는 데나 처음으로 개간하는 토지의 흙을 고르는 데 사용한다.

10) 앙마秧馬 : 논에 모내기하는 농기구. 오동나무 따위로 등을 만들어 작은 배 모양과 비슷하게 하고, 앞뒤의 머리는 위로 쳐들게 하여 밀고 다니기에 편리하도록 하며, 등은 마소의 등과 비슷하게 하여 사람이 걸터앉기에 알맞도록 한다. 이리하여 농민들이 무논에서 앙마를 타고 두 발로 밀고 다니면서 그 옆에 실은 못단으로 모를 심으면 작업 능률이 허리를 구부리고 심는 것보다는 몇 갑절 빠르고 사람의 힘도 덜 든다고 한다. 이는 중국 농촌에서 옛날부터 사용한 것으로 특히 남중국 무창武昌 등지에 널리 보급되었다.

11) 가사협賈思勰 : 6세기경 북위北魏의 태수太守. 중국 최고最古의 농서인《제민요술齊民要術》을 지었다.

달린 쟁기[三尺犁]와 같은 것으로, 그 위에 씨앗 담는 그릇을 장치하여 소를 메워 끌게 하고 뒤에서 사람이 손잡이를 쥐고 따라가면서 누거를 흔들어 주면 씨앗이 균일하게 뿌려져서 하루에 1경頃(100묘畝)을 파종할 수 있다"고 하였습니다. 이 누거의 사용은 본래 한나라 조과趙過13)가 제시한 방법인데, 손으로 씨를 뿌리는 것보다 그 능률이 몇 갑절이나 높고 또 씨가 고루 뿌려지기 때문에 농사에 유익함이 막대합니다. 그러나 우리나라에서는 지금까지 그것을 만들어 쓸 줄을 모르고 있습니다.

또 여마驢磨(말방아)와 수대水碓(물방아) 같은 것도 중국에서는 널리 사용한 지가 이미 오래고, 그 제작 방법에 대해서는 환담桓譚14)이 자세히 설명한 바 있었는데, 우리나라에서는 아직도 디딜방아를 사용하는 데가 있습니다. 풍차風車15)와 수차水車 같은 것은 그

12) 누거耬車 : 파종하는 데 쓰는 농기구. 위로 3자가량 높이의 구부러진 두 손잡이가 있고 아래로 두 발이 달렸는데, 그 사이는 밭 한 이랑에 알맞게 되어 있다. 그리고 중간에는 여러 개의 가로대를 건너지르고 거기에다가 씨앗 담은 그릇을 장치하여 손잡이를 흔들면 씨앗이 저절로 떨어져 두 발 사이에 있는 구멍을 통하여 밭에 고루 뿌려지게 된다. 이러한 방법은 후세에 와서 더욱 발전하여, 씨앗 그릇 위에 거름 담는 그릇을 아울러 장치함으로써 씨가 뿌려짐에 따라 그 위에 거름이 덮어지도록 하였다. 이 누거를 사용하면 손으로 씨를 뿌리는 것보다 능률이 몇 배나 제고될 뿐만 아니라 씨가 비교적 고루 뿌려지게 되어 단위당 수확에서 막대한 이익을 본다고 한다.
13) 조과趙過 : 한나라 무제 때 수속도위搜粟都尉로서 농민들에게 영농 방법을 지도하고 창의적인 농기구를 고안 제작하였다. 그중의 하나는 곧 씨를 뿌리는 장치가 가설된 세 발 쟁기인데, 이는 하루에 3경頃 이상을 파종할 수 있다고 한다. 후세의 누거는 바로 이 세 발 쟁기의 발전된 형태이다.
14) 환담桓譚(BCE24~CE56) : 후한 광무제 때 박사博士로서 오경五經에 밝고 문장에 능하였다. 저서로 《신론新論》이 있다.
15) 풍차風車 : 본래 풍력이 강한 네덜란드에서 발전한 것이나, 그 제작 사용법이 중국에도 수입되어 특히 강북江北 지역에서 더러 사용되었다. 주로 급수기汲水機로 활용되었지만, 그 동력을 이용하면 각종 기계를 가동할 수 있었다.

제작 방법을 듣지도 못하였습니다.

또 누에치는 방법에 대해서는 농가에서 층박법層箔法16)을 사용하지 않고 다만 방바닥에 잠박 한 층만을 늘어놓고 있으며, 게다가 풋보리를 말리거나 삶은 기장쌀을 펼쳐 두어서 습기와 더운 기운이 방안에 가득하며, 심지어는 메주와 누룩 뜨는 냄새나 대변·소변의 악취까지 풍길 정도로 청소를 제대로 하지 않기 때문에 누에가 병들어 잘 자라지 못합니다.

또 실 뽑는 소거繅車(명주물레)17)는 그 제작이 너무나 졸렬하여 힘만 들되 성과가 적으며, 젖은 실을 습기 많은 구들에다가 말리면서 무거운 돌로 눌러 놓기 때문에 온전히 마르기도 전에 절반은 뜨고 썩어 버려서 옷감과 옷을 힘들여 만들었더라도 쉽사리 해어져 버리고 맙니다.

또 방거紡車(물레)18)는 턱없이 크기만 하여 손이 굼뜰뿐더러 여러모로 사용하기가 불편합니다. 그러나 지금 일부 농가에는 이와 다른 방거가 있는데, 평안도에서 유입된 것으로 비교적 편리하고 신속하여 명주실이나 무명실에 사용해도 모두 애로가 없습니다. 그런데도 아직 일반적으로는 보급되지 않았습니다.

앞으로는 농서에 근거하여 우수하고 정밀한 각종 농기구를 대량으로 제작하여 국내에 고루 퍼뜨려서 전체 농민들이 사용하도록 해야 됩니다.

---

16) 층박법層箔法 : 방안에 시렁을 가설하여 잠박蠶箔을 여러 층계로 얹는 방법.
17) 소거繅車 : 고치에서 명주실을 뽑는 물레. 원문의 '자위(자새)'는 오류.
18) 방거紡車 : 물레. 원문의 '베틀'은 오류. 여기에서 방거는 실뽑기(製絲)에 쓰는 물레가 아니라 실내리기(解絲)에 쓰는 물레를 말하는데, 명주실이나 무명실 따위를 내릴 때 공통적으로 사용한다.

넷째로, 농사일이 힘들다는 것은 관개 수리 사업을 발전시키지 않았기 때문입니다. 주자의 말에 "인민들의 기근을 구제하기 위해서는 어떤 특수한 방법을 강구할 것이 아니라 오직 수리 관개 사업을 발전시켜야 된다"고 하였으니, 이는 실로 예견성 있고 기근이 들게 되는 근본을 다스리는 이론입니다. 저 중국에서 역대에 걸쳐 하천을 파서 돌리며 운하를 뚫고 틔워서 치수治水 사업에 능란하던 방법은, 참으로 하루아침에 배울 수 있는 바가 아닙니다. 그러나 수세水勢(물살)의 높낮이를 측정하고 하천 개통의 비용을 계산함으로써, 관개 사업의 이해를 타산하여 이익이 될 만한 것은 실시하고 도리어 손해가 될 것은 그만두며, 그 결과를 판단하기 어려운 것은 소규모로 시험하여 연구를 거듭하면 어찌 안 될 리가 있겠습니까?

그런데 혹 사람들이 방죽을 만드는 공사를 시작하면 그 성과 여하를 구체적으로 검토하지도 않고 덮어놓고 안 될 것으로 반대하는 경향이 있는데 이는 옳지 않습니다. 방축 공사에서 많이 실패하는 원인은 공사를 감당해 내지 못한 데 있는 것이 아니라, 물살의 높낮이를 정확히 측정하지 못하거나 바닷물이 들고 나는 형세를 세밀히 관찰하지 못한 데에 있는 것입니다.

물은 얼핏 보기에는 하류의 수면이 상류의 수면보다 낮은 것 같아도 실상은 높은 것이 있습니다. 그 수원水源이 높은 것은 하류가 비록 토지보다 낮게 보이더라도 물을 퍼 올리는 데는 많은 노력을 들이지 않아도 되지만, 그 수원이 낮은 것은 하류가 비록 토지와 평평하게 보이더라도 용미차龍尾車나 항승차恒升車(양수기의 일종)로도 결국 헛수고가 되고 말 것입니다.

또 해안 지대의 간석지에 드나드는 조수의 형세, 즉 조세潮勢는 풍세風勢와도 관계되기 때문에 평시에는 조수 물결이 잔잔하다가도 바람으로 인하여 사나울 때도 있고, 평시에는 사납다가도 바람으로 인하여 잔잔해질 때도 있습니다. 그러나 해상 풍세의 변동도 일정한 계절적인 기간이 있기 때문에 그 시기를 보아서 공사를 진행하면 될 것입니다. 만일 가을이나 겨울같이 물기운이 응결될 때에는 조수 물결이 비록 사나워 보이더라도 방죽을 무너뜨리지는 못할 것이고, 봄이나 여름같이 물기운이 부풀고 거셀 때에는 가장 물살이 사나워서 방죽을 무너뜨리기가 쉽습니다. 그러므로 간석지의 방죽 공사를 진행하려면 조세와 풍세를 참작하여 시기적절하게 해야만 피해를 입지 않을 것입니다.

또 간석지에서 새로 개간한 토지에 대해서는 첫해의 납세를 면제하여 주고, 묵은 토지를 다시 개간하는 경우에는 3년 치의 납세를 면제하여 주는 것이 국가의 법령인데, 이를 한결같이 실시하지 않고 지방 관리들이 제 마음대로 변경시키고 있으니, 앞으로는 일단 제시된 국가 법령은 엄격히 준수하도록 통제해야 되겠습니다. 특히 간석지에 방죽을 쌓아 토지를 개간한 자에 한해서는 5~6년 치의 조세를 면제하여 주는 규정을 실시하면, 간석지의 개간 사업이 더욱 활발히 진행될 것입니다.

그리고 저수지의 제방 구축 사업에서도 지세의 높낮이와 몽리구역蒙利區域[19]의 범위를 정확히 헤아려야 합니다. 만일 저수지의 위치가 높고 토지의 지면이 낮으면 물을 끌어당기기가 쉽고 몽리

---

19) 몽리구역蒙利區域 : 저수지 따위의 수리 시설로 물을 받는 구역.

구역이 넓어질 수 있으나, 저수지의 수면과 토지의 지면이 동일한 경우에는 물을 끌어오기가 곤란할 뿐만 아니라 몽리구역도 넓어지지 못할 것입니다.

신이 보건대 삼남 지방의 저수지는 대체로 그 위치가 아주 높은 곳에 있으므로 물을 소통시키기가 쉽고 원거리에까지 물을 끌어갈 수 있으나 황해도 지방의 저수지들은 그 위치와 시설이 알맞게 된 데가 별로 없습니다. 예를 들면 연안延安에 있는 남지南池는 비록 국내에서 유명한 저수지이긴 하지만, 신이 보는 바로는 토지의 지면이 저수지의 수면보다 높을 뿐만 아니라 수원도 풍부하지 않기 때문에 설사 바닥을 깊이 파내더라도 못물을 소통시켜 이용할 수가 없고, 또한 주위가 너무 넓어서 어지간한 물로는 저수지를 채우기가 어렵습니다. 지금 다시 굴착 공사를 대규모로 진행하면 연꽃이나 피고 오리들이나 놀기 좋아서 풍경은 더 아름다워 보일지는 모르나, 이른바 수리 관계 사업에는 큰 도움이 되지 못할 것입니다.

신이 현재 감히 맡아보고 있는 곡산에도 두 저수지가 있는데, 하나는 외조이外助伊요 또 하나는 수을곶愁乙串입니다. 이것들은 그 주위가 모두 1천 자[尺]도 되지 않고 못 안이 메워진 지도 오래되어서 비가 개고 나면 즉시 물이 말라 버립니다. 지금 조정에서는 다시 굴착할 것을 논의하고 있습니다. 그러나 이 두 저수지 주변에는 어느 곳을 막론하고 논으로 될 만한 토지가 없는데, 굴착 수리한들 장차 어디에 쓰겠습니까? 설사 굴착한다 하더라도 많은 물이 고이지 않을 것이고, 만일 물이 고인다면 도리어 주변의 밭이 피해를 입을 것입니다. 왜냐하면 대체로 토질이 한 자가량의 깊이 밑에는 온통 모래와 자갈로 구성되어 있으므로 물을 대어 논으로 만들기는 곤란하고, 다만 조나 심는 밭으로 적당하기 때문입니다. 이제 구태여 공사를 일으킨다면 결국 인민들만 수고로울 뿐이니, 이와 같은 경우에는 반드시 다른 변통이 있어야 하겠지만, 신의 처지로는 더 이상 말씀드리기 곤란합니다.

또 시냇물을 끌어서 논에 대게 하는 방법이 있는데, 이는 속칭 보막이[防洑]라 합니다. 이것도 그다지 헐한 공사는 아니어서 저 간석지의 바닷물을 막기 위한 둑막이보다도 어렵습니다. 이 시설에서 수차水車를 이용하는 방법은 대체로 강물을 높은 곳으로 끌어 올리기 위한 장치인데, 농서에 의거하여 만들기는 하였으나 그 법식대로 옳게 되지 못하였기 때문에 일반적으로 실패하고 마는 것입니다. 다만 지금 습속에는 그저 나무나 돌을 쌓아 강물을 가로막는 데 그치므로 공사에 막대한 비용과 노력이 들어도 큰물이 나면 번번이 허물어져 버립니다.

지난해에 호남 지방 농민들은 나무 홈통(목견木筧)의 가설법을 고안하여 적지 않은 관개의 이익을 얻었습니다. 그 방법은 나무판자를 잇대어 수많은 큰 홈통을 만들어서 상류의 위치가 높은 곳으로부터 물을 끌어오는 것인데, 매양 홈통과 홈통이 연결되는 짬에는 세발 기둥으로 받쳐 홈통의 수평을 유지하는 것입니다. 이는 가뭄철에는 설치하고 장마철에는 거두는 것이니, 두세 사람의 하루 일에 불과할 뿐입니다. 이러한 방법으로는 많은 강물을 끌어들여 넓은 들판에 댈 수는 없지만, 농민들이 각자 노력하면 적어도 100묘畝가량의 토지는 구제할 수 있습니다.

또 큰 늪이나 호수 같은 데서는 부전浮田의 방법을 사용하면 땅

없는 농민들도 농사를 지을 수 있습니다. 그 방법은 나무를 얽어 매어 큰 떼배를 만들고 그 위에 흙과 거름을 쌓아 곡식을 심는 것 인데, 이것을 물 위에 띄워 두면 언제나 물 따라 떠 있기 때문에 가물이나 큰물의 피해는 입지 않을 것입니다. 그러나 이러한 방법 을 처음으로 실시하면 보는 사람마다 비웃으며 달아나 버릴 것입 니다.

2. 후농 정책이란 무엇인가?

첫째로, 농민들의 생활이 빈궁하게 되는 까닭은 환자법還上法에 농간이 많기 때문입니다. 환자법은 본래 사창社倉 제도20)의 계승 으로서 법 자체가 좋지 않은 것은 아니었지만, 후세에 이르러 이 를 취급하는 일꾼들이 사기·횡령·절취 등 갖은 탐오 행위를 감행함 으로써 그 법을 악용하고 있습니다.

특히 각처 아문衙門(관청)21)의 명색名色들이 번쇄하고 복잡하여

---

20) 사창社倉 제도 : 각 지방(1사社는 본래 25세대를 말함)에서 자치적으로 가을 추수 시기에 매호마다 여유 양곡을 수집하여 사창이라 하던 공동 창고에 저축 하여 두고 이를 춘궁春窮 시기나 기근이 들었을 때에 적당한 분량으로 각기 분 배하던 제도. 중국에서는 수隋나라 개황開皇 5년(585)에 처음 장손평張孫平의 제의로 실시되었고, 우리나라에서는 삼국시대부터 실시되었다. 이것이 후세에 와서는 환자법으로 개편되어 지방 관부에서 직접 관리하게 되었고, 따라서 탐관 오리의 탐오 행위가 극심하여 농민들에 대한 일종의 착취 수단으로 변하여 버렸 다. 자세한 것은 <환향의還餉議> 볼 것.

21) 아문衙門 : 처음에는 '아문牙門'이라고 썼다. 영문營門 또는 관청의 별칭. 당시 환곡을 처리함에 있어 그 출납·분류하는 형태가 복잡하였고, 아문마다 명색이 다 달랐다. 모미耗米를 취급하는 장부만 해도 전모회록全耗會錄·절반회록折半 會錄·삼분일회록三分一會錄 등 여러 가지가 있었고, 올해에 이 아문에 등록된 양곡이 내년에는 저 아문에 옮겨 등록되기도 하며, 올해에 다 나누어 주었다고

단서를 파악하기가 곤란하고, 양곡 대장의 기록에 농간이 많아서 겉으로 보아서는 좀처럼 분간하기 어려우며, 세밀히 파고들어 조목조목 대조하면 갈피를 찾아낼 것 같으나, 어쩌다가 한 조목만 섞갈려도 도리어 오리무중으로 되어서 양곡 계산의 정확성을 따지기가 매우 난감해집니다. 계산에 능숙한 관리들도 이러하거늘 하물며 일반 농민들이야 어찌 숫자 계산에서 속지 않을 수 있겠습니까?

그러므로 어떤 자는 일체 문부文簿(문서와 장부)의 기록을 삭제해 버리자고 주장하였으나, 이 또한 상호간에 연결되는 것이 많기 때문에 시행되지 않고 있습니다. 신의 의견으로는 각처 군·읍의 문부 중에서 필요 이상으로 복잡한 아문 명색들은 모조리 없애 버리고, 다만 감영監營(감사가 있는 영문)의 문부만을 남겨 두어 전체 도내 양곡의 총수량을 계산하되 그 총계란에다가, "본도本道에 무슨 양곡의 총량이 몇 섬인데 그중에서 상평곡常平穀이 몇 섬이요, 진휼곡賑恤穀이 몇 섬이라"고 기록하여 중앙 정부로부터 내려오는 배정에 수응한다면 서로 모순되는 점이 없어지리라 생각합니다.

그리고 또 모미耗米22)로 작전作錢23)하는 법은 양곡의 종류가 다

하던 양곡이 내년에는 절반은 남아 있다고 기록되기도 하여, 온갖 명색들이 복잡 혼란하였는데, 이와 같은 형식을 취하여 탐관오리들이 농락질을 은폐하려고 하였던 것이다. 자세한 것은 <환향의還餉議> 볼 것.

22) 모미耗米 : 본래 국가 조세를 징수할 때 운반 과정에서 축나는 분량을 보충한다는 명목으로 농민들에게 본미 이외에 더 징수하던 양곡인데(이도 물론 탐관오리의 농락질이 수반되었다), 이와 같은 방법을 환자곡 출납에도 역시 적용하여 일종의 고율 이자로 변하였다. 그 비율은 10분의 1, 즉 15말(1섬)에 대하여 모미로 1말 5되를 징수하였으나, 이외에도 또 색色이라 하여 3되, 낙落이라 하여 5되, 영零이라 하여 2되씩 공제하는 등 이러저러 온갖 명목을 늘려서 농민들의 양곡을 합법적으로 약탈하는 수단이었다.

다르고, 가격이 해마다 동일하지 않기 때문에 탐관오리의 농락을 막을 수 없으며, 일반 인민들의 의심을 사기 쉬운 방법입니다. 그러므로 앞으로는 이 모미 처리에 대해서 어느 군·읍 어떤 양곡을 막론하고, 모미의 전체 수량을 기입하여 10분의 1[24])의 비율을 정확히 밝히고, 작전할 때에는 어느 해나 할 것 없이 모미의 총수량을 한꺼번에 작전함으로써, 매년 받아들인 양곡과 내어 준 양곡의 분량을 대조하여 연말 결산에서 차이가 없도록 해야 합니다. 이리하여 매 10년마다 한 번씩 각처 군·읍의 호구 증감을 참작하여 양곡 배정의 분량을 적절히 조절하여 주는 대책을 수립하면, 인민의 부담이 균일해지고 국가 재용이 절약될 것입니다. 허노재許魯齋[25]) 의 말에 "지방의 생산물은 한도가 있고 인민들의 생산력도 한도가 있는 법인데, 기준이 없이 거둬들이고 절도가 없이 낭비해 버리면 언제나 재정의 부족을 초래하게 된다"고 하였습니다. 이제 환자법에서 모미를 받는 것이 일정한 기준이 없고, 모미를 빙자하여 탐관오리의 낭비 현상이 갈수록 늘어 가니, 비록 달마다 해마다 인민의 부담을 증가시키더라도 어찌 국가 재정의 부족을 면할 수 있겠습니까?[26])

---

23) 작전作錢 : 이조 시대에 세금을 곡식 대신에 돈으로 환산하여 내던 일.

24) 10분의 1 : 당시 법적인 모미 공제율이 10분의 1이었다. 즉 15두斗(1석石)에 1두斗 5승升씩 농민들에게 더 받았다.

25) 허노재許魯齋(1209~1281) : 노재는 원나라 주자학자 허형許衡의 호.

26) 어찌 국가 재정의 부족을 면할 수 있겠습니까? : 전서 원문은 "烏能免不足哉 (어찌 부족을 면할 수 있겠습니까?)"인데, 최익한은 "재정의 부족을 면하지 못할 것입니다. 어찌 농민들의 생활이 빈궁하게 되지 않을 수 있겠습니까?"로 과장하였다. 즉 그는 뒤에 나오는 전서 원문 "農安得不削乎"(p762 볼 것)를 의역하여 여기에 갖다붙인 것이다. 그래서 편자가 류수·리철화의 《정약용작품선집》 p394 번역을 참고하여 위와 같이 고쳤다.

요즘 황해도의 여러 군·읍에서는 환자법을 시행하면서 어떤 데서는 결환법結還法27)을 적용하고 어떤 곳에서는 호환법戶還法28)을 적용하여, 대략 한 세대에게 배정되는 분량이 많은 경우에는 수십 석이나 되었지만 적은 경우에는 두세 석밖에 돌아가지 않았습니다.29) 결환법은 그 차이가 없을 수 없으니 호환법으로 되도록이면 균일하게 배정해야 할 것입니다.

신의 의견에는 현재 도내의 전체 호구의 총수와 양곡의 총수량을 비교 계산하여 각각 일정한 분량으로 평균 배정하고 그 숫자에 근거하여 각 지방의 양곡들을 상호 이전시켜 주고, 일단 배정된 숫자는 다시 변경하지 않으면 양곡 대장의 기록이 간결해질 것입니다. 그리고 그 모미를 본미本米에 포함시켜 장차 잉여분이 발생할 경우에는, 이러한 사정을 미리 고려하여 애초에 (환곡을) 배정할 때 해당 분량만큼 가산해 줌으로써 (잉여분) 대신 충당한다면, 비록 일반적인 배정 수량보다는 초과된다 하더라도 이는 결국 모미 사용을 절약하는 것이라 연말 결산에서 여유가 있게 될 것이니, 어찌 저 부족한 현상들과 비교할 수 있겠습니까? 다만 국경선 경비 지대와 같은 데서는 군량 축적 관계로 다른 지방에 비하여 수량상 차이가 없을 수 없으니, 이런 경우에는 인민들에게 다른 부담을 감소시켜 주면 될 것입니다.

둘째로, 농민들의 생활이 빈궁하게 되는 것은 종축種畜 사업30)을

---

27) 결환법結還法 : 토지의 결수에 따라 환자 양곡을 인민에게 배정하는 방법.
28) 호환법戶還法 : 인민의 호구수에 따라 환자 양곡을 배정하는 방법.
29) 여기에 최익한은 "이는 너무나 불공평한 현상입니다"를 끼워 넣었다. 이것은 전서 원문에 없는 내용을 과장 의역한 것이므로 편자가 삭제하였다.
30) 종축種畜 사업 : 원문에는 '부업 경리 사업'으로 되어 있다.

발전시키지 않기 때문입니다. 주周나라 관제官制에도 임형林衡31)과 택우澤虞32)라는 관원을 배치하여 제때에 식수조림 사업을 보장하였고, 진秦나라나 한漢나라의 화식가貨殖家33)들도 가축 사육에 힘써서 소나 양들이 산골에 가득하였습니다. 그런데 현재 우리나라 산골 지대에서는 화전火田하는 습속을 금지하지 않아서 깊은 산골이나 큰 산기슭 모두 벌거숭이로 변한지라 건축용의 좋은 재목이 고갈되었습니다.

뿐만 아니라 의椅·오동·가래·옻·느릅·버들·뽕·산뽕 같은 유용한 나무를 재배하기는 고사하고 산과 들에 저절로 나는 것도 닥치는 대로 베어 버리기 때문에 공예 제작용의 자재들이 생산될 수 없고, 대추·밤·배·감 등의 과수 재배 사업도 시기적절하게 시행하지 않기 때문에 좋은 과일은 갈수록 보기 어렵습니다.

더구나 가축 사육에 있어서는 양을 기르는 방법을 장려하지 않아서 거의 종자가 끊길 지경이 되었고, 닭과 돼지도 번식되지 않아서 인민들이 육류를 먹을 수가 없게 되었습니다.

이러한 사업들은 모두 농가의 부업으로서 생활을 윤택하게 해주는 것이거늘 이처럼 피폐해졌으니, 어찌 농민들의 생활이 빈궁하게 되지 않겠습니까?

역서曆書에 기록하는 미신적인 의기宜忌34)의 여러 설說은 한갓

31) 임형林衡 : 산림 보호를 맡은 관리.
32) 택우澤虞 : 천택川澤 보호를 맡은 관리.
33) 화식가貨殖家 : 식산자殖産者. 재화를 증식·경영하는 사람.
34) 의기宜忌 : 음양오행설陰陽五行說에서 출발하는 황당무계한 도참설圖讖說에 의거하여 인간 생활의 길흉과 화복을 예언하는 미신적인 방법. 예를 들면 시집가는 신부가 어느 날 어떤 문으로 들어가서 어떤 방향으로 앉아야 복이 온다거나, 장례할 때 어떻게 생긴 산에 어느 날 어느 방위로 어떻게 묻으면 그 자손이

인쇄하기 위한 노력과 지면만 낭비할 뿐이요, 일반 인민 생활에는 도움될 것이 없기 때문에 잘 보지도 않습니다. 민간에서 혼례나 장례를 거행하기 위한 날을 정할 적에도 여전히 택일擇日 전문가에게 물어서 할 뿐이요, 역서에 의거하여 시행하는 일은 없습니다. 흔히 사리에 밝고 식견이 있는 사람들은 역서의 이러한 내용들을 일체 삭제해 버리자고 하였는데, 이는 실로 통달한 의견입니다.

그러므로 앞으로는 역서 편찬에서 무릇 의기宜忌에 관계되는 내용은 모조리 없애 버리고, 그 대신에 농서에 의거하여 농사짓는 방법이나 나무 심고 가축 사육하는 방법들을 써서 보이면 좋을 듯합니다. 예를 들면 "아무 달 아무 날에는 무슨 곡식, 무슨 나무를 심는 것이 적당하다"거나, "아무 절기의 전후 며칠 동안에는 무슨 곡식, 무슨 나무를 심는 것이 적당하다"는 등으로 기입하고, 심지어는 가축의 병아리 까기와 새끼 배기에 적절한 시기까지를 하나하나 구체적으로 지적하여 역서의 월별란이나 일별란에 기입하면, 이것이 바로 한 부의 농서 역할을 하게 되어 집집마다 비치하고 사람마다 참고할 것입니다.35)

이리하여 농민들이 항상 그 내용을 보게 되면 호기심에 끌려서라도 시험하여 볼 것이고, 시험하여 성과를 얻게 되면 서로 권유하여 널리 보급될 것이니, 이렇게만 된다면 10년 안에 반드시 전국적 범위로 발전될 것입니다.

그리고 산림 남벌을 금지하는 관원들의 책임성을 높이고, 영농

화를 입게 된다거나 하는 등 터무니없는 미신적인 방법들이다. 이러한 내용을 국가 정부에서 편찬한 역서의 월별란·일별란에 기입하였던 것이다.
35) 관련 내용이 《경세유표》〈천관이조天官吏曹·관상감觀象監〉조에 자세하다.

사업을 지도 검열하는 지방 장관들의 사업 실적을 엄격히 평가하는 동시에, 각 지방의 토질에 알맞은 특산물 재배를 장려하며 각종 부업 사업을 활발히 전개하게 하면, 농업이 날로 발전되고 농민들의 이익은 점차 늘어 갈 것입니다.

셋째로, 농민들의 생활이 빈궁하게 되는 까닭은 나라의 도량형기度量衡器를 통일하지 않기 때문입니다. 대체로 도량형기를 통일하는 사업은 국가 정치에서 중요한 과업입니다.36) 그런데 현재 사용하고 있는 도량형기들은 모두 사람 얼굴과 비슷하여 얼핏 보면 규격이 다 동일한 것 같으나, 세밀히 측정하면 전부 다릅니다. 중앙과 지방이 다르고 이 고을과 저 고을이 서로 다른 것은 그만두고라도, 한 고을 안에서도 관청에서 쓰는 관두官斗가 있고, 시장에서 쓰는 시두市斗가 있으며, 동리에서 쓰는 이두里斗가 있습니다. 관두 중에도 관청 내에서 쓰는 것과 관청 창고에서 쓰는 것이 또 다르고, 시두 중에도 이 시장과 저 시장이 서로 다르며, 이두 중에도 동촌과 서촌이 각기 달라서, 양곡의 일정한 가격이 있을 수 없고 간사한 무리들의 사기 행위가 속출하니, 이래서야 순직한 농민들이 어찌 정당히 팔고 살 수 있겠습니까?

그런데 《대전통편大典通編》을 보면 "공사公私 간에 사용하는 말이나 섬37)의 규격이 국가에서 제정한 기준에 맞지 않거나, 관인官印을 찍은 흔적이 분명하지 않은 것을 사용하는 경우에는 법에 의

---

36) 국가 정치에서 중요한 과업입니다 : 전서 원문은 "王政之大者也(왕정의 큰 것입니다)"이다. 최익한이 '왕'을 '국가'로 바꿔 의역한 것은 대중들에게 봉건성 자체를 차단하고 국가주의를 이입시키기 위한 기획으로 보이나, 결과적으로는 다산의 봉건성이 은폐되는 또 다른 문제가 파생된다고 하겠다.
37) 말이나 섬 : 斗斛. 원문에는 '말이나 되들'로 되어 있다.

하여 처단한다"고 하였습니다. 이와 같이 국법이 본래 엄격하지 않은 바가 아니건마는 그 법이 한갓 공문서空文書로만 남아 있을 뿐이요 제대로 시행되지 않고 있습니다. 시행되지 않는 법은 차라리 없는 것만 못합니다.

이제 마땅히 국법을 다시 천명하고 도량형기의 기준을 확정하여 전국에 선포함으로써 관두·사두 할 것 없이 모두 규격이 일정한 것을 사용케 하며, 만일 규격에 맞지 않는 것을 사용하는 자에 대해서는 서울은 해당 관청에서 직접 처벌하고, 지방은 각 장관들이 법에 따라 엄격히 단속하면 한 달도 못 되어 국내의 도량형기가 균일하게 될 것입니다.

또 15말[斗]을 1섬[斛]으로 치는 습속은 탐관오리들의 농간질에 유리한 조건이 됩니다. 더구나 옛날 제도에는 10되[升]를 1말, 10말을 1섬으로 계산하였으니, 지금도 역시 옛날 규정을 따라서 일체 공사 문부文簿의 기록을 정정하면 간사한 무리들의 농간과 사기가 없어지고, 문부의 숫자 계산이 명확해질 것입니다. 뿐만 아니라 소나 말의 힘도 30말(2섬)의 무게는 너무나 무거워서 싣지 못하기 때문에 10말 1섬의 규정을 실시하면 농민들이 환자 곡식이나 조세 곡식을 운반할 때에 2섬씩 싣기가 편리할 것입니다.

넷째로, 농민들의 생활이 빈궁하게 되는 까닭은 연초煙草(담배)와 같은 기호품을 너무나 많이 심기 때문입니다. 어떤 이는 연초 재배를 일체 금지하자고 하지만, 근래에 의원 장개빈張介賓은 연초를 아주 특이한 약초로 평가하여 그 치담治痰·살균의 힘이 빈랑檳榔38)

---

38) 빈랑檳榔 : 종려과 식물인 빈랑나무의 열매로 한약재의 하나.

보다도 우수하다고 하니, 실로 그와 같은 점이 있다면 전반적으로 금지할 것까지는 없습니다. 그러나 좋은 밭과 기름진 땅이 모조리 연초밭으로 되어서는 안 될 일입니다.

신이 일찍이 보건대 충청도 지방에서는 연초를 모두 산에다 심어 가꾸어서 옛날에 실시하던 등전磴田39)법과 같이 하였으되 향미와 품질이 역시 좋았습니다. 이제 엄격한 지시를 내려 전국의 연초 재배는 일체 산전에다 심게 할 것이요, 평야의 기름진 토지에 연초를 심는 일은 엄금해야 할 것입니다. 다만 삼등현三磴縣(현 평남 강동군江東郡)의 한 고을에만 연초의 평야 재배를 허락하여 진상하도록 하면, 인민의 기호품이 없어지지 않으면서도 농사의 이익은 많아질 것입니다.

3. 상농 정책이란 무엇인가?

첫째로, 농민들에 대한 대우를 개선하기 위해서는 먼저 과거科擧 제도를 고쳐야 합니다. 옛날부터 선비를 첫째로 일컫고 농민을 둘째로 일컬었는데, 선비란 벼슬살이하는 자입니다. 무릇 국가 기관에 취임하여 국사에 복무하는 이가 선비이고, 또한 학문을 닦고 나라의 정치 경제를 연구하여 장차 벼슬길에 나아가려는 자도 선비입니다.40) 그런데 지금은 벼슬살이도 하지 않고 농업에도 종사하

---

39) 등전磴田 : 이랑을 계단식으로 만든 산전.
40) 전서 원문은 "凡仕於朝 隷於公者 皆士也 學先王之道 將以出仕者 士也(무릇 조정에서 벼슬하거나 공청公廳에 예속된 자는 모두 선비이고, 선왕의 도를 배워 장차 벼슬에 나아가려는 자도 선비입니다)"인데, 최익한이 의역한 것이다.

지 않으며 학문도 닦지 않아 일자무식이면서도, 도리어 선비로 자처하여 터무니없는 헛이름을 표방하고 있는 자들이 많습니다.

이들은 거만하기가 짝이 없어서 일반 인민들을 멸시하고, 농사짓는 일을 아주 천한 직업으로 여겨 노동하기를 싫어하며, 손끝 하나 까닥하지도 않고 가만히 앉아서 가난이 도리어 영광인 것처럼 굶주림을 억지로 견디고 있습니다. 《대학大學》에 "재물을 생산하는 자가 많고 소비하는 자가 적으면 재정이 항상 넉넉하리라(生之者衆 食之者寡 則財恒足矣)"고 하였는데, 이제 온 나라 사람들이 모두 놀고먹기만 좋아한다면 재정이 어찌 모자라지 않겠습니까?

대체로 미리 선발(추천)하지 않고 과거를 보는 것은 옛 제도가 아닙니다. 이제부터 인재 선발의 기준을 높이고 한갓 선비로 택명擇名(청명)하여 놀고먹으려는 자를 없애기 위해서는 각 도와 여러 군·읍에서 각기 그 해당 지방의 문화 수준을 고려한 다음 과거 응시자의 인원수를 결정하여 줄 것입니다. 그리하여 매번 과년科年(과거 보는 해)이 되면 여러 군·읍에서 자기 관할 내의 정원수에 의거하여 적당한 대상자들을 선발하여 4장관四長官[41]에 추천하고, 4장관에서 또 선발하여 영시營試[42]에 올려 보내며, 영시에 합격한 자는 회시會試[43]에 응시할 자격을 주어야 합니다. 서울에서도 역시 각 방坊(총 49방)마다 추천자의 인원수를 제한하여 그 정원수에 따라 대상자를 뽑아서 부部(총 5부)에 추천하고, 부에서는 뽑아 상庠[44]에 올려 보내며, 상에서 당선된 자에게는 회시에 응시할 자격

---

41) 4장관四長官 : 각 도道의 으뜸 되는 고을 네 곳 또는 그 시험관. 예컨대 호남은 전주全州·나주羅州·광주光州·남원南原이었다.
42) 영시營試 : 감영에서 보는 1차 시험. 초시初試. 감시監試.
43) 회시會試 : 서울에 모여서 보는 2차 시험. 복시覆試.

을 부여해야 합니다.

이와 같은 규정을 세우면 한갓 갓끈을 늘어뜨리고 일하기 싫어하는 게으름뱅이 선비들이 모두 과거를 단념하고 농업에 종사하게 될 것이니, 농민들의 위신이 높아질 뿐만 아니라 과거법의 허다한 폐단도 저절로 제거될 것입니다.

둘째로, 농민들에 대한 대우를 개선하기 위해서는 말업末業45)의 무질서한 현상을 퇴치해야 합니다. 옛날 제도는 비려족당比閭族黨46)이 모두 토지를 분여받아 농업에 종사하였으므로 말업이 성하지 못하였습니다. 양귀산楊龜山47)도 말하기를 "그때에는 천하에서 토지를 분여받지 않은 사람이 없었으므로 놀고먹는 게으름뱅이가 없었고, 간흉한 건달이 용납될 수 없었다"고 하였습니다.

그러나 근세에 와서는 말업이 농업보다도 우세한 지가 오래되었습니다. 이에 대해서는 신이 구태여 하나하나 열거할 필요조차 없으니, 다만 현재 신의 눈앞에 보이는 대표적인 사실만을 들어서 예증하려고 합니다.

요즘 수안遂安(황해도) 금점金店에서 나타나는 무질서한 현상들은 과연 무슨 법령에 의거한 것인지 모를 일입니다. 그 금점에서 금이 많이 산출되기로는 유사 이래로 처음인 것 같습니다. 매일같이 금덩어리를 캐어 내기를 돌더미 헐 듯이 하여 재화와 보물의 짐을

---

44) 상상成庠 : 성균관成均館. 주周나라 때 태학太學을 상상이라 부른 데서 유래되었다.
45) 말업末業 : 상·공업. 이조 시대에는 농업을 본업本業으로 중시하고 상·공업은 말업이라 하여 천시하였다.
46) 비려족당比閭族黨 : 중국 고대의 행정 구역의 명칭. 주周나라 제도에서 5세대를 비比, 25세대를 여閭, 100세대를 족族, 500세대를 당黨이라고 하였다.
47) 양귀산楊龜山(1053~1135) : 귀산은 송나라 학자 양시楊時의 호. 정호程顥·정이程頤에게 배우고, 벼슬은 용도각 직학사龍圖閣直學士에 이르렀다.

실어 들이고 실어 내는 수레가 꼬리에 꼬리를 물고, 금점에 종사하는 역부들과 횡재를 탐내는 건달패들이 사방에서 몰려들어 웅성거리며, 그 주변에는 비단·포목·고기·소금·쌀 할 것 없이 온갖 일용 생활필수품들의 시장이 벌어져서 큰 도시와 다름없는 성황을 이루고 있습니다. 이것만 보아도 그 금점에서 금이 얼마나 많이 나는가를 넉넉히 짐작할 수 있는 일입니다.

그런데 그들에게 국가에 세금을 얼마나 바치느냐고 물은즉 "한 달에 돈 수백 냥만 바치면 된다"고 합니다. 그러나 이러한 사실을 탁지부度支部48)에서 간섭하지 않고 군부軍部에서도 모르고 있는지라 단 한 푼의 금도 국고에는 들어가지 않고 있으니, 이것이 과연 무슨 법령에 의거한 것인지 모를 일입니다.

아무리 국가에서 금화를 사용하지 않는다고 하지만, 앞날의 어떤 불의의 경우를 생각해서라도 반드시 많은 금·은을 국가에서 보유해 두어야 합니다. 그러므로 탁지부에서 금점을 직접 접수하고 관리 책임자를 파견하여 산출되는 금은 모조리 국고에 납입해야 될 것입니다. 어떤 이는 말하기를 "금점을 국가에서 관리하면 금점의 역부들이 모두 흩어져 가 버리기 때문에 금을 캐어 내는 사업은 개인 경영에만 맡기는 것이 제일 좋다"고 합니다. 그러나 저 도굴단의 간교한 농간질이 한결같이 계속되는 한에는, 하루에 천만 냥의 금을 얻는다 하더라도 결국 밀상인들의 손을 통해 중국으로 밀수출되고 맙니다.49) 이것이 국가에 무슨 이익이 있겠습니까?

---

48) 탁지부度支部 : 호조戶曹. 국가의 재정을 맡은 기관.
49) 여기에 최익한은 "동시에 한갓 모리간상배들의 배만 불려 주는 것뿐입니다"를 끼워 넣었으나, 전서 원문에 없는 내용이므로 편자가 삭제하였다.

국가에서 긴급히 금을 채굴하지 않으려면 차라리 자원을 그대로 지하에 매장하여 두는 것이 좋을 듯합니다. 지하에 매장되어 있는 금·은은 오히려 국가의 소유로 남아 있기 때문입니다. 이왕 국가에서 금을 관리하지 않을 바에는 즉시 개인 경영을 금지하여 각자 돌아가 농업에 종사하도록 해야 될 것입니다.

지금 그 산간 지대에서 농사지을 일꾼이 없어서 하루 품삯으로 돈 100푼[50]을 준다 하여도 사람을 구하지 못하는 사실은 이 금점 때문이고, 풍년이 들어도 곡가가 떨어지지 않고 고기·소금 등 온갖 물건값이 치솟는 현상도 이 금점 때문이며, 산간 촌락에 무뢰한들이 들끓어 도적이 심하고 부잣집 자식들이 재산을 탕진하면서 풍기를 문란시키는 것도 이 금점 때문입니다.

근래에 홀동笏洞 금점은 전일보다 경기가 좋지 못하다고 하나, 그 형편이 때에 따라 달라서 광맥을 찾으려는 사람들이 유랑민처럼 밀려다니며 피해를 끼치고 있으니, 농민들은 이들을 견제하는 국가의 적절한 대책이 있기를 희망하고 있습니다. 이에 대하여 신은 보고 들은 대로 말씀드리는 것입니다.

셋째로, 농민들에 대한 대우를 개선하기 위해서는 시급히 양역良役[51]법을 고쳐야 합니다. 인민들이 양역을 천역賤役이나 다름없

---

50) 돈 100푼 : 전서 원문의 '百錢'은 '100닢의 돈'이란 뜻으로, 즉 100푼이다. 18세기 후반 일역부의 하루 품삯이 25푼이었으므로 4배나 되는 셈이다. 참고로 남한에서 '百錢'을 '100전'으로 번역한 것은 오류. 박혜숙, <18~19세기 문헌에 보이는 화폐 단위 번역의 문제>, 《민족문학사연구》 38호, 민족문학사연구소, 2008, pp206~224; 박이택, <서울의 숙련 및 미숙련 노동자의 임금, 1600~1909>, 《수량경제사로 다시 본 조선 후기》, 서울대출판부, 2004, p85 참조.

51) 양역良役 : 신포身布 부담의 딴 이름. 자세한 것은 <신포의身布議> p532 각주 2 볼 것.

이 여기게 되었습니다. 왜냐하면 인민들이 한 번 양역의 부담만
지게 되면 그와 혼인하기도 싫어하고, 어느 좌석에서도 남과 같은
반열에 앉지 못하게 되기 때문입니다.

동시에 인민들이 농부의 명칭을 면하지 못하면 곧 양역의 부담
을 벗어날 수 없으므로, 1년 농사에서 곡식 10섬 정도를 수입하는
자도 몸소 농사일하기를 싫어하여 논밭을 돌보지 않고 이른바 선
비에 탁명托名하여 놀고먹기만 궁리하며, 심지어는 토지를 팔아서
라도 품꾼을 사서 농사를 지을지언정 자기 손으로는 일하기를 싫
어합니다. 뿐만 아니라 자기 선대의 족보를 위조하고 과거科擧의
직첩職牒을 날조하는 나쁜 습관이 생겨나서, 자기 조상의 성까지
갈면서도 아무런 수치로 여기지 않을 정도가 되었으니, 도덕이 부
패하고 질서가 문란해진 예가 이보다 더 심할 수 있겠습니까?

대체로 양역을 부담하는 자들이 네 가지52)가 있으니, 첫째는

---

52) 귀신, 걸인, 도망간 자, 이름도 성도 없는 자(鬼丐逃烏) : 양역을 이와 같이 실제
로 해당 지방에 거주하지 않는 자들이 부담한다는 것은, 곧 죽은 사람의 자손
들이 부담하는 백골징포白骨徵布 및 일가친척들이 부담하는 족징族徵과 이웃
사람이 부담하는 인징隣徵 등을 말하는 것이다. 당시의 지방 관부에서는 군적
軍籍의 대상자를 등록하면서 지방 토호들과 행세하는 자 및 뇌물을 관부에 바
치고 교제하는 자 등을 다 제외하고 나면 군적의 인원이 축소될 뿐만 아니라
1750년에 이른바 균역법均役法을 실시한 뒤로는 국가의 군포 징수액이 절반
이나 감소되었으므로 당시 통치 계급들은 그 감소량을 충당하기 위하여 온갖
어염魚鹽 잡세의 종류를 확대하는 동시에 가장 교활한 술책의 하나로서 터무
니없는 군적의 인원수를 늘리게 되었다. 그 결과는 이상과 같이 실제 거주하지
도 않은 자들의 명단을 군적에 채워 두고 그들에게 배정되는 분량을 해당 동리
에 포함시켜 내리먹이는 것이다. 해당 동리에서는 관리들의 독촉에 견디지 못
하여 그들과 친척 관계가 있던 자나, 그들의 이웃에 살던 만만한 농민들이 억
울한 부담을 지게 되는 것이다. 군적을 늘리기 위한 수단은 이뿐만이 아니었다.
즉 황구징포黃口徵布라 하여 인민들이 아이를 낳기만 하면 곧 홍첩紅牒(군적
에 등록한다는 통지서)을 보내고 군적에 등록하였고, 심지어는 아직 낳지도 않

귀신(죽고 없는 자)이요, 둘째는 걸인(남에게 빌어서 먹으려고 나가고 없는 자)이요, 셋째는 도망간 자(다른 지방으로 도망가고 없는 자)요, 넷째는 이름도 성도 없는 자(완전히 허위 날조된 성명으로서 본래부터 없던 자)입니다. 그야말로 자기 터전을 지니고 한곳에 자리 잡고 사는 이들은 양역을 부담하는 전례가 없습니다. 만일 있다면 열에 한둘이 되지 못할 터이니, 이는 대개 그 조상 전래의 출신이 미천하여 사회적으로 노비와 다름없는 대우를 받으며, 게다가 터전이 넉넉하지 못하여 이리도 저리도 못하고 하는 수 없이 그 부담을 지고 있는 자들뿐입니다.

신이 곡산에 취임하여 실제로 겪은 바를 보더라도, 노비와 다름없이 전락되어 다른 지방으로 도망갔던 자들이 관가에 발각되어 다시 자기 본적지의 호구로 재등록되는 경우에 있어서, 만일 그가 양정良丁(양역을 부담하는 인민)으로 등록되면 곧 대경실색하여 앙천통곡할 정도로 스스로 슬퍼하며 양민으로서 천인의 대우를 받는 것처럼 여기고 있습니다. 대체로 이와 같은 인식이 아주 고질로 되어 버렸기 때문에 소진蘇秦·장의張儀53)와 같은 구변으로도 설복시키지 못할 것이고, 공수龔遂·황패黃覇54)와 같은 명관으로도 순종

은 어머니의 배를 보고 아이의 이름을 지어 군적에 등록하였으며, 또한 여자를 남자로 만들어 군적에 등록하는가 하면, 더욱 심하게는 인민들의 집에 기르는 강아지의 이름까지 군적에 등록하기도 하였다. 때문에 인민들은 아이를 낳는 것을 도리어 원망할 정도가 되었다.

53) 소진蘇秦·장의張儀 : 전국 시대의 변론가. 소진은 강국 진秦나라에 대적하기 위해 한韓·위魏·조趙·연燕·초楚·제齊의 6국이 연합하는 합종설合從說을 주장하였고, 이에 맞서 장의는 진나라가 6국과 동맹하는 연횡설連橫說을 주장하였다.

54) 공수龔遂·황패黃覇 : 한나라의 어진 지방관. 공수는 발해 태수渤海太守로서 도적들을 교화시켜 모두 농상農桑에 종사하게 하였고, 황패는 영천 태수潁川太守로서 인민들에게 선정을 많이 베풀어 그 치적이 천하제일로 평가되었다.

시키기 어려울 것입니다.

또 양역의 부담으로 되는 무명베를 관리들이 징수할 때에도 그 승수升數55)를 판정함이 너무 까다롭습니다. 이에 대하여 군부軍部에서는 해마다 책임 추궁을 강화하기 때문에 지난해에는 본부(즉 곡산부)의 농민들이 포보포砲保布56) 1필에 7~8냥씩이나 주고 사들여서 관청에 바쳤던 것입니다. 왜냐하면 본부의 산협 지대에는 본래 목화밭이 없고, 특히 가는 베를 마련하려면 멀리 평안도 지방으로부터 사들여야 되는지라 그 중간에서 간상배들이 너무나 폭리를 남기며, 또한 탐관오리에게 바치는 뇌물의 몫까지 값에 더해지기 때문에 이와 같이 비싸게 되었던 것입니다.57)

이는 물론 심한 경우이지만 이 이외에도 적지 않은 폐단들이 잠재하고 있습니다. 예를 들면 목화를 직접 생산하는 지방에서도 4냥 돈이 아니고는 베 1필을 물 수 없는 형편인데, 이는 관리들의 사용하는 자[尺]들이 민간의 자보다는 훨씬 길어서 이름으로는 1필이라고 하나 실상은 2필이나 되기 때문입니다. 뿐만 아니라 같은 양역 중에서도 금어포禁御布58)에 속하는 것은 그 승수에 대한 요구도 까다롭지 않고 베의 품종에 대해서도 일정하지 않지만, 포보포만은 특히 그 승수에 대한 요구가 엄격한 데다가(가는 베가 아니면 받지 않는다), 또 반드시 순포純布로만 받는지라 농민들의 부담에

---

55) 승수升數 : 베의 날(올)을 세는 단위로 곱고 거침을 알려주는 말. 곧 그 승수가 높을수록 고운 것이었다.

56) 포보포砲保布 : 양역의 일종으로 포수나 포병으로 동원되는 대신 바치는 베.

57) 여기에 최익한은 "이 얼마나 억울한 부담이겠습니까?"를 끼워 넣었으나, 전서 원문에 없는 내용이므로 편자가 삭제하였다.

58) 금어포禁御布 : 금위영禁衛營과 어영청御營廳에 입번入番하는 대신 바치는 베.

대한 차별이 현격히 다르고, 따라서 그들의 이해관계가 공평하지
못합니다.

또 중앙 정부에서 사용하는 자의 기준을 지방 장관들이 잘 모르
고 있기 때문에 탐관오리가 이러한 조건을 이용하여 온갖 교묘한
수단으로 자질(자로 재는 일)을 농간하여 자기 배를 채우는 현상이
수다히 드러나고 있습니다(인민에게 받을 때에는 기준 척보다 긴 자를 사
용하여 남는 것은 자기가 차지하는 것이다). 그러므로 정부에서 동척銅尺
을 만들어 국내에 반포하여 중앙이나 지방 할 것 없이 반드시 그
기준에 따르게 하면 될 것입니다.

그러나 이상 몇 가지와 같은 세세한 부분은 집행 절차에서 나타
나는 결함에 불과한 것이요, 그 기본 문제가 되는 양역법의 제도
부터 고치지 않고는 농민들의 생활을 향상시킬 수 없으며, 동시에
그들에 대한 대우를 개선할 수 없습니다.

어떤 사람은 호포법戶布法이나 구전법口錢法을 실시하자고 하는
데, 물론 이 방법이 좋지 않은 것은 아니나 갑자기 실시하기에는
곤란한 사정이 많아서 인민들의 소동이 일어날 염려가 있습니다.
지난해 평안도의 일59)은 바로 이를 말하여 주는 것입니다. 옛날
장횡거張橫渠60)가 "정전법井田法을 실시해야 된다"고 주장한 데 대
하여 주자朱子는 "정전법을 실시하려면 적당한 기회를 이용해야
성공할 수 있을 터이니, 평시에는 갑자기 실시하기가 곤란하다"

---

59) 평안도의 일 : 당시에 평안도 관찰사 이병모李秉模가 중화부中和府 한 고을에
　　호포법을 시험적으로 실시하였는데, 인민들이 갑자기 일어나는 변혁을 싫어하
　　여 서로 울부짖으며 소동을 일으켰기 때문에 중지한 사실이 있었다.
60) 장횡거張橫渠(1020~1077) : 송나라 학자 장재張載. 운암 현령雲巖縣令, 숭정
　　원 교서崇政院校書 등을 지냈고, 저서로 《정몽正蒙》, 《서명西銘》 등이 있다.

고 하였습니다. 지금 우리나라에서 호포법을 갑자기 실시하기 어렵다는 것은 바로 저 정전법의 실시에 대한 방법적 문제와 같은 것입니다.

그러나 이를 실시하기 위해서는 적당한 기술적 방법을 이용하여 점차적으로 개변시켜 나가면 인민들의 동요 없이 성공할 수도 있습니다. 그 방법의 하나로 다음과 같은 대책을 제기합니다.

지금 황해도에는 군포계軍布契61)와 역근전役根田62)의 제도가 있어서 군적軍籍의 명단에 기입된 성명들은 한갓 형식에 지나지 않은 것이요, 양역의 담당은 실로 전 동리가 공동으로 부담하는 내용을 취하고 있습니다. 이는 국가적 입장에서도 손해될 것이 없으므로 관가에서 금지할 필요가 없습니다. 신의 의견에는 앞으로 양역의 징수 절차에 대해서는 일체 해당 읍·리에 맡겨 두어 읍·리 자체에서 공동으로 부담하도록 하고, 중앙에서는 직접 간섭하지 말아야 합니다. 또 이른바 포보砲保·금보禁保 등의 명목도 해당 읍·리에서 각기 다른 조건에 비추어 편리한 대로 하도록 맡겨 두며, 도안都案63)을 고치고 사정査正하는 법을 고치는 것은 일체 없애 버리고 다만 양역의 총수량에 의거하여 그 수량만 보장 받으면 될 것입니다. 그리고 해당 읍·리에서도 일반 통례에 의거하여 자기 읍·리에 배정 받은 총수량 중에서 도감都監(훈련도감)에는 1년에 몇 필, 금영

---

61) 군포계軍布契 : 관부에서 불공평하게 부과하는 양역을 해당 지방에서 공동 부담하기 위하여 자치적으로 조직한 계.
62) 역근전役根田 : 군포계의 재산으로 장만한 토지. 자세한 것은 <신포의身布議> p535 각주 8 볼 것.
63) 도안都案 : 이조 시대에 정기적으로 전국의 각종 군사를 조사하여 만든 군안軍案. 이를 근거로 결원을 보충하거나 보포保布를 징수하였다.

禁營(금위영)에는 1년에 몇 필씩으로 나누어 바치도록 하면 될 것입니다. 동시에 군적 대상자 등록 사업에 대해서도 경사京司(중앙 관청)나 병영兵營(지방 병영)에서는 일절 간섭하지 말아야 합니다. 이렇게만 한다면 10년 안에 반드시 신포身布가 이포里布로 전환될 것이니, 이포로 전환된 뒤에는 호포법을 실시하기가 아주 쉬울 것입니다. 오직 이러한 방법만이 국가 재정에도 아무런 손해를 끼치지 않으면서 인민들의 크나큰 고통을 제거할 수 있습니다.

어떤 사람은 지적하기를 "포보는 장차 포수砲手를 선발하기 위한 것이고, 금보는 장차 번군番軍[64]을 선발하기 위한 것이므로 그 명목은 그대로 두었다가 보保에 의하여 군대를 선발하는 것이 적당하다"고 합니다. 그러나 포수와 번군을 어찌 보에만 의거하여 선발할 수 있겠습니까?[65] 가령 국가에 전란이 일어났다고 할 때 어찌 포보만이 포수에 소속되고 금보만이 금위군禁衛軍에 소속될 수 있겠습니까? 이는 모두 빈 명목의 형식을 갖춘 데 지나지 않고, 그 내용은 실로 신포를 가지각색으로 징수하기 위한 수단일 뿐입니다. 그러므로 유일한 목적인 신포만을 징수하였으면 그만이지, 실제와 맞지 않는 번잡한 빈 명목을 내세워 도리어 인민들로 하여금 불공평에 대한 원한을 품게 할 필요가 어디 있겠습니까?

진실로 신이 제기한 방법과 같이 한다면 비록 해당 읍·리에서

---

64) 번군番軍 : 금위영에 교대로 번을 서며 수도와 왕궁을 보위하던 군인.
65) 여기에 최익한은 "과거에도 그런 예가 없었거니와 앞으로도 그렇게 되지 못할 것입니다"를 끼워 넣었으나, 전서 원문에 없는 내용이므로 편자가 삭제하였다. 당연히 류수·리철화의 《정약용작품선집》 p410에도 빠져 있다. 최익한이 이러한 연문衍文(군더더기 문장)을 집어넣은 이유는 인민대중들에게 내용을 쉽게 요약 전달하려는 의도 때문이었을 것이다.

군적의 대상자 등록은 종전의 방법대로 한다 하더라도 도망채逃亡債66)·노제채老除債67)·부표채付標債68)·개안채改案債69)·경인정京人情70)·영인정營人情71) 등의 허다한 법외 부담들이 모조리 없어져 버릴 것입니다. 이것만 해도 인민들에게 이익됨이 얼마나 크겠습니까? 이리하여 양역의 제도가 고쳐지면 인민들이 농부의 명칭을 수치로 여기지 않을 것이고, 동시에 농민들에 대한 대우도 개선될 것입니다.

넷째로, 농민들에 대한 대우를 개선하기 위해서는 군주가 친경親耕72)의 행사를 실행하셔야 합니다. 이 행사는 옛날부터 역대의 어진 군주들이 모두 실행하였습니다. 군주의 하루 동안의 행사가 진행됨으로써 전국 방방곡곡이 모두 고무 추동될 것입니다. 위에서 모범을 보이면 아래서 전체 인민들이 서로 다투어 본받게 되는 것인데, 근래에는 어찌하여 이와 같은 행사를 전연 실행하지 않으십니까?

---

66) 도망채逃亡債 : 탐관오리들의 가렴주구에 못 견디서 다른 지방으로 도망가고 없는 자에게 부과되어 실제로 물 사람이 없는 양역의 부채. 결국은 그 이웃에 살았거나 친척 관계가 있는 농민들이 부담하게 된다.

67) 노제채老除債 : 군적 대상자 연령이 넘었는데도 불구하고 부과된 양역의 부채. 당시의 대상자 연령은 15세에서 60세까지였다.

68) 부표채付標債 : 사망신고서를 받아 군적에 표시하는 대가로 부과된 양역의 부채. 잡징雜徵의 일종으로 수수료이다.

69) 개안채改案債 : 군안軍案을 개정하는 대가로 부과된 양역의 부채. 이것도 잡징의 일종으로 수수료이다.

70) 경인정京人情 : 탐관오리가 중앙의 관리들에게 뇌물로 바치기 위하여 농민들에게 빼앗아가는 재물. 호의로 인정을 쓰는 것이라고 이렇게 기만적인 명칭을 붙인 것이다.

71) 영인정營人情 : 탐관오리가 감영의 관리들에게 뇌물로 바치기 위하여 농민들에게 빼앗아가는 재물.

72) 친경親耕 : 임금이 직접 지정된 논밭에 나가서 농사짓는 거동을 보이던 행사.

어떤 이는 "친경을 시행하게 되면 친잠親蠶73)도 따라서 시행해야 된다"고 합니다. 그러나 이는 꼭 그렇게만 생각할 것은 아닙니다. 시대의 고금이 다른 것과 마찬가지로 예절의 행사도 실정에 알맞게 참작할 바가 있는 법이니, 친경과 친잠을 반드시 함께 시행해야 된다는 이유는 없습니다. 다만 국가의 성대한 행사만은 해마다 시행하기 어렵다 하더라도 각 도에서는 감사들이 자기 소속 관원들을 거느리고 옛날 대부大夫들이 행하던 절차와 같이 하고, 또 각 고을의 관장들도 서로 따라서 농사짓는 모범을 보이면 인민들을 고무 추동하는 효과가 무엇보다도 빠를 것입니다. 이와 같이만 된다면 인민들이 농업을 천한 직업으로 여기지 않을 것이고, 농민들에 대한 대우가 저절로 개선될 것입니다.

[해제]

이 논문은 다산이 황해도 곡산 부사谷山府使로 있을 때에 당시 국왕 정조의 자문에 응하여 쓴 건의서이다. 1798년(정조 22) 겨울에 국왕은 농업을 개진하기 위하여 널리 국내 인사들에게 농업 대책을 물었던바 이에 응하여 대책을 진술한 자가 40여 인이고, 그중에 초야의 선비들이 다수였다. 그때 면천군수沔川郡守로 있던 연암燕巖 박지원朴趾源은 <과농소초課農小抄>와 <한민명전의限民名田議>를 올렸고, 영평 현령永平縣令으로 있던 초정楚亭 박제가朴齊家는 《북학의北學議》를 올려서, 다산의 본 <농정소農政疏>와 함께 가장 유명하였다.

다산의 <농정소>는 1) 편농便農, 2) 후농厚農, 3) 상농上農의 조목으로 나누어서 농업 발전 정책을 논술하였다. 편농은 농사를 편리케 하는 것 즉 농업에 과학과 기술을 도입하여 일체 농기구 및 영농 방법을 개조함으로써 최소

---

73) 친잠親蠶 : 왕후가 시녀들을 데리고 누에치는 일을 친히 돌보던 행사. 왕궁 안에 친잠실이 설치되어 있었다.

노력으로 최대 수확을 목적하는 것이고, 후농은 농업을 유리하도록 하는 것 즉 농업 발전을 저해하는 가혹한 착취 제도 및 폐해를 제거하여 농민의 이익을 보장하는 고안이며, 상농은 농업을 존중하고 농민을 우대하는 것 즉 농업을 천시하고 농민을 천대하는 경제적·정치적 및 사회적 폐습들을 제거함으로써 유식인들과 모리배들을 귀농시키는 동시에 농민의 지위를 향상시키고 농업을 발전시킬 수 있다는 것이다.

이 글에 나타난 논지는 저자의 원대한 추상적 이상안을 발표한 것이 아니고, 그 당시 절실히 요구되는 농업 개선의 구체적 정책을 열거한 데서 연암·초정 등의 논지와 다른 특징을 보였다. 이는 그 후 발표된 공전균세론公田均稅論, 북학법北學法 주장, 여전제도閭田制度 등과 비교해 보면 알 수 있다.

이때 국왕 정조는 다산과 여러 실학자들의 농업 대책에 대한 건의서를 읽고 크게 느낀 바가 있어서 실행에 옮겨 볼 결심을 하였으나, 얼마 지나지 않아 정조는 죽고 또 집권자들의 다산 일파에 대한 박해가 혹심하여 일련의 대책들이 모두 휴지로 되고 말았다.

다산이 이 글을 쓰기는 37세의 연말이었지만 국왕에게 올리기는 그 이듬해인 1799년 38세 봄이었으므로 <다산 연보>에는 이대로 기록되었다(최익한).

일평생 모 한 포기 심어 보지 않은 다산은 "농사에 더욱 어둡다(尤昧稼穡)"고 스스로 밝혔다. 즉 그는 농자로서 농업을 실천한 것도 아니고 또 농학자로서 농업을 연구한 것도 아니다. 그의 견해는 중국 농서와 농업 현실을 견문한 후에 그 간접적 경험들을 뽑아낸 것이라 하겠다(김용섭,《한국근대농업사연구》, 지식산업사, 1975, p82).

호남 지방의 소작농민이 조세를 부담하는
습속을 엄금할 것에 관한 건의서 초안

擬嚴禁湖南諸邑佃夫輸租之俗箚子1)

호남 지방에서는 국가 조세와 종자 곡식을 모두 밭갈이하는 소작
농민들이 부담하고 있는데, 신은 이러한 습속을 엄격히 금지해야
된다고 생각합니다.

인민 생활의 안정을 위한 국가의 정치2)는 지극히 공변되어 누
구를 막론하고 그 혜택을 고루 입게 해야 될 터인데, 어찌하여 백
사람의 노력을 짜서 한 사람의 배만 채우게 할 수 있겠습니까? 신
이 그 원인을 규명하여 말씀드리려고 합니다.

신은 생각건대 토지에는 오직 두 사람의 주인이 있을 뿐입니다.
그 하나는 국가요, 또 하나는 밭갈이하는 농민입니다. 옛날 《시경
詩經》에 "온 천하가 모두 왕의 땅이라(普天之下 莫非王土)" 하였으니,
이는 바로 국가가 그 주인임을 말한 것이며, 또 《시경》에 "공전公
田에 비 내리고 다음은 사전私田3)에 비 내린다(雨我公田 遂及我私)"

---

1) 擬嚴禁湖南諸邑佃夫輸租之俗箚子 : 차자箚子는 간단한 양식의 상소문. 문집에
   서는 상소문과 차자를 소차疏箚라 하여 같은 부류로 구분한다. 의소擬疏나 의차
   擬箚는 상소의 초고를 말하는데, 대개 초안만 잡고 실제로 올리지는 않았다.
2) 최익한이 전서 원문의 '天地生物之理(천지가 만물을 내는 이치)'를 '인민 생활의
   안정을 위한 국가의 정치'로 의역한 것은, 인민 교양 사업의 일환으로서 다산을
   인민적·애국적으로 채색한 것이라 할 수 있다.
3) 공전公田·사전私田 : 중국 고대 사회에서 실시되던 정전井田 제도에 의하여 나
   누어진 토지 구역의 명칭. 그 주위의 8개 구역은 각각 100묘인데 8가구의 농민
   들이 자기 몫으로 경작하므로 이를 사전이라 하고, 한가운데에 남은 100묘는

하였으니, 이는 농민이 그 주인임을 말한 것입니다. 이 밖에 그 누가 감히 토지의 주인이 될 수 있겠습니까?

그러나 지금은 부호 지주4)들이 제 마음대로 토지를 겸병兼併하여 국가 조세 이외에 사사로이 그 토지에서 지조地租(소작료)를 받아 가니, 이는 토지의 주인이 셋으로 되는 것입니다.

옛날 중국 은·주殷周 시대의 제도5)에는 농민들이 국가에 대하여 토지 수확의 10분의 1밖에 내지 않았는데도, 위에서는 오히려 인민들을 대단히 불쌍히 여겨 혹여나 인민들의 생활에 곤란이나 없을까 하고 염려하였습니다. 이와 같은 정신이 《시경》에 보이고, 《예전禮典》에도 쓰여 있습니다. 만일 은·주 시대의 군주들이 우리나라 오늘의 현실을 본다면 반드시 눈물을 흘리면서 통탄하지 않을 이가 없을 것이고, 또 그 시대의 인민들이 우리나라 오늘의 현실을 본다면 서로 눈 흘겨 쳐다보면서 이 나라의 정치를 싫어하여 반드시 연장을 걷어 지고 달아나고 말 것입니다. 이는 후세의 농민들이 고대의 농민들보다 더 곤궁하게 되었기 때문입니다.

부호 지주들이 농민들에게서 받는 지조地租는 비록 쌀 한 톨, 콩

8가구의 농민들이 협동 경작하여 수확을 국가 조세로 바치던 것이므로 이를 공전이라 하였다. 《春秋穀梁傳》〈宣公 15年 范寧 註〉

4) 부호 지주 : 전서 원문의 '부강지민富彊之民'을 계급적 관점에서 의역한 것이다. 이를 남한처럼 글자 그대로 '부강한 백성'이라 직역하면, 마치 정반대의 뜻인 양 곡해될 여지가 있다. 토지를 겸병하여 소작료를 징수함으로써 소작농의 노동을 착취하는 사적 토지 소유자는 바로 '부호 지주'이기 때문이다.

5) 은·주殷周 시대의 제도 : 맹자의 말에 의하면, 하夏나라 농민들은 50묘의 토지를 경작하여 5묘에 해당되는 수확량을 국가에 조세로 바쳤고, 은나라 농민들은 70묘 중에서 7묘에 해당되는 수확량을, 주나라 농민들은 사전 100묘를 자기 몫으로 하고 공전 10묘에 해당되는 수확량을 조세로 바쳤기 때문에(공전은 본래 100묘인데 8가구가 80묘를 경작하고 남은 20묘는 주택 지구로 되었다고 한다), 대체로 세율이 10분의 1에 해당된다고 하였다. 《맹자》〈등문공·상〉

한 낱이라도 부당한 일입니다. 하물며 우리나라의 국가 조세들은 옛날 맥속貊俗의 세제[6]를 인습하였기 때문에 대략 20분의 1이라하·은·주 시대보다도 훨씬 더 적었는데도 불구하고, 도리어 부호 지주들이 소작농민들에게 받는 지조는 10분의 5나 됩니다. 인민이 곤궁하고 국가가 가난하여 상하가 다 빈곤하게 된 것은 모두 이 때문입니다.

또 그 국가 조세율에 있어서도 이와 같이 헐한 듯하지만, 각 지방에 따라 온갖 색다른 규정들이 생겨나서 마공馬貢[7]·죽공竹貢[8] 등과 같은 잡공雜貢만 해도 그 수를 헤아리기 어려울 정도로 늘어났습니다. 이런 것을 받아들이기 위해서는 갖은 수단을 동원하여 인민들을 탄압하되, 수령들은 그저 예삿일로 여기고, 어사御史들도 적발 규탄하여 시정 대책을 강구하지 않고 있으니, 형식으로는 국가 조세가 비록 20분의 1이라 하였으나, 그 실제 내용에 있어서는 10분의 5에 해당됩니다. 부호 지주들이 10분의 5를 빼앗고 국가에서 또 10분의 5를 거두어 간다면 농민들은 무엇을 먹고 살 수 있겠습니까? 이는 우리나라 농민들이 중국의 농민들보다도 더 곤궁하게 된 까닭입니다.

경기도 지방에서는 부호 지주들이 소작농민에게 물론 일반적으

---

6) 맥속貊俗의 세제 : 맥貊은 조선 고대 씨족 중의 하나. 맥의 지역에서는 토지가 척박하여 생산물이 적고, 또 국가 형태가 그다지 발전하지 않아서 성곽·궁실·종묘 등의 큰 시설도 없고, 외국과의 교통도 발달되지 않아서 폐백·잔치 따위도 없으며, 국가 관리들이 많지 않아서 많은 재용이 필요 없기 때문에 농민들에게 조세를 20분의 1만 받았다고 한다.《맹자》〈고자·하〉
7) 마공馬貢 : 고마조雇馬租·고마전雇馬錢. 이조 후기에 말을 징발하는 비용을 대기 위하여 고마청에서 인민들로부터 거두어들이던 쌀이나 돈.
8) 죽공竹貢 : 공죽貢竹. 공물로 바치는 대나무.

로 그 소출의 절반(즉 10분의 5)씩을 지조로 받지만, 국가에 바치는 조세와 종자 곡식 같은 것은 모두 지주들이 부담하고 있으므로 그 소출에 대한 소작농민들의 차지하는 분량이 지주보다는 조금 많은 셈입니다. 그러나 호남 지방의 습속은 지주가 처음부터 그 소출의 절반을 차지하여 호의호식하며 베개를 높이 베고 낮잠만 자고 있는데, 농민들은 이미 그 절반을 빼앗긴 데다가 또 그 남은 절반 중에서 지주를 대신해서 종자 곡식을 남겨야 하고, 국가 조세까지 부담해야 됩니다. 이리 벗겨 내고 저리 떼어 내면 그 남는 것이 얼마나 되겠습니까? 이는 호남 지방의 농민들이 국내의 다른 지방의 농민들보다도 더 곤궁하게 된 원인입니다.

만일 이러한 습속이 좋은 것이라면 왜 경기 지방에도 이 법을 실시하여 전국적으로 통일시키지 않는 것입니까? 그러나 만약 이를 전국적으로 통일시킨다면 그때에는 전국 농민들이 곧 서로 부르짖고 함께 일떠서서 폭동을 일으킬 수 있는 위험이 생길 것입니다. 전국 농민들이 폭동을 일으킬 수 있는 악조건을 호남 지방의 인민들만이 죽은 듯이 견디면서 그 압제를 벗어나지 못하고 있으니, 이 얼마나 가엾은 일이겠습니까?

이제 만일 호남 지방의 특수한 전례를 철폐하여 다른 지방과 동일하게 하려고 하신다면, 필연코 어떤 자가 전하의 앞에 나타나서 "전례대로 할 것이요, 구태여 고칠 필요는 없다"고 주장할는지도 모르겠습니다. 그런 말을 하는 자는 반드시 용렬한 자일 것입니다. 그 전례가 본래 좋은 것이라면 말할 필요도 없겠지만, 실상 좋은 것이 아니어서 인민들이 큰 고통으로 여기는 것이라면 어찌 전례라고 해서 그대로 순종하라고만 할 수 있겠습니까? 마땅히 그것을 독사나 호랑이와도 같이 없애 버려야 하며, 언제나 수수방관만 하고 있을 것이 아니라 제때에 고쳐야 됩니다. 군주는 오직 정의에 따라 사물을 다스려야 하는 것인데,[9] 만일 사물이 질서를 잃고 혼란 상태에 빠졌음에도 이를 바로잡아 정리하지 못한다면 이는 군주의 직분을 어기는 것입니다. 아무리 전례라고 하더라도 고칠 것은 고쳐야 되지 않겠습니까?

지금 호남 지방 인민들의 사정을 고찰하면, 대략 100호 중에서 남에게 토지를 주어서 그 지조(소작료)를 받아먹는 자는 5호에 지나지 않고, 자기 토지를 자신이 스스로 경작하는 자는 25호가량 되며, 남의 토지를 경작하여 지주에게 지조를 바치는 자는 70호나 됩니다. 이제 만일 국가 조세와 종자 곡식을 소작인이 부담하는 그 전례를 고쳐서 경기 지방의 실례와 같이 한다면, 이 70호는 모두 다 춤추며 환영할 것이요, 그 25호는 비록 자기와는 직접적 이해관계가 없다고 하더라도 사람의 정상적인 감정은 대체로 부자를 미워하고 가난한 자를 동정하는 법이기 때문에 역시 환영하는 편에 설 것이며, 오직 그 개혁을 싫어할 자는 실로 5호밖에 되지 않을 것입니다. 이 5호가 싫어할 것을 두려워하여 95호가 절대로 좋아하고 환영할 일을 하지 않는다면, 누가 국가 정권의 위신을 믿겠습니까? 《주역周易》에 "밭갈이를 하지 않고 수확을 하며, 토지를 개간하지 않고 밭을 얻는다(不耕穫 不菑畬)"고 하였는데, 공자는 이 말에 대하여 "밭갈이를 하지 않고 수확한다면 부자로는 되지 못할 것이라(不耕穫 未富也)"고 지적하였습니다. 지금의 지주들이야

9) 군주는~것인데 : 최익한이 전서 원문의 '王者代天理物(왕자는 하늘을 대신하여 만물을 다스린다)'를 의역한 것이다.

말로 밭갈이를 하지 않고 수확하는 자들인데, 비록 수확은 한다 하더라도 부자는 될 수 없는 것이 떳떳한 도리일 것입니다. 그런데 어찌하여 저와 같이 부호 노릇을 할 수 있도록 방임하여 둘 수 있겠습니까?

신이 본 바에 의하면 호남 지방의 습속에 농민들이 벼를 베어서는 그 자리에서 타작하지 않고 자기 집으로 날라다 하루이틀이나 한 열흘씩 쌓아 두었다가 비로소 탈곡합니다. 그러므로 부호 지주들은 말하기를 "농민들이 지주도 모르게 감쪽같이 감추는 분량이 많으니, 국가 조세를 그들이 부담해야 된다"고 주장합니다. 그러나 이 또한 부호 지주들의 간특한 수작에 지나지 않습니다.

신이 젊었을 때 농촌에 있으면서 경기 지방의 습속도 보았는데, 소작 농민들이 수확물 중에서 조금씩 감추고 따로 돌려 지주들의 눈을 속이는 것은 그 양이 아주 적었습니다. 호남 지방 농민들만이 그러지 않을 리가 없습니다. 사실 타작마당에 떨어진 이삭이나 흩어진 낟알쯤은, 과부나 고아와 같은 고독한 자들의 몫으로나 될 것이지, 저 팔짱 끼고 앉아 남의 노력만 짜서 지조를 받아먹는 자들이 감히 다툴 바는 아닙니다.

신이 일찍이 송나라 소순蘇洵의 <형론衡論>10)을 읽었는데, "부자들 또한 그 절반씩을 국가에 조세로 바치나, 이는 주周나라 시대의 농민들이 모두 그 전력을 다하여 공납하던 것만 같지 못하다"고 한 말이 있습니다. 이를 보면 중국의 습속도 역시 지주들이 국가의

---

10) 소순蘇洵의 <형론衡論>: 소순(1009~1066)은 송나라 사람. 그 두 아들 소식 蘇軾(1037~1101) 및 소철蘇轍(1039~1112)과 함께 문학가로서 이름이 높았다. 그는 또 사회 제도 및 정치적 견해에 대하여 자기의 논문들을 발표하였는데 <형론>, <권서權書> 등이 그 대표적 작품이다.

조세를 부담하였습니다.

아, 농민들이 1년 동안 짓는 농사가 불과 6~7말의 종자를 심어 가꾸는 것뿐인데, 지주들에게 지조로 빼앗기고 또 봄철에 꾸어 먹은 환자 곡식을 갚고 나면, 그해가 다 가기도 전에 벌써 식량이 모자라서 기아에 허덕이니, 가난한 농민이 무슨 재간으로 국가에 납부할 조세까지 물 수 있겠습니까? 다만 면포棉布라도 짜서 이를 보상할 따름입니다. 그 또한 질병에 걸리거나 사망자가 나거나 하여 국가 조세의 기일을 어기는 경우에는, 가마솥을 팔고 단벌 소까지 팔아서라도 이를 보장하지 않으면 안 되는 형편입니다. 이얼마나 비참한 사정입니까? 인민의 부모가 된 이로서 이를 어찌 그대로 내버려 둘 수 있겠습니까? 《시경》에 이르기를 "저 넉넉한 사람들은 오히려 낫거니와 가련하도다! 이 고독한 자들이여(哿矣富人 哀此煢獨)"하였는데, 남에게 토지를 주어 지조를 받는 자가 곧이 넉넉한 자들입니다. 강한 자를 억누르고 약한 자를 보호하는 것은 어진 사람이 하는 정치입니다. 전하께서는 무엇을 염려하여 실행하지 않으십니까?

신은 바라건대 전하께서 조정에 분부하여 시급히 도신道臣(각 도의 관찰사)들로 하여금 엄격한 규정을 제정하여 이제부터는 국가 조세와 종자 곡식을 일체 지주가 부담하도록 하시고, 만일 은밀히 농민들에게 부담시키거나 토지 경작권을 조종하여 농민들을 농락하는 자가 있는 경우에는, 그들을 특별히 통제하여 중한 형벌로 처단케 하시면 남부 지방의 농민들이 비로소 어느 정도 허리를 펴고 소생의 숨을 쉬게 될 것입니다. 전하께서는 무엇을 염려하여 이런 좋은 일을 하지 않으려 하십니까? 이만 올립니다.

[해제]

다산은 지세와 종자의 지주 부담론을 통하여 지주가 극소수인 것과 소작인이 절대 다수인 것을 통계적으로 명확히 지적하여 소수자의 이익을 반대하고 다수자의 이익을 인민 전체의 이익으로 옹호하였으며, 또 농민의 반지주 투쟁에서 절대 다수인 빈농층이 기본 세력으로 되어 중농中農 즉 자작농을 원군으로 획득할 수 있는 물질적 계기를 지시하였으니, 이는 농민혁명 사상가로서 우수한 사회적 정치적 인식을 표현한 것이다. 다만 가장 선진적이며 혁명적인 계급 즉 프롤레타리아트의 지도에 의한 노농동맹으로서만 농민혁명이 비로소 성공할 수 있다는 맑스 레닌주의적 견해는, 당시 사회적 역사적 조건에서 강력히 제약받고 있던 다산에게는 원래 조금도 기대할 수 없는 엄격한 사실이었다(《실정》 p609, 방점은 인용자).

위에서 다산이 '농민혁명 사상가'라는 말은 터무니없는 독단이다. 그는 치자의 입장에서 문제를 보았고, 농민혁명은 꿈에도 생각지 못하였다. 최익한은 공염불에 불과한 '의차擬箚'에다가 '빈농'이니 '혁명'이니 하며 요란스레 갖다붙였는데, 이는 단지 ML이론을 형식적이고 기계적으로 적용한 것일 뿐이다.

다산은 토지제도 문제에서 당장 시급한 소작농의 처지 개선을 위한 대책안을 제기하려고 하였지만, 그 내용은 단순히 국가 조세나 종자 곡식의 부담에서만 벗어나는 것이었다. 이는 농민의 생활 처지를 근본적으로 개선하는 방안이 될 수 없다. 지주들은 조세와 종자를 부담하는 만큼 농민들에게 수탈을 더 강화할 것이니 실제로 무엇이 달라지겠는가?! 농민들의 생활 형편이 어려운 근원은 국가 조세나 종자 곡식을 부담하는 데에 있지 않고, 그것을 부담하면서 또 엄청난 소작료도 내지 않으면 안 되게 하는 사지주적 토지 소유 관계에 있다. 따라서 농민들을 빈궁과 궁핍에서 벗어나게 하자면 무엇보다 먼저 사지주적 토지 소유를 청산해야 할 터인데, 지주였던 그는 아무런 개혁안도 제시하지 못하였다. 게다가 그의 방안은 당시 나라의 모든 농민들을 대상으로 한 것이 아니라 가장 혹독한 착취를 당하는 호남 농민들에 국한된 것이며, 그 완화 정도도 경기 지방의 수준에 머무르게 하려는 것이었다(홍태연, 앞의 책, pp262~3, p271; 정성철, 앞의 책, p464).

4. 기記·서序·발跋·서書·증언贈言

진주 의기 사당에 써 붙이는 글晉州義妓祠記

부인네의 성질은 대체로 죽는 것을 쉽게 여긴다. 그런데 만일 등급을 매기어 말한다면, 그 하등은 자기의 억울하고 분통한 마음을 이기지 못하여 죽는 것이요, 그 상등은 그가 의리상 자기 몸을 더럽히고 욕되게 할 수 없어서 죽는 것이다. 이러한 등급 여하를 막론하고, 그의 죽음에 대해서는 모두 열렬하다거나 절개가 있다고들 한다. 그러나 그들은 다 자기 몸을 스스로 죽였다는 사실 이외에는 다른 것이 없다.

여성 중에도 창기娼妓와 같은 부류는 어릴 때부터 부화음탕浮華淫蕩한 생활에 젖고 눈 가는 대로 정을 보내기 때문에, 그 성질이 흘러서 고정되지 못하고, 그 마음은 모든 남자를 다 자기 남편으로 여긴다. 남녀간의 도덕에 대한 관념도 이처럼 희박하거늘, 하물며 국가와 인민의 의리에 대해서야 무슨 관념이 있으랴? 그러므로 옛날부터 전쟁 중에 적에게 포로가 된 미녀들이 많았지만, 죽음으로써 절개를 지켰다는 말은 한 번도 듣지 못하였다.

옛날 임진왜란 당시 적병이 진주성을 강점하였을 때, 논개論介[1]라는 기생이 왜놈의 장수를 유인하여 촉석루矗石樓 옆, 남강 가의 낭떠러지 너래바위 위에서 서로 맞춤을 추었다. 춤이 어우러지자 논개는 적장의 허리를 바짝 안고 바위 밑 강물에 두 몸을 던져서

---

1) 논개論介(?~1593) : 이조 중기의 의기義妓. 진주의 관기라는 설, 경상우병사 최경회崔慶會의 후실이라는 설, 가공인물이라는 설 등이 있다. '노운개盧雲介·주논개·송논개' 등 여러 이름이 전한다.

죽었다. 바로 이곳에 있는 사당은 그 후 이 지방 인민들이 그녀를 기념하여 지어 놓은 사당이다. 아! 이야말로 참으로 열렬하고도 어진 여성이 아니겠는가?

적장 한 놈을 죽인 것만으로는 그 당시 전사한 삼장사三壯士2)의 수치를 씻기에는 부족하리라. 그러나 적병이 바야흐로 성을 공격할 때 이웃 진영에서는 군대를 이끌고 와 구원하지 않았으며, 조정의 일부 고관들은 전공戰功을 시기하여 성이 함락되는 것을 도리어 기뻐하였다. 철벽같은 요새를 궁지에 몰린 적들의 손에 떨어지게 하였으니, 충신 지사들의 통분과 원한은 이 진주성 패전보다 더 심한 적이 없었다. 이러한 판국에 연약한 한 여자가 용감히 적장을 죽이고 나라를 위하여 자기 몸을 바쳤으니,3) 나라와 인민의 의리가 하늘과 땅 사이에 찬란한 광채를 발휘하여 한 성의 패배쯤이야 오히려 문제가 되지 않았다. 참으로 통쾌한 일이 아니냐?

사당은 오랫동안 수리하지 않아 바람과 비를 가리지 못하므로, 이제 절도사節度使 홍공洪公4)이 그 파손된 것을 고치고 단청을 새롭게 한 다음 나에게 그 사연을 기록하게 하며 자신도 7언시 한 수를 지어 촉석루에 써 붙인다.

---

2) 삼장사三壯士 : 1596년 6월 진주성 방위전에 영웅무비하게 싸우다가 순국한 황진黃進·김천일金千鎰·최경회崔慶會 등 세 장군이다.

3) 연약한~바쳤으니 : 번역 원문에는 '연약한 한 여자가 용감히 뛰어나와서'로 간단히 되어 있다. 그래서 편자가 전서 원문과 《정약용작품선집》(류수·리철화 역) p337을 참고하여 보충하였다.

4) 홍공洪公 : 다산의 장인 홍화보洪和輔. 그때 경상우병사로 진주 병영에 있었다.

[해제]

1780년 봄에 지었다.[1] '기記'는 기록체 산문을 총칭한 것인데, 일반적으로 '기문記文'이라고 부른다. 기문은 객관적인 사물과 현상을 대할 때 느껴지는 글 쓰는 사람의 감정과 그에 대한 태도·입장을 서술하는 것으로 특징적이며, 대체로 내용과 문장 구성 방식에 따라 건물에 대한 기록·일기·여행기 그 밖의 잡다한 기록인 잡기 등 여러 가지로 나누어진다. <진주의기사기晉州義妓祠記>는 적장을 그러안고 서슴없이 죽음의 길을 택한 천한 기생이었던 논개의 애국적 소행을 높이 찬양하였다. 이처럼 다산의 기문은 순수 자연 경치나 건물의 유래를 설명한 것이 아니라 자신의 사회미학적 견해를 피력한 것이 두드러진 특성이다.[2]

1. 자세한 것은 <촉석루회고矗石樓懷古> 해제 p126 볼 것.
2. 김진국, 앞의 책, pp228~9.

세검정 놀이 游洗劍亭記

　세검정의 경치로는 소낙비가 쏟아질 때 폭포를 구경하는 것이 아마 으뜸이리라. 그러나 비가 한창 내릴 적에는 누구를 막론하고 옷까지 버려 가면서 교외로 나가기를 즐겨하지 않으며, 일단 비가 갠 뒤에는 개울물이 금세 줄어들기 때문에 세검정이 비록 가까운 산림 속에 있으나, 성안의 사람들로서 그 장쾌한 경치를 능히 다 구경한 자가 드물다.

　신해년(1791) 여름에 나와 한혜보韓徯甫 등 여러 친우들이 명례방明禮坊[1]에 함께 모였다. 술잔을 나누며 놀 적에 날씨가 찌는 듯이 무덥고 갑자기 먹구름이 사방에서 일어나더니 마른 천둥소리가 멀리서 은은히 울려왔다.

　나는 문득 술잔을 걸고 일어서면서 "이는 소낙비가 내릴 징조다. 우리 어서 세검정에 가서 골짜기에 쏟아지는 폭포수를 구경하지 않겠는가? 만일 가기 싫어하는 자가 있다면 반드시 벌주 10병을 내서 한판 차려야만 한다"고 하니, 모두들 가기를 원하며 따라 일어섰다. 재빨리 말을 몰아 겨우 창의문彰義門 밖을 나서니, 주먹만 한 빗방울이 뚝뚝 떨어지기 시작하였다. 더욱 내달려 세검정 밑에 다다르자 벌써 수문 좌우의 산골에서는 마치 고래가 물을 뿜는 듯하였고, 옷자락도 어룩어룩 젖어 들었다.

　정자에 올라 서로 줄을 지어 둘러앉았다. 난간 앞 나무들은 모두

---

1) 현 명동으로, 다산이 살던 집 '죽란사竹欄舍'가 있었다.

넘어질 듯이 흔들리고 시원한 바람줄기는 뼛속까지 스며드는 것 같았다. 문득 세찬 폭풍이 일고 삼대 같은 소낙비가 쏟아지니 산골 물은 폭포처럼 굽이치며 모여들어 순식간에 온 골짜기가 물나라로 변하였다. 모래가 밀리며 돌이 뒹굴고 물안개가 자우룩하였다. 골짜기에서 쏟아지는 시냇물이 갑자기 정자의 주춧돌까지 올라와서 형세가 자못 웅장하고, 온산이 무너질 듯이 소리가 요란하여 정자를 뒤흔들었다.

"이만하면 어떠한가?" 내가 먼저 말하였다.

모두들 "장쾌하다!"고 감탄하며 술잔을 나누면서 한바탕 웃고 놀았다.

조금 지나 비가 멎고 구름이 걷히고 산골 물이 점차 줄어들며 한줄기 저녁볕이 여봐란듯이 수풀 사이로 비스듬히 비치매, 붉고 푸른 채색으로 두루마리한 산천초목은 모두 영롱황홀하였다. 서로 더불어 시구를 읊으며 한없이 즐기었다.

이럴 무렵에 심화오沈華五가 우리 소식을 듣고 뒤좇아 왔으나, 이미 산골 물은 줄어든 뒤였다. 처음에 우리들이 화오를 초청하였지만 제때에 오지 않았으므로 한바탕 조롱해 주었다. 마지막으로 한 순배를 돌려 마시고 일어섰다. 이 놀이에 참가한 벗으로는 홍약여洪約汝·이휘조李輝祖·윤무구尹无咎 들도 섞여 있었다.

[해제]
1791년 여름에 지었다. 다산은 동년 5월 사간원 정언司諫院正言에 제수되고 6월에 체직되었는데, 그 이후에 지은 것으로 추정된다. 그의 유기游記 중에서 정취가 단연 빼어나다.

오죽헌기 梧竹軒記

오죽헌은 금정역金井驛1) 찰방察訪2)이 거처하는 집이다. 뜰 앞에 벽오동 한 그루와 참대 두어 떨기가 있어서 오죽헌이라 이름하게 되었다.

찰방은 7품 관직이다.3) 을묘년(1795, 정조 19) 가을, 내가 승지承 旨(3품관) 벼슬로부터 금정역 찰방으로 내려왔을 적에 서울에 있는 높은 양반들은 편지로 나를 위로하여 주었다.

그러나 찰방의 직책에도 세 가지 즐거움이 있다. 나들이할 때는 언제나 말을 타고 다니는 것이 첫째 즐거움이요, 소속 역참이 있는 곳이나 아름다운 산천을 유람할 때는 이르는 곳마다 맛난 음식을 대할 수 있는 것이 둘째 즐거움이요, 항상 직무가 한가하여 재정·경리 사업과 문서 처리 따위의 번거로운 잡무가 일절 없는 것이 셋째 즐거움이다. 지방에서 만나는 친구들은 혹 이로써 나를 축하하기도 한다.

그러나 이러한 말들은 모두 나의 생각과는 딴판이다. 저 서울 양반들의 위로나 지방 친구들의 치하나 마찬가지로 나의 뜻에는 맞지 않는다. 왜냐하면 대체로 벼슬이라는 것은 갑자기 올라가면 떨어지기 쉽고, 임금의 총애가 지나치게 높으면 도리어 쇠퇴하기

---

1) 금정역金井驛 : 충청도 홍주목洪州牧 청양현靑陽縣 남하면南下面(현 충남 청양군 남양면 금정리)에 있었던 역참驛站.
2) 찰방察訪 : 이조 시대 각 도의 역참을 관장하던 종6품 외직.
3) 다산이 찰방을 7품 관직이라고 한 까닭은, 그가 참하參下(7품 이하) 벼슬을 받고 임명되었기 때문일 것이다.

쉬운 법이라, 내가 3품관에서 7품관으로 떨어져 오게 된 것은 오히려 당연한 일이어서 괴이히 여길 바가 아니기 때문이다.

찰방의 직책은 그 지방의 사정을 보살피고 인민의 곤란을 문의하여 해결책을 강구하는 것이다. 만일 역참의 말들이 병들어 여위게 되어도 찰방의 책임이고, 역부驛夫들의 노역勞役이 고르지 못하여 불평을 품어도 찰방의 책임이며, 지방을 시찰하는 관리들이 법을 어기고 멋대로 하여 인민들과 역마들을 지나치게 괴롭히는데, 이것을 법에 의하여 막지 못해도 찰방의 책임이다. 이와 같은 사업들이 찰방의 직책으로는 그다지 쉬운 일이 아니고 실제로 힘든 일이다.

그러므로 세 가지 즐거움만 누리고 이 세 가지 힘든 일을 잘 수행하지 못한다면 장차 국가와 인민 앞에 그 책벌을 면하지 못할 터인데,4) 어찌 7품의 관직인들 길이 보전할 수 있으랴?

내가 이미 이 뜻으로써 스스로 경계하며, 벽 위에 써 붙여서 뒤에 오는 자(후임자)들에게 충고한다.

---

4) 전서 원문은 '將編配之不免(장차 귀양살이를 면치 못할 터인데)'인데, 최익한은 '장차 국가와 인민 앞에 그 책벌을 면하지 못할 터인데'로 옮겼다. 즉 당의 문예 정책에 따라 인민성의 원칙을 구현하기 위해 이렇게 각색한 듯하다. 류수·리철 화의 《정약용작품선집》 p339에는 '장차 국가 앞에 책벌을 면하지 못할 터인데'로 되어 있다.

[해제]

다산이 34세 때(1795) 반대당은 다산 일파가 천주교에 관계하였다고 국왕에게 무고한 동시에 유언비어를 퍼뜨렸다. 또 때마침 중국인 천주교 신부 주문모周文謨가 서울에 잠입 활동한 형적이 드러나서 물론이 분분하므로 국왕 정조는 사실을 변명해 주는 한편 물론을 진정시키려는 방법으로 동년 7월에 당시 문제의 중심인물인 이가환李家煥을 충주 목사로, 다산을 금정 찰방으로 좌천시키고 이승훈李承薰을 예산에 유배시켰다. 이것이 이른바 '을묘 외보 처분乙卯外補處分'이다. 금정 찰방으로 간 지 얼마 안 되어 동년 12월에 다산은 소환되었다. 본 기문은 이때 지은 것이다(최익한).

부용당기芙蓉堂記

해서海西(황해도) 관찰사 이공李公(이름은 의준義駿─원주)이 부용당
에서 잔치를 베풀었는데, 도내 여러 고을 수령들로서 참석한 자가
10여 명이었다. 나는 그때 마침 사관査官(사건 조사관)으로 해주海州
에 가 있었는데, 이공이 편지로 초청하기를 "지금 부용당 앞 못에
는 연꽃이 만발하였으니, 이 모임에 와서 같이 한잔합시다"고 하
였다. 그래 기뻐서 곧 달려갔다.

잔치가 시작되자 이공은 참석한 사람들에게 술을 권하면서 말
하였다. "부용당은 즐겁게 노는 장소며 선화당宣化堂(관찰사의 정청)
과는 다르니, 오늘 여러분들은 마음 놓고 나와 더불어 잘 놀도록
하자요."

나는 그 말을 듣고 "공의 말씀은 좋습니다. 그러나 감사로서 수
령들의 성격과 행실을 살펴보는 데는 이곳이 선화당보다 오히려
더 낫다는 것을 공은 아십니까?" 하였더니, 이공은 잘 모른다면서
그 까닭을 물었다.

그래서 나는 다음과 같이 말하였다.

"수령들이 선화당에 와서는 모두 걸음을 단정히 걷고 얼굴에
화기를 띄우며 말을 삼가고 예를 공손히 하니, 한 사람도 양순한
관리가 아닌 사람이 없을 것입니다. 그러나 그들이 이 부용당에
와서는 태도가 달라지게 됩니다. 첫째 연꽃향이 코에 향기롭고 버
들빛이 눈에 아름다우며, 3현絃 6각角의 풍악 소리가 귀를 울리고

산해진미山海珍味의 음식이 침을 자아내며, 어여쁘게 단장한 미인들이 열을 지어 모여들어서 맛좋은 술을 그들의 입에 들이붓고 맛있는 안주로 그들의 배를 채우게 합니다. 그뿐만이 아닙니다. 상관은 또 번거로운 예절을 생략하고 소탈한 태도로 대하면서 서로 즐거워하며 해학과 농담을 주고받는지라 조금도 구속하지 않습니다. 이러한 때에 어떠한 자가 고함을 지르고 방자히 웃는다면, 상관은 그를 보고 그의 성격이 거칠어서 반드시 재능이 있더라도 법을 경솔히 범하리라는 것을 알 수 있습니다. 또 어떠한 자가 비열한 언사로 감사를 찬송하며 아첨한다면, 상관은 그를 보고 그의 성격이 비루하여 반드시 윗사람에게 아부하더라도 백성을 기만할 것을 알 수 있습니다. 또 어떤 자가 어여쁜 기생들에게 은근히 추파를 보내면서 색정을 이기지 못한다면, 상관은 그를 보고 그의 심지가 연약하여 반드시 정무에 태만하고 정실에 잘 끌리며 간사한 청탁을 많이 할 것을 알 수 있습니다. 또 어떤 자가 술고래라서 이미 취하고도 그냥 들이마시기를 사양하지 않는다면, 상관은 그를 보고 그의 심지가 미욱하여 반드시 주정으로 자기 직무를 그르치고 형벌을 남용하리라는 것을 알 수 있습니다. 그러니까 상관으로서 자기 관하의 수령들의 인품과 소행을 살피는 데는, 이 부용당이 비록 연회와 유흥으로 노는 장소이지만 도리어 선화당보다 유리하지 않겠습니까?"

이공이 이렇게 답하였다.

"좋은 말입네다. 그렇지만 감사가 수령들의 성격을 살피는 동시에 수령들도 똑같은 방법으로 감사를 살필 것입니다. 나는 영감의 말씀을 듣고는 먼저 나 자신부터 살펴보게 되니, 어느 겨를에 남을 살펴겠습니까?"

이상과 같은 문답을 간단히 적어 부용당 기문記文으로 삼는다.

[해제]

1798년 여름 작이다. 다산은 술자리인 사석에서 오히려 더 부하들을 평가할수 있다고 하였으니, 깐깐하고 주도면밀한 젊은 관료의 인상을 풍긴다. 실제로 다산은 곱상하고 도량이 작으며 포부가 광활하지 못하였다고 한다. 반면이의준李義駿(1738~1798)은 그러한 술자리를 스스로 반성하는 계기로만 삼고자 한다면서 그냥 재치로 응수하여 넘기고 말았으니, 덕 있는 원로 관료의사교적 언사로도 손색이 없어 보인다. 이의준은 다산의 고향과 가까운 안양사람으로 그해 재직 중에 병사하였는데, 다산이 그의 문집을 고정考訂한 바있다(<답이우필연答李友泌淵> 등 참조).

다산은 훗날 《경세유표》(1817) 권4 <천관수제天官修制·고적지법考績之法>에수령을 고과하는 조목으로 무려 54개나 제시하였다. 율기律己·봉공奉公·애민愛民·이전吏典·호전戶典·예전禮典·병전兵典·형전刑典·공전工典 등 9강령 안에각 6조목이 있어 총 54조목이 되는바, 이는 봉건 지배 체제를 강화하기 위해양반 계급적 입장에서 물샐틈없이 치밀하게 고적제를 구상한 것이라 하겠다(<고적의考績議> 해제 p576 볼 것).

황주 월파루기 黃州月波樓記

우리나라에 '월파정'이라는 이름을 가진 정자가 셋인데, 나는 그
것을 다 구경하였다.

하나는 영남의 낙동강 가에 있다. 나는 일찍이 진주晉州에서 예천
醴泉으로 가는 길에 그 정자에 올라가 보았다. 그러나 때마침 대낮
이었던지라 햇빛이 눈부시게 빛나는 강물만 보았을 뿐이다.[1] 또
하나는 노량진露梁津 서편에 있다. 내가 일찍이 권權·이李 등 여러
친구들과 함께 그 정자 아래서 배를 타고 '월파'라는 이름 그대로,
즉 '달 물결'을 구경하였다. 나머지 하나는 황주성 동편에 있다. 기
미년(1799, 정조 23) 봄에 청국 사신이 우리나라에 오므로 나는 영접
사로 황주에 갔다. 때는 마침 달밤이어서 (그 정자에 올라) 물결이 달
빛에 구슬처럼 반짝이며 뛰노는 것을 보았다. 이날 밤에 황주 목사
조공趙公(이름은 영경榮慶—원주)은 나를 위하여 관기와 풍악, 술과 안
주를 마련해 주었고, 안악 군수 박공朴公(이름은 재순載淳—원주)도 또
한 춤추는 아이 4명을 보내서 황창무黃昌舞[2]를 추고 포구락抛毬樂[3]
을 연주하여 나의 유흥을 돋우어 주었다. 나는 두 분의 호의에 감
사하면서 잘 놀고, 또 시를 지어 그 사연을 읊었다.

생각건대 내가 월파정 놀이를 한 세 곳 중에 가장 잊히지 않는

---

1) 밤이 아니어서 월파月波, 즉 달빛 어린 물결은 못 보았다는 말이다.
2) 황창무黃昌舞 : 신라 시대 소년 화랑 황창의 검무劍舞.
3) 포구락抛毬樂 : 고려 시대의 춤으로, 공[毬]을 포구문抛毬門에 던져 넣는 놀이
   형태의 유희무遊戱舞.

것은 낙동강의 월파정이다. 왜냐하면 시와 술로써 한가히 놀이한
흥취는 노량진 월파정에서 마음껏 즐겼고, 기생과 풍악의 호화로
움은 황주 월파루에서 흡족히 느꼈으니, 이 두 곳에서는 이른바
'달 물결'도 충분히 구경한 셈이나, 낙동강의 월파정만은 밤에 간
것이 아니므로 이른바 '달 물결'을 구경하지 못하였기 때문이다.
항상 마음에 잊히지 않고, '그곳에 특별히 기이한 경치가 있는데도
내가 아직 못 보았구나!' 하는 생각이 든다.

　이로 미루어 본다면, 사람도 문장과 광채를 자기 속에 쌓은 자는
오직 너그러이 함축하되 남에게 가벼이 보이지 않으니, 이것이 바
로 남이 잊을 수가 없는 까닭이리라. 나는 이로써 자기표현에 조급
해하는 병통을 반성하며 돌아와서 써 둔다.

[해제]
다산이 1799년 2월 황주에 영위사迎慰使로 갔을 때 지은 것이다. 그는 곡산
부사 시절에 건륭제乾隆帝의 서거를 알리는 청나라 사신을 맞이하기 위하여
영위사로 파견되어 황주에 머무른 적이 있는데, 이때 월파루에서 목사 조영
경趙榮慶과 함께 술을 마셨다(<황주월파루동조영경목사음黃州月波樓同趙榮慶
牧使飮> 참조).
문집에는 곡산 유람기가 <자하담범주기紫霞潭汎舟記>, <고달굴기高達窟記>,
<황주월파루기黃州月波樓記>, <창옥동기蒼玉洞記>, <관적사기觀寂寺記> 등
총 5편이 수록되어 있다.

창옥동기 蒼玉洞記1)

　기미년(1799) 봄에 나는 두 아들을 데리고 마하탄摩訶灘에서 배를 놓아 강물이 흐르는 대로 따라 서창西倉 아래에 이르렀다. 산천이 맑고 아름다워서 즐겁게 놀 수 있었다.

　놀기를 마치고 배를 돌리려 할 즈음에 어떤 사람이 창옥동의 경치를 크게 칭찬하였다. 그래서 배에서 내려 말을 타고 두 고개를 넘어 40리를 갔다. 홀연히 산과 물이 맞부딪치고 양편 벼랑들은 묶어 세운 듯하며 땅에는 모두 푸른 돌이 깔렸는데, 그 위로 흐르는 시내가 유리와 흡사하였다. 물은 떨어져서 폭포가 되고 혹은 비스듬히 흘러서 누운 폭포가 되고 혹은 흐르다 말고 맑은 소沼가 되었다. 굽이마다 앉아서 볼만하고 걸음마다 기이하여 놀라웠다. 이렇게 하기를 10여 리나 하였다.

　나는 한 번 탄식하지 않을 수 없었다. 사람이 이 세상에 처하여 명예를 얻어 드날리기도 하고, 혹은 제 광채를 감추고 깊이 숨어 버리기도 하는데, 이는 마치 저 산천승지와 같구나! 만일 이 창옥동의 기이한 경치가 금강산 속에 있거나 단양丹陽과 영춘永春 사이에 있다면, 사람들은 양식을 싸 가지고 와서 구경하고 돌아가서는 친구들에게 침이 마르도록 자랑할 것이 아닌가. 그러나 불행히도 궁벽한 곳에 숨어 있기 때문에 세상에서 산수의 멋을 아는 사람2)

---

1) 봉명방鳳鳴坊 조양리朝陽里의 남쪽에 있다―원주.
2) 산수의 멋을 아는 사람 : 전서 원문은 '識山水之趣者'인데, 최익한은 '산수를 유람하는 사람'으로 의역하였다.

도 한 번 발을 들여 놓지 못하고, 오직 심산궁곡의 야인들만 화전을 일구며 새밭(묵정밭)을 쪼아먹고 있으니, 아무리 좋은 선경이 눈앞에 열려 있은들 그들이 어찌 그 아름다움을 알 수 있으랴? 만일 산수를 찾아다니는 성벽이 있는 나 같은 사람을 만나지 않았던들 비록 천백 년이 지나더라도 마침내 아무런 이름도 전하지 못하고 말았으리라. 어찌 슬픈 일이 아닌가!

나는 창옥동에서 그윽이 느낀 바가 있어 반나절이나 거닐며 홀홀히 떠나지 못하였다. 이날은 촌집에 들어 자고 이튿날 아침 또다시 창옥동으로 길을 잡아서 돌아왔다.

[해제]

다산은 1799년 봄에 두 아들과 함께 곡산의 창옥동 일대를 유람하였는데, 약 2년간의 곡산 부사직을 마치고 내직으로 복귀하기 직전이었다.

그는 "어찌 화전민이 산수의 아름다움을 알 수 있겠는가"라고 무시하며, 딱 한 번 들른 자기가 맨 처음으로 창옥동의 경치와 이름을 전한다고 거만히도 산수벽山水癖을 자랑하였다. 이렇게 외지인이 관료랍시고 현지인들의 노동과 문맹은 물론 자연 자체의 무명성無名性까지 천시해 버린 것은, 그만의 특유한 유자적 편견과 반인민적 미학관을 고스란히 배설한 짓이나 다름없다 하겠다 (<확연폭포가鑊淵瀑布歌> 해제 p214 볼 것).

참판 이기양의 연경 사절행을 환송하는 글

送李參判基讓使燕京序

옛날에 어진 사대부는 외국에 사신으로 가서 조그마한 한 가지 일을 보고도 그 나라의 예의가 후한가 박한가를 알며, 어쭙잖은 한 가지 물건을 보고도 그 나라의 법도와 기강이 서 있는지 해이한지를 짐작하여, 이것으로써 그 나라의 융성과 쇠약, 발전과 퇴보를 예견하였다. 이를 '점국覘國'1)이라 이른다. 점국하는 일은 밝고 민첩하며 통하고 아는 것이 남보다 뛰어난 자가 아니면 능히 할 수 없다. 그러나 남의 나라에 가서 농사가 잘 된 것을 보고 그들 영농의 도구를 살피며, 물산이 풍부한 것을 보고 그들 산업의 방법을 알아내는 것쯤이야 일개 통역관도 능히 할 수 있으니, 이는 그 사람의 현명함과 어리석음을 물을 필요도 없는 것이다.

서울에서 연경까지는 3천여 리나 되지만, 사절 왕래가 끊임없이 이어졌다. 그런데도 '이용후생利用厚生'에 필요한 물건을 하나라도 얻어서 돌아온 사람이 아직까지 한 명도 없으니, 국가와 인민에게 이익을 주려는 마음2)이 어째서 그렇게도 없는가? 참으로 한심한 일이다.

복암茯菴 이공李公은 젊을 때부터 실용의 학문에 뜻을 두었으나, 미관말직에 침체하면서 아무런 이름도 내지 못하고 있었다. 오직

---

1) 점국覘國 : 남의 나라를 정찰함.
2) 국가와 인민에게 이익을 주려는 마음 : 최익한이 전서 원문의 '澤物之志(사물을 윤택하게 하려는 뜻)'을 의역한 것이다.

사람을 잘 알아보는 임금(정조)이 이공의 현명함을 인정하고 특별히 등용하여 몇 년 안 되어 아경亞卿3)의 지위에 올랐다. 지금 또 외국에 사신으로 가게 되었으니, 나라가 이공에게 기대함이 과연 크지 아니한가?

그러면 이공은 장차 무슨 방법으로 나라에 보답할 것인가? '이용후생'에 필요한 기술을 얻어서 우리 인민 생활에 영원히 이익과 혜택이 되도록 하면 나라에 보답함이 적지 않으리라고 생각된다. 만일 두 나라 사이에 일이 있게 되면 이공은 적국하는 일도 훌륭히 성공하리라 믿는다. 하물며 눈으로 보고 손으로 만져서 그 나라 사물의 특장을 아는 것은 일개 통역관도 능히 할 수 있거늘 이공이 어찌 못할 리가 있겠는가?

옛날 문익점文益漸은 중국에서 면화棉花씨(목화씨)를 얻어서 돌아와 심었고, 또 솜 트는 도구[攪車]와 실 잣는 도구[軒車]의 제조법도 얻어 와서 민간에 널리 전하였으므로, 지금까지 인민들은 실 잣는 도구를 '문래文來'라 부르며 그의 공덕을 기념하고 있으니, 그거야말로 거룩한 일이 아닌가? 나는 이공을 환송하면서 오직 이런 말로 권면할 따름이다.

---

3) 아경亞卿 : 종2품으로 현 차관급이다. 이기양(1744~1802)은 1795년 부수찬副修撰에 제수되고, 검상檢詳·승지承旨 등을 거쳐 1797년 의주 부윤義州府尹(종2품)으로 승진한 일이 있다. 또 1799년 진하부사進賀副使로 연경에 갔다.

1799년 10월 초에 지은 것으로 추정된다. 이기양은 동년 10월 13일 진하 겸
사은 부사進賀兼謝恩副使로 제수되어 10월 22일 연행길에 올라 이듬해 3월
돌아왔다. 송서送序는 길 떠나는 사람에게 써 주는 글이다. 《여유당전서》에
는 총 10편의 송서가 실려 있다.

복암 이기양은 임진조국전쟁 당시 저명한 공신인 한음漢陰 이덕형李德馨의
후손인데, 언론·풍채가 동료를 압복하였다 한다. 그는 성호星湖의 학도로서
실학에 뜻을 두었고, 나중에 1801년 이른바 신유교옥辛酉敎獄 사건에 정약용·
이가환 등 많은 진보적 학자들과 함께 박해를 당하여 단천端川에 유배되었
다가 그 이듬해 유형지에서 사망하였다.

그는 이 글에 기대한 것과 같이 사절단의 부사副使로 연경에 가서 목화씨를
발라내는 서양식 도구인 박면교거剝棉攪車(약칭 박면기剝棉機) 한 대를 비싼
값을 주고 사 가지고 돌아와서 전국적으로 본떠 만들어 사용할 것을 조정에
건의하였으나, 국왕 정조가 곧 사망하였고 또 이기양도 반동파의 박해를 입
어서 실행되지는 못하였다(복암~못하였다 : 최익한).

기기도첩 발문跋奇器圖帖

이《기기도첩》한 책은 곧 내고內庫(궁내의 서고)에 간직된《도서집성圖書集成》5,022권 중의 하나이다.

병진년(1796, 정조 20) 겨울, 내가 규영부奎瀛府[1] 교서校書로 있을 적에 책을 읽다가 발견하고, 이를 화공畫工 김생金生에게 옮겨 그리도록 하였다.

무릇 인중기引重器·기중기起重器[2] 등 여러 가지 기계와 해목解木·해석解石[3]·전마轉磨[4]·수총水銃[5]·홍흡虹吸·학음鶴飮[6] 등 여러 종류의 도안과 설명이 두루 갖추어져 있다.

군사나 농업 부문 일꾼들이 이를 세밀히 연구하여 사용하게 하면 적잖이 편리할 것이다. 다만 그 도안의 설명이 너무 간단하고 자세하지 않아서 그 기계의 제작 방법과 조립 절차를 알아내기 어려우니, 이것이 유감스럽다.

---

1) 규영부奎瀛府 : 규장각奎章閣의 별칭. 이조 숙종 때에 처음으로 역대 왕의 어제御製·어필御筆 등을 간직하기 위하여 세운 것이나, 뒤에 경서經書의 인쇄 출판과 전자篆字의 인각 등에 관한 사무를 맡아보는 교서관校書館을 부속시켜 이를 외각外閣이라 하였다. 뿐만 아니라 규장각은 국립 도서관의 역할을 겸하여 국내 서적 및 외국 도서 약 3만여 책에 달하는 서적들을 수집 보관하였다.
2) 인중기引重器는 무거운 것을 끌어 옮기는 기계, 기중기起重器는 무거운 것을 들어 올리는 기계.
3) 해목解木은 나무를 켜는 기계, 해석解石은 돌을 켜는 기계.
4) 전마轉磨 : 회전식 곡물 분쇄기.
5) 수총水銃 : 물 펌프로 일종의 소화기. 물을 퍼 올리는 기계.
6) 홍흡虹吸은 흡수기吸水器로 일종의 사이펀Siphon. 흡룡吸龍이라고도 한다. 물의 압력을 이용하여 낮은 곳의 물을 높은 곳으로 옮기는 기계. 학음鶴飮도 역시 흡수기의 한 가지로 물을 퍼 올리는 기계.

고정림의 <생원론> 끝에 쓴다 跋顧亭林生員論

중국의 생원生員1)은 우리나라의 양반2)과 같은 것이다. 고정림3)
은 온 천하 사람이 모두 생원으로 될까 봐 걱정하였는데, 나도 역시
온 나라 사람이 모두 양반으로 될까 봐 걱정한다.

그러나 우리나라의 양반은 중국의 생원보다도 그 폐단이 훨씬 더
심하다. 생원은 실제로 과거에 응시한 뒤에 그 칭호를 얻지만,4) 양

---

1) 생원生員 : 중국에서 생원이라는 명칭은 당나라 대종代宗 영태永泰 원년(765)에
   최고 교육 기관인 태학의 학생 인원수를 정하는 것에서 시작되었다. 생은 학생
   이고, 원은 인원수라는 말이다. 그런데 후세에 이르러서는 태학의 학생은 감생
   監生이라 하고, 각 지방 학교의 학생을 생원이라 하였다. 이들은 물론 일정한 정
   원에 의하여 시험에 합격해야만 하였다. 그러나 이들이 학교를 나온 뒤에도 벼슬
   살이로 나아간 일부분을 제외하고는 대다수가 생원의 칭호만 가지고 아무 직업
   도 없이 놀고먹는 기생충 노릇을 하였다. 우리나라에도 생원이 있었는데, 이는
   본래 소과小科 종장終場에 합격한 자를 일컫는 것이다. 그러나 이 또한 양반의
   칭호와 마찬가지로 지방에서 이른바 행세하는 자로서 과거에 오르지 않았더라도
   생원이라 불렀다. 다만 양반처럼 한 계급의 명칭이 되지 않았을 뿐이다.
2) 양반兩班 : 이조 봉건 사회의 통치 계급과 그 자손. 양반의 칭호는 원래 궁중에
   서 조회할 때 문무관을 동·서 두 반班으로 나누어 세우는 것에서 시작되었다.
   그러나 봉건 국가에서 일반적으로 말하는 양반은, 그 봉건 정부에서 문·무 양반
   의 벼슬을 한 양반 관료들이다. 그들이 차지하고 있는 관직이 신분적으로 고정
   되었기 때문에 그 자손들은 현직 관리에 있거나 없거나를 막론하고 언제나 양
   반이었던 것이다. 그들은 과거 시험을 치르지 않더라도 이른바 음관蔭官(조상
   덕으로 벼슬하는 것)이라 하여 상당한 벼슬을 할 수 있었고, 관리의 보수로 받
   은 자기 부조의 토지와 사회적 특권을 그대로 세습하였다. 그들은 항상 권력에
   의거하면서 온갖 수단으로 상민들을 억압·착취하였고 노비를 혹사시켰다. 그
   러면서도 국가에 대해서는 군역을 포함한 일체 의무를 면제 받았고, 공물이나
   전세를 거의 내지 않았다. 이러한 점에서 오히려 정원이 있고 세습되지 않았던
   중국의 생원보다 폐단이 더 많았던 것이다.
3) 고정림顧亭林(1613~1673) : 명말청초의 학자. 이름은 염무炎武, 호는 정림. 그
   의 논문 <생원론>은 《정림문집》에 실려 있다.

반은 그와는 반대로 문관이나 무관의 직위를 가지지 않고도 헛이름을 누리고 있다. 생원은 오히려 그 국가 정원定員에 들어 있지만, 양반은 아무런 국가적 제한이 없다. 생원은 세대의 변천이 있으되, 양반은 한 번 그 칭호를 얻기만 하면 세습적으로 계승하여 후손 만대에 이르도록 그 권리를 잃지 않는다. 하물며 생원의 온갖 폐단을 양반이 한 가지도 빼지 않고 모두 다 갖추고 있음에랴?

비록 그렇다 해도 만약 나의 소망이라면 이런 것(모두가 다 양반이 되면 절대 안 된다는 것—편자)이 있다. 가령 온 나라가 양반이 된다면 이는 곧 온 나라에 양반이 없어지는 것이다.[5] 젊은이가 있기 때문에 늙은이가 있는 것이고, 천한 이가 있기 때문에 귀한 이가 있는 법이다. 만일 모두가 다 높은 사람이 되어 버린다면 이는 곧 높은 사람이 없어지게 되는 까닭이다.

《관자管子》[6]에 말하기를 "온 나라 사람이 모두 높은 사람이 될 수는 없다. 만일 모두 높은 사람이 된다면 일이 이루어지지 않고 나라도 부유해지지 못하리라(一國之人不可以皆貴 皆貴則事不成而國不利也)"고 하였다.

---

4) 고염무는 〈생원론〉에서 모든 거인擧人을 통틀어 생원이라 하였다.

5) 雖然 若余所望則有之 使通一國而爲兩班 卽通一國而無兩班矣. 이를 최익한은 "그러나 나는 또한 한 가지 바라는 바가 있다. 그것은 무엇인가? 차라리 온 나라 사람들이 모조리 다 양반으로 되어 버렸으면 하는 것이다. 온 나라 사람이 모조리 다 양반으로 되어 버린다면 이는 곧 온 나라에 양반이라는 것이 따로 남아 있지 않는 것이다"고 오역하였기에 편자가 위와 같이 고쳤다. 남북한의 학자들 대부분은 다산이 마치 "온 국민이 양반이 되어 양반이 없어지기를 바란 것"으로 (즉 신분제 철폐를 소망했다는 식으로) 곡해하는데, 이는 심각한 오류이다. 정성철, 앞의 책, p458; 함규진,《정약용 정치사상의 재조명》, 한국학술정보, 2008, pp300~2; 황태연,《한국 근대화의 정치사상》, 청계, 2018, pp72~3 참조.

6) 관자管子 : 춘추 시대 제齊나라의 정치가인 관중管仲(?~BCE645)의 저서라고 한다. 모두 86편으로 나뉘어 있는데, 위 구절은 〈승마乘馬〉편에 나온다.

다산은 온 나라 사람이 모두 양반으로 될까 봐 염려하고 있다. 이는 모두 다 양반이 되는 것만은 절대 반대한다는 뜻이다. 그는 양반 자체를 부정할 수 없는 자기 계급적 입장에서 결국 양반 제도의 폐지가 아니라 양반 정원의 제한을 역설한 것이다. 그는 관자의 '작위론爵位論(신분차별론)'으로 결론을 대신하며 양반이 늘어나면 안 되는 까닭을 다음과 같이 밝혔다. "모두가 존귀해지면 일이 안 되어 나라에 불리하다(皆貴則事不成而國不利也)"고!

《목민심서》<호전戶典·호적>조에 "온 나라의 백성이 모두 유학幼學이 된다면 명분을 훼손함이 이보다 심할 수가 없다(將使通國之民 都作幼學 蔑分亂名 莫此爲甚)"고 하면서 "귀한 사람이 많으면 나라가 가난해진다(貴人多則其國貧)"는 관자의 말을 인용한 것도 같은 맥락으로 볼 수 있다. 또《경세유표》<지관수제地官修制·호적법>조에 "온 나라가 다 귀해지면 누가 천것이 되겠는가? 이것이 지금의 큰 걱정이다(通國皆貴 誰則爲賤 此當今之巨憂也)"고 개탄한 것도 시종일관 보수주의자로서 졸렬한 정체성을 드러낸 언설이라 하겠다.

그러므로 본문의 "온 나라 사람이 양반이 된다면(使通一國而爲兩班)"이라는 한 문구에만 치중한 나머지, 다산이 마치 신분 제도의 철폐를 소망하였다는 식으로 해석하는 것은 피상적인 속단이요 왜곡이다. <신포의身布議>를 보면 그가 왜 양반의 급속한 증가에 반대하는지 더 구체적으로 나온다.

"양반이 많아지면 노동력이 줄어들고, 노동력이 줄어들면 토지가 황폐해지고, 토지가 황폐해지면 나라가 가난해지고, 나라가 가난해지면 인재를 권면할 수 없고, 인재가 권면되지 않으면 인민은 더욱 곤궁하게 될 것이다(兩班多則人力削 人力削則地利不闢 地利不闢則國貧 國貧則無以勸士 士不勸則民益困)."

이조 후기에는 관직 매수나 호적·족보·직첩職牒 위조 따위로 양반이 급증하는 추세였는데, 다산은 그러한 신분 상승이 노동력을 감소케 하므로 봉건 국가의 재정 확보에는 전혀 이롭지 않다고 주장한 것이다. 기실 그는 양반의 과대한 팽창과 특권적 지위를 반대하였으나, 양반 제도 자체는 반대하지 않았다.[1]

도리어 그는 귀천의 차이를 절대화하며 반·상班常 신분제를 극력 옹호하였다. 신분제에 대한 그의 보수성은 군자·소인 등급론이나 노비제 복구론 등에 극명하게 표현되어 있다.

"천하에 드디어 존비귀천의 차등과 군자·소인의 계급이 없어지는 것이니, 어찌 옳다고 할 수 있겠는가?(天下遂無尊卑貴賤之等 君子小人之級矣 惡乎可哉)"[2]

"노비법이 회복되지 않으면 난리와 멸망을 구제할 수 없다(奴婢之法不復 則亂亡不可救也)."[3]

원래 노비는 토지와 함께 지배 계급의 중요한 재산 증식 수단이었지만, 이조 후기에는 경제성이 더 높은 임노동자(雇工·雇人)로 전환되기에 이르렀다. 이러한 노동력의 상품화 과정을 통해 신분적 예속 관계는 계약적 복종 관계로 이완 해체되었다.[4] 그러니까 봉건 유자 다산이 양반 국가의 존망을 내세워 옛날의 노비법(1731년 영조의 노비종모법 이전의 옛법, 즉 일천즉천제一賤則賤制)으로 돌아가자고 운운한 것은 시대착오적 명분론이라고밖에 할 수 없다. 물론 그가 《경세유표》 서문에서 영조의 노비법을 찬양하고 있으나, 이는 그 본문의 내용과는 전연 모순되므로 의례적 수사에 불과한 듯하다. <추일문암산장잡시秋日門巖山莊雜詩>, <출동문黜僮文> 등을 보더라도, 실제로 다산은 전적으로 노비의 생산 노동에 의존해야만 집안을 유지할 수 있는 기생층이었다. 그의 호화로운 일상생활 자체가 착취 구조 아래에서 태생적인 착취자의 본성으로 자연스럽게 이루어졌다. 바로 그 양반 지주의 사활적 이해관계 속에 노비를 양산하려는 본질적 이유가 잠복되어 있었던 것이다. 그래서 그는 봉건 통치 계급의 이익에 직접 관련된 노비 문제에 대해서만큼은 사소한 변경마저도 절대 반대하는 보수 반동적 입장을 철두철미 견지하였다.[5]
흥미로운 점은 1902년 광문사廣文社에서 연활자본鉛活字本 《목민심서》를 처음으로 간행할 때에는 노비제 관련 부분을 완전히 삭제하여 다산의 반동성을 대놓고 은폐해 버렸다는 것이다.[6]

"편내編內 목차 중 공사노비 일안一案은 여러 번 열성조列聖朝가 소각 폐기 하여 일시동인一視同仁하는 은택이 전고前古에 탁월한바, 6대주 천하만국에 걸치더라도 혹여 더 앞선 것은 아직 없으리라. 지금은 구문具文(사문)이 되었 으므로 그것을 산삭刪削한다(編內目次中 公私奴婢一案 屢經列聖朝燬棄 一視同 仁之澤 卓越前古 跨歷六洲 天下萬國 未能或之先也 今成其文 故刪之)."[7]

여기서 열성조란 노비 문서를 불태운 순조(1801)와 고종(1864)을 가리킨다. 위로부터의 해방이 물론 온전한 해방이 될 리는 없었다. 결국 갑오농민군의 투쟁(1894)을 계기로 법적 제도로서의 노비는 혁파되었다. 노비제는 다산의 주장대로 강화되지 않고 농민군의 강령대로 철폐된 것이다. 즉 역사는 봉건 체제를 끝까지 부여잡으려 한 다산의 반동적 관념에 의해 역행한 것이 아니 라, 봉건 체제를 뿌리째 뒤흔들어 버린 농민군의 혁명적 실천에 의해 순행하 였던 것이다.
더 나아가 다산은 농·공·상을 교육 대상에서 엄격히 배제하려고 하였다. 이런 신분제의 공고화를 위한 그의 시도는, 근본적으로 착취계급과 피착취계급의 계급적 질서를 유지하여 자기 계급의 이득만을 꾀하려는 실리적 사士의 반동 성에서 비롯된 것이다.

"만민을 가르친다는 말은 상놈의 천것들을 모두 가르친다는 뜻이 아니다. (…) 도道와 예藝를 어찌 상놈들이 배울 수 있겠는가? (…) 선왕의 법은 사·농·공· 상을 네 부류로 나누어서, 사는 사끼리 거처하고 농은 농끼리 거처하며 공은 가게에 거주하고 상은 저자에 앉으니 서로 섞이지 않는다(敎萬民者 非謂民隷 之賤 悉皆敎之也 … 道藝豈民隷之所能學哉 … 先王之法 士農工商分爲四類 士與 士處 農與農處 百工居肆 商賈坐市 不相混雜 見<齊語>及《管子》)."[8]

최익한은 "(다산이) 국민개교國民皆敎를 철저히 주장하지 못한 것은, 봉건시 대 통치 계급의 지식 독점에 관한 전통적 시야를 아직 완전히 타파하지 못한 자기의 결점인 동시에, 당시 과거 응시에 매회 10만 이상의 다수가 동원하는

유식인遊食人의 범람 현상을 절제하려는 의도에서 나온 이론이었다"고 역시 우호적으로 비판 평가하였다.[9]

1. 끝 문장은 정성철, 앞의 책, p458; 홍태연, 앞의 책, p254 참조.
2. 《경세유표》권10 <지관수제地官修制·부공제賦貢制 2>.
3. 《목민심서》권8 <예전禮典·변등辨等>.
4. 황태연, 앞의 책, pp655~666, pp681~691 참조. 17세기 말부터 19세기 말에 걸쳐서 고용 노동력의 수요 확대로 말미암아 노비들의 처지는 향상되어 질적으로 다른 예속 관계로 전화될 수밖에 없었다. 김석형,《조선봉건시대 농민의 계급 구성》, 사회과학원, 1957, pp135~8 참조.
5. 끝 문장은 사회과학원 력사연구소,《력사사전·2》, 사회과학출판사, 1971, p297 참조. 면수는 동경 학우서방 발행본(1973)에 따름.
   일천즉천제에는 우리나라 노비제도의 가혹성이 있다. 그러나 이 제도는 양반 지주들에게 그 어떤 방법보다도 가장 많은 재산, 즉 노비를 가져다주는 것이었기 때문에 '천고불역千古不易의 강상綱常'으로서 고수되었다. 노비에 관한 법률적 제 규정 중에도 이에 관한 규정이 가장 많으며, 이에 대한 논의가 왕정에서 가장 많았던 것도 이 때문이다. 노비의 상전(주인)들은 노나 비의 한쪽만 가지고 있더라도 그를 양인과 혼인시켜서 그들의 자손을 영구히 자기의 재산으로 만들 수 있었다. 김석형, 앞의 책, pp39~46 참조.
6. <변등>조에서 노비 관련 '蓋自奴婢法變之後 民俗大渝 非國家之利也'항과 천민 관련 '貴族旣殘 賤流交誣 官長按治 多失其實 斯又今日之俗獘也'항 등이 삭제되었다. 양재건·현채 교열,《목민심서》제3책, 광문사, 1902, p49 참조.
7. 양재건·현채 교열,《목민심서》제1책, <발범發凡>, p8.
8. 《경세유표》권13 <지관수제·교민지법敎民之法>.
9. 《실정》p553.

윤종문·종직·종민에게 주는 말

為尹鍾文·鍾直·鍾敏贈言[1]

옛날 치우蚩尤와 묘苗라는 오랑캐는 다섯 가지 포악한 형벌을 사용하였는데, 그 악형의 독에 걸린 자는 모두 천신과 지신에게 무죄를 호소하였다고 한다.

우리나라 귀족도 다섯 가지 악형을 쓰고 있다. 첫째는 '고수箍首'니 이는 대테와 포승으로 사람의 머리를 얽어 놓고 때리는 것이다. 둘째는 '궤릉跪棱'이니 이는 수키와나 구리동이의 모서리에다가 꿇어앉히는 것이다. 셋째는 '지애趾艾'이니 이는 심지에 불을 붙여 발가락 사이에 꽂아 놓고 태우는 것이다. 넷째는 '도류倒柳'이니 이는 포승으로 두 발목을 묶어서 말 매는 기둥에다가 거꾸로 달아매는 것이다. 다섯째는 '고빈膏鬢'이니 이는 포승으로 뒷짐결박을 하여 놓고 대집게(죽차竹叉)로 귀밑털을 뽑아서 누런 물이 흘러나오도록 하는 것이다. 이 다섯 가지 악형을 쓰는 자는 그의 생전에 반드시 앙화를 입을 것이고, 그의 사후에 자손까지도 반드시 재앙을 받을 것이다. 이는 치우와 묘 같은 오랑캐의 유습遺習이니 사람으로서 어찌할 바이랴?

우리나라 법에 지방 관장도 태형笞刑 50대 이내에서 스스로 결

---

1) 윤종문尹鍾文(1787~1870) : 자는 혜관惠冠. 공재恭齋 윤두서尹斗緒의 현손玄孫으로 종직·종문 형제와는 재종간再從間이다. 다산의 18제자 중 한 사람.
윤종민尹鍾敏(1798~?) : 자는 포숙蒲叔, 호는 행남杏南. 종직(자는 회중檜仲)의 동생으로 70세(1867)에 진사시에 합격하였다.

단하는 데 불과하거늘, 하물며 사민土民으로서 어찌 형벌을 사용
하랴? 무릇 자기 집 노비가 아닌 자는 비록 회초리로 때리더라도
법에 걸리기 쉽거늘, 하물며 다섯 가지 악형이랴? 삼가고 경계하며
삼가고 경계할지어다.

[해제]
문집에는 <우위삼윤증언又爲三尹贈言>(1814년경)이라는 제목으로 실려 있다.
윤종문 등은 정다산의 외가 해남 윤씨 집 사람(윤두서의 장남 윤덕희의 후손—
편자 주)들인데, 그들이 지방 토호로서 빈천한 인민에게 포악한 형벌을 가하
므로 다산이 이와 같이 친절히 훈계한 것이다(최익한).

중 초의에게 주는 말爲草衣僧意洵贈言

시라는 것은 뜻을 말하는 것이다. 뜻이 본디 낮고 더러우면 억지로 맑고 고상한 말을 하더라도 이치를 이루지 못하며, 뜻이 본디 고루하면 억지로 통달한 말을 하더라도 사리에 들어맞지 않는다. 그렇기 때문에 시를 배우는 사람이 먼저 자기 사상을 단련하지 않으면 이는 마치 썩은 흙에서 맑은 샘물을 길어 내려는 것과 같고, 냄새 나는 나무에서 기이한 향기를 찾으려는 것과 같아서 평생토록 애써도 성공할 수 없다.

그러면 어찌하면 될 것인가? 시를 배우는 사람은 자연과 사람의 성품과 사물의 이치를 연구하고 육체적 감정과 도덕적 감정의 구별을 살펴, 자기 사상에서 티끌과 찌꺼기를 깨끗이 씻으며 맑고 참된 것을 발휘한 연후에야 비로소 옳은 시를 쓸 수 있으리라.

그러면 도연명陶淵明과 두자미杜子美 같은 옛날 유명한 시인들은 다 이같이 노력하였던가?

이 질문에 대하여 나는 다음과 같이 대답한다―도연명은 정신과 육체가 서로 작용하는 이치를 안 사람이니 말할 것도 없거니와, 두자미는 성품이 본디 고상하고 충성과 인정이 강한 마음에다가 호매하고 용감한 기개까지 겸하였으니, 범속한 무리로서는 일평생 수련하더라도 그의 고결한 정신을 쉽사리 얻을 수는 없으리라. 이 두 사람보다 좀 못한 시인들에게도 제각기 남이 당할 수 없는 기개가 있어서 억지로 모방할 수 있는 것이 아니다. (……)

[해제]

원주에 계유년(1813) 8월 4일 작이라 하였다. 이 글은 <증언贈言> 가운데 1 칙만 발췌 번역한 것이다. 신헌申櫶(1881~1884)의 《금당기주琴堂記珠》에는 <증언> 29칙이 실려 있는데, 그중 5칙만이 《다산시문집》에 수록되어 있다 (정민, 《다산의 재발견》, 휴머니스트, 2011, p144).

다산은 초의(1786~1866)에게 시를 배우는 데는 무엇보다 '뜻志(사상)'이 중 요하다고 말하면서, 그러한 뜻을 잘 닦아 고결한 경지에 이른 대표적인 예로 도연명과 두보를 들었다. 신헌의 <초의대종사탑비명艸衣大宗師塔碑銘>에 의 하면, "초의는 다산에게 유서儒書와 시도詩道를 배운 이후에 교리敎理에 정통 하고 선경禪境을 확장 개척하였다(艸衣 … 從茶山承旨 受儒書觀詩道 而精通敎 理 恢拓禪境)"는 사실을 알 수 있다.

이인영에게 주는 말 爲李仁榮贈言

내가 열수洌水(한강)가에 돌아와 있을 때다. 하루는 얌전한 소년
이 찾아왔는데, 등에 무언가 짊어졌길래 보았더니 책 보따리였다.
성명을 물으니 이인영이라 하고(몇 구절 삭제―원주), 나이를 물으니
열아홉이라 하였다. 또 그의 뜻을 물으니 뜻은 문장에 있는데 비록
공명을 이루지 못하여 종신토록 곤궁하더라도 후회하지 않겠노라
고 하였다.

그래서 그의 책 보따리를 헤쳐 본즉, 모두 시인재자詩人才子의 청
신기발淸新奇拔한 작품들로서 파리 대가리처럼 잘게 쓴 글씨이거나
혹은 모기 눈썹같이 짧게 쓴 글귀였다. 그의 포부를 더듬어 본즉
마치 청산유수 격으로 줄줄 흘러나와서 책 보따리 속보다도 수십
배나 더 풍부하였다. 그의 눈을 본즉 반짝이는 빛이 흐르고, 그의
이마를 본즉 양미간에 투명한 기운이 내비쳤다. 나는 그를 자리에
편히 앉히고 다음과 같이 말하였다.

"대체 문장이란 어떤 것인가? 학식이 속에 쌓이면 문장이 밖으
로 표현되는 것이다. 마치 고량진미를 배부르게 먹으면 기름기가
피부에 나타나고, 진한 술을 입으로 마시면 붉은 빛이 곧 얼굴에
오르는 것과 같은 것이니, 어찌 갑자기 문장을 이룰 수 있으랴?1)
먼저 화평중정和平中正한 덕으로 마음을 수양하고 효제충신의 행

---

1) 어찌 갑자기 문장을 이룰 수 있으랴? : 惡可以襲而取之乎. '습이취襲而取'는 '습
격하여 빼앗다, 갑자기 성취하다'는 뜻이다. 최익한은 "문장을 어찌 밖으로부터
붙들어다가 내 속에 집어넣을 것이랴?"로 의역하였다.

실로 성품을 다스리되, 경건하게 지니고 정성으로 관철하며, 떳떳하여 변하지 말고 힘써 도를 숭상해야 한다. 사서四書로 내 몸을 안착시키고 육경六經으로 내 지식을 넓히며 많은 역사 서적으로 고금의 변천을 통달하여, 예악형정禮樂刑政의 기구와 전장법도典章法度의 고전이 다 가슴 속에 벌여지게 된 연후에야, 외계의 사물을 대하고 사회의 시비나 이해利害와 부딪치게 되면 자기 마음속에 답답할 만큼 쌓이고 쌓였던 것이 넘치고 꿈틀거려서, 한 번 세상에 발표하여 천하 만대의 장관을 남기고 싶은 생각이 들 것이다. 그 기세를 막을래야 막을 수 없는 지경에 이르면 벅찬 가슴을 한 번 토해 내지 않을 수 없으니, 남들은 보고 과연 '문장'이라고 칭송할 것이다. 이런 것이 참으로 문장이다. 어찌 풀을 헤쳐서 바람을 보려는 듯이 급히 달리고 바삐 서둘러서 문장을 찾아 손으로 움켜쥐고 입으로 삼키려 할 수 있겠는가?

세상에서 말하는 문장학이란 도학을 해치는 좀이므로 둘이 서로 용납할 수가 없는 것이다. 그러나 이따위 문장이라도 남보다 좀 낫게 하려면 역시 그 가운데 문로門路가 있고 체계가 있어야 하며, 역시 경전에 근거하고 제자백가서諸子百家書를 섭렵하여, 혼후충융渾厚沖融한 기운을 쌓고 심원독실深遠篤實한 사상을 길러서, 위로는 국가의 정책을 선양하고 아래로는 한 세상의 쇠북과 깃발이 될 수 있게 된 연후에야, 비로소 녹록한 문장이 아니라고 할 것이다.

그런데 지금 일부 인사들은 나관중羅貫中[2]을 조상으로 모시고

---

2) 나관중羅貫中(1330?~1400?) : 이름은 본本, 자는 관중. 원말명초의 소설가. 저서로《삼국지연의三國志演義》,《충의수호전忠義水滸傳》,《수당양조지전隋唐兩朝志傳》,《잔당오대사연전殘唐五代史演傳》등이 있다.

시내암施耐菴3)·김성탄金聖歎4)을 아비로 받들며 잔나비와 앵무새의 혓바닥을 이리저리 놀려서 외설기험猥褻奇險한 말을 꾸며 놓고 저 혼자 스스로 기뻐하며 즐거워한다. 이래서야 어찌 문장이라고 할 수 있겠는가? 시고 떫고 목멘 소리를 하는 시구는 온후성실溫厚誠實한 시풍을 손상시키는 것이다. 부질없이 음탕한 곳으로 마음을 보내고 까닭 없이 비분하는 장면에 눈을 팔아서 사람의 간장을 녹일 언사를 누에 실 뽑듯이 하며, 뼈를 에는 듯한 문구를 구슬픈 벌레 소리처럼 내고 있다. 그것을 읽으면 흡사 새파란 달이 추녀 밑을 엿보고 산골짜기 귀신이 휘파람을 불며, 음산한 바람줄기가 촛불을 끄고 원한에 잠긴 여자가 흐느껴 우는 것과 같다.

이러한 글은 문장에 대한 사도邪道일 뿐 아니라 그 기상이 처참하고 심지心地가 각박하여 위로는 하늘의 복을 받지 못하고 아래로는 세상의 재앙을 면치 못할 것이다. 문장의 도를 아는 사람은 마땅히 크게 놀라서 재빨리 피하기에 바쁠 것이거늘, 하물며 몸소 행장을 차려 그들의 꽁무니를 뒤따라가겠는가?" (……)

[해제]

원주에 경진년(1820) 5월 1일 작이라 하였다. 이때 이인영이 마현으로 처음 찾아왔고, 1821년 7월에는 다산의 《예고서정禮考書頂》을 정리 편집하였다. 다산은 소설 일반을 배척하는 것이 아니고 특히 음란한 색정과 기괴난잡한 장면을 극도로 묘사한 관능주의·자연주의를 지적 비판한 것이다. 그 당시 일

---

3) 시내암施耐菴(1296?~1370?) : 이름은 자안子安, 자는 내암. 원말명초의 소설가. 나관중과 함께 《수호전》의 작가로 알려져 있다.

4) 김성탄金聖歎(1608~1661) : 이름은 인서人瑞, 자는 성탄. 명말청초의 시인·비평가. 《수호전》, 《서상기西廂記》, 《두시杜詩》 등을 비점批點하고, 《침음루시선沈吟樓詩選》을 남겼다.

부 작가들은 대량으로 수입된 명·청 소설에 대하여 그것을 사상적으로 비판 섭취하지 못하고 관능주의적 묘사와 형식주의적 방면만을 골라서 모방하는 버릇이 유행하고 있었으므로 다산은 그것이 대중 교양상 또는 문학 발전상 극히 유해무익하다고 지적 배격하였다(다산은~ : 최익한).[1]

위의 최익한 말은 어폐가 없지 않으므로 다음과 같이 보충한다.

다산은 일찍이 초계문신(신진 관각문인)으로서 이른바 정조의 '문체반정文體反正'을 적극 지지하며 패관소품稗官小品을 부정하는 <문체책文體策>(1789)을 제출하였다. 또 그는 <오학론 3>(본서 p461)에서 나관중·시내암·김성탄·곽자장郭子章·우동尤侗·전겸익錢謙益·원매袁枚·모기령毛奇齡 등의 시사詩詞를 비판하며 문장학을 하는 이들과는 요순의 문하로 같이 들어갈 수 없다고 단언하였으니, 시종일관 명·청 문학을 배척한 정조의 복고적·반동적 입장을 거의 그대로 이어받아 철저히 계급적 이해관계에 순응한 셈이다.[2]

이러한 유교적 엄숙주의가 과연 당대의 문학사적 요청에 대하여 충분한 응답이었을지는 의문이다. 왜냐하면 다산의 논리대로라면 중세적(봉건적) 인간관과 그 윤리적·미학적 규범에서 털끝만큼이라도 벗어나 자유로운 개인의 감정·욕망·체험과 일상적·구체적 삶의 제 양상을 추구하는 문학은 원천적으로 배제될 수밖에 없기 때문이다.[3]

다산의 문장론은 소설이 책상머리의 경전이 아니라 그 머리 밖의 현실에서 나온다는 것을 전연 수긍할 수 없었다. 소설류의 문학은 간악과 음란을 가르치는 글이고 순정문학의 궤도를 배반한 잡놈의 글이라고까지 하여 일종의 금물로 취급하던 당시의 가혹한 환경 속에서 그의 이론은 심히 제약된 것이다.[4]

그는 경직된 재도론載道論을 펼치며 명·청 문학을 평가절하한바, 여기에는 문학의 풍부함과 다양성을 부정하는 '근본주의' 속성이 도사리고 있다. 문학을 오직 유교 이념에 절대 맹종해야 하는 도구로만 취급한 것은, 극단적인 관료 문학관의 한계라고 하겠다.[5] 이처럼 일부 실학자들은 문학의 독자적 성격과 소설의 교양적 의의를 정확히 이해하지 못하였다. 좀 더 꼬집어 말하면 다산의 미학적 견해는 소설의 형상적 위력과 예술적 가치에 대하여 매우 제한적이고 보수적인 입장으로 굴러떨어졌다고 할 수 있다.[6]

1. 최익한은 이미 논문 <정다산의 시문학에 대하여>에서 <이인영에게 주는 말爲李仁榮贈言>과 <양덕 사람 변지의에게 주는 말爲陽德人邊知意贈言>을 다음과 같이 분석한 바 있다.

   "다산은 자기의 문학관을 설명함에 있어서 항상 내용의 우위성을 강조하고 문학을 위한 문학의 형식주의와 도습주의를 통절히 배격하였다. (…) 이와 같이 문장을 배우는 사람은 미사여구를 나열하거나 고인의 문구를 표절하여 외관을 수식할 것이 아니라 먼저 자기의 사상과 학식을 기본적으로 준비하며 축적해야만 힘차고 빛나는 문학을 발표할 수 있다는 것이다. 다시 말하면 자신이 말할 수 있는 거리와 남에게 알리지 않으면 안 될 필요가 있는 다음에야 자기 의사를 발표하면 비로소 진실성이 있고 정채가 있어 훌륭한 문장으로 나타나서 듣는 사람으로 하여금 감동케 한다는 것이다." 《조선어문》2호(1956. 4), 과학원 언어문학연구소, p7; 본서 <역자 서문> pp94~5.

2. 정조 때는 '문체반정'이란 말이 없었으나 편의상 채택한다. 정조는 패관소품의 문체와 명말청초의 문집을 엄금하고, 경술經術에 근본하지 않는 문장은 이단으로 규정하며 복고적 문화정책을 꾀하였다. 《정조실록》11년(1787) 10월 10일, 15년(1791) 10월 24일, 16년(1792) 10월 19일; 《홍재전서弘齋全書》권 163 <일득록日得錄> 문학·3 등 참조.

3. 김흥규, <정약용의 문학이론>, 《정다산 연구의 현황》, 민음사, 1985, p265.

4. 최익한, <정다산과 문학>, 《조선문학》6호(1954.6), 조선작가동맹출판사, p101. 봉건 통치배들은 소설이 지배 계급을 반대해 나아가는 인민들의 주요한 사상적 무기라는 것을 간파하였고, 그래서 갖가지 방법으로 억압하였다. 김하명, 《연암 박지원》, 국립출판사, 1955, p61.

5. 강명관, <다산과 명·청 문학>, 《동양한문학연구》36집(2013. 2), 동양한문학회, p5. 물론 다산의 전傳 작품인 <죽대선생전竹帶先生傳>, <장천용전張天慵傳>, <몽수전蒙首傳> 등을 보면 소설적 요소가 전혀 없는 것은 아니지만, 여기서는 논외로 한다.

6. 김하명, 《조선문학사·5》(18세기문학), 과학백과사전종합출판사, 1994, p20; 김진국, 앞의 책, p116, p267.

양덕 사람 변지의에게 주는 말爲陽德人邊知意贈言

변지의 군이 천 리나 되는 길을 걸어와서 나를 방문하였다. 그의 뜻한 바를 물으니 뜻이 문장을 배우는 데 있었다.

이날 마침 아들 학유學游가 나무를 심고 있기에, 나는 나무를 가리키며 비유해 말하였다.

"사람에게 문장이 있는 것은 나무에게 꽃이 있는 것과 같다. 나무 심는 사람이 심을 때에 그 뿌리를 북돋우고 그 줄거리를 바로 세워줄 뿐이다. 얼마 지나면 진액이 오르고 가지와 잎이 돋아서 꽃이 피게 된다. 꽃이란 갑자기 얻을 수 있는 것이 아니다.1)

문장을 배우는 사람은 마땅히 먼저 성실한 의지와 바른 마음으로써 그 뿌리를 북돋우며, 독실한 수양과 일상적 실천으로써 그 줄거리를 바로 세우며, 경전을 연구하고 예법을 상고함으로써 그 진액을 퍼지게 하며, 견문을 넓히고 학술과 예술을 익힘으로써 그 가지와 잎을 피게 해야 한다. 이러한 다음에 깨달은 바를 체계화하여 지식을 축적하고 그 축적한 지식을 글로 써서 발표하면 남들은 보고 문장이라 한다. 이것이야말로 문장이다. 문장이란 갑자기 얻을 수 있는 것이 아니다.2)

그대는 집에 돌아가서 스스로 구하면 그대 자신에게 훌륭한 스승이 있으리라."

---

1) 榮華不可以襲取之也. 원문에는 "번영은 나무의 안으로부터 나타나는 것이지, 밖으로부터 얻어지는 것이 아니다"로 의역되어 있다.
2) 文章不可以襲取之也. 원문에는 "문장이란 것은 억지로 밖으로부터 얻어지는 것이 아니다"로 의역되어 있다.

복암 이기양에 게 答茯菴

보내신 글월에서 목화씨 앗는 기계 곧 박면기剝棉機의 제법에 대하여 언급하셨으니, 이는 참으로 반가운 일입니다.

박면기의 구조에서 가장 묘리가 있는 곳은 오로지 十자 바퀴의 사용이요, 쇠로 만든 굴대(축軸, 곧 롤러)의 제법은 별로 신기할 것이 없으나, 그 굴대의 꼭지가 기둥 중심에 닿는 부분의 제작은 극히 정밀해야 되겠습니다.

그리고 굴대의 면에는 아주 세밀한 이빨(구선溝線)이 있어서 본래 오목뾰족한 것(요철凹凸)이 지금은 그 이가 닳고 모지라졌기 때문에 목화씨를 정밀하게 앗아 내지 못하고 있습니다. 만일 그 굴대의 이가 닳아 모지라지지 않았더라면 목화씨에 솜털이 조금도 붙어 나오지 않을 것입니다. 다만 새 기계를 구입하여 가져오지 못하는 것이 유감스러울 뿐입니다.

들으니 좌상左相(좌의정)께서 이미 군부에 지시하여 그 견본을 모방하여 새로운 박면기를 제작하도록 하셨다 하니, 당신께서 꼭 한 번 만나 그와 같은 기계를 많이 만들어 전국에 보급시키도록 권유하여 주신다면 우리 인민 생활[1]에 도움될 바가 적지 않을 것입니다. 사람으로서 그 혜택을 후손 만대에 끼치려고 한다면 실로 이런 사업에 머리를 돌려야 될 것입니다. 당신께서 가까운 기일 내에 좌상을 만날 기회가 없다면 아무쪼록 편지로라도 연락하시어 박면

---

1) 전서 원문의 '利用厚生之政(이용후생의 정치)'을 최익한은 '우리 인민 생활'로 의역하였다.

기를 대량으로 제작하여 각 지방에 보급시키도록 고무하여 주시기를 간절히 바라는 바입니다.

그 박면기가 하루에 목화 200근을 앗아 낸다 하니, 이를 손틀(종래부터 있던 구조가 아주 간단한 기구)로 씨앗을 발라내려면 아무리 팔심 좋은 부녀자라 하더라도 20일간의 노력은 들여야 되지 않겠습니까? 더욱이 상인들에게는 이 기계의 사용이 막대한 이익을 가져다줄 것입니다. 왜냐하면 만일 4천 근의 목화를 앗는다면 그 씨를 뽑아 버리기에 무게가 1천 근밖에 되지 않을 것이므로 운반 비용이 4분의 3은 줄어들기 때문입니다.

당신께서 될 수 있는 대로 빠른 시일 내에 이 사업의 성공을 위하여 노력하여 주실 것을 믿는 바입니다.

[해제]

이기양은 1799년 10월 연행燕行 사신으로 갔다가 1800년 3월 서울로 돌아와서 다산에게 편지를 보냈는데, 이에 대한 답서가 바로 위의 글이다(자세한 것은 〈송이참판기양사연경서送李參判基讓使燕京序〉 해제 p638 볼 것).

만계 이승훈에게 答蔓溪[1]

주신 글월에 지적된 심沈 군의 견해는 참으로 웃음거리가 될 만한 일입니다.[2] 내 생각에는 1년 360일이 모두 다 우리들이 학문을 닦고, 국가 사업에서나 개인 사삿일에서 자기 할 바를 다해야 될 날들이지요. 다시 말하면 360일이 어느 날 할 것 없이 다 좋은 날이요 다 중요한 날입니다.

그런데 이른바 택일법擇日法[3]이라는 미신이 생긴 뒤로는 한 달에 불길하다고 하는 날이 거의 열에 아홉이나 되고, 이른바 월살月煞·월극月剋[4]이라는 이론이 생긴 뒤로는 1년 12달 중에 불길하다고 하는 달이 거의 반이나 됩니다. 이것만 해도 그 미혹함이 지나친 일인데, 이제 또 연운年運[5]에 대한 논설을 제기한다면 이는 장차 1년 동안을 통틀어 불길하다고 할 것이니, 이 어찌 애석한 일이 아니겠습니까?

---

1) 원제는 〈만계에게 택일법을 론박한 편지〉로서 최익한은 당시 만계蔓溪가 누구인지 알 수 없었다. '만계'는 다산의 매부 이승훈의 호이다.
2) -ㅂ니다 : 원문의 종결 어미 '-ㄹ세'를 경어법에 맞게 고쳤다. 이하 마찬가지.
3) 택일법擇日法 : 좋은 날을 고른다는 미신적인 방법. 그날에 해당되는 일진日辰과 그 사람의 생년生年·생월生月·생일生日·생시生時의 사주四柱와 또는 24방위의 간지干支 등을 종합한 기초 위에서 수·화·금·목·토水火金木土 오행五行의 상생상극설相生相克說에 의거하여 그 사람의 미래의 길흉화복을 예언하면서 출입·행사에 적당하다는 날을 고르는 것이다. 이와 같은 미신적인 도참설圖讖說은 몽매한 중세기의 인민 생활에 적지 않은 구속과 지장을 주었다.
4) 월살月煞·월극月剋 : 태음太陰(달) 운행의 월건月建에 기초하여 그달의 길흉을 판정하려는 미신적인 방법. 역시 오행의 상생상극설에 의한 도참설이다.
5) 연운年運 : 태양太陽(해) 운행의 세차歲差(그해에 해당되는 간지)에 기초하여 그 해의 길흉을 판정하려는 미신적인 방법.

대체로 개폐설開閉說6)이라는 것은 궁·상·각·치·우宮商角徵羽를 5음
五音으로써 각 성姓에 결부시켜 이를 5성五姓이라 일컬으며, 이로써
그 사람에 대한 그해의 운명을 판단하려고 하는 것입니다. 만일
그와 같은 이론을 주장한다면 퉁두란佟豆蘭7)과 같은 성명을 가진
자는 그 반평생은 궁성宮聲8)이 되고 반평생은 치성徵聲9)이 될 것
이니, 그 사람의 운명이 장차 어떻게 판정되겠습니까? 사람이 처
음 날 때부터 미리 두 가지 운명을 타고난다고 할 수 있겠습니까?
만일 한 운명은 좋고 한 운명은 좋지 못하다면 그 사람이 어떻게
살 수 있겠습니까? 옛날에 정 선생10)이 이와 같은 견해를 논박하
여 "복성複姓(두 자 성)으로 된 것은 치성徵聲인지 각성角聲인지 구별
되지 않는다"고 하였고, 또 "사람들이 성을 가지게 된 것은 비유하
자면 이 세상의 온갖 만물들 중에서 그 생긴 모양이 비슷한 것들
을 검고 희고 크고 작은 것으로써 구별하는 것이나 다름없다"고

---

6) 개폐설開閉說 : 오행의 상생상극설을 오음과 관련시키고 나아가서는 매 사람마
다 성씨와 맞추어 그 사람의 길흉화복을 예언하려는 미신적인 방법. 우羽는 수
水에, 치徵는 화火에, 상商은 금金에, 각角은 목木에, 궁宮은 토土에 각각 소속
시켜 놓고, 이에 근거하여 이李는 치와 같은 성운이기 때문에 화성火姓으로 되
며, 박朴은 각과 같은 성운이기 때문에 목성木姓으로 된다는 등으로 간주하여
사람들의 온갖 성씨를 오행설에 관련시킴으로써 그 사람의 길흉화복을 예언하
려는 것이다. 이와 같은 미신적인 도참설들이 당시 사회를 풍미하였으나, 순박
한 인민들이 깨닫는 자가 없으므로 다산이 견결히 반박 배척한 것이다.
7) 퉁두란佟豆蘭(1331~1402) : 성은 퉁(佟, 동), 이름은 두란(고륜두란첩목아古
倫豆蘭帖木兒, 쿠란투란티무르). 본래 여진족으로 청해 이씨의 시조이다. 그는
이태조의 부하가 되어 전투 공훈을 많이 세웠고 이조 개국 공신이 되었으며, 나
중에 이태조가 이지란李之蘭으로 성명을 개칭케 하였다.
8) 퉁佟은 궁宮과 성운이 같기 때문에 궁성으로 된다.
9) 퉁두란이 나중에 이지란李之蘭으로 개성명하였는데, 이李는 치徵와 성운이 같
기 때문에 치성으로 된다.
10) 정 선생 : 정부자程夫子. 송나라 유학자 정호程顥와 정이程頤 형제의 존칭.

하였으니, 이것이 참으로 현명한 사람의 말입니다.

나는 일찍이 심 군이 옛사람의 정당한 학설을 배우는 이라고 믿었는데, 이제 이 정 선생의 말씀에 대해서는 본받지 않으려는지요? 바라건대 나의 이 충고를 전달하여 앞으로는 쓸데없는 미신적인 이론에 관심 두지 말도록 하였으면 좋겠습니다.

내년 2월은 실로 고인의 예제禮制에도 합치되는 때이므로 우리들의 계획을 변동시킬 수는 없다고 생각합니다.

[해제]

1796년 3월 이승훈이 해배되어 예산에서 서울로 돌아온 후에 보낸 편지에 대한 다산의 답서이다.

다산은 봉건 사회의 양반 귀족적 특권을 옹호하며 그의 신비성을 조장하여 주는 미신 및 잡신雜信과 숙명적 관념론들을 반대하였다. 예를 들면 구시대 천문학 하도낙서河圖洛書, 음양오행설陰陽五行說, 참위설讖緯說, 천간지지설 天干地支說, 풍수風水, 택일擇日, 사주팔자四柱八字, 관상술觀相術 내지 동양 의학이 촌관척寸關尺을 운운하는 맥결脈訣 등—과학의 실증에 위반되고 인민대중의 생활에 유해무익한 모든 것—을 배척하고 실용주의를 주창하였다.[1] 이러한 과학적 실용주의는 각종 종교와 미신이 지배하던 중세 조건에서 이를 배제함으로써 사람들을 초자연적인 힘의 예속으로부터 한 걸음 벗어나게 하는 역할을 하였다는 데 그 의의가 있다. 그러나 다산은 종교·미신을 완전히 부정하지 못하였고, 더욱이 유교 관념론의 제한성으로 인해 무신론적 입장을 관철하지 못하였으며, 자신의 계급적 처지 때문에 종교의 사회계급적 근원을 밝히지도 못하였다.[2]

1. 《실정》 p664.
2. 로학희, <실학파의 무신론사상의 의의와 제한성>, 《김일성종합대학학보(철학·경제학)》 48권 3호(2002), 김일성종합대학출판사, pp27~33.

공후 김이재에게(1) 與金公厚履載[1]

1809년 6월

당신의 건강을 빕니다.

옛날 탕湯임금 시대에 7년 대한大旱(큰 가뭄)이 있었다고 하지만, 세상에 지금과 같은 가뭄이 있었을까요? 금년 춘분春分[2]부터 입추立秋[3]까지 먼지를 겨우 적실 만한 비가 세 번 왔을 뿐입니다. 5월 이후로는 하늘에 한 점 구름도 없는 채 40여 일이나 계속되었고, 밤이면 반드시 건조한 바람이 불어서 이슬도 내리지 않습니다. 벼는 말할 것도 없고 기장·피·면화·삼·깨·콩 따위와 남새·오이·마늘·과일 등과 심지어 명아주·비름·쑥까지도 타 버리지 않은 것이 없습니다. 대밭에는 죽순이 나지 않고 소나무에는 방울이 맺히지 못하며, 무릇 땅에서 나와 사람의 입으로 들어갈 수 있는 것과 인민의 일상생활에 필요한 물건은 하나도 나서 자란 것이 없습니다. 샘물은 마르고 냇물은 잦아져서 들에 사는 사람들은 목마른 걱정이 배고픈 걱정보다 심하고, 마소들도 물과 풀을 먹지 못하므로 집집이 소를 잡아먹지만 관가에서는 금할 수가 없습니다. 옛날에

---

1) 김이재金履載(1767~1847) : 자는 공후公厚, 호는 강우江右. 우의정 이교履喬의 동생으로 노론 시파時派. 초계문신에 발탁되고 이조판서를 지냈다. 1805년 고금도古今島 유배에서 풀려나 고향으로 돌아가던 중 강진의 다산에게 들렀다.
2) 춘분春分 : 전서 원문의 '토발지월土發之月'은 흙을 일구어 농사를 시작하는 춘분이 든 음력 2월을 말하는데,《국어》〈노어魯語〉에 보인다. 춘분은 24절기의 네 번째 절기로서 양력으로는 3월 21일 무렵이다.
3) 입추立秋 : 24절기 중 열세 번째 절기로 가을이 시작된다고 한다. 양력으로는 8월 7, 8일경이고 음력으로는 7월이다.

도 이런 큰 흉년이 있었을까요? 6월 초에 인민들이 살던 데를 떠나 사방으로 흩어져 가면서 울부짖는 소리가 요란스레 들리고, 길바닥에 내버려진 어린아이들이 얼마인지 알 수 없습니다. 마음이 아프고 뼈가 저려서 차마 듣고 볼 수 없습니다. 한여름이 이러하니 오는 가을을 알 만하고, 겨울 이후로는 더구나 말할 수도 없을 것입니다.

이 고을(강진현)로 말하자면 논은 6천여 결結밖에 안 되는데 모를 옮기지 못한 논이 4천 결이나 되고, 이미 옮겼다는 것도 싹이 타고 바닥이 드러나서 뻘건 구름같이 된 데가 열에 일곱 여덟이나 됩니다. 밭은 뻘건 흙으로 있을 뿐입니다. 요새 와서 모심기를 못한 논에는 대신 메밀을 심는데 메밀 한 되 값이 두 돈(엽전 20푼)[4]이나 되고, 그나마 사다 심은 것이 타서 하나도 싹이 트지 않았습니다. 또 논이고 밭이고 할 것 없이 죄다 타고 마르고 굳어 버려 호미와 보습이 들어가지 않는지라 잡풀을 매지 않고 농민들은 모두 팔짱을 끼고 앉아 있을 따름이외다. 늙은이에게 물어보고 옛날 기록을 상고해 보아도 이런 큰 흉년과 재년은 없었다고 합니다.

추수의 희망이 조금도 없으므로 저자에 곡식이 전연 나오지 않

---

4) 두 돈(엽전 20푼) : 전서 원문의 '二十'은 '20푼'을 말한다. 최익한의 화폐 단위 해석은 전체적으로 매우 정확하다. 그러나 이후 남·북한의 여러 번역서를 보면 '20냥', '20전', '20' 등으로 전부 잘못되어 있다. 참고로 10푼이 1전이고 10전이 1냥이다. 당시 메밀 1섬의 상정가는 2냥 1전 6푼이니 1되는 1.44푼이 되므로 최소 10배 이상 더 착취한 셈이 된다. 《일성록》 정조 23년(1799) 6월 1일 참조. 《목민심서》 <진황賑荒·보력補力>조에 "기사년(1809) 여름 가뭄이 심하자 조정에서 메밀을 갈도록 권하였다"고 나온다. 오직 남한의 박혜숙만 《다산의 마음》 (돌베개, 2008) p95에 '20푼'으로 바르게 번역하였으나, 메밀의 상정가를 제대로 추산하지는 못하였다.

습니다. 양식이 넉넉한 부자들도 모두 보리죽을 먹고 내년 보리철
까지 지내려고 하니, 저자에 곡물이 빌 것은 당연한 일이 아니겠습
니까? 남은 식량이 없는 집들은 비록 금덩어리를 가졌더라도 쌀
한 톨을 얻을 수가 없습니다. 인민이 벌써부터 유리분산流離分散하
는 것은 오로지 이 때문입니다.

이 고을만 그러할 뿐 아니라 한 도(전라도)가 그러하고 다른 도들
도 모두 그러합니다. 들려오는 소문이 극히 위험하여 정신이 핑 돌
지경인데, 지방 정치를 맡은 관리들은 멍청이 같아서 전연 못 들은
체하고 안방에 들어앉거나 피서하러 산간에 가서 인민들은 그 얼
굴조차 볼 수 없습니다. 그런데도 관가의 각종 부역은 날마다 생
겨서 풍년보다도 더합니다. 관장들은 교활한 아전과 사나운 포교
捕校들을 내보내어 민간의 저장 곡식을 수색하고 혹은 사찰을 습격
하며 혹은 상인들의 물건을 강탈합니다. 그래서 곡식 100석石으로
적힌 자에게는 돈 10냥5)을 빼앗고 10석으로 적힌 자에게는 1냥을
빼앗아서 공갈과 능욕이 아주 종작없습니다. 이는 또 어찌 된 까닭
입니까?

어리석은 인민들은 모두 내년 봄에 관가의 구제가 있을 것으로
희망하고 있으나, 나의 예상으로는 구제는 바랄 수 없을 것입니다.
여러 고을의 양곡 장부가 6, 7년 동안 모두 빈 문서로만 되어 있
습니다. 장부상의 10만 석은 실상 3만 석에 불과하고(나주羅州·순창
淳昌 같은 고을─원주), 장부상의 3만 석은 실상 1만 석에 불과하며

---

5) 돈 10냥 : 원문의 '전천錢千'은 '돈 1000푼(즉 10냥)'을 말한다. 최익한이 '돈 천
냥'이라고 한 것은 착오이다. 이후 남·북한 번역서들에는 '천 냥'이나 '천 전'으로
전부 잘못되어 있다. 최익한은 《실정》 p369에서는 '전구백錢九百'을 '엽전 9냥'
이라고 정확히 옮겼다.

(강진康津·장흥長興 같은 고을—원주), 그 외의 수량은 모두 아전들이 집어먹은 것입니다. 근년에 아전 족당들의 횡포가 심합니다. 재상과 결탁하고 지방 수령을 누르며 관청을 자기들의 사삿집으로 여겨서 마음대로 행동하고 있습니다. 그자들의 부인네로서 젊은 것은 물론이요 노파들까지도 이웃 고을에 갈 때는 모두 유옥교有屋轎[6]를 타고 하인들이 좌우에서 옹호하며 '어라 쉬'를 불러서 고관 가족의 행차로 꾸밉니다. 또 그들의 자제로서 아전의 직무에 봉사하지 않은 자까지 평시에 관을 쓰고 창옷을 입으니, 명분이 완전히 허물어지고 질서가 모두 없어졌습니다. 이러한 현상이 어디서 나오겠습니까? 국가 창고의 곡식을 들어먹고 이따위 짓을 하는 것입니다.

우선 이 고을(강진현)로 말하자면 민간에 꿔준 환자 곡식이 장부상에는 2만 석으로 적혀 있으나 실상은 7천여 석밖에 안 됩니다. 10월에 가서 창고를 열어 놓고 인민의 살을 깎고 뼈를 부수더라도 수입은 반드시 2천 석에 불과할 것이며, 창고 안에 남아 있는 쌀 60석과 보리 1천여 석뿐일 것이니, 비록 내년 봄에 창고를 다 털어서 구제한다 하더라도 수천 명의 한 달 양식밖에 안 될 것입니다. 굶주린 인민이 1만 명이 넘는데 곡식은 한 달도 지탱하지 못할 터인즉 무슨 구제를 하겠습니까? 여러 고을이 다 그러하니 곡식을 옮겨 올 수도 없고, 여러 도가 다 그러하니 융통할 방법도 없습니다. 지금 비록 공수龔遂나 황패黃霸[7]같이 어진 이가 수령이 되고 주

6) 유옥교有屋轎 : 옥교. 지붕 있는 가마. 《목민심서》〈호전戶典·변등辨等〉에 "옥교는 당상관의 어머니·아내·딸·며느리 외에는 사용할 수 없다고 법전에 규정되어 있는데, 유독 호남 아전들의 부녀자만은 모두 타고 다닌다"고 하였다.
7) 공수·황패는 모두 한漢나라의 유명한 어진 지방관.

공周公과 소공召公8)처럼 현명한 이가 감사가 되더라도 인민을 살릴 도리는 없을 것입니다. 아, 하늘이여! 이것이 어찌 된 일인가요?

(이하 삭제함—원주)

[해제]

'기사己巳년 가뭄'은 이조 말기 유명한 한재인데 순조 9년(1809), 즉 다산이 강진에 유배된 지 9년째였다. 김이재는 서울 귀족 출신의 문관으로 서인 노론 당파라서 당계는 비록 다르지만, 일찍이 정조의 조정에서 다산과 친숙한 동료였다. 이때 전라도 감사*로 와서 다산을 존문하고 행정에 대하여 문의하였기에, 다산은 이와 같이 재해의 상태와 인민의 고통과 탐관오리의 포악무도한 내막을 지적하여 주었던 것이다(최익한).

* 《승정원일기》 등에 따르면 김이재는 전라도 감사를 지낸 적이 없고, 당시 중앙 요직에 있었을 것으로 추정된다(편자 주).

___

8) 주공은 주周나라 건국 초의 현명한 정승이고, 그의 아우 소공은 현명한 방백方伯(우리나라의 감사와 비슷함)이었다.

공후 김이재에게(2) 與金公厚

　지금 전라도에 우려할 만한 일이 두 가지인데, 하나는 인민의 소동이요 하나는 관리의 탐오입니다.

　수삼 년 이래로 양반·부호들로서 가족을 끌고 깊은 산속으로 들어간 자가 몇천 명이나 됩니다. 무주茂朱와 장수長水 사이에는 초막이 골짜기에 가득하고, 순창淳昌과 동복同福의 경계에는 유랑하는 인민이 길에 깔려 있으며, 해변 지방에는 촌락이 쓸쓸하고 논밭이 아무 값도 없습니다. 그들의 얼굴을 보면 모두 황황하고, 그들의 말을 들으면 모두 흉흉합니다. 또 가난해서 능히 이주할 수 없는 자들은 모두 마을 곗돈을 털고 문중 재산을 헐어 내서 술·고기와 풍악의 도구를 사 가지고 등산이나 뱃놀이로 진종일 밤새도록 취하여 고함치고 엉덩춤에 손뼉을 치면서 즐거움으로 삼고 있으나, 실은 즐거움이 아니라 슬픔의 전주곡입니다.

　그 까닭이 무엇이겠습니까? 뜻을 잃고 나라를 원망하는 무리가 뜬소문을 퍼뜨리고 위험한 말로 선동하며, 이른바 비결秘訣과 예언을 조작하여 백성을 유혹하기 때문입니다. 한 사람이 부르면 만 사람이 전파하니 비록 장의張儀나 공손연公孫衍[1]의 언변으로도 그들의 미혹을 깨우쳐 줄 수는 없을 것입니다. 그러나 지방 수령들은 귀먹은 양 못 들은 척하고 관찰사들도 전연 모른 체하니, 이는 마

---

[1] 장의張儀·공손연公孫衍 : 의연儀衍. 둘 다 전국 시대 위魏나라 출신의 변론가. 《맹자》〈등문공·하〉. 최익한과 남한의 번역서에는 '공손연'이 '소진蘇秦'으로 잘못되어 있다. 소진과 장의는 줄여서 소장蘇張 또는 진의秦儀라고 한다.

치 아들과 딸이 미친병에 걸려서 고함을 치고 날뛰고 있는데도 그의 부모와 어른으로서 어디가 아픈지를 한 번도 묻지 않는 것과 다름이 없습니다. 조정은 인민의 심장이고 인민은 조정의 몸집이므로 힘줄이 서로 연결되고 혈맥이 서로 유통하여 일분일각이라도 막혀서는 안 됩니다. 그런데 지금은 인민이 두려워 근심하는데도 (조정에서는) 위안하지 않고 한 도가 소란스러워도 진무하지 않으며, 오직 권력 싸움과 정국 환롱에만 급급할 뿐이니, 이는 큰 집이 한 번 무너지면 제비와 참새 또한 편히 앉아 지저귈 수 없다는 사실을 모르는 격입니다.

만일 항간에 도는 말과 같이 과연 남방에서 사변이 생길 우려2)가 있으면, 조정에서는 마땅히 성곽을 수축하고 무기를 준비하며 장수를 선발하고 군대를 훈련하여 요충지를 지켜서, 밖으로는 적의 모략을 꺾고 안으로는 인민의 적개심을 고무할 것이요, 공연히 병든 자가 병을 숨기고 침 맞기를 꺼리다가 필경은 헐미3)를 키우듯이, 하루아침에 위급한 변을 당해서는 안 될 것입니다. 만일 이러한 형세가 아니라면 조정에서는 마땅히 적당한 사람을 파견하여 인민을 타일러서 조정을 믿고 겁내지 말도록 하고, 유언비어를 만들어 퍼뜨리는 자가 있으면 잡아서 그 죄를 다스리며, 유리방황하는 자는 그 사정 여하를 불문하고 일제히 몰아 그들의 고향으로 돌려보내되, 명령에 복종하지 않는 자는 부득불 징계해야 합니다. 그런데 이도 저도 다 하지 않고 피해와 혼란을 그대로 방임하여

2) 남방에서 사변이 생길 우려 : 그 당시에 일본이 조선을 침범하리라, 또는 서양 군함이 와서 침범하리라는 등의 말이 민간에 전파되고 있었다는 것을 가리킨다.
3) 헐미 : '헌데(부스럼·종기)'의 경상 방언.

아무런 통제도 없으니, 이것은 대체 무슨 법입니까?

탐관오리가 불법을 자행하는 일은 날마다 더하고 갈수록 심합니다. 내가 이곳에 온 후로 6, 7년 동안 수백 리의 지역에 번갈아가며 내려오는 관원들이 점점 더 기괴망측합니다. 모든 고을이 다 그러하여 더러운 소리와 몹쓸 냄새를 차마 듣고 맡을 수가 없을 지경입니다. 이른바 수령이란 자는 아전들과 함께 모리謀利하여 그들을 놓아 간악한 노릇을 하게 하므로 백 가지 착취와 천 가지 억압에 인민들은 도무지 살 수가 없고, 법 아닌 법이 달마다 생겨나서 이루 다 셀 수조차 없습니다.

먼 시골 아전들이 모두 중앙의 세도재상과 서로 결탁하여 그의 편지 한 장이 내려오기만 하면 그들의 기세는 산악처럼 솟아납니다. 그들은 서울 고관을 빙자하여 뽐내고 상관과 인민에게 과장하므로 수령이 조심하여 감히 매 한 차례도 가하지 못하고, 시골 양반들도 겁을 먹고 감히 그 비행을 신고하지 못하니, 위세가 이미 등등하여 제멋대로 인민을 침해하고 있습니다. 이런 자들이 한 고을에 5, 6명이나 됩니다. 범을 잡아 치우지 않으면 양떼가 어찌 자랄 수 있고, 잡초를 뽑아 버리지 않으면 곡식 싹이 어찌 무성할 수 있겠습니까?

도내를 순시하는 감사는 고을에 들면 매양 반드시 저러한 아전 5, 6명을 불러서 접견하고 식탁을 차려 대접하므로, 그들은 어깨가 으쓱해져서 물러나서는 더욱 행악行惡하여 무법천지가 되는데도 아, 이를 깨닫지 못하니 참으로 애석합니다! 한 도가 이러하니 다른 여러 도를 미루어 알 수 있고, 여러 도가 이러하니 나라가 장차 어찌 되겠습니까?

나는 풍비증風痺症이 점점 심하고 온갖 병증이 따라붙어서 곧 죽을 듯합니다. 이 한 몸이 풍토가 익지 않은 곳에 와서 죽더라도 한이 될 것은 없으나, 다만 나라를 걱정하는 정성만은 항상 마음 가운데서 외로운 등잔불처럼 깜박이고 있습니다. 그러나 울적하고 번민하는 마음을 한 번도 풀지를 못한지라, 속이 더부룩한 병으로 변합니다. 마침 술잔이나 마시고 좀 취한 김에 붓 가는 대로 이와 같이 써서 드리니, 부디 살피시고 용서하시기 바랍니다.

[해제]

다산은 농민의 처참한 상황을 얼핏 동정하는 듯하면서도 농민 봉기나 노비 해방에 대해서는 극보수 반동으로서 본색을 드러내며 철두철미 반대하였다. 그 이중적 입장이 가능한 까닭은 그의 사상이 바로 이중적이었기 때문이다. 그의 사상은 유교적 덕치德治나 인정仁政에 기초한 애민 정치 사상인바, 그 본질은 봉건적 국가 통치의 장구한 이익을 위한 통치 사상이었다. 따라서 이 장구한 이익을 침해하는 관리의 탐오뿐만 아니라 인민들의 소요도 배격하지 않을 수 없었던 것이다(정성철, 앞의 책, p391 참조).

공후 김이재에게(3) 與金公厚

1809년 가을

이 몸이 살아서 돌아갈지 못 갈지는 다만 나 한 사람의 기쁨과 슬픔에 국한된 것이지만, 지금 수만 인민이 모두 구렁에 빠져 죽을 운명에 부닥쳤으니, 이를 장차 어찌하겠습니까? 나주羅州 원장부에 씌어 있는 논 1만 7천 결結 중에 모를 옮겨 심지 못한 것이 1만 3천 결이고, 한재旱災·충재蟲災·상재霜災를 입은 것이 또 2, 3천 결이나 됩니다. 다른 고을들도 대개 이 비례입니다. 장부에 올라 있는 나주 관곡의 총량이 10만여 석이나 되지만, 민간에 나누어 꿔 준 것은 1만여 석에 불과하고, 그 나머지는 모두 아전들의 손에 들어가 버렸습니다. 다른 고을들도 대개 이와 같을 것입니다.

관리의 탐오는 풍년보다 10배나 더 심합니다. 한가을이 왔어도 길에 엎어지고 들에 넘어진 시체가 가득 차 있습니다. 지금은 비록 주공周公과 소공召公이 관찰사가 되고 공수龔遂와 황패黃覇가 수령이 되더라도 별수가 없을 터인데, 하물며 그렇지 못한 사람들이야 어찌 하겠습니까? 백성이 물불 속에 있은 지가 여태 넉 달이나 되었는데도 위무하는 사업이 지연되고 있으니, 어찌 억울하지 않겠습니까?

강진·해남 등 몇 고을에서는 한 말 곡식과 한 항아리 장도 준비할 수 없으니 다른 고을도 알 수 있습니다. 오는 겨울과 봄에 구제 사업을 감독하는 수의어사繡衣御史가 비록 열 명이 내려오더라도 무슨 방법으로 졸지에 조처하겠습니까? 내 생각으로는 추수하기 전에 빨리 내려와서 방법을 고안한 연후에야 만에 하나라도 살려 낼 희망이 있습니다. 그렇지 않으면 비록 급장유汲長孺[1]와 엄연년 嚴延年[2]이라도 어찌할 수 없을 것입니다.

요사이에 나는 쓸쓸한 농촌에 물러나 있는지라 마음이 상하고 눈이 아픈 일이 날마다 새롭고 달마다 더해 가기 때문에 이렇게 말씀을 드립니다. 해적과 화적들이 또다시 횡행하니, 어찌 작은 걱정이겠습니까?

[해제]

신빙할 만한 말*에 의하면, 김이재가 전라도 감사로 와서 평일에 친하던 동료 정다산의 장기간 곤란한 유배 생활을 심히 동정하여, 비밀히 편지로 서울 어느 집권한 재상에게 수연을 축하하는 시나 줄글 한 편만 지어 보내면 곧 해방될 수 있다고 하며 재삼 권하였으나, 다산은 답서하기를 내 한 몸이 비록 유배 중에서 죽더라도 나라에 아무런 손실이 될 것 없으니 너무 염려하지 말라, 또 내가 본래 아무 죄가 없는데 무슨 죄인처럼 권세가에게 구구히 아첨하여 해방을 요구하겠는가? 정말 나라의 큰 걱정이 호남에 있다 하고 관리의 탐오와 인민의 질고를 장황히 논술한 다음, 내 일신의 걱정은 그만두고 한 도의 책임자로서 금방 폭풍우처럼 닥쳐올 호남 인민의 정세에 눈을 돌려 선처하라 하였다. 다산의 이 편지가 바로 위 사실과 관련된 답서라고 한다(최익한).

* 신빙할 만한 말 : 정인보의 <정다산 선생의 뜻깁흔 부촉付囑>(《신조선》 12호, 1935.8)을 가리킨다. 북한에서 정인보는 기피 인물이다.

---

1) 급장유汲長孺 : 한나라 급암汲黯의 자. 동해 태수東海太守로 선치善治하였다.
2) 엄연년嚴延年 : 자는 차경次卿. 한나라 소제昭帝 말엽에 하남 태수河南太守로서 억강부약抑強扶弱의 정치를 하여 볼 만한 치적이 있었다. 원문에는 '엄군평嚴君平'이라 되어 있는데 이는 착오이다.

절도사 이민수에게(1) 答李節度民秀[1]

배에 바퀴를 다는 장치는 옛날에도 이미 성공한 바 있었습니다. 더욱이 우리나라에서 만든 배들은 그 제작이 너무나 둔하고 무겁기 때문에 바퀴를 달지 않고는 진행 속도를 빨리할 수 없을 것입니다.

국제 관계는 언제나 말썽이 많은 것이라 불의의 전쟁이 일어날 수도 있습니다. 그러므로 조선법造船法은 우리들이 반드시 연구해야 될 중요한 과제입니다.

선체에 유회油灰[2]를 칠하여 틈을 메우는 것은 조운선漕運船[3]이나 일반 상선商船에도 모두 좋을 것입니다. 당신이 이미 이 방법을 적용하여 배 두 채를 만들어 성공하셨으니, 이는 국가에 이익이 되는 일일 뿐만 아니라 우리나라 조선법의 전통을 살린 큰 업적도 되는 것입니다. 이와 같은 사실들은 마땅히 정부에 보고해야 될 일인바, 성심으로 경하드려 마지않습니다. 다만 좋은 방법이 제기되었어도 자재를 보장하기가 어려운 형편인지라, 정부에서도 무슨 대책을 강구해 주지 못한다면 장차 어떻게 하실 계획입니까?

저의 의견으로는 전선戰船은 그 구조가 너무 커서 사용하기가 어려울 것 같으나, 병선兵船 이하는 민간에 내주어 항시 사용하도록

---

1) 이민수李民秀 : 이순신의 7세손으로 1815년(순조 15) 2월에 전라우도 수군절도사가 되었고, 1820년 11월 경상좌도 병마절도사가 되었다.
2) 유회油灰 : 기름·재·솜을 섞어 만든 접착제로 구멍이나 틈을 때우는 데 쓴다.
3) 조운선漕運船 : 국가의 양곡과 화물을 지방에서 경창京倉으로 운반하던 배.

하는 것이 좋을 듯합니다. 다만 그 주행 거리를 제한하여 북으로는 경강京江(한강)을 넘지 못하게 하고, 동으로는 창원昌原을, 남으로는 흑산도黑山島·추자도楸子島를 벗어나지 못하게 한다면 하루아침에 긴급한 일이 생기더라도 곧장 배들을 집결시킬 수 있을 것입니다. 이와 같은 방법으로 배를 계속 사용하게 하면 "흐르는 물은 썩지 않고 문지도리는 좀먹지 않는다(流水不腐 戶樞不蠹)"는 옛말과 같이 선체도 썩지 않고 부속 시설도 활용되기 쉬워서 급한 경우에 운전하기가 편리할 것입니다.

그런데 현재와 같이 국가에 일이 없다고 하여 수많은 병선들을 진창물 속에 내버려 두었다가 그 선체가 상하거나 구조가 허물어진 뒤에는 아무리 나라에 급한 일이 있더라도 제때에 효과적으로 사용하기가 어려울 것입니다.

병선의 구조는 총구멍의 장치가 일반 선박과 다르지만, 해안 지방의 선부들에게 문의해 본즉 모두 "사용할 방법이 있다"고 하니, 만일 병선을 민간에 빌려줄 것을 허락만 한다면 각지 수영水營[4]도 적지 않게 재정이 절약될 것입니다.

이 문제에 대해서는 중앙 정부에 제의해 보는 것이 어떻겠는지요? 도리어 부당한 견해라고 지적이나 받지 않을는지도 짐작하기 어려운 문제입니다.

[해제]
관련 내용이 《경세유표》 권14 〈전선사용의戰船使用議〉에 나오는데, 그 당시 전라우도 수군절도사 이민수의 장계狀啓(1817)도 실려 있다.

---

4) 수영水營 : 수군절도사가 주재하던 군영.

절도사 이민수에게(2) 答李節度

당신이 제기하신 윤선輪船의 제조법에 대해서는 저의 견해1)도 비록 그러하지만, 제가 일찍이 내각內閣2)에 소장된 《기기도설奇器圖說》3)을 본 적이 있는데, 거기에는 물을 저어 굴러가는 바퀴의 크기가 실 감는 얼레만 하다고 하였습니다. 이 중에 우연히 한 책을 얻었는데,4) 그 속의 전마轉磨5) 제6도는 바퀴의 모양이 꼭 실 감는 얼레 같은 그림인지라 이를 김 비장裨將6)에게 내보였더니, 그도 역시 "이와 같은 바퀴를 사용하면 힘차게 물을 저을 듯하다" 고 하였습니다. 이 도본을 참작하여 다음과 같이 제작하면 어떨까 합니다.

먼저 가로대[軸]를 뱃전으로부터 뱃기둥(배 한가운데에 세운 기둥―원주)을 꿰뚫게 하고 그 양쪽에다가 十자형으로 된 살대[輻]를 둘

---

1) 저의 견해 : 원문의 '모지茅志'는 '자기 뜻에 대한 겸칭'이다. 그런데 남한에서는 이를 '모원의茅元儀의 《무비지武備志》'라고 번역한 경우도 있다.
2) 내각內閣 : 규장각奎章閣의 별칭.
3) 기기도설奇器圖說 : 예수회 선교사인 J.테렌츠가 16세기까지의 서양 기술을 최초로 중국에 소개한 책. <기기도첩 발문跋奇器圖帖> p639 볼 것.
4) 이 중에 우연히 한 책을 얻었는데 : 此中偶有一冊. 여기에서 '이[此]'가 가리키는 것은 《기기도설》이다. 최익한이 '마침 이곳에서도 한 책이 있는데'라고 번역한 것은 정확하지가 않은 듯하다. 참고로, 《기기도설》은 1777년 중국에서 구입해 온 《고금도서집성古今圖書集成》의 4,999책과 5,000책에 실려 있다.
5) 전마轉磨 : 회전식 곡물 분쇄기.
6) 김 비장裨將 : 원문의 '김비金裨'는 '김 비장'이란 뜻이다. 남한에서 이를 '김비' 라는 인명으로 번역한 것은 잘못이다. 참고로, '비장'은 이조 시대 감사·절도사 등 지방장관이 데리고 다니던 막료幕僚를 가리킨다.

씩 가설합니다. 살대는 十자형으로 되어 있으므로 그 가지[條]가 넷인데, 살대마다 둥근 바퀴를 끼우고, 또 이 바퀴에 의거하여 그 두 살대의 가지와 가지의 사이 및 두 살대의 가지와 다음 가지의 중간에 가로장[梯]을 건너지르면 여덟 개의 가로장이 가설됩니다. 이리하여 둥근 사다리처럼 생긴 여덟 개의 가로장을 발로 디뎌서 물을 저어 넘기게 하는 것입니다.

또 한 가지 방법은 양쪽 살대의 가지에다가 직접 가로장[横框]을 대고(바퀴는 끼우지 않는다) 거기에 다시 얇은 나무판자를 붙여 군인들로 하여금 가로장을 디뎌서 물을 젓게 해도 될 것입니다. 다만 작은 배는 이와 같이 할 수 있을 것이나, 큰 배는 위에 말한 방법을 적용해야 될 것입니다.

또 이왕 그 가로대를 뱃전으로부터 뱃기둥을 꿰뚫게 할 바에는 그 뱃전과 기둥 사이에 十자 쐐기[楔]를 가설하여(가로대에 붙여서) 힘센 장정들로 하여금 그 쐐기를 잡아 돌리게 하면 뱃전 밖에서 바퀴를 디디는 힘을 도울 수 있을 것이고, 따라서 배가 보다 더 빠르게 달릴 수 있을 것입니다.

이상의 방법들이 모두 다 연구해 보실 만한 과제입니다.

절도사 이민수에게(3) 答李節度

다시 생각하건대, 뱃전 밖에 방패를 가설한다 하더라도 바퀴를 디디는 사람이 바로 바닷물 위에 직면하기 때문에 조심스럽기가 짝이 없어서 그 바퀴를 디디기보다도 자기의 몸을 의지하는 데 더 정신이 쓰이게 될 것은 당연한 이치입니다.

저의 의견으로는 그 물을 젓기 위한 바퀴는 다만 실을 감는 얼레처럼 만들고, 가로장[橫框]에는 소가죽을 대되(얇은 판자를 붙이는 대신에—원주) 가지가 넷으로만 되게 하고(十자 살대의 가지가 곧 넷이다 —원주), 뱃전과 뱃기둥 사이에 있는 가로대에 둥근 바퀴를 끼우고, 디디기 위한 가로장은 8개 또는 12개 혹은 16개(배의 대소에 따라— 원주) 정도 만들고, 그 위쪽에 또 가로대를 가설하여 손잡이를 만들어야 합니다. 그리하여 건장한 군인 2명, 혹은 4명(배와 바퀴의 대소에 따라—원주)으로 하여금 둥근 사다리꼴로 된 바퀴를 디뎌서 돌리게 하면 뱃전 밖에 가설된 얼레도 따라서 같이 돌아 그 물을 젓는 것이 반드시 빠르고 세찰 것입니다.[1] (이렇게 되면 아무리 강한) 적의 탄환이나 화살이라도 배안에는 들어오기 어려우니, 설령 방패가 없더라도 배안에서 자유롭게 바퀴를 디뎌서 돌릴 수 있을 것입니다.

그리고 또 뱃기둥 옆 가로대의 머리 쪽에 박면기剝棉機(씨아)의 十자 바퀴와 같은 바퀴를 더 가설하면 한층 더 빠르게 운전할 수

---

1) 원문에는 "그 물을 젓는 것이 반드시 빠르고 세찰 것입니다"가 빠져 있다.

있을 것입니다. 그러나 이렇게까지는 하지 않아도 될 것입니다.

　두루 참고하고 연구해 주시기를 바랍니다(장계狀啓의 초고는 원본에 의해서만 작성하고, 만약 윤허를 받아 시행하게 되면 정말 배를 건조建造할 때 이상 언급한 방법을 의논해 사용하더라도 늦지 않을 터이니, 우선은 구체적으로 말할 필요가 없습니다—원주).[2]

[해제]

문집에는 이민수의 선제船制 문의에 대한 다산의 답서가 4통 실려 있는데, 여기에는 3통만 번역되어 있다.

최익한은 "다산이 수차 진술한 윤선제輪船制는 비록 근대 서양인의 기선汽船에는 비교할 수 없을지라도 증기 응용이 있기 전의 선제로는 훌륭한 고안이었다"고 평하였다(《여독》 p265;《실정》 p471).

《목민심서》〈공전工典·장작匠作〉조에 의하면, "이민수가 해남 수군사海南水軍使가 되었을 때, 차륜선車輪船을 만들어 비변사에 보내고 각 도에 그 제조 양식을 반포할 것을 청하였으나 아무런 회답이 없었다(李民秀爲海南水軍使 創造車輪船 送于備邊司 請頒式諸路 不報)"고 하였으니, 당시 윤선이 실용화되지는 못했단 사실을 알 수가 있다.

---

2) 번역 원문에는 원주가 빠져 있다.

중형에게 上仲氏[1]

1811년 겨울

　제가 이 고을 읍내에 거주할 때에 아전의 집 아이들이 와서 배운 자가 4, 5명이었는데,[2] 모두 두어 해 지나고는 학업을 폐하여 버렸습니다. 그런데 그중 한 아이는 얼굴이 단정하고 마음도 조촐하며 글씨 재주는 상등이요 글 짓는 재주도 중등이었는데, 꿇어앉아서 성리학性理學을 공부하였습니다. 만일 고개를 숙이고 힘써 배웠으면 이정李晴[3]과 서로 우열이 있었을 터인데, 그의 기질이 심히 약하고 비위가 몹시 편벽되어 거친 음식은 절대로 목구멍에 넘어가지 않았기 때문에, 제가 옮겨 거주하는 다산茶山[4]에 와서 유학하지 못하고 학문을 폐한 지가 벌써 4년이나 되었습니다. 볼 적마다 가엾고 애석할 따름입니다.

　양반의 자제들은 모두 쇠약한 기상을 띠어 도무지 저열한지라

---

1) 중씨仲氏 : 다산의 중형 손암巽菴 정약전丁若銓(1758~1816)은 학식과 사상이 다산에 못지 않은 실학자로 1801년 '신유교옥辛酉教獄' 사건에 형제가 연좌되어 흑산도에 유배되었다. 다산과 서신으로 이론과 저서를 상호 토론하였고, 나중에 유배지에서 서거하였다.

2) 다산은 1801년 11월부터 1808년 3월까지 강진 동문 밖 주막, 보은산방, 이정의 집에서 귀양살이를 하면서 이른바 '읍중 제자'들을 가르쳤는데, 그들은 바로 손병조孫秉藻·황상黃裳·황경黃褧·황지초黃之楚·이정李晴·김재정金載靖이다. <다신계절목茶信契節目>(1818) '읍성제생좌목邑城諸生座目' 참조.

3) 이정李晴 : '李晴'을 세간에서는 '이청'으로 읽어 왔으나, 최익한처럼 '이정'으로 읽는 것이 맞다. 나중에 '정晴'은 '정䨥'으로 개명하였다. 정민, <다산 독본 (73)>, 《한국일보》(2019. 7. 25) 볼 것.

4) 정약용은 1808년 3월 말에 이정의 집에서 다산초당으로 옮긴 후 1818년 8월 해배될 때까지 머물렀다.

책만 덮으면 곧 잊어버리고 하류로 자처합니다. 시·서·역·예詩書易禮 중에 심오한 의의를 들어 말하고 배우기를 권하면, 그들의 모습은 마치 발을 동여 놓은 꿩과 같이 모이를 주어도 먹지 않고, 대가리를 눌러 모이에 대주면서 주둥이와 낟알을 서로 닿게 하여도 끝내 쪼아먹지 아니하니, 참 딱한 일이외다! 이 부근 두어 고을의 양반 자식들만이 그러할 뿐 아니라 온 도(전라도)가 모두 그 모양입니다. 근래 서울의 귀족 자제들이 어·조·장·토魚鳥獐兎로 육경六經을 삼고5) 글공부는 전혀 하지 않아도, 진사 200명 중에 그들의 앵삼鸎衫6)이 매양 50명을 초과하여 급제(문과 합격) 역시 그런 비율이니, 이러고야 세상에 다시 문학이 있을 수 있겠습니까?

무릇 인재가 극히 적어서 간혹 조그만 재주로 이름이라도 쓸 줄 아는 자는 다 하천한 집안의 자제들입니다. 사대부는 지금 쇠운을 만나서 인력으로 어찌할 수가 없습니다. 저에게 내왕하는 소년이 몇 있고 배우는 아동이 몇 있는데, 모두 양미간에 잡털이 무성하고 온몸은 밤에 만져 봐도 알 수 있을 만큼 쇠퇴한 기운으로 채워져 있으니,7) 비록 혈연관계가 중하다 한들 무슨 깊은 사랑이 있겠습니까? 천운이 이미 그러하니 어찌할 길이 없습니다.

또 이덕조李德操8)의 말대로 '먹음직한 물건(독이 없다는 말—원주)'을 장차 무엇에 쓰겠습니까? 남자는 모름지기 모질고 사나운 기

---

5) 어·조·장·토魚鳥獐兎로 육경六經을 삼고 : 어·조·장·토는 투전에 그려진 고기·새·노루·토끼 등을 가리키므로, '투전 놀음으로 글 읽기를 대신한다'는 뜻이다.
6) 앵삼鸎衫 : 이조 시대에 진사가 되면 앵삼, 즉 꾀꼬리색 두루마기를 입었다.
7) 온몸은~있으니 : 전서 원문은 "滿身所蒙 都是接天衰氣(온몸에 받은 것이라곤 도무지 그지없는 쇠한 기운뿐이니)"인데, 최익한이 의역한 것이다.
8) 이덕조李德操 : 덕조德操(족보는 德祖)는 이벽李蘗(1754~1785)의 자字. 호는 광암曠菴. 다산의 이복 맏형 정약현의 처남으로 서양학의 창도자.

상이 있는 자로서 도덕적 제재와 학문적 자각에 의하여 바로잡힌 연후에야 비로소 유용한 인물이 되는 것이지, 천성이 얌전하고 양순한 자는 다만 제 한 몸을 착하게 하는 데 그칠 뿐입니다. 그들 중에 더불어 말할 만한 자가 한둘이 있으나, 그의 학문이 어렵고 우회하는 경로를 거치지 않고 너무 빠른 길로만 좇아 왔기 때문에 《주역周易》에는 《사전四箋》만을 알고 《서경書經》에는 《매평梅平》만을 알며 기타도 다 이러합니다. 대체로 수고하지 않고 얻으면 비록 하늘을 놀라게 하고 땅을 움직이며 만고에 처음 나온 학설일지라도, 모두 예사롭게 여겨서 저절로 이루어진 것으로 알기에 그것이 몸에 깊이 들어가지 못합니다. 비유하건대, 귀한 집 자제가 나면서 절로 고량진미에 배불러, 비록 꿩의 고음9)과 곰의 발바닥일지라도 항다반恒茶飯(보통 음식)으로 간주하여, 빌어먹는 사람과 주린 자가 음식을 탐내는 욕심과 목마른 말이 시냇물로 달려가는 기상이 없는 것과 같습니다. 다른 학파의 글을 너무 쉽사리 내버리고, 자기 선생의 가르침은 모두 상례常例로 보며, 심지어 그것을 묵은 말로 인정하여 신통치 않게 여기니, 어찌 민망한 일이 아니겠습니까?

선비가 이 세상에 난 이상 부득불 두 학문을 다 연구해야 하니, 하나는 속학俗學이요 하나는 아학雅學입니다. 이는 후세의 악부樂府에 아악과 속악이 있는 것과 같습니다. 그러나 여기 소년들은 아학만 알고 속학을 알지 못하기 때문에 도리어 아학을 속학으로 인정하는 폐단이 있습니다. 이는 그들의 허물이 아니라 시세時勢가 그러한 것입니다.

---

9) 꿩의 고음膏飮 : 치고雉膏. '고음'은 '곰(고기나 생선을 진한 국물이 나오도록 푹 삶은 국)'을 한자를 빌려서 쓴 말이다.

[해제]

앞부분만 번역된 것인데, 다산초당에서 식사도 제공한 사실을 알 수가 있다. 다산이 수말스런 자기 제자들을 혹평한 것은 차마 입에 담지 못할 갖은 욕을 다한 것이나 진배없다. 이래 가지고 어찌 인간다운 기상을 키울 수 있겠는가. 아무리 그가 경직된 보수 관료 출신의 실용적 봉건 유자라지만, 교육자로서 품성이 의심될 뿐이다. 오죽하면 그의 지기라던 형 약전마저도 일찍이 "내 아우는 아량이 작다(吾弟量小)"고 정곡을 콕 찌르듯 흠을 지적하였을까 싶다 (<신학유가계贐學游家誡> 참조).

두 아들에게(1) 寄二兒

1802년 12월 22일 강진 유배지에서

1

이 세상에 무슨 물건이든지 인공을 기다리지 않고 저절로 완전하고 좋게 된 것은 도리어 기특하다고 하지 않는다. 오직 허물어지고 깨어진 물건을 손질하여 완전하고 좋게 변해야만 사람들이 공든 탑이라고 찬탄하는 법이다. 그러므로 죽을병을 낫게 한 자를 명의라 하고, 위태로운 성城을 구해 낸 자를 명장이라 한다. 지금 지체 좋은 귀족 집안의 자식들이 벼슬을 세습하고 문호를 확장하는 것은 한갓 평범하고 어리석은 자들도 능히 할 수 있는 것이다. 너희들은 지금 폐족廢族 집안의 자제가 되었으니, 만일 그 폐족의 처지에서 분발하여 다시 완전하고 좋게 만든다면 이것은 참으로 기특하고 훌륭하지 않겠느냐?

그러면 폐족의 처지에서 분발하여 잘할 것은 무엇이겠느냐? 그것은 오직 글을 읽고 학문을 닦는 일뿐이다. 글을 읽는다는 것은 세상에서 제일가는 깨끗한 일이라, 부귀가의 자제가 능히 그 참맛을 알 수 없고, 또 몽매한 시골집 수재가 그 심오한 경계를 엿볼 수도 없는 것이다. 반드시 벼슬하던 선비 집 자제로서 일찍이 보고 들은 바가 있고, 중년에 화변을 당하여 곤궁한 처지에 있는 너희들 같은 자만이 바야흐로 옳게 글을 읽을 수 있다. 저들이 글을 읽지 못한다는 것이 아니라 그저 무의미하게 읽는 것이기 때문에 옳게 읽는다고는 말할 수 없다.

3대를 내리 전업專業하지 않은 의원의 처방은 믿지 말라는 옛말이 있거니와 문장도 반드시 대를 잇는 전통이 있어야만 능숙할 수 있는 것이다. 나의 재기가 너희들보다는 조금 나으리라. 그러나 나는 어릴 때에 방향을 잘 몰랐고, 열다섯 살에 서울로 가서 방랑생활로 아무 소득이 없었다. 스물 살 무렵에는 비로소 과문科文을 전공하고, 태학太學(성균관)에 들어가서는 또 변려문騈儷文을 짓기에 골몰하며, 각과閣課(규장각 월과月課)에 속한 이후로는 미사여구를 꾸미는 공부에 얽매여 거의 10년이나 허비하였다. 그 뒤에도 고전 서적을 교열하는 일에 바빴고, 곡산 부사谷山府使로 가서는 고을 정사에 전심하였다. 중앙 정부에 돌아와서는 신·민申閔[1] 두 사람의 탄핵을 받았고, 그 이듬해에 국상國喪(정조의 사망)을 당하여 서울과 시골에 분주하다가 작년 봄에 화변을 당하였으니, 그 동안 하루를 능히 글 읽기에 전심하지 못하였다. 그러므로 나의 시문은 천 동이의 은하수로 씻어 버리더라도 끝내 과문의 습성을 벗지 못하고, 그중 잘된 작품도 역시 관각館閣(홍문관·예문관·규장각)의 기풍을 면치 못한다. 그런데 나의 수염과 머리털은 이미 희어지니, 어찌 운명이 아니겠느냐?

너 가稼[2]는 재기와 총명이 나보다 좀 못하나, 너의 열 살 때의 작문은 나의 스무 살 때의 것보다 낫고, 근래 너의 작문은 흔히 지

---

1) 신·민申閔 : 대사간大司諫 신헌조申獻朝와 헌납獻納 민명혁閔命赫을 가리킨다. 그들의 연이은 상소 때문에, 다산은 1799년 6월 〈형조 참의를 사직하는 소辭刑曹參議疏〉를 올리고 벼슬살이를 마감하였다.
2) 가稼 : 맏아들 학연學淵(1783~1859)의 아명.

금 나로서도 따라갈 바가 아니니, 이는 처음부터 방향을 옳게 잡고 견문이 변변한 까닭이 아니겠느냐? 네가 곡산에서 돌아간 후부터는 너로 하여금 과문을 익히게 하였더니, 당시 문학하는 친구들이 네가 고문古文(고전문학)에 전력하지 않는 것을 애석히 여겨서 나의 벼슬 욕심이 많은 것을 나무랐으며, 나도 또한 서운하게 생각하였다. 그러나 지금은 네가 과거科擧의 길이 막혔으니 과문과는 이미 남이 되었다. 나는 네가 이미 진사가 되었고 이미 문과에 올랐다고 생각한다. 글을 배워 가지고 과거의 누累가 없는 것이 진사와 문과를 이미 치른 자와 무엇이 다르겠느냐? 너는 참으로 글 읽을 때를 만났다. 위에서 '폐족의 처지에서 분발하여 잘해야 한다'고 말한 것이, 이것이 아니고 무엇이겠느냐?

너 포圃3)는 재기와 정력이 네 형보다 한 수 아래인 듯하나 성질이 자상하고 연구력이 있으니, 만일 글 읽기에 전심하면 도리어 네 형보다 나을 수도 있지 않겠느냐? 요사이에 너의 글이 조금 나아진 것을 보아 이렇게 말한다.

2

나는 천지 사이에 외로이 서 있다. 그러나 의지하여 생명으로 삼고 있는 것은 오직 문필뿐이다. 혹시 한 구, 한 장의 글이라도 지으면 다만 혼자 읊고 혼자 감상하고 있다.

돌이켜 생각해 보면 오직 너희들에게 보일 수 있는데, 너희들은

---

3) 포圃 : 둘째 아들 학유學游(1786~1855)의 아명.

이를 전연 도외시하고 글이라면 내버릴 것으로 알고 있다. 이대로 쏜살같이 몇 해가 지난 뒤에는 너희들의 기골이 장대해지고 수염은 턱수룩해져서 얼굴만 대해도 밉살스러울 터인데, 그때에 더군다나 네 아비의 글을 읽으려 하겠느냐?

옛날 조괄趙括[4]이 능히 자기 아버지의 저서를 읽었다고 하니, 나는 그를 현명한 아들이라 하겠다. 너희들이 만일 글을 읽지 않으려 하면 나의 저서는 쓸데없을 것이고, 나의 저서가 쓸데없으면 나는 애써 지을 필요가 없게 되어, 장차 생각을 멈추고 등신처럼 앉아 있을 것이다. 그러면 나는 단 열흘도 못 가서 병이 날 것이고, 병이 나면 이 병을 낫게 할 약은 아무 데도 없으리라. 그러기에 너희들이 글을 읽고 나의 저서를 읽어 준다는 것은 곧 나의 생명을 살리는 것이 아니겠느냐? 너희들은 생각하고 또 생각해 보아라.

3

요사이 어떤 소년들은 원元·명明 시대 경망한 사람들의 시고 차고 뾰족하고 부스러진 시사詩詞를 골라서 모방하여 절구絶句나 단율短律을 만들어 가지고 저 혼자 세상에 뛰어난 문장이라 자부하며 대단히 오만할 뿐만 아니라 고대와 현대를 완전히 휩쓸어 버리려 한다. 나는 이들을 항상 민망히 여긴다.

문장을 하려는 사람은 반드시 먼저 경학經學으로 기초를 삼은

---

4) 조괄趙括(?~BCE260) : 전국시대 조趙나라 명장인 조사趙奢의 아들로 일찍이 자기 아버지의 병서를 읽었다고 한다. 그러나 그는 글만 읽고 변통할 줄 몰라서 나중에 진군秦軍과 싸울 때 조나라 45만 대군과 함께 전멸당하였다.

연후에 과거 시대의 역사를 섭렵하여 치란治亂·흥망興亡의 근원을 알고, 또 실용의 학문에 유의하여 옛사람의 경제에 관한 저서들을 읽기를 좋아하여 자기 마음이 항상 만민에게 혜택을 주고 만물을 육성하려는 생각을 가져야만 바야흐로 글 읽는 군자가 될 수 있을 것이다. 이러한 연후에 더러 안개 낀 아침과 달 뜬 저녁이나 무르녹은 그늘에 가는비가 오는 때면, 울발한 감촉과 표일한 생각으로 자연스럽게 읊고 또 자연스럽게 이루어서 천연한 음운이 아름답게 발현될 것이다. 이것이 시인의 활발한 경계이니, 너희들은 나의 말을 오활하다고 이르지 말라.

수십 년 이래로 일종의 괴이한 논자들이 있다. 그들은 우리나라 문학을 덮어놓고 배척하여 일절 우리 조상들의 저서와 문집을 거들떠보려고도 하지 않는다. 이는 큰 병통이다. 사대부의 자제로서 국가의 고전·사적과 선배의 저서·논설을 알지 못하면, 그 학문이 비록 고금을 관통하더라도 한갓 허소虛疏하고 무지한 것을 면하지 못한다. 다만 시집들은 모름지기 급히 보아서는 안 되고, 상소上疏·차자箚子·묘문墓文·서한 등에 안목을 넓혀야 한다. 또 《아주잡록鵝洲雜錄》, 《반지만록盤池漫錄》, 《청야만집靑野謾輯》5)과 같은 야사는 널리 구하여 두루 보아야 할 것이다.

---

5) 아주잡록 : 홍중인洪重寅(1677~1752)이 임진왜란 이후의 당쟁에 관한 기록을 모은 책. 그는 남인南人이라 주로 남인 관련 문헌들만 인용하였다.
반지만록 : 이조 후기의 야사집인 듯하나 자세한 것은 알 수 없다.
청야만집 : 이조 후기의 야사집으로 1739년 이희겸李喜謙(1707~?)이 편찬하였다고 한다.

두 아들에게(2) 寄兩兒

1803년 정월 초하루

해가 바뀌었다. 군자는 새해를 맞이하여 반드시 그 마음과 행동을 일신해야 한다. 나는 젊은 시절에 매양 새해 정초를 맞이하면 반드시 1년의 과업—예컨대 무슨 책을 읽고 무슨 글을 뽑아 적겠다는 계획—을 미리 정한 다음에 그대로 실천하였다. 혹시 몇 달 뒤에 사고가 생겨 제대로 하지 못한 적도 있었으나, 착한 노릇을 좋아하고 앞으로 나아가겠다는 뜻은 역시 스스로 사라질 수가 없었던 것이다.

내가 시종 긴 편지, 짧은 편지로 너희들에게 무릇 몇 번이나 학문을 권면하였건만, 경전經傳에 관한 한 조항의 의문이나 예악禮樂에 관한 한 종류의 질문이나 연구에 관한 한 조목의 논의도 써 보낸 것이 없으니, 어째서 너희들은 내 말을 이렇게 귀 밖으로 듣고 있느냐?

너희들은 도시에서 생장하여 어릴 때 접촉한 바가 흔히는 문객·종복·아전 등의 말과 생각으로 모두 부박浮薄 비열한 것이었기 때문에 그 영향이 깊이 골수에 들어가서 마음속에 도무지 착한 것을 좋아하고 학문을 지향하는 생각이 없게 되었구나.

지금 내가 날마다 안타까워하여 어서 돌아가기를 원하는 것은, 다른 것이 아니라 너희들이 뼈대는 점점 굳어지고 기운이 점점 사나워지니 이렇게 한두 해 지나면 그만 큰 불초한 생활을 하게 되는 까닭이다. 작년에 이로 인하여 병을 얻어 여름 내내 드디어 병환으로 지냈고, 10월 이후로도 거론하지 않았으니 용서할 수도 있겠다.[1] 그러나 만일 한 푼어치의 성의만 있다면 비록 전쟁·난리 중이라도 반드시 진보할 수 있는 법이다. 집에 서책이 없느냐? 몸에 재주가 없느냐? 눈과 귀가 총명하지 못하느냐? 무엇 때문에 자포자기하려 하느냐? 폐족이 되었다고 그러느냐? 폐족은 벼슬하는 데만 꺼림이 있을 뿐이지, 성인聖人을 배우는 데는 꺼림이 없고 문장을 배우는 데도 꺼림이 없으며 지식과 사리에 통달한 선비가 되는 데도 아무런 꺼림이 없다. 꺼림이 없을 뿐만 아니라 도리어 크게 유리하다. 왜냐하면 과거科擧의 누累가 없고, 또 빈궁 곤란한 고생이 그의 심지心志를 단련하고 그의 지혜를 개발하여 인정세태의 참과 거짓을 두루 알 수 있기 때문이다.

그러므로 선현으로서 율곡栗谷 같은 이는 그의 아버지의 사랑을 받지 못하여 수년 동안 집을 떠나 승려 생활로 고생하던 나머지 마침내 우리 도道에 돌아와서 거유巨儒가 되었고, 우리 족조族祖 우담愚潭[2] 선생은 세상의 배척을 받으면서도 그의 도학은 더욱 발전하였으며, 성호星湖는 화를 당한 집안의 자제로서 저명한 학자가 되었다. 이들은 모두 탁월한 성공자로서 당로當路한 귀족 자제들이 능히 미칠 바가 아니다. 너희들도 또한 들었겠지? 폐족들 중에서 재능 있고 호걸스러운 인사가 많았다는 사실을. 이는 하늘이 인재

---

1) 작년에~있겠다 : 최익한은 "너희들이 전년에 이곳서 병을 얻어 가지고 가서 온 여름 집안이 병환으로 지냈고 10월 이후도 또한 여유가 없었으니 용서할 수도 있다"고 번역하였는데, 이는 착오이다.
2) 우담愚潭 : 정시한丁時翰(1625~1707)의 호. 다산의 5대조 정시윤丁時潤의 재종형. 다산은 〈방친유사傍親遺事〉에서 그의 학덕을 높이 평가하였다.

를 낳는 데 특별히 폐족들을 후대한 것이 아니다. 그들은 부귀영달하려는 마음이 인격의 발전을 저해하지 아니하므로 글을 읽고 이치를 궁구하여 능히 참된 면목과 바른 골수를 파악할 수 있었던 것이다. 평민으로서 학문을 하지 않으면 한갓 범상하고 용렬한 사람이 되고 말 뿐이지만, 폐족으로서 학문을 하지 않으면 그만 패악비루해져서 남이 가까이할 수 없는 물건이 되어, 세상 사람에게 버림을 받고 혼인도 서로 통하지 않으므로 자녀의 시집·장가가 천인부류로 떨어져서, 그다음 개돼지 같은 자식이 생기면 그 집은 영영보잘것없이 되어 버린다.

내가 수년 내에 다행히 놓여 돌아가게 되면 너희들로 하여금 몸을 닦고 행실을 가다듬어서 효제를 숭상하고 화목을 권유하며, 경사經史를 연구하고 시례詩禮를 담론하게 하겠다. 시렁에 서적 3~4천 권을 꽂아 두고 양식은 1년을 지탱할 만하며, 정원에 뽕나무·삼[麻]·채소·과일·화초·약초를 심어서 위치가 정연하고 지엽이 무성하여 풍치를 즐길 만하며, 마루와 방안에는 거문고 하나, 투호投壺하나가 있고 책상과 도서가 모두 청초하여 기뻐할 만하며, 때때로손이 오면 능히 닭을 잡고 회를 쳐서 탁주와 나물 안주에 기꺼이한잔 마시며 서로 고금의 사적을 토론 비판할 것이다. 그러면 벼슬길에는 비록 폐족이라 하더라도 또한 안목 있는 사람들이 흠모하리라. 그렇게 한 해 두 해 지나서 물이 흐르고 구름은 날아갈 터이니 이러고도 다시 중흥하지 못할 리가 있겠느냐? 너희들은 생각하고 다시 생각해 볼지어다.

학연에게寄淵兒

1808년 겨울

요전 성수醒叟1)의 시는 보았다. 그가 너의 시를 평론한 것은 모두 너의 결점을 옳게 말한 것이니, 너는 마땅히 명심해야 한다. 그의 작품은 비록 아름답기는 하지만, 내가 좋아하는 바는 아니다. 후세의 시율詩律은 마땅히 두보杜甫를 공자孔子로 삼아야 할 것이다. 그의 시가 모든 시인들 중에서 으뜸가는 것은 《시경》300편이 끼친 사상을 계승하였기 때문이다. 300편은 모두 충신·효자·열부烈婦·양우良友의 측달충후惻怛忠厚한 사상의 표현이다. 임금을 사랑하고 나라를 걱정하지 않은 것은 시가 아니며, 시국을 슬퍼하고 시속에 통분하지 않은 것은 시가 아니며, 진실을 찬미하고 허위를 풍자하며 선을 권장하고 악을 징계하는 뜻이 없으면 시가 아니다. 그러므로 의지가 확립되지 못하고 학식은 순수하지 못하며, 큰 도를 듣지 못하고 임금을 바로잡아 인민을 이롭게 하려는 마음이 없는 자는 능히 시를 지을 수가 없다. 너는 이것에 힘쓸지어다.

두자미杜子美(자미는 두보의 자)의 시는 고사故事(전고典故)를 사용하되 형적이 없어서 얼른 보면 모두 자기 창작인 것 같으나 자세히 살펴보면 모두 출처가 있으니, 이것이 바로 시의 성聖이 되는 까닭이다. 한퇴지韓退之(퇴지는 한유韓愈의 자)의 시는 자법字法이 다 출처

---

1) 성수醒叟 : 이학규李學逵(1770~1835)의 자. 호는 낙하생洛下生. 이가환의 외조카로서 신유사옥에 연루되어 전라도 능주綾州와 경상도 김해金海에 23년간 유배되었는데, 당시 강진에서 귀양살던 다산과 시문을 주고받으며 교류하였다.

가 있으나 구어句語는 자기 창작이 많으니, 이것이 바로 시의 대현大賢이 되는 까닭이다. 소자첨蘇子瞻(자첨은 소식蘇軾의 자)의 시는 글귀마다 고사를 쓰되 흔적이 있으며 얼른 보아서는 의미를 알 수 없기 때문에 반드시 두루 상고하여 그 출처를 캐어 본 연후에야 겨우 그 의미가 통하게 되니, 이것이 바로 시의 박사博士가 되는 까닭이다. 소자첨의 시는 우리 3부자父子의 재주로는 종신토록 전공해야만 비로소 근사하게 모방할 수 있을 것이니, 사람이 이 세상에 나서 할 일도 많은데 어찌 그런 노릇을 하랴? 그러나 시를 짓는 데 전연 고사를 사용하지 않고 다만 바람과 달을 읊고 바둑이나 술을 이야기하며 겨우 운자를 다는 것은 외딴 시골 고루한 훈장의 시다. 이제부터 너는 고사를 사용하기에 힘써 볼지어다.

그러나 우리나라 사람들은 꿈쩍하면 중국의 사적만을 인용하니 이는 역시 고루한 품격이다. 마땅히 《삼국사기三國史記》, 《고려사高麗史》, 《국조보감國朝寶鑑》, 《여지승람輿地勝覽》, 《징비록懲毖錄》, 《연려실기술燃藜室記述(이도보李道甫 편찬―원주)》2) 기타 우리나라 저서들에서 그 사실을 채취하고 그 지방을 고찰하여 시에 넣어 사용해야 바야흐로 세상에 이름을 내고 후세에 전할 수 있으리라. 류혜풍柳惠風(혜풍은 류득공柳得恭의 자)의 《16국회고시十六國懷古詩》3)를 중국 사람이 간행한 것을 보아도 증험할 수 있다.

---

2) 연려실기술燃藜室記述 : 이긍익李肯翊(1736~1806)이 자기 부친 이광사李匡師 (1705~1777)의 유배지인 신지도薪智島에서 42세 때부터 타계할 때까지 약 30년에 걸쳐 찬술한 역사서. 원주의 '도보道甫'는 이광사의 자로 착오이다.
　 다산은 《경세유표》 권15 〈춘관수제春官修制·과거지규科擧之規 1〉에서 《삼국사기》, 《고려사》, 《동국통감東國通鑑》, 《국조보감》 등의 국사를 과거 시험 과목으로 포함시키자고 제의하였다.
3) 16국회고시 : 류득공의 시집 《이십일도회고시二十一都懷古詩》 초편본(1778).

《동사즐東事櫛》4)이 본래 이런 필요에서 만든 것인데 이제 대연
大淵5)이 너에게 빌려줄 리가 없으니, 너는 17사十七史의 〈동이전
東夷傳〉 가운데서 반드시 이름난 사적들을 채취해야만 고사로 사용
할 수 있을 것이다.

[해제]

다산은 맏아들 학연에게 "애군우국愛君憂國·상시분속傷時憤俗·미자권징美刺
勸懲의 뜻이 없으면 시가 아니다"는 시론을 폈다. 또한 그는 두보가 시성詩聖
이 되는 까닭을 설명하면서, 고사는 모름지기 우리나라 고전(사서·지리지 등)
에서 인용할 것을 당부하였다. 이는 유교적 입장에서 시의 공리성과 아방我邦
의 정체성*을 중시한 말이라고 할 수 있다.

《시경강의詩經講義》(1791) 권1 〈국풍國風〉에 "선하면 찬미하고 악하면 풍자
하는 것이니 이는 시를 짓는 까닭이요, 찬미하면 권면하고 풍자하면 경계하
는 것이니 이는 시를 채록하는 까닭이다(善則美之 惡則刺之 此詩之所以作也 美
之則勸 刺之則懲 此詩之所以采)"고 하였고, 시 〈노인의 유쾌한 일老人一快事〉
(1832)에 "나는 조선인이니까 조선시를 즐겨 쓰겠다(我是朝鮮人 甘作朝鮮詩)"
고 하였다.

* 아방의 정체성 : 이는 '민족의 주체성'과는 결이 다른 것이다. '민족' 개념은 20
세기 대한제국 때 수용되었고, 그전에는 '동국東國'으로서 자기 정체성만 확인할
수 있었다. 그러므로 다산의 말은 어디까지나 용사用事에 있어 제후국인 조선의
독자성을 강조한 것이라 하겠다. 《경세유표》 권1 〈천관이조天官吏曹〉에 "우리
나라는 제후의 나라이니 제도를 작게 해야 마땅하다(我國家 藩國也 制度宜小)"
고 하였다. 박찬승,《민족·민족주의》(2010); 배우성,《조선과 중화》(2014); 강
명관,《국문학과 민족 그리고 근대》(2007) 등을 볼 것.

---

4) 동사즐東事櫛 :《동사집성東史輯成》(중국 사서에서 우리나라 사실만 모아 편집
한 책) 관련서로 보이는데, 정확히는 알 수 없다.
5) 대연大淵 :《해동역사海東繹史》를 편찬한 한치윤韓致奫(1765~1814)의 자.

《정다산선집》원제목 변경 일람표

No.	전서 제목	《정선》원제	교주본 제목
1	行次銅雀渡	동작나루에 이르러서	동작나루에 이르러
2	登南原廣寒樓	남원 광한루에 올라서	남원 광한루에 올라
3	登白雲臺	삼각산 백운대에 올라서	삼각산 백운대에 올라
4	登羽化亭	우화정에 올라서	우화정에 올라
5	飢民詩	기민시	굶주리는 인민
6	楡林晚步	유림에서 산보하면서	저물녘 느릅나무숲을 거닐며
7	蟲食松	송충	송충이
8	夏日對酒	여름날에 술을 마시면서	여름날 술을 마시며
9	龍山吏	룡산촌을 토색하는 아전	용산촌의 아전
10	波池吏	파지촌을 토색하는 아전	파지촌의 아전
11	海南吏	해남의 아전	해남촌의 아전
12	人才策	붕당 타파와 인재 선발에 관한 대책	인재 선발에 관한 대책
13	通塞議	인재 등용의 길을 소통할 것에 관한 건의서	인재 등용에 관한 건의서
14	擬嚴禁湖南諸邑佃夫輸租之俗箚子	호남 지방의 소작농민들이 국가 조세를 부담하는 습속을 엄금할 것에 대하여 조정에 건의하려는 초안	호남 지방의 소작농민이 조세를 부담하는 습속을 엄금할 것에 관한 건의서 초안
15	送李參判基讓使燕京序	리 참판 기양의 연경 사절행을 환송하면서 써 주는 글	참판 이기양의 연경 사절행을 환송하는 글
16	答茯菴	복암 리기양에게 목화씨 앗는 기계의 제조 사용을 요청한 서한	복암 이기양에게
17	答蔓溪	만계에게 택일법을 론박한 편지	만계 이승훈에게
18	與金公厚履載	김공후(리재)에게 준 편지	공후 김이재에게
19	答李節度民秀	절도사 리민수에게 조선법을 토의한 편지	절도사 이민수에게
20	上仲氏	중형에게 올린 편지	중형에게
21	寄二兒	두 아들에게 보낸 편지	두 아들에게

《정다산선집》원문(산문편) 교주본

일러두기

1. 한문 원문은 최익한의 책에는 없지만, 편자가 새로 수록하였다. 시의 경우 본문 번역문 아래에 싣고, 산문의 경우 여기 원문 교주본에 따로 모아 실었다.

2. 장서각본은 장서본, 규장각본은 규장본, 신조선사본은 신조본, 사암사본은 사암본이라고 약칭한다.

3. 원문은 고전번역원의 《여유당전서》 사암본(2012) DB를 이용하되, 규장본·신조본 등과 대조하여 오자를 바로잡고, 정해렴(《다산논설선집》/ 《다산문학선집》, 현대실학사, 1996)의 교감 결과를 반영하였다. 또 원문과 번역문을 비교하면서 원문의 오류를 고친 경우도 있다. 이 모든 내용은 각주로 밝혀 놓았다.

4. 원문의 속자·약자 등은 독자를 위해 가급적 정자로 바꾸었다.

目　次

2. 論

原牧

牧爲民有乎, 民爲牧生乎? 民出粟米·麻絲, 以事其牧, 民出輿馬·騶從, 以送迎其牧, 民竭其膏血·津髓, 以肥其牧, 民爲牧生乎? 曰否否, 牧爲民有也. 邃古之初, 民而已, 豈有牧哉? 民于于然聚居, 有一夫與鄰鬨, 莫之決. 有叟焉, 善爲公言, 就而正之, 四鄰咸服, 推而共尊之, 名曰里正. 於是數里之民, 以其里鬨, 莫之決. 有叟焉, 俊而多識, 就而正之, 數里咸服, 推而共尊之, 名曰黨正. 數黨之民, 以其黨鬨, 莫之決. 有叟焉, 賢而有德, 就而正之, 數黨咸服, 名之曰州長. 於是數州之長, 推一人以爲長, 名之曰國君. 數國之君, 推一人以爲長, 名之曰方伯. 四方之伯, 推一人以爲宗, 名之曰皇王. 皇王之本, 起於里正, 牧爲民有也. 當是時, 里正從民望而制之法, 上之黨正, 黨正從民望而制之法, 上之州長, 州上之國君, 國君上之皇王, 故其法皆便民. 後世一人自立爲皇帝, 封其子若弟, 及其侍御·僕從之人, 以爲諸侯, 諸侯簡其私人, 以爲州長, 州長薦其私人, 以爲黨正·里正. 於是皇帝循己欲而制之法, 以授諸侯, 諸侯循己欲而制之法, 以授州長, 州長1)授之黨正, 黨正授之里正. 故其法皆尊主而卑民, 刻下而附上, 壹似乎民爲牧生也. 今之守令, 古之諸侯也. 其宮室·輿馬之奉,

---

1) 長 : 신조본·사암본에는 빠져 있다.

衣服·飲食之供, 左右便嬖·侍御·僕從之人, 擬於國君, 其權能足以慶
人, 其刑威足以怵人. 於是傲然自尊, 夷然自樂, 忘其爲牧也. 有一
夫閧而就正, 則已蹴然曰: "何爲是紛紛也?" 有一夫餓而死, 曰: "汝
自死耳." 有不出粟米·麻絲以事之, 則撻之棓之, 見其流血而後止焉.
日取籌緡, 曆記夾注·塗乙, 課其錢布, 以營田宅, 賂遺權貴宰相, 以
徼後利. 故曰 '民爲牧生', 豈理也哉? 牧爲民有也.

田論 一2)

有人焉, 其田十頃, 其子十人. 其一人得三頃, 二人得二頃, 三人得
一頃, 其四人不得焉, 嗥號宛轉,3) 莘於塗以死, 則其人將善爲人父
母者乎? 天生斯民, 先爲之置田地, 令生而就哺焉, 旣又爲之立君立
牧, 令爲民父母, 得均制其產而竝活之. 而爲君牧者, 拱手孰視其諸
子之相, 攻奪竝吞而莫之禁也, 使强壯者益獲, 而弱者受擠批, 顚于
地以死, 則其爲君牧者, 將善爲人君牧者乎? 故能均制其產而竝活之
者, 君牧者也, 不能均制其產而竝活之者, 負君牧者也. 今國中田地,

---

2) 사암본에는 장서본《열수전서洌水全書》와 규장본《여유당집與猶堂集》에 따라
   "이는 기미년(1799) 38세 때 지은 것이라 만년의 소론所論과는 다르지만 지금
   또한 기록해 둔다.《서경》에 이르기를 '임금이 이 오복을 거두어 그 서민들에게
   베풀어 준다' 하였으니, 이것이 그 대의이다(此是己未間所作 [三十八歲時] 與晚
   來所論不同 今亦錄之 書曰 皇斂時五福 用敷錫厥庶民 斯大義也)"고 두주頭註가
   붙어 있는데, 신조본에는 누락되어 있다. 이 사실은 김용섭이《한국근대농업사
   연구》(일조각, 1975) p90에서 처음으로 주목하였다.
3) 轉: 신조본·사암본의 傳은 오자.

大約爲八十萬結(英宗己丑, 八道時起水田三十四萬三千結零, 旱田四十五萬七千八百結零, 奸吏漏結及山火田, 不在此中), 人民大約爲八百萬口(英宗癸酉, 京外人口七百三十萬弱, 計當時漏口及其間生息, 宜不過七十萬), 試以十口爲一戶, 則每一戶得田一結, 然後其產爲均也. 今文武貴臣及閭巷富人, 一戶粟數千石者甚衆, 計其田不下百結, 則是殘九百九十人之命, 以肥一戶者也. 國中富人, 如嶺南崔氏·湖南王氏, 粟萬石者有之, 計其田不下四百結, 則是殘三千九百九十人之命, 以肥一戶者也. 而朝廷之上, 不孳孳焉汲汲焉, 唯損富益貧, 以均制其產之爲務者, 不以君牧之道, 事其君者也.

田論 二

將爲井田乎? 曰否. 井田不可行也. 井田者, 旱田也. 水利旣興, 秔稌旣甘矣, 棄水田哉? 井田者, 平田也. 劃柞旣力, 山谿旣闢矣, 棄餘田哉? 將爲均田乎? 曰否. 均田不可行也. 均田者, 計田與口而均分之者也. 戶口增損, 月異而歲殊, 今年以甲率分, 明年以乙率分, 毫忽之差, 巧歷莫察, 饒瘠之別, 頃畝莫限矣, 均乎哉? 將爲限田乎? 曰否. 限田不可行也. 限田者, 買田至幾畝而不得加, 鬻田至幾畝而不得減者也. 藉我以人之名而加之焉, 孰知之乎? 藉人以吾之名而減之焉, 孰知之乎? 故限田不可行也. 雖然人皆知井田之不可復, 而獨均田·限田, 明理識務者, 亦肯言之, 吾竊惑焉. 且夫盡天下而爲之農,

固吾所欲也. 其有不盡天下而爲之農者, 亦聽之而已. 使農者得田,
不爲農者不得之, 則斯可矣. 均田·限田者, 將使農者得田, 使不爲農
者亦得之, 使不爲工商者亦得之, 夫使不爲工商者亦得之, 是率天下
而敎之游也. 率天下而敎之游, 其法固不能盡善也.

田論 三

今欲使農者得田, 不爲農者不得之, 則行閭田之法而吾志可遂也. 何
謂閭田? 因山谿川原之勢, 而畫之爲界, 界之所函, 名之曰閭(周制二
十五家爲一閭, 今借其名, 約於三十家有出入, 亦不必一定其率), 閭三爲里(《風
俗通》, 五十家爲一里, 今借其名, 不必五十家), 里五爲坊(坊, 邑里之名, 漢有九
子坊, 今國俗亦有之), 坊五爲邑(周制四井爲邑, 今以郡·縣治所爲邑). 閭置閭
長, 凡一閭之田, 令一閭之人咸治厥事, 無此疆爾界, 唯閭長之命是
聽, 每役一日, 閭長注於冊簿. 秋旣成, 凡五穀之物, 悉輸之閭長之
堂(閭中之都堂也), 分其糧, 先輸之公家之稅, 次輸之閭長之祿, 以其餘
配之於日役之簿. 假令得穀爲千斛(以十斗爲一斛), 而注役爲二萬日,
則每一日分糧五升, 有一夫焉. 其夫婦子媳, 注役共八百日, 則其分
糧爲四十斛, 有一夫焉, 其注役十日, 則其分糧五斗4)已矣. 用力多
者得糧高, 用力寡者得糧廉, 其有不盡力, 以賭其高者乎? 人莫不盡
其力, 而地無不盡其利. 地利興則民産富, 民産富則風俗惇而孝悌
立, 此制田之上術也.

---

4) 五斗: 장서본·규장본·신조본·사암본에는 '四斗'라고 되어 있으나 이는 오류.

田論 四

有閭焉, 三十家共一閭. 閭長曰: "某甲耕彼, 某乙芸彼" 職事旣分, 有負耒耜挈妻子而至者曰, '願受一廛', 將奈何? 曰, 受之而已矣. 曰, 一閭之田不加廣, 一閭之民無定額, 奈何? 曰, 民之趨利也, 由水之趨下也. 知地廣而人力詘也, 知田小而出穀多也, 知秋之分糧之高也. 然後負耒耜挈妻子而至, 願受一廛也. 曰, 然. 有閭焉, 二十家共一閭. 閭長曰: "某甲畬彼, 某乙糞彼" 職事旣分, 有負耒耜挈妻子而去者曰, '適彼樂土', 將奈何? 亦聽之而已矣. 民之辟害也, 若火之違濕也. 知地狹而人力贏也, 知力倍而得穀少也, 知秋之分糧之廉也, 然後負耒耜挈妻子而去, 適彼樂土也. 故上不出令而民之宅里均, 上不出令而民之田地均, 上不出令而民之富貧均, 熙熙然來, 穰穰然往, 不出八九年, 國中之田均矣. 曰, 民之以田爲域也, 猶羊之有苙也. 今使之熙熙然來, 穰穰然往, 若鳥獸之相逐也. 使民若鳥獸之相逐者, 亂之本也. 曰, 然行之八九年, 民粗均矣, 行之十餘年, 民大均矣. 民大均, 然後爲之籍以隷其屋宅, 爲之劵以管其遷徙, 一民之來而受之有限, 一民之往而聽之有節, 地廣而人少者受, 人少而得穀多者受, 地狹而人衆者聽, 人衆而得穀寡者聽, 不如是而徙者, 客無所之, 客無所之, 則莫往而莫來矣.

田論 五

農者得田, 不爲農者不得之, 農者得穀, 不爲農者不得之. 工以其器
易, 商以其貨易, 無傷也. 若士則十指柔弱, 不任力作, 耕乎, 芸乎,
畲乎, 糞乎? 名不得注于冊, 則秋無分矣. 將奈何? 曰, 噫嘻! 吾所爲
閭田之法者, 正爲是也. 夫士也, 何人? 士何爲游手游足, 呑人之土
食人力哉? 夫其有士之游也, 故地利不盡闢也. 知游之不可以得穀也,
則亦將轉而緣南畝矣. 士轉而緣南畝而地利闢, 士轉而緣南畝而風俗
厚, 士轉而緣南畝而亂民息矣. 曰, 有必不得轉而緣南畝者, 將奈何?
曰, 有轉而爲工商者矣, 有朝出耕夜歸讀古人書者矣, 有敎授富民子
弟, 以求活者矣, 有講究實理, 辨土宜興水利, 制器以省力, 敎之樹
藝畜牧, 以佐農者矣. 若是者, 其功豈扼腕力作者所能比哉? 一日之
役注十日, 十日之役注百日, 以分其糧焉, 可也. 士何爲無分哉?

田論 六

田以什一而稅, 法也. 薄稅而不什一, 貊之道也, 重稅而不什一, 桀
之道也. 今田得穀百斗者, 公家之稅不過五斗, 是二十而取一也, 私
家之稅五十斗則是什五也. 公家之爲大貊, 私家之爲大桀, 而國貧不
支,5) 民匱不給, 此遵何法哉? 罷兼竝之家, 而行什一之稅, 則國與民

---

5) 支 : 신조본의 攴은 오식.

俱富矣. 然什一之稅, 不可易言也, 將視歲之豐儉, 而上下其稅乎? 唯井田爲然, 閭田不可爲也. 相土之肥瘠, 量穀之多寡, 較數歲之中, 以爲常令, 一定其總, 不得加減, 唯大無之年, 權貸其稅, 遇大有之年, 照數賠補, 則國有定入, 民有定供, 而諸亂俱整矣. 凶年民望蠲無厭者, 爲其永蠲也. 知豐年之有補還, 則不望蠲無厭矣, 不望蠲無厭, 則奸僞不興矣. 唯山崩川決, 永世而不墾者, 永蠲之而已矣. 然有灌水開荒, 斫木拔石而爲田者, 亦將數十年一籍之, 則彼山崩川決而永蠲者, 亦有以賠補也. 公稅旣什一矣, 國用旣倍增矣, 祿不可不厚也. 今旣無兼並之田, 又從而薄其祿, 則國無君子者矣. 令仰足以事父母, 俯足以育妻子, 又足以周族黨, 養賓客, 字僕隸, 崇第宅, 美衣馬而後, 有願立於朝者矣.

田論 七

古者寓兵於農, 今行閭田之法, 則其於制兵也尤善矣. 國制兵有二用, 一以編伍以待疆場之變, 一以收布以養京城之兵, 二者不可廢也. 編伍之卒, 常無統領, 將卒不相習, 不相爲用, 奚其爲兵哉? 今閭置閭長, 令爲哨官, 里置里長, 令爲把摠, 坊置坊長, 令爲千摠(里長以大閭之長兼之, 坊長擇里長之賢者兼之, 祿不疊受), 邑置縣令, 令得節制, 則制田而兵在其中矣. 人自爲田, 各私其私, 故紀綱不立, 命令不行, 今十口之命, 懸於閭長, 終歲奔走, 聽其節制, 以之爲兵, 而進退如律. 何者? 敎習有素也. 大較一閭之民, 三分其率, 其一出戶丁以應編伍, 其二出戶布以應軍需, 而以役丁多寡, 加減其布, 則括丁充軍之獘, 亦頓然逐除矣. 近歲李相國 秉模觀察關西, 試戶布之法於中和一府, 府民相聚號哭, 事逐已. 夫國之行法, 自貴近始也. 令自卑遠, 未有不相聚號哭者也. 行乎哉? 行閭田之法而申之以孝弟之義, 律之以庠序之敎, 使民親其親長其長, 則戶布自行矣.

樂論

昔有虞氏之命夔也, 曰: "命汝典樂, 敎胄子" 典樂, 典樂而已, 其敎人奈何? 嗟乎! 人不能自然而善, 必敎而後善. 何則? 七情交於中, 而不得其和也. 或歂歂然有所悁而淫焉, 或怫怫然有所激而懥焉, 或戚戚焉, 或慄慄焉, 或眈眈焉, 或盼盼焉, 而其心無時而得和矣. 心不和則百體從而乖, 而動作周旋, 皆失其度. 故聖人爲之琴·瑟·鍾·鼓·磬·管之音, 使朝夕灌乎耳而漑乎心, 得以動盪其血脈, 而鼓發其和平愷悌之志, 故<韶>之旣成, 庶尹允諧, 虞賓德讓, 其效有如是者矣. 敎人之必以樂, 不其宜乎? 故天子宮縣諸侯軒縣, 奏而後食焉, 步以<肆夏>, 趨以<采齊>, 大夫判縣, 士無故不徹琴瑟. 聖人之道, 非樂不行, 帝王之治, 非樂不成, 天地萬物之情, 非樂不諧, 樂之爲德, 若是其廣博崇深, 而三代之後, 獨樂全亡, 不亦悲哉! 百世無善治, 四海無善俗, 皆以樂之亡耳. 爲天下者, 宜致意焉.

軍器論 一

兵法曰: "器械不利, 以其卒予敵也. 卒不可用, 以其將予敵也" 蓋兵者, 手執器械以禦人者也. 雖有卒千萬, 令空手, 則猶無卒也, 令手執朽鈍破觖, 則猶無卒也. 國家貧且無法, 無以養兵, 兵不養則無以練習, 練習廢則器械藏, 器械藏則朽鈍破觖已矣. 今郡縣所藏之器, 弓擧之則蠹沙溲溲然, 矢擧之則羽簌簌然, 刀拔之則刃黏于室而徒柄出焉, 銃眡之則鏽塞竅焉, 一朝有患, 通國皆赤手也. 雖然南北無警, 壃場無虞, 兵可有制, 不可徒養, 兵不養則徒器無爲也. 雖然惡可無備也? 弓已之, 藏角焉, 藏柘枝焉, 藏筋焉, 可也. 矢已之, 藏竹箭焉, 藏羽焉, 藏鏃焉, 可也. 藏熟銅焉, 藏鋼鐵焉, 藏堅利材木·皮革·齒骨之物焉, 以俟時焉, 可也. 如一朝有患, 孰製之爲器也? 凡民之有百工技藝者, 復其戶蠲其庸, 令聚居于邑, 毋得散處村里, 月繼其一口之糧, 而編其名于軍籍, 守令以時考較其技能巧拙, 以增減其糧, 其有卓異者, 拔之爲將官, 令各激勸, 一朝有患, 器械可製也. 爲將帥者, 或發謀出慮, 製爲奇器新式以禦敵者, 百工各奏其能, 則其於破敵也, 何有? 斯之爲武備也, 豈不周且密矣乎? 與其藏朽鈍破觖, 而隱然恃之爲有備者, 相去遠矣.

軍器論 二

春秋之戰, 爲左右焉, 爲前後焉, 整軍容審軍執, 塡然鼓之, 翼然而進. 有奔北失執者曰: "爾敗矣" 有靡亂失法者曰: "爾敗矣" 或一鏃不發而勝敗以決, 此古人之戰也. 繼此以降, 爲方員焉, 爲六八焉, 神之以鬼神, 祕之以陰陽, 善爲陣者爲上將, 善爲戰者爲次將, 審山陵水澤之形, 爲之進退而勝敗以決, 此中世之戰也. 或一弓焉, 或一槍焉, 或一刀一棒焉, 勃勃然相擊撞, 草薙而禽獮之, 勝敗以決者, 後世之戰也. 世級日降, 巧思日鑿, 近世之謀伐人國者, 唯製爲奇器巧物, 一夫決機, 萬人隕命, 安坐而湛人之城. 有若虎蹲礮·百子銃, 猶其疎者也. 如所謂紅夷礮者, 其迅烈酷虐, 前古無比, 中國·日本使用已久, 有如不幸, 百年之後, 南北有警, 必以是至矣. 其有不拱手伏地而奉獻其城者乎? 方且挽說彄之弓, 銜無鏃之箭, 立的於百步之外, 而盡力以求中, 中者得祿, 不中者失祿, 以之爲絶世之妙技, 豈不沖澹冥漠矣乎? 何其忠厚·愿謹·淳眞·樸素之至此哉? 故曰軍器不必備, 雖有之, 敢有一夫出立者哉?

技藝論 一

天之於禽獸也, 予之爪, 予之角, 予之硬蹄利齒, 予之毒, 使各得以獲其所欲而禦其所患. 於人也, 則倮然柔脆, 若不可以濟其生者, 豈

天厚於所賤之, 而薄於所貴之哉? 以其有知慮巧思, 使之習爲技藝以
自給也. 而智慮之所推運有限, 巧思之所穿鑿有漸, 故雖聖人不能當
千萬人之所共議, 雖聖人不能一朝而盡其美. 故人彌聚則其技藝彌
精, 世彌降則其技藝彌工, 此勢之所不得不然者也. 故村里之人, 不
如縣邑之有工作, 縣邑之人, 不如名城·大都之有技巧, 名城·大都之
人, 不如京師之有新式妙制. 彼處窮村僻里之外者, 舊至京師, 偶得
其草剏未備之法, 欣然歸而試之, 竊竊然以自滿曰: "天下未有賢於
此法者" 戒其子若孫曰: "京師之所謂技藝者, 吾盡得之, 自此京師
無所復學矣" 若是者, 其所爲末6)有不鹵莽陋惡者也. 我邦之有百工
技藝, 皆舊所學中國之法, 數百年來, 截然不復有往學中國之計. 而
中國之新式妙制, 日增月衍, 非復數百年以前之中國, 我且漠然不相
問, 唯舊之是安, 何其懶也?

　　技藝論 二

農之技精, 則其占地少而得穀多, 其用力輕而穀美實. 凡所以菑之耕
之, 播之芸之, 銍之剝之, 以至簸春溲炊之功, 皆有以助其利而省其
勞者矣. 織之技精, 則其費物少而得絲多, 其用力疾而布帛緻美, 凡
所以漚之浴之, 紡之繅之, 織之練之, 以至染采7)糨鍼之功, 皆有以
助其利而省其勞者矣. 兵之技精, 則凡所以擊刺·防禦·轉輸·修築之

6) 末 : 사암본에는 빠져 있다.
7) 采 : 신조본의 采은 오식.

功, 皆有以益其猛而護其危者矣. 醫之技精, 則凡所以切脈·審祟·辨藥性·察時氣者, 皆有以發前人之蒙, 而駁前人之謬者矣. 百工之技精, 則凡所以製造宮室器用, 以至城郭·舟船·車輿之制, 而皆有以堅固便利矣. 苟盡得其法而力行之, 則國可富也, 兵可強也, 民可裕而壽也. 方且熟視而莫之圖焉, 有說車者, 曰: "我邦山川險惡" 有說牧羊者曰: "朝鮮無羊" 有說馬不宜粥者, 曰: "風土各異" 若是者, 吾且奈何哉? 學書而有爲米·董者, 曰: "不如羲之之純也" 學醫而有爲薛·張者, 曰: "不如丹溪·河間之古也" 隱然倚之爲聲勢, 而欲號令一世. 彼羲之·丹溪·河間之屬, 果雞林之安東府人耶?(俗所云羲之, 卽鄕刻木板筆陣圖也. 故反不如米·董眞蹟)

脈論 一

脈可以察血氣之衰旺, 病情之虛實. 其云左寸候心, 右寸候肺, 左關候肝·膽, 右關候脾·胃, 左尺候腎·膀胱·大腸, 右尺候腎·命門·三焦·小腸者, 妄也. 脈之一動而一靜, 以氣血也. 徒氣不能爲衛, 徒血不能爲營, 血爲氣之所御, 氣爲血之所涵, 而營衛之名立焉. 然有氣不能無動, 有血不能無靜, 方其動也, 爲周流施布, 方其靜也, 爲涵濡滋養, 此人身之所以有脈也. 脈之淺露者, 適在手腕, 故切手腕耳. 天之生人, 豈必令五臟六腑, 昭布其影於手腕之上, 而使人切之哉? 脈自著經之人, 已不信其自作之經, 而其後凡稍通醫理者, 必不信脈

712

經. 然其心猶疑其有玄妙微奧之理, 而己之罔覺也, 復恐己不尊奉脈
經, 則世人與後世之人, 謂己不達脈經之旨, 於是陽爲人所不知, 而
己有所獨得者, 外尊脈經爲不刊[8]之典, 演其說而釋其旨, 至其不可
解者, 輒云: "心得之妙, 不可以言傳" 愚者矇然奉信, 智者復用其
術. 此非唯脈經爲然, 凡術之虛僞者, 皆然也. 故善於脈者, 切手焉
切足焉切腦之大絡焉, 辨其衰旺, 察其虛實而已. 安有所謂五藏六腑
之說哉?

　　脈論 二

夫所謂寸·關·尺者, 吾斯之不可辨也. 醫之指, 有肥而闊者, 有瘦而
尖者, 其所占有多少之不齊也. 病人之腕, 有長者, 有短者, 其所分
寸·關·尺之界限, 有大小之不齊也. 令指大者而切腕短者之脈, 令指
小者而切腕長者之脈, 其所謂寸者, 吾惡知其非關, 其所謂關者, 吾
惡知其非尺哉? 其所謂候心者, 吾惡知其非候肝, 其所謂候脾·胃者,
吾惡知其非候腎·膀胱哉? 乃無學之徒, 曾浮·沈·滑·濇之不能辨, 而抵
掌論證曰: "某藏受傷, 當抑某藏. 何氣不足, 當補何經" 又有一種怪
妄之徒, 乃云: "切脈, 可以辨其性情好惡·身命貴賤" 甚至有卜年卜
運, 如斗數·星曜之術者, 人且眛然奉信, 謂有隱理, 何其愚陋易欺哉?
故學切脈者, 唯察其有力無力, 有神無神, 有度無度而止矣. 何五藏

---

8) 刊 : 신조본의 刊은 속자.

六腑之能別哉? 夫能動能勝指之謂力, 能和能有生活之機之謂神, 能往來作止, 有法不亂之謂度. 知此三者, 而細心乎浮沈·遲數·洪微·滑澀·弦扤·緊緩·結伏之候, 則脈家之能事畢矣. 而又何求哉?

相論

相因習而變, 勢因相而成, 其爲形局流年之說者, 妄也. 嬰稺之蒲服也, 觀其貌, 夭夭已矣. 暨其長而徒分焉, 徒分而習岐, 習岐而相以之變, 塾之徒, 其相藻, 市之徒, 其相漆, 牧之徒, 其相蓬, 江牌馬弔之徒, 其相哮而儇. 蓋以其習日遠而其性日遷, 誠於其中, 達於其外, 而相以之變. 人見其相之變也, 而方且曰: "其相如是也, 故其習如彼也" 噫, 其舛矣! 夫習於學者效於達, 習於利者效於貨, 習於力者終於卑賤, 習於惡者終於敗亡, 而習與效竝進, 效與相俱變. 人見其相之變也, 方且曰: "其相如是也, 故其效如彼也" 噫, 何其愚也! 有兒焉, 眸炯如也, 父母曰'是可以學也', 爲之買書, 爲之立師, 先生曰'是可以教也', 益予之筆墨鉛槧, 兒益俛焉, 日孳孳焉, 大夫薦之曰'是可以用也', 君見之曰'是可以寵也', 獎之詡之, 揚之擢之, 俄而宰相矣. 有兒焉, 頰豐如也, 父母曰'是可以富也', 益予之產, 富人見之曰'是可以使也', 益予之資, 兒益俛焉, 日孳孳焉, 賈於四方, 而疑其肥, 藏於市肆, 而推而爲主也, 固將進也, 又從而爲之助, 俄而素封矣. 有兒焉, 眉毛叢雜也, 有兒焉, 鼻孔外露也, 則其父母師長之所以培植鯷助之者, 一切反是, 是惡能貴富其身哉? 若是者, 因其相而成其勢, 因其勢而邃其相. 人見其相之邃也, 方且曰: "其相如是也, 故其所成如彼也" 噫, 何其愚也! 世固有懷才抱德, 阨窮而不見施者, 咎於相, 有能舍其相而寵之者, 則亦宰相焉已矣. 有明於利害, 察於貴賤, 而終身困寠者, 咎於相, 有能舍其相而予之資, 則亦猗頓焉已矣. 況乎居足以移氣, 養足以移體, 富貴淫其志, 憂患戚其心, 有朝榮而夕槁者, 有昔之悴憔而今之腴潤者, 相烏乎定哉? 士庶人信相則失其業, 卿大夫信相則失其友, 國君信相則失其臣. 孔子曰: "以貌取人, 失之子羽" 聖矣哉!

鄉吏論 一

都古胥史之職, 操古大夫之權者, 鄉吏是已. 古者大國方百里, 其次七十里, 其次五十里, 今我郡縣大小, 與古之所謂國者相等. 然則守令其邦君也, 其亞於守令而佐守令出治者, 大夫已矣. 鄉吏操者, 非古大夫之權乎? 古者大夫世卿, 今鄉吏世其職. 彼世其卿者, 執國命, 制民之死生, 卒之權在人主之上, 若魯之三桓·晉之六卿·鄭之七穆者, 不至墟其國, 不肯悛其惡, 卽今之世其職者, 亦不如是不已矣. 雖然古者邦君, 亦世其爵, 而爲大夫者, 皆公族世臣, 故邦君亦權重, 而大夫有恩義於其上, 其惡猶未甚焉. 今守令久者四三年, 不然者朞年而已, 其在位也, 若逆旅之過客然. 而鄉吏於此, 無恩義相係屬, 故其權恒在於鄉吏, 而其傾陷欺負也輕. 由是言之, 其害毒所及, 又不特古之大夫而止耳. 以過客馭主人, 以不知馭知者, 其有能移其權者乎? 此鄉吏之所以恒操其權也. 權之所在, 生殺禍福係焉. 其所以播其惡於民者, 容有旣乎? 謀國者不可以不察.

鄉吏論 二

一家亂, 家長任其罪, 法也, 一閭亂, 閭長任其罪, 法也, 一縣亂, 縣令任其罪, 法也. 故朝廷遣監司行部曰: "郡守·縣令, 有貪婪不法者, 鋤之" 遣御史按廉曰: "郡守·縣令, 有貪婪不法者, 擊之. 其或有姦胥·猾吏, 是狐鼠也. 不足問, 先正其大綱已矣" 世以是爲知要之言. 嗟乎, 冤哉, 守令也! 是守令者, 自幼績文史, 幸而登仕籍, 積勞苦數十年, 幸而得郡縣, 其始至也, 其誰不兢兢然栗栗然, 惟弗克負荷是懼哉? 欲民之譽己焉, 欲監司之襃己焉, 欲法之無違焉, 欲公事之及期焉. 旣數月, 吏誘之曰: "民頑, 其懲不可充也" 曰: "監司遠, 其欺蔽有術也" 曰: "粟斂散如吾計, 其贏者什倍" 曰: "公事推轉無害" 於是與之賈, 析其利, 與之盜, 分其贓, 與之魚肉民, 移其威. 嗟呼! 使皐陶按是獄, 誰其爲首惡也? 如以魯男子投之於娼院, 雖矜持數月, 究竟不爲淫所誘者鮮矣. 胡獨誅魯男子乎? 家長恒居其家, 家之亂, 長之罪也. 閭長恒居其閭, 閭之亂, 長之罪也. 郡守·縣令, 客也. 主人亂其家, 而客受其罪, 不冤乎? 故凡首惡者, 吏也, 服上刑, 從之者, 守令也, 服次刑. 其云 '先正其大綱'者, 迂言也.

716

鄉吏論 三

虎, 惡獸也, 方其飽也, 鹿豕過之而不顧. 蒼鷹, 鷙鳥也, 方其坐架也,
日食之以肉, 厭噱盈, 雖遇雉不鷇也. 唯餓虎飢鷹, 其搏益猛, 其勢
則然也. 京司之吏有常餼, 又不以歲更, 故其貪得有限, 又恐失其職,
故其行惡有節. 鄉吏則不然, 旣無常餼, 又或至五六年不調, 及其得
之也, 如餓虎得豕, 飢鷹遇雉. 其奮迅酷烈, 而復有顧瞻者乎? 雖歲
得之, 其心恒以爲來年不可知, 而其貪有節乎? 千戶之邑, 置吏十人,
無歲而不飽也. 二千戶之邑, 置吏十二, 無歲而不飽也. 等而上之,
每增千戶, 增吏二人, 雖大邑, 吏不過三十, 亦足以治文簿備使令,
又何必牲牲然滿其庭而爲悅哉? 額有限, 有罪而除額, 卽吏以額爲
寶, 兢兢然猶恐失之. 不幸而失其額, 其父母妻子凍餒, 吏有不兢兢
然唯恐失之乎? 夫然後畏得罪, 畏得罪然後重犯法, 重犯法然後其侵
虐少衰, 定吏額, 國家之切務也.

五學論 一

性理之學, 所以知道認己, 以自勉其所以踐形之義也. 《易大傳》曰:
"窮理盡性, 以至於命"《中庸》曰: "能盡己之性, 能盡人之性, 能盡
物之性"《孟子》曰: "盡其心者知其性, 知其性則知天矣"性理之學,
有所本也. 然古之爲學者, 知性之本乎天, 知理之出乎天, 知人倫之

爲達道, 以孝弟忠信, 爲事天之本, 以禮樂刑政, 爲治人之具, 以誠意正心, 爲天人之樞紐. 其名曰仁, 其所以行之曰恕, 其所以施之曰敬, 其所以自秉曰中和之庸, 如斯而已, 無多言也. 雖多言, 是重言複言, 無異言也. 今之爲性理之學者, 曰理曰氣, 曰性曰情, 曰體曰用, 曰本然氣質, 理發氣發, 已發未發, 單指兼指, 理同氣異, 氣同理異, 心善無惡, 心善有惡, 三幹五椏, 千條萬葉, 毫分縷析, 交嗔互囔, 冥心默硏, 盛氣赤頸, 自以爲極天下之高妙. 而東振西觸, 捉尾脫頭, 門立一幟, 家築一壘, 畢世而不能決其訟, 傳世而不能解其怨, 入者主之, 出者奴之, 同者戴之, 殊者伐之, 竊自以爲所據者極正, 豈不疎哉? 禮者, 所以節文乎孝弟忠信之行者也, 則勿知焉, 曰'名物度數, 於道末也', 曰‘籩豆之事, 則有司存'. 樂者, 所以悅樂乎孝弟忠信之行者也, 則勿知焉, 曰‘詠歌舞蹈, 於今外也', 曰‘樂云樂云, 鍾鼓云乎'. 刑政者, 所以輔成乎孝弟忠信之行者也, 則勿知焉, 曰: "刑名功利之學, 聖門之所棄也" 威儀者, 所以維持乎孝弟忠信之行者也. 祭祀·賓客·朝廷·軍旅·燕居·喪紀, 其容各殊, 布在容經, 不可相用, 則勿知焉, 槪之以一字之禮曰跪. 三百三千, 其終以一跪字槪之乎? 古者學道之人, 名之曰士, 士也者, 仕也. 上焉者仕於公, 下焉者仕於大夫, 以之事君, 以之澤民, 以之爲天下國家者, 謂之士. 其遭人倫之變, 如伯夷·叔齊·虞仲·夷逸之等隱之, 餘無隱也. 故索9)隱行怪, 聖人戒之. 今爲性理之學者, 自命曰隱, 雖弈世卿相, 義共休戚,

___

9) 索 : 신조본의 素는 오식.

則勿仕焉, 雖三徵七辟, 禮無虧欠, 則勿仕焉. 生長輦轂之下者, 爲
此學則入山, 故名之曰山林. 其爲官也, 唯經筵·講說及春坊輔導之
職, 是注是擬, 若責之以錢穀·甲兵·訟獄·擯相之事, 則群起而病之,
以爲待儒賢不然. 推是義也, 將周公不得爲太宰, 孔子不得爲司寇,
子路不得折獄, 公西華不得與賓客言. 聖人敎斯人, 將安授之, 國君
致斯人, 將安用之? 乃其所自倚以文之, 則曰: "我尊尙朱子" 嗚呼!
朱子何嘗然哉? 硏磨六經, 辨別眞僞, 表章四書, 開示蘊奧. 入而爲
館閣, 則危言激論, 不顧死生, 以攻人主之隱過, 犯權臣之忌諱, 談
天下之大勢, 滔滔乎軍旅之機, 而復讎雪恥, 要以伸大義於千秋. 出
而爲州郡, 則仁規慈範, 察隱察微, 以之平賦徭, 以之振凶札.[10] 其
宏綱細目, 有足以措諸邦國, 而其出處之正也, 召之則來, 捨之則藏,
拳拳乎君父之愛, 而莫之敢忘. 朱子何嘗然哉? 沈淪乎今俗之學, 而
援朱子以自衛者, 皆誣朱子也. 朱子何嘗然哉? 雖其修飾邊幅, 制行
辛苦, 有勝乎樂放縱邪淫者, 而空腹高心, 傲然自是, 終不可以攜手
同歸於堯·舜·周·孔之門者, 今之性理之學也.

五學論 二

詁訓之學, 所以發明經傳之字義, 以達乎道敎之旨者也. 秦燔之厄,
師承遂絶, 武帝以來, 五經始有官學, 門戶旣立, 枝派以分, 下逮魏·

---

10) 札 : 신조본·사암본의 扎은 속자.

晉, 名儒林立, 至孔穎達·賈公彦爲之疏釋, 而天下靡然宗之, 可謂盛矣. 然其詁訓之所傳受者, 未必皆本旨, 雖其得本旨者, 不過字義明而句絶正而已, 于先王先聖道敎之源, 未嘗窺其奧而溯之也. 朱子爲是之憂之. 於是就漢·魏詁訓之外, 別求正義, 以爲集傳·本義·集注·章句之等, 以中興斯道, 其豐功盛烈, 又非漢儒之比. 今之學者, 考漢注以求其詁訓, 執朱傳以求其義理, 而其是非得失, 又必決之於經傳, 則六經四書, 其原義本旨, 有可以相因相發者, 始於疑似而終於眞的, 始於彷徨而終於直達. 夫然後體而行之, 行而驗之, 下之可以修身齊家爲天下國家, 上之可以達天德而反天命, 斯之謂學也. 今之所謂詁訓之學, 名之曰折衷漢·宋, 而其實宗漢而已. 詁宮室訓蟲魚, 以之通其字絶其句而已. 于性命之理, 孝弟之敎, 禮樂·刑政之文, 固昧昧也. 宋未必盡是, 而其必欲體行於心與身, 則是矣. 今也, 唯詁訓章句, 其異同沿革, 是考是察, 曾不欲辨是非別邪正, 以求其體行之術, 斯又何法也? 古之爲學者五, 曰博學之, 審問之, 愼思之, 明辨之, 篤行之. 今之爲學者一, 曰博學之而已, 自審問而下, 非所意也. 凡漢儒之說, 不問其要領, 不察其歸趣, 唯專心志以信之, 邇之不慮乎治心而繕性, 遠之不求乎輔世而長民, 唯自眩其博聞強記宏詞豪辨, 以眇一世之陋而已. 其有謬義邪說, 足以爲萬世之害者, 則函受竝容, 以爲天下之義理無窮. 斯則先聖先王, 其格言至訓, 悉爲是湮晦而不章, 磨滅而不立矣, 豈不悲哉? 若是者, 儒雅博洽, 可愛可重, 非不迢然善也. 卒之不可以攜手同歸於堯·舜·周·孔之門, 斯所謂詁訓之學也.

五學論 三

文章之學, 吾道之鉅害也. 夫所謂文章者, 何物? 文章豈掛乎空布乎地, 可望風走而捉之者乎? 古之人, 中和祗庸, 以養其內德, 孝弟忠信, 以篤其外行, 詩書禮樂, 以培其基本, 春秋·易象, 以達其事變, 通天地之正理, 周萬物之衆情. 其知識之積於中也, 地負而海涵, 雲鬱而雷蟠, 有不可以終閟者, 然後有與之相邂者, 或相入焉, 或相觸焉, 撓之焉, 激之焉, 則其宣之而發於外者, 渤潏汪濊, 粲爛煜霅, 邇之可以感人, 遠之可以動天地而格鬼神, 斯之謂文章, 文章不可以外求也. 故文章之在宇宙之間, 其精微巧妙者《易》, 溫柔激切者《詩》, 典雅縝密者《書》, 詳細而不可亂者《禮》, 條鬯而不可糅者《周禮》, 瑰奇吐欲而不可屈者《春秋》左氏之<傳>, 睿聖無瑕者《論語》, 眞知性道之體而劈析枝經者《孟子》, 刻蒭深窈者《老子》, 下此以往, 醇者或寡矣. 太史遷好奇尙俠, 而自外乎禮義, 揚雄不知道, 劉向溺於讖諱, 司馬相如俳優以自衒, 下此以往, 破碎綺靡無譏焉. 韓愈·柳宗元, 雖稱中興之祖, 而本之則亡, 如之何其興之也? 文章不自內發, 迺皆外襲以自雄, 斯豈古所謂文章者哉? 韓·柳·歐·蘇, 其所謂序記諸文, 率皆華而無實, 奇而不正, 幼而讀之, 非不欣然善矣. 內之不可以修身而事親, 外之不可以致君而牧民, 終身誦慕而落魄牢騷, 卒之不可以爲天下國家, 此其爲吾道之孟螫也. 將有甚乎楊[11]·墨·老·佛. 何也?

---

11) 楊: 신조본의 揚은 오식.

楊[12]·墨·老·佛, 雖其所秉有差, 要之皆欲以克己斷慾, 爲善去惡. 彼韓·柳·歐·蘇, 其所自命者, 文章已矣. 文章豈足以安身立命哉? 使天下之人, 詠歌蹈舞, 浸淫悅樂, 醲薰膚奏, 與之俱化, 而邈然忘其性命之本民國之務者, 文章之學也. 豈聖人之所取哉? 今之所謂文章之學, 又以彼四子者, 爲淳正而無味也. 祖羅(羅貫中) 祧施(施耐菴) 郊麟(金聖歎) 禘螺(郭靑螺) 而尤侗·錢謙益·袁枚·毛甡之等, 似儒似佛, 邪淫譎怪, 一切以求眩人之目者, 是宗是師. 其爲詩若詞, 又凄酸幽咽, 乖拗犖确, 壹是可以銷魂斷腸則止, 遂以是自怡自尊, 而不知老之將至. 其爲吾道之害, 又豈但韓·柳·歐·蘇之流而已? 口譚六經, 手撫千古, 而終不可以攜手同歸於堯·舜之門者, 文章之學也.

五學論 四

主斯世而帥天下, 以倡優演戲之技者, 科擧之學也. 讀堯·舜·周·孔之書, 斥老·佛·回·黃之敎, 其譚詩禮, 其論史傳, 天然一冠儒服儒者也. 夷考其實, 剽字竊句, 抽朱擢綠, 以眩一時之目, 而堯·舜非所慕也, 老·佛非所惡也, 治心檢身之法, 非所問也, 匡君澤民之術, 非所意也. 項羽·沛公之事以爲題, 澆佻悖戾之辭以爲能, 吐虛吹假, 構幻織誕, 以自衒其瞻博之聞, 以賭一日之捷而已. 有爲性理之學, 嗔之曰詭, 有爲詁訓之學, 叱之曰僻. 睥睨文章之學, 而自視未嘗非文章, 入者

---

12) 楊: 신조본의 揚은 오식.

霸之, 出者夷之, 工者仙之, 拙者隸之. 有或儌幸以成名者, 父撫之曰孝子, 君慶之曰良臣, 宗族愛之, 朋舊尊之. 其落拓而不得志者, 雖行如曾·尾, 智如樗·犀, 率龍鍾蕉悴, 齎哀恨以死. 嗚呼! 此何法也? 衆黎之生, 于于然蠢蠢然, 其可以績文史導政事者, 千百一人而已. 今也, 括天下聰慧之才, 壹皆投之於科擧之臼, 而春之撞之, 唯恐其不破碎靡爛, 豈不悲哉! 一陷乎科擧之學, 卽禮樂爲外物, 刑政爲雜事, 授之以牧民之職, 則蒙蒙然唯吏指是承, 入而爲財賦·獄訟之官, 則尸居素食而唯故例是問, 出而操甲兵·捍禦之權, 則曰軍旅未之學也, 推武人以居前列. 天下將安用矣? 日本者, 海外之小聚耳, 以其無科擧之法也. 故文學超乎九夷, 武力抗乎中國, 規模綱紀之所以維持控馭者, 森整不亂, 有條有理, 豈非其顯效哉? 今科擧之學, 亦已衰矣. 巨室名閥之子, 不肯業此, 唯田間寒餓者爲之, 而戰藝之日, 嘯呼市井奴隸, 摺巾短襦, 怒目豪拳, 以爭其先登, 但見簽竿相戳, 棓槌互擊, 而及其唱名也, 乳臭之兒不辨豕亥者, 出而據之, 斯其學不能不衰敝也. 若天眷顧, 因其衰而遂變之, 則生民之福. 不然, 不可與學此事者, 攜手同歸於堯·舜之門也.

五學論 五

術數之學, 非學也, 惑也. 中夜起, 瞻天步中庭以語人曰: "彼熒惑守心, 主奸臣挾主勢以謀國" 曰: "彼天狼犯紫微, 明年必有兵" 曰:

"彼歲星在箕分, 此吾邦域之所賴也" 忽欷歔誦道詵《祕記》·《鄭鑑》讖說曰: "某年兵必起" 曰: "某年獄必興, 將血流成川, 人種以絶" 勸其婚友, 鬻田宅棄墳墓, 入深山虎豹之窟, 以俟其難. (…) 忽解裝, 展圖三幅曰: "此玉皇朝眞之形, 此仙人騎鶴之形, 此渴馬奔川之形. 他人不知, 吾獨知其穴與嚮, 苟能用之, 子孫其逢吉" 厥明盥, 正衣冠危坐, 談<太極圖>·<河圖>·<洛書>·九宮之數, 辨理氣善惡同異之訟, 儼然一性理先生也. 嗚呼! 竊虛名, 負重望, 爲衆愚所歸嚮者, 悉此先生. 有眞正不僞之士, 講明先王之道, 本孝弟, 愼微隱, 而究禮樂刑政之文者, 則哂之曰: "彼且不知明日之事, 坐積薪厝火之上, 談詩說禮, 烏足以與於斯矣?" 聖人以糟粕示天下, 留其祕以自用, 故孔子作《易》翼, 朱子注《參同契》, 後人不知其義也. 彼蒙獃不慧者, 尊此卑彼, 日趨流乎幽陰邪辟之鄕, 將誰與禁之? 天文五行之志, 歷世傅會, 無一驗者. 星行咸有定度, 不可相亂, 又何惑焉? 燕市賣幻之人, 受銀一二銖, 呈其技, 象覩歲語人甚悉, 又何惑焉? 徐乾學葬考, 斥風水之說, 不可與《易》, 又何惑焉? 推是以往, 若卜筮·看相·星耀·斗數之等, 凡以術數衍者, 皆惑也, 非學也. 堯不能前知, 任鯀以敗事, 舜不能前知, 南巡守崩於蒼梧之野, 周公不能前知, 使管叔監殷, 孔子不能前知, 畏於匡幾不能免. 今也, 病不能前知, 必得一前知者以爲歸, 豈不惑歟? 彼事魔好怪, 隱然自據乎前知之聖, 而莫之知恥也, 又惡能攜手同歸於堯·舜之門哉? 五學昌而周公·仲尼之道, 榛榛然以莽, 將誰能一之?

湯論

湯放桀可乎? 臣伐君而可乎? 曰, 古之道也, 非湯剙爲之也. 神農氏世衰, 諸侯相虐, 軒轅習用干戈, 以征不享, 諸侯咸歸, 以與炎帝戰于阪泉之野, 三戰而得志, 以代神農. (見<本紀>) 則是臣伐君, 而黃帝爲之, 將臣伐君而罪之, 黃帝爲首惡, 而湯奚問焉? 夫天子何爲而有也? 將天雨天子而立之乎, 抑涌出地爲天子乎? 五家爲鄰, 推長於五者爲鄰長, 五鄰爲里, 推長於五者爲里長, 五鄙爲縣, 推長於五者爲縣長, 諸縣長之所共推者爲諸侯, 諸侯之所共推者爲天子, 天子者, 衆推之而成者也. 夫衆推之而成, 亦衆不推之而不成, 故五家不協, 五家議之, 改鄰長, 五鄰不協, 二十五家議之, 改里長, 九侯八伯不協, 九侯八伯議之, 改天子. 九侯八伯之改天子, 猶五家之改鄰長, 二十五家之改里長, 誰肯曰臣伐君哉? 又其改之也, 使不得爲天子而已, 降而復于諸侯則許之. 故唐侯曰朱, 虞侯曰商均, 夏侯曰杞子, 殷侯曰宋公, 其絶之而不侯之, 自秦于周始也. 於是秦絶不侯, 漢絶不侯, 人見其絶而不侯也, 謂凡伐天子者不仁, 豈情也哉? 舞於庭者六十四人, 選於中, 令執羽葆, 立于首以導舞者. 其執羽葆者, 能左右之中節, 則衆尊而呼之曰我舞師, 其執羽葆者, 不能左右之中節, 則衆執而下之, 復于列再選之, 得能者而升之, 尊而呼之曰我舞師. 其執而下之者衆也, 而升而尊之者亦衆也. 夫升而尊之, 而罪其升以代人, 豈理也哉? 自漢以降, 天子立諸侯, 諸侯立縣長, 縣長立里長,里長立鄰長, 有敢不恭其名曰逆. 其謂之逆者何? 古者, 下而上, 下而上者, 順也. 今也, 上而下, 下而上者, 逆也. 故莽·操·懿·裕·衍之等, 逆也, 武王·湯·黃帝之等, 王之明·帝之聖者也. 不知其然, 輒欲貶湯·武以卑於堯·舜, 豈所謂達古今之變者哉?《莊子》曰: "蟪蛄不知春秋"

風水論 一

葬親者, 率延地師, 相吉地以定其宅兆. 丁子曰: "非禮也. 薶其親以徼福, 非孝子之情也" "雖然有此理, 斯有此禮" 亦唯曰: "無此理也. 周公制族葬之法, 葬之以昭穆, 授之以塋域, 無鑿脈破氣之忌, 葬於北方北首, 無方位坐向之殊, 此時卿世卿, 大夫世祿, 子孫榮鬯, 固自如也. 冀·兗之野, 曠無陵阜, 今之葬者, 皆周垣爲域, 正昭穆如《周禮》, 無龍虎砂角之觀, 其富貴固自如也. 奚爲而求吉地也? 英豪桀特之人, 聰明威能, 足以馭一世而役萬民者, 生而坐乎明堂之上, 猶不能庇其子孫, 或殤焉或廢疾焉. 塚中槁骨, 雖復據山河形勢之地, 顧何以澤其遺胤哉? 世之迷者, 至云: '薶齒以詛人, 亦有驗, 其理可旁通也' 嗚呼! 斯豈所忍言者? 雖然吾且言之, 世有薶齒以禍人者, 其有薶齒以福人者乎? 邪鬼妖巫, 爲此術以罔人, 使陷於惡已矣, 有以是徼福者乎? 雖有理, 君子不爲, 況萬萬無此理哉?"

風水論 二

今人道拾遺, 解包而眂之, 銀一錠. 其爲貨也, 財足以易一布, 然猶四顧而私諸懷, 趨而反不小留, 唯恐人之攘之也. 若是者情也. 夫所謂吉地者, 上而安其父母之體魄, 下而徼其子孫之福祿, 生育蕃昌, 財帛盈衍, 有或十世而不盡其庥廕者, 此天下之巨寶也, 千珠萬金, 不足以與易也. 地師既得此巨寶, 胡爲不自私以陰葬其父母, 顧乃趨而獻之於卿相之門也? 何其廉於己, 浮於於陵, 忠於彼, 踰於介推也? 斯吾之所不能深信也. 有師焉, 抵掌而談吉地曰: "其剝換也, 有龍拏虎攫之勢, 其拱抱也, 有鸞翔鳳舞之形, 寅葬則卯發, 子卿而孫侯, 此千里一遘之地也" 卽我熟視之良久曰: "胡不葬汝之母?"

風水論 三

觀所謂風水之書, 圖繪佳城吉地, 辨其方位, 曰子午卯酉, 曰乾坤艮巽. 乃所謂入首剝換之勢, 龍虎砂角之形, 與所謂得水破者, 無不以其方位之所相衝相合, 而辨其災祥. 故地師見人家譜牒, 有繪其先祖之墓地者, 皆一見縣斷其吉凶. 嗟乎! 此夢之中又夢, 罔之中又罔也. 人莫不圓其顱, 列其眉, 雙其目, 中其鼻, 左右顴, 以夾輔其口者. 然其中有壽考者, 短促者, 貴者賤者, 富者貧者, 豈以其面目方位之合規度無歪舛, 而縣斷其吉凶哉? 將唯其骨格神韻, 有不可以言語文

字, 形容其髣髴者. 由是觀之, 彼唯子午卯酉乾坤艮巽, 屑屑焉察其
宜忌者, 是又學奇門六壬之邪術, 而執方位以求其交鬼者也. 愚哉,
愚哉!

風水論 四

孩兒忽病瘡, 蟲蝕膚如木. 師曰: "墓受乾戌風, 竁有蟲蝕屍祟也" 掘
視之良然, 尚有說乎? 長子墜而死, 孩兒瘶而瘁. 師曰: "墓犯忌翻,
屍背在上祟也" 掘視之良然, 尚有說乎? 或火燒牆, 或水氾棺, 或根
藤絡于骸, 咸有所召, 驗之不忒, 尚有說乎? 嗚呼! 此世之所以終迷
而莫之悟也. 燕巖朴(趾源)作《熱河日記》, 記賣幻者事二十餘條, 知
此理, 則悟此妄矣. 鬼物戲人, 或因其偶然而奏之爲災祟, 或因其實
然而誘之爲奇中, 或本無此蕾而幻造以眩人, 目之所眠, 眞確無錯,
而其物乃虛妄耳. 余見負魔者矣, 射覆如神, 百不失一. 冬月中靑杏,
隔壁中蠟書, 視人之面目, 知其父墳之前有奇石. 禳人之疾, 占之曰:
"貜齒爲祟" 而炕洞掘鼠, 竈門掘骨者, 又何限矣? 是皆鬼幻之怪, 以
眩一時之目者, 奚惑焉? 不知斯者, 雖智如樗里, 直如微生, 終亦受
罔乎邪鬼之謀而墮其術中矣.

風水論 五

郭璞以非罪誅, 身埋水中, 道詵·無學之等, 皆身爲髡, 覆其宗祀, 李義信·湛宗無血胤, 今之滔滔者, 皆終身丐乞, 而其子孫不昌. 斯何理也? 幾見地師之子若孫, 爲弘文館校理·平安道觀察使者乎? 人情一也. 我有地可以發福, 我旣知之矣, 有爲一緡錢所賣, 輕以予人者乎? 宰相惑於風水, 累遷其父母之墓者, 多無子姓, 士庶人惑於風水, 累遷其父母之墓者, 多奇禍怪變. (…) 胡不悟矣? 有爲曠達之論者, 曰: "風水之理, 曰有則不可, 曰無亦不可" 嗚呼! 折訟如此, 其亦難乎其爲士矣.

孝子論

有申于官者曰: "吾祖孝子也" 問之, 曰: "其父病, 斷指出血而灌之, 得延若干日" 有繼來者, 問之, 曰: "其母病, 刲股臠其肌, 燔而進之, 得延若干日" 有繼來者, 問之, 曰: "吾父孝子也. 父病嘗嘗糞, 旣已沐浴, 禱北斗七星, 三三九拜以致誠, 得延若干年" 有繼來者, 問之, 曰: "其母病, 冬月思竹笋, 涕泣行竹田間, 得新笋幾个以進之" 其一人曰: "雉飛入于欖, 捉而進之" 其一人曰: "澤腹堅, 鯉躍而出, 穿而歸以進之" 其一人曰: "鼈匍匐行入于廚" 其一人曰: "鼉鼈散行, 廢于藩落之間" 其一人曰: "夢有一老父, 指其處, 如其言, 得美果蓏以歸"其一人曰："吾祖孝子也. 廬于墓, 常獨宿, 有虎大如牛, 跪于前, 屈首掉其尾, 若致禮然者. 時反于室, 虎爲之鄉導, 至其門而止, 見狗不搏噬, 伺吾祖之出而爲之先後焉"其一人曰："吾父孝子也. 竝有喪, 首二絰, 要四帶. 其行也, 左手執苴杖, 右手執桐杖"其一人曰："吾父孝子也. 竝有喪, 旣祥, 又三年, 如其日數而后除焉"於是官歎詫吞嗟, 上其事于察司, 察司報禮曹, 禮曹以聞之, 爲之復其戶, 蠲其子若孫繇役, 母得輒侵困, 綽其楔, 丹其榜, 令風動閭里. 君子曰, 非禮也. 此敎民藉父母以沽名逃役, 飾奸言以欺君, (非先王之至理也). 禮, 凡養父母之疾, 若嘗藥視膳, 行不翔笑不矧不說冠帶之類, 皆孝子之疏節也, 則哀痛迫切, 靡所不用其極者, 固亦有割其枝鬻其膚, 以冀乎萬一之幸者. 然古之聖人若舜·文王·曾參之倫, 未有行之者, 魏·晉以降, 凡斷指刲股之孝, 史不絶書, 而朱子編《小學》, 不見採錄. 朱子之意, 蓋云'是絶世之行, 然非所以爲訓於後世也'. 萬有一纖毫不直之志萌於中, 而復飾之以增衍之詞, 以求其焜煌人目者, 當何如哉? 且凡瀡瀡脂膏之養, 唯竭吾之誠以養志, 是勉耳. 若王祥雀鯉之異, 是宇宙間靈奇絶特之跡, 不能家得鯉而戶獲雀, 審矣. 又何爲爛漫如彼哉? 嘗糞者, 謂夫泄利之末, 醫欲察其味以驗其死生云爾, 于諸病無與也. 今不問形證, 唯一歃以爲孝, 則是唯庾黔婁之思齊, 而不期乎利於病者也. 父子, 天也, 唯其情而已. 故樂正子春母死, 五日而不食, 旣而悔之曰："自吾母而不得吾情, 吾惡乎用吾情?"曾子執親之喪, 水漿不入於口者七日, 子思諷之以踰禮. 禮可踰乎哉?《禮》曰:("父母之喪偕,先葬者不虞·祔,其葬服斬衰") 此竝有喪不竝服之明驗也.《禮》曰:("斬衰之喪,既虞卒哭,遭齊衰之喪,輕者包,重者特" 此竝有喪不二經之明驗也),未聞其左手執苴杖,右手執桐杖也. 蔡淵提學江西時,饒州學生周鴻,母喪未畢,又遭父喪,既服喪三十九月,乞加持一十五月. 蔡公不允曰:"蓋雖過厚之義,實非中正之行. 要在爲善於獨,不求甚異於人" 蔡公知禮者,而其言如此,未聞既祥而又三年,以爲中禮也. 今謂之中禮也,而綽其楔,丹其榜,則是違其實也,(謂之能過禮也,而綽其楔,丹其榜,則是薄先王之禮),而教吾民超而越之也. 二者均之爲非禮. 凡爲鄉人,爲守令·監司,爲禮官者,非不知其非禮,其心有恐悚怯懾,而不敢言者,以其名則孝也. 聞人之孝,而敢訾議之者,必蒙大惡之名,億詐於人而陷其身,不智也. 於是竊竊然心笑之,而口發諛以署其狀,竊竊然罵其詐,而陽尊之爲卓異之行. 下以詐罔其上,上以詐籠其下,上下相蒙,苟無怨尤,未有一秉禮君子爲之發其詐而昭其奸,以正風教,若是者何也? (彼其所依附者重耳). 晉文公之言曰:"父死之謂何?或敢有他志?" 彼或乘此之時,而因以盜其震世之名,尙亦何哉? 且人之嗜好不同也. 有嗜羊棗者,有嗜昌歜者,有嗜芰者,嗜蜜者,嗜芋者,人之嗜好不同也. 何孝子之父若母,必唯雉·鯉·麞·鼈·雪中之筍,是嗜是索耶? 又必降龍伏虎,若胡僧羽客之爲,然後方可謂之孝子乎? 是其藉父母以沽名逃役,飾奸言以欺君者也. 不可不察.

烈婦論

厥考病且死, 子從而死之, 孝乎? 曰, 匪孝也. 唯厥考不幸爲虎狼·盜賊所逼迫, 厥子從而衛之死焉, 則孝子也. 君薨, 臣從而死之, 忠乎? 曰, 匪忠也. 唯厥君不幸爲亂逆所簒弑, 臣從而衛之死, 或己不幸而被虜, 至虜庭, 強之拜, 不屈而死, 則忠臣也. 曰, 然則夫卒, 妻從而死, 謂之烈, 爲之綽其楔, 丹其榜, 復其戶, 蠲其子若孫繇役者, 何也? 曰, 匪烈也, 隘也. 是有司者不察耳. 是有徼名之心也乎? 曰, 否. 無此心也. 是其性褊狹不通, 或別有恨在中也, 則必謂之匪烈也, 何哉? 天下莫難乎死, 彼眇小殺其身以自死, 則必謂之匪烈也, 何哉? 夫天下之事之凶, 未有甚於殺其身者也. 殺其身, 奚取焉? 唯殺其身, 當於義, 是圖也. 夫爲虎狼·盜賊所逼迫, 妻從而衛之死焉, 烈婦也. 或己爲賊人淫人所逼迫, 強之汚, 不屈而死, 則烈婦也. 或釐寡, 其父母兄弟欲奪己之志以予人, 拒之弗能, 敵以死, 則烈婦也. 其夫抱冤而死, 妻爲之鳴號暴其狀不白, 竝陷刑以死, 則烈婦也. 今也不然. 夫安然以天年終于正寢之中, 而妻從而死之, 是殺其身而已, 謂之殺其身, 當於義, 則未也. 吾固曰殺其身, 天下之凶也. 既不能殺其身當於義, 則是徒爲天下之凶而已. 是徒爲天下之凶者也. 而爲民上者, 且爲之綽其楔, 丹其榜, 復其戶, 蠲其子若孫繇役, 是勸其民相慕效, 爲天下之凶也. 惡乎可哉? 丈夫死, 有家之不幸也. 或舅姑老, 無所養, 或諸子女幼, 無所乳育, 爲死者妻者, 當忍其哀黽勉其生, 仰而養其無所養者, 至其死也, 爲之葬薶焉祭祀焉, 俯而育其無所育者, 至其長也, 爲之冠笄焉嫁娶焉, 可也. 一朝悍然自刻于心曰: "一人死, 吾無所爲舅姑矣. 一人死, 吾無所爲子女矣" 於是引吭自經于桁桅之下, 而弗與顧也. 若是者, 庸詎非狼[13]戾殘忍, 大不孝不慈者耶? 天下之道, 一而已. 未有大不孝不慈, 獨於夫得其道者也. 爲民上者, 且爲之綽其楔, 丹其榜, 復其戶, 蠲其子若孫繇役, 是勸其民相慕效, 爲大不孝不慈也. 惡乎可哉? 故曰, 匪烈也, 隘也. 是有司者不察也. 不察也者, 不察乎其當於義否乎也. (…)

　　庶孽論

昔我英宗大王, 愍庶孽之枳塞, 命選部選其有文藝者成大中等十人, 授之臺諫之職. 旣而進宰輔之臣而諭之曰: "天, 至尊也, 未嘗不呼天也. 君, 至尊也, 未嘗不稱君也. 庶孽之不得父母其父母者, 何以哉?" (謂嫡母) 群臣語塞, 莫敢覆難. 旣而有退, 而語于朝堂之上者曰: "乾稱父, 坤稱母, 蒸民之所同也. 有敢匹夫而稱天子者, 六師移之" 於是衆口和附, 謂之名言. 君子曰, 非禮也. 是亦聖考之言爲正也. 父稱父, 母稱母, 人子之所同也. 有敢庶子而稱宗子者, 九族議之, 不旣相準乎? 奚竝父母而禁之乎? 且父母不可禁也. 書其系以爲鮮則父之, 書其系以爲封彌則父之, 書其系刊之爲榜目則父之, 書其系藏

---

13) 狼: 신조본·사암본의 狼은 오자.

于選部則父之, 奚獨於閨門之內語言之間, 而禁之使勿父也? 且庶孽何枳哉? 韓魏公, 其母青州之婢妾也, 范文正公從母嫁, 冒繼父之姓, 及入翰林而后, 始上表復姓. 使宋而倘枳, 是兩人者, 有能垂紳正笏, 措國勢於泰山之安, 而使西賊心膽寒者乎? 邵康節先生昆弟三人, 皆公叔木之所大功, 而狄儀之所齊衰也. 使宋之儒而輕康節以是也, 《皇極經世》之書, 何以得與於斯文哉? 臺諫其小者也, 必相而后可者也.

還上論

法莫不良於還上, 還上之法, 雖父子不能也. 田舍翁析其子十人產, 朝而巡乎十子之家而告之曰: "汝疏乎財, 新婦闊于用, 明年汝其餒. 汝輸之糧, 藏之汝翁之窖. 明年春, 予其還汝" 厥子入其室告其妻, 未有不折眉蹙頞, 竊竊然苦其令者, 矧縣官之於民哉? 越明年春, 翁朝而巡乎十子之家而告之曰: "今日予其還汝糧, 汝其來受. 雖然, 雀由隙入, 鼠穴而輸之, 其欠者什二三, 汝其知之" 厥子入其室告其妻, 未有不折眉蹙頞, 竊竊然訕其志者, 矧縣官之於民哉? 日禺中, 厥子帶橐囊牽馬牛, 就翁窖受之, 翁又據其窖而告之曰: "汝疏于財, 新婦闊于用, 今授之, 來月汝其餒. 今日受若干斗, 後十日受若干斗, 又十日受若干斗, 至于新穀而后盡焉" 厥子歸而告其妻, 未有不折眉蹙頞, 竊竊然苦其煩者, 矧縣官之於民哉? 於是劚松爲火而炤之, 令其妻概量之, 妻掬一匊, 就于火, 吹其飛而視之曰: "是昔從吾家輸者耶? 何其糲且赤, 又多碎也? 是與叔家輸者換者乎? 或管窖者, 與翁謀而奸之乎? 曩所謂憂我餒者, 如是乎?" 旣而量而槪之曰: "是所謂三斗米者乎? 於吾斗十五升猶弱矣" 未有不折眉蹙頞, 竊竊然訕其貪者, 矧縣官之於民哉? 若是者十餘年, 十子之家, 皆削弱, 而翁之窖溢, 爲之倉, 爲之高廩. 於是進其諸子而告之曰: "予今積粟米且腐矣. 汝其受之, 秋而償, 唯什一是加, 以防雀鼠之欠也. 予今富, 管予庫者數十人, 顧安能徒勞苦哉? 有羨餘, 可以濟矣. 汝其念之" 子跪垂涕泣而辭之曰: "誠如是, 終不得保全膝下" 翁勃然怒曰: "父予粟, 子不願, 大惡也" 鞭其背而予之粟. 是年秋衰惡, 十子皆窖, 有不能輸其償者, 翁悉發其蒼頭, 就十子家, 取其鍋釜, 奪其犢, 猶不當, 又就其妻之昆弟從父昆弟之家, 奪其犢取其鍋釜. 於是哭聲震天, 謂天不聰, 矧縣官之於民哉? 厥明年春大饑, 粟至石七百, 翁糶其粟七百, 私其六, 以其一予之子曰: "有秋粟且石九十, 汝其償之" 未有不叩心嘔血號旻天而愬其衷者, 矧縣官之於民哉? 故[14]曰, 法莫不良於還上, 還上之法, 雖父子不能也.

---

14) 故 : 신조본의 故故는 오식. 1940년대 최익한이 인용한 <환자론還上論> 전문에는 바르게 되어 있다. <재해災害와 구제救濟의 사적史的 단편관斷片觀 (27)>, 《동아일보》(1940.3.1); 《조선사회정책사》, 박문출판사, 1947, p146 재수록.

奸吏論

吏未必奸, 其使之奸者, 法也. 奸所由興, 未易悉數, 凡職小而才有餘則奸, 地卑而知崇則奸, 勞微而有速效則奸, 我獨能久而其監制我者數遷則奸, 其監制我者亦未必出於正則奸, 黨與茂於下而上孤昏則奸, 嫉我者弱於我而畏之不發則奸, 我所忌者均所犯而相持不發則奸, 刑罰褻而廉恥無所立則奸, 或奸而敗, 或奸而不敗, 或未必奸而敗以奸則奸, 奸之易興如是也. 今所以馭乎吏者, 無一不協於其所由興, 而其使之不然之術則亡有焉. 吏奈何不奸哉? 夫國之所以建公卿·大夫·士之官, 而制公卿·大夫·士之祿, 以待夫公卿·大夫·士之人, 何爲也? 爲治民也. 其職旣治民也, 則凡試其才, 選其藝, 考其績, 進其秩, 宜亦壹以是治民也. 今也不然, 試之以詩賦, 選之以氏族, 考之以其踐歷之淸華, 進之以其黨論之峻急. 至於治民則曰'是鄙事也', 委之吏, 使之治之, 唯時一來, 爲嚴威虐刑曰'奸吏宜懲', 是客來而困主人也. 吏且仰天大笑, 冠纓索絶而語之曰'民於爾何與哉?', 而其奸可懲乎? 昔趙廣漢, 河間之郡吏也, 尹翁歸, 河東之獄吏也, 張敞, 卒史也, 王尊, 書佐也. 皆升之朝廷, 爲天子大臣, 其功能燁然, 所至, 百姓慴伏, 郡國大治, 若是者何也? 彼以其所習者而措之, 固其順也. 凶年盜賊起桴鼓轟三輔, 使善爲賦者司馬相如, 往而戢之, 戢之乎? 有大獄訟起, 係纍盈犴狴, 彌年不能決, 使善爲頌者王子淵, 往而折之, 折之乎? 故欲吏無奸, 唯朝廷取人, 勿專用詩賦, 而習吏

事者, 得翱翔顯路, 每郡國彫敝, 有巨猾難治者, 令往而臨之, 苟有
成績, 授之公卿而不疑焉, 則吏奸其戢矣. 雖然, 彼世居而久任, 根
蟠而節錯者, 雖能者憂焉. 有術焉, 凡吏職其要而有權者, 不過邑十
窠耳, 掌派差者, 掌穀簿者, 掌田者, 掌軍政者, 雖大邑亦不過十人.
此十人, 每於數百里之外取之, 如今營吏之法, 而亦無得久據其任,
久者二周, 餘皆一周而罷, 則吏無所施其奸矣. 凡奸起於久, 旣不能
久, 奸不老矣. 彼皆客游諸郡縣, 遷徙無常, 倉廩有奸, 其能庇之乎?
軍伍有奸, 其能匿之乎? 不庇不匿, 於是乎奸破矣. 破奸之術, 若是
其易行也. 方且因循而莫之矯, 吾且奈何哉? 故曰, 吏未必奸, 而其
使之奸者法也.

監司論

莫夜, 鑿牖孔, 解鍵鐶, 探囊胠篋, 以竊衣被敦匜, 或摘其錡釜而逃
者, 盜乎哉? 非也. 是唯餓夫之急食者也. 懷刃袖椎, 要於路以禦人,
攘其牛馬錢幣, 刲其人以滅口者, 盜乎哉? 非也. 是唯愚夫之喪性者
也. 騎駿馬綉韉, 驕從數十人, 羅炬燭列槍劍, 選富人家, 直上堂, 縛
主人, 傾帑藏, 焚其廩庾, 申誓戒令毋敢言者, 盜乎哉? 非也. 是唯
鷙15)者之失敎者也. 然則奚盜? 將佩符囊韠印綬, 專一城, 擅一堡,
陳箠楚枷鏁, 日撻罷癃寒勼, 唼其血吮其膏者爲盜乎? 曰, 非也. 是

---

15) 鷙: 신조본에는 鷟로 되어 있다.

唯近之, 亦小盜耳. 有大盜於此, 樹大旗, 擁大蓋, 擊大鼓, 吹大角, 乘雙馬之轎[16], 戴玉鷺之帽, 其從者府二人史二人, 胥如府史之數而加其二焉, 徒數十人, 輿皁隸儓若卒僕之屬數十百人, 諸縣郵探候延接之吏若徒數十百人, 馬騎者百匹, 其載者百匹, 婦人姣服靚裝者數十人, 裨[17]將負轊矢前驅者二人, 其殿者三人, 驛官從者一人, 鄉亭之官騎而從者三人, 佩符囊鞬印綬[18], 屛氣脅息, 騎而從者四五人, 載桁楊梏杖或朱或白, 以慴人者四人, 負炬燭手執絳翠紗籠, 以待用者數百人, 手執箠禁民毋得號訴者八人, 道傍觀吞嗟歆羨者數千百人. 所至發火礟以驚衆, 進供具如太牢者仆之, 厥有一飮一食, 或失其醬違其溫者杖, 杖者凡十餘人. 數之曰: "道有石, 蹶余馬" 曰: "嘂者不禁" 曰: "娘人迎者少" 曰: "屛帳簟席朴" 曰: "炬不明, 炕不溫" 如斯而已矣. 坐旣定, 召胥與史, 文移諸郡縣, 命市納賈, 粟一斛直錢百五十, 怒罵之, 增至二百, 民有負粟至者, 則覆其斛責二百, 厥明年春, 析二百而三之, 以予民而告之曰: "此一斛粟也" 海濱多富商大賈, 粟米刁踊, 則傾其窖而錢之, 山縣粟米紅腐, 則爲廩爲積. 於是粟生脛, 日走百里, 更七日, 則七百里而海焉. 海之罷癃寒勻, 不任毒痛, 賣妻粥子, 流血吐沫, 相顚連以死, 旣而計其贏錢, 至數千萬. 訟墓地者流之, 訴令長有虐政者流之, 其罰四十百, 屠病牛者流之, 其罰三十百, 計其贏錢, 至數百萬. 有土豪姦吏, 刻章僞書,

---

16) 轎 : 신조본의 驕는 오식.
17) 裨 : 신조본의 稗는 오식.
18) 綬 : 신조본의 緩은 오식.

舞文弄法者, 曰'是淵魚, 不足察', 則掩匿之, 有不孝不弟, 薄其妻, 淫嬻亂倫者, 曰'是傳之者過也', 袞然爲不知也者而過之. 厥有佩符囊韜印綬者, 販穀糶竊賦稅如已所爲, 則恕而存之, 課居最以欺人主. 若是者, 庸詎非大盜也與哉? 大盜也已. 是盜也, 干掫不敢問, 執金吾不敢捕, 御史不敢擊, 宰相不敢言, 勦討橫行, 暴戾而莫之敢誰何, 置田墅連阡陌, 終身逸樂而莫之敢訾議. 若是者, 庸詎非大盜也與哉? 大盜也已. 君子曰, 大盜不去, 民盡劉.

田結辨

算田以結負, 不以頃畝者, 唯吾東有之, 天下之所無也. 唯近世行之, 中古之所無也. 今有人, 議罷結負之法, 乃元老宿德之臣, 正色以難之曰: "田結之名, 遠自管子, 行于新羅, 至于高麗, 未之有改, 吾東之古法也. 中國以頃畝, 吾東以結負, 如中國利車, 吾東利擔, 中國坐椅, 吾東席地, 中國親迎, 吾東宿婦, 各安其俗, 不可變也. 聖人爲治, 亦因其俗而順之, 變古之俗, 紛更之爲, 是撓民而使之亂, 非老成人之遠猷也"於是在列者, 咸歎詫咨嗟, 以爲有德之言. 鐵山樵夫聞其言而哂之曰: "殆不然矣. 管子稱戶籍·田結, 則田結者田籍, 非今之所謂田結也. 崔致遠<崇福寺碑>云: '益丘壟餘二百結'自注云: '三十肘爲百弓, 而一肘本是二尺, 則五百畝減六十尺, 以爲一結也'地有定度, 不以肥瘠立差例, 則一結仍如一頃, 非今之所謂一結也.

《高麗·食貨志》云:'一結之田, 方一百四步三分, 是爲一頃'地有定度, 不以肥瘠立差例, 則一結仍是一頃, 非今之所謂一結也.《高麗·食貨志》云:'一易田二結, 準平田一結, 再易田三結, 準平田一結'地有定度, 不以肥瘠立差例, 則一結仍是一頃, 非今之所謂一結也. 董越<朝鮮賦>云:'田賦以結代畝'自注云:'牛耕四日者爲一結'地有定度, 不以肥瘠立差例, 則一結仍是一頃, 非今之所謂一結也. 田分三等之法, 始於高麗之末. 厥有我世宗大王下諭, 而世宗朝議分爲五等, 至其末年, 議分爲六等, 我世祖大王以晉陽大君爲詳定都提調, 此田結差等之原始也. 然當時議之而已, 實未嘗施行, 故董越以弘治戊申, 奉使來作賦, 我成宗大王晩年也. 成宗之末, 猶然地有定度, 故越之賦如此, 則五等六等之差, 議之而未行, 唯三等異尺, 或遵高麗之舊而已. 至我孝宗大王四年癸巳, 頒遵守冊, 頒遵守尺, 乃分爲六等, 定一等一結, 二等八五, 三等七十, 四五六等, 各差十五之法, 自玆以來, 按而行之. 然則田分六等, 差爲一結, 於今爲一百七十年而已. 行之不過一百七十年者, 認之爲開闢之初, 其法本然, 豈不疎哉? 法曰卅年一改量, 而一冒此法, 卽一百七十年, 不復能改量者何也? 六等差例之法, 雖離朱察繩, 隷首握算, 卒無以禁其奸僞, 故因而掩覆之, 不敢小搖之也. 舉一國之田, 如破帳敝席之鋪于地以朽, 舉一隅, 將毁裂而莫之爲, 故不敢小搖之也. 欲民生無困, 欲國用無匱, 則先量田, 欲量田, 則先破結負爲頃畝, 打經緯線爲方田, 然後乃可云經界. 元老宿德之言, 不可從也"

740

3. 策·疏·議·箚子

人才策

(…) 臣嘗以朋黨之禍, 比之飮食之訟. 何者? 今有宴集於此, 十人共一盤, 不以禮讓, 惟以貪爭, 則必有訟焉. 其訟也, 必不曰'爾食多於我, 爾飮數於我'也. 必將曰: "長幼不齒, 爾胡無禮? 放飯流歠, 爾胡不敬?" 卽其修飾之談, 不爲無據, 而考其緣故, 蓋唯飮食焉而已. 朋黨亦然. 其訟也, 必不曰'爾爵尊於我, 爾祿豐於我'也. 必將曰: "負君誤國, 爾胡不忠? 黨逆循私, 爾胡不順?" 卽其修飾之談, 不爲無據, 而考其緣故, 蓋惟爵祿焉而已. 噫! 爭之判, 力也. 力之不足, 援至焉. 援之至, 黨也. 故愛黨之心, 出於望援, 望援之心, 出於合力, 合力之心, 出於爭食. 由是觀之, 朋黨之所由發, 亦孔之醜也. 今殿下惕然自警, 思以蕩平之政, 一洗偏黨之習, 而臣愚死罪, 竊以爲日月之明, 猶有所未燭於朋黨圈套之外者. 何則? 西北之民, 閭巷之賤, 未嘗有黨比之罪, 而猶不能擧論於蕩平之政, 臣所謂有所未燭者, 此也. 今若益加恢張, 痛革偏私, 則人才始可以畢擧, 而國家之幸, 莫大于是也.(下一節刪)

漕運策

(…) 大抵聚萬邦之穀, 以厚京師者, 王者之大權也. 會其有極, 歸其有極, 用敷錫厥庶民, 使百官群吏咸受祿無飢者, 漕運之法也. 以之禮賓客, 以之給師旅, 以之厚市井, 以之實倉廩, 國之經用, 莫不於是乎依靠, 凡爲天下國家者, 其可不日夕講磨, 以求其便宜乎? 我國家定鼎漢陽, 直臨海口, 兩西·三南之粟, 海路無闕, 京畿·原春之粟,[19] 江輸不遠. 西南則有貢津·聖堂, 湖南則有法聖·群山, 嶺南則有馬山·駕山, 忠州有可興倉, 原州有興原倉, 春川有昭陽倉. 監運則有海運·水運之判官, 領運則有督發·領船之差員, 護送則沿邑盡力, 臭載則法律至嚴, 宜其轉輸不滯, 覆敗無憂. 而挽近以來, 法綱解弛, 命令不行, 私物添載, 視爲故常, 淺水故破, 看作妙計, 和水調塗, 未納而先腐, 拯米劣米, 每徵於無辜, 甚則全船販賣, 待秋而還買, 隱結·防納, 過期而不載. 度支歲入, 都不過十二萬石, 而覆沒不達者, 十之四五, 遷延不至者, 十之三四, 遂使經用不繼, 民食不給, 遑遑然罔知所措. 或曰: "西粟敗於長山, 南粟敗於安興, 穿渠通路, 使之行船, 則西粟可達於畿輔, 南粟不患於覆沒" 或發言而未試, 或始事而旋止, 此固肉食之羞, 而抑亦藿食者之所同憂也. 諸生博通古今, 必有撟[20]救之策, 其各悉著于篇.

---

19) 粟: 규장본에는 穀으로 되어 있다.
20) 撟: 규장본에는 矯로 되어 있다.

戶籍議

宋儒之言曰: "黃鍾爲萬事之根本" 蓋以黃鍾不正, 則律·度·量·衡, 隨以乖亂, 而禮樂政刑之具, 皆無所準則也. 臣則曰: "戶籍爲百務之根本" 蓋以戶籍之法不明, 則分田制産, 不可爲也, 平賦均庸, 不可爲也, 定軍實, 不可爲也, 定選擧之額, 不可爲也, 域民以息亂, 不可爲也, 正名分, 不可爲也. 人主不知國中生齒之衰盛, 是猶父母不識子女之多寡也, 安得以察其飢飽, 均其苦欣也哉? 戶籍之不嚴者, 以有漏戶也, 以有虛戶也, 以有漏口也, 以有疊籍也, 以職名役名不以實也. 漏戶漏口者, 今定一法, 可以永息. 凡有殺獄, 苦主中官, 須令先納戶籍, 其無戶籍者, 不許檢蔽. 夫殺之而無償命, 則民不敢漏矣. 凡有田民·錢粟·墓地·鬪[21]毆之訟,[22] 須令訴者先納戶籍, 其無戶籍者, 不許聽理. 夫人奪其田民·錢粟·墓地之等, 而束手奉獻, 則民不敢漏矣. 人毆我傷面目[23]肢體而無禁焉, 則民不敢漏矣. 故漏戶漏口者, 禁之至易, 不必嚴法重繩, 擾攘而勞爲令也. 虛戶者, 守令七事之中, 去'戶口增'三字, 而虛戶自息矣. 京兆受諸郡縣之籍, 毋以減損爲咎, 而虛戶自息矣. 尹鐸損其戶數, 以爲保障, 卽尹鐸不足法乎? 行戶布·口錢之法, 而虛戶自息矣. 定還餉之法(見本議), 而虛戶自息矣. 故虛戶者, 禁之至易, 在治其所以爲虛戶之本, 而虛戶自息矣.

---

21) 鬪: 신조본의 鬥은 오식.
22) 訟: 신조본·사암본의 頌은 오자.
23) 目: 신조본의 回는 오식.

疊籍者, 以有別科也. 定三年大比之法, 罷一切別試之科, 而疊籍自息矣. 行戶布·口錢之法, 而疊籍自息矣. 禁率戶·率丁之法, 而疊籍自息矣. 至於職名·役名之不以實者, 唯有職者書職, 有科名者書科名, 其餘只云第幾戶, 而無所稱名, 則詐不以實者自息矣. 治其所以詐不以實之本, 而無所紛紜矣. 故凡欲禁漏戶漏口, 而括戶括丁, 鞭扑[24]狼藉者, 計之下也. 禁虛戶·疊籍, 而考簿檢籍, 關牒旁午者, 計之下也. 被之以至不欲之苦, 而令民自荷其苦, 無是理也. 投之以至可願之榮, 而令民自巽其榮, 無是理也. 權之在民者, 吾不得而與也. 權之在我者, 吾不得而縱之也. 執在我之權, 令民奔走而聽命焉, 則爲人上者, 得拱手南面而無所爲矣. 夫無所爲而後, 方有所爲, 與之爭者, 其最下者也. (…)

身布議

《詩》云 '鳲鳩在桑, 其子七兮, 其儀一兮', 言子七而哺之如一也. 臣每讀此詩, 知身布之不可爲也. 夫人孰無身? 身皆有也. 身皆有之, 何身乎徵布, 何身乎不徵乎? 名之曰良役, 欲使民以之爲良, 而不以爲賤也. 而其役則實苦, 苦則賤之. 民之視良役, 已奴婢矣, 雖戶說而喩其良, 民不信也. 有李某者, 謂崔某者曰: "汝吾弟也" 崔必艴然. 爲是良役也, 僞造族譜, 換父易祖, 而莫之恤也. 至此而民情可

見已. 苟爲徵布, 凡有一命之職者勿徵也, 爲進士者勿徵也, 庶人在官者勿徵也, 隸征戰之軍者勿徵也. 其爲白徒者, 自公卿大夫之子徵之, 元勳貴戚之子若孫徵之, 年十五歲以上至于六十者徵之. 其爲布幾尺也, 或爲錢幾文也, 量經費之本數, 計民丁之實額, 以之相値焉可已. 如是則官無括丁之勞, 民無偏苦之怨, 而國用可紓矣. 臣見海西之俗, 每一村里, 有所謂軍布契者, 凡一里之民, 無貴賤咸出錢殖之, 以之應本里之軍布, 而軍籍之中, 曰李曰崔者, 皆子虛也. 臣見兵馬使, 兵馬使謂臣曰: "虛名應布者, 宜摘發而嚴禁之" 臣曰: "禁之將奈何? 以國賦之有縮歟? 以徵斂之勞多歟? 以民情之苦之歟? 三者無所當, 禁之無爲也" 臣謂海西此俗, 誠良法也. 夫國家以不均之法, 布之下民, 而民自權立一法, 與之均其苦以生, 此立法之恥也. 夫惟兩班而後方免軍布, 故民之日夜經營, 唯得爲兩班. 錄鄕案則爲兩班, 造僞譜則爲兩班, 離鄕遠徙則爲兩班, 著儒巾出入科場則爲兩班, 潛滋暗長, 歲增月衍, 將一國盡化爲兩班而後已. 爲兩班, 則不躬執耒耟,25) 以興地利, 不牽牛乘馬, 賈于市通貨財, 不手執斤斧爐錘, 以造器用也. 兩班多則人力削, 人力削則地利不闢, 地利26)不闢則國貧, 國貧則無以勸士, 士不勸則民益困, 究其源, 卽軍布之所爲也. 臣故曰: "軍布不罷, 則太平之治不興矣"

---

25) 耟 : 신조본·사암본에는 耟로 되어 있다.
26) 利 : 신조본·사암본의 理는 오자.

度量衡議

昔者有虞氏之巡方也, 其大事之首先行之者, 曰同律·度·量·衡也. 後世君臣, 言必稱堯·舜. 而堯·舜之事, 其行之至易者, 尚且熟視而莫肯效, 矧其難者哉? 迂儒之論度·量·衡者, 不云秬黍不生, 卽說解竹難獲, 謂黃鍾之不得其正, 而度·量·衡無以正之. 臣謂, 此皆眇茫不切之談也. 夫掬而取之, 握而予之, 用之無節, 守之無準, 於是乎爲之度爲之27)量·衡, 使其有節有準已矣. 烏覩! 所謂玄妙沖和之理, 寓於其中哉? 所貴乎度·量·衡者, 烏乎在? 在乎同而已. 使一寸而如二寸之長, 國中之度皆然, 則斯度也. 使二升而如一升之少, 國中之量皆然, 則斯量也. 使一兩之重而如二兩三兩, 國中之衡皆然, 則斯衡也. 何必使宮商淸濁之合乎律呂, 而後始可以度長短, 量多寡, 衡輕重哉? 今製度宜以布帛尺爲準, 量宜以官斗爲準, 衡宜以銀秤爲準, 令工曹鑄造爲式, 頒之八方, 京都唯工曹得造此器, 諸路唯監營得造此器, 折價發賣, 布之民間, 其有私造者, 與28)僞造符印私鑄錢幣者同律, 而民間之舊所用者, 一竝收聚而燒毁之. 凡所謂周尺·木尺·市升·行升·賭地斗·藥秤·棉花秤·肉秤等不一其制者, 槪從新式, 令各折用, 凡文書禮制, 有稱一尺者, 卽萬物皆此一尺, 有稱一斗者, 卽萬物皆此一斗, 有稱一兩者, 卽萬物皆此一兩, 穩城之人, 寄物於乇羅者, 止稱一斗, 便亦一斗, 則物貨之貴賤易明, 而奸僞欺詐之習, 不

---

27) 爲之: 신조본에는 빠져 있다.
28) 與: 신조본의 與與는 오식.

復售矣. 然後監司巡審, 每至一縣, 聚一縣之度·量·衡而考校之, 其有濫惡者罪守令, 御史暗行, 每至市場閭里之間, 卽又詳察而發其奸, 則不出一年, 制行而不復紊矣. 若其成數之名, 宜亦釐改, 一從什佰之制, 使三者各存五成, 則易辨而無亂, 民必便之矣. 度則十釐為分, 十分為寸, 十寸為尺, 十尺為丈, 本無可改, 而量之十五斗作斛, 衡之十六兩作斤, 此亂之所由生也. 十五斗作斛, 我俗也. 十六兩作斤者, 古者以四象八卦之加倍, 為數學之宗, 故二八而為斤, 三八而為鎰, 皆以八數為成也. 今旣用十數, 何獨於衡而用八哉? 宜著為式, 量則十勺為合, 十合為升, 十升為斗, 十斗為石(石本衡名, 亦以名量), 衡則十分為戔,29) 十戔30)為兩, 十兩為斤, 十斤為勻(勻本三十斤之名), 令自某年某日, 凡文書所記, 皆從此數, 則不過十年, 文書無混雜之艱矣. 臣又伏念唯度與衡, 令一無二, 則用之不便, 度之為精細之工者, 布帛尺患其太疎, 宜令別造半尺之長, 每一星之間, 又著一星, 衡之為粗重之用者, 銀秤患其太弱, 宜令別造十斤之秤, 每十星之間, 只著一星, 使各行用, 則百工諸賈之用, 俱無所礙矣.

還餉議

還上, 社倉之遺法也. 社倉之法, 刱於隋度支尙書長孫平. 其始也, 儲之當社, 官不與焉. 朱子社倉, 本亦此法. 法非不善, 行之不以其

---

29), 30) 戔 : 신조본의 錢은 본자.

道, 斯爲弊政. 今民生之倒懸, 以還上也, 吏之爲奸詐盜竊, 以還上也. 有口者皆曰: "此法不罷, 國必危" 罷之固善. 如其不能, 下之不可以不變也. 臣竊以國之財用, 半靠於賦稅, 半靠於還上, 然其爲法, 煩碎紊雜, 千頭萬緖, 吏緣爲奸, 衆竇橫穿, 民受其殃, 百堵凋瘁, 此不可以不變也. 臣請條陳之.

一曰定穀名. 我國之穀, 唯稻·粱·菽·麥·豆五者, 其大而要者也. 外此而如小麥也, 蜀黍也, 稗稷也, 蕎麥也, 耳牟也(鈴鐺麥), 皆不足爲發檢之糧, 五者之外, 竝汰勿留, 使穀名簡略, 而後其制可正也. 五者之中, 且惟西北不宜有稻, 東南不宜有粟, 大槪三科而可以盡之, 稻或粟爲一科, 菽與豆爲一科, 麥爲一科, 如是而可以定還上之穀名也.

二曰去衙名. 衙門之名多而穀簿煩, 穀簿之煩, 奸所由生也. 取耗之法, 某衙全耗會錄, 某衙折半會錄, 某衙三分一會錄, 而今年甲衙之穀, 明年移錄乙衙, 今年盡分之穀, 明年改作半留, 法未有如是而無敝者也. 今宜取衙門名色, 一切汰去, 只存穀名, 則文簿不紊, 而奸僞自祛31)矣.

三曰定石數. 今穀簿之推移也, 如雲霞之變幻, 風沙之堆積, 或一戶而受四五十石, 或一結而受一二三石, 沿邑之穀, 隨衍隨賣, 山邑之穀, 移畫無常. 法如是亂, 而民安得不苦乎? 今宜通計國中之穀簿, 而校之於戶總, 令每戶受正穀(稻與粟)二石, 雜穀(麥二豆)一石而止. 於

---

31) 祛: 신조본의 袪는 동자.

是凡諸郡縣, 各有一定不易之定數, 國家唯取其耗而用之, 令庫藏石數, 終古不變, 令戶受石數, 終古不變. 如是則文簿不煩, 而民信且便矣.

四曰定耗法. 耗之收什一而公用之, 是導之使爲奸也. 夫使監吏奴隸出之(奴, 庫子也. 隸者, 倉卒也), 使監吏奴隸納之, 而無一粒之分, 可乎? 世豈有終日執炙而不知其味者? 中國之法, 春放五斗, 秋收七斗, 此太重也. 今十五斗一斛之還納也, 耗爲一斗五升, 色爲三升, 落爲五升, 零爲二升(倉卒之所食). 邑例雖各不同, 大抵非二斗五升之穀, 無以當一斛之耗, 而斗量之時, 其奸濫所竊, 又不可測也. 今以十斗爲一石, 而每納二石, 取耗三斗, 比之前法, 名雖有加, 實則利民. 何者? 二石而取三斗, 則色可除也, 落可除也, 零可除也. 石數一定, 而不用斗量, 則奸濫所竊可無也. 用斛量之, 以概平之, 試於其家, 納於此庫, 旣無贏縮, 安有剩餘? 此所以利於民者也. 乃於三斗之耗, 國用其半, 官以其半爲監吏奴隸之所賴, 則諸凡不正之名, 可以嚴禁矣.

五曰除巡法. 分巡放糧之法, 臣竊笑之. 問其所以, 則曰: "愚民計短, 一飽便罄, 農不繼糧, 官爲之節用也" 噫嘻! 此何說也? 父母析其子女, 令各治産, 而復爲之說曰: "吾兒迂32)於産, 吾婦闊於用" 朝給朝糧, 夕給夕糧, 惡乎可哉? 父母之所不能施之於子女者, 而官欲施之於民, 可謂失之太厚矣. 且唯還上之法, 將以繼民糧乎, 抑將取耗而

---

32) 迂: 신조본의 迁은 오식.

用之乎? 民之不以爲利民而設也, 久矣. 雖爲之節用, 民其加悅乎? 民之所惜者日也. 方春夏力作之時, 寸陰片刻, 貴如珠玉, 二石之穀, 而分爲八巡, 則失八日矣. 利民乎, 害民乎? 飢而買餅餌矣, 渴而買酒瓜矣. 囊本無錢, 損其糧矣. 斗斗而量之, 零落多矣, 巡巡而乞之, 費用頻矣. 故分巡則吏奴之肥酒家之幸, 而民益削矣. 故放糧宜分三等, 正穀一等, 豆一等, 麥一等, 如斯而止矣. 民之受之而濫而絶糧者, 嗇而繼糧者, 聽之而已矣.

六曰別分留. 留庫之穀, 不可多也. 吏之爲奸, 每在留庫, 民之不願, 每在舊穀. 假令本縣戶總三千, 約留稻若粟一千石, 斯可矣. 蓋唯編戶之民, 其益無賴者, 實不過三之一, 凶年飢歲, 接濟不過數月. 且行常平之法, 則可以交濟而胥救之, 留庫不可多也. 且留庫之穀, 不宜有米, 米之旣腐, 無所用矣. 且唯還上之穀, 宜竝以粟(不米者), 常平之穀, 宜竝以米, 不可混也. 混則吏緣而爲奸也. 留庫旣寡, 則軍餉奈何? 陰雨之備, 不可少也. 臣謂行常平之法, 而軍餉自裕矣(國朝亦嘗行常平法).

七曰立糶糴.《孟子》曰:"狗彘食人食而不知檢, 塗有餓莩而不知發"檢者, 收斂也. 發者, 施散也. 此言豐年而不知收斂, 凶年而不知施散也. 今還上之法, 豐年無以加斂, 凶年無以加施, 苟欲爲是, 唯耿壽昌之常平是已. 常平者, 仁政也. 使粟米之價常平, 而無豐凶之異也. 今縱不能一遵常平之義, 而第行糶糴之法, 令貴賤每勝於時直, 則猶之爲惠政也. 臣旣曰:"還上, 每戶無過三石之穀矣"卽國中穀

物, 太牟有羡, 宜以此穀竝作常平之需, 雜穀待春發賣, 至秋而貿正
穀, 正穀待歉歲發賣, 值豊而還貿之, 則國無新備之費, 而常平自立
矣. 若其發賣收買之法, 宜定四限. 每米一石(常平宜以米穀一石卽十斗),
其買之也, 較之時直, 必加五戔33)之錢(俗以十錢爲一戔34)), 大豊則加
予之無過一緡, 此買時之二限也. 其賣之也, 較之時直, 必減五戔35)
之錢, 大歉則益損之, 無過一兩(值大殺年, 則須減二三四兩, 不可豫定), 此
賣時之二限也. 如是則豊年民爭致之米, 凶年民樂爲之貿, 豊年不病
農, 凶年不肥賈, 厚本而抑末, 廉取而樂施, 民受振濟之實, 國致羨
餘之富, 法之善良, 無有如是者矣. 大抵財用之權, 宜令在我而不令
在人, 在人者, 爭之端也. 還上之權在民, 民不受之則括其戶, 民不
納之則笞其背, 不已勞乎? 常平之權在公, 民不賣之, 不求也, 民不
買之, 不勸也, 示之以必可欲之利, 而拱手焉而已. 不已逸乎? 臣故
曰: "常平, 善法也".

錢幣議

我國錢貨之行也, 今且百有餘年, 大較便之者多, 其云不便者一二也.
昔之無錢, 非不便也, 無銅也, 非無銅也, 不知鑄銅之法也. 鑄銅之
法, 令一象鞬北學於中國, 斯數月之事也. 而且不爲, 他尙何說? 錢
之爲敝, 以其貪利而小其樣也. 舊所鑄, 猶之牢實, 而近歲所鑄, 薄

---

33), 34), 35) 戔 : 신조본의 錢은 본자.

如楡葉, 儲之則朽鑠而不耐久, 行之則破觖而無所用. 其不爲鵝眼·
綖環者幾希, 不出百年, 國且無錢矣. 無錢且鑄之費, 其不多乎? 今
宜聚新鑄之薄惡者, 改鑄爲大錢, 令以十錢爲一錢, 其用之也, 令以
一錢當十錢, 或以百錢爲一錢, 其用之也, 令以一錢當百錢, 則民無
所失, 而錢制可變也. 此其爲益有二, 耐久其一也, 節用其一也. 民
情輕小而惜大, 唯其一葉之薄小也, 用之無節, 令其大也, 則用之不
便, 用之不便, 民之利也. 且留其舊鑄之錢, 大商·遠賈用大錢, 小市·
細貨用舊錢, 則大小無不便矣. 豈唯是也? 我國金銀之歲走中原, 國
之削也. 宜鑄金銀之錢, 用之各以其直, 則大商·遠賈必爭取金銀之
錢, 爲其轉輸不勞也. 且旣有刻而有文, 雖象輶之屬重利輕生, 必不
敢潛懷而輸之燕矣. 金銀之走燕, 以貿綾緞也. 金銀出於卝而有限,
綾緞繹之繭而無窮, 金銀閱百世而不鑠, 綾緞度一年而卽敝. 以有限
之寶而抵無窮之縷, 以不鑠之珍而易易敝之物, 國之不利, 莫此若也.
況鄰國有釁, 緩急有警, 非有金銀, 將何所啗賂哉? 宜自今唯御前儀
仗旗幟及大喪所用之外, 凡紗羅綾緞, 一切嚴禁, 私家雖婚喪所用,
一切嚴禁, 如冠綏護項之細, 都不敢服著焉, 則綾緞之歲貿者, 必減
十之九矣. 綾緞之貿旣減, 則金銀之歲走者, 不期遏而自絶矣.

公服議

臣竊以爲衣服之於人, 其用有二, 一爲煖體, 一爲掩體. 煖體者, 爲

之裘帛, 以禦風寒是也. 掩體者, 爲之文章, 以表貴賤是也. 除此以往, 皆無益之費也. 國朝衣服之繁瑣, 在古無聞, 蓋盡取歷代之制而備有之, 兼之華夷之俗而混有之也. 臣請歷擧之. 有朝服之具, 金冠(金簪藍綏)·紅衣紅裳(暑用苧紗, 寒用綾羅)·玉佩(有靑紗囊)·後綬(用雜綵, 刺繡雲鶴一雙)·大帶(用綾羅, 黑繒飾)·條帶(組以采絲)·品鞓(一品犀, 正卿金, 亞卿鶴頂金, 三品以下銀, 七品以下烏角)·蔽膝(紅綾, 或紅紗)·牙笏黑靴·白衫(白苧爲之, 黑繒爲緣)·紫貂帽(堂下鼠皮)·獬豸(唯臺臣有之), 是也. 有祭服之具, 烏金冠·黑衣·靑履, 餘與朝服同, 而有曲領方心(用素繒), 是也. 有吉服之具, 烏紗帽(堂上紋角, 堂下無文)·黑團領(暑用薄紗, 寒用複紗 ○堂上有紋紗, 堂下無紋紗)·胸背(如後綬, 文臣雲鶴, 武臣繡獅虎)·品鞓·黑靴·靑敞衣(暑用苧布, 寒用紬帛), 是也. 有時服之具, 紅團領(暑用苧布, 寒用紬帛棉布 ○堂下綠團領), 餘與吉服同, 是也. 有戎服之具, 紫驄笠·飾虎鬚·孔雀羽·巓羽·旁羽·蜜花纓(或用錦, 佩珊瑚格子)·藍紗綴翼(堂下官, 烏驄笠·鐵笠·飾水晶·纓靑苧·綴翼·綠條帶)·紅條帶·滿縇護項(鼠皮貂緣)·弓韔矢箙(弓一, 大羽箭五, 體箭十, 片箭十, 筒兒一, 黃手巾一)·佩劍(金銀飾紫皮帶)·藤鞭(銀飾有烏紗手巾)·水鞋子(雨著油鞋子)·臂鞲(用錦緞36)爲之)·角指(所以控弦), 是也. 有軍服之具, 氈笠子(用紋緞飾之)·銀頂子·孔雀尾·靑雀尾·蜜花纓(絶大)·夾袖戰服(深綠色, 暑用紋紗, 寒用紋緞)·裌子(紫色)·腰帶(用羽緞爲之)·纏帶(用藍37)帛)·細衲衣(用紬帛), 餘與戎服同, 是也. 有甲冑38)之具, 金盔(貂皮護項, 紋

---

36) 緞 : 신조본의 緞는 오식.
37) 藍 : 신조본의 籃은 오식.
38) 冑 : 신조본의 胃는 오식.

緞飾之)·銀甲(紋緞爲之)·如意鉤·掌甲, 餘與戎服同, 是也. 有淺淡服之
具, 無紋角帽·澹靑團領(苧布爲)·烏鞓, 餘與時服同, 又有所謂無樣黑
團領(無紋去胸背) 者, 是也. 有燕服之具, 漆笠(我俗以帽之有簷者謂之笠)·
琥珀纓(寒用貢緞, 堂下玳瑁)·黑驄巾·貂皮護項·幅巾(帽緞爲之)·網巾(金玉
圈子)·敞衣·道袍(或靑或白)·紅條帶(差狹者)·唐鞋·毛扇(貂皮紋緞爲之), 是
也. 有褻服之具, 取其輕煖之宜, 若襦若袴者, 是也. 凡此十服之中,
以寒暑而不同者八, 以職品(堂下·堂上)[39]而不同者四, 分而言之, 蓋數
十種也. 朝紳在公者, 闕其一不能供職事, 苟欲一一而辦備之, 非萬
緡之錢不能也. 國家月給祿米豆, 多者不過一斛, 將何術而爲此哉?
每當朝會祭享之時, 求乞爭門, 佇人織路, 拊膺頓足, 唯恐不得, 此
果何法哉? 臣謂諸服之中, 存其二, 餘竝汰之, 吉服可存也, 軍服可
存也. 吉禮也賓禮也嘉禮也, 竝服吉服, 軍禮也, 服軍服, 有凶事則
淺淡服, 有兵事則甲冑可用也. 而吉服軍服之中, 亦須去文而務實,
汰奢而從[40]儉, 則制約而費省, 國裕而士不貪, 士不貪而民不削矣.

　　通塞議

臣伏惟人才之難得也, 久矣. 盡一國之精英而拔擢之, 猶懼不足, 況
棄其八九哉? 盡一國之生靈而培養之, 猶懼不興, 況廢其八九哉? 小
民, 其棄者也. 中人, 其棄者也(我國醫·譯·律曆·書畫·算數者爲中人). 西關·

---

39) 堂下·堂上 : 규장본에는 堂上·堂下로 되어 있다.
40) 從 : 신조본의 縱은 오식.

北關, 其棄者也. 海西·松京·沁都, 其棄者也. 關東·湖南之半, 其棄者也. 庶孼, 其棄者也. 北人·南人, 其不棄而猶棄者也. 其不棄之者, 唯閥閱數十家已矣. 而其中因事見棄者, 亦多. 凡一切見棄之族, 皆自廢不肯留意於文學·政事·錢穀·甲兵之間, 唯悲歌慷慨飮酒而自放也. 故人才亦遂不興. 人見其不興也, 曰: "彼固當棄也" 嗟乎! 豈其天哉? 何天地之聚會其精神, 山川之亭毒其氣液也, 必鍾之於數十家之產, 而以其穢濁之氣, 播于其餘哉? 以其所生之地而棄之歟? 金日磾生於休屠, 西戎之人也. 薛仁貴生於朔方, 北狄之人也. 丘濬生於瓊州, 南蠻之人也. 以其母家之賤而棄之歟?(指庶流) 韓魏公, 靑州官婢之子也. 范文正之母, 厥有醜行, 邵康節兄弟三人, 姓各不同. 若是者, 皆在可棄乎? 庶流通淸之議, 或行或格, 然行之而庶流不足喜也. 使注擬於三望者, 而必皆庶流, 則是得爲庶流正言, 而未嘗爲正言也. 限某職焉, 限某品焉, 是皆棄人也. 太上, 東西南北無所障礙, 遐邇貴賤無所揀擇, 如中國之法可也. 賢者苦少, 愚者苦多, 公正者苦少, 偏私者苦多, 言之而莫之行也, 行之而且有亂矣. 抑有一法可以行之者, 每十年一次設茂才異能之科, 西北兩都中人庶流, 以至凡民之賤, 凡有經明·行修·文學·政事之拔類超群者, 令廟堂·館閣·臺省之臣各薦所聞, 又令方伯居留之臣各薦所知, 大約薦百人, 聚之京師, 試其經學, 試其詩賦, 試其論策, 詢之以往古興敗之跡, 訪之以當世經濟之務, 取十人賜之以科目, 凡登是科者, 下自臺省·館閣, 上至政府銓部, 無所拘礙, 與所謂閥閱家等之, 使其子子孫孫永作淸明之族,

則其于國俗, 無所改易, 而振淹滯疏幽鬱, 無出此右者也. 如是則昔
之悲歌慷慨飲酒而自放者, 皆將修身飭行, 留意於文學·政事·錢穀·
甲兵之間矣. 於是乎人才蔚興, 而一國之精采41)頓變矣.

考績議

臣竊以守令者, 國之所與分民而治之者也. 而其職侔擬人主, 百度無
所不具, 故曰君牧. 其爲職, 不已重乎? 生民之苦樂以之, 國家之衰
盛以之, 正宜詳考密察, 策勵勸懲. 而顧考績之法, 疏略已甚, 八字
之內, 無以條列其臧否修廢之實. 而或稱家法世德之隆顯, 或稱文華
風流之跌宕, 而置之上考, 此考其門閥, 評其人品耳, 於治民奚與哉?
且唯治績之優劣, 最多層級, 豈可以三等而槩之乎? 臣竊伏念守令之
職, 無所不責, 難以悉擧, 而其大綱有六, 六綱之中, 其目亦各有四.
何謂六綱? 一曰農, 二曰貨, 三曰教, 四曰刑, 五曰兵, 六曰工. 何謂
四目? 農之目, 一曰耕織, 二曰畜牧, 三曰種植, 四曰堤墾. 貨之目,
一曰賦稅, 二曰還餉, 三曰市糴, 四曰振恤. 教之目, 一曰孝弟, 二曰
禮俗, 三曰文學, 四曰婚取. 刑之目, 一曰刑罰, 二曰詞頌, 三曰鬪毆,
四曰武斷. 兵之目, 一曰教鍊, 二曰兵器, 三曰城濠, 四曰盜賊. 工之
目, 一曰卝採, 二曰工匠, 三曰館廨, 四曰道路. 臣謂自今考績之狀,
歷擧此二十四事, 條論其勤慢美惡, 勿限字數, 一如御史書啓之式,

---

41) 采: 신조본의 采은 오식.

而又分爲九等, 上上毋過一人, 以之陞42)擢, 下下無減三人(小道二人), 以之黜罰, 其餘聽監司隨意分等, 勿令限數, 又每歲終一考, 其未滿三百日者勿論, 待日滿卽行馳啓. 如是則百度修擧, 而安民富國利用厚生之效, 必碁年而可覩矣. 何者? 監司將歷擧而論人也, 則不能不留意觀察乎二十四事之實, 守令知其將歷擧而論已也, 則不能不竭力修擧乎二十四事之實. 監司以實求之, 守令以實應之, 如是則民無有不安, 國無有不富矣. 今書之曰: "恬雅之治, 一境晏如" 可見此人全不事事, 坐享廩祿, 令用條列之法, 必無一績之可書矣. 今書之曰: "出自宰列, 彈壓何憂?" 可見此人不親細務, 傲兀自尊, 令用條列之法, 必無一績之可書矣. 顧不當置之下中乎? 嗟乎! 敎化不行, 禮俗無聞, 田野不闢, 山澤之利不興, 材木六畜不蕃, 城郭館廨無不頹圮, 百工技藝無不頑鈍, 盜賊蜂起, 市糴芬雜, 生民之憔悴日甚. 而爲守令者, 方且高枕養病, 及其考績也, 得美題目, 竊竊然以自喜, 於國家何益哉? 若夫太平之治, 唯淸儒顧炎武〈郡縣論〉, 採而行之, 斯可以成矣. 不然, 皆苟然而已.

應旨論農政疏(戊午在谷山)

伏以臣竊以農有不如者三, 尊不如士, 利不如商, 安佚不如百工. 今夫人情, 莫不羞卑, 莫不辟害, 莫不憚勞, 而農有不如者三, 惟是三

---

42) 陞 : 신조본·사암본의 陛는 오자.

不如者不去, 則雖日撻而求其勸, 民亦卒莫之勸也. 大抵農理至精, 爲之以麤, 爲之以麤, 故勞多而利寡, 勞多而利寡, 故業者日卑, 業者日卑, 故爲之益麤, 徇環相因, 農政疏矣. 臣本湔劣, 尤昧稼穡, 顧何敢強所不知, 以欺天聽? 而十行絲綸, 勤咨博訪, 當先朝勸耕之年, 勵上古田畯之職, 臣方守土, 怵惕感激, 謹將三條臆說, 仰塵乙覽. 一曰便農, 將以佚之也, 二曰厚農, 將以利之也, 三曰上農, 將以尊之也. (妄陳瞽說, 無任悸恐之至).

何謂便農? 農所以勞, 區闊而力詘也. 不察農利者, 每云人多地少, 臣則曰: "區闊而力詘, 故民病地少也" 昔程子論井田曰: "天地生物, 常相稱" 豈有人多地少之理? 大抵占區不闊, 而用力得盡, 則自無地少之患矣. 土之養苗, 恰有界限. 假令繞根一寸, 能養一苗, 而立苗間以三寸, 則居中一寸, 不其陳乎? 或一寸之土, 立苗二三, 則土力不給, 苗其碩乎? 今觀畎畝之間, 或尋丈空豁, 或五六叢疊, 人知蒿萊磽确之爲陳, 而不知膏腴之壤, 見棄於方藝之田也, 人知水旱霜雹之爲災, 而不知苞茂之質, 被困於連根之苗也. 臣嘗聞自燕回者言: "田苗初生, 相距皆均, 分寸不違, 經緯交錯" 是必有制器碾土, 按跡落種, 使疏密得中也(謂碌碡). 今貧民無田者, 借人種豆之田, 耕其溝而種之麥, 名曰借谷. 夫既借谷而種穀, 則其區闊而力詘, 可知. 今宜講正田制, 畦闊幾尺, 溝闊幾寸, 隨穀異制, 令其得中, 而又用碾跡之器, 使立苗得均, 則糞壤鋤耰之勞皆減, 而得穀倍多矣. 農所以勞, 不擇種也. 種之窳者, 如胎元之有病, 徒占田地, 秋竟無實, 十粒而窳者居五, 則萬頃而陳者, 五千頃也. 假令甲秊選百而取一, 乙年之種選於甲, 丙年之種選於乙, 則不出數年, 稻米必皆長腰, 而一豆之碩, 幾於繭矣. 農家習於齷齪, 聞擇種之說, 無不矧然笑之. 然簸而去其碎, 揚而去其空, 篩而去其小, 浸而去其浮, 亦不過須臾之勞耳. 比諸鋤之穮之, 身汗手胼, 而秋竟無實者, 顧何如哉? 且碎者空者, 小者浮者, 播之田則爲土爲草, 落之家則爲饐爲粥. 況萬頃之田, 不陳其半者乎? 然習俗已痼, 猝無以矯之也. 農所以勞, 器不利也. 臣嘗觀《農書》, 有所謂方耙·八字耙, 曰耖曰耢, 皆所以駕牛破塊也. 今俗惟水田用駕牛之耙, 而制亦甚朴, 旱田令翁婦脚踏以破塊, 塊未嘗破, 而踏跡堅如石矣. 又如秧馬, 今人但聞其名, 赤脚入水, 腰酸肩痛, 泥汚蛭咬, 苦楚而功不贍, 甚可愍也. 賈思勰[43]云: "耬車狀如三足犁, 置斗藏種, 以牛駕之, 一人執耬, 且行且搖, 種乃隨下, 一日可種一頃" 此乃趙過之遺法, 其省勞益功如此, 而我俗至今茫昧. 又如驢磨·水碓, 中國使用已久, 桓譚已詳言之, 我俗尙用借身踐股之制, 而如風磑·輪激之類, 尙未聞名. 又如蠶家不用層箔, 每屋一間, 只養一間, 而蒸麥炊黍, 房地熏熱, 罨豉爛麴之氣, 席溲盆溺之臭, 穢惡庮羶, 蠶用是殭, 繅車抽絲, 勞多功遲, 濕絲安灶, 以石壓住, 旣腐而爛, 方入杼柚, 以之爲衣, 敝已久矣. 又如紡車, 大而手鈍, 今織紬家, 另有紡車, 流自西關, 制較便捷, 蠶絲綿絲, 用皆無礙, 而鄕村尙無此車. 今宜按書, 製諸農器, 頒制八方, 令次第試用也. 農所以

---

43) 勰: 신조본·사암본의 協과 통자.

勞, 水利不興也. 朱子曰: "賑饑無奇策, 不如講求水利" 此誠慮遠達本之論也. 中國濬河通漕, 習於治水, 固非一朝之所能學. 然審高下之勢, 量疏鑿之費, 計灌漑之利, 利則興之, 害則停之, 疑則少嘗之, 顧安所不可乎? 人有防堰, 群嘲衆罵. 堰之多敗, 不在水石之難繼, 而在乎引水之不審高下, 捍潮之不辨衝掠也. 水有似卑而實高者, 其源高者, 下流視田雖卑, 不過畚鍤之勞耳, 其源卑者, 下流視田雖平, 龍尾·恒升之倫, 終亦無功. 且如潮勢, 隨風異力, 平時衝激者, 或因風掠過, 平時掠過者, 或因風衝激, 而海上風勢, 槩有定候, 旣知風候, 可揣潮勢. 如秋冬堅凝之時, 潮雖衝激, 不致圮壞, 如春夏融解之時, 最忌衝激, 堰之當潮處, 必審勢察候而築44)之, 則庶不遭害. 且海澤之初年免稅, 陳田之三年免稅, 律令不一, 官以低昂, 今若明著約束, 有能防堰作田者, 許令五六年免稅, 則海澤之利興矣. 至於築隄之役, 亦宜審勢量利, 隄高田卑, 則勢順而利博, 隄與田平, 則勢關而利鮮. 臣嘗觀三南諸隄, 槩在高處, 疏鑿旣易, 灌漑甚遠, 而海西之隄, 少見可意. 卽延安南池, 國中名隄, 而以臣愚見, 田高隄下, 且無源泉, 淤泥雖鑿, 湍決無處, 延袤徒廣, 渟滀難深. 今若大行疏鑿, 芙蕖菱茨之照映, 鴻鴈鳧鷖之游泳, 雖足以助其風景, 於所謂千頃穮稌, 未見其有補也. 臣今待罪谷山, 谷山亦有二隄, 一曰外助伊, 一曰愁乙串, 圍皆不滿千尺, 淤塞已久, 霖收卽涸. 今有朝令, 議行疏鑿, 而第惟兩隄之下, 俱無一區水田, 鑿之將何用哉? 鑿之固不

---

44) 築: 신조본·사암본의 等은 오자.

得水, 誠若得水, 則旱田被其害矣. 蓋田底一尺許以往, 皆細石也.
是故不能渟水, 宜粟而不宜稻. 今若疏隄, 秪以勞民. 若是者合有通
變, 而法外之言, 臣不敢煩陳也. 引溪澗以溉田, 俗稱防狀. 防狀之
難, 甚於海堰水車之法, 蓋不過欺水就下, 而實令上行也. 然按書制
器, 未盡其法, 故行之多敗. 今俗惟矗積木石, 橫截湍流, 故糜費千
萬, 遇潦輒崩. 往歲湖南人, 有行木筧之法, 多獲灌溉之利. 其法斲
板聯傳, 多作大筧, 就上流高處, 承水以來, 每兩筧交承處, 用三叉
木插水中以擎之, 旱則設之, 潦則卷之, 亦不過數人一日之役耳. 以
之防大川灌大野, 雖難責效, 人各自力, 亦45)足以康濟百畝也. 又如
陂池大澤, 令行浮田之法, 則無田者亦足爲農. 其法縛木爲筏, 上載
糞土, 種以粳稻, 浮之水面, 隨水上下, 旱澇不能爲災. 然令之刱行,
必孰視竊笑而走矣.

何謂厚農? 農所以削, 還上多幻也. 還上本社倉遺法, 法非不良, 奸
僞之滋, 不善用也. 唯是衙門名色, 繁瑣眩亂, 莫捉端倪, 穀簿之幻
形變態, 如流沙浮雲, 細心窮理, 菫知脈絡, 一經反動, 旋又迷茫. 官
吏若此, 愚氓何論? 有言一切削去者, 掣肘多端, 議竟不行. 臣意則
列邑文簿, 削去衙門名色, 惟監營文簿, 通計道內穀總, 而書其尾曰
‘本道某穀幾石內, 常平穀幾石, 賑恤穀幾石’, 以應京司區劃, 顧安所
掣礙哉? 第惟錄耗作錢之法, 穀各不齊, 歲各不同, 則卒無以塞吏奸
而解民惑也. 耗則毋論某衙某穀, 竝錄全耗, 以明什一之數, 作錢則

---

45) 亦 : 신조본·사암본에는 빠져 있다.

毋論某歲, 凡耗穀沒數作錢, 使放糧收糧之數, 歲歲無差, 每十年觀
列邑戶口增損, 稍行袞益之政, 則民役均而國用有節矣. 許魯齋[46]
曰: "地力之生物有大數, 人力之成[47]物有大限, 取之無度, 用之無
節, 則常不足" 今還上之取耗無度, 耗穀之費用無節, 雖使歲增而月
加, 烏能免不足哉? 今論海西諸邑, 或以結還, 或以戶還, 而大約一
夫所受, 多者數十石, 少者不過數石, 結還尙可參差, 戶還宜令均一.
臣謂通計道內戶口, 令與穀簿相準, 平均分排, 使各移轉, 而勿復增
減, 則穀簿簡矣. 其有以耗爲本, 將以羨餘者, 宜於分留之制, 量加
幾石之分, 以充其代, 則此雖恒定, 彼雖越加, 用之有節, 歲計有餘,
豈彼之足比哉? 又如關防·巨鎭, 不得不多峙軍糧者, 亦宜少有差等,
而量減民戶之他役也. 農所以削, 種畜之政疏也. 《周官》林衡·澤虞,
課種有時, 秦·漢貨殖家, 牛羊彌山谷. 今火田漫無禁制, 名山大麓,
無不童赭, 棺槨宮室之材竭. 又如椅·桐·梓·漆·楡·柳·桑·柘之屬, 偶
有自生, 樵斧先及, 百工器用, 罔不艱匱, 棗·栗·梨·栭, 蒔培失宜, 嘉
實日稀, 羊·豕殆乎絶種, 雞·豚不能充庖. 凡此皆所以羽翼農家, 厚
其貨賄者, 而其匱乏若此, 農安得不削乎? 曆書之宜忌諸說, 徒勞
剞[48]劂, 無人省覽. 凡遇婚葬, 就師擇日之勞, 猶自如也. 顧何嘗按
曆而定日哉? 解學士縉, 嘗有一切刊汰之議, 斯爲達論, 宜於曆書,
凡係宜忌等說, 一竝汰去, 取《農書》, 按其種畜諸方. 如云某月某日,

---

46) 齋: 신조본의 齋는 오식.
47) 成: 신조본·사암본의 生은 오자.
48) 剞: 신조본·사암본의 剖는 오자.

種某穀某木, 某節前後幾日, 蒔某穀某木, 以至乳雞騸畜, 一一按方, 逐日編入, 如今宜忌諸說, 則是便以一部農書, 家喩而戶說也. 民旣常目, 不能不試, 試而有效, 不能不力, 鄰里觀感, 轉相倣, 則不出十年, 必成大同之俗矣. 然後諸山伐松之禁, 守令種桑之績, 嚴考勤慢, 諸有土宜, 咸試不怠, 則農本日厚, 而其利日博矣. 農所以削, 斗斛不平也. 大抵同律·度·量·衡, 王政之大者也. 今萬斗千斛, 有如人面, 望之相似, 就之皆異. 京外之不均, 鄰邑之不同, 姑捨是, 一邑之內, 有官斗有市斗有里斗, 官斗之中, 官廳司倉不同, 市斗之中, 此虛彼虛不同, 里斗之中, 東村西村不同. 穀無定價, 欺詐多端, 農安得不削乎? 謹案《大典通編》, '公私用斗斛, 造制不如法, 印跡不明者, 以違令律論', 法未嘗不嚴也, 徒說不行, 不如無法. 今宜申明舊法, 講正斗斛之制, 頒式八方, 毋論公斗私斗, 皆令一毫無差, 有或差者, 京而署官, 外而守令, 照律嚴繩, 則不幕月而國中之斗斛平矣. 且如十五斗之爲一斛, 此奸僞之所由起也. 古制十升爲斗, 十斗爲斛, 今亦一遵古法, 公私文簿, 竝行釐正, 則奸僞去而簿領明矣. 且牛馬之力, 不能任三十斗, 苟十斗一斛, 則受糧納糧之時, 適輸二斛, 民必便之矣. 農所以削, 煙茶盛也. 或議一切嚴禁, 然近醫如張介賓者, 盛推煙爲良藥, 謂其有治痰禦瘴溫中殺蟲之功, 勝於檳榔. 審如是也, 不可禁也. 然良田沃壤, 沒爲煙畦, 斯亦弊俗. 臣嘗觀湖西諸邑, 煙皆山種, 如古磴田之制, 味品亦佳. 今宜嚴立約條, 八道煙農, 皆令山種, 平野種煙者, 竝嚴禁, 唯三登一縣, 許其野種, 以供進上, 則人民嗜好不絶, 而農利益厚矣.

何謂上農? 定科舉之制, 而農自尊矣. 古稱士農, 士者仕也. 凡仕於
朝, 隷於公者, 皆士也. 學先王[49]之道, 將以出仕者, 士也. 今也, 非
仕非農, 生不讀一字書, 而以士自命, 世擁虛名, 傲睨生靈, 視未耜
爲穢物, 羞力役而不躬, 一指不動, 坐受凍餒.《大學》曰: "生之者
衆, 食之者寡, 則財恒足矣" 今通國皆游食, 財安得不匱乎? 大抵不
擧而科, 非古制也. 今宜令諸道各邑, 酌量文藝多寡, 議定擧額, 每
當科年, 列邑選充本額, 上之四長官, 四長官選之, 許赴營試, 中營
試者, 許赴會試, 京都亦令各坊, 各定擧額, 坊選而上之部, 部選而
上之庠, 中選者許赴會試, 則垂綏惰游之士, 皆將轉而緣畝, 不唯農
家之自尊, 而科擧之許多奸弊, 亦不期袪[50]而自袪[51]矣. ○今欲上
農, 抑末而農自尊矣. 先王之制, 比閭族黨, 受田力農, 故末業未盛.
楊龜山曰: "當時天下, 無不受田之人. 故游惰姦宄不軌之民, 無所容
於其間" 今末業之踰本久矣. 臣不必一一煩瀆, 臣唯以目下所見, 擧
其一隅也. 遂安金店, 此果遵何法哉? 產金之豐, 古所未聞. 日採金
如瓦礫, 貨賄之來, 輦輸輻湊, 人民之衆, 袂帷汗雨, 錦綺·布帛·魚鹽·
稻米, 百用之物, 列廛居貨, 宛如都邑, 產金之豐, 推此可知. 問稅幾
何, 月納錢數百兩, 度支不管, 軍門不知, 一粒之金, 不入公府, 此果
遵何法哉? 國幣不用黃金, 然不虞之備, 不宜不念. 自度支[52]主管,

---

49) 王: 신조본·사암본의 生은 오자.
50), 51) 袪: 신조본의 祛와 동자.
52) 支: 신조본·사암본의 之는 오자.

764

派差官員, 採金入官, 何所不可? 或云: "官採則店民皆散, 而得金不如彼也". 噫! 使椎埋·掘冢·藏命·匿奸之徒, 日獲金千萬, 潛商而貨于燕, 於國何補? 令金不採, 藏富於山, 猶之爲吾有也. 既不官採, 宜卽禁止, 使各歸農. 今山郡農家, 日給傭百錢, 無以雇人, 以金店也, 豐年穀價不賤, 魚鹽百物刁騰, 以金店也, 山村盜賊竊發, 富民子弟蕩業, 以金店也. 近聞笏洞之店少衰, 然衰盛月異, 遷徙如夷狄, 農民莫不咨嗟, 望有節制, 臣不敢不陳也. ○今欲上農, 變良役之法, 而農自尊矣. 民視良役爲奴婢, 一得役名, 婚姻不通, 坐不序齒, 而不免農夫之名, 則亦不免良役. 故歲收粟十斛者, 舍其耒耜, 投托儒名, 寧捐田買人以應之, 不自役也. 僞族譜僞職牒, 紛然竝作, 換父易祖, 恬不知愧, 傷倫敗俗, 莫此爲甚. 大抵應良役者有四, 一曰鬼, 二曰丐, 三曰逃, 四曰烏有. 宮居粒食, 安土而重遷者, 何嘗應良役哉? 僅十之一二耳. 若是者, 蓋其祖上傳來, 推刷如奴婢, 而貲[53]賄不贍, 未及蛻幻者也. 臣於莅任之後, 見有推刷如奴婢, 越侵他坊者, 令括本里良丁, 被括者駭愕失守, 仰天大叫, 知之爲壓良爲賤. 大抵習俗已痼, 儀·秦不能說, 龔·黃不能馴也. 且棉布升數, 軍門歲加責飭, 年前本府之民, 砲保布一疋, 至費七八兩, 誠以峽中, 本無棉田, 細織皆貿西關, 奸民斂貨而都貿, 猾吏索賂而退擇, 故費蓋至此, 此固甚矣. 卽産棉之邑, 非四兩錢, 無以納布, 名雖一疋, 其實二疋. 且如禁御升數稍遜, 許令參半, 砲保升數旣嚴, 而又令純布, 苦樂懸殊, 民

---

53) 貲 : 신조본의 眥는 오식.

役不均. 且京司所用之尺, 守令不審長短, 監吏竊其衍餘, 宜造鐵尺, 令京·外相準. 然此皆節目間事, 良役不變, 則民卒莫保. 有言戶布者, 有言口錢者, 今猝行之, 民將胥動, 往歲關西事可驗. 昔張橫渠謂: "井田可行" 朱子曰: "若欲行之, 須有機會. 平世則誠爲難行" 今戶布之難行, 無異井田, 然處之有術, 行之以漸, 則民不駭而事可擧矣. 今海西有軍布之契, 有役根之田, 簽丁只是借名, 納布便同里斂, 旣非虛伍, 官亦不禁. 臣謂自今良役, 一任該邑, 勿隷京營, 所謂砲保·禁保等名色, 只令本邑便宜沿革, 改都案改查正之法, 一切革罷, 只照良役元摠, 令該邑按例考數, 都監歲納幾疋, 禁營歲納幾疋, 而簽丁充伍之事, 京司兵營, 竝勿句管, 則不出十年, 身布俱成里布. 旣成里布, 則以之爲戶布, 一轉移也, 在國用一毫無損, 而民生之疾苦去矣. 或云: "砲保將以選砲手, 禁保將以選番軍, 宜存名目, 以保陞戶" 噫! 砲手·番軍, 何嘗陞保而爲戶哉? 假令國有緩急, 砲保從砲手, 禁保從禁衛乎? 斯皆設爲名目, 其實將以徵布也. 布旣徵矣, 名將何用? 審如臣言, 雖自該邑, 依舊簽丁, 如逃亡債·老除債·付標債·改案債[54]·京人情·營人情等, 許多浮費, 皆將淘汰矣. 其爲民惠, 不已太乎? 良役旣罷, 則民不恥農夫之名, 而農自尊矣. 今欲上農, 上行親耕之禮, 而農自尊矣. 歷代聖王, 莫不行之, 一日禮行, 四方風動. 上有好者, 下必有甚, 今何曠久而不擧乎? 或云: "旣行親耕, 則亦行親蠶" 此恐不然. 時有古今, 禮貴參酌, 顧何必竝擧哉? 國家縟

54) 債 : 신조본·사암본에는 빠져 있다.

儀, 有難歲行, 宜令諸道監司, 率其屬以行大夫之推, 而諸在字牧者, 莫不皆然, 則觀感之效, 速於置郵, 民不侮農, 而農自尊矣.

擬嚴禁湖南諸邑佃夫輸租之俗箚子

臣竊觀湖南之俗, 租與種子, 皆佃夫出之, 臣以爲此俗當禁也. 臣伏唯天地生物之理, 至公大慈, 一視同仁, 豈欲使百夫殫力, 以肥一夫哉? 臣請溯其本而言之. 臣嘗謂田有二主, 其一王者也, 其二佃夫也. 《詩》云 '普天之下, 莫非王土', 王者其主也. 《詩》云 '雨我公田, 遂及我私', 佃夫其主也. 二者之外, 又誰敢主者哉? 今也, 富彊之民, 兼竝唯意, 王稅之外, 私輸其租, 於是田有三主矣. 在昔殷·周之制, 民不過[55]什一, 然而上之視民, 猶哀矜惻怛, 若將不保, 見於《詩》著於《禮》典. 若使殷·周之君, 來視此法, 未有不涕泣傷恫, 而其民視之, 未有不瞑瞑作慝, 載耒耡而走者, 此後世農夫之困於前古者也. 私門輸租, 雖一粒半菽, 猶爲無義, 況我東立制, 因循貉俗, 縣官之稅, 大約二十取一, 仁於三代之法遠矣. 何乃私門之租, 什取其五哉? 民困國貧, 上下匱竭, 皆此故也. 其制唯正之供, 雖若是凉, 而州縣事例, 在在不同, 若所謂雇馬·貢竹之類, 名號猥雜, 不可勝數, 徵斂無藝, 皆督佃夫, 守令視爲故常, 御史莫之擧劾, 名雖貉法, 其實亦什五也. 私輸其五, 官斂其五, 佃夫何食哉? 此我東農夫之困於中國者也. 京畿

---

55) 過: 신조본의 遇는 오식.

諸路私門之租, 雖取其半, 王稅穀種, 皆田主出之, 計其實食, 佃夫蓋多, 此猶可矣. 今此湖南之俗, 田主旣領其半, 無不高枕而臥, 佃夫旣失其半, 又就留半之中, 除其穀種, 除其稅米, 左割右削, 餘者幾何? 此湖南農夫之困於諸路者也. 苟其俗宜然, 何不令京畿諸路, 通行此法, 以成大同之俗也? 苟如是者, 臣恐萬口嗷嗷, 相率而爲亂也. 在諸路, 則萬口嗷嗷, 相率爲亂, 而湖南之民, 安然蒙冒, 不敢爲掉脫之計, 不亦悲乎? 今欲嚴禁此俗, 令同諸路也, 則必有起殿下之前者, 曰: "順俗而治, 不必更張" 臣謂爲此言者, 必庸夫也. 俗苟善矣, 可勝言哉? 如其不善, 爲生民切骨之痛者, 如之何其順之? 禁之革之, 當如毒蛇虎狼, 顧可袖手[56]而觀之乎? 王者代天理物, 物亂而莫之理, 則其職闕矣. 顧可有順而無違哉? 今計湖南之民, 大約百戶, 則授人田而收其租者, 不過五戶, 其自耕其田者, 二十有五, 其耕人田而輸之租者七十, 今若改其舊俗, 令同諸路, 則是七十者, 皆踊躍抃舞矣. 其二十有五, 雖甘苦不干,[57] 然人道惡盈, 大抵忌富而恤貧, 亦在樂中, 其悵然不樂者, 不過五人耳. 畏五人之悵然, 不敢爲九十五人踊躍抃舞之政, 孰謂王者操化權哉?《易》曰: "不耕穫, 不菑畬" 孔子曰: "不耕穫, 未富也" 今之田主, 卽所謂不耕穫者也. 穫而未富, 乃其本分, 顧使之富強如彼哉? 臣見湖南之俗, 刈而不打, 收入佃夫之家, 或越日踰旬而後, 始乃打落. 故富民之言曰: "佃夫竊食者多, 其輸王稅固當" 此又奸言也. 臣少也鄙賤, 嘗監刈於京畿之田矣.

---

56) 手: 신조본의 乎는 오식.
57) 干: 신조본의 于는 오식.

田夫之鼠竊狗偸, 其竇瑣小, 奚獨湖南爲然? 稊稗不斂, 寡婦之利.
彼拱手而收田租者, 乃敢爭此利於農夫乎? 臣嘗讀宋蘇洵之〈衡論〉,
曰: "富民輸租, 亦以其半, 不若周之民, 以其全力而供之" 由此觀之,
中國之法, 亦田主輸租也. 嗟乎! 佃夫一年之農, 不過種六七斗耳.
輸其私租, 償其還穀, 歲未卒而饑已久矣. 從何處辦此王稅哉? 織棉
布以應之而已. 其或疾病死亡, 未及公期, 則賣鍋粥犢, 景色悽慘.
爲民父母, 如之何其任之也58)? 《詩》云: "哿矣富人, 哀此煢獨" 夫
授人田而租之者, 大抵是富人也. 抑強扶弱, 仁人之政, 殿下何慮而
不爲哉? 臣願殿下俯詢廟堂, 亟令道臣, 嚴立科條, 自今租與種子,
皆令田主出之, 其有暗地私受, 操縱田土之權者, 別加廉察, 置之重
辟, 則南土之民, 庶幾息肩而望蘇矣. 殿下何憚而不爲也? 取進止.

---

58) 也: 신조본·사암본에는 빠져 있다.

4. 記·序·跋·書·贈言

晉州義妓祠記

婦人之性輕死. 然其下者, 或不耐忿毒, 幽鬱而死, 其上者義不忍汚
辱其身而死, 及其死, 槩謂之節烈. 然皆自殺其軀而止. 至若娼妓之
屬, 自幼導之以風流淫蕩之物, 遷移轉變之情, 故其性亦爲之流而不
滯, 其心以爲人盡夫也. 於夫婦尙然, 矧有能微知君臣之義者哉? 故
自古兵革之場, 縱掠其美女者何限, 而未嘗聞死節者. 昔倭寇之陷晉
州也, 有妓義娘者, 引倭酋對舞於江中之石, 舞方合抱之, 投淵而死,
此其祠也. 嗟乎, 豈不烈烈賢婦人哉! 今夫一酋之殲, 不足以雪三士
之恥. 雖然, 城之方陷也, 鄰藩擁兵而不救, 朝廷忌功而樂敗, 使金
湯之固, 失之窮寇之手, 忠臣志士之憤歎恚恨, 未有甚於斯役者矣.
而眇小一女子, 乃能殲賊酋以報國, 則君臣之義, 皦然於天壤之間,
而一城之敗, 不足恤也. 豈不快哉! 祠久不葺, 風雨漏落, 今節度使
洪公, 爲之補其破觖, 新其丹碧, 令余記其事, 自爲詩二十八言, 題
之矗石樓上.

游洗劍亭記

洗劍亭之勝, 唯急雨觀瀑布是已. 然方雨也, 人莫肯沾濕鞍馬而出郊

770

關之外, 旣霽也, 山水亦已衰少, 是故亭在莽蒼之間, 而城中士大夫之能盡亭之勝者鮮矣. 辛亥之夏, 余與韓傁甫諸人, 小集于明禮坊. 酒旣行, 酷熱蒸鬱, 墨雲突然四起, 空雷隱隱作聲. 余蹶然擊壺而起曰: "此暴雨之象也. 諸君豈欲往洗劍亭乎? 有不肯者, 罰酒十壺, 以供具一番也" 僉曰: "可勝言哉!" 遂趣騎從以出. 出彰義門, 雨數三點已落, 落如拳大, 疾馳到亭下, 水門左右山谷之間, 已如鯨鯢噴矣, 而衣袖亦斑斑然. 登亭列席而坐, 檻前樹木, 已拂拂如顚狂, 而洒淅[59]徹骨. 於是風雨大作, 山水暴至, 呼吸之頃, 塡谿咽谷, 澎湃砰訇, 淘沙轉石, 渤潏奔放, 水掠亭礎, 勢雄聲猛, 榱檻震動, 凜乎其不能安也. 余曰: "何如?" 僉曰: "可勝言哉!" 命酒進饌, 諧謔迭作. 少焉雨歇雲收, 山水漸平, 夕陽在樹, 紫綠萬狀, 相與枕藉, 吟弄而臥. 有頃沈華五得聞此事, 追至亭, 水已平矣. 始華五邀而不至, 諸人共嘲罵之, 與之飲一巡而還. 時洪約汝·李輝祖·尹无咎, 亦偕焉.

梧竹軒記

梧竹軒者, 金井驛察訪之所處也. 庭前有碧梧一株·苦竹數叢, 此其所以爲梧竹軒也. 察訪, 七品職也. 乙卯秋, 余以承旨貶補金井, 朝之薦紳大夫多貽書以慰之者. 然察訪之職, 有可樂者三. 出而乘快馬, 一樂也. 凡屬驛所在之地, 或游歷山水, 所至有糇糧, 二樂也. 居恒

---

59) 淅: 신조본의 浙과 동자.

少事, 一切米鹽·獄訟·簿牒之煩無有焉, 三樂也. 鄉中士友之來見者, 或以此賀之. 余曰: "否否!" 彼薦紳先生之慰之者, 與鄉中士友之賀之者, 均之非吾意也. 夫官驟陞則易顚, 寵恒隆則易衰, 余之由三品而遷七品, 福也, 不足戚也. 察訪之職, 所以察其苦而訪其瘼也. 馬玄黃不臧, 則罪也. 驛夫勞役不均, 使有怨咨, 則罪也. 奉使之臣, 越法濫調, 以罷敝人馬, 而不能據例爭執, 則罪也. 是察訪之職, 苦也, 不足悅也. 享是三樂而不知是三苦, 則將編配之不免, 安敢望七品職哉? 余旣以是自勵, 遂爲文書之壁, 以告後來者.

芙蓉堂記

海西觀察使李公(名義駿), 於芙蓉堂設宴, 守令至者十餘人. 余以查官赴海州, 李公以書要之曰: "今荷花盛開, 可因此會, 共圖一飮" 余至筵, 李公勸之酒曰: "此與宣化堂不同, 今日之事, 宜從眞率" 余曰: "善哉, 之言也! 雖然, 監司察守令臧否, 此堂勝於宣化, 公知之乎?" 李公曰: "何哉?" 余曰: "守令至宣化之堂, 皆端步莊色, 愼言語恭禮數, 無一而非良吏也. 至若荷香柳色, 照眼觸鼻, 竹肉交陳, 粉黛叢集, 醇酒澆其腸, 膾炙塡其腹, 上官方且假之顏色, 歡諧無滯. 於斯之時, 有叫呶嬉笑以自放者, 察之而知其雜, 必有能而輕犯法矣. 有卑諂頌慕以自附者, 察之而知其鄙, 必面諛而多欺詆小民也. 有流眙送意, 不能忘情於婦女者, 察之而知其軟, 必怠於宦而干囑盛也. 有痛飲如長鯨, 旣醉而不辭飲者, 察之而知其昏, 必使酒妨務而刑罰濫也. 如是則其察之不有愈於宣化之堂乎?” 李公曰: “善. 雖然, 監司之事, 守令亦察之. 吾聞令公之言, 將以自察之也. 奚暇察人哉?” 遂記問答之語, 以爲芙蓉堂記.

黃州月波樓記

東國之稱月波亭者三, 余得而盡見之. 一在嶺南之洛東, 余嘗由晉州赴醴泉, 得登斯亭. 然時當晝日, 但見川華歷歷. 一在露梁之西, 余嘗與權·李諸人, 汎舟斯亭之下而觀月波焉. 一在黃州城東, 己未春, 詔使至, 余以迎慰使赴黃州, 適値月夜, 波光瑩朗. 知州趙公(榮慶), 爲余具女樂酒饌, 安岳郡守朴公(載淳), 亦遣舞童四人, 作<黃昌>之舞, 奏<抛毬>之樂, 以助余賞. 余感二公之意, 爲之燕游, 且爲詩以詠其事. 余惟月波之游三, 其最不可忘者, 洛東之月波也. 何者? 文酒雍容之趣, 於露梁乎得之, 聲色芬華之美, 於黃州乎得之. 然二者皆見其所謂月波者, 獨於洛東, 未卜其夜, 不見其所謂月波者. 斯吾於心不能忘, 疑其有奇賞異觀而余未之見也. 由是觀之, 人之有文采菁華之積於中者, 唯醞藉包蓄而不輕示人, 斯人之不能忘也. 余以是自勉, 歸而爲之記.

蒼玉洞記(在鳳鳴坊朝陽里之南)

己未春, 余攜二子, 於摩訶灘放船, 順流至西倉之下, 山川明媚, 可娛可悅. 將欲回舟, 有言蒼玉洞之勝者, 遂下舟騎馬. 踰二嶺行四十里, 忽見山水噴迸, 兩厓束立, 地皆青石, 水流青石之上, 皆玻瓈也. 或墜而爲瀑, 或偃而爲臥瀑, 或渟而爲澄潭, 曲曲皆可坐, 曲曲皆可驚, 如是者十餘里. 余乃喟然而歎曰：“人於斯世, 或得名譽以顯揚, 或韜光彩而晦匿, 亦猶是矣. 使蒼玉之壤而得處乎金剛之中, 或置之丹陽·永春之間, 人且贏糧而求一見, 歸而語津津誇親友矣. 顧乃介然獨處乎高山深谷之中, 世之識山水之趣60)者, 未或一過, 而彼深居之野人, 唯燒畬斫菖而食之, 雖玄都·閬苑, 落在眼前, 顧安能知其美哉? 使不遇癖於山水如余者, 雖千百年終亦無名焉已矣. 豈不悲哉!” 余於蒼玉之洞, 竊有私感, 徘徊不能舍者蓋半日. 是日宿村舍, 厥明又由蒼玉洞而還.

送李參判(基讓)使燕京序

古者大夫之使於異國者, 見一事之小而知其國禮義之敦薄, 見一物之微而知其國法紀之弛立, 以之卜盛衰決興敗, 是之謂覘國. 覘國, 非有明敏睿知出乎其類者, 不能也. 若夫視田疇之易而觀其所以治之

---

60) 趣：신조본의 越은 오식.

774

之器, 視物產之豐而求其所以出之之法, 此一象鞮之所能爲, 而何賢
愚之足問哉? 燕之距漢陽三千餘里, 而冠蓋之往復徠去者, 繹繹乎織
於路矣. 而所以利用厚生之物, 曾未有得其一而歸傳之者, 何人之恝
然無澤物之志, 若是其極哉? 茯菴李公, 少有志乎實用之學, 沈淹蔭
途, 無所成名. 聖上知其賢, 賜之出身, 不數年位亞卿, 今又使於異
國, 國之倚公, 顧何如也? 公將何術而報國也? 爲斯民思有以利用而
厚生, 使萬世永賴焉, 則斯其爲報國, 不淺鮮矣. 使兩國而有事乎,
公尙能覘國而有裕矣. 況目之所睹, 手之所摸, 象鞮之所能爲者, 公
其有不能哉? 昔文益漸得棉之種, 而歸而種之, 竝得其攪車·軒車之
制而傳之民間, 民間謂軒爲文來, 而不忘其功, 不其偉歟? 於公之行,
唯以是勉之.

跋奇器圖帖[61]

右<奇器圖>一卷, 卽內庫所藏《圖書集成》五千二十二卷之一卷也.
丙辰冬, 余在奎瀛府校書, 得見<奇器圖>, 歸而令工畫者金生移描.
凡引重·起重諸器, 及解木·解石·轉磨·水銃·虹吸·鶴飮之屬, 無不畢具,
兵農之家, 苟講而行之, 不爲無補也. 但其圖說, 率略未詳, 無以解
其機柚之所聯絡, 玆可恨也.

---

61) 장서본에만 수록되어 있고 규장본에는 수록되어 있지 않다.

跋顧亭林生員論

中國之有生員, 猶我邦之有兩班. 亭林憂盡天下而爲生員, 若余憂通一國而爲兩班. 然兩班之弊, 尤有甚焉. 生員實赴科擧而得玆號, 兩班竝非文武而冒虛名. 生員猶有定額, 兩班都無限制. 生員世有遷變, 兩班一獲而百世不捨. 况生員之弊, 兩班悉兼而有之哉? 雖然, 若余所望則有之. 使通一國而爲兩班, 卽通一國而無兩班矣. 有少斯顯長, 有賤斯顯貴, 苟其皆尊, 卽無所爲尊也. 《管子》曰: "一國之人, 不可以皆貴. 皆貴, 則事62)不成而國不利也"(<乘馬>篇)

爲尹鍾文·鍾直·鍾敏贈言63)

昔蚩尤苗蠻, 有五虐之刑, 罹其毒者, 竝告無辜于上下神示. 今東方貴族, 亦有五虐之刑. 一曰箍首, 用竹若繩, 縛其首而椓之也. 二曰跪棱, 或用牡瓦, 或用銅盆, 令膝當其稜而危坐也. 三曰趾艾, 用火繩揷于足趾之間而燃之也. 四曰倒柳, 用繩縛足, 倒懸于繫馬之柱也. 五曰膏鬢, 用索反接旣縛, 用竹又拔其髯毛, 令黃液流出也. 凡用五虐之刑, 當世必有殃, 後世必有擘. 此蚩·苗之餘習, 而可爲之乎? 國法, 守令不過笞五十自斷, 矧匹夫哉? 凡非吾奴婢者, 雖笞撻, 易以速獄, 矧五虐哉? 戒之愼之, 愼之戒之.

---

62) 事: 신조본에는 빠져 있다.
63) 전서 원제는 <又爲三尹贈言(虐刑之戒)>.

爲草衣僧意洵贈言

(…) 詩者, 言志也. 志本卑汚, 雖強作淸高之言, 不成理致, 志本寡陋, 雖強作曠達之言, 不切事情. 學詩而不稽其志, 猶瀝淸泉於糞壤, 求奇芬於臭樗, 畢世而不可得也. 然則奈何? 識天人性命之理, 察人心道心之分, 淨其塵滓, 發其淸眞, 斯可矣. 然則陶·杜諸公, 皆用力由此否? 曰, 陶知神形相役之理, 可勝言哉? 杜天品本高, 忠厚惻怛之仁, 兼之以豪邁鷔悍之氣, 凡流平生治心, 其本源淸澈, 未易及杜也. 下此諸公, 亦皆有不可當之氣岸, 不可摹之才思, 得之天賦, 又非學焉者所能跂也. (…) (嘉慶癸酉八月四日)

爲李仁榮贈言

余在洌上, 一日有妙少年至, 背有荷, 視之, 書笈也. 問之, 曰: "我李仁榮也"(數句刪) 問其年, 十有九, 問其志, 志在文章, 雖不利於功名, 終身落拓, 無悔也. 瀉其笈, 皆詩人才子奇峭淸新之作, 或細文如蠅頭, 或小言如蚊睫. 傾其腹, 泌泌如葫蘆之吐水, 蓋富於笈數十倍也. 視其目, 炯炯有流光, 視其額, 隆隆若犀通之外暎也. 余曰: "噫嘻! 子坐. 吾語子. 夫文章何物? 學識之積於中, 而文章之發於外也, 猶膏粱64)之飽於腸, 而光澤發於膚革也, 猶酒醪之灌於肚, 而紅潮發

---

64) 粱: 신조본·사암본의 粱은 오자.

於顏面也. 惡可以襲而取之乎? 養心以中和[65]之德, 繕性以孝友之行, 敬以持之, 誠以貫之, 庸而不變, 勉勉望道, 以四書居吾之身, 以六經廣吾之識, 以諸史達古今之變, 禮樂刑政之具, 典章法度之故, 森羅胥次之中, 而與物相遇, 與事相値, 與是非相觸, 與利害相形, 卽吾之所蓄積壹鬱於中者, 洋溢動盪, 思欲一出於世, 爲天下萬世之觀, 而其勢有弗能以遏之, 則我不得不一吐其所欲出, 而人之見之者, 相謂曰 '文章'. 斯之謂文章, 安有撥草瞻風, 疾奔急走, 求所謂文章者, 而捉之吞之乎? 世所謂文章之學, 乃聖道之孟蜚, 必不可相容. 然汚而下之, 藉使爲之, 亦其中有門有路, 有氣有脈, 亦必本之以經傳, 翼之以諸史諸子, 積渾厚沖融之氣, 養淵永敦遠之趣, 上之思所以黼黻王猷, 下之思所以旗鼓一世, 然後方得云不錄錄. 今也不然. 以羅貫中爲祧, 以施耐菴·金聖歎爲昭穆, 喋喋猩鸚之舌, 左翻右弄, 以自文其淫媒機險之辭, 而竊竊然自娛自樂者, 惡足以爲文章? 若夫淒酸幽咽之詩句, 非溫柔敦厚之遺敎, 栖心於淫蕩之巢, 游目於悲憤之場, 銷魂斷腸之語, 引之如蠶絲, 刻骨鐫髓之詞, 出之如蟲唫, 讀之如靑月窺椽而山鬼吹歔, 陰颼滅燭而怨女啾泣. 若是者, 不唯於文章家爲紫·鄭, 抑其氣象慘悽, 心地刻薄, 上之不可以受天之胡福, 下之不可以免世之機辟, 知命者當大驚疾避之弗暇, 矧躬駕以隨之哉? (…)

(嘉慶庚辰五月一日)

---

65) 中和 : 신조본의 和中은 오식.

爲陽德人邊知意贈言

邊君知意，千里而訪余，詢其志，志在文章．是日兒子游種樹，指以喻之曰："人之有文章，猶草木之有榮華耳．種樹之人，方其種之也，培其根安其幹已矣．旣而行其津液，奰其條葉，而榮華於是乎發焉．榮華不可以襲取之也．誠意正心以培其根，篤行修身以安其幹，窮經研禮以行其津液，博聞游藝以奰其條葉，於是類其所覺，以之爲蓄，宣其所蓄，以之爲文，則人之見之者，見以爲文章．斯之謂文章，文章不可以襲取之也．子以是歸而求之，有餘師矣．"

答茯菴

承書，兼示攪車，不勝欣荷之至．攪車之妙，專在十字風輪，若其鐵軸之制，別無神奇．然軸頭與柱腹相軋處，製作極精，軸身溝線，本應凸凹分明，今漫刓不突，故剝棉不精耳．令其不刓，棉核安見一毛哉？恨不能買取新造者來也．聞左相已令軍門依樣造作，若得一番筵稟，頒式八方，其于利用厚生之政，不云少補？澤流萬世，正在此等事矣．從近無入院之期，則須卽陳疏，以請頒式，如何如何？一日剝得二百斤，此是健婦廿日之工，又如商販者，剝得四千斤，可成千斤，其舟馬運輸之費，將四分減三，其利豈不博哉？令公其亟圖之，尙克有後哉！

答蔓溪

示喩沈友之說, 良足一笑. 鏞竊嘗謂, 三百六旬, 莫非吾人立性命盡
忠孝之日, 卽三百六旬, 莫非吉辰良日, 有所謂選日之說作, 然後一
月而棄日殆十之九, 有所謂月煞月剋之說, 然後一朞而棄月殆半, 此
已過矣. 今又以年運爲說, 是將竝年而棄之, 不亦可惜乎? 夫開閉之
說, 蓋以宮·商·角·徵·羽分攝各姓, 而謂之五姓, 以判當年之亨否也.
如佟豆蘭者, 半生宮姓, 半生徵姓, 未知其運如何. 賦生之初, 天亦
預賦以兩運歟? 一運開一運閉, 佟將奈何? 昔程夫子辨是說曰: "如
複姓數字, 徵·角不辨" 又曰: "姓之於人, 其始也如66)萬物之同形者,
呼其黑白大小, 以爲別爾" 此眞大賢之言也. 曾謂沈友學古之道, 而
曾不以程子爲師也. 幸傳此意, 勿復致念如何? 來年二月, 正合古禮,
不可進退者耳.

與金公厚(履載, 己巳六月)

伏惟玆辰, 起居康衛? 由湯以降, 有如此大旱乎? 越自土發之月, 至
于立秋, 唯三次浥塵, 五月以來, 天無點雲四十餘日, 夜必風燥, 露
亦不降, 稻固無論, 黍稷·棉麻·荏·菽之屬, 蔬茹·瓜67)·菰·百果之等,
以至藜·莧·蒿萊之族, 靡不焦爛, 竹不生笋, 松不結子, 凡出於土入

---

66) 如: 신조본의 如天은 오식.
67) 瓜: 신조본의 爪는 오식.

於人口者, 及爲吾民日用所切須者, 無一生成, 水泉枯涸, 川流斷絶, 野居之人, 渴憂甚於飢患, 牛馬不得飲水茹草, 家家屠牛, 莫之禁止, 不知古來有如此大凶大荒乎? 六月之初, 流民四散, 號哭之聲, 殷殷田田, 嬰兒之棄於道者, 不記其數, 傷心慘目, 不忍聽不忍視. 盛夏如此, 秋可知也, 自冬以往, 無言可言. 大抵此縣, 水田不過六千餘結, 其未移者四千也, 其已移之中, 苗焦土露赤如絳雲者十之七八, 其旱田則赤壤已矣. 近日水田之未種者, 代播蕎麥, 而蕎子一升價至二十, 旣種而焦, 不見一苗, 又凡水旱之田, 皆焦枯凝固, 鋤櫌不入, 稂莠不除, 民皆拱手而坐觀, 詢之故老, 考之往牒, 實未聞有如此之大荒也. 秋旣無望, 市遂絶糶. 富民有糧者, 皆食麥粥, 以抵來年之麥, 市其有糶乎? 家無素蓄者, 雖持金玉, 無由得穀, 流亡之早, 職由是也. 不唯此縣爲然, 一路皆然, 諸路皆然. 傳聞危懍, 魂魄遁, 而司牧之臣, 褻如充耳, 深居辟暑, 民不見面, 徭役日興, 甚於豐年, 唯縱猾吏悍校, 搜括民間藏粟, 或掩襲寺刹, 或勒奪商販, 錄百石者賂錢千, 錄十石者賂錢百, 詬詢凌辱, 靡有法紀, 此又何故也? 至愚之氓, 皆望明春之振濟, 然以鏞所見, 振濟非可覬也. 諸郡縣穀簿, 六七年來, 都作空文, 簿十萬者, 實不過三萬(如羅州·淳昌), 簿三萬者, 實不過一萬(如康津·長興), 其餘皆吏逋也. 比歲吏族豪橫甚矣, 締交宰相, 箝勒守令, 視府爲私, 唯意所欲, 其婦女少者勿論, 已老爲婆者, 或往鄰縣, 皆乘屋轎, 左右呵擁, 摸擬官眷, 其子弟不仕者, 平居戴冠隱囊, 名分都壞, 紀綱全頹. 斯何出也? 皆倉中之粟, 逋而爲是也. 試以此縣言之, 民間分穀, 簿則二萬, 其實七千餘石也, 十月開倉, 雖剝膚椎髓, 所收入必不過二千石. 而倉中留者, 米六十石, 麥千餘石而已, 雖竭倉而捐賑, 不過爲數千口一月之糧耳. 飢口恰過萬數, 穀簿不支一月, 其有賑乎? 諸縣皆然, 移轉無路, 諸路皆饑, 交濟沒策, 今雖使龔·黃爲守令, 周·召爲方伯, 活民則無術矣. 嗚[68]呼[69]蒼天! 此何事也?(以下刪)

與金公厚

今湖南一路, 有可憂者二, 其一民騷也, 其一吏貪也. 數三年來, 望族豪戶之遷徙入深者, 幾千人矣. 茂朱·長水之間, 茇舍彌滿山谷, 淳昌·同福之際, 流民充塞道路, 沿海諸堠, 則井落蕭然, 田園無價, 觀其貌, 遑遑如也, 聽其聲, 洶洶如也. 其貧弱不能徙者, 又皆毁其社錢, 破其門貨, 競買酒肉絲管, 登山泛水, 窮晝達夜, 酣呼啁咷, 搏髀拍手以爲樂, 非樂也, 謂將哀也. 此其故何也? 失志怨國之徒, 譸張浮言, 煽動危詞, 作爲讖緯邪說, 以惑民聽, 一夫唱僞, 萬口傳眞, 雖以儀·衍之辯, 亦無以發其蔀矣. 然而守土之官, 褎如充耳, 按道之臣, 漠不經心, 此猶子女病癲, 狂叫亂走, 而父母·兄長, 不一問其何痛也. 朝廷者, 生民之心肝, 生民者, 朝廷之四體也. 筋絡連湊, 血脈流通, 不能一息, 容有隔絕, 今百姓憂畏, 而無所安慰, 一路騷擾, 而不圖

---

68) 嗚: 신조본에는 鳴으로 되어 있다.
69) 呼: 신조본·사암본에는 乎로 되어 있다.

鎭撫, 唯傾軋翻覆是急, 不知大廈一傾, 燕雀亦無所啁啾也. 誠如民言, 果有南憂, 是宜修城郭繕甲兵, 選將鍊卒, 以守要害之地, 外折敵謀, 內壯民志, 不宜諱疾忌鍼, 養成大癰, 以受一朝之患. 如其不然, 宜遣一介之使, 曉諭民間, 俾恃無恐, 其有倡爲詭妄者, 鋤而罪之, 其遷徙流移者, 勿問事情, 一齊打發, 還其本貫, 令有破傷, 以懲以戒, 不可已也. 旣不出彼, 又不由此, 任其蠱壞, 莫之相攝, 斯何法也? 貪官汚吏之恣行不法, 歲增月加, 愈往愈甚, 上下六七年, 縱橫數百里, 來來彌奇, 邑邑皆然, 穢聲惡臭, 慘不忍聞. 與吏同販, 縱之爲奸, 千瘡百痏, 民不聊生, 非法之法, 式月斯生, 今不能一二計也. 下邑小吏, 無不締交宰相, 尺牘纔降, 氣焰山聳, 藉賣鋪張, 上下誇耀, 守令畏縮, 不敢略施其箠楚, 士民恐怯, 不敢訟言其瑕疵, 威權旣立, 侵虐唯意. 計一縣之中, 如是者不減五六, 羊不去虎, 苗不去莠, 其何能苗壯長也? 每監司行部, 所至郡縣, 必招是五六人, 賜之顏色, 饋以食桌, 凡得是賜者, 退而行惡, 無天無地. 惜乎, 其不悟也! 一路如此, 諸路可知, 諸路如此, 國將何爲? 此身風痺轉甚, 百病侵纏, 死亡無日, 甘捐瘴江之骨, 唯是憂國之誠, 耿耿在心, 無以發洩, 轉成痞結. 於是乘其小醉, 信筆輸寫如此, 伏惟照察, 恕其狂愚.

與金公厚(己巳秋)

(…) 此身之生還與否, 唯是一己之歡戚, 今此萬民, 盡迫溝壑, 此將奈何? 羅州原帳付一萬七千結, 而未移秧一萬三千結, 枯損·蟲損·霜損又二三千結, 他邑稱是矣. 會在穀十萬餘石, 民間分給, 不過萬餘石, 其餘盡歸吏逋, 他邑稱是矣. 官貪吏汚, 十倍於豊年, 道殍野殣, 彌滿於盛秋, 今雖使周·召爲方伯, 龔·黃爲守令, 猶懼不給, 況今時之人乎? 民在水火, 于今四月, 而慰撫之擧, 尙此遷延, 豈不抑鬱? 康·海等數邑, 一斗之粟, 一罌之醬, 無所措備, 他邑可知. 至於冬春之間, 監賑繡衣, 雖十輩下來, 其將何術而猝辦乎? 愚意及此秋穫之前, 星夜下來, 措畫經紀, 然後猶有萬活其一之望, 不然, 雖汲長孺·嚴延年, 恐無奈何. 近日退處荒村, 傷心慘目之事, 日新月增, 玆有提及耳. 海浪·明火之賊, 亦復橫行, 豈細憂耶?

答李節度(民秀)

船底踏輪之制, 古人已食其效, 況我東船制鈍重, 若無風輪, 無以爲急疾之機. 趨利辟害之際, 瞬息是爭, 則此法在所必講. 且油灰艙縫之法, 無論漕船·商船, 皆當爲之. 執事先試此二法, 已製二船, 皆有成而無敗, 其於報國恩而繩祖武, 兩盡其分, 欽歎不能盡喩.[70] 此事不可不狀聞, 但樣子雖存, 物力難辦, 廟堂恐無措畫. 然則狀啓結辭甚難, 果何以爲計耶? 愚意則[71]戰船甚大, 雖難使用, 兵船以下, 許民使用, 但限[72]其程道, 北不過京江, 東不過昌原, 南不過黑山·楸

---

70) 喩: 신조본에는 諭로 되어 있다.
71) 意則: 신조본의 則意는 오식.

子, 則設有警急, 豈不能聞變卽回耶? 流水不腐, 戶樞不蠹, 常時使用, 則臨急可以運行. 今乃閣置於泥汉之中, 使其筋絡解緩, 一朝推而出之, 病敗百出, 將安用之? 其樓版銃穴, 雖制度有別, 問諸浦民, 皆云: "使用有術" 此物若許民使用, 則諸凡水營財力, 亦必稍紓矣. 此事未可狀請耶, 抑將以迂闊見笑耶? 誠所未曉.

答李節度

來諭船輪之制, 茅志所圖雖如許, 鄙人嘗見內閣所藏《奇器圖說》, 凡踏轉之輪, 其形多如收絲籰子, 此中偶有一冊, 其中<轉磨第六圖>, 其踏輪政如收絲籰子. 故出示金裨, 金裨亦曰: "輪形如此, 則其激水似益有力" 此則量宜改造, 未爲不可, 試詳論如左.
先作一橫軸, 其內頭貫之於舷版, 以達立柱(船內有立柱), 乃於軸身左右, 交揷十字之輻. 十字則其輻四條也, 於其四輻, 施以鼓輪, 兩輻之間及兩輻之交, 皆作踏梯, 則其梯爲八也. 旣有八梯, 則遞踏遞轉, 可以激水. ○又或左右兩輻, 施以橫框, 乃設薄板, 令軍士直踏橫框, 亦可激水. 但小船·小輪, 可以如此, 大船·大輪, 宜用上法. ○又其軸之一頭, 旣由舷孔, 貫於立柱, 則舷柱之間, 又設十字交楔, 令健夫踞坐船中, 執其楔而轉其軸, 則舷外蹋輪者, 可以省力, 其激水尤迅矣. 竝入商量如何?

---

72) 限 : 신조본의 恨은 오식.

答李節度

竊又思之, 舷外雖有防牌, 踏輪之人, 直臨碧海, 其心戰栗, 用力在攀, 其踏難猛, 此必然之理也. 愚意激水之輪, 只如收絲篗子, 而其橫框蒙之以牛皮(不必用薄板), 但作四脊(十字, 輻自爲四脊), 乃於船內舷與立柱之間, 安一鼓輪, 其踏梯爲八脊, 或爲十二脊, 或爲十六脊(隨船之大小), 上設橫梁, 以資攀援, 乃令健卒二人或四人(隨輪之大小), 踏梯以轉輪, 則舷外篗輪, 自亦隨轉, 其激水必迅猛有力, 賊之丸箭, 難及舷內, 雖無防牌, 可以放心, (脚下不臨碧海, 可以壯膽), 其踏必有力矣. 若於立柱之外, 當其軸頭, 又設十字風輪, 如剝棉攪車之制, 則其運轉益迅. 然何必至此? 第更商量焉(啓草則只依原本用之, 若蒙許施, 則當其眞造之時, 議用右法未晚, 姑不必備言矣).

上仲氏(辛未冬)

(⋯) 在邑中時, 吏家兒來學者四五人, 悉皆數年而廢, 有一兒, 貌端心潔, 筆則上才, 文亦中才, 跪而爲理學, 若能屈首力學, 則與睛也互有長短, 其奈血氣甚弱, 脾胃甚偏, 卽糯飯敗醬, 萬不能下咽, 以此之故, 不能從我於茶山. 今已四年廢學, 每一相見, 嗟嗟惜惜. 至於貴族子弟, 皆帶衰氣, 都是下劣, 精神則掩卷輒忘, 志趣則安於下流, 如《詩》·《書》·《易》·《禮》中微言妙論, 時一言之, 勸其向學, 則其形

786

如縛足之雉, 勸啄不啄, 抑首就粒, 味與粒相觸, 而終不啄之者. 噫, 且奈何? 不惟此數縣爲然, 一道皆然. 近日京華貴游子弟, 皆以魚鳥獐兎, 把作六經, 而進士二百, 罵衫每過五十, 及第亦然, 世復有文學哉? 大抵人才眇然, 其或斗筲之才, 稍知記名者, 皆下賤也. 士大夫今當末運, 非人力可及. 此中少年來往者數人, 童穉請學者數人, 皆兩眉之間, 雜毛茂盛, 滿身所蒙, 都是接天衰氣, 雖骨肉情重, 豈能有深愛乎? 天運旣然, 無可奈何? 且若李德操所謂可食之物(謂無毒), 將安用之? 男子須有鷙猛猾賊之氣象, 撟揉而入於彀率, 乃爲有用之物, 良善者只足以善其身而已. 且其中有一二可言者, 其學問不入曲徑, 直由捷路, 於《易》但知《四箋》, 於《書》但知《梅平》, 其餘皆然. 大抵不勞而得, 雖驚天動地·萬古初出之說, 皆看作尋常, 認爲天成, 所以入膚不深, 譬如貴家子弟, 生來飫於膏粱,73) 雖雉膏熊掌, 看作茶飯, 無乞人餓夫喰喰饕饕, 如渴馬奔川之氣象. 遇他家文字, 棄之太快, 於其先生之所傳, 皆看作常例, 甚則病之爲陳談, 豈不可悶? 生斯世也, 不得不兼治兩學, 一曰俗學, 一曰雅學, 如後世樂部之有雅樂·俗樂. 此曹知雅而不知俗, 故反有以雅爲俗之弊. 此非渠咎, 勢則然也. (…)

---

73) 粱: 신조본·사암본의 梁은 오자.

寄二兒(壬戌[74]十二月廿二日, 康津謫中)

天地間物, 得自然完好, 却不足叫奇, 唯就其壞損破裂者, 因之摩撫,
推遷得完好, 其功德方足讚歎, 故療死病者稱良醫, 活危城者稱名
將. 今弈世公卿子弟, 襲冠冕大門戶, 直是庸騃子弟也, 能如此. 汝
今廢族, 若因其廢而善處之, 得完好勝初, 則不亦奇[75]且善乎?
何謂因其廢而善處之? 唯讀書一事是已. 讀書是人間第一件淸事, 不
許綺紈子弟知味, 又不許草[76]茅村秀才窺闖奧. 必也以仕宦家子弟,
弱歲有聞見, 中歲遭罹如汝輩者, 方可讀書. 非謂彼不能讀, 徒讀不
名讀耳.
醫不三世, 不服其藥, 文章亦然, 必世而後能焉. 顧吾才氣, 比汝輩
稍長, 然幼時不識向方, 年十五始游京師, 顧放浪無所得, 弱冠始專
心科學, 旣入太學, 又汩沒於騈儷之文, 轉隷閣課, 埋頭於雕蟲篆刻
之工, 殆將十年, 其後又忽忽於校書之役, 至谷山, 又專精牧[77]民,
旣歸而遭申·閔兩公之彈, 越明年遭攀髯之慟. 奔走京鄉, 以至前春
之禍, 蓋不獲一日能專志讀書, 故所爲詩若文, 用百斛銀河洗滌, 終
不免有場屋氣, 其善者又不免有館閣氣, 而吾鬚髮已種種, 精氣已衰
歇矣. 豈非命耶? 汝稼才氣聰記, 視吾少遜. 然汝十歲所作, 殆吾二
十時所不能作, 近數歲前所爲, 往往非今日之吾所能及, 豈不以其門

---

74) 戌 : 신조본의 戊는 오식.
75) 奇 : 신조본의 寄는 오식.
76) 草 : 신조본의 章은 오식.
77) 牧 : 신조본의 收는 오식.

徑之不迂回, 聞見之不鹵莽耶? 自汝谷山歸後, 使汝習科文, 一代文人韻士之愛惜汝者, 咸咎吾多慾, 吾亦自視欿然. 今汝旣不能赴科, 卽科文已忘憂矣. 吾意汝已爲進士矣, 已爲及第矣. 識字而無科擧之累, 與爲進士及第者, 奚擇焉? 汝眞得讀書時矣. 吾所云因其廢而善處之者非耶? 汝圃才力, 視乃伯似遜一籌. 然性慈詳, 能有思量, 苟專心此事, 安知不反復勝耶? 近見其文翰稍長, 吾是以知之耳. (…)

且吾子立天地, 所依爲命, 唯文墨是已. 或有一句一章遇得意處, 只自詠自賞, 旣而思天地間唯汝輩可示, 而汝輩意思, 已落落燕·越, 視文字爲弁髦. 駸駸至數年, 使其年骨壯[78]大而須鬣鬖, 便對面可憎, 尙可讀父書耶? 余謂趙括能讀父書, 爲賢子弟. 汝曹苟不欲讀書, 是吾著書爲無用, 吾著書爲無用, 則吾無所事, 將瞑心作泥偶人, 則吾不旬日而病發, 病發且無藥可救, 卽汝輩讀書, 非所以活我命耶? 汝其思之, 汝其思之. (…)

近一二少年, 取元·明間輕佻妄客酸寒尖碎之詞, 摹擬爲絶句·短律, 竊竊然自負其爲超世文章, 傲睨貶薄, 欲掃蕩今古, 吾嘗愍之. 必先以經學立著基址, 然後涉獵前史, 知其得失理亂之源, 又須留心實用之學, 樂觀古人經濟文字, 此心常存'澤萬民育萬物'底意思, 然後方做得讀書君子. 如是然後, 或遇煙朝月夕, 濃陰小雨, 勃然意觸, 飄

---

78) 壯: 신조본의 狀은 오식.

然思至, 自然而詠, 自然而成, 天籟瀏然, 此是詩家活潑門地. 勿以我迂79)也.

數十年來, 怪有一種議論, 盛斥東方文學, 凡先獻文集, 至不欲寓目, 此大病痛. 士大夫子弟, 不識國朝故事, 不見先輩議論, 雖其學貫穿今古, 自是鹵莽. 但詩集不須急看, 而疏箚·墓文·書牘之屬, 須廣其眼目, 又如《鵝洲雜錄》·《盤池漫錄》·《靑野謾輯》等書, 不可不廣搜博觀也. (…)

寄兩兒(癸亥元日)

歲新矣. 君子履新, 必其心與行, 亦要一新. 吾少時每遇新正, 必預定一年工課, 如讀某書鈔某文, 然後從而行之, 或至數月之後, 雖未免爲事故所奪, 然其樂善向前之志, 自亦有不能掩者矣. 吾之前後勸汝曹爲學, 以書以札, 凡幾遭矣, 而未嘗以一條經傳之疑, 一條禮樂之問, 一條史冊之論, 偶或相示, 何汝輩之聽我, 藐藐至此之極也? 汝輩生長於市井之側, 幼年所接, 多是門客·傔從·吏胥之等, 口業心筭, 無不儇薄鄙悖, 此病深入骨髓, 心中都無樂善向學之意. 吾之日夕焦熬, 以歸爲急者, 以汝輩骨漸硬氣漸悍, 差過一二年, 便成大不肖生活也. 前年自此得病, 去三夏遂以病患度了, 十月以後又不論, 若在可恕也. 然心中苟有一半分誠意, 雖干戈亂離之中也, 必有進步

---

79) 迂 : 신조본의 迁은 오식.

處. 家無書乎? 身無才乎? 耳目不聰明乎? 何故欲自暴而自棄耶? 以爲廢族耶? 廢族唯於科宦有忌耳. 以之爲聖人, 無忌也, 以之爲文章, 無忌也, 以之爲通識達理之士, 無忌也. 不唯無忌, 抑大有勝焉, 以無科擧之累, 而貧困窮約之苦, 又有以鍛鍊其心志, 開摭其知慮, 而周知人情·物態·誠僞之所形也. 故先輩如栗谷, 以不得於親而困塞數年, 遂一反至道, 亦我愚潭先生, 爲世所擯而彌進其德, 星湖自禍家而爲名儒, 皆卓然樹立, 非當路綺紈子弟之所能及. 汝亦嘗聞之乎? 廢族多才傑之士, 非天之生才而厚於廢族也. 以無榮達之心爲之遮蔽, 故讀書窮理, 能得眞面目正骨髓也. 平民而不學者, 特爲庸劣人而已, 廢族而不學, 遂爲悖戾鄙穢不可近之物, 爲世所棄. 婚姻不通, 而嫁娶及於賤流, 一傳而有魚吻·犬顙之子出焉, 則家遂不可問矣. 使我而得數年間赦還, 使汝輩而能飭躬礪行, 崇孝弟風敦睦, 研窮經史, 談論詩禮, 揷架書三四千卷, 粟可支一年, 園圃桑麻·蔬果·花卉·藥草之植, 位置井井, 蔭翳可悅, 上其堂入其室, 有琴一張, 投壺一口, 筆硯·几案·圖書之觀, 雅潔可喜, 而時有客至, 能殺雞切膾, 濁酒·嘉蔬, 欣然一飽, 相與揚扢古今, 則雖曰廢族, 亦將爲具眼人所豔慕. 一年二年, 水雲漸邈, 有如是而不中興者乎? 汝其思之, 汝其思之. 忍而不爲是耶? (…)

寄淵兒(戊辰冬)

(…) 向來醒叟之詩見之矣. 其論汝詩, 切切中病, 汝當服膺. 其所自作者雖佳, 亦非吾所好也. 後世詩律, 當以杜工部爲孔子. 蓋其詩之所以冠冕百家者, 以得《三百篇》遺意也. 《三百篇》者, 皆忠臣·孝子·烈婦·良友惻怛忠厚之發, 不愛君憂國, 非詩也, 不傷時憤俗, 非詩也, 非有美刺勸懲之義, 非詩也. 故志不立, 學不醇, 不聞大道, 不能有致君澤民之心者, 不能作詩, 汝其勉之. ○杜詩用事無跡, 看來如自作, 細察皆有本(有出處), 所以爲聖. 韓退之詩, 字法皆有所本(有出處), 句語多其自作, 所以爲大賢也. 蘇子瞻詩, 句句用事, 而有痕有跡, 瞥看不曉意味, 必也左考右檢, 採其根本, 然後僅通其義, 所以爲博士也. 乃此蘇詩, 以吾三父子之才, 須終身專工, 方得刻鵠. 人生此世, 可爲者多, 何可爲此乎? 然全不用事, 吟風詠月, 譚棊說酒, 苟能押韻者, 此三家村裏村夫子之詩也. 此後所作, 須以用事爲主. ○雖然, 我邦之人, 動用中國之事, 亦是陋品, 須取《三國史》·《高麗史》·《國朝寶鑑》·《輿地勝覽》·《懲毖錄》·《燃藜述》(李道甫所輯)及他東方文字, 採其事實, 考其地方, 入於詩用, 然後方可以名世而傳後. 柳惠風<十六國懷古詩>, 爲中國人所刻, 此可驗也. 《東事櫛本》爲此設, 今大淵無借汝之理, 十七史<東夷傳>中, 必抄採名跡, 乃可用也.

792

부　록

부록에는 〈최익한 친일설〉 1편, 연보 관련 글 3편을 수록하였다. 전부 편자가 교주본과 함께 쓴 것이다.

먼저, 〈최익한 친일설〉은 쓰기도 어렵거니와 이 부록에 싣기도 참 망설여졌다. 허나 단편적인 추정만 무성하므로 진실을 제대로 밝힐 필요가 있다. 그간의 낭설들을 훑어보고 진위 여부를 면밀히 따져 가면서 새로운 자료도 발굴 분석하여 최익한의 시국 논설이 부일문附日文에 해당될 여지가 있음을 규명하였다.

끝으로, 〈창해 최익한 연보〉를 75면이나 첨부하였으니, 최익한의 전기적 사실에 대한 구체성을 어느 정도 확보한 셈이다. 또 이 연보 앞뒤에는 〈연보 소고〉와 〈저술 연보〉까지 잇달아 배치하였는바, 연보를 더 정확히 이해하고 저술 목록을 일목요연하게 파악하는 데 조금이나마 도움이 되리라 믿는다.

최익한 친일설

1

　1930년대 이른바 '조선학' 담론을 제기한 부류는 크게 우파 민족 개량주의자와 좌파 사회개량주의자로 나눌 수 있다. 이들은 당시 신조선사에서 《여유당전서》(1934~1938)가 간행되기 시작하자 다산 관련 글을 발표하였다.1) 그런데 중일전쟁(1937)과 태평양전쟁(1941) 의 전시체제로 돌입하면서 민족개량주의자 최남선崔南善·안재홍安 在鴻·현상윤玄相允·백낙준白樂濬 등은 징병 및 학병 지원 권고문을 쓰 며 배족적으로 변절한 반면, 사회개량주의자 백남운白南雲·김태준 金台俊·이청원李淸源·최익한崔益翰 등은 그렇지 않았다는 점에서 그 도덕적 우월성이 인정된다.

---

1) 최익한은 근대에 와서 다산을 논술 소개한 민족개량주의자를 '천박한 자유주의
　자'와 '일제 어용학자' 또는 '우익적 평론가'로 파악한 바 있는데, 그가 '조선학'
　이란 용어를 쓴 적은 한 번도 없다. 〈조선 근세 '실학'의 대성자 정다산의 진보
　적 사상 및 학설에 대한 개론 (상)〉, 《인민》 9호(1952), 민주조선사, p86;《실학
　파와 정다산》, 국립출판사, 1955, p191 재수록.

그러나 최익한은 1936년 출옥 후 사회주의를 중단하고 마치 비타협적 민족주의인 양 한발 물러서서 자기 말마따나 과거에 가탁假託하여 중립적인 글쓰기를 한 것처럼 보이므로, 굳이 이를 규정한다면 개량적 성격의 '무저항주의'라 할 수 있겠다. 이제 그의 글쓰기는 합법적 공간으로만 축소되어 제국주의 전쟁을 부정하는 그어떤 정치적 발언도 차단될 수밖에 없었다. 그는 주로 신문 연재를 하였는데, 1940년 8월 《동아일보》가 강제 폐간되자 생활이 곤란하여 퇴직금으로 약 4년간(1941년 봄~1944년 11월) 술집을 운영하면서 《춘추》지에 잇따라 잡문을 발표하였다.[2] 이렇게 10년 가까이 사회주의운동권을 이탈한 순응적 태도와는 사뭇 달리, 해방 직후에는 조선공산당 장안파長安派로 재빨리 합류한 다음에 재건파再建派와의 통합에는 끝까지 완강히 반대하였다.

그 대립은 현실정치판에서 파벌 투쟁으로 표출되었으며, 이 와중에 그에 대한 친일설이 제기되었다. 즉 박헌영朴憲永계 재건파는 조선공산당의 헤게모니 장악 과정에서 '최익한 친일설'을 조작 유포하는 정치 공작을 개시하였던 것이다. 이에 최익한은 <변백장辯白狀>을 써서 스스로 결백을 증명하지 않을 수 없는 파동을 겪게 된다. 최익한 친일설은 한갓 낭설에 불과하지만, 이후 조동걸의

---

2) 《춘추》는 동아일보사 퇴직 기자들이 만든 친일 종합 월간지로 양재하梁在廈가 1941년 2월~1944년 10월(통권 39호)까지 발행하였다. 최익한은 1940년 8월 자기 호인 '소우카이滄海'로 창씨創氏하여 민적부·등기부·토지대장 등 각종 공문서에는 '소우카이 에키캉滄海益翰'으로 기재되었으나, 자기 글에는 이를 전혀 사용하지 않았다. 또 그는 동년 9월 이른바 순수학술단체인 '진단학회震檀學會'에 가입하기도 하였다. <휘보彙報>, 《진단학보》 12권(1940), p213; 정병준, <식민지 관제 역사학과 근대 학문으로서의 한국역사학의 태동>, 《사회와 역사》 110집(2016), 한국사회사학회, pp134~9 참조.

억측으로 과장되고 임종국의 실증으로 확정되기라도 한 듯이 어느새 기정사실로 둔갑되어 횡행하는 실정이다. 이는 근거가 전무하거나 미약하므로 올바른 판단이라고 할 수 없다. 그런데도 지금까지 최익한 친일설은 단편적인 주장이나 추정에만 그칠 뿐, 단 한 번도 체계적으로 상론詳論된 적이 없으니, 여기에 바로 그 진실을 제대로 밝혀야 하는 필연적 의의가 있는 것이다.

2

최익한 친일설은 그가 직접 작성한 〈변백장〉에서 맨 처음 찾아볼 수 있다. 그는 일부 독론자篤論者들이 '주류업과 의용대'에 관해 친일 의혹을 제기하자, 1946년 3월 〈변백장〉으로 자신의 결백을 밝혔는데 그 내용을 요약하면 다음과 같다.

첫째, 1941년 봄부터 1944년 11월까지 자신이 운영한 가정용 주류 소매업은 '자유 구직'과 '자력 생계'에 의한 것이므로 이권운동이나 사상보호관찰소의 알선과는 전혀 무관한 일이다.

둘째, 1945년 여름 경성보호관찰소 의용대에 배정되었을 때는 '소개疏開'를 이유로 거절한 후 출석지 않고 피신하였다.3)

그러므로 〈변백장〉에 의하면 그에 대한 친일설 운운은 단지 무함에 불과한 것이다. 위의 '독론자'란 박헌영 일파를 비꼰 말인 듯하다. 최익한 친일설은 해방 직후 장안파와 재건파의 헤게모니 쟁탈전에서 불거졌다. 재건파 박헌영은 장안파를 와해·흡수하기 위

---

3) 〈변백장〉,《조선공산당문건자료집》, 한림대 아시아문화연구소, 1993, pp177~9.

해서 이승엽李承燁·최원택崔元澤·권오직權五稷·정재달鄭在達 등으로 하여금 장안파 최익한·정백鄭栢 등을 비방케 하는 붕괴 공작을 벌였다고 한다. 즉 "최익한은 ML당 사건 이후 공산주의운동을 계속 포기하고, 동대문 밖에서 술집을 경영하면서 추잡스런 '스캔들'을 일으킨 탈락분자라고 비난한 것이다."[4]

이러한 낭설이 분파 갈등 속에서 친일설로 번질 것은 자명한바, 요컨대 재건파와의 통합에 반대하는 장안파 최익한을 고립시킬 목적으로 중상모략자들이 친일설을 제기한 셈이다. 결국 그가 중앙위원으로 참여한 민주주의민족전선(민전)에서 친일파 청산 문제가 대두되자, 그는 양심과 인격의 자기방어 수단으로서 〈변백장〉을

---

4) 박갑동, 〈남기고 싶은 이야기들〉, 《중앙일보》(1973.4.13); 박갑동, 《박헌영》, 인간사, 1983, p88; 이정박헌영전집 편집위원회, 《이정박헌영전집·8》, 역사비평사, 2004, p542 재수록.

이는 박헌영이 열성자대회(1945.9.8)에서 보고한 내용과 일맥상통한다. "과거의 파벌 두령이나 운동을 휴식한 분자는 아무리 명성이 높다 해도 이번 중앙에는 들어올 자격이 없다." 〈열성자대회의 경과〉, 《해방일보》(1945.9.25).

또 이는 박헌영의 〈8월 테제〉(1945.8.20)를 보완한 〈현 정세와 우리의 임무〉(1945.9.20)에 더 구체적으로 나온다. "탄압시대는 주의를 포기하고 투기업자나 금광브로커가 되고, 합법적 시대(8·15 후)에 와서는 하등의 준비 활동도 없이 조선공산당을 조직하고(8·15 밤에), 조선공산당 중앙간부를 내세우고, 조선운동의 최고 지도자가 되고 나서는 그 교묘한 수단은 과거 파벌주의자들의 전통적 과오를 또 한 번 범한 것이니, 그 결과는 조선공산주의운동이 또 다시 분열 상태로 나타나게 된 것이다." 김남식 편, 《남로당연구자료집·1》, 고려대 아세아문제연구소, 1974, p12; 《이정박헌영전집·5》 p56 재인용.

상기 '열성자대회'의 결론을 보면, 당시 정황을 충분히 짐작할 수 있다. "이러한 회합에서 통일 문제를 한가지로 같이 토론하고 중대 다수로 가결하여 놓고 나와서 이영·정백·최익한은 다시 반대하고 야비 무원칙인 인신공격의 삐라를 시내에 산포하고 통일된 조선공산당에 대한 억지 '조선공산당'의 이름을 가지고 파쟁을 전개하는 그들의 행동을 우리는 대중적 비판과 압력으로써 재판하여 결정해야 한다." 〈열성자대회의 경과보고 (하)〉, 《해방일보》(1945.10.18).

작성하여 그간 친일 의혹에 대해 해명하지 않을 수 없었다.5)

각설하고, 그럼 재건파 이후 지금까지 최익한 친일설은 어떻게 전개되었는가? 크게 4종으로 나눌 수 있는데, 간단히 살펴보겠다. 제기자에 따라서는 재건파가 유포한 위의 낭설이 (진설로 바뀔 만큼) 절대적인 영향을 끼친 것처럼 보인다.

1) 민족정경문화연구소는 《친일파 군상群像》(1948)에서 친일파 또는 전쟁 협력자를 '자진적으로 나서서 성심으로 활동한 자'와 '피동적으로 끌려서 활동하는 체한 자'로 분류하고, 후자의 예를 다음과 같이 들었다.

> 누구의 추천인지 총력연맹 기타 친일단체·전쟁협력단체의 간부 또는 강연회의 연사 등으로 피선 발표되었으나 거부키 곤란하여 그 이름만 걸어두었거나, 또는 부득이 출석은 하였으나 발언도 하지 아니한 자. 예) 최익한崔益翰·조만식曺晩植·최용달崔容達 등.6)

---

5) 김남식 편, <친일파·민족반역자의 규정 초안>(1946. 2. 16), 《남로당연구·III》, 돌베개, 1988, pp279~281; <부일협력자·민족반역자·전범·간상배에 대한 법률 초안>, 《동아일보》(1947.3.6) 1면 볼 것.

6) 《친일파 군상》, 민족정경문화연구소 편, 삼성문화사, p16. 이 책은 1948년 11월 (최익한은 그해 4월 이미 월북함) 반민특위가 활동하던 시기에 민간에서 독자적으로 출간된 단행본이다. 그 편집위원은 알 수 없으나 초고 작성자는 김승학金承學(임정 국무위원)으로 추정되는데, 당시 풍문에 따라 최익한을 예로 들어 임정측의 극우적 견해를 대변한 듯하다. 그러나 문제는 김승학의 이 부정확한 말을 근거로 하여 이후 무수한 오류들이 확대 재생산되었다는 것이다. 대표적으로 다음과 같은 글들을 볼 수 있다.
① 이경민은 "종전 무렵 최익한은 (…) 식민지 당국에 의해 끌려나와 친일단체

이는 <변백장>에 의하면 사실무근이다. 최익한이 전하는 당시 상황을 요약하면 다음과 같다.

1945년 여름 미군의 남조선 공습攻襲의 기세가 급박해지자 총독부는 이른바 조선총력연맹을 해소하고 의용대를 결성하니, 경성보호관찰소도 이에 따라 7월 말경에 관내 사상 전과자들로 일개 의용대를 조직하려 하였다. 부대장 수 명에 본인이 지정되겠단 말을 듣고 지방 '소개疏開' 기타 사정을 이유로 사절하였으나, 일제는 난색을 표하며 강요하였다. 결국 8월 초 의용대 결성식에는 고의로 칭병稱病하고 출석지 않고 성외城外에 갔는데, 며칠 뒤에 소·일 전쟁이 일어나 8월 14일까지 경성 모처에서 은신하고 있었다.[7]

의 간부에 앉거나 전쟁미화 강연회의 강사를 떠맡지 않으면 안 되었다"고 윤색하였다. <社会主義者と朝鮮の解放—朝鮮共産党の再建過程>, 《朝鮮民族運動史研究》5号(1988), 青丘文庫, p95

② 안소영은 김승학과 이경민의 글을 인용하며 사실 확인 없이 최익한을 해방 전의 전향자로 확정하였다. <해방 후 좌익 진영의 전향과 그 논리>, 《역사비평》24호(1994), 역사비평사, p291, p302.

③ 김삼웅은 "(일제는) 이승엽·김두정·이영·정백·최익한·인정식 등의 경우 이들의 전향 소식을 대대적으로 선전하고, 전향성명서는 언론에 보도되었다" 하며, "이 무렵에 전향성명서를 발표한 거물급 공산주의자 중에는 이영·정백·최익한·이승엽 등이 있었다. 이들은 전향한 뒤에 직업을 갖게 됐고 전향단체의 간부를 지냈다"고 날조하였다. 《죽산 조봉암 평전》, 시대의 창, 2010, p189, p191. 그러나 최익한은 전향하지 않았고, 따라서 전향성명서가 언론에 보도된 적도 없다. 메일로 최익한의 전향 근거에 대해 문의드렸지만 아무런 답신이 없었다.

④ 손세일은 "최익한은 (제3차 조선공산당 사건으로 7년 옥살이를 하고) 석방된 후 친일단체의 간부로 동원되었다"고 왜곡하였다. <이승만과 김구 (73)>, 《월간조선》(2010.4), CS뉴스프레스, p576.

[7] <변백장>, 앞의 책, pp178~9 참조.

후손에 의하면 경성 모처는 선영이 있는 양주군楊州郡 진접면榛接面(현 남양주시 수동면水洞面) 내마산內馬山의 독가촌獨家村이라고 한다. 그러나 8월 15일 최익한이 창신동昌信洞 자기 집에서 ML파들과 고려공산당 조직위원회를 곧바로 구성한 점을 보면, 그는 수일 전에 이미 경성으로 돌아와서 연락을 주고받은 것을 알 수 있다.

2-1) 김준엽金俊燁·김창순金昌順은 《한국공산주의운동사》(1976)에서 장안파 인물들을 다음과 같이 설명하였다.

> 이영李英은 일찍이 전선을 이탈하여 향리 북청北靑에서 유휴하였고, 정백鄭栢 역시 전선을 이탈하여 나중에는 서울에서 광산 브로커 노릇을 하였다. 최익한 역시 탈락하여 서울 동대문 밖에서 술장사를 하고 있었고, 이승엽李承燁은 전향 성명을 쓰고 인천에서 식량배급조합 이사로 있었다.[8]

2-2) 조동걸趙東杰은 <8·15 직전의 독립운동과 그 시련>(1979)에서 이를 요약하듯 다음과 같이 말하였다.

> 이영·정백·최익한·이승엽 등이 광산브로커나 술장사, 혹은 전향 성명을 발표하고 일제에 의지하며 살았다.[9]

---

8) 《한국공산주의운동사·5》, 고대아세아문제연구소, 1976, p359; 청계연구소(재출간), 1986, p387 참조. 장복성의 《조선공산당파쟁사》(대륙출판사, 1949)에 "최익한 : ML파. 옛날 ML당 시절에 중앙위원까지 지냈으나 그 후 운동에서 탈락되어 오랫동안 경성 동대문 밖에서 주점업酒店業(술장사)을 하고 있던 자"(p51)라고 나오는데, 이를 참고한 것으로 보인다.

이상하게도 조동걸에 의해 "일제에 의지하며 살았다"는 구절이 추가된다. 이후 최익한 친일설은 전부 이 문장에서 비롯되었다고 해도 과언이 아닐 터이다. 임종국도 이를 그대로 인용하며 확신하고 있다. 여기서 최익한과 관련된 부분만 추리면, "최익한은 술장사를 하고 일제에 의지하며 살았다"가 된다. 과연 그럴까?

　　<변백장>을 보면 최익한은 주류 소매점(술집)을 하였고, 그것은 사상보호관찰소의 알선에 의한 것이 아니라 '자유 구직'과 '자력 생계'에 의한 것이었다. 그러므로 조동걸의 말은 오해에 불과하다. 주류 소매점은 밥까지 파는 구멍가게 수준이었다. 이른바 '술장사'라는 말은 도덕성에 흠집을 내기 위한 호사가들의 정략적인 비칭으로도 볼 수 있는 것이다.10)

---

9) <8·15 직전의 독립운동과 그 시련>, 《해방전후사의 인식》, 한길사, 1979, p259.
10) 조동걸은 《한국독립운동사 총설》(전집·3, 역사공간, 2010) p287에 "최익한은 대포술집 종업원으로 일하다가 8·15를 맞았다"고 폄훼하였으며, 《한국근대사학사》(전집·14, 위와 같음) p269에는 "최익한은 측근 유족들의 증언에 의하면 동대문 밖에서 막걸리 도산매집에 몸을 의탁하여 살았다고 한다"로 수정하였다. 위에서 '술집 종업원'이란 말은 과도한 억측이다. <변백장>에 따르면 최익한은 '자유 구직'과 '자력 생계'로 주류 도소매점 주인, 즉 술집 사장이 된 것뿐이므로 그렇게 날조할 만한 이유가 전혀 없다. 당시 실제로 전향문을 발표하고 술장사를 하며 친일 활동을 한 자는 박헌영의 참모 조두원이었다. 결국 재건파의 무원칙한 독선주의적 낭설 조작은 마치 뒤집어씌우기인 양 형평성에도 어긋난 짓이라 하겠다. 또 위에서 '유족들의 증언'이란 말도 사실이 아니라 허위인 듯싶다. 가까운 후손 분께 확인해 보니, 증언한 일 자체가 아예 없었다고 한다.
최익한이 공산주의운동을 중단한 것은 당연히 비판받을 수 있겠지만, 그렇다고 해서 그의 자력적인 생계 노동마저 싸그리 무시·왜곡해서는 곤란하다. 그는 약 3년 9개월간 술집을 운영하며 비록 사내종 1명은 부렸지만, 조금은 육체노동을 거들지 않았을까 한다. 벌써 그는 1920년대에 하숙집을 운영하였고, 30년대에는 봉투직공으로도 복역한 바 있다. 이러한 노동 체험이 바로 자기 글의 관념적인 추상성을 극복하는 데 중요한 계기가 되었을 것으로 보인다. 국가기록원 관리번호 CJA0000605 <판결문>(소화昭和7년 형공刑控 제484호) 등 참조.

3) 임종국林鍾國은 《일제 침략과 친일파》(1982)와 <제1공화국과 친일세력>(1985)에서 다음과 같이 언급하였다.

최익한 : 친일 《춘추》지에 발표된 친일·시국 논설이 있다. <조선의 후생 정책 고찰>(1941.12), <한재와 그 대책의 사편史片>(1942.12), <충의忠義의 도道>(1943.10) 등이다.11)

이는 친일 관련 연구가 거의 전무하던 시절에 나온 만큼 선구적 안목이 돋보인다. 하지만 최익한의 '과거에 가탁한 중립적인 글쓰기'가 과연 친일로 매도될 수 있을지는, 이제 학제간 연구를 통해 보다 신중히 평가될 필요가 있다. 왜냐하면 송찬섭은 <1940년대 최익한의 사회 구제 제도 연구>(2011)에서 "최익한은 총독부와 달리 우리 입장에서 우리 역사 전반을 다루면서 전통 사회의 사회 구제 제도를 정리하고자 했다"고 임종국과는 정반대로 평했기 때문이다.12) 그러나 최익한의 논설이 일제 정책에 겉으로나마 부화한 시의성을 띠고 있다는 사실만큼은 항상 전제되어야 할 것이다. 여하간 이 대목은 나중에 관련 전공자들이 더 종합적으로 분석 검토하기를 기다리는 수밖에 없다.

---

11) <제1공화국과 친일세력>, 《해방전후사의 인식 2》, 한길사, 1985, p200; 《실록 친일파》, 돌베개, 1991, pp326~7 재수록. 임종국은 《일제 침략과 친일파》(청사, 1982) p106에는 "ML공산당의 조직부장이던 최익한도 <충의 도>(《춘추》, 1943. 10)를 발표하였다. 서울파의 중진이던 이영 등 거물급도 광산브로커나 술장사, 또는 전향성명을 하고 일제의 밑에서 살았다고 한다" 하였다.
12) <1940년대 최익한의 사회 구제 제도 연구>, 《역사교육》 120권, 역사교육연구회, 2011, p231; 《조선 사회 정책사》, 서해문집, 2013, p191 재수록.

4) 남창룡南昌龍은 〈만주제국 조선인 인명사전〉(2000)에 다음과
같이 적었다.

최익한 : 동아일보사 조사부장. 만주국 건국 10주년을 기념하
여 신징에 있었던 친일 우리말 신문인 만선학해사에서 발행한
《반도사화와 낙토만주》에 〈반도 후생 정책 약사〉, 〈반도 과
거 교육제도〉 기고(1943).[13]

이는 새로운 수록 사실을 처음 밝힌 것으로 인정된다. 하지만 그
것이 '기고'인지 아닌지는 알 수 없으며, 우선 글 내용부터 면밀히
검토할 필요가 있다. 수록자 95명 중에는 만주제국과 밀접한 관계
를 맺으면서 친일 행각을 한 필자들도 물론 있으나, 대부분의 경우
에는 국내에서 이미 발표된 글들이 자신의 의지와는 상관없이 수
록되지 않았을까 한다. 왜냐하면 당시 형무소에 수감되어 집필할
수 없었던 사람의 글까지도 실려 있기 때문이다.[14]

---

13) 《만주제국 조선인》, 신세림, 2000, p218; 《동북아 아리랑 고개를 넘나든 사
    람들》, 북큐브(전자책), 2016 재수록. 위의 최익한 논문은 〈조선의 후생 정책
    고찰〉, 〈조선 과거 교육제도 소사〉가 제목만 바뀐 것이다. 송찬섭은 "《반도사
    화와 낙토만주》는 만주 건국 10주년을 기념하여 만들어졌기 때문에 명백히 일
    본제국주의 입장에서 작성되었다. 여기에는 상당수의 조선인 학자들의 글이 실
    렸고, 그 가운데는 친일인사도 다수 포함되어 있다. 다만 글의 수록 여부만 가지
    고는 친일 여부를 판단하기 어렵고 글의 내용으로 평가해야 할 것으로 보인다.
    최익한의 글도 내용상으로는 전혀 달라진 점이 없기 때문에 이 점만 가지고 친
    일의 증거로 보기는 어렵다고 본다" 하였다. 〈조카가 작성한 최익한 연보〉, 《역
    사연구》 20호(2011), 역사학연구소, pp290~1.
14) 이현희, 〈권덕규의 생애와 그의 국어학적 업적에 대한 한 연구〉, 《규장각》 41
    집, 규장각한국학연구소, 2012, pp136~7.

다음으로 최익한 친일설에 반론을 제기한 사람은 총 2인이다. 둘 다 임종국을 입론의 거점으로 삼아 반대 의견을 내놓았다.

1) 송찬섭宋讚燮은 텍스트에 기초하여 임종국의 설을 세 번 부정하였다. 다소 장황하지만, 우선 내용을 정확히 이해할 필요가 있으므로 원문을 전부 그대로 인용한다.

① <충의의 도>는 1943년 일제 말기 이미 《춘추》지 자체가 변질되는 상황 속에서 어느 정도 잡지사에서 의도적으로 요청한 주제인 듯하다. 그러나 글의 내용은 잡지사의 의도를 따르고 있지 않으며 유교 서적에서 충에 대한 사례를 정리하고 있는 정도였다. 이 글을 가지고 그가 전향한 증거로 보는 것은 (예를 들면 임종국, 《일제 침략과 친일파》, 1982, p106) 그가 본래 유학 출신임을 몰랐기 때문인 듯하다.15)

② (위와 같음) 그러나 글의 내용은 잡지사의 의도와 관계없이 유교 서적에 근거하여 충에 대한 사례를 정리하고 있다. 이 글을 가지고 그가 전향한 증거로 삼는 것은(예를 들면 임종국, 《일제 침략과 친일파》, 1982, p106) 제목에 나타난 '충의의 도'라는 표현을 지나치게 확대하여 평가했기 때문으로 보인다.16)

---

15) <최익한과 다산 연구>, 《실학파와 정다산》, 청년사, 1989, p10, p18.

③ (최익한은) 1943년 10월에 <충의忠義의 도道—유교의 충에 대하여>(《춘추》 10월호)를 실었다. 이 글에 대해서는 친일의 글이 아닌가 문제 제기가 있었지만(임종국,《친일문학론》), 이 무렵 《춘추》 잡지의 성격 때문으로 그렇게 평가한 것으로 보이며 글 내용으로 봐서는 추정하기 어렵다.17)

먼저 임종국은 《친일문학론》(1966)에서 '최익한'을 거론한 적이 없다. 또 임종국의 책을 보면, 단순히 《춘추》 잡지의 성격 때문에 친일 문제를 제기한 것이 아니라 글 내용을 보고 나서 판단한 것임을 쉽게 알 수 있으므로, 송찬섭의 모호한 추정은 착오이다. 위의 송찬섭 견해는 다음과 같이 요약될 수 있다.

임종국이 <충의의 도>에 대해 친일설을 제기한 것은,

① 최익한이 본래 유학 출신임을 몰랐기 때문인 듯하다(1989).

② 제목에 나타난 '충의의 도'라는 표현을 지나치게 확대하여 평가했기 때문으로 보인다(1997).

③ 《춘추》 잡지의 성격 때문으로 그렇게 평가한 것으로 보인다 (2011, 2013, 2016).

여기서 ①은 판단할 수 없는 문제이며, ②와 ③은 근거가 없는 말이다. 송찬섭은 임종국이 마치 텍스트를 제대로 읽지 않고 오판

---

16) <일제·해방 초기 최익한의 실학 연구>,《우송조동걸선생정년기념논총·I》, 나남, 1997, p601. 이는 <최익한과 다산 연구>를 약간 수정 보완한 논문이다.

17) <조카가 작성한 최익한 연보>,《역사연구》 20호(2011), 역사학연구소, p290; <창해 최익한 선생 연보>,《실학파와 정다산》, 서해문집, 2011, p582;《조선 사회 정책사》(2013) p232와 《여유당전서를 독함》(2016) p307에 재수록.

한 것처럼 암시하였으나, 사실은 전혀 그렇지 않다. 애초에 최익한의 전향설(친일설)을 제기한 자는 조동걸이고, 그의 말을 인용하며 임종국은 최익한의 논문을 예로 들어 실증한 것뿐이다. 필자의 분석에 따르면, 조동걸은 자료 요약을 잘못하여 단순히 억측한 데 그치고 말았지만, 도리어 임종국은 선구적인 실증 작업을 통해 일면 타당한 주장을 하였다. 그러므로 송찬섭은 최익한을 비호하려는 나머지 최종적인 판단은 유보한 채 자세한 친일 논의는 회피한 것이 아닌가 한다. 그러나 <충의의 도>는 친일 혐의에서 그리 자유로운 글이 되지 못하며, 다만 친일이란 개념의 포괄적 적용은 문제가 될 수도 있는 것이다. 이는 뒤에 상술하겠다.

2) 김성동金聖東은 임종국을 우파적 관점에서 비판하였다.

> (앞에 이미 나온 임종국의 글이 여기에 실려 있으나 중복되므로 생략하니, p803을 볼 것—인용자 주)
> 이런 글들을 간추려 펴낸 것이 《유학사 개관》이다. 사회주의 운동을 접었던 이때를 두고 임종국은 《일제 침략과 친일파》에서 최익한이 이즈음 일제에 무릎을 꿇었던 것처럼 보았는데, 그것은 최익한이 공산주의에 앞서 뛰어난 유학자였음을 놓쳤던 탓으로 보인다. 그리고 일제의 끈덕진 후림대수작이 있었으나 한마디로 자빡놓는 선비정신으로 안받침된 공산주의자 최익한이었다.[18]

---

18) 《현대사 아리랑》, 녹색평론사, 2010, p285; 《꽃다발도 무덤도 없는 혁명가들》, 박종철출판사, 2014, pp387~8.

김성동은 송찬섭의 ①의 논조를 그대로 따르며 자기 특유의 말로 문장을 수식하였다. 《유학사 개관》은 전하지 않는 책이니 알 수 없다. '뛰어난 유학자 최익한'에 대한 임종국의 인지 여부는 판단할 수 없는 문제인 듯하다. 그리고 최익한은 계급적인 의미에서만 '사士'를 논하였으며, 윤리적인 의미에서는 '선비'를 언급한 적이 없으므로, 그에게 우파적인 '선비정신'을 적용하는 것은 무리라고 생각된다.

4

끝으로 필자의 관견管見을 조금 피력하련다. 최익한은 1947년 《조선 사회 정책사》에 〈조선의 후생 정책 고찰〉, 〈한재와 그 대책의 사편〉을 그대로 수록해 출간하면서, 그 머리말에 일제강점기 집필 당시를 이렇게 회고하였다.

> 회고컨대 집필 당시는 바로 중일전쟁이 심각해지면서 일제 파쇼가 이른바 '황민화' 운동을 통하여 조선의 민족문화를 그 근본부터 폭력적으로 괴멸해 버리려 하던 그때였으므로, 과거의 제도를 가탁하여 민족 고유문화의 일단을 과시하는 것은 하나의 모험적 선전이었으며, 따라서 의의를 내포한 것이었다.[19]

여기서 '모험적'이란 말은 해방 후에야 비로소 나온 과장된 표현

---

19) 《조선 사회 정책사》 머리말, 박문출판사, 1947.

이긴 하지만, 일말의 위험성이 있었다는 뜻으로 읽힌다. 즉 자신의 글이 일제가 강요한 황국신민皇國臣民과 변별되는 '비국민적'(비일본적) 의식에서 비롯되었음을 은연중 표시한 것이다. 그러나 최익한의 자찬이 성립할 수 있을 정도로 일제는 그리 녹록지 않았고, 삼엄한 전시체제에서 '모험적 선전' 따위는 결코 용인될 수 없는 일이었다. 임종국의 다음 글을 보면, 당시 출판 환경을 좀 더 구체적으로 가늠할 수 있다.

> 1941년 1월 이후의 각종 검열 방침의 강화, 다시 6월 1일 이후의 용지 사용에 관한 승인제 실시, 그 후 각종 형식의 통제 강화로 인하여 국책에 순응한다는 것만이 유일한 생존 수단이 되는 그런 경지로 빠져들기 시작하고 있었다. 즉 국어(일어)면을 첨부하지 않는 한 용지 배급을 탈 수 없었고, 국책에 반하는 기사를 실을 수도 없거니와 만약 실리면 즉각 검열에 걸려서 발행권 자체가 소멸되고 마는 사정 등이 그것이었다.[20]

즉 '후생'이니 '충의'니 하는 말은 최익한이 임의 설정할 수 있는 단순한 제목이 아니라, 그가 일제 정책에 최소한의 유화적 태도를 보인 바로 그 시국 주제였던 셈이다. 그의 '후생 정책론'은 필자가 잘 모르는 분야이므로 논외로 하고, 가장 문제시되는 〈충의의 도〉만 일별하겠다.

---

20)《친일문학론》, 평화출판사, 1966, p57; 이건제 교주본, 민족문제연구소, 2016 (증보판 3쇄), p71.

최익한은 <충의의 도>에서 먼저 "유교의 충에 대하여 좀 쓰라는 재촉을 받았다"고 서두를 꺼낸다. 말이 재촉이지 실은 강요였을 것이다. 이어 본론에서 그는 충의 자형字形을 분석하고 의미를 밝히며 그 위상의 역사적 변천 과정을 시종일관 횡설수설하면서, 마치 '중립적인 글쓰기'의 전형을 보여 주고 있는 듯하다. 그러나 결론의 마지막 문장은 본론의 맥락과는 거의 상관없는 양 돌연 다음과 같이 마침표를 찍어 버린다.

> 이상은 유교 도덕의 근간이 되는 유교의 충을 약술한 데 지나지 못하나, 금일과 같이 충의 실천이 우리에게 요구되는 때가 다시 없다 하겠다.21)

정말 느닷없는 섬뜩함이다. 손수 썼는지 의심스럽다. 여기에서 충은 중의적이라 순전히 유교의 충으로만 오인될 수는 없을 것이다. 징병제가 실시된 직후인 '금일'에 충의 언표言表는 오로지 조선이 아닌 일본에 한해서만 가능하였다. 그러므로 결국 위의 발언이 최익한에게는 중립적인 글쓰기의 종언이 되고 만 셈이다. 이는 어쩌면 서재파 맑시스트, 즉 무저항적 사회개량주의자의 곡필이요 숙명인지도 모른다.

가령 나이 어린 학병의 입장에서 보자면, 어느 누가 감히 최익한의 '모험적 선전'을 쉽사리 용납할 수 있을까? 그의 말은 간접적

---

21) <충의의 도>, 《춘추》 4권 9호(1943. 10), p75. 《춘추》 <편집 후기>에 이상백 李想白의 <전쟁과 철학적 정신>, 최익한의 <충의의 도>가 전시하의 독서물로 권장되었다. 참고로 전자는 전쟁을 찬양한 글이고, 후자는 이와 관련이 없다.

종용에 해당될 수도 있기 때문이다. 물론 그가 강연을 했다는 기록이 없고 딱 이 한 문장만 거슬리므로 도저히 친일파의 '친일문'과는 동일한 차원에서 다루기는 곤란하겠지만, 그래도 문제가 되는 시국 논설인 것이다. 한 마디 간접적 발언이라고 해서 그 면책까지 절로 되지는 않을 터이니, 후학으로서 그의 잘못을 정확하게 파악 지적해 주는 것만이 독자들에게는 올바른 도리인 듯싶다.

본디 유교의 전통적 가치관인 충효 윤리는 친일과 양립하기 어려운 법이다.22) 최익한은 일제가 유교의 충효를 국체國體의 지주支柱로 이용하는 것을 잘 알고 있었다.23) 그런데도 그는 친일 잡지에 유교의 충을 중립적인 글쓰기로 고증하였다. 임종국은 이러한 문헌 고증적 연구가 당시 일제의 시국 정책과 부합한다는 사실을 간파하고서 〈충의의 도〉를 '친일·시국 논설'로 보았을 것이다.

그러나 〈충의의 도〉는 그 논술의 어조가 전반적으로 너무 미약하고 간접적이기 때문에 친일이란 개념을 포괄적으로 무조건 적용하기에는 미흡한 점이 있다. 임종국이 친일 논설로 본 것은 타당한 일면이 없지 않으나, 글을 분석하고 관련법을 검토하는 면에서는 미진한 판단이다. 다만 그는 최익한의 글을 읽고 나서 친일 논설로 분류한 후 간단히 몇 줄만 쓴 것뿐이므로, 이번에 필자가 찾아낸 〈유교와 연성鍊成〉을 읽은 것도 아니다.24)

---

22) 류승완,《이념형 사회주의》, 선인, 2010, p363.

23) 최익한, 〈조선류교사상에 대한 력사적 고찰 (상)〉,《력사제문제》12집(1949. 11), 조선력사편찬위원회, p107.

24) 민족문제연구소는《친일인명사전》(2009)에 최남선·현상윤·백낙준을 수록하고 안재홍은 제외하였다. 정인보鄭寅普의 임전대책협의회 관계나 최익한의《춘추》논설 등은 조사만 한 것으로 알고 있다.

최익한의 시국 논설 <유교와 연성>은 1943년 5월, <충의의 도>
는 동년 10월 《춘추》에 모두 게재되었는데, 그가 해방 전에 마지막
으로 발표한 것들이다. 두 글을 종합해 보면, 그가 연성이니 충의
니 하는 일제의 시국 정책에 부화하여 잇따라 유교적 문헌 고증을
시도한 것을 알 수 있다. 실제로 일제는 태평양전쟁의 병력을 증강
하기 위해 1943년 4월까지 조선에 연성소를 2,637군데나 설치하
고, 동년 8월과 10월부터 징병제 및 학병제를 각각 실시하였다.25)
그러니까 <유교와 연성>, <충의의 도>는 단순한 고증을 넘어서 시
의성을 띤 '부일附日' 논설에 해당될 여지가 있는 것이다.26)

또 짚고 넘어가야 할 점은 사상의 변절 유무이다. 최익한은 전향
·친일하지는 않았으나, 공산주의운동을 중단한 후에는 합법적 공
간인 신문과 잡지에 개량주의적 글들을 발표하면서 생계를 도모하
였다. 어찌 보면 이는 관념적 사회주의에서 비타협적 민족주의로
한발 물러선 모양새이므로 딱히 '변절'되었다기보다는 '개량화'되
었단 말이 더 어울리지 않을까 싶다. 저항을 포기한 '타협적' 측면
만 부각하면 그는 박헌영의 말 그대로 '탈락분자·휴식분자'가 될
수도 있다. 그렇다고 해서 그를 청산주의자(=전향자=변절자)로 낙인
찍어 배척할 수 있다는 뜻은 결코 아니다. 전향서를 내고 적극적
으로 친일 활동을 한 '청산주의자'와 사상운동을 접고 중립적으로
문필 활동을 한 '개량주의자'는 엄연히 분별되기 때문이다.

---

25) 竹內俊平, <徵兵制實施と靑年鍊成>, 《춘추》 4권 5호(1943. 5), p27; 大家虎
之助, <時局と鍊成>, 위의 책, pp30~1; 임경석, <국내 공산주의운동의 전개과
정과 그 전술>, 《일제하 사회주의운동사》, 한길사, 1991, pp220~1.
26) 자세한 것은 이 글의 보론 <'유교와 연성'에 대하여> 볼 것.

그러나 우리는 그의 이론과 실천의 기저에 혹 청산파적 경향이 원래부터 있지 않았는지, 그리하여 여기에 개량주의적 경향이 더해져 비맑스주의적 정신이 충일함으로써 우파적으로 선회한 것은 아닌지에 대하여 반성적으로 검토할 필요가 있다.[27]

최익한은 10년 옥고를 치른 정치범의 경력 때문에 경찰의 특별 감시를 극도로 받게 되어 지하 활동이나 국외 망명은 도저히 어려웠다고 한다. 그래서 생계형 주류 도소매점을 운영하면서, 정체성이 모호한 개량적인 글까지 쓸 수밖에 없는 막다른 처지에 내몰린 것처럼 보인다.

그리고 1937년에는 맏아들 재소在韶가 살인적인 고문의 후유증으로 옥사獄死하였다. 이것이 최익한에게는 능동적으로 공산주의 운동을 계속할 수 없는, 말 못할 트라우마가 되었을지도 모른다. 당시 그는 참척의 고통을 <곡아 25절哭兒二十五絕> 마지막 수에서 이렇게 읊었다.

> 藥蔬經榻夜無垠　약 달이고 책 읽어도 밤은 끝이 없어라
> 感逝傷離淚欲新　사별이 애달파서 눈물만 또 떨구고녀.
> 一語寄君君自慰　아가, 한 마디 부치노니 스스로 위로하렴
> 吾應不作喪明人　나도 자식 잃은 아비는 되지 않을 테니.[28]

---

27) 최익한, <조선사회운동의 빛 (10)>, 《조선일보》(1928. 2. 13) 참조. 그는 중일 전쟁과 태평양전쟁의 전시체제에서 자기 호로 창씨하고 생계형 술집을 운영하면서 일제의 시국 정책에 부화하는 글까지 썼으니, 한때 'ML이론가'였던 그의 계급적·사상적 본질과 제한성에 대해 비판적 성찰이 요구되는 것이다. 이는 후속 연구로 미룬다.

28) 《조선일보》(1937. 4. 25); 최구소, <창해학인의 곡아 25절시>, 《울진문화》 5호

5

이제 그에 대한 친일설을 종합적으로 개괄하겠다.

1) 맨 처음 제기한 자는 박헌영계의 독론가篤論家이다. 최익한은 〈변백장〉을 작성하여 친일과는 전혀 무관함을 증명하였다.

2) 민족정경문화연구소는 최익한을 피동적 친일파의 예로 들었다. 이는 소문에 근거하여 임정측의 극우적 견해를 대변한 것으로 보인다. 이때는 이미 그가 월북한 후였다.

3) 조동걸은 "최익한이 술장사를 하고 일제에 의지하며 살았다"고 하였다. 이후 모든 최익한 친일설은 여기에서 비롯된 듯하다. 그의 주류 소매점은 '자유 구직'과 '자력 생계'에 의한 것뿐이므로 일제에 의지니 뭐니 하는 말은 주관적 억측에 불과하다.

4) 임종국은 "최익한 : 친일《춘추》지에 발표한 친일·시국 논설이 있다"고 하였다. 이는 선구적 안목으로 인정되나, 미진한 판단이다. 최익한의 글이 현실적으로 '친일'로 규정 포함되기에는 그 논조가 너무 약하고 간접적인 까닭이다.

5) 남창룡은 친일서적《반도사화와 낙토만주》에 최익한의 논문들이 수록된 사실을 처음으로 밝혔다. 하지만 '기고'인지 아닌지도 알 수 없는 만큼 그 논문의 내용부터 먼저 파악해 보아야 한다.

다음으로 친일설 반론을 간추리면 다음과 같다.

1) 송찬섭은 〈충의의 도〉가 내용상 친일인지 아닌지 추정하기

(1990), p140; 한영규, 〈식민지 시기 한시 작가로서의 최익한〉,《반교어문연구》 33집(2012), p134를 참조하여 번역은 필자가 고침.

어렵다고 하였다. 이는 존이불론存而不論, 즉 진실 판단을 보류·회피한 것처럼 보인다.

2) 김성동은 최익한에게 '선비정신'을 적용하였다. 이는 우파적 발상으로 무리이다.

끝으로 필자의 소견이다. 〈충의의 도〉는 일종의 부일문附日文이 아닌가 한다. 과거에 가탁한 중립적인 글쓰기의 종언으로서, 특히 마지막 문장은 더는 논할 가치가 없으며 개량적 사회주의자의 숙명인 양 다가올 뿐이다. 최익한의 곡필은 여타 친일 반동분자들의 그것과는 도저히 동일 선상에서 비교할 수 없을 정도로 '간접적'이긴 하나, 그래도 가장 약자인 어린 학병의 입장에서 보면 용납될 수 있는 성질의 것이 아니다. 요컨대 그의 타협적 글쓰기는 양심과 소신에 따른 '모험적 선전'과는 거리가 먼 것이다. 그렇지만 기실 엄밀히 따졌을 때 조선인 가운데 이른바 '친일적 경향'이 전혀 없었던 자가 과연 몇이나 될지 의문이 든다.29) 일제가 만주침략(1931)

---

29) 김태준은 "엄밀하게 따진다면 조선 문화인이 친일파 아닌 자가 적을 것이다. 그러나 문제는 조선 민중의 입장에서 볼 때에 조선 민중의 심판에 부쳐서 모두 '그놈을 죽여야 한다'고 하면 그놈의 죄상이 그만큼 큰 것을 의미하는 것이니 이런 경우에 우리가 사용하고 있는 친일파란 말은 민족의 반역자, 민족의 역적과 거의 동일한 개념을 가진 '친일파 중에 가장 악독한 자'를 지칭한 것이다"고 하였다. 〈정치와 도덕〉, 《대조大潮》 창간호(1946), 대조사, p100.
박헌영은 이미 '민족 반역자의 범주'에 대해, "개량주의마저 버리고 민족운동을 핍박한 자, 황민화운동에 헌신한 자, 고관의 지위에 있던 자, 악질의 경찰 관리 기타 전쟁 협력자이다"고 답한 바 있다. 〈1945년 11월 17일 인터뷰〉, 《이정박 헌영전집·9》, pp263~4.
민전의 〈친일파·민족반역자의 규정 초안〉(1946. 2. 16)에 "친일파는 일본제국 주의에 의식적으로 협력한 자의 총칭이다"고 정의되어 있으며(방점은 인용자), "친일적 경향이 있는 자 중에서도 그 생활의 필요와 부득이한 환경으로 인하여 이래 10여 년에 걸쳐 전시체제로 돌입하면서부터 군사적 탄압을 강화하자, 운동을 포기하고 생계적으로 곡종하는 무저항적 사회 개량주의자도 늘어났기 때문이다.[30]

최익한 친일설은 재건파의 정치 공작으로 개시되어 조동걸의 억단으로 과장되고 임종국의 실증으로 확정되기라도 한 양 횡행하는 실정이다. 낭설이 오히려 기정사실로 둔갑한 꼴인데, 이는 근거가 전무하거나 미약하므로 올바른 판단이라고 할 수 없다.

여태껏 최익한 친일설은 단편적인 주장이나 추정만 무성할 뿐, 체계적으로 상론된 적이 한 번도 없었다. 그럼에도 필자가 그 친일설을 개관 정리한 이유는, 왜곡 은폐된 진실을 분명히 밝히지 않으면 그를 거론하는 자체가 떳떳하기 어렵고, 따라서 이 교주본의 의미도 그만큼 반감될 수밖에 없기 때문이다. 앞으로 좀 더 면밀한 사상적 접근을 통해 일제강점기의 시국 정책을 검토하고 동시대인의 여러 논설들과도 전체적으로 비교하는 작업이 무엇보다 요구된다고 하겠다. 이러한 검증 과정 속에서 보다 객관적으로 최익한 본연의 모습과 사상이 규명되리라 믿는다.

이러한 죄과를 범한 자에 대해서는 동포애적 견지에서 관용을 베풀어야 할 것이다"는 원칙이 제시되어 있다. 김남식 편, 앞의 책, p280.

또 임헌영도 "일제의 허가와 검열을 받은 모든 매체에 글을 쓴 그 자체가 친일이란 논리도 없으란 법이 없다. 구태여 이런 억지 논리를 펴지 않더라도 임종국의 조사에 따르면 친일문학 작품을 쓴 문인 목록만 120여 명에 이른다. 해방 전후 한국 문인이 100여 명이었던 사실로 미뤄보면 거의 99%에 육박한대도 할 말이 없을지 모른다"고 하였다. <친일문학 연구 현황과 그 정신사적 의의>, 《친일문학론》(임종국 저), 민족문제연구소, 2016, p571.

30) 박헌영, <현 정세와 우리의 임무>(1945.9.20), 앞의 책, p56; 김남식 편, <민주주의민족전선 강령>, 앞의 책, p245.

■ 보론 — <유교儒教와 연성鍊成>에 대하여

최익한의 시국 논설 <유교와 연성>은 필자가 처음 찾아낸 것이다. 4년 전(2015)에 이 글의 출처는 알았지만, 자료를 구하기가 여의치 않아 그동안 잊고 지냈다. 그러다가 작년(2018) 말에 <창해 최익한 저술 연보>를 작성하다 생각나서 다시 자료 찾기에 돌입하여 드디어 글을 보게 되었다. 그러나 이미 <최익한 친일설>을 다 쓴 상태라 <유교와 연성>에 대해서는 보론으로 다루며 말미에 그 원문을 싣는다.

<유교와 연성>은 1943년 5월 《춘추》 4권 5호에 발표되었는데, 조선 청년에게 유교와 연성의 관계를 경어체로 설명한 논설로서 최익한의 글 가운데 <충의의 도>와 함께 가장 치욕적인 곡문이다. 위의 《춘추》지에는 '연성 특집'으로 병역·교육·시국·신도神道·불교·유교에 관한 논설 총 6편이 편성되어 있다.[31]

일제는 태평양전쟁의 병력 증강을 위해 1942년 5월 조선에 징병제를 실시하기로 결정하고, 1943년 4월까지 조선에 연성소를 2,637개소나 설치하였다. 그러니까 동년 8월 징병제가 실행되기 전에 미리 신병 훈련소를 완비한 격이다. 17세 이상 21세 미만의

---

31) 《춘추》에 게재된 글들을 순서대로 적으면 다음과 같다.
　① 朝鮮軍報道部長 倉茂周藏, <兵役と鍊成>, pp24~26.
　② 總督府鍊成課長 竹內俊平, <徵兵制實施と靑年鍊成>, pp26~28.
　③ 國民總力聯盟鍊成部長 大家虎之助, <時局と鍊成>, pp28~31.
　④ 朝鮮神宮神官 鈴川元章, <神道와 鍊成>, pp31~33.
　⑤ 惠化專門敎授 安東相老, <佛敎와 鍊成>, pp33~36.
　⑥ 崔益翰, <儒敎와 鍊成>, pp36~38.

조선 남자는 의무적으로 청년특별연성소에 입소하여 황군皇軍 요원으로서 필요한 연성(훈련교육)을 받아야만 되었다.32)

조선군 보도부장 쿠라시케 슈조倉茂周藏, 총독부 연성과장 다케우치 슌페이竹內俊平, 국민총력연맹 연성부장 오야 도라노스케大家虎之助의 글은 각각 병역·교육·시국 면에서 군국주의 연성의 취지를 밝힌 선전문이고, 조선신궁 신관 스즈카와 모토아키鈴川元章(○明○), 혜화전문교수 안토 소로우安東相老(權相老)의 글은 각각 신도·불교 면에서 연성 참여를 독려한 적극적 친일문이며, 최익한의 글은 유교 면에서 연성을 고증한 소극적 부일문으로 이해된다.33)

최익한은 <유교와 연성>의 첫머리에 집필이 강요된 것을 표시하며 유교와 연성의 관계를 고찰하였다. 그는 연성을 좁게는 유교적 풍속인 '계禊'(목욕재계)로 보고, 넓게는 사전적 의미34)와 관련된

---

32) 倉茂周藏, <兵役と鍊成>, 앞의 책, p25. 竹內俊平, <徵兵制實施と靑年鍊成>, 앞의 책, pp26~7; 大家虎之助, <時局と鍊成>, 앞의 책, pp30~1; 임경석, <국내 공산주의운동의 전개과정과 그 전술>, 앞의 책, p220.

33) 최익한은 <변백장>에서 본인의 소매점 허가가 취소된 이유 중 하나로 '사상보국思想報國에 대한 불타협'을 들었다. 그러나 그가 <유교와 연성> 및 <충의의 도>로써 일제의 시국 정책을 고증한 것은, 내용상 거의 중립적일지라도 그 시도 자체가 일제에 부화한 태도이기 때문에 위의 글 2편을 '부일문'으로 일단 정의하였다. <일제강점하 반민족행위 진상규명에 관한 특별법> 제2조 11호에 의하면, "학병·지원병·징병 또는 징용을 전국적 차원에서 주도적으로 선전 또는 선동하거나 강요한 행위"는 '친일반민족행위'라고 규정되어 있다. 이를 최익한에게 적용할 수는 없으나, 그의 글이 '징병의 간접적 종용'에는 해당될 여지가 있다고 생각한다. 그렇지만 최익한의 '부일문'은, 일제 정책을 적극적으로 옹호 추종한 친일파의 '친일문'(징병 권유문)과는 차등을 두어야 마땅할 것이다. 만약 그가 글쓰기를 거부하였다면 그의 말대로 '불타협'에 가까울지도 모르겠다. 일례로 당시 김태준은 보호관찰소로부터 창씨를 하라, 글을 쓰라는 등의 온갖 협박적 명령을 받고도 계속 거절하였다고 한다(<연안행延安行>, 《문학》 창간호, 조선문학가동맹, 1946.7, p189).

'심신수련'으로 보면서, 유교의 연성은 '윤리 실천에 상응한 일상 수련(=志行修鍊)'이라고 하였다. 내용은 차치하더라도 징병제 실시 직전의 시국에《춘추》라는 공간에서, 유교와 연성에 대해 문헌적 고증을 시도한 그 자체가 불순하고 무책임한 것이다. 왜냐하면 그가 말한 연성 개념이 전시체제의 반동적 사회 환경과 무관하게 외따로 진공 상태에서 존립할 수는 없기 때문이다.

> 일상의 윤리를 일상적으로 실천하는 것이 그(유교)의 목적이므로 그의 연성은 어느 특별한 형식과 특정 기간이 있을 수 없고 수시수처隨時隨處가 그의 연성의 방법인 것입니다.

술에 물 탄 듯 물에 술 탄 듯 경계를 종잡을 수 없는 언설이다. 여기서 말하는 '일상'이 과연 무엇인지 의심스럽다. 최익한은 뇌거末耟(쟁기)를 잡고 밭을 갈거나 삼순구식三旬九食을 하되 도道를 즐기는 것을 유자의 숭고한 연성이라 하였다. 물론 이는 일제의 기획에 휘말리지 않으려는 회피성 발언일 터이나, 조선의 무전농자無田農者의 현실과는 너무 거리가 먼 환상적 곡언에 불과하다. 밭이 있어야 쟁기질을 하고 밥이 있어야 끼니라도 때울 것이 아닌가. 조선 청년 대부분은 이른바 대동아성전大東亞聖戰을 위해 한낱 총알받이 소모품으로 강제 징집되어, "새벽녘부터 교정과 야산 등지에서 폭탄을 껴안고 적의 전차에 돌진하는 훈련을 수도 없이 받았다."[35] 연성

---

34) 연성의 일반적 의미는 연마육성鍊磨育成이나, 최익한은 고련성취苦鍊成就의 뜻으로 보아서 고난을 심신연성의 자조적資助的 기회로 보았다.

35) 유기천,《사람을 믿지 마라》, 21세기문화원, 2001, p162.

이라는 참혹한 실상만이 바로 유일한 일상으로 되는 전쟁의 시대였다. 거룩하옵신 천황폐하의 적자로서 야마토다마시大和魂를 발휘하여 장렬히 산화하는 지성진충至誠盡忠의 길, 그 연성이 일상이요 일상이 연성이었다!36)

최익한도 이를 의식하지 않을 수 없었는지, 일상의 현실에 대해서는 일체 함구로만 일관하며 추상적 공론으로 모호히 글을 끝내 버렸다.

> 일식一息의 간단間斷도 없는 일상의 윤리적 실천이야말로 진실로 최대의 연성주의鍊成主義가 아니고 무엇이겠습니까.

우리는 왜 그의 글이 친일 잡지에 '연성 특집'으로 게재되었는지 그 유용성에 대해 주목할 필요가 있다. 지금 와서 확증하기는 어려우나, 일제 당국은 유교와 연성의 관계에 대한 문헌 고증이 조선 청년의 자발적 징병 참여를 충분히 유도할 수 있다고 판정하지 않았을까 한다. 이 점을 감안하면, 최익한의 결론은 '일상의 주체와 목표'를 상실하고 일제의 시국 정책에 부화한 궁색한 궤변 이외에 아무것도 아니다. 조선 청년에게 그가 혹여 의도한(?), 유교적 연성의 고전적 의미를 전하기는 애당초 도저히 불가한바, <유교와 연성>은 어디까지나 부일문에 지나지 않은 곡필이라 하겠다.

---

36) <유교와 연성> 앞에 실려 있는 <신도와 연성> p32에서, 스즈카와 모토아키鈴川元章는 "지금 우리의 일상생활은 오직 연성이다. 더욱 대동아성전하에 처한 우리 국민은 전선戰線과 총후銃後를 막론하고 최후의 승리는 오직 견실한 신념과 부단不斷의 연성으로써 획득할 수 있다는 것을 각오하지 않으면 안 될 것이다"고 하였다.

유교儒教와 연성鍊成[37)

잘 모르는 나로선 부과된 문제를 투철히 설명할 수 없습니다만 얼른 생각하더라도 유교와 연성이 전연 관계없는 문제는 아닐 듯 합니다.

먼저 연성이란 현행어부터 조금 고찰해 보겠습니다. 이즈음 연성 이라면 흔히들 '계禊'(みそぎ)[38)를 관념하는 듯합니다. 그러면 유교 에도 이러한 禊의 행사가 종래부터 있었던가.

禊는 통속적으로 말하면 심신을 결탁潔濯하여 기신제재祈神除災 한다는 것으로 예부터 내려온 종교의식의 하나인데 기독교의 세례 와 유교의 목욕재계가 모두 이에 유사한 유속遺俗일 것입니다. 《구 당서舊唐書》에 "경룡景龍 4년(710) 3월 임위정臨渭亭에 행차하여 수 계修禊하고 마셨다(景龍四年三月甲寅 幸臨渭亭 修禊飮)"는 것과 《후한서 後漢書》〈예의지禮儀志〉에 "3월 3일 동으로 흐르는 물 상류에서 스

---

37) 편자가 오식은 바로잡고 현대어로 풀어썼다.
38) 禊 : 원문의 楔와 통자로 목욕재계(みそぎ)의 뜻.

스로 깨끗이 씻는데 이를 계사禊祠라 하였다(三月三日 於東流水上 自潔濯 謂之禊祠)"는 것이 조선의 유두流頭 고속古俗과 공통성이 있는 유물이겠지요.

그러나 계禊의 연성鍊成을 단순히 풍속학적 범위를 떠나 종교의 관점으로 유교에서 찾아본다면 단적으로 적발하기가 좀 곤란치 않을까 합니다. 그러므로 연성을 계란 협의적 범위를 벗어나 광의인 신심수련身心修鍊의 의미로 한번 고찰해 보겠습니다.

연鍊은 말 자체가 금속을 단련鍛鍊하여 정숙精熟게 하는 것이니, 《황극경세서皇極經世書》에 이른바 "쇠는 백 번 불린 뒤에야 순수해지고 사람도 이와 같다(金百鍊然後精 人亦如此)"는 것이 우리가 말하려는 연성의 취지를 간명히 도파道破한 것입니다.

그런데 연성은 연성자 즉 연성의 주체에 따라 그 성격과 시각이 동일치 않습니다. 예를 들면 중국에선 도사道士를 연사鍊師라고도 일컫던데, 그 중점은 심성心性수련에 있지 않고 주로 신형身形수련에 있으므로 선가仙家에 태음연형太陰鍊形의 방법에 있다고 《신선전神仙傳》에 말했습니다. 물론 그들은 연년장생延年長生을 목적한 것인 만큼 연성의 성질이 또한 형체에 국한되지 않을 수 없습니다. 잘은 모릅니다만 불가佛家의 연성은 선가와 달라서 그 취지가 형체에 국한치 않고 한 걸음 들어가서 심성수련에 있다고 하겠습니다. 고행이라든가 참선이라든가가 모두 오도성불悟道成佛을 목적한 연성입니다.

그런데 유교는 윤리 실천이 그 목적인 만큼 그 연성의 중점은 초속적超俗的인 형체수련도 아니요 정적靜寂에 편중한 심성수련도 아니요 주로 윤리 실천에 상응한 일상수련이라고 하겠습니다. 다시 말하면 지행志行수련이라고 하는 것이 적당치 않을까 합니다.

유교의 사적史的 발전을 회고하면 그것이 원래 봉건체제하에서 발육 성장한 사상적 체계이므로 그 시대의 윤리적 정형定型에 충실히 부착된 합리적 교리입니다. 그러나 일상의 윤리를 일상적으로 실천하는 것이 그의 목적이므로 그의 연성은 어느 특별한 형식과 특정 기간이 있을 수 없고 수시수처隨時隨處가 그의 연성의 방법일 것입니다.

유교의 연성 관념에는 간단間斷없는 계구근신戒懼謹愼의 의미가 한 개의 강조로서 포함되어 있다고 볼 수 있습니다. 인심人心은 위태하고 도심道心은 희미하니 정精하고 일一하여 그 중中을 잡는단 것은 요순堯舜의 연성이요 배움을 싫어하지 않고 가르침을 게을리 하지 않은39) 것은 공자孔子의 연성이요 날로 세 번씩 자신을 반성한 것은 증자曾子의 연성이요 보지 않고 못지 않는 데까지 계신공구戒愼恐懼한단 것은 자사子思의 연성이요 '구방심求放心'과 '양호기養浩氣'는 맹자孟子의 연성이요 '주경主敬'은 정주程朱의 연성입니다.40) 일상의 윤리적 실천을 떠나 특정한 기간, 특정한 형식에 의하여 수련한다면 이는 유교에 있어선 한 개의 이단으로 간주될 것입니다.

그러나 연성을 고련성취苦鍊成就의 의미로 본다면, 즉 고난을 신심연성身心鍊成의 자조적資助的 기회로 본다면 이는 유교에 있어서

---

39) 원문에는 '배움을 실허 않고 가르침을 게을리 않은'으로 되어 있다.

40) 人心惟危 道心惟微 惟精惟一 允執厥中《書經》〈大禹謨〉; 學而不厭 誨人不倦《論語》〈述而〉; 吾日三省吾身《論語》〈學而〉; 子思子之戒愼恐懼 孟子之求放心 程夫子之主一無適之敬《鶴岡散筆》

도 경시치 못할 문제입니다. 부여된 순조로운 환경을 버리고 일부러 고역苦逆의 경지를 자취自取한단 것은 유교의 중용주의中庸主義에 위반되는 일이겠지만, 그것이 자연적 소우所遇일 때에는 어디까지나 그것을 극복하고 배견排遣하는 것이 유교의 중요한 태도입니다. 빈궁과 환난患難으로써 자기의 지절志節을 변치 않고 마음을 어지럽히지 않으며, 경천위지經天緯地의 대재大才를 품었을지라도 야野에 처했을 때엔 손수 뇌거耒耟(쟁기)를 잡고 밭을 갈 것이며, 벼개가 없어서 팔을 베고 삼순구식三旬九食을 하되 의연依然히 도道를 즐긴다는 것은 유자의 숭고한 연성이라 할 수 있습니다.

사람의 지기志氣가 안일한 가운데서 부패하기 쉽고 고난의 경우에서 분발할 수 있는 것은 고금古今 명인의 전기가 모두 웅변적으로 증명하고 있습니다. 그러므로 맹자의 말씀에 "하늘이 대임大任을 그 사람에게 내리시려면 먼저 그의 심지心志를 괴롭게 하고 그의 체부體膚를 주리게 하며 그의 근골筋骨을 수고롭게 한다"[41] 하였으니, 이것이 연성의 성의省意를 명쾌히 말씀하신 것입니다. 유교는 대유주의大儒主義나 고행주의苦行主義가 아니므로 고난을 수련의 필수적 조건으로 인정치 않습니다. 그러나 이 반면에 일식一息의 간단間斷도 없는 일상의 윤리적 실천이야말로[42] 진실로 최대의 연성주의鍊成主義가 아니고 무엇이겠습니까. 《춘추》, 1943.5)

---

41) 天將降大任於是人也 必先苦其心志 勞其筋骨 餓其體膚 《孟子》〈告子·下〉
42) 원문에는 '실천이야'로 되어 있다.

\<창해滄海 최익한崔益翰 연보\> 소고

— 수학기간, 수감기간, 숙청·몰년을 중심으로

1. 머리말

필자는 오랜 세월에 걸쳐 \<창해 최익한 연보\>(이하 '상세 연보')를 작성하였다. 그의 '어린 시절'(1~13세) 부분은 특별한 자료가 없어 최구소의 \<창해 선생 연보\>(이하 '기존 연보')[1]를 거의 그대로 따랐다. 이 점 깊이 감사드린다.

\<상세 연보\>는 곽종석郭鍾錫·김황金榥·이병기李秉岐·정인보鄭寅普 등 주변 인물들과의 사실을 적시하여 최익한의 삶을 실제 그대로 드러내는 데에 초점을 맞추었다. 그리고 정적 박헌영朴憲永, 동지 박낙종朴洛鍾·홍기문洪起文·최창익崔昌益 등과 당숙 최진순崔璡淳, 장남 재소在韶, 차남 학소學韶, 사위 이청원李淸源 등의 관련 사실도 추가하여 최익한의 사상적 흐름을 감지할 수 있도록 하였다. 아울러

---

1) 송찬섭, \<조카가 작성한 최익한 연보\>, 《역사연구》 20호(2011), pp277~298. \<창해 선생 연보\>는 최익한의 당질인 최구소가 작성하고 송찬섭이 정리했는데, 송찬섭은 이 연보를 《최익한전집》에 그대로 요약 사용한 바 있다.

필자가 새로 찾아낸 창해의 서울 거주지와 북한 행적까지 소개함으로써 그의 전체적인 인간상을 엿볼 수 있도록 다채롭게 구성하였다. 이러한 추가 사항으로 〈상세 연보〉는 〈기존 연보〉에 비해 분량이 꽤 많아졌을 뿐만 아니라, 다음 세 가지가 크게 달라졌다. 창해의 수학 기간, 수감 기간, 숙청·몰년이 바로 그것이다.

이는 연보의 고갱이에 해당하므로 그 엄밀한 추정·확인은 필수 불가결하다. 곧 창해 초년의 수학 기간, 중년의 수감 기간, 말년의 숙청·몰년을 제대로 파악해야만 보다 정확한 연보 작성의 기틀이 마련된다고 하겠다.

그러면 왜 연보에 이렇게 차이가 날 수밖에 없었는지 그 원인을 간명히 밝혀 독자들의 혼란을 미연에 방지함은 물론 앞으로의 연구에도 조금이나마 보탬이 되고자 한다.

2. 수학 기간

수학 기간은 창해가 면우俛宇 곽종석의 문하에서 배운 기간과 기독교청년회관·중동中東학교·와세다대에서 배운 기간을 들 수 있다. 여기서는 전자만 다루고 후자는 결론부에 사족 삼아 부언하겠다.

최구소는 〈기존 연보〉에서 "(창해는) 면우 곽종석의 문인으로 경남 거창군居昌郡 가북면加北面 다전리茶田里에서 5년간(1911~1916) 수학했다"[2]고 하였다. 송찬섭도 이를 그대로 따라서 "(창해는) 경남 거창에서 면우 곽종석에게 15세부터 20세까지 수학했다"[3]고

---

2) 송찬섭, 〈조카가 작성한 최익한 연보〉, 앞의 책, pp279~280. 실은 '다전리'가 아니라 '중촌리中村里 다바지(현 다전)'이 맞다.

연보를 요약 작성하였다. 그들은 똑같이 '수학 기간'을 5년간으로 본 것이다.

이는 창해의 <곡아 25절哭兒二十五絶> 제3수 '五載南昌負笈回'구를 오독하여 잘못 추정한 것이다. 즉 "5년 동안 거창에서 공부하고 (책짐 지고) 돌아오니"라고 의역하여 창해가 1911년 면우 문인이 된 후 1916년 고향 울진으로 돌아왔다고 추산한 것인데, 자료적 사실과는 너무나 거리가 먼 오해이다. 먼저 이 시에서 창해가 귀향한 해는 1916년이 아니라 1918년이며, 또 면우 문하에 들어간 해는 1911년이 아니라 1913년이란 것을 밝혀 둔다. 그럼 <곡아 25절> 제3수를 한번 보도록 하자.

五載南昌負笈回　5년 만에 거창에서 책짐 지고 돌아오니
寧馨姿態過提孩　이 아이 영특한 자태, 안아 줄 나인 지났더라.
花潭石坨羅山巷　화담花潭·석타石坨의 나산항羅山巷에서
竹馬雙珠問客來　죽마 타던 두 옥동자, 손님 오셨냐고 물었지.[4]

여기서 우선 '五載'는 1913~1918년을 가리킨다. 또 '負笈回'는 '책짐 지고 돌아오다'는 뜻이니, 막연히 '공부하고 돌아오다'로 의역할 수 없는 것이다. 기실 최익한은 스승의 명을 받고 책을 교정하고서 돌아왔기 때문이다. 이는 뒤에 다시 상술하겠다.

---

3) 송찬섭, <창해 최익한 선생 연보>, 《실학파와 정다산》, 서해문집, 2011, p578; 《조선 사회 정책사》(2013) p228와 《여유당전서를 독함》(2016) p301에 재수록.
4) 《조선일보》(1937. 4. 23); 최구소, <창해학인의 곡아 25절시>, 《울진문화》 5호 (1990), p135; 한영규, <식민지 시기 한시 작가로서의 최익한>, 《반교어문연구》 33집(2012), p127를 참조하여 번역은 필자가 고침.

'提孩'란 2~3세 아이를 칭하는 말로서, '過提孩'는 재소가 벌써 품에 안길 아이 때를 지나 4~5세가 되었다는 의미이다. 최익한은 1918년 늦가을 또는 초겨울 즈음 돌아왔을 터이므로 재소는 당시 5세(1914. 8. 26 생), 학소는 3세(1916. 11. 14 생)였다. 이는 '竹馬雙珠 (죽마 탄 두 옥동자)'로도 충분히 추정 가능한 것이다. 만에 하나 1916 년이라면 학소는 태어나기 전후이므로 죽마를 탈 수는 없었으리라. 이제 그 관련 자료를 살펴보자.

1) 1918년 가을에 이승희의 《한계유집韓溪遺集》을 교정하던 곽종석이 병중이므로 최익한은 김수金銖·박응종朴膺鍾·김종화 金鍾和·김황 문인들과 함께 교정 작업을 도왔다.5)

2) 1918년 거창에서 최익한은 김황에게 남포벼루를 선물 받 고 집으로 돌아와 벼루 뒷면에 <남포연명南浦硯銘>을 직접 지 어 쓴 다음 새겼다.6)

위의 자료를 보면 최익한이 교정 작업을 끝내고 울진으로 귀향 한 것을 알 수 있다. 1918년 가을에 면우가 《한계유집》을 교정하 던 중 팔을 다쳐서 제자들이 그 작업을 돕게 되는데, 남포벼루는

---

5) 곽정, 《면우선생연보》 권6, 다천서당, 1956, p16b, "秋寢疾 一夜偶因落傷手臂 不任使運 又苦痢疾 凡數月而始差 病中校韓溪遺集[剛齋晩號] 令門人輩 金銖 朴 膺鍾 金鍾和 金榥 崔益翰 執役而先生爲之鑑裁焉"

6) 최구소는 <남포연명> 작성년을 1918년이라 하였다. <심현深玄의 우정>, 《울진 문화》 11호(1996), p185, "南浦硯銘 金君而晦於茶上 買南浦一坐 制甚精巧 其 褒而歸樓也 予爲之銘其背"

작별할 즈음에 벗 김황이 준 선물이 아니었을까 한다. 그런데 면우의 다음 답장을 보면 창해가 1916년 늦가을에 이미 수업을 마친 것으로 여겨진다.

> 세 제자(김규열金圭烈·변기섭邊祺燮·최익한)를 보낸 후, 집에 마치 사람이 없는 듯해도 나는 오히려 슬퍼하지 않는다. (……) 이른 추위에 산방은 맑고 고요하다.[7]

최익한은 아마 학소가 태어날 무렵 집으로 돌아왔을 터이지만, 이듬해 봄부터 가을까지는 지리산 산방에서 공부하였다.[8] 그러므로 창해는 면우에게 약 3년간(1913~16) 수학하고, 두 해(1917~18)는 옛 제자로서 면우의 분부에 따라 잠시 도왔다고 판단된다. 《면우집》에도 면우가 창해에게 보낸 글(전 8편)은 모두 1913~1916년에 쓴 것뿐이다. 아직까지 면우 문인들이 1913년 이전에 창해에게 쓴 글은 보지 못하였다.

결정적으로, 면우의 제자 최긍민崔兢敏(1883~1970)의 《면문승교록俛門承敎錄》에 창해는 1913년에 면우의 문하생이 되었다고 나온다. 이는 창해의 벗인 김황이 편집을 완성하고 최긍민이 간행한 것이므로 신빙성이 매우 높다고 할 수 있다.[9]

---

7) 곽종석, 〈答金士璋圭烈 邊允宅祺燮 崔雲擧益翰 丙辰〉, 《면우집》 권123, 1925, p9, "自送三君 齋間若無人 吾猶不以爲悵者 … 及此早寒 山房淸闃"

8) 최익한, 〈유당집서酉堂集序〉(1943), "憶予丁巳弱冠 負笈讀書 南岳之山房"; 윤종균, 〈伽倻杖引 贈崔斯文益翰 兼 寄一枝簫〉, 《유당집》 권3, 1968, p22a, "蔚珍才子崔益翰 南遊年紀初弱冠 … 孤菴落日萬楓紅 老夫佳興與君同 臨別贈以伽倻杖 要我新詩頗淸爽"

결국 최구소·송찬섭의 '5년설(1911~16)'은 이 시기 한문으로 된 관련 자료를 읽지 못해서 발생한 오류이다. 두 분이 작성 정리한 최익한 연보를 보면 1911년부터 1916년까지 텅 비어 있다. 그러니까 그들은 이 공백에다가 '수학 기간'을 5년으로 임의 설정하여 끼워 넣을 수밖에 없었을 것이다. 따라서 앞으로는 최익한이 면우에게 수학한 기간은 '3년(1913~16)'으로 시정되어야 한다.

3. 수감 기간

'수감 기간'이란 창해가 일제강점기 때 얼마나 옥고를 치렀는지 그 기간을 꼼꼼히 따져 보는 것이다. 최익한의 수감 기간을 알려면 먼저 그가 직접 작성한 〈변백장辯白狀〉을 알 필요가 있다. 거기에 본인의 정치범 경력을 "전후前後 3도度 수형受刑과 10수년數年 수역囚役"[10]이라고 썼기 때문이다. 이는 앞뒤로 3번 형刑을 받았고 10여 년 복역服役하였다는 말이다. 필자가 작성한 연보에 의하면 전반에 1번, 후반에 2번, 총 9년 11개월 11일간 형역刑役을 치렀음을 알 수 있다. 그 구금·투옥된 기간을 정리하면 다음과 같다.

1) 전반(2년 5일간, 735일간)

1921년 3월 16일 '군자금 모집 사건'으로 서대문경찰서에 구류되고, 1923년 3월 21일 서대문감옥에서 가출옥하였다.

---

9) 최긍민, 《면문승교록》, 1974, p71a, "崔益翰 字雲擧 江陵人 居蔚珍蘿谷 高宗丁酉生 癸丑及門"; 위의 책, 〈소지小識〉, p10a, "金重齋槐翁 傍搜廣探始克成編 崔愼菴兢敏公 嘗欲刊行而未就 其子姪嗣述遺志 竟至刊布于世 實淵源諸家之一大幸也哉 檀紀四千三百七年甲寅仲秋節 編緝後識"
10) 〈변백장〉, 《조선공산당문건자료집》, 한림대 아시아문화연구소, 1993, p317.

2) 후반(7년 11개월 6일간, 2897일간)

1928년 2월 2일경 '제3차 조선공산당(세칭 ML당) 사건'으로 종로경찰서에 검거되고, 1936년 1월 8일 대전형무소에서 만기 출소하였다. 그러나 이는 횟수로는 2번이다. 왜냐하면 1932년 7월 8일 서대문형무소에서 대전형무소로 이감될 때 최익한은 '만세 사건'을 주도하여 징역 1년이 가형되었기 때문이다.

그러므로 수감 기간은 체포·구금된 날부터 계산하면 전·후반 총 세 번에 걸쳐 9년 11개월 11일간, 즉 3,632일간이 된다. 그런데 왜 그는 '10수년十數年'이란 말을 〈변백장〉에 썼을까?

첫째, 그가 〈변백장〉을 쓸 당시(1946. 3. 3)에는 10년 이상 옥살이를 한 사람이 꽤 있었다. 일제 때(1928년 치안유지법이 개정되기 전에) 사회주의 사상범의 최고 형량은 통상 '징역 10년'이었기 때문이다. 하여 최익한은 형편상 딱히 '10년'이라 하기보다는 대략 어림잡듯 '10수년'이라고 표현하였을 것이다.

둘째, 1945년 12월 25일 발행된 《해방 전후의 조선 진상》에는 다음과 같이 나온다.

최익한은 기미독립운동 시에 8년의 형을 마쳤으며, 제2차 공산당 사건에 6년형을 받아서 대전형무소로 이감 도중 다시 소동을 일으키고 만세를 부른 관계로 1년의 가형을 받았다. 전후 15년간의 귀중한 희생을 당한 백절불굴의 맹장猛將이다. 그리하여 그는 동지 간에도 많은 신임과 호평을 받고 있다.[11]

11) 김종범, 《해방 전후의 조선 진상》 2집(1945), 조선정경연구소, p198.

이는 수감 기간이 사실과 다르므로 명백한 오문誤文이다. 그러나 우리는 이로써 "최익한은 '10수년' 이상 투옥되었다더라"는 식의 풍문이, 해방 후에 혹 공공연히 나돌지 않았을까 하고 짐작은 해 볼 수 있다. '10년'이라 꼭 집어 말할 수 없는 처지에서는 '10수년'으로 비스름히 얼버무리는 편이 더 어울렸을지도 모른다.

셋째, 일제강점기 판결문 등의 행형 기록은 남아 있지 않더라도 최익한이 몇 번 단기간 구금될 수도 있으니까 '10수년'이 된다는 설을 어설피 제기하는 문외한들이 있다. 이는 창해가 〈변백장〉에 이미 "전후前後 3도度 수형受刑과 10수년 수역囚役"이라 했으므로 거론할 가치가 전혀 없는 언설이다. 여기서 '전후 3번'이란 필자가 앞에서 언급한 대로 '군자금 모집 사건' 1번, 'ML당 사건' 2번이다. 더도 덜도 아니다! 다만 연구자들이 '대전역 만세 사건'을 1번으로 가산하지 못한 것뿐이다.

가령 송찬섭은 《가람일기》를 오독하여 최익한이 1923년에 약 한 달 동안 서대문 감옥에 투옥되었다고 보았다.[12] 과연 그러한지 《가람일기》(1923.5.28)를 확인해 보자.

그렇게 늦은 가을비는 밤에 서대문감옥에 있는 익한군을 생각 다가 시 한 구를 얻었더니, 오늘 그 윗구가 생각히워 채웠다.[13]

---

12) 송찬섭, 〈조카가 작성한 최익한 연보〉(2011), 앞의 책, p282; 〈근대학문의 섭 렵 과정과 다산의 발견 : 최익한〉, 《시대를 넘어서다》, 지식의 날개, 2017, p266. 그는 《가람일기》를 오독하여 최익한이 1923년 5월 28일경부터 6월 28일 이전 까지 일시적으로 투옥되었다고 하였다.
13) 이병기, 《가람일기·I》, 신구문화사, 1976, p185.

이는 비문이다. "그러께(재작년) 늦은 가을 비 오는 밤에 서대문 감옥에 있는 익한을 생각하다가 시 한 구를 얻었는데, 오늘 그 윗구가 생각나서 채워졌다"는 말이다. 즉 1921년 늦가을에 최익한은 서대문감옥에 있었으므로 '그렇게'는 '그러께'의 오식임을 금방 알 수 있다. 따라서 최익한은 1923년 5~6월에는 투옥될 수도 없고 투옥되어서도 절대 안 되는 것이다.

그러나 이것으로 끝나지 않는다. 송찬섭은 또 《동아일보》 기사를 오독하여 "최익한이 1937년 11월 22일 밤 경제학자 인정식과 함께 거의 1년 만에 석방되었다"[14]고 하였다. 그러면 당시 《동아일보》를 한번 검색해 보자.

동대문서 고등계는 얼마 전부터 청년 다수를 검거하고 인민전선 결성 혐의로 엄중 취조하여 온다 함은 누보한 바이거니와 다시 피검되었던 인정식印貞植과 최익한 2명은 22일 밤 무사히 석방되었는데 임시원任時元 외 3명은 아직도 계속 취조 중이라 한다.[15]

여기서 검거일은 당일인지 전일인지, 아니면 며칠 전인지 정확히 알 수 없다. 최소한 1년 동안 구금되지 않은 것만은 분명하다.

---

14) 송찬섭, 〈일제강점기 최익한의 사회주의 사상의 수용과 활동〉, 《역사학 연구》 61호(2016. 2), 호남사학회, p182. 이로써 그는 이 논문 p184에서 "최익한은 1920~30년대에 11년을 감옥에서 보냈다"고 하였으므로 이 또한 오류이다. 즉 창해의 시 〈곡아 25절哭兒二十五絶〉(1937.4) 제15수를 보더라도 "10년 만에 소무蘇武인 양 백발로 돌아오니(十載蘇郎白髮歸)"라고 나오니까, 수감 기간을 임의로 11년으로 추정 변경해서는 안 되는 것이다.

15) 《동아일보》(1937.11.23) 조간 2면.

왜냐하면 1937년 10월 1일자 《삼천리》에 인정식의 논설이 실려 있고,[16) 최익한은 동년 4월 23~25일자 《조선일보》에 시 〈곡아 25절哭兒二十五絶〉을 3회 연재하였기 때문이다. 고로 당연히 최익한은 잠시 검거되었다가 풀려난 것으로 보아야 한다.

지금까지 창해의 '수감 기간'을 살펴보았다. 사실 그것을 알려면 〈변백장〉을 먼저 파악해야만 한다. 우리나라에서 〈변백장〉 관련 논문을 쓴 유일한 분이 송찬섭이다.[17) 그래서 주로 그를 언급하였다. 여타 연구자나 몇몇 후학들은 사태 파악을 제대로 못한 채 오로지 최구소·송찬섭이 작성 정리한 〈기존 연보〉에만 의존하여 착오가 생겼을 터이므로 그냥 애교로 봐주련다.

누구나 일단 투옥되면 날짜를 거꾸로 세기 시작할 정도로 나갈 날만을 애타게 기다리기 마련이다. 그러니까 최익한이 자기의 수감 기간을 '10수년'이란 식으로 어렴풋이 기억할 리가 없다.

이제 최익한의 수감 기간은 얼추 10수년이나 11년으로 어림할 것이 아니라 딱 '9년 11개월 11일간(즉 3,632일간)'으로 시정되어야 한다. 이는 그가 〈변백장〉에서 말한 "전후 3도度 수형受刑과 10수년 수역囚役"을 가리키므로, 그 외 검거·구금 기간 약 20일은 포함하지 않았다.[18)

---

16) 〈장덕수張德秀씨 박사 논문, '산업 평화의 영국적 방법'과 그 학문적 가치 (2)〉, 《삼천리》 9권 5호(1937.10.1), pp12~3, p18.

17) 〈해방 후 최익한의 사회주의 운동과 '변백장'〉, 《역사학 연구》 66호(2017.5), 호남사학회, pp131~170.

18) 검거·구금 기간: ① 1927.3.1.(?) ② 1927.8.3. ③ 1927.8.29. ④ 1927.9.4. ⑤ 1937.11.22. ⑥ 1946.9.7~8. ⑦ 1946.10.28. ⑧ 1947.8.19~9.1. 전부 합치면 딱 10년이 된다! 1919년 12월 말경 '김규열 사건'으로 종로경찰서에 체포되어 조사받고 즉시 풀려난 일 등은 제외하였다. 물론 일제강점기·미군정기 때

4. 숙청 및 몰년

최익한의 숙청과 몰년에 대해 여태껏 알려진 것이라곤 아무것도 없다. 아니, 그가 1948년 월북한 이후 70년이 넘도록 우리는 그의 행적을 거의 한 가지도 밝히지 못하였다.[19] 그래서 2016년 가을 북경에 계신 박충록(당시 90세)[20] 선생께 여쭈어보았는데, 오로지 '모른다'는 말씀만 몇 번 들었을 뿐이다.

길이 막힌 필자는 혹시나 하고 입수 가능한 당시 모든 북한 자료들을 읽어 나갔다. 자료의 높은 벽을 실감하며 마이크로필름까지 확인해야 하는 고단한 작업이었다. 의외로 많이 최익한의 행적은 기록으로 남아 있었다. 간혹 판독하기 어려운 글자도 있으므로 후학들의 연구 편의를 위해 이 글 말미에 발굴 자료를 소개하고 또 연보에 간단히 정리하였다.

우선 필자는 여러 근거 자료를 종합하여 창해의 숙청 및 몰년에 대해 다음과 같이 연보에 적어 두었다.

> 1957년 9월~10월 중순: (최익한은) 최창익·박창옥朴昌玉 등이 주동한 '8월 종파사건'(1956)에 연루되어 숙청된 것으로 보이며, 몰년은 정확히 알 수 없다.[21]

───────────

라 이것 말고도 인멸되거나 미발견된 것이 더 있을 수 있다.

19) 다행히 필자가 이 글을 다 쓴 후에, 최익한의 북한 행적을 다룬 송찬섭의 논문 〈월북 이후 최익한의 학문과 집필활동〉(《역사학 연구》 70호, 2018.5)이 나왔다. 특히 그가 밝혀낸 《조선명장전》(1956)은 도움이 되어 연보에 추가하였다.

20) 박충록朴忠祿(1927~): 북경대학 외국어학원 조선어문학부 교수 지냄. 북한의 국립문학예술서적출판사에서 간행된 《정약용작품선집》(류수·리철화 역, 1960)을 중국의 민족출판사에서 《정약용작품집》(1986)으로 다듬어 펴냈다.

최익한이 숙청된 정황은 과학원 어문학 잡지 《조선어문》을 통해
짐작할 수 있다. 그는 김일성종합대학 조선어문학부 조선문학과
부교수로서 과학원 언어문학연구소 연구사를 겸임하였다.

우리 문학계에서 각종 유파의 반동적 문학 이론을 성과적으로
격파하기는 하였으나, 그 여독은 아직도 완전히 청산되지 못
하였다. 뿐만 아니라, 문학을 비롯한 일부 과학 부문에는 8월
전원회의에서 폭로·규탄된 최창익을 두목으로 하는 종파분자
들에게 추종하면서, 당의 문예 및 과학 정책을 왜곡·훼손시킨
자들도 있다.

지난 시기 《조선어문》에 발표되었던 논문 <정다산의 시문학>
또는 <조선문학의 개화 발전을 위한 조선로동당의 투쟁>이 바
로 이런 영향을 입은 것들이었다. 이 논문들은 민족 문화유산
을 옳게 계승 발전시키라는 당의 정책을 왜곡하였으며, 문예
부문에 대한 당의 정책을 비속화하였다. 따라서 이들 종파분
자들이 뿌려 놓은 반당적 이론과의 투쟁이 특히 급선무로 제
기된다.[22]

---

21) 본서 p942 볼 것.
22) 이는 그 규탄적 성격으로 보아 최익한이 숙청된 직후에 나온 비판으로 보인다.
   <위대한 사회주의 10월 혁명과 조선 어문학>, 《조선어문》6호(1957), 과학원,
   pp3~4 참조. 현재 남한에서는 1957년 《조선어문》의 판권면을 확인할 수 없으
   나, '10월 20일 인쇄, 10월 25일 발행'으로 추정된다. 또 《조선어문》5호(1957)
   는 '8월 20일 인쇄, 8월 25일 발행'으로 추정되는데, 그에 대한 소식이 실리지
   않았다. 그리고 8월 27일에 실시된 제2기 최고인민회의 대의원 선거가 종파분
   자를 제거하는 기회로 활용된 점까지 고려하면, 그는 9~10월 중순 사이에 숙청
   된 것으로 볼 수 있다. 《조선어문》1호(1958)가 1957년 10월 19일부터 학계
   소식을 전하고 있으니, 그전에 아마 숙청되었을 것이다.

여기서 <정다산의 시문학>은 원래 1955년 10월 김대 8·15해방 10주년 기념 과학 콘페렌치야에서 보고되고, 1956년 4~8월 《조선어문》 2~4호에도 3회 연재되었던 최익한의 논문 <정다산의 시문학에 대하여>를 가리킨다. 이 글은 벌써 1955년 12월에 조선어 및 조선문학 연구소(56년 언어문학연구소로 개칭)의 3년 총화회의에서 "민족 문화유산의 옳은 계승을 위한 문제를 구체적 자료를 통해서 제기한 것이었다"고 긍정적으로 평가된 바 있다.[23] 그런데 그가 반당 종파분자로 숙청되자마자 이제는 당의 정책이란 미명하에 부정적으로 정반대의 비판이 가해진 것이다. 비판 자체가 단지 종파 사건 이후 정치적 숙청의 일환으로 급조된 추세적 비난이라, 당 정책에 대한 어떤 이론적 해명도 없이 일개인에게 책임만 전가하는 일종의 선동성 발언에 가깝다고 할 수 있다.[24]

숙청 시기는 이미 언급한 대로 1957년 9~10월경으로 추정된다. 그해 11월 11~12일에 열린 조선작가동맹 중앙위원회 제2차 전원회의에서 보고된 내용도 주목할 만한 방증 자료이다.

---

23) <과학계 소식>, 《조선어문》 1호(1956), 과학원 조선어 및 조선문학 연구소, pp 97~8. 또 최익한은 이미 <조선문학사와 한문문학>, 《력사과학》 1호(1955)의 첫 머리 p9에서 "민족적 형식과 사회주의적 내용으로서 우리 영웅 조선을 묘사하고 고무 추동하는 문학의 임무는 실로 고상하고 중요한 것이다. 따라서 당적—김 일성 동지의 문학 노선에 정확히 의거하여 우리 조국의 문학사를 완성하고 문학 발전의 합법칙성과 그 유구하고 풍부한 전통을 천명하며 그 우수한 유산을 옳게 계승하는 것이 또한 중요한 임무의 하나이다"고 밝혔다. 이는 당의 문학 노선에 따라 민족 문화 유산을 바르게 계승하겠다는 자기 의지를 표시한 것이었다.

24) 당시 북한 문학계에서는 당의 문예 정책에 대한 심오한 연구의 필요성을 제기하였고, 나중에 사회과학계에서도 "당 정책과 결정들을 깊이 연구하며 제때에 이를 이론적으로 해명"할 것을 강조하였다. <위대한 사회주의 10월 혁명과 조선 어문학>, 앞의 책, p4; <학계소식: 사회과학 부문 연구 사업에서 당 정책의 관철을 위한 사회과학자 협의회>, 《력사과학》 3호(1959), p85.

우리 당 중앙위원회 8월 전원회의(1956)에서 제때에 정당하게 폭로된 반당분자들인 최창익·박창옥·윤공흠尹公欽·서희徐輝·리필규李弼圭·김승화金承化·리상조李相朝 등은 국가의 주권을 전복하려던 자기들의 추악한 목적을 달성하기 위하여 문학 예술 분야에도 손을 뻗칠 것을 꿈꾸었었다.

그러나 당의 사상과 의지로써 단련된 문학 예술 부대는 조금도 그들이 준동할 수 있는 틈을 내주지 않았다.

조선로동당 중앙위원회 주위에 철석같이 단결되고 통일된 우리 작가 대열은 그 어떤 반혁명·반당분자에게도 결정적 타격을 가할 수 있는 전투적 대열로 계속 강화되어 가고 있다.25)

이를 보면 최익한은 최창익 일파의 숙청이 문예 분야로까지 확대되는 과정에서 연루된 듯하다. 그들은 와세다대 선후배 사이로서 제3차 조선공산당 중앙위원이었고, 북한 학계와 정계에서도 같이 활동하였기 때문이다.

1957년 11월 김일성은 최창익과 그 추종 세력을 '극도로 부패한 반혁명분자'라고 비난하면서, "이들의 극악무도한 음모가 조기에 적발되어 분쇄되지 않았던들 당과 우리의 혁명은 막대한 타격을 입었을 것"이라고 지적하였다.26) 이는 최창익을 비롯한 반당 종파의 잔여 분자들까지 모조리 괴멸하겠다는 굳은 의지와 확신을 표명한 것이었다.

25) 《민주조선》(1957.11.13), 2면.
26) 김일성, 〈사회주의국가들의 친선과 단결〉, 《근로자》(1957.11.25), pp8~15; 로버트 스칼라피노·이정식 저, 한홍구 역, 《한국공산주의운동사》, 돌베개, 2015, pp783~4 재인용.

이런 와중에 최익한이 숙청되자, 그 후로는 철저히 시휘 대상이
되었다. 우선 그가 《정다산선집》27)을 작업할 때 조수로 일하였던
류수·리철화는 3년 뒤에 비스름한 《정약용작품선집》(1960)을 내
면서도 최익한을 전혀 언급하지 않았다. 또 최익한·홍기문이 공역
한 《연암 박지원선집》(1956)도 개정증보되어 홍기문의 이름만 달고
《박지원작품선집》(1960)으로 나왔다. 당시 북한의 고전 번역 정책
을 반영하여 류수의 책이 '조선고전문학선집 제28권'으로, 홍기문
의 책이 '조선고전문학선집 제25권'으로 편성된 것이다.28)

최익한의 이름이 기피되었다고 해서 그의 작품까지 사라진 것은
결코 아니었다. 그의 번역 작품들은 토씨만 고쳐진 채 되살아났다.
특히 《정다산선집》은 '번역의 화수분'이라도 되는 양 남북한에서
공히 이루 헤아릴 수 없이 활용되어 왔다. 다만 연구자들이 류수의
번역본만 참고하다 보니, 그것이 최익한의 번역본과 매우 흡사하
다는 사실을 까맣게 몰랐을 따름이다.29)

---

27) 1957년 6월 25일 평양 국립출판사에서 발행된 역주본인데, 최익한의 마지막
저서가 되고 말았다. 남한에서는 이번에 처음으로 소개되는 것이다.
한편 《조선문학사》(평양 교육도서출판사, 1960; 동경 학우서방, 1964) p84에는
《정다산선집》을 인용하면서 그 책명만 표시하였는데, 이는 최익한이 숙청되기
전에 제자 김하명 학사 등과 공저한 부분으로 추정된다.

28) 최웅권·장연호, 〈북한의 박지원 소설 연구〉, 《한국문학논총》 23집(1998), 한국
문학회, pp212~3; 강영주, 〈홍기문의 연암 작품 번역 성과에 대하여〉, 《민족
문화》 48집(2016), 한국고전번역원, pp351~368. 당시 김일성대 어문학부에서
최익한(문학)·홍기문(어학)은 부교수였고, 류수·리철화(문학)는 학사였다.

29) 남한에서는 여태껏 류수의 《정약용작품선집》만 소개되다 보니 더욱 그렇다.
북한에서도 최익한이 숙청된 후에는 오로지 류수의 번역 작품만 신문·잡지 등에
소개되었다. 류수의 책은 남한에서 복사본(발행일 미표시) 및 김지용의 《다산
시문선》(1972) 등으로 나오고, 중국에서 박충록의 《정약용작품집》(1986)으로,
또 북한에서 리철화의 《정약용작품집》(1990)으로 복간되기도 하였다. 그리고

한편 그동안 최익한의 숙청 및 몰년에 대한 추정은 거의 전무한 실정이다. 오직 송찬섭만 몇 번 견해를 짧게 밝혔을 뿐이다.

1) 《실학파와 정다산》이 집필된 이후 최익한에 대한 소식은 잘 알 수 없는 실정이다(1989).

2) 1957년 이후 최익한에 관한 소식(정보)은 알 수 없다(2011, 2013, 2016).

3) 1950년대 말부터 최익한의 글이 더 이상 보이지 않게 되는데, 세상을 떴거나 아니면 이 무렵 연안파·소련파 등이 숙청될 때 그도 숙청되지 않았을까 짐작만 할 따름이다(2017).[30]

송찬섭은 1)과 2)에서 근 30년간 최익한의 북한 행적에 대해서 거의 아무런 언급을 하지 않다가, 3)에서 단편적이나마 두 갈래로

민족문화추진회의 《다산시문집》(1982~1994)이 류수의 책을 참고함으로써 최익한의 번역이 비록 상당히 변형된 형태이긴 하나, 남한 독자에게 간접적으로나마 전해지는 어떤 하나의 계기가 된 것처럼 보인다. 오늘날 다산 시문의 번역에 있어 고전번역원 DB가 마치 화수분인 양 애용되는데, 그 번역의 시원은 바로 '용도 폐기'되어 버린 창해 최익한의 《정다산선집》이었던 것이다.

30) 송찬섭, 《실학파와 정다산》, 청년사, 1989, p5; 《실학파와 정다산》, 서해문집, 2011, p584; 《조선 사회 정책사》(2013) p233 및 《여유당전서를 독함》(2016) p309 재수록; 〈근대학문의 섭렵 과정과 다산의 발견: 최익한〉, 앞의 책, p261~2. 송찬섭은 〈월북 이후 최익한의 학문과 집필활동〉(2018)에서는 '건강 이상설'까지 덧붙여 세 갈래로 추정하였는데, 위의 3번 인용문과 같은 맥락이다. "1957년 이후로 공식 지면에서 최익한의 글은 더이상 보이지 않았다. 그와 가까웠던 최창익·이청원 등이 1956년 '8월 종파사건' 이후 제거당했기 때문인지, 이와는 관계없이 죽음이나 건강 이상 때문인지 확실하지 않다."(pp94~5)

추정하였다. 그러나 여기서 '세상을 떴거나'라는 말은 그 당시 최익한의 자연사 가능성을 암시하므로 적절치 않다.

1950년대 말에 최익한과 그의 사위 이청원의 글이 동시에 비판된 후 더는 보이지 않는 점을 고려한다면, 희박한 자연사의 가능성을 제시하기보다는 올바른 추정을 위해 자료를 더 찾으려고 노력하는 편이 나을 성싶다. 그리고 송찬섭은 이청원의 몰년을 '1956년'이라고 적었는데,31) 이는 사실무근이다. 현재 그의 몰년은 알 수 없고, 숙청 시기만 추정할 수 있을 뿐이다.

히로세 테이조広瀬貞三는 최초로 이청원에 대한 논문을 쓰면서 《력사과학》 5호(1957.11)의 간기刊記를 근거로 내세워 다음과 같이 말하였다.

> 이청원은 1957년 9월부터 10월 사이에 《력사과학》의 편집위원에서 사라졌다. 아마 이 기간에 완전히 숙청된 것으로 보인다. (……) 몰년은 미상이다.32)

위 구절을 처음 보면서 소름이 돋을 정도로 놀랐다. 그가 추정한

---

31) 송찬섭, <해방 후 최익한의 사회주의 운동과 '변백장'>, p152 각주 89. 염인호의 글 <이청원·전석담>(조동걸 외 엮음, 《한국의 역사가와 역사학 (하)》, 창비, 1994, p224)에도 몰년이 1956년으로 잘못되어 있는데, 이를 그대로 따른 것이다. 필자의 조사에 의하면, 이청원은 1957년 5월 19일 《로동신문》에 <조국광복회의 력사적 의의>를 마지막으로 발표하였다.

32) 広瀬貞三, <李清源の政治活動と朝鮮史研究>, 《新潟国際情報大学情報文化学部紀要》 7권(2004), 新潟国際情報大学, p48, "李清源は1957年9月から10月の間に《歴史科学》の編集委員から消えた. おそらくこの期間に完全に粛清されたものと思われる. (…) 没年は不詳である."

이청원의 숙청 시기와 필자가 조사한 최익한의 숙청 시기가 거의 똑같았기 때문이다. 그렇지만 그는 확실한 근거를 찾지 못하였다. 필자는 1957년 2월 발행된 《1592~98년 조국 전쟁에서의 인민 의병 투쟁》(양형섭 저, 국립출판사) 판권지에는 '심사자 리청원'이 기재되어 있으나, 1958년 12월 발행된 그 재판본에는 삭제되어 있는 것을 발견 확인하였다.33) 이로써 우리는 이청원의 숙청 시기와 사실에 대한 결정적 단서를 하나 확보한 셈이다.

필자는 아래와 같이 왜곡된 글을 접하면 최익한의 '숙청과 몰년 추정'이 반드시 필요함을 절감하게 된다.

1) 《다산 정약용 탄생 200주년 기념 논문집》(과학원 철학연구소, 1962)에 당시 다산에 대한 가장 높은 수준의 다산 전문가라고 볼 수 있는 최익한이 빠져 있다는 점, 또 1969년 김일성 교시를 계기로 이전의 다산에 대한 공식적 견해가 비판·수정되는 과정에서 과거 최익한과 견해를 같이했던 연구자들에 대해서는 구체적으로 공식비판이 거론되지 않았다는 점 등에서 월북 학자들 간의 학문 속의 주도권 경쟁이 보이지 않게 작용한 것이 아닌가 한다. (……) 결국 최익한은 다산 연구 과정 속의 희생양이 되었음을 알 수 있다.34)

33) 《1592~98년 조국 전쟁에서의 인민 의병 투쟁》 재판본(1958)의 판권 확인은 일본 아리랑문화센터文化センターアリラン의 정강헌鄭剛憲님과 미사토 모토요시三郷元吉님의 도움을 받았다. 이 자리를 빌려 고마움을 전한다.
34) 김영수, 〈북한의 다산연구 시각〉, 《동아연구》 19집(1989), 서강대 동아연구소, pp49~50.

2) 실제로 조선공산당 주력들은 월북 후 대부분 숙청되지만 이영·최익한 등 비주류들은 고위직을 유지하며 천수를 누린다.[35]

1)에서 김영수는 《다산 정약용 탄생 200주년 기념 논문집》에 최익한의 논문이 빠진 것을 두고 그가 다산 연구의 경쟁 구도 속에서 배제된 것으로 보았다. 즉 자본주의의 저열한 경쟁의식을 1960년대 북한 상황에 마치 '공식'인 양 그대로 대입한 것인데, 재고할 가치가 없는 말이라 하겠다.[36]

2)에서 안재성은 참 귀여운 망상을 하였는데, 이는 근거가 전혀 없다는 점에서 김영수의 황당무계한 추론과 별반 다르지 않으므로 더는 논하지 않겠다. 다만 최익한은 1957년 숙청된 듯하며, 몰년은 정확히 알 수 없다는 것만 부언하여 둔다.[37]

---

35) 안재성, 〈식민지 시대 사회운동사〉, 《월간 좌파》 9호(2014.1), 박종철출판사, p172.

36) 이재희도 "실학 연구의 주류에서 낙오된 최익한"이란 표현을 썼다(《북한체제의 실학 활용에 관한 연구》, 동국대 북한학과 석사학위 논문, 2006, p44). 아, 한심타! 송찬섭도 〈월북 이후 최익한의 학문과 집필활동〉(2018)에서 "최익한이 말년에 문학으로 집중한 것은 그의 관심의 폭이 넓어졌다고 볼 수도 있겠지만, 이 무렵 그가 역사 분야에서 밀려났기 때문으로도 생각할 수 있다"(p92)고 하여 이른바 '경쟁의식'을 적용하였다. 그러나 이때 최익한은 고전문학자로서 당의 문예 정책에 따라 문학에 주력한 것뿐이지, 결코 역사 분야에서 밀려난 것이 아니다. 그가 말년에 《실학파와 정다산》(1955)을 쓰고 나서, 연구의 핵심은 논문 〈정다산의 시문학에 대하여〉(1956)와 역주본 《정다산선집》(1957)에 있었던 것이다. 그는 김일성대 조선어문학부 조선문학과 부교수로서 조선고전문학을 강의하며, 과학원 조선어 및 조선문학 연구소(언어문학연구소) 연구사를 겸임하였기 때문이다. 그는 어린 시절 유학을 공부하면서 시문에 뛰어났으므로 고전문학자가 된 것은 필연적 선택이요, 그의 학문이 김일성대의 학과 편제와 함께 점차 전문화를 추구한 것은 피치 못할 시대적 흐름이었다고 하겠다.

37) 후손에 따르면 1970년대 초에 타계하였다는 설이 있다고 한다. 이 글을 다 쓴 다음 1년도 더 지나서야 들은 사실이라 여기 맨 끝에 적어 놓는다.

5. 맺음말

지금까지 최익한의 수학 기간, 수감 기간, 숙청 및 몰년에 대해 알아보았다. 필자는 기타 사소한 오류는 일일이 지적하지 않았다. 예컨대 <기존연보>에는 최익한이 중동학교를 1년 만(1917)에 졸업하고, 기독교청년회관에서 신흥우申興雨에게 2년간(1918~19) 영문학을 배웠다고 하였는데,[38] 이는 완전 낭설이다.

최익한은 1919년 9월 중동학교 야학부에 입학하여 1921년 3월 재학한 것이 확인되며, 1924년경 졸업한 것으로 추정된다.[39] 중간에 2년간(1921~23) 투옥되었으니 3년 과정을 다 마친 셈이다. 또 신흥우는 1916년 배재고등보통학교 교장을 맡았고, 1919년 3월 미국으로 건너가 동년 11월 귀국한 후, 1920년 9월 YMCA 총무로 선임되었다.[40] 따라서 최익한이 1918년경 기독교청년회관 영어과에 잠시 다녔다는 정도의 개연성만 성립할 수 있을 뿐이다.

다음으로 최구소·송찬섭은 <기존 연보>에서 "(창해는) 1923년(?) 와세다대학교 정경학부에 입학하나, 졸업 연도는 알 수 없다"[41]고 단순 추정하였다. 필자는 이를 <상세 연보>에서 "(창해는) 1925년 4월경 와세다대학 전문부 정치경제과에 입학하나, 1928년 2월 2일경 ML당 사건으로 검거 투옥되어 결국 졸업은 못하고 제적된 것으로 보인다"고 구체적으로 밝혀냈다.

---

38) 송찬섭, <조카가 작성한 최익한 연보>, p281; 《실학파와 정다산》 p579; 《조선 사회 정책사》 p229; 《다산학사전》(사암, 2019) p1686 등에 재수록.
39) <최익한 신문조서> 및 <수사복명서>, 국사편찬위 한국사데이터베이스.
40) 친일인명사전편찬위원회, 《친일인명사전·2》, 민족문제연구소, 2009, p409.
41) 송찬섭, <조카가 작성한 최익한 연보>, p282.

이병기의 《가람일기·I》(1925. 2. 11)에 최익한이 도쿄 유학을 위해 떠난 날이 적혀 있고, 《와세다대학신문》(1926. 11. 4)에 '崔益翰(專政二年)'이라 나오며, 1928년 2월에 검거 투옥될 무렵 기록에는 직업이 '早稻田大學 學生'으로 되어 있다.42) 이를 통해 최익한이 빠르면 1925년 4월경에 29세 늦깎이로 와세다대학 전문부 정치경제과에 입학한 사실을 알 수 있다. '군자금 모집 사건'과 '조선인 학살사건(관동대지진)'으로 일본 유학은 미루어질 수밖에 없었으리라. 당시 와세다대는 대학부 4년 6개월제(고등 예과 1년 6개월제 포함)와 전문부 3년제 등이 있었다. 그의 정상적인 졸업 시기는 1928년 3월이 되어야 마땅하겠지만, 사회주의운동과 ML당 사건 때문에 졸업은 도저히 불가하였을 것으로 판단된다.43)

---

42) 이병기, 《가람일기·I》, 신구문화사, 1976, p255; 《早稻田大学新聞》(1926. 11. 4); 독립기념관 자료번호 1-006466-008-0212 <관계자>; 공훈전자사료관 昭和3년豫第1855호竝昭和4년豫第697090호 <예심종결결정>; 공훈전자사료관 昭和4년刑公第1630乃至1633호 <판결> 등 참조.

43) 《동아일보》(1930. 9. 6) <ML당 판결 전문>에 "최익한은 보통학을 수료한 후 유학하여 현재 와세다대학 정치경제과에 재학 중"이라 하였고, 안병주의 <ML계 인물 인상기>(《삼천리》 14호, 1931. 4. 1)에 "(최익한은) 와세다대학을 집어치우고 맑스학설에 전공한 결과 설전필전舌戰筆戰에 당할 자가 별로 없었다"고 하였다. 또 필자가 정리한 <상세 연보>에 의하면, 최익한은 1927년에 몇 달간 (5·9·10월) 서울에서 사회주의운동으로 머물렀다. 이때 만약 그가 휴학하였다면 졸업은 불가능하고 '2년 중퇴'에 해당한다. 당시 《매일신보》(1928. 3. 1)에 아래와 같이 보도된 '1928년 3월 와세다대학 졸업생 명단'에도 그의 이름은 없다.

대학부 : 경제과 김원석金源碩·신형식申衡植·함상봉咸尙鳳·김성숙金成淑·김용장金庸壯·강진수姜振秀, 정치과 한림韓林·유응하劉應河, 영문과 정규창丁奎昶·양주동梁柱東, 전기과 이백규李栢圭, 건축과 김윤기金允基.

전문부 : 정치경제과 노병관盧炳瓘·박병흡朴炳翕·유영복劉永福·이상두李庠斗·이병호李丙鎬·우상필禹象泌·황진국黃晋局·연일희延日熙·최정렬崔正烈·김찬○金聚○·김기선金淇善·김이봉金二峰·고봉근高奉根·신태악辛泰嶽·오수현吳壽賢·안범종安範鍾·장복록張福祿·김형배金炯培, 법률과 이종모李鍾模·남진우南振祐.

이제 본론의 요지만 간추리며 글을 맺고자 한다.

1) 최익한이 면우 문하에서 수학한 기간은 약 3년이다(1913~16).

2) 최익한이 <변백장>에 말한 수감 기간은 '9년 11개월 11일간 (즉 3,632일간)'인데, 그 외 검거·구금 기간 약 20일을 포함하면 딱 10년이 된다.

3) 최익한은 1957년 9월~10월 중순, 최창익 등이 주동한 '8월 종파사건'(1956)에 연루되어 숙청당한 듯하며, 몰년은 정확히 알 수 없으나 '1970년대 초 타계설'이 있다.

창해 최익한에 대한 연구는 아직도 초창기라 다른 분야에 비해 상대적으로 더 쉽게 오류가 생기는지도 모른다. 최구소·송찬섭의 <기존 연보>는 최익한 관련 자료를 미독하거나 오독하여 착오가 발생한 것으로 보인다. 그러한 한계를 극복하기 위한 노력의 과정 속에서 필자의 <상세 연보>가 탄생하였다. 만약 선학들이 가시밭 길을 헤치며 고난의 연구를 감행하지 않았다면, 필자가 이만큼 연 보를 작성하지는 못했을 터이다.

<상세연보>는 최익한 자신은 물론 그 주변 인물들의 사실들을 보다 많이 수록하여 창해 생애와 사상의 배경을 헤아릴 수 있도록 배려하였다. 그의 시문 몇 구절도 곁들여 시적 재능과 인간적 고뇌 까지 감지할 수 있도록 엮었으나, 향후 좀 더 면밀한 연구로 작품 분석이나 사상 고찰 등은 보완할 필요가 있다.

끝으로, 최익한의 '숙청 및 몰년'을 정확히 파악하는 일은 미완의 과제로 남겨 둔다. 창해의 최후에 대한 관심이 당시의 정치 상황을 제대로 이해하는 계기가 되었으면 한다.

■ 보론 — 출생일·거주지와 북한 행적

최익한의 생년월일은 〈일제감시대상인물카드〉에 명치明治 30년 3월 7일로 되어 있으나, 이는 무조건 양력 표기를 한 것이므로 족보상 음력이 맞다.44) 일제시대 기록은 굴절된 부분이 많기 때문에 무엇보다 교차 검증이 필요하다.

창해의 서울 거주지 중 주소가 확인되는 곳은 1920년대 안국동安國洞 52번지, 1930년대 창신정昌信町(현 창신동) 633~22번지, 1940년대 창신정 651~18번지이다.45) 그는 1920년 10월 말경 안국동 52번지를 빌려 하숙집을 운영하기 시작하였다. 그런데 일제의 신문조서와 판결문 등에는 그의 주소가 안국동 51번지, 52번지, 53번지로 왜곡되어 있어 혼란을 준다.46) 정확한 주소를 알려면 등기부·토지대장·가옥대장·지적도 등의 열람과 현장 답사가 필수적인데, 〈기존 연보〉는 그러한 노력을 일절 하지 않았다.47) 송찬섭은 '안국동 51번지'를 임의 선택하여 연보에 실었으나, 이는 잘못 고른 것이다. 51번지는 초가 13평(대지 23평), 53번지는 와가 19평(대지 42평)으로 추정되므로 하숙생 15명48)을 수용할 수가 없다.

---

44) 즉 정유년(1897) 3월 7일(양 4.8)이다. 또 장남 재소在韶와 차남 학소의 생년월일도 감시카드에는 잘못되어 있는데, 후손 분께 확인 결과 역시 족보 기록이 맞다고 한다. 《강릉최씨수헌공파보》, 회상사, 2007, p480 참조.

45) 1919년에 화동花洞 128번지에서도 임시 거주한 적이 있으나 이는 생략한다.

46) 국사편찬위원회 한국사데이터베이스에 의하면, 최익한의 신문조서·판결문·일제감시대상인물카드에는 안국동 51번지가 1회, 52번지가 8회, 53번지가 1회 나온다.

47) 참고로 필자는 최익한의 등기부 외 총 58통을 열람하고 현장 답사를 마쳤다. '거주지'에 대한 모든 설명은 이를 근거로 한 것이다.

안국동 52번지는 와가 60평(대지 564평)으로 추정되므로 충분한 가능성이 있다. 여기는 1919년에 이미 박수찬朴秀燦·박노영朴老英 (3·1운동 참여 학생)의 하숙집이었고, 1927년부터 34년까지는 민속 학자 송석하宋錫夏의 자택이기도 하였다.49)

창신정 633~22번지는 와가 16평(대지 34평)으로 1935년 12월에 집을 신축하였다. 토지 소유자 성명·주소는 1936년 8월 '崔益翰 (633~22)', 1944년 5월 '滄海益翰(651~18)'으로 변경되었다. 즉 최 익한은 이른바 ML당 사건으로 약 8년간 옥고를 치른 후 얼마 있 다가 가족들과 함께 입주하였는데(1936), 차남이 결혼을 하고 아이 둘을 낳자 최익한 부부와 남은 자식들만 따로 인근에 셋집 하나를 마련하여 이주한 듯하다(1944).50) 또 최익한은 1940년 8월 자기 호인 '소우카이滄海'로 창씨創氏하였다. 이는 공문서에만 기재되었 을 뿐, 자기 글에는 전혀 사용하지 않았다.51)

우리는 그의 거주지로써 살림 규모를 엿볼 수 있다. 창해는 1920 년 안국동에 60평의 셋집을 얻어 400원으로 계모(부친의 첩)와 자기 남동생 익채益采·익래益來와 함께 하숙집을 운영하였다. 당시 400

---

48) 최익한은 자기 하숙생이 15명 있는데, 1명에 16원씩 받는다고 하였다. <최익한 신문조서(제3회)>, 국사편찬위 한국사데이터베이스.

49) 토지 소유자를 보면, 1921~25년에는 송석하의 부친 송태관宋台觀(이토 히로 부미의 통역관)이고, 1929~34년에는 송석하의 동생 송경宋璟이다. 안국동 52 번지는 현재 주택은 52~1로, 대지는 52~2, 3, 4, 5, 6, 7번지로 분할되어 있다.

50) 최익한은 1944년 1월 6일 창신정 651~18번지로 전거轉居한 기록이 있으며, 그 번지(대지 27평, 건평 14평)의 토지 소유자는 홍해익洪海翼으로 되어 있으니, 최익한은 전세로 들어간 것으로 여겨진다.

51) 당시 최익한의 차남 학소學韶의 성명·주소도 '滄海(崔)学韶(창신정 633~22)' 로 나온다. 《동아일보》(1940. 6. 19); 국가기록원 분류번호 829 <형사사건부> (1943) 참조.

원은 쌀 8~10섬 정도의 가치였다. 매월 가족 식비를 빼고 나면 월 40원의 이익이 남았는데 전부 아우들 학비에 보탰다. 그리고 1936년 출옥 후 그는 창신동(633~22)에 16평의 집을 사서 자기 부부와 자녀 5명(37년생 딸 포함), 큰며느리와 함께 생활하였다. 부친의 첩은 잘 모르겠다. 여하간 산비탈의 협소한 집에서 약 8명이 산 것으로 추정된다. 그러다 1944년 그는 바로 아랫동네인 창신동(651~18)의 14평 전셋집으로 식구 일부와 함께 분가하여 나갔다.

<기존 연보>에는 최익한이 천석꾼의 아들로 되어 있지만, 자금 운용 규모만 따지면 그는 늘 간고한 생활을 하였다. 물론 일제강점기에 그가 집안 도움으로 일본 유학까지 하였으니, 최상류층인 것만은 분명하다. 그러나 그의 창신동 산동네 삶은 요즘으로 치면 극빈층에 속한다.[52] 온 집안이 민족해방과 사회주의운동에 전념하여 결국 벼랑에 몰린 셈이다. 그는 광복 후에 장안파 활동으로 가세가 더 기울었는지, 1946년에는 혜화동 산동네 15평 집으로, 또 남산골 셋집으로 계속 전전하게 된다.

송찬섭은 창신동 주소도 파악하지 못한 채 최국소(최익한의 조카)의 기록에만 의존한 나머지, 연보에서 최익한이 주류 소매점을 한 곳은 '창신동 자택'이라 하였는데, 이 역시 오류이다.[53] 최익한은

---

52) 후손의 기록에 의하면, 최익한이 광복 전에 창신동의 100여 평 되는 집에서 살았다고 하나, 이는 아마 건평 50평 내외의 셋집으로 단기간 머물렀을 것이다. 최익한은 1941년 봄부터 1944년 11월까지 생계형 주류 도소매점(술집)을 운영하였으므로 수익이 조금 생겼을지도 모른다. 최국소, <순국열사 최재소 종제의 넋두리>,《함께 보는 우리 역사》85집(2000), 역사학연구소, p28 참조. 자세한 것은 본서 p924 각주 129 볼 것.

53) 송찬섭,《실학파와 정다산》p582;《조선 사회 정책사》p232;《여유당전서를 독함》p307; <해방 후 최익한의 사회주의 운동과 '변백장'>, p135, p153.

<변백장>에서 동대문 밖 현주소의 부근 소매점에 간판을 걸고 개업하여 가동家僮(사내종) 1명을 부렸다고 밝혔으므로 자기 집에서 가게를 차린 것이 아니다.54) 창신동 633~22번지의 16평 집은 산비탈의 골목 안쪽에 있어 술집 자리가 아닐뿐더러 여덟 식구 살기에도 비좁은 곳이다. 그러니까 그는 자기 집 부근 '길목'에다가 구멍가게를 얻은 것이 틀림없다.

<변백장>에 의하면 자기 친구인 양조업자 김종필金鍾弼한테 술을 공급받았는데, 사내종 1명으로 매일 1~2시간이면 족히 일을 처리하고도 남음이 있다고 하였다. 이는 무엇을 뜻하는가? 최익한은 전년도(1940)에 받은 동아일보사 퇴직금을 장사 밑천으로 막걸리 중간도매상이 되었는바, 사내종이 자전차(짐바리 자전거)로 창신동 일대 술집에 막걸리통을 재빨리 실어 나르기만 해도 충분히 하루 이익이 생겼다는 말이다. 그러므로 최익한의 가게 위치는 배달이 편리한 '길목'이 될 수밖에 없다. 또 그는 음식까지 파는 주류 소매를 겸한지라 아들 학소네도 적잖이 거들었을 것이다.55)

최국소는 <순국열사 최재소 종제의 넋두리>에서 "광복이 되고 큰댁(최익한)은 창신동의 100여 평 되는 기와집에서 혜화동의 15~6평 되는 방 3개짜리 아주 작은 언덕집으로 이사를 갔다"고 하였다. 송찬섭은 이에만 국한되어 최익한이 제법 넓은 창신동 자택에서 술집을 차렸다고 하였는데, 이는 어불성설에 불과하다. 과연 이런 거택의 한켠에 술집을 차려 놓고서, 최익한이 <변백장>에 자기 가게를 '소규모 혈점穴店'(구멍가게)이었다고 거짓으로 썼을까…?! 1941년 봄에 그가 술집을 시작할 때의 자택은 창신동 633~22번지의 16평으로 도저히 술집을 차릴 수 없는 산중턱의 비탈에 있었으며, 또 1944년 1월에 이사한 곳은 바로 아랫동네인 창신동 651~18번지의 14평 셋집이었다.

54) <변백장>, 앞의 책, p317. 여기서 '현주소'는 '창신동'을 가리키겠지만, 최익한은 <변백장> 작성일(1946.3.3) 직전에 혜화동 산동네로 이사한 듯하다.
55) 앞의 <형사사건부>(1943)에 학소의 직업이 '음식점'으로 되어 있다.

이를 종합해 보건대 최익한의 서울 생활은 10년 옥살이에 근근이 풀칠하는 빠듯한 삶의 연속이었다 해도 과언이 아니다. 어쩌면 그는 일제시대 노동하는 소부르주아 인텔리로서 자기 생계 노력을 할 만큼은 다하지 않았을까 하는 의문 아닌 확신을 이 <상세 연보>의 소소한 성과로 삼고 싶다.

끝으로, 필자가 과학원 기관지《조선어문》등에서 새로 찾아낸 최익한의 북한 행적을 원문 그대로 싣는다. 1948년 4월 월북 이후 그의 행적은 거의 알려져 있지 않았는데, 이제 자료를 통해 그가 김일성종합대학 조선어문학부 조선문학과 부교수, 과학원 조선어 및 조선문학 연구소(1956년 언어문학연구소로 개칭) 연구사를 겸임하며 제1기 조선최고인민회의 대의원(남한의 국회의원)을 지낸 후, 1957년에 숙청된 정황을 소략하게나마 확인할 수 있다.56)

---

56)《조선어문》은 1956년 2월 창간된 과학원 기관지로 조선어 및 조선문학 전문 학술지이다. 최익한의 행적은《조선어문》에 1955년 10월부터 1957년 1월까지만 실려 있고, 1957년 6호(10월)의 머리말부터는 그에 대한 비판이 보인다. 필자는 그의 행적을 보완하기 위해《로동신문》,《민주조선》,《인민일보》,《문학신문》등과《조선중앙년감》,《력사과학》,《조선문학》,《해방 후 10년 일지》,《김일성대학학보》,《과학원학보》등과 당시 발간된 여러 도서들도 더 조사하였다. 그러나 내용상 특별한 것이 없어《로동신문》에서 2건,《민주조선》,《문학신문》,《력사과학》, 기타 도서 등에서 각 1건만 추려서 보론에 원문 그대로 기록하고, 나머지는 연보에 간략히 정리해 두었다.
최익한은 1949년경부터 김일성종합대학 조선어문학부 조선문학과 부교수로 임용되고, 1952년 10월 창립된 과학원의 조선어 및 조선문학 연구소에서 연구사를 겸임하며, 최고인민회의 대의원을 9년간(1948~1957) 지낸 것으로 보인다. 1957년 9~10월경 숙청되어 정교수는 되지 못한 듯한데, 와세다대 중퇴 학력으로 정교수가 되기는 쉽지 않았을 것이다. 그는 1956년 12월에 논문《실학파와 정다산》으로 학사학위(남한의 석사학위)를 취득하였으니, 이때 논문을 수정하였을 가능성도 없지 않다. 참고로《실학파와 정다산》은 1955년 8월 평양 국립출판사에서 이미 책으로 간행된 바 있다.

송찬섭은 〈기존 연보〉에서 "(최익한은) 1948년 4월 평양에서 열린 남북연석회의에 참석차 월북하였으나, 곧 정치적으로 소외되면서 김일성종합대학에서 강의하며 다시 국학 연구에 몰두하였다"고 적었다.[57] 이는 최익한이 9년간이나 최고인민회의 대의원을 지냈던 사실 자체를 전연 모르고서 오판한 것이다.[58] 또 그는 근래에도 최익한의 대의원 행적을 알지 못한 채, "북행 이후 최익한의 정치활동 자료는 남아 있지 않다. (……) 그는 정치활동 대신 김일성종합대학에서 강의를 하고 국학의 다양한 분야에서 집필활동을 하였다. 이는 1930년대 말에서 1940년대 초 그의 국학활동을 연상케 한다"고 비스름히 곡해하였다.[59]

무엇보다 최익한이 전혀 쓰지 않은 '국학'이란 말을 그에게 갖다 붙이는 것은 그의 이념성을 퇴색시키는 안이한 우편향적 태도이니만큼 이제는 지양되어야 마땅하다. 필자의 조사에 따르면, 최익한은 북한의 학계와 정계에서 동시에 활동하였다. 그가 숙청되기 전까지 특별히 소외되었다고 볼 만한 흔적을 찾기는 어려우며, 당시 고전문학(특히 실학 및 다산) 연구를 주도해 나간 것으로 보인다.

---

57) 〈조카가 작성한 최익한 연보〉(2011), 앞의 책, p293; 송찬섭,《실학파와 정다산》, 2011, p18(1989년 판은 p10).

58) 최익한은 근로인민당 일원으로 월북한 후에 제1기 조선최고인민회의 대의원 (1948.8.25~1957.8.26)을 만 9년간 지냈는데, 숙청 직전 대의원 직위의 박탈 여부는 확인되지 않는다. 근민당의 최고인민회의 대의원 수를 보면, 제1기에는 20명이나 선출되었지만 제2기에는 4명밖에 재선되지 않았다. 그들은 바로 남로계와 연안계에 거리를 두었던 백남운白南雲·이영李英·이만규李萬珪·이여성李如星이다.《북한최고인민회의 자료집》 1집(1988), 국토통일원, p99, pp123~5;《북한최고인민회의 자료집》 2집(1988), pp79~80; 이주철, 〈북한최고인민회의 연구〉,《국사관논총》 96집(2001), 국사편찬위원회, p256.

59) 〈월북 이후 최익한의 학문과 집필활동〉(2018), 앞의 책, p66.

최익한의 북한 행적

조선 민주주의 인민공화국 최고인민회의 제7차 회의에서의 토론: 1954~1956년 조선 민주주의 인민공화국 인민 경제 복구 발전 3개년 계획에 관한 보고에 대하여 (대의원 최익한)

나는 1954~1956년 인민 경제 복구 발전 3개년 계획에 관한 보고를 전폭적으로 지지 찬동하면서 공화국 과학 문화 사업에 복무하는 대의원의 한 사람으로서 토론에 참가하려 합니다.

이번 심의되는 인민 경제 복구 발전 3개년 계획에는 전쟁 전의 수준으로 우리의 인민 경제를 복구하는 데만 그치는 것이 아니라 더 전진하며 발전할 것을 예견하고 있습니다.

경애하는 수령 김일성 원수께서는 정전이 실현된 새로운 환경에서 "모든 것을 민주 기지 강화를 위한 전후 인민 경제 복구 발전에로!"라는 전투적 구호를 전체 인민에게 제시하였습니다.

우리나라의 장래 발전에 거대한 의의를 가지고 있는 인민 경제 복구 발전 3개년 계획은 우리 과학·문화인들 앞에 실로 중대한 임무를 주고 있습니다.

과학과 문화는 물질적 생산과 사회적 경제를 자체의 토대로 하고 있는 만큼 사회 경제 생활과 분리될 수 없으며 경제적 제 요구와 긴밀히 련결되여야 하며 인민들의 생산 활동과 결합되여야 하겠습니다.

때문에 우리 과학 문화 일군들은 쏘련을 비롯한 선진 국가들의 선진적 과학 기술과 생산에서의 문화성과 조직성을 배우며 그의 혁명적인 고귀한 경험들을 적극 섭취하여 우리나라 산업 경제 건설에 도입함과 동시에 그를 일반화하여 대중의 소유로 만드는 데 온갖 력량을 경주하여야 할 것입니다.

우리 과학·문화 일군들은 공장·광산·기업소·농촌·어촌 들에 깊이 들어가서 과학 리론의 연구와 기술을 련결시키며 기술을 대중화함과 동시에 대중들에게서 배워야 할 것입니다.

또한 인민 경제 복구 발전을 위한 전인민적 과업 중에서 우리 과학·문화 일군들 앞에 제기되는 중요한 과업의 하나는 근로 인민들을 고상한 애국주의와 프로레타리아 국제주의 정신으로 교양하는 사업입니다.

특히 우리 과학·문화 일군들은 혁명에서의 불패의 무기로 되는 맑스-레닌주의 세계관을 심오하게 연구하며 그 토대 우에서 광범한 근로 대중에게 이를 해설 선전함으로써 그들을 힘찬 로력 투쟁에로 고무하여야 할 것입니다.

우리 과학·문화 일군들은 경애하는 수령 김일성 원수의 교시를 높이 받들고 과학·문화를 보다 높은 단계로 발전 향상시킴에 총궐기하여야 할 것입니다.

나는 우리 인민 경제 복구 발전 3개년 계획이 조선 로동당과 인민 주권의 지도하에 우수하게 계획적으로 조직된 로동 생산력에 의하여 성과적으로 달성될 것을 확신하면서 이 계획 초안을 법령으로 채택할 것을 찬동하는 바입니다. (《민주조선》, 1954.4.24, 3면)

김하명의 《연암 박지원》 머리말

연암의 저술이 모두 어려운 한문으로 표기되어 있는 것이 적지 않은 난관이 아닐 수 없었다. 이 난관은 많이는 최익한·홍기문·정렬모·리상호 제 선생의 친절한 지도에 의하여 돌파하였다. (……)

마지막으로 이 책을 집필하는 전 행정을 통하여 여러 가지로 지도하여 주신 최익한 선생을 비롯한 선배 여러 선생들께 심심한 사의를 표하는 바이다. (《연암 박지원》 p14, p16) * 이 책은 1955년 4월 5일 머리말이 작성되고, 동년 8월 10일 국립출판사에서 발행됨.

남반부 출신 교수·교원·과학자 회의 진행

남반부 출신 교수·교원·과학자 회의가 21일 저녁 김일성종합대학 강당에서 진행되었다.

회의에는 과학원 부원장 최삼열 원사(전 금강전기주식회사 기술고문), 송도정치경제대학 학장 정진석 부교수(전 연희대학교 교수), 김일성종합대학 도상록 교수(전 민전 교육·문화부장), 과학원 화학 연구소 소장 려경구 후보원사(전 서울대학교 교수) 김일성종합대학 최익한 부교수(전 민전 중앙위원회 기획부장), 기타 공화국 각 대학에 있는 남반부 출신 교수 및 교원들과 과학 연구 기관에 있는 남반부 출신 과학자들이 다수 참가하였다.

회의에서는 미제와 리승만 역도의 식민지 노예 교육을 반대 하며 학원의 민주화와 교육 및 과학 연구 사업의 자유를 위하 여 투쟁하는 남반부 교원들과 학자들을 지지 성원할 데 관한 문제를 토의하였다.

석상에서 김일성종합대학 신남철 부교수(전 서울대학교 교수)가 보고하였다. (……)

보고를 지지하여 김일성종합대학 홍기문 부교수(전 서울대학교 대학원 강사), 과학원 물질문화사 연구소 김용준 연구사(전 서울 예술대학 교수), 김일성종합대학 강천문 교원(전 서울상과대학 교수), 김책공업대학 김재도 교원(전 서울대학교 교수), 김일성종합대학 한인석 교수(전 서울대학교 교수) 등 많은 교원·학자들이 토론하 였다. (……)

토론에 이어 회의에서는 전체 참가자들의 비등된 열의 속에 남반부 교수·교원·과학자들에게 보내는 편지를 채택하였다.

(《로동신문》, 1955. 5. 23, 1면)

과학계 소식: 8·15해방 10주년 기념 학술 보고회

과학원 조선어 및 조선문학 연구소에서는 8·15해방 10주년을 맞으면서 1955년 10월 3~4일 량일간에 걸쳐 학술보고회를 진행하였다.

회의에는 우리나라의 저명한 학자들, 대학 교원들과 학생들 그리고 문화예술 일군들이 다수 참석하였다. (……)

이튿날 문학 부문으로서 안함광 연구사의 <1920년대의 조선문학의 특질>과 그리고 최익한 연구사의 <리규보의 문학에 대하여>라는 제목의 보고가 있었다.

김일성종합대학에서는 1955년 10월 26일부터 28일까지 3일간에 걸쳐 8·15해방 10주년 기념 과학 콘페렌치야를 진행하였다.

력사 어문 분과 회의는 27~28일 량일간에 걸쳐 진행되였다.

27일 최익한 부교수는 자기의 론문 <정다산의 시문학에 대하여>에서, 우리나라의 저명한 사상가이며 시인인 정다산의 시문학의 내용과 형식 및 그의 반봉건적 사상성에 대하여 보고하였다. (1956년 1호, p97) * 이하 출처 표시가 없는 기사는 모두 《조선어문》에서 인용한 것이다.

과학계 소식: 조선 방문 중국문화대표단들과의 좌담회

과학원 조선어 및 조선문학 연구소에서는 조선 방문 중국문화대표단과 1955년 11월 30일과 12월 4일 량일간에 걸쳐 좌담회를 진행하였다.

좌담회에는 중국문화대표단 단장위 각 동지를 비롯한 그 단원들과 조선어 및 조선문학 연구소 소장 리극로 후보원사를 비롯하여, 홍기문·김병제·최익한·김수경 연구사들과 기타 관계자 다수가 참석하였다.

동 좌담회에서는 조선에서의 서사어의 력사, 훈민정음의 발달 과정, 조선 문자 개혁의 전망과 당면 과업 등 문제들이 진술 되었고 조선에서의 한자 철폐에 관한 경험이 교환되었다.

또한 중국 문자 개혁 운동에 관한 일련의 중요한 문제들도 토의되었고 호상 의견이 교환되었다. (1956년 1호, p97)

과학계 소식: 조선어 및 조선문학 연구소 3년 총화회의 진행

1955년 12월 3일 조선어 및 조선문학 연구소에서 3년 총화 회의를 가지였다. 회의에는 과학원 서기국, 과학원 사회과학 부문위원회를 비롯하여 중앙당·김일성종합대학·작가동맹 등에서 많은 과학 일군 및 어문학자들이 참석하였다.

회의에서 소장 리극로 후보원사가 보고하였다. (……) <정다산의 시문학에 대하여>(최익한) 등은 민족 문화 유산의 옳은 계승을 위한 문제를 구체적 자료를 통해서 제기한 것이였다.

문학 관계의 론문으로서는 <조선문학사와 한문학사의 관계>(최익한), <조선 계몽기 문학의 력사적 고찰>(안함광) 등이 발표 되였는바, 이들은 조선문학사의 과학적 수립을 위한 귀중한 토대로 될 것이다. (……)

보고가 끝난 후 최익한·홍기문·김병제 연구사, 송서룡 학사, 윤세평 동지들이 토론에 참가하였다. (1956년 1호, pp97~9)

과학계 소식: 박연암 서거 150주년 기념 보고회

1955년 12월 10일, 과학원 조선어 및 조선문학 연구소와 작가동맹과의 공동 주최로, 18세기 조선의 탁월한 예술가이며 위대한 사상가인 연암 박지원 서거 150주년 기념 보고회를 가지였다.

보고회는 최익한 연구사의 사회로 작가동맹 중앙위원회 한설야 위원장이 보고하였다. 보고자는 인민의 립장에서 농민·서민·천민들을 동정하며 봉건 사회의 부패성을 폭로 풍자한 18세기 조선 실학파의 우수한 거장인 연암 박지원의 고상한 인도주의적 사상과 그의 예술의 사실주의적 수법 및 선진적 미학 사상, 그리고 유물론적 견해들을 분석·천명하였다. 동시에 그의 문학의 내용 및 형식이 우리 문학 사상에서 논 선구적 역할을 지적하면서 우리들의 고귀한 문학 유산의 하나인 연암 박지원의 작품들에 대한 심오한 연구와 그를 계승 발전시킬 데 대하여 강조하면서 자기의 보고를 끝마치였다. (1956년 1호, p99)

정다산에 관한 연구 사업

과학원 최익한 연구사는 《실학파와 정다산》이란 저서에서 다산의 사상가적 경력에 대한 사회적 개관, 철학적 제 견해, 정치·

경제사상 등 각 분야에 걸치는 연구 결과들을 발표하였으며, 《조선 봉건 말기의 선진학자들》을 비롯한 소책자들과 잡지들을 통하여 정다산의 생애와 활동과 그의 진보적 사상 체계 등을 개괄적으로 발표하였다. (《로동신문》, 1956.4.7, 3면)[60]

어문학계 소식: 학사학위 론문 공개 심의 회의 진행

지난 5월 30일 김일성종합대학에서는 동 대학 조선문학 강좌 한룡옥 교원의 학사학위 론문 《조선 고대 설화 연구》에 대하여 심의하였다. (……)

론문 제출자의 론문에 대한 보고가 있은 후 질의 문답을 진행하고 강좌 학부 평정서가 랑독되었다. 뒤이어 공식적 심사위원인 중앙당학교 신구현 부교수와 김일성종합대학 리응수 부교수의 평정이 있은 후 지도교수 최익한 부교수의 발언이 있었다. 그밖에 박시형 원사를 비롯하여 김일성종합대학 고정옥 교원, 인민경제대학 정희준 교원 및 김일성종합대학 최시학 교원들의 토론이 있었다. (……)

학위 론문 공개 심사 회의는 한룡옥 동지에게 어문학 학사학위를 수여할 것을 결정하였다. (1956년 4호, p109)

---

60) 원문에는 《조선 봉건 말기의 선진학자들》이 《리조 봉건 사회 말기의 선진학자들》로 되어 있다. 1956년 4월 7일 저녁에 과학원 주최로 진행된 정다산 서거 120주년 기념대회에서 그의 시 <솔 뽑는 중僧拔松行>, <범 사냥獵虎行>과 산문 <감사론監司論> 등이 낭송되었고, 동일 《로동신문》에도 이미 게재된 바 있다. 위의 다산 시문은 최익한 연구사가 번역하고 공훈배우 황철 동무가 낭송하였다. 《로동신문》(1956.4.7) 3면; 《조선어문》 4호(1956), p35 참조.

어문학계 소식: 언어문학연구소 제4차 과학 연구 발표회

지난 10월 23~24일 량일에 걸쳐 언어문학연구소 제4차 과학
연구 발표회가 진행되였다.

회의에는 최고인민회의 상임위원회 위원장 김두봉 원사 및 과
학원 원장 백남운 원사를 비롯하여 많은 어문학자들과 시내
교육기관 일군들이 참석하였다. (……)

이튿날 24일에는 고정옥 연구사의 연구 론문 〈조선문학의
쟌르에 관하여〉와 신구현 연구사의 〈제2차 작가대회 결정과
문예 과학 및 문학 교수 사업에서 제기되는 몇 가지 문제〉가
발표되였다. (……)

보고에 이어 작가동맹 윤세평, 김일성종합대학 최익한·김하명·
최시학, 평양사범대학 류창선, 고전예술극장 렴정권 제 동지
들의 토론이 있었다. (1956년 6호, pp104~5)

어문학계 소식: 학사학위 론문 공개 심의 회의 진행

1956년 12월 13일과 14일 량일간에 걸쳐 김일성종합대학 제
15차 학사학위 론문 심사 공개회의가 동 대학에서 열리었다.
(……) 다음 14일에는 역시 김일성종합대학 어문학부 최익한
부교수의 학사학위 론문 《실학파와 정다산》이 심의되였다.

회의 사회자인 한규학 동지는 "이 론문은 두 공식 심사위원의
평정에 의하면 박사학위 론문에 해당한다고 하므로, 공식 심
사위원을 한 분 더 선정하여, 해당 박사학위 론문 심의기관에

제출하는 것을 결정하면 좋겠다"고 개회사에서 언급하였다.
본 론문은 우리 민족의 우수한 문화-사상적 전통을 과학적으
로 리해·해명하기 위해서 실학파의 사상 및 학설에 대한 심오
한 연구 축적의 발표인 것이다. 본 론문은 상하 량편으로 구성
되여 있는바, 상편에는 정다산의 실학의 연원을 개괄하고 있
으며, 하편에는 본론으로 실학파와 정다산의 사상-학술적 업
적을 서술하고 있다.

동 론문의 토론에는, 공식 심사위원인 박시형 원사, 김광진
후보원사들을 비롯하여 홍기문·신남철·정렬모 부교수들과 김
세련 교원이 참가하였으며, 토론자들은 필자의 해박한 지식
과 재능을 높이 평가하고 이 론문의 심오한 과학성에 대하여
특히 강조하였다. 또한 이 론문이 비단 어문학 분야에서뿐만
아니라 력사·경제학 연구에도 귀중한 공헌을 하였음을 인정
하고 이 론문이 박사학위 론문에 해당한다고 토론자들은 일
치하게 강조하였다. 심의 표결 결과 최익한 부교수에게 학사
학위를 수여할 것이 결정되였다. (1957년 2호, p80)

어문학계 소식: 언어문학연구소 제1차 평의회

지난 1월 19일 언어문학연구소 제1차 평의회가 동 연구소에
서 열렸다. 회의에서는 소장 김병제 동지의 <1956년도 과학
연구 사업 총화 및 1957년도 평의회 계획>에 대한 보고가 진
술·토의되였다. (……)
문학연구실에서는 안함광·최익한·한효 연구사들을 중심으로

하는 《조선문학통사》61)의 집체적 집필이 거의 완성되어 머지 않아 출판에 회부되게 되었으며, 그 외에도 수 편의 론문이 발표되었고, 고정옥 연구사의 황해도 사리원 지방에서의 탈춤에서의 '굿'에 대한 자료 수집과, 안함광 실장의 과거 로동운동시기의 귀중한 자료 수집을 비롯하여 적지 않은 자료들이 수집되고 있다. (1957년 2호, pp81~2)

연암 박지원 탄생 220주년 기념 학술 보고회 진행

연암 박지원 탄생 200주년을 기념하여 평양을 위시한 공화국 각지에서 학술 보고회가 광범히 진행되었다.

지난 2월 27일 김일성종합대학에서는 <력사가로서의 박지원>, <연암 박지원의 평론 활동 ― 그의 사의지법寫意之法>62) 에 대하여 력사학 박사 박시형과 평론가 신구현이 각각 학술 보고를 하였다.

28일에는 평양사범대학과 과학원에서 <연암의 사상과 문학>(김일성종합대학 부교수 최익한), <'열하일기'에 대하여>(평론가 윤세평), <연암 박지원의 교육 사상에 대하여>(평양사범대학 교원 박형성), 그리고 기타 제목으로 각각 학술 보고회가 진행되었다. (《문학신문》, 1957.3.7, 1면)

---

61) 1959년 5월 20일 발행된 《조선문학통사 (상)》(과학원 언어문학연구소 문학연구실 편, 과학원출판사)의 '제9장 19세기 문학'(pp341~370)을 보면, 최익한의 논문 <정다산의 시문학에 대하여>(1956)와 유사한 부분이 있다.
62) 사의지법寫意之法 : 원문의 '상의지법'은 오식. 한자는 필자가 추가함.

위대한 사회주의 10월 혁명과 조선 어문학

우리 문학계에서 각종 류파의 반동적 문학 리론을 성과적으로 격파하기는 하였으나, 그 여독은 아직도 완전히 청산되지 못하였다.

뿐만 아니라, 문학을 비롯한 일부 과학 부문에는 8월 전원회의에서 폭로·규탄된 최창익을 두목으로 하는 종파분자들에게 추종하면서, 당의 문예 및 과학 정책을 왜곡·훼손시킨 자들도 있다.

지난 시기《조선어문》에 발표되였던 론문 〈정다산의 시문학〉 또는 〈조선문학의 개화 발전을 위한 조선로동당의 투쟁〉이 바로 이런 영향을 입은 것들이였다. 이 론문들은 민족 문화유산을 옳게 계승 발전시키라는 당의 정책을 외곡하였으며, 문예 부문에 대한 당의 정책을 비속화하였다.63)

따라서 이들 종파분자들이 뿌려 놓은 반당적 리론과의 투쟁이 특히 급선무로 제기된다.

그러기 위하여서는 당의 문예 정책에 대한 심오한 연구를 진행함과 아울러, 조선에서의 사실주의 문학의 발생과 발전에 대한 제반 문제를 맑스-레닌주의적 방법론에 립각하여 옳게 검토 분석하여야 한다. (1957년 6호, pp3~4)

---

63) 이 문단은《조선어문》5호(1958)의 머리말 p6에도 다시 실렸다. 여기서 〈조선문학의 개화 발전을 위한 조선로동당의 투쟁〉은 한효의 〈우리 문학의 개화 발전을 위한 조선로동당의 투쟁〉(《조선어문》57년 2~3호)을 가리킨다.

학계 소식: 사회과학 부문 연구 사업에서 당 정책의 관철을 위한 사회과학자 협의회

지난 5월 13일 우리 당 중앙 위원회의 직접적 지도하에 과학원 사회과학 부문 위원회에서는 사회과학자 협의회를 진행하였다. 시내 각 대학 및 연구기관들에서 170여 명의 사회과학자들이 회의에 참가하였다. 회의에서는 사회과학 부문 위원회 위원장 김석형 동지가 <사회과학 부문 연구 사업에서 당 정책의 관철을 위하여>를 보고하였다. (……)

우리 사회과학계는 비판 사업이 거의 진행되지 않았을 뿐만 아니라 론쟁도 거의 부진 상태에 있었다. 때문에 우리의 과학 발전은 우리 당이 요구하는 수준에 비하여 뒤떨어져 있었으며 질이 낮은 론문들이 계속 발표되고 있었다. 이에 대하여 보고에서는 우리 학도들이 교조주의적 태도를 극복하지 못하고 있으며 창조성이 미약하며 대담하게 생각하고 생동성 있게 문제를 제기하지 못하고 있으며 남의 글을 그대로 옮겨 놓거나[64] 조립식으로 론문을 쓰는 참을 수 없는 현상이 지속되고 있다는 것을 지적하였다. 이와 같은 결함은 다음 실례들에서 집중적으로 표현되고 있다는 것을 지적하였다.

리형일 저 <정다산의 철학 사상>, 송택영 저 <변증법적 유물

---

[64] 리형일의 논문 <근세 조선의 진보적 사상가 다산 정약용>(《근로자》 2호, 1956. 2. 25)과 김석형의 논문 <정다산과 그의 사상>(《로동신문》, 1956. 4. 7)의 내용이 거의 흡사하다. 시기상으로는 오히려 후자가 전자를 베껴야 할 듯하나 정확한 것은 알 수 없다.

론의 구조에 관하여>, 함봉석 저 <독일 고전 관념론과 헤겔 변증법 비판>, 신호근 저 <해방 후 조선에서 맑스-레닌주의 당창건의 몇 가지 력사적 전제>, 최익한 저 <정다산의 시문학>, 리여성 저 《조선 미술사 개요》 등을 들 수 있다고 하였다. 질이 낮은 론문들은 이 외에 언어학·문예학·고고학·민속학 부문들에서도 찾아볼 수 있다.65)

보고에서는 이러한 엄중한 결함들의 원인이 무엇보다도 먼저 사회과학자들이 우리 당 정책의 관철자이며 당의 사상 전선의 일익을 담당하고 있는 붉은 전사라는 자각성이 부족하며 당 정책을 관철시킬 데 대한 사상적 동원이 미약한 데 있다는 것을 지적하였다.

또한 우리 사회과학자들이 우리 당 정책의 정당성과 현명성을 옳게 파악하며 우리 당 정책이 나오게 되는 그 합법칙적 요구를 심각히 파악하기 위하여 현실 속에 깊이 파고 들어가지 못하였다는 것을 지적하였다.

다음으로 현 시기 매개 과학 연구 기관 및 대학들에 있어서 과학 연구 사업에 대한 조직 사업 수준이 낮으며 매개 과학자

---

65) 남한에서는 리형일의 <정다산의 철학 사상>(《력사과학》 7호, 1955), 최익한의 <정다산의 시문학에 대하여>(《조선어문》 2~4호, 1956), 리여성의 《조선 미술사 개요》(국립출판사, 1955)만 확인된다. 김석형은 위와 같이 비판한 후에도 자기 논문 <다산 정약용의 생애와 활동>(《다산 정약용 탄생 200주년 기념 론문집》, 1962)에 최익한의 '강진읍지설'을 그대로 인용하였다. 김석형 또한 다산에 대한 이해가 형식적이고 교조적이었기에 '강진읍지설'과 같은 허깨비의 장단에 쉽게 놀아났던 것이다(강진읍지설에 대해서는 졸고 <'실학파와 정다산' 해제> 볼 것). 따라서 김석형의 발언은 종파사건의 정치적 분위기에 편승한 것이니만큼 실제 사실과 모순되는 선동성이 강하다고 할 수 있겠다.

들이 대담하게 생각하고 대담하게 문제를 제기하지 않으며 비판과 론쟁을 활발하게 조직 전개하지 못하고 있다는 것을 지적하였다. 끝으로 아직 우리 사회과학자들이 리론이 빈곤하고 자료의 축적이 미약하며 집체적 연구 사업을 미약하게 진행한 것이 또한 결함의 원인으로 되고 있다는 것을 지적하였다.

보고에서는 지금까지 지속되여 온 결함을 퇴치하기 위한 대책을 내놓았다. 그것은 전체 사회 과학자들이 당 정책과 결정들을 깊이 연구하며 제때에 이를 리론적으로 해명한 심도 있는 론문들을 당 기관지에 정상적으로 발표할 것이며 앞으로 학술 토론회를 비판과 론쟁 및 과학 사업에 대한 평가의 마당으로 전환시키며 제기된 문제를 체계적으로 해결해 나가는 방향에서 진행해야 하겠다는 것을 강조하였다.

보고에서는 앞으로 집체적 연구 사업과 현지 연구 사업을 강화하며 과학 연구 사업을 강화하며 과학 연구 사업의 토대 축성 사업을 강화하고 과학자들의 리론 수준을 제고하기 위하여 각별한 노력을 기울여야 하겠다는 것을 과업으로 내놓았다.

끝으로 사회과학 부문 위원회의 지도적 역할을 제고하며 부문 위원회와 연구소들 및 각 대학들과의 련계를 더욱 긴밀하게 맺는 것이 중요하다고 강조하면서 보고를 끝냈다. (《력사과학》, 1959년 3호, pp84~5)

○ 최익한 계보도

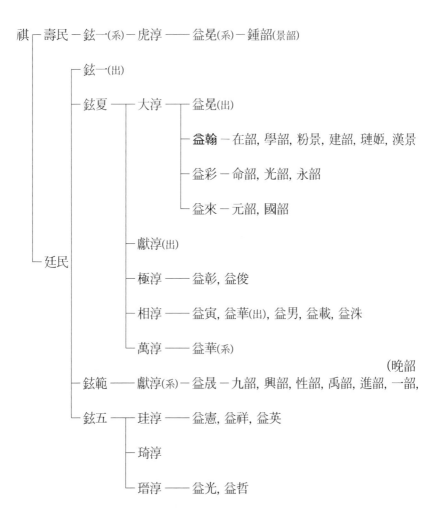

祺┬壽民 ─ 鉉一(系) ─ 虎淳 ── 益冕(系) ─ 鍾韶(景韶)
│
├ 鉉一(出)
│
├ 鉉夏 ─┬ 大淳 ─┬ 益冕(出)
│   │   │
│   │   ├ 益翰 ─ 在韶, 學韶, 粉景, 建韶, 璉姬, 漢景
│   │   │
│   │   ├ 益彩 ─ 命韶, 光韶, 永韶
│   │   │
│   │   └ 益來 ─ 元韶, 國韶
│   │
│   ├ 獻淳(出)
│   │
│   ├ 極淳 ── 益彰, 益俊
│   │
│   ├ 相淳 ── 益寅, 益華(出), 益男, 益載, 益洙
│   │
│   └ 萬淳 ── 益華(系)
│   (晩韶
└ 廷民 ┬ 鉉範 ── 獻淳(系) ─ 益晟 ─ 九韶, 興韶, 性韶, 禹韶, 進韶, 一韶,
        │
        └ 鉉五 ┬ 珪淳 ── 益憲, 益祥, 益英
                │
                ├ 琦淳
                │
                └ 瑫淳 ── 益光, 益哲

창해滄海 최익한崔益翰 연보

1897 (1세)

4월 8일(음 3. 7): 강원도(현 경상북도) 울진군 북면 나곡羅谷 2리(속칭 골마) 471번지에서 강릉최씨江陵崔氏 수헌공파睡軒公派 대순大淳[1]과 동래정씨東萊鄭氏[2]의 차남으로 태어났다. 아명은 창수昌秀, 자는 운거雲擧, 호는 창해滄海·성해成海·돌샘石泉, 관명은 익한益翰이다.

---

1) 최대순(1869~1925): 자는 성집成集, 호는 소초素樵. 천석꾼 유학자로 슬하에 4남(익면益晃·익한·익채益采·익래益來) 2녀를 두었다. 익한의 당질인 구소九詔 (1932~2011)는 <기존 연보>에서 대순을 '천석꾼'으로 적었으나, 익한은 자금 운용의 규모 면에서 늘 간고한 생활을 하였다. 예컨대 익한은 10년 옥고를 치른 후 1936년에 가족과 함께 창신동 산비탈 16평(대지 34평) 집으로 이사하였고, 1940년에 동아일보가 폐간되자 총독부의 직업 알선을 거부한 채 1941~44년 까지는 그 퇴직금으로 주류점을 운영하였으며, 특히 해방 후에는 장안파 활동을 하면서 더 비좁은 혜화동 산동네, 남산골 셋집으로 전전하였던 것이다. 즉 전답 대부분은 교육비나 옥바라지 명목으로 헐값 처분되었으리라 생각된다.
2) 동래정씨(1865~1928): 퇴계 이황의 문인으로 이조판서를 지낸 정유일鄭惟一 (1533~1576)의 후손.

1901 (5세)

종조부 현일鉉一(1835~1904)에게 《천자문千字文》을 배우기 시작하여 열흘 만에 다 외우고, 《동몽선습童蒙先習》, 《소학小學》, 《격몽요결擊蒙要訣》도 독송讀誦하였다.

1902 (6세)

《십구사략十九史略》, 《삼국사기三國史記》, 《삼국유사三國遺事》 등을 배울 적에는 생이지지生而知之의 총명이 있었다.
9월 22일(음 8.21): 조모 전주이씨全州李氏(1849~) 별세.

1903 (7세)

부친에게 사서四書를 배웠다.

1904 (8세)

오경五經을 독송하며 시부詩賦를 짓기 시작하였다.

1905 (9세)

제자백가를 섭렵하니 고을에서는 천재라 하였다.

1906 (10세)

영남의 만초晩樵 이걸李杰 선생을 초빙하여 1년간 수학하였다.

1907 (11세)

이걸 선생의 권유로 영남의 홍기일洪起一 선생을 새로 초빙하여 3년간 본격적으로 사서오경의 논지·비판 등과 성현의 문집을 독파하였다. 당시 고을의 석학 국은菊隱 윤병기尹炳夔 선생은 '대재大才'라는 칭호를 주었다.

1909 (13세)

이걸·홍기일 선생의 후원으로 봉화군奉化郡 법전면法田面 법전리에 사는, 퇴계 선생의 후손 유학자 이교정李敎正의 장녀 이종李鍾(1895~?)과 혼인하였다.

5월(음 3월): 청암정靑巖亭3) 시회詩會에서 장원을 하였다. "동해 바다 천년에 학 한 마리 나오니, 이름난 정자 3월에 뭇 꾀꼬리 모이더라(繞海千年生獨鶴 名亭三月集群鶯)"는 구를 지었다. 이는 자신을 학으로, 봉화 유생들을 꾀꼬리로 빗댄 것이라 그 지역 유림들의 항의가 빗발쳐서, 부친이 봉화까지 내려가 사돈 이교정과 함께 즐거운(?) 사과를 하게 되었다고 한다.

1912 (16세)

봄: 조부를 모시고 양주楊州 선영(고조부 기기祺의 묘)에 참배하러 갔다.4)

6월 28일(음 5.14): 조부 현하鉉夏(1851~) 별세.

12월 14일(음 11.6): 어느 영남 인사에게 '기복인朞服人 간찰'을 보냈다.

---

3) 1526년 안동권씨 충재沖齋 권벌權橃이 봉화읍 유곡리酉谷里에 세운 정자.
4) 《여유당전서를 독함》 9회(동아일보, 1938.12.21) 참조.

<u>1913</u> (17세)

1916년까지 약 3년간 경남 거창군居昌郡 가북면加北面 중촌리中村里
다전茶田 여재如齋에서 면우俛宇 곽종석郭鍾錫에게 수학하였다.5)

12월 초: 울진 고향에 돌아와 있었다. 어느 날 곽종석이 병중에도
답장을 보내왔다. 성선性善과 효제孝弟에 대해 최익한의 인식이 높
아진 것을 크게 칭찬하면서, 자족하지 말고 그 실천 또한 힘쓸 것을
거듭 강조한 편지였다.6)

<u>1914</u> (18세)

당시 면우의 제자로 곽윤郭奫(1881~1927), 문준호文存浩(1884~1957),
권상경權相經(1890~1955), 김수金銖(1890~1943), 김황金榥(1896~1978)
등과 가까웠다.7)

8월 26일(음 7.6): 장남 재소在韶8) 출생. 어린 나이에 아들을 낳아
잘못이라도 저지른 듯하여 사흘 동안 아이 곁에 가지 못하였다.

---

5) 최긍민崔兢敏(1883~1970)의 《면문승교록俛門承教錄》(1974) p71a에 의하면,
  최익한은 1913년에 면우의 문하생이 되었다고 한다. 그러므로 최익한이 곽종석
  에게 5년간(1911~1916) 수학했다는 기존 최구소·송찬섭의 설은 오류이다.
  곽종석(1846~1919): 한말 영남학파의 거유로서 독립운동가. 1919년 파리장서
  사건을 유림 대표로 주도하여 3개월간 투옥된 후 병보석으로 풀려났으나 곧 병
  사하였다. 1963년 건국훈장 독립장이 추서되었으며, 저서 《면우집》(1925)에 최
  익한 관련 시문 8편이 실려 있다. 익한의 형 익면도 면우 문하생이었다.
6) <답최운거익한答崔雲擧益翰 癸丑>, 《면우집》 권126, 1925, pp1b~2b 참조.
7) <유사遺事>, 《오강문집吾岡文集》 권8, p16a 참조.
8) 최재소(1914~1937): 자는 명보明甫. 서당 수학, 울진보통학교 졸업. 울진적색
  농민조합의 결성에 참여한 후 야학과 독서회 활동을 하다가, 1934년 검거되어
  징역 2년 6개월형을 선고받고 1937년 복역 중 고문 후유증으로 옥사하였다. 2000
  년 8월 15일 건국훈장 애족장이 추서되고, 동년 9월 21일 국립대전현충원 애국
  지사묘역에 안장되었다.

1915 (19세)

시 <강각조추江閣早秋>, 논설 <심학心學>을 썼으며, 면우 문인들과 시문 및 편지를 주고받았다.9)

1916 (20세)

2월 말: 울진 고향에 있었다.

4월 17일(음 3.15): 소수서원紹修書院 제향일祭享日에 <울릉향가鬱陵 香歌>를 지었다. 또 이즈음 유림장儒林葬(주로 스승 곽종석의 문우들 장례) 때마다 만사輓詞도 지었다.10)

늦가을: 김규열金圭烈·변기섭邊祺燮과 함께 면우 문하를 떠났다. 즉 최익한은 3년간(1913~16)의 수업을 모두 마친 것으로 보인다.11)

11월 14일(음 10.19): 차남 학소學詔12) 출생.

1917 (21세)

1월: 창해滄海·돌샘石泉이라 자호하였다고 한다. 이는 자료에 의한 추측일 뿐이고, 최익한은 어릴 적부터 이미 호를 썼을 것이다.

---

9) 송호완宋鎬完(1863~1919)의 《의재문집毅齋文集》에 <여재여최운거익한제군 공부如齋與崔雲擧益翰諸君共賦>, <증최운거贈崔雲擧>가 있고, 박응종朴膺鍾 (1893~1919)의 《이당고易堂稿》에 <여최운거익한> 등이 있다.

10) <이승희李承熙에 대한 만사>(음 1916.4.28 葬), <기우만奇宇萬에 대한 만사> (음 1916.10.28 卒) 등이 있다.

11) 《면우집》권123, p9, <答金士璋圭烈 邊允宅祺燮 崔雲擧益翰 丙辰>, "自送三 君 齋間若無人 吾猶不以爲悵者 謂三君之志在正鵠 … 及此早寒 山房淸閴"

12) 최학소(1916~?): 호 관석冠石. 울진보통학교 졸업. 중동고보 중퇴. 1934년 형 재소와 함께 울진적농 사건으로 검거되어 징역 3년을 선고받았다. 1939년 그 농민조합의 후신으로 항일비밀운동단체인 창유계暢幽契를 결성하여 1943년 검거되었으나 탈옥하였다. 저서에 《농민조합조직론》(1946)이 있다.

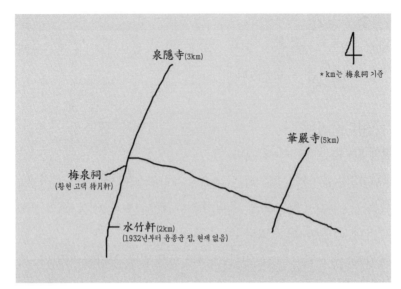

황현 고택 대월헌待月軒 주변도

봄~가을: 약관弱冠에 책보를 메고 지리산 산방山房으로 가 독서하
였다. 그곳은 매천梅泉 황현黃玹의 고택과 가까워서 그의 동생 석전
石田 황원黃瑗(1870~1944)은 물론 유당酉堂 윤종균尹鍾均(1861~1941)
선생도 알게 되었다.13)

---

13) 최익한은 〈유당집서酉堂集序〉(1943)에 다음과 같이 썼다. "당시 윤종균 공
公은 매천 고택에 머물면서 어른과 아이들 10여 명을 가르쳤다. 나는 자주 따라
놀며 정겹게 논하였고, 공도 와서 선방의 문을 두드렸다. 구름과 물이 길을 싣고
온 단풍은 선탑禪榻을 불사르니, 공과 더불어 흥겨워 운을 뽑아 시를 지으면서
서로 보고 즐겼다. 내가 가야장伽倻杖 하나 드리면 공도 지리산 대나무 퉁소로
보답하고 아울러 긴 고시 한 편도 보여 주었다(憶予丁巳弱冠 負笒讀書 南岳之
山房 此距梅泉古宅 僅隔莽蒼 時公舘是家敎導 冠童十數人 予得數數 從遊款論
公亦來敲禪扉 雲水載徑 萬楓烘榻 公與酣拈韻 相視而樂 予贈伽倻杖一枝 而公
亦酬 以智異竹簫 兼示長古一篇 以記其情 今於集中可攷也)"
또 윤종균이 최익한에게 준 시를 보면, 최익한이 약관 초에 호남을 유람하기 시
작하여 그해 늦가을에 암자를 떠난 것을 알 수 있다(蔚珍才子崔益翰 南遊年紀

874 부록

3월 27일: 부안扶安 계화도界火島로 간재艮齋 전우田愚 선생을 찾아
가 성리설에 대해 질의문답하며 논쟁을 벌었다.

6월 14일: 〈최익한상전간재崔益翰上田艮齋〉(약 4,900자) 초고를 작성
하고, 이후 간재 선생에게 7천여 자의 장문 편지를 투서하여 그의
성론性論을 비판하였다.14) 최익한은 초고를 보완하기 위해서 거창
여재如齋로 돌아가 면우 문인들과 토론하였을 것이다.

6월 20일: 동문인 김황金榥15)에게 편지를 보냈다.

1918 (22세)

경성기독교청년회관 영어과에 입학하였다.

곽종석의 후배인 장석영張錫英(1851~1926)에게 거경·궁리居敬窮理의
설과 체용·현미體用顯微의 묘리에 대한 답장을 받았다.16)

初弱冠 … 孤菴落日萬楓紅 老夫佳興與君同 臨別贈以伽倻杖 要我新詩頗淸爽,
〈伽倻杖引 贈崔斯文益翰 兼 寄一枝簫〉, 《유당집》 권3, p22a. 면수는 1968년
발행본에 따름. 이하 마찬가지).

14) 〈최익한상전간재〉 원문은 필자의 《여유당전서를 독함》 교주본 pp522~538
볼 것. 소현성, 〈양재陽齋 권순명權純命의 성리사상─'최익한상간옹서변崔益翰
上艮翁書辨'의 심본성설心本性說을 중심으로〉, 《간재학논총》 17집(2014), 간재
학회, pp215~222; 이종우, 〈한국유학사 분류방법으로서의 주리·주기 개념에
관한 비판적 연구〉, 《동양철학연구》 36집(2004), 동양철학연구회, p263 각주
11, p270 각주 31; 이종우, 〈간재학파와 한주학파의 논쟁에서 비판논리 연구〉,
《유교사상연구》 43집(2011), 한국유교학회, pp130~3.

15) 김황(1896~1978): 자는 이회而晦, 호는 중재重齋·만암晩巖. 면우의 수제자로
동문들과 《면우집》(1925)을 간행하였다. 파리장서사건으로 1주일간 구금되고
독립운동자금 모집 건으로 9개월 동안 투옥되었다. 저서 《중재문집》(1989)에
최익한 관련 시문 4편이 실려 있다.

16) 〈답최운거〉, 《회당선생문집晦堂先生文集》 권17, 1932, p7a 참조. 면우의 문인
정재성鄭載星(1863~1941)의 《구재문집苟齋文集》 권2에는 〈차증최운거익한
次贈崔雲擧益翰〉(1918)도 실려 있다.

가을에 이승희의 《한계유집韓溪遺集》을 교정하던 곽종석이 병중이
므로 김수金鉄·박응종朴膺鍾·김종화金鍾和·김황 문인들과 함께 교정
작업을 도왔다.17) 또 김황에게 남포벼루를 선물 받고, 그 뒷면에
<남포연명南浦硯銘>을 직접 지어 쓴 다음 새겼다.18)

1919 (23세)

3월 1일: 당숙 최진순崔瑨淳19)(선린상업학교 3년)이 조선독립만세를
부르고, 4월 2~3일 독립사상을 고취하는 <경고문>, <반도목탁>,
<조선독립신문> 등을 교부하였다. 이 사건으로 그는 5월 12일 경
성지방법원에서 징역 1년 선고, 6월 26일 복심법원에서 공소控訴
(항소) 기각, 8월 14일 고등법원에서 상고 기각되어, 서대문감옥에
서 복역하다가 1920년 4월 26일 은면恩免(특별사면)되었다.

2월 27일~3월 7일: 김황이 고종 인산因山과 파리장서 건으로 서울
에 머물렀으나 최익한은 만나지 못하고 대신 최진순을 만났다. 최
익한은 4월 말까지 고향 울진에 있었던 것으로 추정된다.20)

---

17) 곽정,《면우선생연보》권6, 다천서당, 1956, p16b, "秋寢疾 一夜偶因落傷手臂
不任使運 又苦痢疾 凡數月而始差 病中校韓溪遺集 [剛齋晚號] 佥門人輩 金鉄 朴
膺鍾 金鍾和 金梘 崔益翰 執役而先生爲之鑑裁焉"

18) 최구소, <심현深玄의 우정>,《울진문화》11호(1996), 울진문화원, p185.

19) 최진순(1901~?) : 자는 진옥晉玉. 동경고등사범학교 졸업. 중동학교교사·경성
여자보육학교장, 천진天津일본상업학교장·천진조선인민회 부회장, 홍익대 교수
등을 역임한 후 1950년 9월 초 행불되어 북한의 역사학계에서 활동하였다.

20)《중재문집부록》, <기미일기己未日記>(음 1.27~2.6) 참조. 1919년 3월 3일
(음 2.2) 김황의 일기에 "최진순이 서울 숙소로 와서 얘기하였다(崔瑨淳來話 關
東之蔚珍人 崔益翰之從叔也 年未弱冠 才馨可愛 方在商業學校)"고 나온다. 그러
므로 장희흥이 디지털울진문화대전(http://uljin.grandculture.net) '3·1운동'조
에 "최익한은 서울의 만세 시위운동에 참가했다가 서대문형무소에 수감되었다"
고 한 것은 오류이다. 동일한 오류가 이경민의 논문에도 이미 보인다. 李景珉,

4월 말~6월 초: 곽종석이 파리장서사건으로 대구지방법원에 송치
되었다. 그 차입물과 기타 용건 때문에 4월 말 최익한은 대구 남성
정南城町(현 남성로)에서 3주 정도 머무르면서 동문 김규열金圭烈[21]을
만났다. 면우는 4월 21일(음 3. 21) 대구감옥에 투옥되고 5월 15일
(음 4.16) 공판이 있었으므로 이때 그들은 김황 등 여러 면우 문인들
과 방청했을 것이다.[22] 이후 최익한은 김규열과 이야기를 나누다
가 구례 화엄사에 가서 면학하기로 약속하고 대구에서 같이 출발하
여 그의 집에 이르러 약 20일 동안 함께 지냈다. 화엄사와 천은사
사이에서 옛 자취를 다시 찾아보았는데, 윤종균 공이 마침 한 초막
에 살면서 향리 수재를 모아 놓고 시법을 가르치고 있었다.[23] 절
에서 공부하기보다는 서울에서 신학문을 배우려고 6월 초에 상경
하였다. 1주일간 소격동昭格洞 여인숙에서 투숙한 후 화동花洞 128
번지로 옮겨서 책을 구입 자습하며 전전하다가 1920년 10월 말에
안국동安國洞 52번지를 빌려 하숙집을 운영하였다.

〈社会主義者と朝鮮の解放―朝鮮共産党の再建過程〉,《朝鮮民族運動史研究》5
号(1988), 靑丘文庫, p95 참조.
21) 김규열(1893~1968) : 자는 사장士璋. 전남 구례 생. 서울상해파 공산주의자.
1916년 면우 문하에 들어갔다가 그해 가을 변기섭邊祺燮·최익한과 함께 문하를
떠났다. 1919년 6월 최익한과 상경하여 몇 달간 같이 지냈으며, 동년 10월 상해
임시정부로부터 격문을 받아 전라도에 배부케 한 사건으로 1920년 징역 2년을
선고받았다. 1927년 사상단체 해체에 대해 그는 서상파로서 ML파 최익한과는
정치적 입장을 달리하였다. 1992년 건국훈장 애족장이 추서되었다.
22) 곽종석은 5월 20일(음 4.21) 대구복심법원에서 징역 2년형을 선고받았고, 7월
19일(음 6.22) 병보석으로 출옥한 후 10월 17일(음 8.24) 타계하였다. 한편 김
황은 5월 11일 대구에 도착하여 15일 공판을 방청하고 거창으로 돌아갔다.《중
재문집부록》, 〈기미일기〉(음 4.10~4.17) 참조.
23) 〈유당집서酉堂集序〉(1943),《유당집》, pp1b~2a, "翌年己未 予復尋舊跡 於華
嚴泉隱之間 公適處一庵 集鄕秀才 敎之詩法"

여름: 무슨 일이 있어 원주原州에 갔다가 큰 비가 내려 문막강文幕江에서 배를 타고 충주忠州·여주驪州·양주楊州(마현)를 지나며 시 <주하우천시舟下牛川市>, <우천강상증어옹牛川江上贈漁翁> 등을 지어 읊었다.24)

8월(음 7월) 초: 경북 영주榮州의 부호 3인을 각각 찾아가 변성명을 하고 상해임시정부에 보낼 독립군자금의 출자를 권고하여 그중 2인에게서 총 1,600원을 모집하였다. 이때 동생 익채益采25)는 조선독립단에서 활동하고 있었다.

8월 11일(음 7.16): 김황이 시 <꿈에 최익한을 보다夢見崔雲擧益翰 二絶>를 지었는데, "이따금 최익한의 영주 기행奇行을 들었다(時聞崔營滬行之奇)"는 주가 달려 있다.26)

9월: 중동中東학교27) 야학부 입학. 그즈음 상투를 자르고 의복을 바꾼 것으로 보인다.

10월 8일(음 8.15): 추석.

10월 17일(음 8.24): 면우 선생이 타계하자 <만 면우선사 10절挽俛宇先師十絶>을 지었다. 이 만시를 5년 후 《동아일보》(1924.9.24)에

24) 《여유당전서를 독함》 9회(동아일보, 1938.12.21).

25) 최익채(1899~1931): 자는 백수白受, 호는 고원高原. 1919년 서간도西間島에서 신병을 치료하며 조선독립단에 가입하고, 1920년 중동학교에 입학한 후 대종교大倧敎 활동을 하다가 1923년 요양하기 위해 울진으로 귀향하였다.

26) 《중재문집》 권1, 경인문화사, 1997, p7 볼 것. 이즈음 최익한은 시 <주행박광진제박처사임강재舟行泊廣津 題朴處士臨江齋>를 지은 듯하다. 최창해, <한시만화漢詩漫話·12-한시의 금후 행방>, 《조선일보》(1937.12.23) 5면 참조.

27) 현 중동고로 당시 종로구 수송동壽松洞 85번지에 있었다. 3·1운동을 계기로 전국적으로 향학열이 높아져 학생 수가 1000명을 넘었는데, 입학과 퇴학이 자유로웠고 3부제 수업을 실시하였다. <한국의 100년 사학-중동고>, 《월간조선》(2006.4) 사이트 참조.

발표하였는데, 제1수는 다음과 같다.

陶老冥翁大嶺鄕　퇴계와 남명의 대영남

高風正胍兩芬芳　고풍과 정맥이 둘 다 향기로워라.

心源更溯寒溪月　마음 샘은 다시 한계寒溪의 달빛 따르며

幾道狂瀾隻手障　몇 줄기 미친 물결 한 손으로 막았네.

11월 23일(음 10.1): 면우 선생을 거창군 가조면加祚面 광성리廣星里 문재산文載山에 장사 지냈는데, 이때 참석한 듯하다. 사림에서 모인 자가 1만여 명, 상복을 입은 문인이 1천여 명, 만제문挽祭文이 10여 권이나 되었다.[28]

12월 29일(음 11.8): 장녀 분경粉景[29] 출생.

12월 말경: 김규열이 '상해임시정부 격문 배부 건'으로 종로경찰서에 체포되어 조사를 받을 때, 최익한은 최초 동행하여 상경한 관계로 조사를 받았으나 즉시 풀려났다.

---

28) 《면우선생연보》 권6, p28a, "十月一日 戊寅 葬于本郡加祚南廣星里文載山 先 參贊公墓右 士林會者萬餘人 門人受服者約千餘人 挽祭之軸爲十餘卷"

29) 최분경(1919~?): 동덕여고, 이화여전 영문과 졸업. 후손에 의하면 해방 전에 여운형呂運亨 주례로 사회주의 역사학자 이청원李淸源(?~?)과 혼인했다고 한다. 이청원(?~?): 본명 李靑垣. 함남 풍산豊山의 빈농 집안 출신으로 보통학교를 졸업하고 일본 대학에 유학하였다. 1940년 5월 14일 조선공산당 재건운동으로 일본경시청에 체포되어 1941년 1월 27일 동경형사지방재판소에서 징역 2년을 선고받고 1943년경에 석방된 후 귀국하였는데, 그즈음 결혼한 것으로 보인다. 1946년 여름 북으로 돌아가서 북조선림시인민위원회 선전부장 겸 조·소문화협회 중앙위원, 조선력사편찬위원회 위원장, 김일성종합대학 문학부 사학과 교수, 과학원 력사학 후보원사로서 사회과학 부문 위원회 위원장 및 력사연구소 소장, 조선로동당 중앙위원회 후보위원 겸 평남도당단체 대표 등을 역임하였으며, 1957년 9~10월경 숙청되었다. 저서로 《조선사회사독본》, 《조선독본》, 《조선력사독본》, 《조선근대사연구》, 《임진조국전쟁》 등이 있다.

<u>1920</u> (24세)

2월 20일(음 1.1): 설날.

4월 26일: 최진순이 서대문감옥에서 은면恩免 출옥.

5월 8~9일: <가명인假明人 두상頭上에 일봉一棒>(동아일보) 발표.30)

7월: 최진순이 중동학교에 입학.

9월 26일(음 8.15): 추석.

10월 5일(음 8.24): 면우 선생 기일.

10월 16, 26, 27일: 이병기李秉岐와 만났다.31)

10월 말: 안국동 52번지(60평)를 빌려 추곡 매각금 약 400원으로
계모(부친의 첩)와 동생 익채益采·익래益來32)와 함께 하숙집을 시작

---

30) '가짜 명나라인 대가리에 몽둥이 한 방을!'의 뜻으로 권덕규權悳奎와 공동 집필
하여 2회 연재한 논설이다. 유교 보수층, 특히 주자학파 노론계 유학자를 '가짜
명나라인'으로 명명하고 그 사대모화事大慕華 사상을 통렬히 비판하였다. 최익
한은 이 글을 권덕규의 호인 '한별'로 발표하였는데, 이는 노론계 간재와 남인계
면우의 문인 간 싸움으로도 비화할 수 있었기 때문일 것이다. 실제로 당시 간재
의 제자 오진영吳震泳이 <경고세계문敬告世界文>을 지어 격렬하게 성토한 적도
있다. 여하간 신문에 글이 게재되자 전국의 수구 유림들이 들고 일어나서 친일
거두로 동아일보 초대 사장이 된 박영효朴泳孝가 사임까지 하게 되었다. 그 후
이동원李東園이 <몽둥이 한 방 더!(假明人頭上에 更加一棒)>를 써서 신문사로
찾아갔지만, '사문난적의 화'가 우려된다고 하여 게재되지는 못하였다. 이동원,
<춘소만화春宵漫話>, 《동아일보》(1925.4.24); 안병주, <ML계 인물 인상기>,
《삼천리》14호(1931.4), 삼천리사, pp55~6; 금장태, <이병헌李炳憲의 비공론
批孔論에 대한 반박과 민족주의적 역사인식>, 《종교학 연구》21권(2002), 서울
대 종교문제연구소, p9 참조.

31) 《가람일기》10월 27일조에 "최군의 한문학이 깊이 되었다. 과연 들을 만한 것
이 많았다"고 적혀 있는 것으로 보아 그 무렵 처음 만난 듯하다. 《가람이병기
전집·7》, 전북대출판문화원, 2019, p305, p308.

32) 최익래(1903~1950): 자는 덕일德一, 호는 청계淸溪. 1929년 울진청년운동
으로 체포된 후 혹독한 고문을 당하여 절름발이가 되고 약 1년간 수감되었으며,
전답을 팔아 오랜 세월 형과 조카들의 옥바라지를 했다고 한다.

하였다. 식비는 계모가 주었지만, 학비는 고향에서 매월 23원을 부쳐 주었다. 하숙생은 15명(1인당 16원)이었는데, 가족 식비를 빼고 나면 월 40원의 이익이 남아서 전부 아우들 학비에 보탰다.

11월 21일: 수송동 각황사覺皇寺에서 대종교 강연을 듣고, 권덕규·이병기·오철호吳徹浩와 밤새도록 놀았다.[33]

11월 23일: 이병기·오철호와 이의백李宜白의 《오계집梧溪集》을 나누어 베끼기 시작하였다.

12월 24일, 31일: 이병기가 찾아와서 손님방을 부탁하였다.

1921 (25세)

1월 2일: 이병기를 찾아가 조 형趙兄(전주인), 청운淸雲 하경렬河慶烈 선생(전주인)과 낙원동樂園洞 조선불교회에 들렀다.

1월 5일: 눈이 좀 뿌렸다. 이병기가 찾아와 푹석한 애기를 하다가 오종午鐘 소리를 듣고 불교회로 가서 책도 보고 애기도 들었다.

1월 6, 12, 19, 25일: 집 또는 각황사에서 이병기와 만났다.

1월 27일: 노석老石 김태흠金泰欽 어른을 모시고 이병기·김병룡金秉龍과 같이 최근 개관한 가회동嘉會洞 경성도서관에 갔다.

2월 8일(음 1.1): 설날.

2월 9일: 이병기에게 개가改嫁 관련 설화를 들려주었다.

2월 18, 19, 22, 25일: 불교회나 각황사 등에서 권덕규·이병기·정봉춘丁鳳春(곡성인) 등과 만났다.

---

33) 이병기, 《가람일기·I》, 신구문화사, 1976, p130; 《가람이병기전집·7》(앞의 책), pp323~4 참조. 이하 인용 횟수가 많아 필요한 경우에만 표시함. 각황사는 중동학교 바로 옆에 있던 절인데, 안국동 집에서 도보로 5분 거리였다.

3월 1일: 밤 12시까지 정봉춘과 애기하다가 늦게 잤다.

3월 5일: 이병기가 위고의《쟌발쟌 애사》를 다 읽고 갖다 주었다.

3월 7일: 저녁에 이병기를 찾아가 같이 상현尙玄 이능화李能和씨 집에 가서 놀다가 10시 지나 돌아왔다.

3월 13일: 안국동 병구秉矩네 집으로 이병기가 찾아왔다.

3월 16일: 앞의 '군자금 모집 사건'으로 서대문경찰서에 구류되어 (당시 신분은 중동학교 야학부 학생), 6월 24일 경성지방법원에서 징역 8년이 구형되고, 7월 1일 6년이 선고되었으나 공소控訴 제기를 하여, 9월 26일 복심법원에서 징역 4년으로 감형되었다.34)

9월 25일(음 8. 24): 면우 선생 대상大祥. 최익한은 재판 중이라 참석할 수 없었으며, 정재성鄭載星·송호곤宋鎬坤·하겸진河謙鎭·김황 등이 제문祭文을 지어 올렸다.35)

1922 (26세)

3월 9일: 이병기가 최익한에게 보내라고 익채에게 시조를 주었다.

3월 17일: 이병기가《능엄경楞嚴經》을 보냈다.

7월: 여름방학 때 최진순(동경고등사범학교 학생)이 동경고학생연극단 '갈돕회' 단장으로 귀국하여 조선 각지와 간도 일부에서 사회극을 순회공연(7.6~8.8)하였다.

---

34) 6월 24일 1회 공판과 7월 1일 2회 공판은 동생 익채, 이병기, 조용해趙龍海 등이 방청하러 왔다.《가람일기·I》p154;《가람전집·7》p428~9.

35) 정재성(1863~1941), 송호곤(1865~1929)의 문집 중〈제문〉과 하겸진(1870~1946)의 연보 참조. 김황,〈답최운거익한答崔雲擧益翰 乙丑〉,《중재문집》권14, p67, "曾於祥日 梘 有祭告文中 有云諸子紛紛 海倫天鷗 其與存者寒闈孤嬬 仍與謙公文友 相視脈脈 至今思之 未嘗不歔欷也"

<u>1923</u> (27세)

2월 16일(음 1.1): 설날.

2월 24일: 이병기가 익채를 찾아왔다.

3월 2일: 익채가 책과 원고지를 가지고 이병기를 찾아가 이런저런 애기를 하다가 (요양하기 위해) 내일 아침 울진 집으로 간다면서 작별하였다. 이후 그들은 자주 편지를 주고받았다.

3월 21일: 아직 형기가 2년 7개월이 남아 있는데, 구류 투옥된 지 735일 만에 서대문감옥에서 가출옥하였다. 또 1924년에는 징역 3년으로 은사恩賜 감형이 있었다.

3월 22일: 이병기와 불교회에 가서 놀았다.

3월 23일: 새벽에 행장을 꾸려 울진 고향으로 떠났다. 아침 7시 이병기가 경성역까지 배웅하였다.

4월 12일: 이병기에게 보낸 편지가 도착하였다.

5월 27일: 이병기가 답장을 부쳤다.

6월 22일: 이병기가 석전石顚 박한영朴漢永 스님을 모시고 얼마 전 상경한 최익한을 찾아왔다.36)

6월 24일: 이병기가 찾아와 실컷 떠들었다. 시조를 보여 주었더니 "조사措辭는 서투르나 그 정취情趣는 얻었다"고 하였다.

6월 28일: 이병기를 찾아가 한나절 딴 세상을 찾으며 놀았다. 이백과 두보의 세상은 물론 장자나 칸트의 세상도 찾아보았다.37)

---

36) 《가람전집·7》 p569에 "(익한)군은 항상 보아도 헌연軒然한 태도다. 주거니 받거니 오래 앉아 자연을 말하였다"고 적혀 있다.

37) 《가람일기·I》 p188. 이즈음 면우의 제자인 하계락河啓洛(1868~1933)의 시 〈증최운거익한贈崔雲擧益翰〉도 있다. 《옥봉문집玉峯文集》 권1 p37b.

7월 1일: 이병기를 찾아가 취운정翠雲亭에 함께 가서 나무 그늘에 앉아 이러저러 얘기를 나누었다.

7월 4일: 오후에 최익한을 위로하기 위해 이병기·권덕규·박한영·오철호·조용해·맹주천孟柱天·한충韓沖이 함께 왕십리 안정사安靖寺에 나가서 놀다가 저녁밥을 사 먹었다.

7월 8, 19일: 이병기가 찾아왔다.

7월 11일: 저녁에 천도교당에서 이병기와 하와이 유학생의 '하와이 사정 강연'을 들었다.

7월 13일: 저녁에 이병기와 취운정에 올라 서울의 야경을 내려다보며 시詩와 문文을 말하였다.

7월 15일: 《동아일보》에 시조 〈동도東都에서 느낌〉, 〈한양에서 느낌〉 2수를 '돌샘 崔益翰'으로 발표하여, 신문지상에 처음으로 자기 호와 이름을 표시하였다.

9월 7, 31일, 10월 5일: 저녁에 이병기와 놀았다. 특히 9월 31일에는 곽종렬郭鍾烈(울진인)과 함께 찾아갔다.

9월 25일(음 8.15): 추석.

10월 18일(음 9.9): 김황이 차운시(절구 3수)를 부쳤다. 제목은 〈최익한의 편지(음 7.25)를 받으니 시국과 출처의 설이 매우 새롭고 또 보내 준 '서대문감옥에서 지은 시'는 자못 뜻을 다함이 있으므로 한동안 어루만져 보다가 이리 중양절을 맞아서 혼술에 초연하고 옛일도 추억할사 차운하여 부치다〉이다. 최익한이 보내온 시에,

人生不作傷時淚 인생은 때를 슬퍼하며 눈물짓지 않나니
頭上應無白髮加 머리에 응당 백발이 더하지는 못하리라.

고 하였는데, 김황은 다음과 같이 차운 화답하였다.

只緣偏作傷時淚 다만 유달리 때를 슬퍼하며 눈물짓나니
催着男兒白髮加 재촉할사, 사나이의 백발만 더하리라.38)

10월 23일: 이병기·권덕규·정충시鄭忠時·김영준金永準 등과 밤 깊
도록 호랑이·여우·계집·선머슴·어린아이 애기를 하였다.
11월 3, 4, 9, 15, 17일: 이병기·오철호 등과 놀았다.
11월 4일: 양사養士골(현 종로 6가) 셋집에 사는 정인보鄭寅普를 이병
기와 찾아가서 방두환方斗煥·변영로卞榮魯·오철호·홍명희洪命憙 등과
함께 근래의 조선 문사文士와 문장을 평하였다.39)
12월 18, 22일: 이병기와 만났다.

1924 (28세)

창강滄江 김택영金澤榮이 <열사 최익한 일화書崔烈士益翰事>를 썼다.
여기에 최익한의 상경上京(1919) 계기가 다음과 같이 나온다.
"(익한은) 일찍이 강학가講學家를 따라 놀다가 홀연 책을 던지며 스
스로 꾸짖기를, '너는 조국을 생각지 않고 헛되이 경이나 읽는 외곬
샌님이런가?' 하고는 곧장 한성으로 내달아 의사義士들과 결사하여
밤낮으로 국권 회복의 일만 꾀하였다."40)

---

38)《중재문집》권1, pp13~4, <曾得崔雲擧書 說時局出處甚新 且寄示西牢所作詩
頗有致意 摩挲久之 適此重陽 獨酌悄然 幷感前事 次韵寄之 三絶>.
39)《가람일기·I》p225;《가람전집·8》p52; 정인보 저(정양완 역),《담원문록·하》,
태학사, 2006, p554.
40)《韶濩堂集續》권5, 1924년경, p6a, 書崔烈士益翰事, "嘗從講學家遊 忽擲書自

1월 8일, 2월 4일: 고향에서 올라온 이병기와 만났다.

2월 5일(음 1.1): 설날.

2월 13일(음 1.9): 삼남 건소建韶41) 출생.

4월 20일, 5월 2일, 6월 8일: 이병기와 만났다.

7월 20일~8월 15일: 최진순(동경고등사범학교 휴학)이 중동학교 여름 방학 강습회에서 국어 강사를 하였다.

8월 24일: 이병기를 찾아갔다.

9월 13일(음 8.15): 추석. 이병기와 밤이 깊도록 애기하였다.

9월 21일: 이병기를 찾아가 문일평文一平·권덕규와 종일 담화.

9월 24일: <만 면우선사 10절挽俛宇先師十絶> 중 5절을 《동아일보》 에 발표하였다(이때 선자는 정인보).

10월 7일(중양절): 최익한의 출옥 만기일 기념으로 이능화씨를 모시고 이병기·권덕규·정인보와 함께 왕십리 안정사(청련사)에 갔다. 저녁을 먹고 애기하다가 밤늦게 돌아왔다.

10월 13일: 이병기와 정인보를 찾아갔다. 거기서 벽초碧初 홍명희 도 만나 애기하다가 밤이 이슥하여 돌아왔다.

11월 8, 16, 23일: 이병기와 만났다.

12월 28일: 이병기와 조선일보사에 가 조용주趙鏞周를 보고, 교육 협회와 진고개를 거쳐 불교회로 와서 이능화씨를 만나 술을 얻어 먹고 오다가 권덕규를 만났다.

罵曰 汝不念祖國 而徒硜硜作經生乎 則走至漢城 與諸義士結社 日夜籌恢復事”; 김택영 저(김승룡 역), 《송도인물지》, 현대실학사, 2000, pp268~9; 김진균, <최 익한의 전통주의 비판과 전통 이해의 방식>, 《열상고전연구》 27집(2008), 열상 고전연구회, pp126~8 볼 것.

41) 최건소(1924~?) : 경성제일고보, 서울대 공대 졸업.

1925 (29세)

1월 8, 16, 23일(除夕): 이병기·권덕규와 놀았다.

1월 14일: 〈허생許生의 실적實蹟〉(동아일보) 발표.

2월 2일: 매헌梅軒 한충韓沖과 이병기를 찾아갔다.

2월 8일: 이병기에게 동경 유학을 간다고 알린 후 같이 밥 먹었다.

2월 10일: 저녁에 이병기에게 《하정집荷亭集》 한 권을 작별 선물로 갖다주며 보라고 하였다.

2월 11일: 최익한이 도쿄로 떠나는 날 아침에 이병기가 와서 작별 인사를 하였다.

2월 21일: 도쿄에서 이병기에게 부친 편지(꿈에 그를 보았다고 시조를 지어 보냄)가 도착하여, 이병기도 바로 시조를 지어 답장하였다.

2월 24일(음 2. 2): 시조 〈님 주려〉를 지어 김황에게 부쳤다. 음력 3월 김황이 답장을 썼는데, 요약하면 다음과 같다.

"부쳐 온 여러 시편은 모두 웅건한 의취意趣가 있는데, 시조로 멀리서 생각해 주어 더욱 고마우이. 내가 시에 본디 지음知音의 재능이 없어 시를 그만둔 지 오래라 화응할 수 없으니 한스러울 따름이네. 다만 짧은 시 몇 수 있어 소회를 얼추 풀어 동봉하니 웃어 주게나. (……) 면우 선생 문집은 곧 간행하려 하지만, 사세事勢와 재력財力이 여의치 못할 뿐만 아니라 그대처럼 총명한 준재들은 거개 빠져나가고 나같이 하찮은 사람만 남았으니, 어찌 능히 큰일을 감당하며 성취하는 바가 있겠는가?"42)

---

42) 《중재문집》 권1, pp16~7, 〈최운거가 해외에서 서신을 보내 안부를 묻고서는 '옥매화조(시조 님주려)'를 부쳐 왔기에 짧은 시 세 절구를 지어 사례하다(崔雲擧 自海外致書相問仍以玉梅花調見寄爲賦小詩三絶謝之 乙丑)〉;《중재문집》 권14,

4월경: 와세다대학 전문부 정치경제과에 입학하였다. 자기안존과 입신양명에만 급급한 학교 공부보다는 민족해방과 사회주의를 위해 맑스학에 전념하였다. 처음에 오야마 이쿠오大山郁夫43)의 문인이었지만, 나중에는 후쿠모토 가즈오福本和夫44)의 제자가 되어 많은 영향을 받았다.

5월 9일: 이병기에게 보낸 편지가 도착하였다.

5월 31일(음 윤4.9): 부친 대순大淳 별세.

7월 25일: 동지 박낙종朴洛鍾45)은 일시 귀국하여 산청군山淸郡에서 일월회一月會 기관지《사상운동》의 광고 모집을 한 것 때문에 진주경찰서에서 취조를 받았다.

9월 3, 6일: 권한權瀚·이병기·한충과 만나 저녁을 먹었다.

---

pp66~7, 〈答崔雲擧益翰 乙丑〉, "寄來諸什 皆雄健有意趣 而時調 尤荷遠念 第恨不佞 於詩家 素無知音之能 廢簧無聲 鼓之而不能和 雖欲仰謝至意 而不可得也 只有小詩數章 略道所懷 謹此伴去 以博客中一粲 … 茶上遺文 方要印行 然不惟事力之多不如意 及門之聰明才俊 如足下者 擧皆視以爲別事 則如椴 特在後之礫耳 尙何能擔當巨役 而有所成就耶"; 최구소, 〈민족해방운동과 학문의 밑바탕에 깔려 있는 민족혼〉,《울진문화》14호(2000), pp106~111.

43) 오야마 이쿠오(1880~1955): 와세다대 정치학과를 수석 졸업하고 교수가 되었으나, 1926년 노동농민당 위원장이 된 후 이듬해 교수직을 그만두었다.

44) 후쿠모토 가즈오(1894~1983): 도쿄대 정치학과를 졸업하고 독일 프랑크푸르트대에서 루카치·코르쉬의 지도 아래 맑스주의를 연구하였다. 전위당에 의한 정치투쟁과 이론투쟁을 강조하면서 이른바 '후쿠모토이즘'의 선풍을 일으켰지만, 1927년 코민테른 테제에서 비판받고 일본공산당의 이론적 지도자로서의 영향력을 잃게 되었다.

45) 박낙종(1899~1950): 경남 사천泗川 출신. 사회주의운동가. 최익한보다 2년 연하였으나 중동학교와 와세다대 선배로서 인쇄소 동성사同聲社를 운영했다. 안광천安光泉의 권유로 1927년 4월 초에 제3차 조선공산당에 입당하고 일본지부를 재조직하며 책임비서가 되었다. 1928년 ML당 사건으로 약 6년간 투옥되었고, 1946년 정판사精版社 사건으로 무기징역을 선고받고 목포형무소에서 복역하다가 6·25 직후 군경에 의해 학살되었다.

10월 20일: 이병기에게 보낸 편지(시조 2수 동봉)가 도착하였다. 이
병기도 시조 3수를 지어 바로 답장하였다.
12월 5일: 《면우집》이 발행(11월 30일 한성도서주식회사 인쇄)되었으나,
최익한은 문집 간행에 불참한 것으로 보인다.

1926 (30세)

5월 14일: 5월 1일~26일까지 이병기가 경성중등교원 일본시찰단
11인과 일본을 두루 여행하며, 14일 도쿄에서 최익한에게 편지를
보냈다. 이때 익한은 울진으로 귀향한 듯하다.

5월 15일: 이병기가 동경고등사범학교 유학생 최진순·김옥두金玉
斗·유경상劉敬相과 함께 제국대학·우에노공원 등을 구경하였다.

5월 20일(음 4.9): 부친 기일.

5월 23일: <맑스 유물론적 변증법의 개설>(《사상운동》 3권 6호) 발표.

5월 30일: 최진순이 우애학사友愛學舍46)에서 열린 동경수양동우회
東京修養同友會 지방회의에 방청객으로 참여하였다.

6월 5일: 도쿄에서 일월회 기관지 《대중신문》이 창간되었다. <일
월회의 민족운동으로의 방향 전환>(미발굴) 발표.47)

---

46) 일월회 회원 김용장金庸壯(와세다대 경제과)의 집으로 東京府 下戶塚町 551.
47) 《사상운동》과 《대중신문》은 일월회 기관지이다. 일월회는 도쿄 유학생들이
    1925년 1월 3일 조직하여 1926년 11월 28일 자진 해산한 사상단체로 그 활동
    내용은 다음과 같다. ① ML원전을 다수 번역하면서 과학적 이론을 소개하였다.
    ② 재일본조선노동총동맹 결성을 주도한 후 국내로 진출하여 제3차 조선공산당
    을 장악하였다. ③ 후쿠모토이즘에 고무되어 경제투쟁에서 정치투쟁으로 방향을
    전환하고, 대중운동과 공동전선을 통한 합법적 민족 단일당의 결성을 강조하였
    다. 주요 인물은 김세연金世淵·안광천安光泉·최익한·한위건韓偉健·하필원河弼
    源·박낙종·김천해金天海·이우적李友狄·김영식金泳植 등이다. 이석태 편, 《사회

8월 초: 여름방학 때 강연을 위해 울진에 돌아와 있었다. 8월 중순 일월회 일파 안광천安光泉·하필원河弼源 등도 귀국한 후 파벌 청산을 표방하면서 정우회正友會에 가입하여 주도권을 장악하였다.

8월 21일: 울진 동명유치원에서 사회과학 강연회를 열었는데, 300여 청중이 운집하여 유물론 철학 강의에 깊은 관심을 보였다.

9월 6일: 홍기문洪起文과 함께 이병기를 찾아갔다.

9월 8, 15, 17, 20일: 이병기·김병룡 등을 만났다.

9월 21일(음 8.15): 추석. 이병기가 찾아와 작별 인사를 하였다.

10월 5, 25일: 이병기에게 보낸 편지가 도착하였다.

11월 1일: 도쿄 유학생들과 와세다 산죠안三朝庵에서 조선학생신흥과학연구회 창립총회를 개최하였다. 최익한의 사회 하에 전일본학생사회과학연합회 대표 고바야시 신小林伸이 축사 등을 한 후, 회원들은 운동의 비과학성을 극복하기 위해 과학적으로 현대 사회를 연구할 것을 선언하고, 전일본학생사회과학연합회와 제휴할 것, 자유옹호동맹을 지지할 것 등을 결의하였다. 임원으로 조직부 최익한·박천朴泉·송창렴宋昌濂, 교육부 김일선金日善·강철姜徹·안병주安炳珠, 도서출판부 현철玄喆·황병석黃炳碩·양재도梁在道, 경제부 박원희朴元熙·김곽金钁·박원태朴源兌, 비서 조학제趙鶴濟·홍양명洪陽明 등이 선출되었다.

과학대사전》, 문우인서관, 1948, p438, pp536~7; 사법성 형사국, 《조선인의 공산주의운동》(사상연구자료 71집), 소화昭和 15년, 복각본 1973, p61; 미즈노 나오키水野直樹, 〈신간회동경지회의 활동에 대하여〉, 《신간회 연구》(스칼라피노·이정식 외 6인), 동녘, 1983, p115; 김인덕, 《식민지시대 재일조선인운동 연구》, 국학자료원, 1996, pp58~75, p322; 박종린, 《일제하 사회주의사상의 수용에 관한 연구》, 연대 사학과 박사학위 논문, 2006, pp97~120 등 참조.

11월 4일:《와세다대학신문》에 학교의 자유로운 분위기를 다음과 같이 자랑하였다.

"우리들은 비교적 연구가 자유로운 와세다에 있으므로 연구에 관해서는 아주 편리하지만, 중앙대학이나 고등사범이나 기타 학교에 있는 조선 학생들은 사회과학을 연구하고자 해도 그렇게 하는 기관이 없을 뿐 아니라 학교 당국이 그 조직을 허용하지 않기 때문에 곤란에 처해 있다."48)

12월 7일:《중외일보》에 다음과 같은 기사가 났다.

"재일본 일월회·삼월회·노동총동맹·조선청년동맹의 4개 단체는 조선 운동상 파벌주의 박멸에 대한 합동 성명서를 발표하였는바, 10여 페이지에 걸친 소책자로 작성되어 내용은 볼 만한 것이 많다는데, 누구든지 아래의 주소로 2전 우표 한 장만 송부하면 성명서 1부를 부쳐준다고(日本 東京府 下戶塚町 諏訪 173 村松方 崔益翰 交)."49)

12월~1927년 2월경: 러시아어를 공부하고 러시아의 사회 상태를 파악하기 위해 원산元山을 거쳐 모스크바 동방노력자공산대학에 입학하려고 갔으나 언어불통으로 뜻을 이루지 못하였다.50)

---

48) 조선학생사회과학연구회 최고간부 최익한(와세다대학 전문부 정치경제과 2년)이라고 나오는데, 11월 1일 즈음 인터뷰한 듯하다.《早稻田大学百年史》4卷, 早稻田大学出版部, 1992, p650, "大正十五年十一月一日創設された朝鮮学生社会科学研究会の最高幹部の玄二吉(一院三年), 崔益翰(專政二年)は, '自分達は比較的研究の自由な早稻田に居つて, 吾々の研究に付いては非常な便利を得てゐるけれども, 中央大学とか高等師範とかその他の学校にゐる朝鮮学生にして社会科学を研究せんとしてもそういふ機関がないばかりでなく, 学校当局が其の組織を許さないために困つて居る'(《早稻田大学新聞》大正十五年十一月四日号)と, 学苑の自由な雰囲気を誇っている."

49) 이는 당시 대중신문사의 주소와도 일치한다.《동아일보》(1927.1.11) 참조.

50) 최익한은 그때 모스크바에 체재 중인 김철수金錣洙를 만나 그의 권고로 입당

<u>1927</u> (31세)

1월 3일: 이병기가 시조 3수를 지어 보냈다.

2월경: 〈파벌주의 비판에 대한 방법론〉을 작성하여 3월 15일경 발표(《이론투쟁》 1권 1호, 미발굴).

2월 19일: 학우회는 동경조선청년동맹 사무실(東京府 下戸塚町 諏訪 164)에서 재동경조선인 각 단체 대표 30여 명을 소집하여 재동경 조선인단체협의회를 상설기관으로 조직하였다.51)

2월 26일: 신간회新幹會(2월 15일 창립) 본부에서 신간회 상무간사로 증선增選되어 조사부에 배정되었다는 기록은 오류.52)

3월 1일: 재동경조선인단체협의회는 3·1운동 기념을 대규모로 준 비하면서 며칠 전부터 수천 장의 문서를 인쇄 배포하였다. 이에 경시청 이하 동경 시내 각 경찰서는 2월 28일 대중신문사·이론투

했다고 한다. 김철수는 제3차 조선공산당의 재조직 건을 코민테른에 보고하기 위해 1926년 12월 17일경 경성을 출발하여 블라디보스토크로 가서 머물다가, 1927년 2월 말인가 3월 초에 모스크바에 도착했다고 하므로 시기상 약간 차이 는 있어도 최익한과 만났을 가능성은 충분하다고 하겠다. 김준엽·김창순, 《한국 공산주의운동사·3》, 청계연구소, 1986, pp187~198, p221 참조.

〈ML당 사건 판결 전문〉(동아일보, 1930.9.7)의 다음 말도 방증이 될 수 있다. "최창익崔昌益은 와세다대학 정치경제과를 졸업하고 (…) 1926년 중 동방노력 자공산대학에 입학하기 위해 원산 방면으로 가서 해로로 밀행 입국한 후 모스 크바에 도착하여 1927년 1월 초순경 그곳에서 김철수의 권고로 (…) 조선공산 당에 가입하였다."

51) 그 구성은 다음과 같다. 서무부 : 천도교청년당·기독교청년회·신흥과학연구회· 협동조합운동사·동부노동조합·학우회, 조사부 : 교육연구회·형설회·북부노동조 합·흑우회·을축구락부·서부노동조합, 사교부 : 조선청년동맹·고려공업회·남부노 동조합·조선여자청년동맹·무산학우회. 《동아일보》(1927.3.2).

52) 이는 국사편찬위 한국사데이터베이스의 〈신간회 상무간사 증선의 건〉(京鍾警 高秘 제2413호, 1927.2.28)에 의한 것이나 오류인 듯하다. 왜냐하면 이 문건에 적힌 '崔益翰'은 '崔益煥'의 오기로 보이기 때문이다. 윤효정, 《신간회운동 연구》, 고대 사학과 박사학위 논문, 2017, p67 각주 129 참조.

쟁사·신흥과학연구회·청년동맹·여자청년동맹 등 회관과 정희영鄭禧永·최익한·강철 외 제씨의 주택까지 수색하였다. 3월 1일 오후 1시 반 기념식 거행 장소인 간다구神田區 미사키정三崎町 미사키칸三崎館에는 몇 시간 전부터 50명의 경관대가 장내와 장외를 엄중히 경계하여 주의인물을 장외에서 미리 검속하였으나, 학생·노동자·부인 수백 명이 모여 식을 거행하게 되었다. 사회가 단상에 올라서서 개회를 선언하자 경관대는 곧 해산을 시키며 군중과 큰 충돌이 일어나 검속자 수는 39명에 이르렀다.

3월 2일: <사상단체 해체론─전환기에서의 정당조직=정치운동 부정론자에게 여與함>을 작성하여 4월 25일 발표(《이론투쟁》1권 2호).

3월 20일경: <학생운동의 사회의식에 대한 고찰> 발표(《신흥과학》 창간호, 미발굴).

3월 27일: 당숙 최진순이 오후 4시 인사동 중앙예배당에서 김창준金昌俊 목사의 주례로 김근실金勤實과 결혼하였다. 얼마 전 최진순은 동경고등사범학교를 졸업하고 보성고보普成高普(현 보성중) 역사 교사로 취직한 바 있다.

4월 초순경: 도쿄 고이시가와구小石川區에 있는 박낙종의 하숙집에서 그의 권유로 조선공산당에 입당한 후, 박낙종·김한경金漢卿·한림韓林·강소천姜小泉 등과 함께 제3차 조선공산당 일본부를 재조직하고 부서를 호선한 결과 조직부장이 되었다.

4월 27일(음 3.26): 차녀 연희璉姬53) 출생.

5월 3일:《대중신문》제7호가 발행되었다.54)

---

53) 최연희(1927~?) : 동대문여자심상소학교 졸업. 1948년 서울대 상대 재학 중에 가족을 따라 월북하였다. 얼굴이 예쁘고 서화에 재능이 있었던 듯하다.

5월 7일: 와세다대 스코트홀에서 신간회동경지회 창립대회가 열렸는데, 임원으로 조헌영趙憲泳(지회장)·전진한錢鎭漢·윤길현尹吉鉉·오희병吳熙秉·송창렴宋昌濂·김준성金俊星·강소천姜小泉·임태호林泰虎가 선출되었다. 이때 최익한은 서울로 가서 불참한 듯하다.

5월 9일(음 4.9): 부친 기일.

5월 16일: 종로 중앙기독교청년회관에서 열린 조선사회단체중앙협의회 창립대회(단체 292개, 대표자 282명 참석)에 재일본조선노동총동맹55) 대의원으로 참가하여 다음과 같이 주장하였다.

"세계의 정세와 조선의 형편을 보면, 벌써 사상단체는 그 임무를 다했다 하여 해체를 하는 한편으로 민족적 단일 정당을 필요로 하여 운동 방향이 전환기에 있음에도 불구하고, 벌써 1년 전에 제정한 기본강령과 선언을 가지고 상설기관으로서 중앙협의회를 두는 것은 맑스주의에 배치되는 것이다."56)

---

54) 이때 최익한이 도쿄에 있었는지는 알 수 없다. 대중신문사 발행소(東京府 下戶塚町 諏訪 164 松岡方)는 박낙종의 이론투쟁사 발행소와 같은 곳인데, 1928년 2월 최익한이 검거될 당시의 주소와도 일치한다. 새로운 아지트(戶塚町 164)는 동경조선청년동맹·동경여자청년동맹·신흥과학연구회·동경조선인단체협의회·조선총독폭압정치반대동맹 등의 사무실이기도 하였다. 국내 항일운동 자료: 경성지방법원 검사국 문서, <이수移輸 불온인쇄물 기사 개요>(《대중신문》 제7호·제8호), 국사편찬위원회 한국사데이터베이스; 자료번호 1-006466-008-0212 <관계자>, 독립기념관; 김인덕, 앞의 책, p135 각주 98 참조.

55) '재일본조선노동총동맹'은 《중외일보》(1927.5.18)에 따른 것이다. 《동아일보》(1927.5.18)에는 '재일본무산청년동맹'으로 되어 있는데, 이는 오류이다. 왜냐하면 청년동맹의 가입은 25세 이하로 연령 제한이 있었기 때문이다. 국사편찬위 한국사데이터베이스의 <朝鮮社會團體中央協議會創立大會開催狀況並集會禁止ニ關スル件>(1927.5.30)에 의하면, 당시 재일조선인 참석자는 재일본조선노동총연맹 한상준韓相駿(26)·박낙종(29)·최익한(31), 재동경조선청년동맹 이우적(23) 등 총 5명이었다.

56) 《동아일보》(1927.5.18). 여기에서 '민족적 단일 정당'이란 신간회를 말한다.

결국 중앙협의회는 비상설화하기로 가결되어 의안 작성위원은 이우적李友狄·최익한·이평권李平權·이병의李丙儀·박치호朴致浩·김영식金泳植·김재명金在明 등 7인이 피선되었으니, ML파가 4인(우적·익한·평권·영식)으로 과반을 확보하였다.

5월 17일: 오전에 의안 작성위원들은 경상慶尙여관에 모여 '조선무산계급투쟁의 전반적 전개에 관한 건, 파쟁의 청산에 관한 건, 전민족적 단일당 결성에 관한 건' 등 11개 안을 새로 작성하였으나 일제 경찰의 검열에 걸리고, 18일 집회도 강제 해산 금지되었다. 이로써 최익한이 주도한 ML파의 중앙협의회 비상설론이 승리하고 서울파의 중앙협의회 상설 계획은 좌절된 셈이다.

8월 3일: 도쿄 다카다회관高田會館에서 재일본조선노동총동맹·동경조선노동조합서부지부 주최와 신간회동경지회·노동농민당성서城西지부 후원으로 열린 '조선총독 폭압정치 폭로 연설회'에 연사로 참석하여 검속되었다. 이날 900여 청중들은 경찰을 육박전으로 제압하고 ○○○○○○○○만세와 세계무산계급해방만세를 부르며 혁명가 및 국제공산당가를 고창하면서 가두시위를 벌였다.

ML파 최익한은 공산당과 신간회의 단일한 민족통일전선을 구축하기 위해 서울파의 상설론(신간회 외에 별도로 중앙협의회를 상설기관화하는 것)을 반대하였다. 이는 코민테른의 지령을 대변한 것이며, 또 이른바 '방향 전환론'은 후쿠모토이즘의 영향을 크게 받은 것이다. 김준엽·김창순, 《한국 공산주의 운동사·3》, 청계연구소, 1986, pp20~3, pp198~202; 김인덕, 〈조선공산당의 투쟁과 해산〉, 《일제하 사회주의운동사》(한국역사연구회 1930년대 연구반 편), 한길사, 1991, p63; 전명혁, 〈조선사회단체중앙협의회 성격 연구〉, 《한국민족운동사 연구》 23권, 한국민족운동사학회, 1999, pp421~6; 전상숙, 《일제시기 한국 사회주의 지식인 연구》, 지식산업사, 2004, pp127~9; 이석태 편, 《사회과학대사전》, 문우인서관, 1948, p567.

8월 20일: 《대중신문》 제8호 발행.

8월 23일: 신간회동경지회 회관에서 재일본조선노동총동맹·신간회동경지회·재동경조선청년동맹이 공동 주최한 '중국시찰단 조선대표 김황파金荒波 송별회'에서 감상담을 발표하였다.

8월 29일: 경술국치일 기념으로 신간회동경지회 모임을 열려고 하였으나, 개회 전에 총무간사 강소천·송창렴·최익한·강철 외 10여 명이 검속되었다.

9월: 〈在日本朝鮮勞働運動の最近の發展〉(《労働者》 2巻 9号) 발표.

9월 4일: 제13회 국제청년데이 기념 동방무산청년연합대회(전일본무산청년동맹·재동경조선청년동맹 공동 주최)가 간다구神田區 니시키정錦町 마츠모토테松本亭에서 열렸다. 도쿄에 거주하는 조선·일본·중국·대만을 망라한 수백여 명의 청년과 단체의 내빈들이 참가한 가운데, 겨우 개회사를 마치고 각기 축사가 시작되려 할 즈음에 돌연 강제 해산당하고 최익한·박낙종 외 14명, 일본인 모리森 이하 6명, 대만인 황종요黃宗堯·진단명陳端明 등이 검속되었다.[57]

9월 13일: 경성지방법원에서 열린 '조선공산당 사건 공판'에 재일

---

57) 당일 결정한 표어는 ① 제국주의전쟁에 반대하자! ② 중국○○(혁명−필자)운동을 지지하자! ③ 일본정부의 대중對中간섭에 반대하자! ④ 조선총독의 경찰정치에 항쟁하자! ⑤ 재만동포의 군사적 학대에 항쟁하자! ⑥ 조선공산당사건의 무죄를 주장하자! ⑦ 만국무산청년은 단결하라! 등이다. 《동아일보》(1927. 9.11~12). 동경조선청년동맹은 1926년 11월 일월회가 해체되면서 그 회원 중 25세 이하 청년이 다수 가입하여 기존의 '동경조선무산청년동맹회'를 개칭 발족한 단체로 신흥과학연구회(최익한), 이론투쟁사(박낙종) 등과 같은 사무실을 이용하였다. 그러니까 이날 극동무산청년의 반제통일전선 결성을 도모하는 연합대회에, 재일본조선노동총동맹 소속의 최익한은 내빈으로서 축사를 하기 위해 들렀다고 볼 수 있다. 김인덕, 앞의 책, p92, p135, p195.

본조선노동총동맹·신간회동경지회 임시공동위원회는 변호사로 후루야 사다오古屋貞雄(일본노동농민당), 방청대표로 정남국鄭南局·이동재李東宰(재일조선노총), 강소천·권대형權大衡(신간회동경지회), 최익한(대중신문사) 등을 파견하였다.58)

9월 20일경: 제3차 조선공산당59) 조직부장이 되었다. 책임비서 김준연, 중앙위원 한위건韓偉健·안광천·양명梁明·최익한·하필원河弼源·김세연金世淵.

11월 1일: 동경 9개 단체(신간회동경지회·재일조선노동총동맹·재동경조선청년총동맹·재동경조선유학생학우회·신흥과학연구회·재동경조선여자학흥회·재동경여자청년동맹·대중신문사·이론투쟁사) 연합으로 조선총독부와 일본 내각 등에 항의문을 발송하여, 조선공산당 사건 피고 권오설權五卨 외 4인을 고문한 경찰들에 대해 엄정히 처리할 것을 촉구하였는데, 이때 최익한은 서울에 있었으므로 참석 불가하였다.

11월 6일: 조선공산당 책임비서 김세연, 고문 양명, 선전부장 최익한으로 정하고 파쟁 청산과 방향 전환의 실천을 위해 매일 회합하였다.

11월 13일: 제2회 신흥과학연구회 정기총회가 열렸는데 권대형權大衡 외 13인이 위원이었다(최익한은 서울에 있어 불참).

11월 15일경: <우리로서 본 일본의 계급전선> 발표(《이론투쟁》 4호, 미발굴).

---

58) 《동아일보》(1927. 9. 8~14). '조선공산당 사건 공판'은 제1차, 제2차 조선공산당 사건으로 기소된 101인에 대한 첫 공판이었다.

59) 제3차 공산당의 책임비서는 초대 김철수金錣洙(1926. 9. 2~12. 5), 2대 안광천安光泉(~1927. 9. 20경), 3대 김준연金俊淵(~1927. 11. 2경), 4대 김세연金世淵(~1928. 2. 2) 순이었다. * 괄호는 재임 기간.

11월 20일경: 조선공산당을 대표하여 도쿄에 가서 코민테른 간부 존 페퍼[60]를 만나 당대회 준비 자금과 지령을 전달받았다.

12월 1일: 서울 본정本町 2정목丁目(현 충무로 2가) 중국인 모 요리관에서 조선공산당 중앙간부 재조직이 있었다. 책임비서 김세연, 중앙위원 양명·최익한·최창익崔昌益·정백鄭栢·이정윤李廷允·김강金剛.

12월 22일: 당시 박상희朴尙僖의 탐방기에 의하면 신흥과학연구회는 위원장 한림, 위원 최익한·송창렴·권대형·강철·현철玄喆·안병주·이병호李丙鎬·황병석·박원태·홍양명·조학제·진병로秦炳魯였고, 이론투쟁사는 박낙종(발행인, 동성사 주)·이우적(청년동맹위원)·한림(신흥과학위원장)·최익한(동 위원)·강철(동 위원)·이병호(동 기관지 발행인) 등이 주요 동인이었다.[61]

1928 (32세)

1월: 도쿄에서 고려공산청년회 대표 이인수李仁秀, 일본공산당 대표 사노 마나부佐野學와 회견하였다.

1월 23일: 동생 익래가 신간회 울진지부 설립대회에서 정치문화부 간사로 선임되고, 이듬해 8월 24일 임시대회에서 집행위원 및 조사부원으로 선출되었다.

1월 26일~2월 13일: <1927년 조선 사회운동의 빛>(조선일보) 10회 연재.

2월 2일경: 제3차 조선공산당(세칭 ML당) 사건으로 종로경찰서에

---

60) John Pepper(1886~1938) : József Pogány. 유대계 헝가리인. 소련에 망명한 후 1927년 6월 코민테른 집행위원회 최고회의 간부로 선출되었다.
61) 박상희, <동경조선인제단체역방기歷訪記 (39)>, 조선사상통신(1927. 12. 22).

검거되어 여러 번 조사를 받았다. 당시 기록에는 '와세다대학 학생' 신분으로 되어 있으니, 결국 졸업은 못하고 제적된 것으로 보인다. 이때부터 약 8년 동안 수감되었다.

2월 25일: 차디찬 유치장에서 고생하며 주야로 쉴 새 없이 심문에 부대낀 결과 김세연은 폐결핵, 하필원은 기관지염, 최익한은 감기가 심하여 의사의 진찰을 받고 약을 받았다.

4월 초: 종로경찰서유치장에서 서대문형무소로 이감되었다.62)

11월 2일(음 9.20): 모친 동래정씨 별세.63)

1929 (33세)

6월 21일: 동생 익채가 병으로 서울에 와서 이병기를 찾아왔는데, 이후 건강을 회복하지 못한 듯하다.

9월 22일: 동생 익래가 <울진청년회 발기문>을 작성 배포하였다. 이 사건으로 10월 4일 울진경찰서에 검거되어 취조를 받고 10월 11일 강릉검사국에 이송된 후 약 1년간 옥고를 치렀는데, 혹독한 고문을 당하여 다리 불구가 되었다.64)

10월 28일: 경성지방법원에서 예심이 종결되어 공판에 회부되었다.

11월 4일: 1년 반 넘게 서대문형무소 구치감독방에서 가족 면회나 의복 차입도 불허된 가운데 남루한 여름옷으로 참혹히 견디며 폐병에 걸렸다.

---

62) 김준연, <나의 편력>, 《매일경제》(1969. 4. 12) 참조.

63) 《가람전집·8》 p425에는 "1928년 11월 23일(음 10.12) 최창해 군의 대부인상 大夫人喪의 부고가 오다"로 되어 있어 차이가 난다.

64) 《조선일보》(1929. 10. 17) 석간 7면 및 후손 증언.

<u>1930</u> (34세)

1월 초: 치질까지 생겨 앉고 일어서기조차 불편하였다.

6월 25일: 경성지방법원에서 ML당 사건 1회 공판 시 재판장에게 환자들이 누울 수 있도록 손을 들어 건의하여 허락을 받았다. 이에 이인수(치질), 김남수金南洙(발열), 임형일林炯日(장결핵) 등이 한구석 의자에 눕게 되니 법정은 병원을 방불케 하였다.

7월 4일: 오전 8시 2회 공판도 1회와 마찬가지로 방청이 금지되었고, 비밀 심리가 있었다. 가족 친지들은 이른 아침부터 억수같이 퍼붓는 비를 무릅쓰고 경계가 삼엄한 법정 문 앞에 몰려와 피고들의 얼굴이라도 한번 보려고 하루 종일 헤매었다.

7월 9일: 3회 공판, 16일 4회 공판, 21일 5회 공판이 있었다.

8월 30일: 경성지방법원에서 김준연·하필원·강동주姜東柱 등과 피고인 최고형인 징역 6년(미결구류 600일 산입)이 선고되었다.[65]

<u>1931</u> (35세)

1월 12일(음 1930.11.24): 동생 익채가 향년 32세로 요절하였다.

<u>1932</u> (36세)

7월 8일: 서대문형무소에서 대전형무소로 사상범 기결수 25명[66]이 이감될 때 대전역에 내리자 "조선공산당 만세, 조선민족해방

---

65) 이때 피고인 대부분은 상소권 포기 신청을 함으로써 형이 확정된다. 최익한은 1928년 2월 2일경 종로경찰서에 검거되었으니 30개월 이상 수감된 셈이지만, 실제 판결에서는 미결구류일수 중 600일만 본형에 산입된 것이다.

66) ML당 사건, 간도공산당 사건, 간도 5·30 봉기, 조선공산당 재건운동 등으로 수감된 사람들이 섞여 있었다.

만세, 조선민족독립 만세"를 선창하였다. 또 이감 자동차가 대전 시장을 지나칠 적에는 "높이 들어라 붉은 깃발을 / 그 그늘에서 전사戰死하리라 / 비겁한 자야 갈 테면 가라 / 우리들은 붉은 기를 지키리라"는 〈적기가赤旗歌〉를 일본어로 부르며 합창 시위를 주도함으로써 호송하는 간수와 경관을 경악케 하였다.

8월 1일: 공주지방법원 대전지청에서 '만세 사건'을 출장 조사하여 기소되었다.

9월 1일: 공판 3일 전에야 통신이 허락되니, 피고 중 최익한·강기주姜貴桂의 이름으로 경성 아무개 변호사를 전보로 초청하자, 3일 예정된 공판이 무기한 연기되고 서신도 일절 금지되었다.

11월 8일: 동지청에서 피고인 최고형인 징역 1년이 가형되었으나, 피고인 20명 모두 판결에 불복공소하여 12월 3일 오전 11시 서울로 다시 이송되었다.

1933 (37세)

1월 19일: 경성복심법원에서 '만세 사건'으로 재판장이 나이를 물으니 호적보다 6살이나 적게 대답하였다. 재판장이 나이가 틀리다고 날카롭게 추궁하자, "형무소 안에서 먹은 나이는 나이가 아니다"고 비아냥거려서 공판정에 파란을 일으켰다. 또 "만세를 부른 죄로 보안법을 적용받을 이유가 없다"고 항의하였으나 가비야히 일축되었다. 그리고 "오랫동안 사회와 격리되어 있는 피고인들을 위하여 한때의 공판이나마 사회인으로서의 감정을 가질 수 있도록 공판을 공개해 달라"고 요청하여, "혹 (공개)할는지 알 수 없다"는 말을 들었다. 피고들은 전부 사실심리에서 형무소의 심각한 죄수학대 문제를 폭로하면서, '만세 사건'은 형무소에 대한 반항 의식 때문에 일으킨 것이라고 반연설조로 진술하여 재판장의 주의를 여러 번 받았다. 일제강점기 때 기결수로서 재차 법의 적용을 받게 된 경우는, 최익한 등 만세 사건 피고인 20명이 최초였다.

1월 25일: 경성복심법원에서 징역 1년 가형이 확정되었다. 판결문(소화 7년 형공刑控 제484호)에 최익한은 "현재 대전형무소 기결수旣決囚 봉투직공封筒職工"으로 기록되어 있다.

3월 25일: 안창호安昌浩·구연흠具然欽 등 사상범 32명과 함께 서대문형무소에서 대전형무소로 다시 이감되었다.

1934 (38세)

2월 13일:《조선중앙일보》에 최익한이 대전형무소에서 11일 은사 감형 받았다고 보도되었으나, 이는 오보이다.

3월 초순경: 장남 재소와 차남 학소가 울진적색농민조합 사건으로 울진서에 검거되어 12월 6일 함흥지방법원으로 이송되었다. 재소·학소는 1933년 3월부터 조합 결성에 참여하였고, 이후 부인부와 소년부 책임자로 각각 선임되어 활동한 바 있다.

1935 (39세)

7월 8일: 재소·학소가 함흥지방법원에서 각각 징역 2년 6월형과 3년형(미결구류 180일 산입)을 선고받았다.

1936 (40세)

1월 8일: 아침 6시 대전형무소에서 만기 출소하였다.67) 새벽부터

형무소 앞에서 기다린 막내아우 익래와 만나 잠시 대전 시내 동양
여관에서 몸을 녹이고, 오후 3시 32분 대전역 출발 열차로 상경하
여 견지동堅志洞 승경昇京여관에 묵었다. 서대문형무소와 김천金泉
소년형무소에 복역 중인 두 아들 재소·학소를 면회하고 고향 울진
으로 돌아와서 다음과 같이 통곡하였다.

　　十載蘇郞白髮歸　10년 만에 소무蘇武인 양 백발로 돌아오니

　　歸如華表老丁威　학이 되어 돌아온 정령위丁令威런가.

　　金泉落日西城雪　우물가 해 지고 서쪽 성벽 눈 나리는데

　　彳亍徊徨敲鐵扉　가다 서다 헤매다 쇠문짝을 두드리네.68)

초반경: 〈다산의 일사逸事와 일화逸話〉, 〈다산의 저서 총목〉 작성.69)

봄: 서대문형무소에 있는 장남 재소를 면회하기 위하여 온 가족을
이끌고 성동城東으로 왔다.

8월 22일경: 창신정昌信町(현 창신동) 633~22번지(대지 34평, 건평 16평,
1935.12.10 신축 와가)로 울진의 가족과 함께 모두 이사하였다. 1855

---

67) 최익한은 1930년 8월 30일 징역 6년에 미결구류일수 중 600일만 산입 구형
　　되고 1933년 1월 25일 징역 1년이 가형되었으므로 정확히 형기를 다 마친 셈
　　이나, 실제로는 1928년 2월 2일경 검거된 이후 약 8년간 수감된 것이다.

68) 〈곡아 25절哭兒二十五絶〉 제15수, 《조선일보》(1937. 4. 24); 최구소, 〈창해
　　학인의 곡아 25절시〉, 《울진문화》 5호(1990), p138; 한영규, 〈식민지 시기 한시
　　작가로서의 최익한〉, 《반교어문연구》 33집(2012), p130 참조.

69) 날짜는 정확히 알 수 없지만, 1936년 초반경으로 추정된다. 《여유당전서》를
　　간행하고 있던 신조선사의 요청으로 써 보냈으나, 잡지 《신조선》이 1936년 1월
　　호를 끝으로 폐간되어 실리지는 못하였다. 이후 《동아일보》에 《여유당전서를
　　독함》을 연재할 때 그 일부로 포함되고(1938.12.27~1939.2.7 연재분), 《실학
　　파와 정다산》(1955)을 간행할 때 부록으로 재수록되었다.

년 증조부 정민廷民(1805~1871)이 서울에서 울진으로 이거한 지 81년 만에 복귀한 셈이다.70)

11월 1일: 이병기가 창신동으로 찾아왔다.

1937 (41세)

3월 6일: 재소가 출옥을 4개월 앞두고 살인적인 고문 후유증으로 함흥형무소에서 순국하였다. 향년 24세로 수감된 지 만 3년 만이었다. 2000년 8월 15일 건국훈장 애족장이 추서되고, 동년 9월 21일 국립대전현충원 애국지사 제2묘역 844호에 안장되었다.

4월 23~25일: <곡아 25절哭兒二十五絶>(조선일보) 3회 연재.71)

8월 23일(음 7.18): 삼녀 한경漢景 출생.

11월 22일: 인민 전선 결성 혐의로 동대문서에 다시 피검되었던 인정식印貞植과 최익한은 22일 밤에 석방되었다. 검거일은 당일인지 전일인지, 아니면 며칠 전인지 정확히 알 수 없다.

11월 26일: <우리말과 정음正音의 운명>(《정음》 21호) 발표.

12월 9~23일: <한시만화漢詩漫話>(조선일보) 12회 연재.72)

---

70) 부동산 등기부의 '소화 11년(1936) 8월 22일 매매' 기록과 토지대장의 '소화 11년 8월 28일 소유권 이전' 기록으로 보아, 최익한은 그 사이에 이사하였을 것이다. 그러니까 이사 시기를 최국소(최익한의 조카)가 1936년 늦은 가을이라 한 것은 착오이다. 《강릉최씨수헌공파보》 p480; 최국소, <순국열사 최재소 종제의 넋두리>, 《함께 보는 우리 역사》 85집(2000), 역사학연구소, p27 등 볼 것.

71) 참척의 고통을 절절이 시적으로 승화한 7언절구 25수로 최익한의 대표시이다. 그는 직접 함흥까지 가서 재소의 유해를 수습하여 고향으로 돌아와 선영에 묻었다(한영규, 앞의 글, pp133~5). 여기서 선영은 최익한 부모의 묘로서 울진군 북면 곡리谷里 홍신곡洪神谷 산에 있다(《강릉최씨수헌공파보》 p480; 최구소, <순국선열 명보明甫 최재소를 소개한다>, 《울진문화》 15호, 2001, p149).

72) <한시만화·12 – 한시의 금후 행방>(조선일보, 1937.12.23)에는 최익한이 십수

12월 말: 조선어학연구회의 《조선어사전》 편찬 작업을 하였다.[73] 또 조선일보 학예부장 홍기문洪起文의 사회로 개최된 '조선어 기술 문제 좌담회'(1938.1.4 조선일보 보도)에 김광섭金珖燮·이극로李克魯·류치진柳致眞·송석하宋錫夏·조윤제趙潤濟·최현배崔鉉培와 함께 참석하여, '조선어 서사書寫 방법(띄어쓰기), 부호 존폐의 문제, 외래어 표음 문제, 횡서橫書와 종서縱書의 시비是非'에 대해 토론하였다.

1938 (42세)

《조선일보》에 다음 작품을 발표하였다. * 괄호는 연재 날짜, 횟수.

〈독사여록讀史餘錄-한사편린漢史片鱗〉(1.21~22, 2회)

〈조선 유교사에 있어 정포은鄭圃隱의 공적과 지위〉(1.23~27, 4회)

〈고려가사 '역대전리가歷代轉理歌'를 소개함〉[74]

〈역대사담歷代史談〉(2.3~13, 8회)

〈여말사화麗末史話〉(3.12~26, 10회)

〈향토 문화를 찾아서〉(5.5~12.6, 35회)[75]

년 전에 지은 시 〈주행박광진 제박처사임강재舟行泊廣津 題朴處士臨江齋〉가 예시되어 있는데, 1919년 작으로 추정된다.

73) 《동아일보》(1938.1.1) 기사를 요약하면 다음과 같다.
"조선어학연구회는 지난 10월 계명부락부啓明俱樂部에서 오래전부터 편찬해 오던 《조선어사전》을 인수하여 현재 편찬 작업을 진행 중이다. 정인보·최남선崔南善·박승빈朴勝彬·임규林圭 등의 열성과 노력으로 10수만 개의 어휘를 모으고 주석도 끝내서 제1기 사업은 마쳤다. 제2기 사업으로 넘어가 박승빈·임규·최익한 등이 불철주야 어휘 선택과 주석 정리에 착수하고 있다."

74) 이는 조선어학연구회에서 발행한 《정음》 22호(1938.1.30)에 수록된 글이나, 발표 시기의 순서에 따라 편의상 여기에 배치하였다.

75) 울진행(5.5~5.18) 10회, 삼척행(5.19~5.29) 9회, 박천행(7.14~7.23) 8회, 구례행(11.26~12.6) 8회 등 총 35회가 연재되었는데, 최익한의 시 〈次白巖金濟先生蹈海詩韻〉, 〈次栗谷板上韻〉, 〈謝呈 桂南沈之潢氏·晩圃沈相敦氏〉, 〈五十

1월 초: 학소가 만기 출옥 후, 울진농민조합(1934년 와해)을 계승할 새로운 조직체를 건설하기 위해 노력한 것으로 보인다.

3월 19일: 삼남 건소가 제일고보에 합격.

4월 9일: 《조선일보》가 주최한 제3차 조선향토문화조사를 위하여 출판부 촉탁직으로서 오후 10시 5분 강원도 울진·삼척 지방으로 떠났다.

4월 10일경: 향토문화조사차 자기 고향인 울진군 북면 나곡리 남대문(석문)에 이르러 창졸간에 장편 〈석문가石門歌〉를 지었다. 울진 답사기에 "석문은 어릴 적에 여름철이면 더위를 피하여 늘 와서 살다시피 한 곳으로, 석문에 대한 시문 기록도 상당히 많았었는데 지금은 하나도 기억나지 않는다"고 하였다.76)

4월 15일: 정오경에 사진사와 함께 푸른 안개 속의 수산천守山川 (일명 蔚珍浦)을 건너서 둔산屯山의 망양정望洋亭을 찾아갔다.77)

5월 2일: 향토문화조사차 삼척읍에서 사진사와 함께 출발하여 근덕면近德面 궁촌宮村에 있는 공양왕릉恭讓王陵을 답사하였다.78)

川觀釣兒有感〉, 〈무제〉와 시조 〈酒泉臺〉, 〈沙羅峙 너머서〉 등 총 7편이 수록되어 있다(조선일보, 1938.5.8~7.21). 시제는 모두 편자가 붙였다. 그는 《조선일보》의 향토문화조사위원으로서 울진蔚珍·삼척三陟·박천博川·구례求禮 등의 유적지를 탐방하였다. 그의 문필 활동은 오랜 투옥으로 가세가 기운 상태에서 거의 유일한 호구책이었을지도 모른다. 그렇지만 《조선일보》는 2010년 2월 2일 기사에서 "1938년 향토문화조사사업은 일제의 조선 문화 말살 정책에 대항하는 민족적 사명감의 발로였다"고 자찬한 바 있는데, 이는 중일전쟁 직후 전시동원체제하에서 기획된 것으로서 조선총독부의 문화 정책과 직간접적으로 연동된 사업이라는 점은 부정할 수 없다. 박찬모, 〈'고분객孤憤客'의 신악神岳, 무등산―이은상의 무등산 유기 고찰〉, 《호남문화연구》 53집(2013), 호남학연구원, pp41~7 참조.

76) 〈향토 문화를 찾아서〉, 《조선일보》(1938.5.13) 5면.
77) 앞의 글, 《조선일보》(1938.5.11) 5면.

5월 25일: 오후 2시경에 박천博川사진관 주인 이희수李希秀 군과 함께 박릉산성博陵山城을 구경하고 홍경래강洪景來江을 건너 다복동多福洞으로 향하였다. 박천면博川面 하남동下南洞 대령강大寧江 위에서 다복동의 강 너머 풍경을 촬영하고 다시 불어난 강물을 무릅쓰며 가랑비를 맞으면서 유허遺墟를 찾아갔다.79)

9월: 향토문화조사차 구례에 잠시 들러 유당酉堂 윤종균尹鍾均 선생이 이미 80에 실명하였어도 오히려 애쓰며 시가를 끊임없이 읊는다고 들었다. 그 독실히 좋아함에 더욱 감탄하였다.80) 9월 말에 구례행을 마치고 돌아온 지 얼마 안 되어 친우 난사蘭史 황위현黃渭顯81) 군이 자기 고향인 구례군 월곡月谷(시호詩豪 황현의 옛집) 근처에서 '건통乾統' 연호와 '난약사蘭若寺' 명칭을 새긴 고종古鐘 하나와 향로香爐·자기磁器 등이 뜻밖에 출토되었다는 소식을 편지로 알려 주었다.82)

12월 16일: 오후 5시 명월관明月館에서 《여유당전서》(신조선사, 1934~38) 76책 완간 기념 출판기념회가 있었다. 당시 발기인은 다카하시 도오루高橋亨·후지츠카 치카시藤塚鄰·니시무라 신타로西村眞太郎·야마구치 마사유키山口正之·최린崔麟·김태준金台俊·노자키 신조野崎眞三·방응모方應謨·박종화朴鍾和·손진태孫晋泰·조용만趙容萬·이극로李

---

78) 앞의 글, 《조선일보》(1938.5.26) 5면.

79) 앞의 글, 《조선일보》(1938.7.22) 5면.

80) <유당집서西堂集序>(1943), 《유당집》, p2a, "數年前 帶報社事 暫到求禮 聞公已八十 失明而猶孜孜 不輟吟哦 盆歎其篤好"

81) 황위현(1891~1966) : 독립운동가. 매천 황현黃玹의 아들로 태어났으나 중부仲父의 양자로 입적되었다.

82) <광주廣州 객산동客山洞 불상佛像·각자刻字 탐방기 (1)>, 《동아일보》(1939.6.6) 4면.

克魯·최규동崔奎東·윤치호尹致昊·송진우宋鎭禹·이헌구李軒求·백관수白
寬洙·현상윤玄相允·김성수金性洙·이여성李如星·이병도李丙燾·최익한·
문일평文一平·이관구李寬求·김기진金基鎭 등 60여 명이다.83)

<u>1939</u> (43세)
《동아일보》에 다음 작품을 발표하였다.84)

---

83) 친일 민족개량주의자들이 다수를 이루며, 김태준·이여성·최익한 등 사회개량
    주의자들은 극소수에 불과하였다. 조선총독부 촉탁이었던 이병도의 사회 아래
    경성제대 교수 다카하시 도오루의 축사와 신조선사 주간 권태휘權泰彙의 답사
    등이 있었다.《동아일보》(1938.12.13) 2면;《매일신보》(1938.12.17) 3면 참조.
    최익한은 당시 극우 민족주의자들과 교류하긴 했어도 서로 이익을 좇아 부화
    뇌동하던 사이는 아니었다. 이는 그가 월북 후에 쓴 다음 논문으로도 어느 정도
    짐작할 수 있을 것이다.
    "3·1운동 때 이른바 유지인사이며 교육사업가로 자처하던 민족반역자의 원흉인
    호남지주 김성수는 독립선언 계획의 진행을 알고 있었을 뿐만 아니라 당사자들
    의 교섭이 있었음에도 불구하고 그는 냉정하게 거절하였으며, 또 그의 식객인
    송진우宋鎭禹·현상윤 등은 자기들이 관계하는 학교(중앙학교)를 위한다는 구실
    로써 역시 독립운동에 참가하기를 거부하였다." <3·1운동의 력사적 의의에 대한
    재고찰>,《력사제문제》 6호(1949.5), 조선력사편찬위원회, p101.
    또 해방 직전 최익한의 맏사위가 된 이청원도 "1920년대에 민족부르주아지의
    대표적 인물인 김성수·송진우·최린崔麟·이광수李光洙 등이 표면으로는 조국과
    민족의 운명을 근심하는 애국자로 가장하면서, 내면으로는 적과 타협한 일련의
    기만적 행동을 하였다"고 적시한 바 있다. <조선에 있어서 쁘롤레따리들의 계급
    형성과 그 특징>,《과학원학보》 1호(1953.9), 과학원, p27.
84) 1931년 만주사변 이후《동아일보》는 '조선고적보존운동'과 '조선학담론' 등을
    전개하였다. 이는 부르주아 민족주의자들의 국수적인 대응 방식으로서 일제의
    문화 정책에 대해 '최소한의 반발' 같은 일시적 명분이라도 있었을지 의문이다
    (이지원, <1930년대 민족주의 계열의 고적보존운동>,《동방학지》 77~79합집,
    연대 국학연구원, 1993, pp755~9). 그러나 당시 사회주의 민족주의자 백남운
    白南雲·신남철申南徹·김태준金台俊 등은 동아·조선 두 신문에 총독부 및 민족
    개량주의자들의 관념적·복고적 조선학 담론을 비판하며 그 대안으로 과학적·주
    체적 조선학을 제기하였다. 류승완,《이념형 사회주의》, 선인, 2010, pp322~8;
    최재목, <1930년대 조선학운동과 '실학자 정다산'의 재발견>,《다산과 현대》

《여유당전서를 독함》(1938.12.9~1939.6.4, 64회)

<전통 탐구의 현대적 의의>(1.1~7, 5회)

<한시곡란漢詩曲欄>(1.17~2.19, 11회)

<한시모집>(1.17~1940.8.8)[85]

<빙허각전서憑虛閣全書 소개담>(1.31)

<독서—목적과 취미의 관계>(2.2)

<큐리부인전>(4.12)[86]

<북한산신라진흥왕비北漢山新羅眞興王碑>(5.13~19, 4회)[87]

<김은호金殷鎬 화백의 '춘향상春香像'을 보고>(5.27)

<광주廣州 객산동客山洞 불상佛像·각자刻字 탐방기>(6.6~30, 12회)

<난곡이건방옹만蘭谷李建芳翁輓>(7.12)

4·5호, 연대 강진다산실학연구원, 2012, p95~6; 김인호, <백남운과 김태준의 '근대화'와 '전통' 인식>, 《역사와 실학》 53집, 역사실학회, 2014, pp134~8; 이준식, <조선학운동과 백남운의 사회사 인식>, 《1930년대 조선학운동 심층 연구》, 선인, 2015, pp171~188; 조형열, <1930년대 마르크스주의 지식인의 학술문화기관 구상과 '과학적 조선학' 수립론>, 《역사학 연구》 61호, 호남사학회, 2016, pp139~146; 정종현, 《다산의 초상》, 신서원, 2018, pp103~127 등 참조. 이미 그러한 조선학 담론도 한물간 30년대 후반 전시체제하에서 최익한의 고전 소개나 고적 답사는 이루어진 것이다. 따라서 사회주의 운동을 중단한 그의 글은 더욱 개량적 성격을 띨 수밖에 없었다.

85) 시제詩題를 내걸고 한시를 모집한 후 고선考選하였다. 입선작은 등수 순으로 게재되고, 시제는 매번 다음과 같이 바뀌었다. '설죽雪竹·시조한역時調漢譯·춘강효경春江曉景·방초芳草·이앙移秧·유두연流頭宴·빈부貧婦·가배嘉俳·상국霜菊·춘궁春窮·빙水氷·춘청春晴·화우花雨·녹음綠陰·하일등산夏日登山'.

86) 《동아일보》 4월 12일자에 <큐리부인전>(에브 큐리 저, 최익한 역)을 4월 17일 석간부터 연재하기로 예고되었으나, 검열에 걸려 연재를 못한 듯하다.

87) 5월 10일경 북한산진흥왕비가 어느 등산객의 악희惡戲로 인하여 그 상부 접합한 파편이 전락轉落되었다는 놀라운 소식이 보도되자, 최익한은 본보 편집자의 급청急請에 응하여 즉흑적 산문을 게재하게 되었다. <북한산진흥비 연대추정에 대하여 (1)>, 《동아일보》(1938.8.11) 3면

<요축, 석전황장(원)희수遙祝石田黃丈[瑗]稀壽>(7.25)

<산악시인山岳詩人>(7.28~8.3, 4회)

<북한진흥왕비北漢眞興王碑 연대 추정에 대하여>(8.11~24, 8회)

<축 안주安州 중헌문고中軒文庫 개관>(8.29)

<시사詩謝, 위창옹전액葦滄翁篆額>(9.3)

<신사申謝, 위창옹기선葦滄翁寄扇>(9.5)

<동애東崖·송호松湖 가사歌詞>(9.6~9, 3회)88)

<추석·가배嘉俳의 유래와 민속>(9.27)

<박조산애사朴照山哀辭>(11.21)

<고려 문헌계의 유주遺珠《제왕운기帝王韻紀》,《동안거사집動安居士集》>(12.7~14, 4회)

늦은 봄: 면우의 제자 하경락河經洛(1876~1947)이 가회동嘉會洞 자기 아우 집에 머무르는 동안, 임종희林瑽熙·곽전郭㳽(면우의 장남)과 함께 찾아뵈었다.89)

6월 2일: 학소가 공영어업주식회사共永漁業株式會社(울진) 임시주주총회에서 이사로 선임되고 동일 취임하였다.90)

6월 3일: 오전 11시경에 이관구李寬求·이원조李源朝·이병기李秉岐·이병도李丙燾·이여성李如星·송석하宋錫夏·윤필구尹弼求와 함께 동아

---

88) 허미수許眉叟 편編의 고가사古歌詞 10편을 소개한 글로,《정음》 32호(1939. 12.25)에 다시 게재되었다.

89) 하경락,《제남집濟南集》책1 권2, 회상사, 1988, p27b, <嘉會洞舍弟僑所喜 林鳴國瑽熙 崔雲擧益翰 郭可豪㳽 來訪 己卯> 참조.

90) 1939년 6월 6일 대구지방법원울진출장소에 "공영어업주식회사 대표이사 최익성崔益晟, 이사 최학소·최익후崔益珝·주영석朱永錫·윤세병尹世炳, 감사 최익화崔益華·최익면崔益冕·윤병원尹炳元"으로 변경등기하였다.《조선총독부 관보》제3757호(소화 14년 7월 29일) p322.

일보사가 내준 자동차 2대를 나눠 타고 광주廣州 객산동客山洞으로 불상佛像·각자刻字 탐방을 떠났다.91) 정오를 좀 지나 일행은 현지에 도착하여 해독解讀·사진·탁본 등의 일을 마치고 각자 준비해 온 점심을 먹고 5시경에 돌아왔다. 송석하의 탁본(4매) 솜씨에 모두 경탄하면서 '탁무주임拓務主任'이란 별명을 주었다. 이튿날 탁본을 들고 오세창吳世昌 옹께 가서 서법 감정을 부탁드렸다.92)

10월경: 학소가 울진농민조합의 후신으로 항일비밀단체인 창유계暢幽契를 결성하여, 1943년 3월 검거되었으나 탈옥했다고 한다.

1940 (44세)

《동아일보》에 다음 작품을 발표하였다.

〈재해災害와 구제救濟의 사적史的 단편관斷片觀〉(1.1~3.1, 27회)93)

〈종두술種痘術과 정다산 선생〉(2.29~3.5, 4회)94)

〈조선 여류 예원사상藝苑史上 신말주申末舟 부인 설씨薛氏의 지위〉
(3.17~23, 4회)

〈사상史上 명인의 20세〉(4.2~5.15, 21회)

〈만오촌설옹(태희)輓梧村薛翁[泰熙]〉(4.27)

---

91) 최익한은 광나루를 지나면서 다음과 같이 회고하였다. "어느덧 광진철교廣津鐵橋에 이르렀다. 꼭 20년 만에 다시 와 본다. 강물은 예나 이제나 한빛으로 흐르고 있지만 이제 온 나는 20년 전의 내가 아니다. 20년! 강물을 보고 자기를 탄식하고 잇따라 세상을 탄식하고 다시 강물을 굽어보니 강물은 속절없이 흐르고 흐를 따름이더라." 〈광주 객산동 불상·각자 탐방기 (2)〉, 《동아일보》(1939. 6.7) 4면; 《가람일기·II》 pp497~8.

92) 〈광주 객산동 불상·각자 탐방기 (12)〉, 《동아일보》(1939.6.30) 3면.

93) 현재 1~9, 18회는 인터넷으로 검색 가능하나, 10~17, 19~27회는 마이크로 필름으로만 볼 수 있다. 《조선 사회 정책사》(박문출판사, 1947)에 재수록.

94) 《실학파와 정다산》(평양국립출판사, 1955) 부록으로 편입되었다.

＜담헌湛軒 홍대용洪大容의 언문諺文《연행록燕行錄》＞(5.18~19, 2회)95)

＜조선 여류 저작사상 사주당師朱堂《태교신기胎敎新記》의 지위＞
(7.16~28, 5회)

＜류자후柳子厚씨 대저大著《조선화폐고朝鮮貨幣考》를 읽고＞(8.6)

＜증별贈別 심산心汕 화백＞(8.11)

1월 9일: 최진순·박흥식朴興植 등이 오후 1시 조선호텔에서 조선과
화북華北의 무역을 위해 천진동아산업주식회사天津東亞産業株式會社
발기인위원회를 개최하였다. 최진순은 평의원으로서 천진일본상
업학교장(1935~38)·천진조선인민회 부회장을 지내고 1939년 8월
귀국한 바 있다.

3월 4일: 학소가 오후 1시 조선일보사 강당에서 담양전씨潭陽田氏
(1918~?)와 혼례식을 올렸다. 담양전씨는 창신정 바로 옆동네인 숭
인정崇仁町(현 숭인동) 70~31번지(대지 46평, 건평 21평, 1939.10.5 신축
와가)에 살던 전재룡田在龍의 딸이었다.

3월 중순경: 신말주申末舟 부인 설씨薛氏(1429~1508)의 후손 신재휴
申宰休씨가《여암전서旅菴全書》에 관한 용무로 입경해 있던 기회에
자기 종중의 보전寶傳인《부도암중수권시문첩浮圖菴重修勸施文帖》을
최익한에게 보여 주었는데, 그 서화는 모두 설씨의 수적手跡으로서
표지를 중국 비단으로 배접한 진귀한 고첩古帖이었다.96)

3월 27일: 장녀 분경이 이화여전 문과 예과豫科에 합격.

5월(음 4월): 이빈승李斌承(文卿)이 회봉晦峯 하겸진河謙鎭(면우의 제자)을

95) 《정음》 34호(1940.7.30)에 다시 게재되었다.
96) ＜조선 여류 예원사상 신말주 부인 설씨의 지위 (3)＞, 《동아일보》(1940.3.21).

위해 마련한 영도사永度寺 술자리에 당대의 문사文士 이범세李範世·
정인보鄭寅普·김승렬金承烈·이상기李相琦·임상종林尚鍾·이원기李源紀
등 28인과 함께 참석하여 한운시限韻詩를 지었다.97)

6월 이전: 이병도 소개로 최익한(동아일보사원), 이영구李榮求(조선일보
사원), 임충희林忠熙(育英堂書店主), 이배근李培根(開城崧南書館主), 고재휴
高在烋(조선어학연구회), 이홍렬李洪烈(論山殖銀支店), 고영환高永煥(동아일
보사원), 김재원(벨기에겐트대학동양고고학연구실조수) 등 8명이 진단학회
震檀學會 신입 통상通常회원이 되었다.98)

6월 19일: 학소가 '《동아일보》대구지국 주최 한시 현상모집'에서
2등으로 당선되었다.99)

---

97) 하겸진, <李君文卿爲余設酌永度寺 竝招一時文士 李範世金承烈李相琦鄭寅普
崔益翰林尚鍾李源紀 共二十八人限韻>,《회봉집》권5, p30a, 참조. 영도사는 현
개운사開運寺로 당시에는 중들이 술장사·밥장사 등을 하여 절 주위는 이른바
화류장花柳場을 이루었다. 1980년대까지만 해도 유곽遊廓 시설이 일부 남아서
저렴한 대학생 자취방으로 선호되었는데, 지금은 재개발로 사라졌다.

98) <휘보彙報>,《진단학보》12권(1940), p213; 정병준, <식민지 관제 역사학과
근대 학문으로서의 한국역사학의 태동>,《사회와 역사》110집(2016), 한국사
회사학회, pp134~9 참조.《진단학보》11권(1939)과 12권(1940)의 편집후기·
판권지에 의하면, 최익한은 1939년 12월 9일 이후부터 1940년 6월 8일 이전
무렵 진단학회에 가입한 것으로 추정되며, 글은 발표하지 않았다.《진단학보》
는 14권(1941.6)으로 종간되었고, 진단학회는 1942년 10월 '조선어학회사건'
으로 회원 이윤재李允宰·이희승李熙昇·이병기가 체포되며 탄압도 강화되어 활
동을 중단하였다.

99) 입상자는 1등 전인산田仁山(경성부 숭인정 70~31), 2등 최학소崔學部(경성부
창신정 663~22), 3등 최학소崔鶴巢(경성부 숭인정 70~31)였다. 1등과 3등이
주소가 같고 2등과 3등은 이름이 같다. 전인산은 학소의 처남이고 學部와 鶴巢
는 동일인이므로 싹쓸이한 셈이다. 당시 선자는 최익한이었다. 1940년 1월에도
이미 최익한의 차녀 연희璉姬(당시 소학교 4년)가 동아신춘문예 아동부문 작문·
그림에서 각각 2등으로 독차지하고, 1940년 6월에도 동아일보 주최 전조선학
생작품전 서예부에서 입선한 바 있는데, 더 큰 문제는 이 아이가 원고료로 받은
6원을 전선에 나가 싸우고 있는 군인들에게 보내 달라고 신문사까지 찾아와서

8월 10일: 《동아일보》 폐간사를 써 달라는 청탁을 받았지만 가식과 허위의 글을 쓸 수 없다며 거절하였고, 8월 11일자를 끝으로 신문이 강제 폐간된 후 총독부의 전직 알선이 있었으나 역시 불응하며 자유 구직을 표방하였다. 10월 15일경 퇴직금(2년 치 월급)을 받았다.

8월 22일: 자기 호인 '창해滄海(소우카이)'로 창씨創氏하여 '崔益翰'을 '滄海益翰'으로 변경하였다. 이는 민적부·등기부·토지대장 등 각종 공문서에 기재되었으나, 자기 글에는 전혀 사용하지 않았다.

10월 15일(음 9월 15일): 백관수白寬洙(1889~1961)·홍명희洪命熹(1888~1968)·강희진康熙鎭(1878~1942)과 양주楊州 망월사望月寺에서 보름달을 보기로 약속하였으나, 마침 일이 있어 고향 울진에 돌아왔다. 이날 밤 해월海月을 홀로 대하며 멀리서 그들의 쓸쓸한 절 모임을 생각하자니 서운하기 그지없는지라 시를 적어 부쳐 드렸다.100)

12월 20일(음 11.22): 학소의 딸 경옥景玉 출생.

1941 (45세)

《춘추》101)에 다음 작품을 발표하였다.

부탁하였다는 것이다. 그래도 1940년 8월에 동아일보가 폐간되어 버려 더 이상 당선될 수 없었으니, 천만다행이라고 해야 할까……? 이런~! 《동아일보》(1940. 1.3; 1940.2.6; 1940.6.14; 1940.6.19) 참조.

100) 나중에 그 시는 《춘추》지에 발표되었다. 최익한, <題寄芹村·可人·止軒諸公>, 《춘추》 2권 5호(1941.6), p226, "庚辰八月 芹村約可人·止軒及豫 觀望月于楊州 望月寺 不果 又約九月望間 而豫適有故 歸在蔚珍之鄉里 是夜 獨對海月 遙想諸 公蕭寺之會 悵然不已 遂書懷 寄呈"

101) 전 동아일보 기자 양재하梁在廈가 1941년 2월~1944년 10월(통권 39호)까지 매월 1일 발행한 친일 종합 월간지. 중일전쟁(1937)과 태평양전쟁(1941)의

3월: <조선 과거過去 교육제도 소사小史>(2권 2호)

4월: 한시 <마전麻田, 배알숭의전拜謁崇義殿>(2권 3호)

6월: 한시 <제기근촌·가인·지헌제공題寄芹村可人止軒諸公>(2권 5호)

7월: <최고운崔孤雲의 문화적 지위>(2권 6호)[102]

12월: <조선의 후생 정책 고찰>, <<<누판고鏤板考>를 독讀함>(2권
11호)[103]

2월 20일 이전: 잡지《조광朝光》의 '민중 오락의 지도 방법에 대한
설문'에 답하기를, "민중 오락의 지도 방법을 말하기 전에 먼저 지
도 주체가 누구인지를 알아야 한다"고 하였다.[104]

봄부터 1944년 11월까지: 동대문 밖 창신정 집 부근에서 '가정용
주류 소매업'(술집)을 하였다. 최익한은 <변백장辯白狀>(1946)에 당
시의 상황을 다음과 같이 밝혔다.

전시체제 속에서, 1930년대 중반 다산 관련 글을 썼던 민족개량주의자 최남선·
안재홍·현상윤·백낙준 등 거개가 징병 및 학병 지원 권고문을 쓰며 변절했는데,
사회개량주의자 백남운·김태준·이청원·최익한 등은 그렇지 않았다는 점에서 도
덕적 우월성이 인정될 수 있는 것처럼 보인다.

102) 최익한은 <사상사上 명인의 20세—최치원崔致遠 선생의 유학사당遊學仕唐>
(1940)을 이미 쓴 바 있는데, 나중에 논문 <조선 고대 문학사에 있어서의 최치
원의 문학적 지위>(1956)로 완성하였다.

103) <조선의 후생 정책 고찰>은《조선 사회 정책사》(1947)에 편입 출간되었는데,
책 머리말에 최익한은 다음과 같이 합리화하였다. "회고컨대 집필 당시는 바로
중일전쟁이 심각해지면서 일제 파쇼가 이른바 '황민화' 운동을 통하여 조선의
민족문화를 그 근본부터 폭력적으로 괴멸해 버리려 하던 그때였으므로, 과거의
제도를 가탁하여 민족 고유문화의 일단을 과시하는 것은 하나의 모험적 선전이
었으며, 따라서 의의를 내포한 것이었다." 본서 <최익한 친일설> p808 볼 것.

104)《조광》7권 4호(1941.4), p171.

"본인의 전후前後 세 번 수형受刑과 십수 년 수역囚役이란 정치범적 경력과 양자제질兩子諸姪(두 아들 및 조카들)의 적색농조학생사상사건 등, 연속 관계한 가정 환경이 경찰의 특별 감시를 극도로 받게 되어 지하 활동이나 국외 망명이 본인으로서는 말할 수 없는 난문제였다. 그 반면에 자유 구직과 자력 생계가 그때 우리들의 처세상, 적의 사상적 공세에 대한 중요한 방어 전법이었다. 지난해(1940) 동아일보가 강제 폐간되자 총독부의 사원 전직 알선에 대하여 본인은 자유 구직을 표방하고 이에 응하지 않았으나, 결국 본인의 적당한 직업은 용이히 발견되지 않고 놈들의 무직자 취체(단속)가 한층 엄중하므로 본인은 실로 곤란한 경우에 있었던 것이다."105)

가을에 현상윤玄相允으로부터 답장과 화답시106)를 받았다.

1942 (46세)

9월 1일: 〈한재旱災와 그 대책의 사편史片〉(《춘추》 3권 9호)107)

9월경(음 8월): 〈농월정 현판 위의 시에 차운하다弄月亭次板上韻〉

---

105) 최익한은 약 3년 9개월간 주류 도소매점(술집)을 운영하며 비록 사내종 1명은 부렸지만, 조금은 육체노동을 거들지 않았을까 한다. 벌써 그는 1920년대에 하숙집을 운영하고, 30년대에 봉투직공으로 복역한 바 있는데, 또 50년대 전시 하에서는 건설 및 영농 사업에도 노력 동원된 듯하다. 그의 사상이 온실 속의 관념에서 벗어나 현실 속의 노동으로 강철처럼 단련되는 계기가 되었을 것이다. 〈변백장〉, 《조선공산당문건자료집》, 한림대 아시아문화연구소, 1993, pp177~8; 〈판결문〉(소화 7년 형공刑控 제484호), 관리번호 CJA0000605, 국가기록원; 《김일성종합대학 10년사》, 김일성종합대학, 1956, pp73~100 등 참조.

106) 〈답최창해익한答崔滄海益翰〉, 〈재용전운답최창해익한견화再用前韻答崔滄海益翰見和〉. 《기당현상윤전집·5》, 나남, 2008, pp485~6 볼 것.

107) 《조선 사회 정책사》(1947)에 편입되었다.

1월 3일: ＜반도 후생 정책 약사＞, ＜반도 과거 교육제도＞108)

5월 1일: ＜유교와 연성鍊成＞(《춘추》 4권 5호)109)

6월 5일(음 5.3): ＜유당집서酉堂集序＞(《유당집》, 1968)

10월 1일: ＜충의忠義의 도道—유교의 '충忠'에 대하여＞(《춘추》 4권 9호)

3월: 학소가 창유계暢幽契 사건으로 창신정 집에서 체포되어 울진 경찰서에서 조사를 받고 5월 8일 구류되었다. 왜경의 경비가 소홀한 틈을 타서 수갑을 찬 채 야간 탈출을 했다가 잡혔는데, 다시 탈옥하여 겨우 목숨을 구할 수 있었다고 한다. 8월 7일 구류 정지되고 12월 18일 기소 중지되었다.110)

11월 18일(음 10.21): 학소의 아들 명준明俊(재소의 계자) 출생.

1월 6일: 창신정 651~18번지로 전거轉居하였다.111)

---

108) 만주제국 건국 10주년을 기념하기 위해 발행된, 만선학해사滿鮮學海社의 단행본 《반도사화半島史話와 낙토만주樂土滿洲》에 '최익한(전 동아일보 조사부장)' 이름으로 발표된 글로서, 위의 ＜조선의 후생 정책 고찰＞, ＜조선 과거 교육제도 소사＞가 제목만 바뀐 것이다. 만선학해사는 만주국의 수도 신경新京에 있었던 친일 신문사.

109) ＜유교와 연성＞, ＜충의의 도＞는 일제의 시국 정책에 부화한 소극적 부일문附日文으로 판단된다. 졸고 ＜최익한 친일설＞ 볼 것.

110) 최국소, 앞의 글, p27; 국가기록원 분류번호 829 ＜형사사건부＞(소화 18년). 위의 사건부에는 피고인이 '滄海(崔)学韶'라는 창씨로 기재되어 있다.

111) 당시 창신정 651~18(대지 27평, 건평 14평)의 토지 소유자는 홍해익洪海翼이었다. 최익한 부부는 손주들이 생기자 남은 자녀(건소·연희·한경)와 함께 이 집에 전세로 이사한 듯하다. 기존의 창신정 633~22번지에는 큰며느리 윤순희尹順禧, 학소 부부와 아이들(경옥·명준)이 계속 살았다. 최익한 부친의 첩은 안

5월 18일: 창신정 633~22번지의 토지 소유자 성명·주소를 '崔益翰(창신정 633~22)'에서 '滄海益翰(창신정 651~18)'로 변경하였다. 최익한(소우카이 에키캉)은 11월까지 주류 소매업을 계속하였다.

1945 (49세)

여름: 경성보호관찰소 의용대 부대장직을 사절하고 은신하였다.[112]

8월 15일: 동대문 밖 모처에서 ML파 박낙종·하필원·이우적·이청원 李淸源 등과 함께 고려공산당 조직위원회를 구성하고, 이튿날 종로 장안長安빌딩에서 결성된 조선공산당(조공) 장안파로 합류하여 곧 경성지구위원회를 조직하였으나, 11월 23일 장안파는 해체 선언을 함으로써 박헌영朴憲永의 재건파에 통합되고 말았다.[113]

8월 16일: 조선건국준비위원회(건준)는 선전 수단으로 언론 기관을

국동 하숙집을 운영할 때만 해도 같이 거주하였는데, 이때는 어찌 되었는지 잘 모르겠다. 첩에 대해서 후손 분께 문의하였으나 아무것도 알 수 없었다.

112) 최익한이 전하는 당시 상황을 요약하면 다음과 같다. "1945년 여름 미군의 남조선 공습攻襲의 기세가 급박해지자 총독부는 이른바 조선총력연맹을 해소하고 의용대를 결성하니, 경성보호관찰소도 이에 따라 7월 말경에 관내 사상 전과자들로 일개 의용대를 조직하려 하였다. 부대장 수 명에 본인이 지정되겠단 말을 듣고 지방 '소개疏開' 기타 사정을 이유로 사절하였으나, 일제는 난색을 표하며 강요하였다. 결국 8월 초 의용대 결성식에는 고의로 칭병稱病하고 출석지 않고 성외城外에 갔는데, 며칠 뒤에 소·일 전쟁이 일어나 8월 14일까지 경성 모처에서 은신하였다(<변백장>, 앞의 책, pp178~9)." 후손에 의하면 경성 모 처는 선영(최익한 고조부 '기祺'의 묘)이 있는 양주군楊州郡 진접면榛接面(현 남양주시 수동면水洞面) 내마산內馬山의 독가촌獨家村이라고 한다.

113) <당통일 촉진에 대한 약보略報>, 《전선》4호(1945.10.31); 《자유신문》(1945.11.24). 여기에서 '동대문 밖 모처'는 동대문구 창신정(현 종로구 창신동) 최익한의 집이라는 설이 있다. 이기하 외, 《한국의 정당》, 한국일보사, 1987, p59. 최익한의 조카 최국소는 해방 직전의 최익한 집을 100여 평 되는 기와집으로 술회한 바 있는데, 아마도 그 집일 가능성이 높다. 최국소, 앞의 글, p28.

이용하고자 최익한·이여성·양재하·김광수金光洙 등을 신문 접수위원으로 위촉,《매일신보》를 접수하여《해방일보》창간호를 발행하였으나, 그때까지 잔존하고 있던 일본군들의 방해로 더 이상은 발간하지 못하였다.114)

8월 18일: 장안파는 <조선 민족 대중에게 고함>이라는 선언을 발표하여 민족통일전선의 결성을 강조하였다.

8월 19일: 장안파는 전남 광주에서 은신하다가 상경한 박헌영에게 중앙 요직의 취임을 요청하였으나, 그는 불응하고 조공 재건준비위원회를 조직한 후 장안파 조공의 해체를 요구하였다. 이에 박헌영과 같이 화요계에 속한 조동우趙東祐·홍남표洪南杓·정재달鄭在達·최원택崔元澤 등은 박의 해당론에 호응하여 당의 해체를 주장하며 탈당하였다.

8월 22일: 건준 2차 조직에서 조사부장으로 선출되었다(9월 4일 건준 3차 조직 개편 때도 유임).

9월 1일: 조선인민공화국(인공) 경성시인민위원으로 선출되었다. 한편 장안파 경성시당부는 해당론의 비원칙성을 반대하고 중학정中學町(현 중학동) 대동산업 사옥에서 70여 명의 열성자 대회를 열어 해당론의 무원칙적 파벌성을 통렬히 비판하였다.

9월 3일: 장안파와 재건파가 계동桂洞의 홍증식洪增植 집에서 연석회의를 하고, 8일 열성자 대회를 열어 공산당 통합을 위해 토론하였다. 이 대회에서 박헌영은 "과거의 파벌 두령이나 운동을 휴식한 분자는 아무리 명성이 높다 해도 이번 중앙(본부)에는 들어올 자격

---

114)《1947년판 조선연감》, 조선통신사, 1946, p278; 유병용, <해방 직후 언론 문화 연구>,《국사관논총》70집(1996), 국사편찬위, p111, p116 재인용.

이 없다"고 보고하였다.115) 이어 토론에서 최익한은 장안당과 대립하는 신당(재건당) 조직에 반대하며, "당재건준비위원회의 테제가 개량적이요 경제주의적이고 아나키스트적"이라고 비판하였다.116) 결국 11일 재건파가 장안파를 거의 흡수한 상태에서 조공을 다시 건설하였지만, 중앙간부 인사에서 이영李英·정백鄭栢·최익한 등 장안파 핵심 인물들은 제외되었다.

9월 8일: 계동 열성자 대회 후 이우적이 최익한의 집에서 잤다.

9월 10일: 이영·최익한은 재건파 박헌영의 대리 이현상李鉉相과 당 문제로 명륜동 모처에서 회견하였다.

9월 14일: 건준 후신인 인공 법제국장으로 선출.

9월 15일: 장안파는 〈현계단의 정세와 우리의 임무〉(최익한·이청원 공동 집필, 미발굴)에서 프롤레타리아혁명 단계론을 주장하며, 재건파의 부르주아민주주의혁명 단계론(박헌영의 〈8월 테제〉)이 우경 오류에 빠져 있다고 논박하였다.117)

9월 하순: 최익한·이청원 등 콤그룹 비판자들은 사직동 법정法政 학교 강당에서 임해任海 강연을 들었다.118)

---

115) 〈열성자대회의 경과보고〉, 《해방일보》(1945.9.25).
116) 〈열성자대회의 경과보고 (중)〉, 《해방일보》(1945.10.12).
117) 프롤레타리아혁명 단계냐, 부르주아민주주의혁명 단계냐 하는 현단계 논쟁은 당시 사회의 성격 규정과 직결되는 것이다. 즉 일제하 조선 사회를 장안파는 자본주의로 본 반면, 재건파는 반半봉건적 사회로 보았기 때문에 그 혁명 단계도 서로 다르게 설정될 수밖에 없었다. 자세한 것은 심지연, 《조선혁명론 연구》, 실천문학사, 1987, pp40~69; 이완범, 〈해방 직후 공산주의자들의 혁명 단계론〉, 《정신문화연구》112호(2008), 한국학중앙연구원, pp5~40 볼 것.
118) 임해(본명 任吉鳳)는 1925년부터 1945년 8월까지 일본에서 지내다가 귀국하였는데, 동년 9월 팸플릿 〈조선의 독립과 공산주의자의 긴급임무〉라는 테제를 작성하여 장안파와 재건파의 단계론을 비판하면서 부르주아민주주의혁명과

9월 30일~10월 15일: 이영과 함께 장안파 노선을 인정받기 위해 평양을 방문하였다. 그러나 10월 13일 평양에서 개최된 '서북 5도 당 책임자 및 열성자 대회'에서 그들의 활동과 이론은 다음과 같이 격렬한 규탄을 받았다.

"이영·최익한 일파의 활동은 당의 통일을 붕괴시키는 것이며, 그들이 주장하는 이론은 국제 정세와 조선 현실을 정당히 파악치 못한 좌경적 견해의 트로츠키적 이론 근거를 가진 소부르주아지 이데올로기로 움직이는 소부르주아 영웅주의적 행동인 동시에 당의 노선과 대열을 분열시키려는 부정분자의 행동이라고 지적한다."[119]

이는 결정서로 채택되었는데, 김일성金日成의 입장과 박헌영의 8월 테제와 스탈린의 9월 20일자 지령에 부합되는 것이었다.[120] 장안파는 서북 5도당 대회에서 패배한 후 소부르주아적 근성인 극좌주의적 편향을 인정하고 부르주아민주주의혁명 단계론으로 노선을 수정하는 한편, 정권수립과 통일전선 또한 우경향 전술로 급선회하게 되었다.[121]

10월 9일: 장안파는 〈정권수립과 민족통일전선에 관한 결정〉을

프롤레타리아혁명의 동시혁명론을 주장한 바 있다. 高峻石 編, 《朝鮮革命テーゼ: 歷史的文獻と解說》, 柘植書房, 1979, p302; 고준석 저(정범구 역), 《해방 1945 ~1950 공산주의운동사의 증언》, 흔겨레, 1989, pp80~2; 박헌영, 〈현 정세와 우리의 임무〉, 《이정박헌영전집·5》, 역사비평사, 2004, p65.

119) 〈정치 노선과 조직 확대 강화에 관한 결정서〉, 《해방일보》(1945.11.5).

120) 이완범, 앞의 글, p24; 류승완, 《이념형 사회주의》, 선인, 2010, pp267~8; 김국후, 《평양의 소련군정》, 한울아카데미, 2008, pp101~2, p120; 안문석, 〈해방 직후 북한 국내 공산 세력의 국가건설전략〉, 《통일정책연구》 22권 2호(2013), 통일연구원, p114 참조.

121) 〈정권수립과 민족통일전선에 관한 결정〉, 《혁명신문》(1945.10.16).

채택하여 현단계의 혁명은 부르주아민주주의혁명 과정이다는 식
으로 논리를 바꾸었다.122)

10월 17일: 조공 장안파 이영·최익한·황욱黃郁·서병인徐丙寅·주진경
朱鎭景은 한민당·국민당·국민대회준비회 각 대표와 회담하고, 24일
다시 회동하여 전선 통일을 위한 공동 성명서를 발표하였는데, 그
내용은 중경重慶 임시정부를 적극 지지한다는 것이었다.123)

10월 18일: 조공(장안파)을 대표하여 조선호텔로 가서 16일 귀국한
이승만을 방문 인사하였다.

10월 20일: 임시정부 요인 귀국 환영을 위한 한국지사志士운영위
원회 위원으로 피선되고, 11월 8일경 전국 환영준비회 영접부 위
원으로 선임되었다.

10월 25일: 이승만·한민당·국민당·국민대회준비회 관계자와 돈암
정敦岩町(이승만 숙소)에서 회동하였다.124)

10월 30일: 3당(조선공산당장안파·한민당·국민당) 합작 문제에 관해 이
승만의 비서를 통해 이영·최익한·최성환崔星煥·송진우宋鎭禹·김병로

---

122) 《전선》 2호(1945.10.13).

123) 장안파는 "당면의 중심과제인 민족통일전선에 대한 구체적 행동, 즉 임시정부
·국민당·한민당의 지지 연결을 가리켜 (재건파가) 반동적이니 파산적이니 하는
온갖 중상과 모함을 하고 있다"고 반박하며 10월 23일 재건파에 <당통일에 대
한 제의>를 보냈다. <당통일 촉진에 대한 약보>, 《전선》 4호(1945.10.31).
이에 박헌영은 조공에서 탈락한 최익한·이영·정백 일파가 극좌에서 극우로 달
음질하여 친일파 수령 한민당과 협동전선을 취하고, 반공·반소 국수주의적 망명
정부(임시정부)를 모셔 오려 한다며 그 반동적인 노선을 비판하였다. <조선공산
당의 주장―조선민족통일전선 결성에 대해>, 《해방일보》(1945.11.5).

124) 조선공산당 수령 박헌영은 10월 29일 돈암정에서 이승만과 단독회담하며
친일파 즉각 숙청을 주장했으나 이승만은 반대하였다. 11월 16일 2차 회담도
별 성과 없이 끝났는데 그것이 마지막이었다. 《이정박헌영전집·9》, 역사비평사,
2004, pp252~3, pp 262~3.

金炳魯·백관수白寬洙·김준연金俊淵·설의식薛義植·안재홍安在鴻·명제세明濟世·엄우룡嚴雨龍·여운형 등이 초청을 받았다. 여운형·안재홍은 불참하고 모두 다 개인 자격으로 참가하였는데, 인공의 부서 문제와 한민당의 친일파 제거 문제가 논란이 되었다.125)

11월 23일: 장안파는 재경야체이카 책임자 및 열성자 대회를 개최하고 재건파와의 통합을 논의하였다. 최익한의 당 통일 촉진에 대한 경과보고 후, 만장일치로 장안파의 발전적 해소를 선언하였다. 장안파는 8월 16일 결성되었으니, 딱 100일 만에 해체된 셈이다. 김구金九 일행이 오후 4시경 환국하였다.

12월 20일: 김일성·무정武亭 두 장군과 독립동맹 입경入京 환영준비회 접대부 위원으로 선정되었다. 당시 홍명희가 준비위원장이었는데 성사되지는 않았다.

12월 23일: 애국금헌성회愛國金獻誠會 중앙위원으로 피선.

12월 26일: 국군준비대 전국대표자 대회에 내빈으로 참석.

12월 28일: 인공 중앙인민위원회 신탁통치반대위원으로 선정되어 29일 임정 요인과 회담하였다.126)

1946 (50세)

1월 초: 찬탁 문제로 김창숙金昌淑(면우의 제자)을 찾아가 설전을 벌였다.127)

---

125) 김남식, 《남로당연구·I》, 돌베개, 1984, p141; 심지연, 앞의 책, p157.
126) 《자유신문》(1946. 1. 1)에는 '홍남표·이강국·정백·최익한' 4인이 임정 요인과 회담한 것으로 되어 있으나, '최익한'이 '홍증식洪增植'으로 된 자료도 있다.
127) 1월 2일경 조공은 평양과 모스크바로부터 지령을 받아 반탁에서 찬탁으로 이미 돌아선 상태였다. 로버트 스칼라피노·이정식 저, 한홍구 역, 《한국공산주의

1월 초~2월 중순: 온 가족과 함께 혜화동 산동네로 이사하였다.128)
최익한의 조카 최국소崔國韶(익래의 차남)는 당시 상황을 다음과 같이
기록한 바 있다.

"광복이 되고 (……) 큰댁은 창신동의 100여 평 되는 기와집에서 혜
화동의 15~6평 되는 방 3개짜리 아주 작은 집으로 이사 갔는데,
혜화동 보성중학교(현 서울과학고 자리)가 내려다보이는 언덕이었습
니다. 마당에는 책을 높이 쌓아서 가마니로 덮어 둔지라 마당이고
마루고 방이고 어디에도 발을 들여놓을 곳이 없는 집에서 10여 식
구가 살았습니다. 어릴 적 필자의 눈에도 이전 집과 너무나 비교
되어 을씨년스러운 큰댁 살림살이는 서글펐습니다."129)

1월 7일: 반파쇼공동투쟁위원회(반파쇼)가 주최한 시국 강연회에서
<소위 '국민대회'를 폭로함>(미발굴)을 발표하였다.

1월 10일: 모스크바 3상회의 결정으로 인한 혼란을 수습하고 민족
통일전선의 대책을 강구하고자 인공 중앙인민위원회가 긴급 소집
한 38도 이남의 각도인민위원회대표자대회에 참석하였다.

운동사》, 돌베개, 2015, p441.

128) 창신정 633~22번지의 등기부와 토지대장을 보면, '1946년 1월 5일 매매'
기록과 '1946년 2월 22일 소유권 이전' 기록이 있으므로 그 사이에 최익한은
학소 가족과 함께 이사하였을 것이다.

129) 최국소, 앞의 글, p28. 창신동 집은 아마 대지 100여 평(건평 50여 평) 정도
의 셋집이었을 텐데, 당시 어렸던 최국소(1937년생)의 눈에는 상당히 넓게 보
였을 수도 있다. 여기서 최익한은 단기간 머물렀을 것이다. 왜냐하면 1944년 5
월 그는 창신정 651~18번지(대지 27평, 건평 14평)에서 전세로 산 것이 확인
되기 때문이다. 그런데《조선 사회 정책사》머리말에는 "1946년 8월 10일 남산
추옥僦屋(셋집)에서 저자"라고 되어 있으므로 그는 혜화동에서 반년가량 살고
또다시 이사한 셈이다. 그가 이렇게 갑자기 궁핍해진 까닭은 먼저 일제강점기
때 오랜 옥바라지로 가세가 이미 기울었고, 특히 해방 직후 장안파를 유지하기
위한 정치 활동 등으로 많은 자금이 소요된 때문으로 보인다.

2월 1일: 29개 단체 회합으로 발기된 민주주의민족전선(민전) 준비위원회 중앙위원으로서 기획부장에 피선되었다.

2월 7일: 40여 정당·사회단체로 조직된 반파쇼에서 부위원장으로 피선되었다.

2월 10일: 조선독립동맹 환영회에서 반파쇼를 대표하여 환영사를 하였다.

2월 14일: 3·1운동 기념행사의 준비를 위한 공산당·인민당·신민당·독립동맹·조선민주당 등 5당 회합에서 대회위원으로 결정되었다.

2월 15일: 종로 2가 기독교청년회관 대강당에서 민전 결성대회가 개최되어 허헌許憲의 개회사, 박헌영의 축하사, 이태준李泰俊의 선언 낭독, 최익한의 강령 낭독, 이강국李康國의 정세 보고, 이여성李如星의 결의문 낭독 등이 있었다.

2월 16일: 민전 중앙위원(305명)으로 선정되었다.

2월 18일: 제1회 민전 상임위원회에서 김원봉金元鳳·이강국李康國·허성택許成澤·임화林和 등과 함께 전형위원으로 선출되고, 또 남조선대한국민대표민주의원 회의에서 곡물문제 연구위원으로 선정되었다.

2월 20일: 민전에서는 이강국 외 8인의 전형詮衡으로 신남철申南澈·이원조李源朝·김태준金台俊·송석하宋錫夏·박치우朴致祐·최진순(최익한 당숙) 등 교육·문화대책연구회위원 56명과 백남운白南雲·이승기李升基·윤행중尹行重·박극채朴克采·김한주金漢周·하필원河弼源 등 경제대책위원회위원 26명을 선정하였다.

2월 21일: 제2회 민전 상임위원회에 박헌영·허헌·김원봉 이하 상임위원 36인이 참석한 가운데 강령 규약의 수정 건은 수정위원 최익한·이강국이 설명하였다.

2월 24일: 민주주의용산청년총동맹 주최로 열린 3·1운동 기념 강연회에 이강국·허영許榮 등과 연사로 참여하였다.

3월 3일: <변백장辨白狀> 작성 발표.130) 민전은 각 전문위원회를 설치하였는데 최익한이 행정기구연구위원으로, 이청원은 토지문제 연구위원으로 선임되었다.

3월 6일: 평양의 최창익崔昌益(연안파)에게 보내는 <근계謹啓>131)를 써서 자기 고종사촌 편에 부쳤다.

3월 9일: 민전은 제1차 농업문제연구위원회를 열고 이청원을 농업 계획분과위원회 책임위원으로 선정하였다.

3월 22일: 인공 중앙인민위원회에서 미·소공동위원회(미소공위) 개최를 앞두고 허헌 이하 35명과 대책 회의를 한 후, 이강국·김오성 金午星과 함께 성명서 작성위원으로 선출되었다.

3월 27일: 민전 회의실에 정당 및 사회단체 24명이 모였는데 사회를 보았다. 서울에서 개최 중인 미소공위와 급부상하고 있는 정권 수립을 대비하여 각 지방의 실정 조사단을 구성하고자 모인 것이었다.

4월 8일: 민전은 11일 개최할 시민대회의 대회위원을 다음과 같이

---

130) 최익한은 당시 일부 독론자篤論者들이 '주류업과 의용대'에 관해 친일 의혹을 제기하자, 다음과 같이 자신의 결백을 밝혔다. 1) 1941년 봄부터 1944년 11월까지 운영한 가정용 주류 소매업은 이권운동이나 사상보호관찰소의 알선과는 전혀 무관한 일이다. 2) 1945년 여름 경성보호관찰소 의용대에 배정되었을 때는 '소개疏開'를 이유로 거절한 후 피신하였다. <변백장>, 앞의 책, pp177~9.

131) 자기 고종사촌을 취직시켜 줄 것과 <변백장>을 북조선 기관에 전달해 줄 것을 최창익에게 부탁한 편지. <근계>, 《조선공산당문건자료집》, p229.

결정하였다. 회장 여운형呂運亨, 부회장 김원봉金元鳳, 총무부 문갑송文甲松 외 15인, 재정부 김성도金星道 외 5인, 동원부 권태휘權泰彙 외 42인, 선전부 최익한 외 13인.

4월 10일: 산문 <쌀>(현대일보) 발표.

4월 11일: 서울운동장에서 민전이 주최한 미소공위 환영 및 민주주의 통일정부 수립 촉구 시민대회에서 <민주주의 정권 촉성 결의안>을 낭독하였다.

4월 12일: 명동 국제극장에서 거행된 루즈벨트 대통령의 1주기 추도회에서 하지중장·여운형呂運亨에 이어 추도사를 낭독하였다.

4월 13~14일: 서울시 민전 결성대회에 반파쇼 대표로 참석하여 미소공위에 감사문을 보낼 것, 군정 당국에 경찰이 민주주의 진영을 탄압하지 말도록 결의문을 보낼 것, 이승만에게 인민의 눈에 모래를 뿌리는 따위의 반동적 언사를 삼가라는 경고문을 보낼 것 등 3건을 만장일치로 가결한 뒤에 축사를 하였다.

4월 15일: 민족문화건설전국회의에서 축사를 하였다.

4월 17~18일: <조선공산당 창립 21주년>(중앙신문) 2회 연재.132) 17일 오후 1시에 종로 YMCA 강당에서 조공 창립 기념식이 열렸는데, 이러한 공개 개최는 처음이자 마지막이었다.

4월 20일: 제2회 민전 중앙위원회에서 7개 전문위원회에 대한 경과보고를 하였다.

---

132) 1회에서는 조공이 일제의 학정虐政 아래서도 희생적 지하투쟁을 과감히 전개한 것을 언급하고, 2회에서는 조공 창립일(1925. 4. 17)은 조선의 무산계급이 광포한 일제에게 결정적 선전宣戰을 포고하면서 우리 민족의 위대한 해방을 세계적으로 맹약한 날임을 강조하였다.

4월 22일: 서울민주청년동맹 결성대회에서 축사를 하였다.

4월 23일: 전국인민위원회 제2차 대표자 대회에서 8인의 소위원으로 선출되고, 24일 스티코프133) 소련 수석대표의 메시지를 낭독하였다.

4월 26일: 차남 학소가 《농민조합조직론》(사회과학총서간행회) 출간.

5월 2일: 반파쇼 전체회의에 참석.

5월 6일: 백남운 소장이 윤행중·신남철·이청원·이북만李北滿·김사량金史良 등의 소원所員과 함께 민족문화연구소를 창립하였다.

5월 7일: 이준李儁 열사 추념대회 준비회의 발기인이 되었다.

5월 8일: 파쇼 독일 패망일인 제1회 민주주의 전승 기념일을 맞아 민전이 주최한 기념대회에서 전승에 대한 보고를 하였다. 한편 박낙종은 '정판사精版社 위조지폐 사건'으로 체포되어 11월 28일 무기징역을 선고받았는데, 이 사건을 빌미로 미군정은 조공 인쇄소 정판사를 빼앗고 조공 기관지 《해방일보》를 강제 폐간하며 공산당 탄압을 가속화하였다.

5월 20일: 조병옥趙炳玉 경무부장과의 공동 면담(위폐사건 진상조사)에 민전 조사단 대표로 각 단체 대표와 함께 초청되었다.

5월 21일: 간도間島 혈전血戰 기념행사 준비위원회 선전부장으로 선임되고, 30일 간도 혈전 16주년 기념대회에서 '5·30 혈전'에 대한 진상 보고를 하며, 7월 23일 간도 혈전 20열사 기념식134)에서

---

133) 스티코프(1907~1964) : 북조선 주둔 소련 군정청 총사령관. 서울에서 열린 미소공위에 소련 수석대표로 참석하여, 임시정부 수립을 위한 한국 내 협의대상자의 선정 기준으로서 3상회의의 결정을 지지할 것 등을 제시하였다.

134) 1930년 간도 5·30 봉기(제4차 간도공산당 사건)로 희생된 20인의 10주년 추모회. 1936년 7월 21~22일 서대문형무소에서 이동선李東鮮·주현갑周現甲·

추도문을 낭독하였다.

6월 4일: 조공은 남조선단독정부 수립을 획책하는 이승만의 '정읍발언'(6.3)에 대해 반대 성명을 발표하여 그 배족적·반동적 정체를 폭로하였다.

6월 14일: 조선해운대책위원회 결성대회에서 축사를 하였다.

6월 22일: 조·소朝蘇문화협회에서 개최한 '소독개전蘇獨開戰 기념 강연회'에서 개회사를 하였다.

7월 3일: <권당捲堂과 동맹휴학>(현대일보) 발표.

여름: 사위 이청원은 자기 고향인 북으로 돌아가서 북조선림시인민위원회 선전부장 겸 조·소문화협회 중앙위원(1946.10), 조선력사편찬위원회 위원장(1947. 2), 김일성종합대학 문학부 사학과 교수(1947.3) 등을 역임하였다.135)

8월 11일: 조·중朝中문화협회 창립대회에서 개회사를 한 후, 장건상張建相·백남운 등 14인과 함께 이사로 선임되었다.

8월 29~31일: <피땀의 국치일을 기념하면서>(중외신보) 3회 연재.

9월 5일: 서울대병원에 입원 중인 여운형의 기자회견장에 신민당의 백남운 및 반박헌영계의 문갑송文甲松·최성환崔星煥 등과 함께 참석하였다.

9월 6일: 인민위원회 탄생 1주년 기념대회에서 경과보고를 하였다.

9월 7~8일: 미군정에 의해 검거되어 하루 만에 풀려났다.136)

박익섭朴翼燮 등 18인이 사형당하고, 그전에 공소 중 2인이 사망하였다.

135) 이청원의 논문 <력사과학의 현상과 전망>이 《민주조선》(1946.8.17~24)에 연재된 것을 보면, 그는 그해 여름에 북조선으로 돌아간 듯하다.

136) 미군정은 9월 6일 《조선인민보》,《현대일보》,《중앙신문》을 정간시키고 조공 요인 박헌영·이주하李舟河·이강국 등을 지명 수배하는 한편, 그 간부들을 체

10월 1일: 10월 인민항쟁 발발.

10월 16일: 공산당(대회파)·인민당(31인파)·신민당(반중앙파) 3당 합동으로 사회노동당(사로당)이라 칭하고 합당 결정서를 발표하였다. 이른바 '대회파'는 반박헌영파로서 강진姜進·서중석·김철수·이정윤李廷允·김근·문갑송·윤일尹一·이영·최익한 등으로 구성되었다. 3당 합당 과정에서 좌익은 남로당과 사로당으로 분열 대립하지만, 결국 남로당이 주도권을 장악하여 사로당은 해체되고 말았다.

10월 28일: 수도경찰청에 의해 검거되어 당일 풀려났다.137)

11월: <세계 민주주의화의 신방향과 조선>(《인민》1권 2호) 발표.

11월 15일: 사로당 감찰위원으로 선임되었으나, 12월 25일 사표를 제출하고 이듬해 2월 26일 탈당서를 발표하였다.

12월 7일: 사로당은 10월 인민항쟁 이후의 경관과 테러단의 폭행 상황에 대해 장문의 항의문을 작성한바, 이를 정백·최익한이 당을 대표하여 하지 중장에게 직접 전달하였다.

1947 (51세)

1월 29~30일: 천도교당에서 열린 민전 확대중앙위원회에 상임위원으로 참여하였는데, 3상회의 결정 지지로 임시정부를 수립해야 한다는 결정서가 통과되었다.

포 탄압하기 시작한바, 박헌영·이강국은 월북하였고 이주하는 체포되었다. 이때 최익한·홍남표·김근金槿·서중석徐重錫 4인도 종로경찰서에 피검되지만 곧 석방되었다. 《자유신문》(1946.9.9~11); 《동아일보》(1946.9.10).

137) 수도경찰청 사찰과는 10월 28일 오후 2시경 공산당(대회파) 간부 최익한·하필원·윤일尹一·이우적 외 《청년해방일보》 사원 등 15명을 검거한 후 좌익 전단 관련 조사를 마치고 5시경에 풀어 주었다. 《동아일보》(1946.10.30~31).

2월 6일: 사로당을 탈당한 최익한·문갑송은 브라운 소장과의 회담에서 남조선 인민 봉기(10월 대구인민항쟁) 관련인 16명의 사형 구형에 반대하고 친일파·민족반역자의 숙청을 요망하였다.

2월 9일: 제2회 민전 상임위원회에서 미군정과 경찰의 불법 탄압에 대해 엄중 항의할 것 등을 결의한 후 문화부 위원으로 선임되었다.

2월 26일: 사로당 결성의 부당성을 지적하며 중앙위원 문갑송 외 24인과 감찰위원 최익한 외 4인은 탈당 성명서를 발표하였다. 27일 사로당은 전당대회를 개최한 후 해체되었다.

3월 10일: 성명서를 발표하여 "남조선의 현 정세에 비추어 여운형 씨 중심의 신당(사로당)이 발족하는 것만은 사실이나, 자기로서는 전연 여기에 관계가 없다"고 하였다.138)

3월 31일: 전국인민대표자대회 준비위원으로 선출.

4월 27일: 문갑송과 함께 김광수의 사무실에 갔다.139)

5월 24일: 해체된 사로당계를 중심으로 만든 근로인민당(근민당)의 결당대회에 참석하고, 25일 중앙위원회 상임위원으로 선임되었다. 위원장은 여운형, 부위원장은 백남운·이영·장건상, 상임위원은 위의 4인과 이여성·문갑송·이만규李萬珪·정백·최익한 등이다.

6월 15일: 《조선 사회 정책사》(박문출판사) 발간.

6월 18일: 반파쇼 의장으로서 확대중앙위원회를 열었다.

6월 21일: 미소공위 협의에 참가하여 임정 수립을 촉진하고자 정운영鄭雲永 등과 함께 반파쇼 공동대표로 결정되었다.

---

138) 《민주중보》, 《영남일보》(1947.3.12).

139) 《러시아연방국방성중앙문서보관소 소련군정문서, 남조선 정세보고서(1946~1947)》, 국사편찬위, 2003, p321.

8월 19일: 저녁 근민당 간부로서 중부서中部署에 피검되어 9월 1일 오후 정백과 함께 석방되었다.

9월 2일: 서민주택대책연합회의 초청을 받아 서민층 주택문제 등에 대해 10여 정당 대표와 토의하였다.

9월 16일: <UN에 제소提訴되면?>(조선일보) 발표.

11월 15일: <UN정위政委 결의에 대하여>(조선중앙일보) 발표.

12월 20일: <UN위원단과 우리 당—조속 철병하고 간섭 없는 통일정부를>(조선중앙일보) 발표.

12월 28일: 18개 정당과 5개 단체로 구성된 민족자주연맹은 12월 20일 결성대회를 마치고, 28일 위원장 김규식金奎植의 집에서 전형한 결과, 홍명희·원세훈元世勳·이극로·손두환孫斗煥 등 7인을 정치위원으로, 최동오崔東旿·여운홍呂運弘·김약수金若水·최익한 등 93인을 중앙집행위원으로 결정하였다.

1948 (52세)

4월 15~18일: <남북회담의 정치적 의의>(조선중앙일보) 4회 연재.

4월 19~30일: 평양에서 열린 남북연석회의에 근민당 일원으로서 참가한 후 가족들과 함께 계속 머물렀다. 이때 회의에 참가한 남측 인사 395명 중 허헌·홍명희·김원봉·이영·이극로·백남운·손두환 등 70여 명이 북에 잔류하였다. 남측 대표들은 19~23일 회의에 참석한 다음, 24일 황해제철소를 시찰하고, 25일 '남북연석회의 지지 평양시민대회(34만의 군중 시위)'를 참관하였다. 그 후 최익한은 제1기 조선최고인민회의 대의원을 지내면서, 김일성종합대학 조선어문학부 조선문학과 부교수로서 조선고전문학을 강의하고, 과학원 조선어 및 조선문학 연구소(1956년 3월 언어문학연구소로 개칭) 연구사를 겸임하였다.

5월 1일: 남북연석회의 참가자들은 5·1절 경축 평양시민대회에서 인민군 열병식과 37만 명의 시민 행진을 관람하였다.140)

6월 6일:《조선 명장론》<을지문덕 장군 편>을 작성하여 동년 11월 5일《력사 제문제》3집에 발표하였다.141)

8월 20일: 서울에서《사회과학대사전》(이석태 편, 문우인서관)이 발행되었다. 이 책은 1946년 9월에 원고를 쓰기 시작하여 1947년 8월부터 인쇄하다가 동년 9월 12일에 약 4천 매의 원고를 유실한 까닭으로 출판이 지연된 바 있다. 집필자는 백남운·온낙중溫樂中·이북만·이우적·인정식·전석담全錫淡·최익한 등 37인.

8월 21~26일: 해주에서 열린 남조선인민대표자대회에서 제1기 조선최고인민회의 남조선 대의원(총 360명)으로 선출되어, 1957년 8월 제2기 선거 전까지 9년간 재임하였다.

9월 2~10일: 평양에서 남조선 대표 360명과 북조선 대표 212명이 전원 참가한 가운데 조선최고인민회의 제1차 회의가 진행되어,

---

140) 도진순,《한국민족주의와 남북관계》, 서울대출판부, 1997, p272
141)《조선 명장론》은《력사 제문제》에 '성해成海'라는 필명으로 6회 연재되었다.
　　① 을지문덕장군편, 3집(1948.11.5)　② 연개소문장군편, 4집(1948.12.31)
　　③ 강감찬장군편, 5집(1949.4.25)　　④ 리순신장군편(상), 6집(1949.5.5)
　　⑤ 리순신장군편(중), 7집(1949.6.20)⑥ 리순신장군편(하), 8집(1949.7.5)
　　최익한은 일제강점기 때 자호인 '창해滄海'로 창씨한 바 있어, 월북 기념으로 아호를 '성해'로 바꾸었는지도 모르겠다.《력사 제문제》를 발행하는 조선력사편찬위원회 위원장이 그의 사위 이청원이므로 더 신중한 처신이 요구되었을 법도 하다. 참고로 '성해'가 최익한이라는 사실은 최근에 송찬섭이 처음으로 밝혀낸 것이다(<월북 이후 최익한의 학문과 집필활동>,《역사학 연구》70호, 호남사학회, 2018, p79).

조선민주주의인민공화국 정부를 구성하고 미·소 두 나라 정부에 서한을 보내 양국이 동시에 조선에서 군대를 철수할 것을 요구하는 결정을 통과시켰다.

1949 (53세)

1월 28일~2월 4일: 평양에서 조선최고인민회의 제2차 회의가 개최되어(의원 572명 중 522명 출석), 1) 1948년의 국민경제복구발전에 관한 계획의 성과와 1949년~1950년의 국민경제발전 2개년 계획 실시에 관한 의정, 2) 조선민주주의인민공화국 정부의 외교정책에 관한 의정, 3) 각급 지방정권기관—각 도·시·군·향·촌 행정단위의 인민위원회 선거 실시 등에 관한 의정을 일치하게 통과시켰다.

4월 19~23일: 조선최고인민회의 제3차 회의.

5월 5일: <3·1운동의 력사적 의의에 대한 재고찰>(《력사제문제》 6집).

9월 8~10일: 조선최고인민회의 제4차 회의.

11월 10일, 12월 25일: <조선류교사상 발전에 대한 력사적 고찰> 2회 연재(《력사제문제》 12집, 14집).

1950 (54세)

2월 25일~3월 3일: 조선최고인민회의 제5차 회의.

5월 20일: <고대조선문화와 류교와의 관계>(《력사제문제》 18집).

6월 25일 전쟁 이후: 후손의 증언에 따르면 최익한은 서울에 잠시 들렀으며, 9월 초에 당숙 최진순 등 일가친척 10여 명이 행방불명 되었다고 한다. 이것이 월북인지 납북인지는 알 수 없다.

10월 8일: 김일성종합대학(김대) 교원단과 함께 평양을 떠나 매일

백 리 길을 걸어서 안주安州·박천博川·태천泰川·대유동大楡洞을 거쳐 10월 23일 목적지 초산楚山으로 후퇴한 듯하다.

10월 25일: 대학 교원단 일행은 초산에서 압록강을 건너 중국 지안集安까지 피난을 갔다. 11월 8일 지안을 떠나 다시 압록강을 건너 만포滿浦를 거쳐 11월 13일 자성慈城에 도착하였는데, 거리는 이미 미군의 폭격으로 잿더미가 되어 있었다.

1951 (55세)

1월 중순: 교원단 일행은 자성을 떠나 강계江界·희천熙川·개천价川·순천順川·사인장舍人場을 거쳐 1월 말 평양으로 행진 복귀하였으나, 미군은 주야를 불문하고 무차별 맹폭을 가하였다.

2월 23일: 대학 교원단은 평양을 떠나 평안남도 중화군中和郡으로 이동하고, 5월 10일경에는 평안북도 정주군定州郡으로 이동하며, 9월 12~13일에는 미군의 폭격이 심하여 정주를 떠나 가족 및 학생들과 함께 평안북도 구성군龜城郡으로 이동하였다. 이후 교직원과 학생들은 총동원되어 농민들의 추수·탈곡 작업을 돕는 한편, 10월 중순부터 연말까지는 월동 준비를 위하여 4만여 단의 난방용 신목을 채취하였다. 대학 전체가 배우면서 일하고 일하면서 배웠다.

11월 20일: 김대 교수사업이 전쟁으로 중단된 지 1년 6개월 만에 구성군에서 재개되었는데, 9개 학부 24개 강좌로 교원 170명과 재학생 846명에 달하였다. 이때 최익한은 조선어문학부 조선문학 강좌의 부교수를 맡은 것으로 보인다.

11월 25일: <거란의 무력 침략을 반대하여 고려 인민의 조국보위 전쟁을 승리적으로 조직 지도한 강감찬 장군>(《인민》 10호).

<u>1952</u> (56세)

2월 말~3월 초: 구성군은 평양에서 멀어 대학 운영이 곤란하므로 순천군으로 이동하였다. 봄부터 가을까지 학생과 교직원들은 영농 및 건설사업에 적극 참여하여 식량·건물을 자체 조달하였다.

4월 13일: 김일성이 순천군 김대를 방문하여 교직원·학생들에게 '1) 조국해방전쟁의 전망에 대하여, 2) 전후복구건설을 위한 연구사업을 진행할 데 대하여, 3) 우리나라의 역사자료와 문화유산을 발굴 정리할 데 대하여, 4) 우수한 민족간부를 많이 양성할 데 대하여' 연설하였다.142)

4월 25일: <임진조국전쟁>(《인민》 4호).

7월 25일: <근세 조선 '실학' 발전사 개론>(《인민》 7호).

9월 25일, 11월 25일: <조선 근세 '실학'의 대성자 정다산의 진보적 사상 및 학설에 대한 개론> 2회 연재(《인민》 9호, 11호).143)

10월 9일: 과학원 창설 시 이청원은 력사학 후보원사 및 사회과학 부문 위원회 위원장으로 임명되었고,144) 최익한은 김대 어문학부 부교수로서 과학원 사회과학 부문 '조선어 및 조선문학 연구소'의 연구사를 겸임하게 되었다.

---

142) <조국해방전쟁의 전망과 종합대학의 과업>, 《김일성전집·14》(1951.7~1952. 4), 조선로동당출판사, 1996, pp434~461.

143) 최익한은 월간 《인민》(조선민주주의인민공화국 정부 기관지)에 논문을 발표할 때는 모두 '최성해'라는 필명을 사용하였다. 당시 《김일성종합대학 10년사》 p106에는 "어문학부 최익한 부교수는 논문 <조선 근세 실학사상과 정다산의 연구>를 집필 완료하였다"고 기록되어 있다.

144) 과학원 초대원장은 홍명희, 사회과학 부문 원사는 김두봉·홍명희·백남운·박시형, 후보원사는 김광진·도유호·리청원·최창익·장주익·리극로가 각각 임명됨. 《과학원학보》 1호(1953.9), 과학원, pp180~1.

1953 (57세)

최익한은 김대에서 <정다산의 이상 사회와 그 력사적 제약성>145) 을 특강하였다(강의일 미상).

9월 17~19일: 3일간 평양에서 개최된 전국 사회과학자 대회에 이 청원은 사회과학 부문 위원회 위원장으로서 참석하였다.

12월 20~22일: 조선최고인민회의 제6차 회의.

1954 (58세)

4월 20~23일: 20일 평양에서 열린 최고인민회의 제1기 7차 회의 에서 부수상 겸 국가계획위원회 위원장 박창옥朴昌玉이 첫째 의안 <1954~1956년 인민경제복구발전 3개년 계획에 관하여>를 보고 한 후, 21일 대의원 김황일·김원봉·리종권·채백희·최익한·리병남 등이 이에 대해 토론하였다. 22일 부수상 겸 재정상 최창익도 둘째 의안 <1950~1953년 국가예산 집행 결산 및 1954년 국가예산에 관하여>를 보고하고 토론이 있었다. 23일 상기 관련 법령은 전원 일치로 채택되었다.

6월 10일: 평론 <정다산과 문학>(《조선문학》6호).

8월 17일:《조선 봉건 말기의 선진학자들》(최익한·홍기문·김하명 공저, 국립출판사).146)

---

145)《실학파와 정다산》(1955)에 실려 있는데, '최성해'의 기존 논문 <조선 근세 '실학'의 대성자 정다산의 진보적 사상 및 학설에 대한 개론 (하)>(《인민》11호, 민주조선사, 1952, pp116~124)를 거의 그대로 재수록한 것이다.

146) 이듬해 중문판과 영문판도 간행되었다. 朝鮮民主主義人民共和國 文化宣傳省, 《朝鮮封建末期先進學者》, 平壤: 新朝鮮社, 1955.7.30; Ministry of Culture and Propaganda, DPRK. *Progressive scholars at the close of the feudal age in*

9월 10일: 《연암 작품 선집》(최익한·홍기문 공역, 조선작가동맹출판사).

10월 28~30일: 조선최고인민회의 제8차 회의.

1955 (59세)

1월 25일: 〈조선문학사와 한문문학〉(《력사과학》 창간호).

2월 22일: 〈정다산의 학설과 민주주의적 사상〉(로동신문).

3월 9~11일: 조선최고인민회의 제9차 회의.

4월 5일: 최익한의 제자 김하명金夏明은 《연암 박지원》(국립출판사, 1955.8.10 발행)의 머리말에 다음과 같이 썼다.

"연암의 저술이 모두 어려운 한문으로 표기되어 있는 것이 적지 않은 난관이 아닐 수 없었다. 이 난관은 많이는 최익한·홍기문·정렬모·리상호 제 선생의 친절한 지도에 의하여 돌파하였다. (……) 마지막으로 이 책을 집필하는 전 행정을 통하여 여러 가지로 지도하여 주신 최익한 선생을 비롯한 선배 여러 선생들께 심심한 사의를 표하는 바이다."

5월 21일: 김대 강당에서 진행된 남반부 출신 교수·교원·과학자 회의에 김대 부교수(전 민전 중앙위원회 기획부장) 자격으로 참가하였다. 최삼열·정진석·도상록·려경구·신남철·홍기문·김용준·강천문·한인석 등 학자들이 다수 참석한 가운데 주제 보고와 지지 토론이 있었다. 이어 회의에서는 남반부 교수·교원·과학자들에게 보내는 편지를 채택하였다.

7월: 《조선 명장론》(인민군출판사) 출간. * 발행일은 확인 불가.

Korea. Pyongyang: New Korea Press, 1955.

8월 25일: 《실학파와 정다산》(국립출판사) 출간.

10월 4일: 과학원 조선어 및 조선문학 연구소의 8·15해방 10주년 기념 학술 보고회에서 저명한 학자·대학교원·학생 들과 문화예술 일꾼들이 다수 참석한 가운데 최익한 연구사는 <리규보李奎報의 문학에 대하여>를 발표하였다.

10월 10일: 《강감찬 장군》(민주청년사) 출간.

10월 27일: 김대 8·15해방 10주년 기념 과학 콘페렌치야에서 최익한 부교수는 <정다산의 시문학에 대하여>를 발표하였다.147)

11월 30일, 12월 4일: 이틀 동안 과학원 조선어 및 조선문학 연구소에서는 조선을 방문한 중국문화대표단과 좌담회를 진행했는데, 연구소 소장 리극로李克魯 후보원사, 홍기문洪起文·김병제金炳濟·최익한·김수경金壽卿 연구사들과 기타 관계자 다수가 참석하였다.

12월 3일: 조선어 및 조선문학 연구소 3년 총화회의에서 소장 리극로 후보원사의 보고가 끝난 후 최익한·홍기문·김병제 연구사, 송서룡宋瑞龍 학사, 윤세평尹世平 동지들이 토론에 참가하였다.

12월 10일: 과학원 조선어 및 조선문학 연구소와 작가동맹과의 공동 주최로 '박지원 서거 150주년 기념 보고회'가 열렸는데, 최익한 연구사의 사회로 작가동맹 중앙위원회 한설야韓雪野 위원장이 보고하였다.

12월 20일: <연암 박지원의 사상적 및 문학적 지위—그의 서거 150주년을 기념하면서>(《력사과학》 12호).

12월 20~22일: 조선최고인민회의 제10차 회의.

---

147) 이 논문은 1956년 4~8월 《조선어문》 2~4호에 3회 연재되고, 1957년 6월 《정다산 선집》(국립출판사) 역주본을 발간하는 데 바탕이 되었다.

<u>1956</u> (60세)

3월 10~13일: 조선최고인민회의 제11차 회의.

4월 7일: 저녁에 과학원 주최로 진행된 정다산 서거 120주년 기념 대회에서 그의 시 <솔 뽑는 중僧拔松行>, <범 사냥獵虎行>과 산문 <감사론監司論>이 낭송되었고, 동일 《로동신문》에도 이미 게재된 바 있다. 최익한 연구사가 번역한 다산 시문을 공훈배우 황철黃徹 동무가 낭송하였다.

4월 15일: <조선 고대 문학사에 있어서의 최치원의 문학적 지위> (《김일성종합대학학술논문집—8·15해방 10주년 기념》, 김일성종합대학).[148]

4월 20일, 6월 20일, 8월 20일: <정다산의 시문학에 대하여> 3회 연재(《조선어문》 2~4호). * 발행일은 추정.

4월 23~29일: 조선로동당 제3차 대회에서 이청원이 중앙위원회 후보위원으로 선출되었다. 당시 그는 평남도당단체 대표였는데, 과학원에서 상무위원, 사회과학 부문 위원회장, 력사연구소 소장도 겸임하고 있었다.

?월: 《조선 명장전》(민족보위성 군사출판부) 출간. * 판권지 없음.

5월 10일: 《연암 박지원 선집》(최익한·홍기문 공역, 조선작가동맹출판사).

5월 28일: <'리순신 장군 전집'의 번역 간행에 대하여>(로동신문).

5월 30일: 김대 최익한 부교수는 지도교수로서 한룡옥 교원의 학사학위 논문 《조선 고대 설화 연구》의 공개 심사 회의에 참석 발언하였다. 심사위원 신구현申龜鉉·리응수李應洙 부교수의 평정과 박시형朴時亨 원사, 고정옥高晶玉·정희준鄭熙俊·최시학崔時翯 등의 토론 후

---

148) 《김일성종합대학학보—8·15해방 10주년 기념》(1956.9.5)에 재게재.

표결한 결과 한룡옥 동지에게 어문학 학사학위를 수여하기로 결정하였다.

7월 ?일: 《재판 받는 쥐》(림제의 《서옥설鼠獄說》 번역, 국립출판사).

8월 11일: 《우리나라 명인들의 이야기》(10인 공저, 조선로동당출판사).

10월 24일: 언어문학연구소 제4차 과학연구발표회에서 고정옥·신구현 연구사가 발표하고, 작가동맹 윤세평, 김대 최익한·김하명·최시학, 평양사범대학 류창선劉昌宣, 고전예술극장 렴정권 등 여러 동지들이 토론하였다.

11월 5~9일: 조선최고인민회의 제12차 회의.

12월 14일: 김대 어문학부 최익한 부교수의 학사학위 논문 《실학파와 정다산》이 심의되었다. 회의 사회자인 한규학 동지는 "이 논문은 두 공식 심사위원의 평정에 의하면 박사학위 논문에 해당한다고 하므로, 공식 심사위원을 한 분 더 선정하여, 해당 박사학위 논문 심의기관에 제출하는 것을 결정하면 좋겠다"고 개회사에서 언급하였다. 논문 토론에는 공식 심사위원인 박시형 원사, 김광진金光鎭 후보원사들을 비롯하여 홍기문·신남철·정렬모鄭烈模 부교수들과 김세련金世鍊 교원이 참가한 가운데, 필자의 해박한 지식과 논문의 심오한 과학성에 대하여 높이 평가하였다. 또한 이 논문이 비단 어문학 분야에서뿐만 아니라 역사·경제학 연구에도 귀중한 공헌을 하였음을 인정하고 이 논문이 박사학위 논문에 해당한다고 강조하였다. 심의 표결 결과 최익한 부교수에게 학사학위를 수여할 것이 결정되었다.

12월 20일경: 리상호가 《재판 받는 쥐》(최익한 역, 국립출판사)에 대한 서평을 《조선어문》 6호에 발표하였다.

<u>1957</u> (61세)

1월 19일: 과학원 언어문학연구소 제1차 평의회가 동 연구소에서 열렸다. 소장 김병제 동지는 언어학연구실의 성과에 이어 문학연구실의 성과를 다음과 같이 보고하였다.

"안함광安含光·최익한·한효韓曉 연구사 들을 중심으로 하는 《조선문학통사》의 집체적 집필이 거의 완성되어 머지않아 출판에 회부하게 되었으며, 그 외에도 수 편의 논문이 발표되었다."

2월 28일: 박지원 탄생 200주년을 기념하여 〈박연암의 문학과 시대정신〉(문학신문)을 게재하고, 〈연암의 사상과 문학〉(과학원 학술보고회)을 발표하였다.

3월 14~16일: 조선최고인민회의 제13차 회의.

5월 23일: 〈리규보李奎報〉(문학신문).

6월 20일: 과학원 회의실에서 언어문학연구소 주최로 고산孤山 윤선도尹善道 탄생 370주년 기념 보고회가 있었다. 이때 최익한은 참석한 것으로 추정되며, 그즈음 사위 이청원과 함께 '종파사건' 관련 조사도 받지 않았을까 한다.

6월 25일: 《정다산 선집》(국립출판사) 역주 발간.

9월~10월 중순: 최창익·박창옥 등이 주동한 '8월 종파사건'(1956)에 연루되어 숙청된 것으로 보이며, 몰년은 정확히 알 수 없다. 후손에 따르면, 최익한은 1970년대 초에 타계하였다는 설이 있다고 한다.

10월: 중국에서 《재판 받는 쥐》(연변인민출판사) 복제본 출판. * 발행일은 미표시됨.

창해 최익한 저술 연보

연도	제 목(연재횟수)	게재지(월일)	게재자	갈래
1909	미상	靑巖亭 詩會 壯元詩(음3월)	미상	시
1912	碁服人 간찰	영남 某에게(음11.6)	崔昌秀	서간
1915	江閣早秋	乙卯集(미상)	雲擧	시
	心學	〃	崔雲擧	논설
1916	鬱陵香歌	紹修書院 祭享日(음3.15)	崔益翰	시
	挽李承熙	寒皐 李公宅 入納(음4월)	〃	〃
	挽奇宇萬	松沙 奇公宅 入納(음10월)	〃	〃
1917	崔益翰上田民齋	民齋 田公宅 入納(음6.14)	〃	서간
	晩巖 文兄詞	晩巖 金梡 案下(음6.20)	滄海	〃
1918	南浦硯銘	南浦硯(미상)	滄海(?)	銘
1919	舟下牛川市	여름作; 동아일보(1938.12.21)	崔益翰	시
	牛川江上贈漁翁	〃	〃	〃
	舟行泊廣津 題朴處士臨江齋	미상作; 조선일보(1937.12.23)	崔滄海	〃
	挽俛宇先師十絶	음8.24作; 동아일보(1924.9.24)	滄海	〃
1920	假明人 頭上에 一棒(2)	동아일보(5.8~9)	桓民 한별	논설
21~23	미상	옥중시문(1921~23), 미발굴	滄海(?)	시문
1923	東都에서 느낌	동아일보(7.15)	돌샘 崔益翰	시조
	한양에서 느낌	〃	〃	〃

	晚巖 文兄詞	晚巖 金㯤 案下(음7.25)	滄海	서간
1925	許生의 實蹟	동아일보(1.14)	崔益翰	문학
	님 주려	金㯤편지 동봉(음2.2)	滄海浪	시조
1926	맑스 유물론적 변증법의 개설	사상운동 3권6호(5월)	崔益翰	논문
	일월회의 민족운동으로의 방향 전환	대중신문 창간호(6.5), 미발굴	〃	
	《와세다대학신문》 인터뷰	와세다대학신문(11.4)	〃	인터뷰
1927	파벌주의 비판에 대한 방법론	이론투쟁 1권1호(3월), 미발굴	〃	논문
	학생운동의 사회의식에 대한 고찰	신흥과학 창간호(3월), 미발굴	〃	〃
	사상단체 해체론	이론투쟁 1권2호(4월)	〃	〃
	在日朝鮮勞働運動의 最近의 發展	勞働者 2卷 9号(9월)	崔雲擧	〃
	우리로서 본 일본의 계급전선	이론투쟁 4호(11월), 미발굴	崔益翰	〃
1928	1927년 조선 사회운동의 빛(10)	조선일보(1.26~2.13)	〃	〃
28~36	미상	옥중시문(1928~36), 미발굴	〃	시문
1936	다산의 저서 총목(2)	年初作; 동아일보(38.12.27~28)	〃	문학
	다산의 逸事와 逸話(2)	〃 (39.2.5~7)	〃	〃
1937	哭兒二十五絶(3)	조선일보(4.23~25)	滄海 崔益翰	시
	우리말과 正音의 운명	정음 21호(11월)	崔益翰	논설
	漢詩漫話(12)	조선일보(12.9~23)	崔滄海	문학
1938	조선어 기술문제 좌담회	〃 (1.4)	崔益翰	토론
	讀史餘錄-漢史片鱗(2)	〃 (1.21~22)	崔滄海	논설
	조선 유교사에 있어 鄭圃隱의 공적과 지위(4)	〃 (1.23~27)	崔益翰	역사
	고려가사 〈歷代轉理歌〉를 소개함	정음 22호(1월)	〃	문학
	歷代史談(8)	조선일보(2.3~13)	崔滄海	역사
	麗末史話(10)	〃 (3.12~26)	崔益翰	〃
	石門歌	미발표(4.10경), 미발굴	滄海(?)	시
	향토 문화를 찾아서(35)	조선일보(5.5~12.6)	崔益翰	답사
	次白巖金濟先生蹈海詩韻	〃 (5.8)	〃	시
	酒泉臺	〃 (5.13)	〃	시조
	次栗谷板上韻	〃 (5.19)	〃	시
	謝呈 桂南沈之潢氏·晩圃沈相敦氏	〃 (5.19)	〃	〃
	五十川 觀釣兒有感	〃 (5.25)	〃	〃
	沙羅峙 너머서	〃 (5.27)	〃	시조

	무제	〃 (7.21)	〃	시
	다산의 〈汕行日記〉에 부처	동아일보(12.18)	〃	시조
	南村居址懷古	〃 (12.25)	〃	〃
1939	《與猶堂全書》를 讀함(64)	〃 (38.12.9~39.6.4)	〃	문학
	전통 탐구의 현대적 의의(5)	〃 (1.1~7)	滄海學人	논설
	漢詩曲欄(11)	〃 (1.17~2.19)	滄海(學人)	문학
	한시모집	〃 (1.17~40.8.8)	〃	〃
	《憑虛閣全書》 소개담	〃 (1.31)	崔益翰	인터뷰
	독서—목적과 취미의 관계	〃 (2.2)	〃	산문
	큐리부인전	〃 (4월 연재 취소)	〃	번역
	北漢山新羅眞興王碑(4)	〃 (5.13~19)	〃	고적
	金殷鎬 화백의 〈春香像〉을 보고	〃 (5.27)	滄海	미술
	廣州 客山洞 佛像·刻字 탐방기(12)	〃 (6.6~30)	崔益翰	답사
	蘭谷李建芳翁輓	〃 (7.12)	〃	시
	遙祝 石田黃丈[瑗]稀壽	〃 (7.25)	〃	〃
	山岳詩人(4)	〃 (7.28~8.3)	滄海	문학
	北漢眞興王碑 연대 추정에 대하여(8)	〃 (8.11~24)	崔益翰	고적
	祝 安州 中軒文庫 開館	〃 (8.29)	滄海 崔益翰	시
	詩謝 葦滄翁篆額	〃 (9.3)	崔益翰	〃
	申謝 葦滄翁寄扇	〃 (9.5)	〃	〃
	東崖·松湖 歌詞(3)	〃 (9.6~9)	〃	문학
	秋夕·嘉俳의 유래와 민속	〃 (9.27)	滄海	〃
	朴照山哀辭	〃 (11.21)	崔益翰	애사
	고려 문헌계의 遺珠《帝王韻紀》,《動安居士集》(4)	〃 (12.7~14)	〃	서평
1940	災害와 救濟의 史的 斷片觀(27)	〃 (1.1~3.1)	〃	역사
	種痘術과 정다산 선생(4)	〃 (2.29~3.5)	滄海生	논설
	조선 女流藝苑史上 申末舟 부인 薛氏의 지위(4)	〃 (3.17~23)	崔益翰	문학
	史上 名人의 20歲(21)	〃 (4.2~5.15)	〃	〃
	輓梧村薛翁(泰熙)	〃 (4.27)	崔滄海	시
	湛軒 洪大容의 諺文《燕行錄》(2)	〃 (5.18~19)	崔益翰	서평

	조선 女流著作史上 師朱堂《胎教新記》의 지위(5)	〃 (7.16~28)	〃	〃
	柳子厚氏 大著《朝鮮貨幣考》를 읽고	〃 (8.6)	〃	〃
	贈別 心汕 畫伯	〃 (8.11)	滄海散人	시
	미상	永度寺 酒宴 限韻詩(음4월)	崔益翰	〃
1941	<농촌문화문제 특집> 설문	조광 7권 4호(4월)	〃	응답
	조선 過去 교육제도 小史	춘추 2권 2호(3월)	〃	역사
	麻田 拜謁崇義殿	〃 3호(4월)	滄海	시
	題寄芹村·可人·止軒諸公	〃 5호(6월)	〃	〃
	崔孤雲의 문화적 지위	〃 6호(7월)	崔益翰	문학
	조선의 후생 정책 고찰	〃 11호(12월)	〃	역사
	《鏤板考》를 讀함	〃	滄海學人	서평
1942	旱災와 그 대책의 史片	춘추 3권 9호(9월)	崔益翰	역사
	弄月亭次板上韻	농월정(음8월)	〃	시
1943	반도 후생 정책 약사	半島史話와 樂土滿洲(1월)	〃	역사
	반도 과거 교육제도	〃	〃	〃
	儒敎와 鍊成	춘추 4권 5호(5월)	〃	논설
	西堂集序	음5.3作; 西堂集(1968)	滄海 崔益翰	序
	忠義의 道—儒敎의 '忠'에 대하여	춘추 4권 9호(10월)	崔益翰	논설
1945	현계단의 정세와 우리의 임무	팸플릿(9.15), 미발굴	崔益翰·李淸源	논문
1946	소위 '국민대회'를 폭로함	반파쇼 시국강연회(1.7), 미발굴	崔益翰	논설
	辨白狀	3.3作	〃	〃
	謹啓	鶴山先生(崔昌益) 淸鑒(3.6)	滄海	서간
	쌀	현대일보(4.10)	崔益翰	산문
	조선공산당 창립 21주년(2)	중앙신문(4.17~18)	〃	논설
	捲堂과 동맹휴학	현대일보(7.3)	〃	〃
	피땀의 국치일을 기념하면서(3)	중외신보(8.29~31)	〃	〃
	세계 민주주의화의 신방향과 조선	인민 1권 2호(11월)	〃	논문
1947	조선 사회 정책사	박문출판사(6월)	〃	저서
	UN에 提訴되면?	조선일보(9.16)	〃	논설
	UN政委 결의에 대하여	조선중앙일보(11.15)	〃	〃

	UN위원단과 우리 당―조속 철병하고 간섭 없는 통일정부를	〃 (12.20)	〃	〃
1948	남북회담의 정치적 의의(4)	〃 (4.15~18)	〃	〃
	조선 명장론―을지문덕 장군 편	력사제문제 3집(11월)	成海	논문
	〃 ―연개소문 장군 편	〃 4집(12월)	〃	〃
1949	〃 ―강감찬 장군 편	〃 5집(4월)	〃	〃
	〃 ―리순신 장군 편(3)	〃 6·7·8집(5·6·7월)	〃	〃
	3·1운동의 력사적 의의에 대한 재고찰	〃 6집(5월)	崔益翰	〃
	조선류교사상 발전에 대한 력사적 고찰(2)	〃 12·14집(11·12월)	〃	〃
1950	고대조선문화와 류교와의 관계	〃 18집(5월)	〃	〃
1951	거란의 무력 침략을 반대하여 고려 인민의 조국보위전쟁을 승리적으로 조직 지도한 강감찬 장군	인민 10호(11월)	최성해	〃
1952	임진조국전쟁	〃 4호(4월)	〃	〃
	근세 조선 '실학' 발전사 개론	〃 7호(7월)	〃	〃
	조선 근세 '실학'의 대성자 정다산의 진보적 사상 및 학설에 대한 개론(2)	〃 9·11호(9·11월)	〃	〃
1953	정다산의 이상 사회와 그 력사적 제약성	김일성종합대학 특강(날짜미상)	최익한	〃
1954	<1954~1956년 인민경제복구발전 3개년 계획에 관하여>에 대한 토론	민주조선(4.24)	〃	토론
	정다산과 문학	조선문학 6호(6월)	〃	논문
	조선봉건말기의 선진학자들(공저)	국립출판사(8월)	최익한 외	저서
	연암 작품 선집(공역)	조선작가동맹출판사(9월)	최익한·홍기문	역주
1955	조선문학사와 한문문학	력사과학 창간호(1월)	최익한	논문
	정다산의 학설과 민주주의적 사상	로동신문(2.22)	〃	논설
	조선 명장론	인민군출판사(7월)	〃	저서
	실학파와 정다산	국립출판사(8월)	〃	〃
	리규보의 문학에 대하여	과학원 학술보고회 발표(10.4)	〃	논문
	강감찬 장군	민주청년사(10월)	〃	저서
	정다산의 시문학에 대하여	김대 과학 콘페렌치야 발표(10.27)	〃	논문
	연암 박지원의 사상적 및 문학적 지위―그의 서거 150주년을 기념하면서	력사과학 12호(12월)	〃	〃

1956	조선 고대 문학사에 있어서의 최치원의 문학적 지위	김일성종합대학학술논문집(4월)	〃	〃
	정다산의 시문학에 대하여(3)	조선어문 2·3·4호(4·6·8월)	〃	〃
	조선 명장전	민족보위성 군사출판부(?월)	〃	저서
	연암 박지원 선집(공역)	조선작가동맹출판사(5월)	최익한·홍기문	역주
	《리순신 장군 전집》의 번역 간행에 대하여	로동신문(5.28)	최익한	서평
	재판 받는 쥐	국립출판사(7월)	〃	역주
	우리나라 명인들의 이야기(공저)	조선로동당출판사(8월)	최익한 외	저서
1957	조선문학통사(집체작)	과학원출판사(1959.5)	문학연구실	〃
	박연암의 문학과 시대정신	문학신문(2.28)	최익한	문학
	연암의 사상과 문학	과학원 학술보고회 발표(2.28)	〃	논문
	리규보	문학신문(5.23)	〃	문학
	정다산 선집	국립출판사(6월)	〃	역주

1. 신문 기사의 갈래는 시·산문·논설·문학·역사·미술·고적·답사·서평·토론·인터뷰 등으로 세분.
2. 1917년 봄~가을 산중시와 1928~1935년 옥중시 등은 미발굴.
3. 시 〈舟下牛川市〉, 〈牛川江上贈漁翁〉(1919)과 시조 〈다산의 '汕行日記'에 부쳐〉, 〈南村居址懷古〉(1938)는 《여유당전서를 독함》(동아일보 1938.12.18, 12.21, 12.25)에 수록. 〈다산의 '汕行日記'에 부쳐〉는 편자가 붙인 제목이다.
4. 〈다산의 저서 총목〉, 〈다산의 逸事와 逸話〉(1936)는 《실학파와 정다산》(1955) 부록으로 편입.
5. 시 〈次白巖金濟先生踏海詩韻〉, 〈次栗谷板上韻〉, 〈謝呈 桂南沈之潢氏·晩圃沈相敦氏〉, 〈五十川 觀釣兒有感〉, 〈무제〉와 시조 〈酒泉臺〉, 〈沙羅峙 너머서〉 등 총 7편이 〈향토 문화를 찾아서〉(조선일보 1938.5.8~7.21)에 수록. 시제는 모두 편자가 붙였다.
6. 〈東崖·松湖 歌詞〉(1939.9)는 《정음》 32호(1939.12)에 재게재.
7. 〈災害와 救濟의 史的 斷片觀〉(1940)은 《조선 사회 정책사》(1947)에 재수록.
8. 〈種痘術과 정다산 선생〉(1940)은 《실학파와 정다산》(1955) 부록으로 편입.
9. 〈湛軒 洪大容의 諺文《燕行錄》〉(1940.5)은 《정음》 34호(1940.7)에 재게재.
10. 〈조선의 후생 정책 고찰〉(1941)은 《조선 사회 정책사》(1947)에 재수록.
11. 〈旱災와 그 대책의 史片〉(1942)도 《조선 사회 정책사》(1947)에 재수록.

12. <반도 후생 정책 약사>, <반도 과거 교육제도>(1943)는 <조선의 후생 정책 고찰>, <조선 過去 교육제도 小史>(1941)가 제목만 바뀐 것이다.

13. <정다산의 이상 사회와 그 력사적 제약성>(1953)은 《실학파와 정다산》(1955)에 실려 있는데, <조선 근세 '실학'의 대성자 정다산의 진보적 사상 및 학설에 대한 개론 (하)>(1952)를 거의 그대로 재수록한 것이다.

14. 《조선봉건말기의 선진학자들》(1954)은 이듬해 중문판과 영문판도 간행되었다. 朝鮮民主主義人民共和國 文化宣傳省, 《朝鮮封建末期先進學者》, 平壤: 新朝鮮社, 1955.7.30; Ministry of Culture and Propaganda, DPRK. *Progressive scholars at the close of the feudal age in Korea*. Pyongyang: New Korea Press, 1955.

15. <조선 고대 문학사에 있어서의 최치원의 문학적 지위>(1956.4)는 《김일성종합대학학보—8·15해방 10주년 기념》(1956.9)에 재게재.

정다산선집

2020년 4월 20일 초판 1쇄 인쇄
2020년 4월 30일 초판 1쇄 발행

역주자 최 익 한
교주자 류 현 석

발행처 21세기문화원
등 록 2000.3.9 제307-2000-18호
주 소 서울 성북구 보문로 193-1
전 화 02-923-8611
팩 스 02-923-8622
이메일 bruceryoo@naver.com

ISBN 978-89-951322-9-6 03150
ISBN 978-89-951322-6-5 (세트)

값 65,000원